MIŁOŚĆ
W POWSTANIU WARSZAWSKIM

Projekt graficzny
FRYCZ I WICHA

Zdjęcie na okładce
Fototeka Muzeum Powstania Warszawskiego

Redakcja
Zofia Gawryś

Redaktor prowadząca
Katarzyna Litwińczuk

Korekta
Katarzyna Szol

Skład
Tomasz Erbel

Wydawca
Czerwone i Czarne Sp. z o.o. S.K.A.
Rynek Starego Miasta 5/7 m. 5
00-272 Warszawa

Druk i oprawa
Drukarnia INTERDRUK
ul. Kowalczyka 21A
03-193 Warszawa

Wyłączny dystrybutor
Firma Księgarska Olesiejuk
Spółka z ograniczoną odpowiedzialnością S.K.A.
ul. Poznańska 91
05-850 Ożarów Mazowiecki

ISBN 978-83-7700-128-8

Warszawa 2013

Książkę wydrukowano na papierze Hi bulk 53 g. vol 2.4
dostarczonym przez Zing sp. z o.o.

zing

www.zing.com.pl

MIŁOŚĆ
W POWSTANIU WARSZAWSKIM

Sławomir Koper

Warszawa 2013

Od autora

Urodziłem się w Warszawie i z tym miastem związane jest moje życie. Od wczesnego dzieciństwa słuchałem opowieści o Powstaniu Warszawskim, codziennie chodziłem po miejscach, w których wydarzyła się największa tragedia w dziejach miasta. Wydarzenia z sierpnia i września 1944 roku były zawsze częścią mojej świadomości i zapewne tak już zostanie na zawsze.

Bardzo chciałem napisać książkę, która przedstawi powstanie zupełnie inaczej niż dotychczasowe pozycje wydawnicze, dlatego tragedia miasta i jego mieszkańców pojawia się tu wprawdzie na każdej stronie, ale znajduje się właściwie na marginesie wydarzeń. Tematem głównym jest bowiem miłość przedstawiana w najróżniejszych wariantach. Jak zwykle opisuję wydarzenia poprzez ludzkie biografie, uważam bowiem, że ta forma szczególnie przemawia do wyobraźni.

Nie byłbym jednak sobą, gdybym nie zaoferował czytelnikom informacji mogących ich nieco zaszokować. I nie chodzi tutaj tylko o poziom bestialstwa okazywanego przez okupanta podczas tłumienia powstania. Te dwa miesiące epopei walczącej Warszawy to były przecież historie młodych ludzi, którzy przez przypadek znaleźli się w samym środku piekła. I przyjmowali najróżniejsze postawy. Bohaterstwo, miłość i bezinteresowna pomoc sąsiadowały z nadużywaniem alkoholu czy zwyczajnym szabrem. Powstańcy wcale nie mówili pięknym językiem, jak z filmów i nie odwoływali się co chwila do Boga i Ojczyzny. Znaleźli się w skrajnie ekstremalnej sytuacji, ale obok toczyło się normalne życie z jego wszystkimi przejawami, zarówno godnymi pochwały, jak i moralnie dwuznacznymi.

Z rozmysłem unikałem polityki. Od tego są inni specjaliści – ja uważam się za historyka życia codziennego. Zawsze zresztą twierdziłem, że ludzka mentalność niewiele zmieniła się w ciągu tysiącleci. Kierują nami te same instynkty i te same pragnienia bez względu na otoczkę kulturową. A o politykach w czasie Powstania Warszawskiego napisano już właściwie niemal wszystko.

W książce, którą mają Państwo przed sobą, przedstawiłem losy osób zarówno powszechnie znanych, jak i niemal zupełnie anonimowych. Bo tak też było w Powstaniu Warszawskim, w którym obok siebie walczyli i ginęli luminarze polskiej kultury oraz zwykli mieszkańcy miasta. Cechą wspólną moich bohaterów jest wiek, wszyscy byli bardzo młodymi ludźmi, którzy przede wszystkim chcieli żyć i cieszyć się życiem. Gdy przez kilka lat niemieckiej okupacji nie było to możliwe, starali się swoje marzenia zrealizować na kawałku niepodległej Polski ograniczonym powstańczymi barykadami.

Niewykluczone, że niektórzy czytelnicy mogą być zaskoczeni wizerunkami Jana Nowaka-Jeziorańskiego i Krzysztofa Kamila Baczyńskiego. Wydaje mi się, że przytoczone przeze mnie fakty nie zaszkodzą ich obrazowi, a dodadzą im tylko ludzkich cech. Dla specjalistów nie jest bowiem tajemnicą, że słynny „kurier z Warszawy", delikatnie mówiąc, nie najlepiej traktował swoją żonę, którą poślubił podczas powstania. Choć bez niej był bezradny i gdy zmarła, nic już właściwie nie napisał. Bo chociaż miał fachową asystentkę, to zabrakło tej jedynej osoby, która całą jego działalność potrafiła usystematyzować i nadać jej właściwy format. Sama pozostając w cieniu męża i tylko ciesząc się jego dokonaniami.

Podobna sytuacja zaistniała w przypadku Krzysztofa Kamila Baczyńskiego. Barbara była dla poety kimś więcej niż tylko partnerką życiową, ona naprawdę była muzą artysty, która potrafiła zmienić jego sposób postrzegania wielu spraw. Bez niej właściwie czuł się zagubiony, nierozumiany. A ona nie chciała żyć bez niego i umierała, będąc przekonana o jego śmierci.

Przedstawiłem również historie przeciętnych młodych ludzi, którzy tym tylko różnili się od dzisiejszej młodzieży, że nosili biało-czerwone opaski i strzelali do wroga. Poza tym mieli podobne pragnienia, w których miłość odgrywała znaczącą rolę. I to nie tylko ta potwierdzona przysięgą na ślubnym kobiercu, lecz także uczucie bez zobowiązań na przyszłość. Tak było od początku dziejów i powstanie nie było pod tym względem żadnym wyjątkiem.

Historyk zajmujący się warszawską apokalipsą znajduje się w wyjątkowo trudnej sytuacji, ponieważ musi się zmierzyć ze świętością narodową i legendą, której nie zniweczyły żadne zabiegi. Z jednej strony mamy ugruntowany w powszechnej świadomości wyidealizowany obraz powstańczej Warszawy, a z drugiej dokumenty i wspomnienia. Przyznam się, że czasami sam byłem zdumiony, gdy docierałem do pewnych informacji. Nie ma co ukrywać, zarówno PRL, jak i polska emigracja dobrze wywiązały się ze swojego zadania, narzucając nam pewien sposób postrzegania walczącej Warszawy. Ostatnie lata jeszcze bardziej ten klasyczny obraz utrwaliły i poruszanie niektórych tematów może być uznawane za szarganie świętości. Ale historia nigdy nie jest wyłącznie czarno-biała, jak to z reguły opisują nasi historycy. Ma wiele kolorów, tak jak barwne jest codzienne życie i barwni są jego bohaterowie.

Inny problem wiąże się ze specyfiką źródeł dotyczących dziejów Powstania Warszawskiego. Z setek pamiętników uczestników walk część wydana w okresie PRL została odpowiednio ocenzurowana, podobnie jak wypowiedzi radiowe czy telewizyjne. Czas jest bezwzględny i obecnie spisywane wspomnienia żyjących powstańców mają bardzo różną wartość historyczną. Od rozpoczęcia walk w stolicy minęło już prawie siedemdziesiąt lat, zatem wiele wydarzeń i osób zniknęło w mrokach niepamięci. Zdarza się więc, że wywiady przeprowadzone współcześnie przedstawiają pewne fakty w zupełnie innym świetle niż relacje sprzed lat. I nie ma to nic wspólnego z polityką, a raczej z zaawansowanym wiekiem rozmówców.

Oddzielnym kłopotem jest kwestia identyfikacji członków powstańczych oddziałów. Jak wiadomo, posługiwano się pseudonimami, a przecież w stolicy walczyło kilkadziesiąt tysięcy osób. Normalne więc było, że pseudonimy się powtarzały, a historyk poszukujący w indeksach osobowych przeżywa chwile grozy, gdy znajduje kilkudziesięciu „Wojtków" czy „Wicków". Ale żeby było jeszcze trudniej, to ludzie używający tych samych pseudonimów często też walczyli w tych samych oddziałach. Jeżeli dodać, że pseudonimy zazwyczaj tworzono od nazwisk, które miały podobne brzmienie, to obraz zamieszania jest już kompletny. Nawet tak rzadkie pseudonimy, jak „Szczerba" (jeden z bohaterów mojej książki), nosiło kilku powstańców. W oddziale „mojego" porucznika „Szczerby" znalazłem trzech „Tygrysów", a do tego dwóch rodzonych braci o nazwisku Hałko. Z tym że jeden pisał swoje nazwisko przez „ch" (urodził się w Rosji), a drugi przez „h". Nosili ten sam pseudonim („Cyganiewicz"), a w oddziale był jeszcze inny Chałko wcale z nimi niespokrewniony. Żeby sprawę jeszcze bardziej zagmatwać, trzeba dodać, że w powstaniu brali udział siostra i stryj noszący to samo nazwisko.

Książka ta jest pierwszą z serii, które chciałbym poświęcić Powstaniu Warszawskiemu. Materiał źródłowy jest bowiem niezwykle bogaty i umożliwia penetrację nieporuszanych dotychczas problemów. Jako następną planuję publikację o życiu codziennym powstańców, uważam bowiem ten temat za fascynujący i mało znany.

Na zakończenie chciałbym bardzo podziękować pani Barbarze Bobrownickiej-Fricze („Wilii"), która poświęciła mi nieco czasu i wyjaśniła zawiłości uczuciowe pomiędzy swoimi nieżyjącymi już znajomymi z batalionu „Bończa". Bez tych wskazówek cała opisana przeze mnie historia byłaby znacznie uboższa i pozbawiona właściwej puenty. Dziękuję również pani Ninie Wunderlich, bratanicy Zbigniewa Blichewicza „Szczerby", za informacje dotyczące stosunków rodzinnych stryja. Bardzo dziękuję też Marcinowi Książkowi za inspirację do napisania dwóch rozdziałów.

Sławomir Koper

Rozdział 1.
Apokalipsa '44

GODZINA „W"

Powstanie Warszawskie wybuchło kilka tygodni za wcześnie, a może kilkanaście dni za późno. W połowie lipca wśród Niemców panowała bowiem panika, a przez miasto przetaczały się transporty z rozbitymi przez Sowietów oddziałami Wehrmachtu. Dworce kolejowe były blokowane przez pociągi z rannymi, ewakuowano urzędy i zakłady przemysłowe. W popłochu opuszczały stolicę rodziny niemieckich oficerów i urzędników, a zamęt powiększały jeszcze informacje o nieudanym zamachu na Hitlera. Wydawało się, że lada chwila miasto będzie wolne.

„Ulice Warszawy były jakby odmienione – wspominał oficer wywiadu AK Kazimierz Leski. – Młodzież polska zachowywała się swobodnie. Patrole niemieckie jakby nie zwracały uwagi i nie widziały grup Polaków, które w poprzednich okresach na pewno by zatrzymały. Nie honorowano już napisów *Nur für Deutsche*. W ostatnich tygodniach lipca 1944 roku jechałem tramwajem z Pragi aleją Trzeciego Maja, a więc przez dzielnicę zamieszkaną przez Niemców. Czekali na przystankach, zamierzając zająć miejsce w przeznaczonej dla nich części tramwaju. Motorniczy jednak tramwaju nie zatrzymał, wołając do czekających, wspólnie zresztą z pasażerami, że tramwaj jest tylko dla Polaków"[1].

Niestety, właściwy moment minął, hitlerowcy opanowali sytuację, a w pobliżu miasta pojawiły się dwa doborowe niemieckie korpusy pancerne. Pod Radzyminem doszło do bitwy, w której wyniku sowiecka ofensywa została powstrzymana.

Tymczasem w stolicy panowały bojowe nastroje – członkowie Armii Krajowej przez pięć lat czekali na wybuch powstania, gdy więc 27 lipca okupanci polecili mieszkańcom stolicy stawić się do budowy umocnień, w konspiracyjnych oddziałach zarządzono mobilizację. Ale rozkaz niemiecki został przez warszawiaków zignorowany i pogotowie bojowe odwołano.

Młodzież nie ukrywała zawodu, Warszawa chciała walczyć. Członkowie AK byli jednak żołnierzami i rozumieli, czym jest dyscyplina wojskowa. Broń leżała w magazynach i nawet największy entuzjazm nie mógł zastąpić jej braku. Nie groził zatem spontaniczny wybuch powstania.

Większym problemem były nastroje w sztabie Armii Krajowej. Dowódcy podziemia ignorowali upomnienia władz z Londynu, twierdząc, że „to oni będą się bili, więc oni muszą decydować". I chociaż naczelny wódz, generał Kazimierz Sosnkowski, uważał, że „powstanie zbrojne byłoby aktem pozbawionym politycznego sensu, mogącym za sobą pociągnąć niepotrzebne ofiary", to w Warszawie dojrzewało przekonanie o konieczności walki. Zignorowano zalecenia Sosnkowskiego, mówiące o „zaoszczędzeniu substancji biologicznej narodu w obliczu podwójnej groźby eksterminacji", i zapadła decyzja o wybuchu powstania.

Dowództwo AK tylko w jednej kwestii zgadzało się z władzami w Londynie: zdawano sobie sprawę, że sowiecka ofensywa oznacza nową okupację, a hitlerowców zastąpią komuniści. Ale gdy sztab AK chciał wywołać powstanie zbrojne, naczelny wódz zalecał przejście do „nowej konspiracji, nielicznej i starannie dobranej". Niestety, w stolicy dominowała na ten temat inna opinia i praktycznie wypowiedziano posłuszeństwo „starym sklerotykom" z Londynu.

Generał Leopold Okulicki („Niedźwiadek"), zastępca dowódcy Armii Krajowej, twierdził, że „potrzebny jest czyn" i że „tylko przez walkę można wykazać dążenie narodu do wolności i niepodległości". Uważał, iż mury stolicy muszą się walić, a krew lać strumieniami, „aż opinia publiczna wymusi na rządach zmianę decyzji z Teheranu". Presji Okulickiego uległ komendant główny AK, generał Tadeusz Komorowski („Bór"), człowiek o słabym charakterze, którego kompetencje „ograniczały się do umiejętności dowodzenia pułkiem kawalerii". Mimo iż w połowie lipca Komorowski uważał, że „powstanie nie ma szans powodzenia", to jednak ostatecznie zgodził się z Okulickim.

Zwolennikiem walki zbrojnej był również pułkownik Antoni Chruściel („Monter") – komendant Okręgu Warszawskiego AK. Podobne zdanie miał szef sztabu Komendy Głównej, generał Tadeusz Pełczyński („Grzegorz"). Przejawiał on zresztą zadziwiającą beztroskę i zapytany, co się stanie, jeżeli Sowieci się zatrzymają, odparł: „No to Niemcy nas wyrżną". Nikt nie chciał słuchać pułkownika Janusza Bokszczanina („Sęk"), który przekonywał, że Rosjanie zapewne wstrzymają ofensywę, gdy w Warszawie wybuchnie powstanie. „Sęk" uważał, że nie można rozpocząć walki, dopóki sowiecka artyleria nie zacznie ostrzeliwać pozycji niemieckich na lewym brzegu Wisły.

Decydująca odprawa odbyła się 31 lipca po południu, w mieszkaniu przy ulicy Pańskiej 16. Na zebraniu sztabu AK podjęto decyzję o rozpoczęciu walki następnego dnia. Odpowiedni rozkaz podpisano o godzinie dziewiętnastej i łączniczki ruszyły w miasto. Do wybuchu powstania pozostały dwadzieścia dwie godziny.

Godzinę „W" wyznaczono na godzinę siedemnastą 1 sierpnia, wykluczając w ten sposób możliwość powiadomienia wszystkich podległych oddziałów. Łączniczki miały bowiem zaledwie godzinę na przekazanie rozkazów (godzina policyjna zaczynała się o dwudziestej), a cała akcja ruszyła właściwie dopiero rano. Ale nawet wówczas przebiegała z dużymi problemami, wielu członków podziemia przecież normalnie pracowało i należało ich dopiero odnaleźć. W efekcie znaczny procent bojowników nie dotarł w terminie na wyznaczone miejsca koncentracji.

„Idąc ulicą Złotą do Marszałkowskiej – wspominał przedpołudnie 1 sierpnia Zbigniew Mróz (»Ed«) – włączyłem się w rojny potok ludzki, w którym przeważała młodzież. Obserwowałem ich twarze pełne nerwowego napięcia i powagi. Przeważnie każdy z młodych ludzi starał się upodobnić do żołnierza jakimś bodaj szczegółem ubrania. Jedni nosili buty oficerki, inni pasy wojskowe. Sylwetki wyprostowane, krok sprężysty. [...] Idąc za nimi, obserwowałem ich sylwetki. Kilku z nich ukrywało broń pod płaszczami; zdradzały ich nienaturalne wypukłości ich odzieży. [...] Jezdnią mknęły pojedyncze samochody ciężarowe, załadowane żołnierzami niemieckimi, którzy trzymali broń gotową do strzału. Wskazówki zegara posuwały się nieubłaganie. Zbliżała się godzina »W«"[2].

Poważne konsekwencje niosła również wyznaczona godzina powstania. Według sztabu AK miała ona zapewnić bojownikom wtopienie się w tłum i spokojne przemieszczanie oddziałów na miejsca zbiórek. W rzeczywistości jednak spowodowała niepotrzebne straty wśród ludności cywilnej, były to bowiem godziny popołudniowego szczytu. Na domiar złego wybuch powstania odciął tysiące warszawiaków od miejsc zamieszkania.

„Tego dnia, 1 sierpnia – wspominał Czesław Miłosz – szliśmy z Janką na poobiednią herbatę i rozmowę do Tygrysów [znajomych – S.K.], z którymi chciałem omówić niesłychanie ważne sprawy, mianowicie nowy przekład angielskiego wiersza. Nie należy nigdy być zbyt pewnym, wychodząc na spacer, że wróci się do domu, nie tylko dlatego, że nam może się coś zdarzyć, również dlatego, że dom może przestać istnieć. Spacer miał trwać bardzo długo.

Dziesięć minut beztroski i pogodnego nieba. Potem niespodziewanie wszystko uległo pęknięciu i zmieniłem kąt widzenia, ponieważ poruszałem się na czworakach. [...] Karabiny maszynowe biły w cokolwiek, co się poruszało. Niedaleko mieszkała pewna znajoma rodzina, ale kiedy nie można iść ani biec, przebycie każdych stu metrów jest całą podróżą"[3].

TRAGEDIA PIERWSZYCH DNI

Najważniejszym problemem powstańców był brak uzbrojenia. Wiosną okupanci odkryli wiele tajnych magazynów, poważnie uszczuplając konspiracyjne zasoby, a na początku lipca część zapasów odesłano na wschód. Planowano wówczas wyłączenie stolicy z akcji zbrojnej, a po zmianie decyzji nie starczyło już czasu na ściągnięcie uzbrojenia z powrotem. W efekcie w chwili wybuchu walk w Warszawie zaledwie dziesięć procent powstańców dysponowało bronią palną. Najczęściej była to zresztą broń krótka, zupełnie nieprzydatna podczas atakowania umocnionych pozycji. Na domiar złego, z powodu zbyt krótkiego odstępu czasu pomiędzy decyzją o wybuchu powstania a rozpoczęciem walk, wielu oddziałom nie zdążono dostarczyć broni ze stołecznych magazynów.

Niepokojąco przedstawiały się również zapasy amunicji. Przy umiejętnym gospodarowaniu (zgodnie z zasadą „jeden strzał, jeden Niemiec") mogło jej wystarczyć zaledwie na cztery–pięć dni.

W tej sytuacji „Monter" wydał polecenie, aby żołnierze AK uzbrajali się w siekiery, kilofy i łomy! Tak wyposażeni mieli zdobywać broń w walce z doskonale uzbrojonym wrogiem. Nawet w początkowej fazie bitwy o Stalingrad rekrutom Armii Czerwonej przydzielano jeden karabin na dwóch.

„W żadnej armii, poza sowiecką, nie wydawano rozkazów zdobywania broni na wrogu – oburzał się profesor Paweł Wieczorkiewicz. – I atakowania nieprzyjacielskich pozycji gołymi rękoma. W przedwojennej armii polskiej takie coś było nie do pomyślenia. Jest granica szafowania ludzkim życiem. A poza tym bić się do końca może zawodowe wojsko, ale nie cywile"[4].

Po latach szokująco brzmią wydawane wówczas rozkazy. Dowodzący siłami powstańczymi „Monter" twierdził, że podwładni „muszą zdobyć sobie broń, idąc nawet z kijami i pałkami, a ci, którzy niezdolni są do tego, pójdą pod sąd". Wtórowali mu dowódcy niższego szczebla, a pułkownik Mieczysław Niedzielski oznaj-

mił: „przystępujemy do walki z tym, co posiadamy".
Brakujące uzbrojenie należy „zdobyć w walce, a kto nie
ma granatu, niech bierze kamień". Wtrącał swoje generał Pełczyński, twierdząc, że „w wojsku każde zadanie
jest wykonalne, jeżeli chce się je wykonać". Na efekty
nie trzeba było długo czekać.

„Na zewnątrz murów, na ścieżce – opisywała
atak na uniwersytet Halina Zakrzewska (»Beda«), oficer
wywiadu AK – ukazał się nagle szereg biegnących w jasnych prochowcach chłopaków, który wydłużał się, próbując otoczyć uniwersytecki mur. Co któryś trzymał rękę
w prawej kieszeni płaszcza, przypuszczalnie obciążonej
bronią. Co to może być za broń, która mieści się spokojnie w kieszeni prochowca? O Boże, czym oni chcą zdobywać Uniwersytet? »Berek« [porucznik Bernard Zakrzewski, mąż Haliny – S.K.] przysunął się do mnie i również
patrzył przez okno na atak powstańców na Uniwersytet.
Nagle jeden z prochowców upadł, następny przeskoczył
leżącego i biegł dalej z granatem. Widziałam wyraźnie
zaciśniętą pięść, gwałtownie wyszarpniętą z prawej kieszeni, wymach ramieniem. I granat przelatujący przez
uniwersytecki mur. Padł następny prochowiec i następny, i następny. Ścieżką wciąż nadbiegali chłopcy w prochowcach. Czoło tego żywego łańcucha było już dawno
za zakrętem, zniknęło mi z pola widzenia. Prochowce
padały coraz gęściej. Odeszłam od okna"[5].

Mając szczupłe i słabo uzbrojone siły, należało
skoncentrować się na najważniejszych punktach miasta, a nie atakować niemal wszystkie placówki okupanta. W ten sposób nie opanowano żadnego (!) z podstawowych celów: mostów, lotniska, urzędów czy nawet
siedziby „Nowego Kuriera Warszawskiego", ponosząc
ogromne straty.

Masakrą zakończył się atak na tzw. dom Schichta (obecnie Mazowieckie Centrum Stomatologii) w pobliżu mostu Kierbedzia. Budynek był otoczony zasiekami i wyposażony w artylerię przeciwlotniczą, osłaniały go również pobliskie baterie działek szybkostrzelnych. Wewnątrz stacjonowały dwie kompanie wojska, gmach miał tylko jedno wejście prowadzące po wysokim betonowym pomoście.

Do ataku wyznaczono 103 Kompanię zgrupowania „Bończa" i tuż przed akcją jej członkowie zgłosili się po broń.

„Zacząłem szukać wzrokiem tej broni – wspominał Edward Łopatecki (»Młodzik«). – Na podłodze – nie było, na tapczanie – nie. Na stole stały za to dwie puszki po ogórkach, które mnie zupełnie nie zainteresowały.

– Gdzie ta broń?

Podporucznik »Wilk« wskazał palcem na puszki stojące na stole i stwierdził z zażenowaniem:

– To wszystko. Tylko 40 granatów"[6].

Czterdzieści granatów na czterdziestu dziewięciu żołnierzy oraz trzy pistolety (dwa zabrane granatowej policji i jeden będący własnością prywatną). Nic zatem dziwnego, że atak zakończył się masakrą. 103 Kompania przestała istnieć, zginęło czterdziestu trzech ludzi. Straty niemieckie wyniosły jednego zabitego.

Podobnie było w innych dzielnicach. Jan Sidorowicz, który w chwili wybuchu powstania miał dziesięć lat, dobrze zapamiętał atak powstańców na gmachy SS w alei Szucha. Przeciwko bunkrom, zasiekom i wozom pancernym ruszyła setka młodych ludzi z rewolwerami i granatami domowej produkcji. Po godzinie strzelanina ucichła, a Niemcy mieli okazję do zemsty:

„Po powstaniu dowiedziałem się, że z atakującego Szucha dywizjonu »Jeleń« (przedwojenni Ułani Lubelscy) na 98 żołnierzy ocalało siedmiu. Przed wycofaniem się w nocy na Mokotów zrobili jeszcze zasadzkę na Niemców wchodzących do domu Flory 5, zabijając kilku. W efekcie Niemcy rozstrzelali natychmiast wszystkich mieszkańców Flory 9 i Flory 5, w tym moich 9-letnich kolegów ze szkoły. Dobili bagnetami wszystkich rannych i zastrzelili pozostałe z nimi sanitariuszki. Myśmy ocaleli przez przypadek"[7].

Warszawę ogarnął mimo to niebywały entuzjazm i do powstańczych oddziałów zgłaszały się tłumy ochotników. Wprowadziło to Niemców w prawdziwe osłupienie, stwierdzali ze zgrozą, że „szał walki" ogarnął „nawet Polaków dotychczas uważanych za lojalnych". I tak miało być przez następne tygodnie.

TAJEMNICA POWSTANIA NA PRADZE

Równocześnie z powstaniem w lewobrzeżnej Warszawie rozpoczęły się walki na Pradze. Tam jednak wydarzenia przebiegały według innego scenariusza i do dzisiaj właściwie nie udało się w pełni odtworzyć kolejności wypadków.

Prascy powstańcy uderzyli na kilkanaście umocnionych miejsc, niemal wszędzie bezskutecznie. Mieczysław Floręcki, który mieszkał przy ulicy Zakopiańskiej na Saskiej Kępie, wspominał po latach: „Koło szóstej 1 sierpnia 1944 roku usłyszałem, że w Warszawie coś się dzieje. Za Wisłą była coraz większa strzelanina, z dachu widać było dymy. A tu naraz zaczęła strzelać małokalibrowa artyleria przeciwlotnicza, którą Niemcy ustawili na wlocie mostu Poniatowskiego. Tylko że żadnych samolotów nie było. [...] Koło ronda Waszyngtona słychać było coraz większą strzelaninę. Po godzinie, może dwóch, ucichła. Głośno też było przy końcu ulicy Walecznych"[8].

Pułkownik Antoni Żurowski („Papież"), dowodzący miejscowymi oddziałami AK, miał znacznie trudniejszą sytuację niż jego koledzy za rzeką. Praga stanowiła bowiem bezpośrednie zaplecze frontu i stacjonowały tam doświadczone oddziały liniowe. Wprawdzie osiągnięto pewne sukcesy (zdobyto mennicę i stację telefonów przy Ząbkowskiej oraz Dyrekcję Kolei na Targowej), nie udało się jednak opanować dworców kolejowych ani przyczółków na mostach. Okupanci kompletnie rozbili odział oddelegowany do przejęcia mostu na Kanale Żerańskim.

„Papież" wiedział, że zaskoczenie się nie powiodło, jego podwładni nie mieli broni, a Sowieci nie nadchodzili. Tylko on z grona wyższych oficerów AK potrafił zachować rozsądek. Wiele lat później wspominał: „Zdawałem sobie sprawę, że jestem odpowiedzialny nie tylko za los żołnierzy, ale i ludności cywilnej, [...] przewidywaliśmy, że Praga zostanie wyzwolona w ciągu trzech dni. Po sześciu dniach [...] zdecydowałem się na przerwanie walki"[9].

Strzały ucichły właściwie już drugiego dnia. Zginęło pięciuset powstańców, co wystarczyło do ostudzenia bitewnych emocji. Do akcji przystąpili księża z parafii Najczystszego Serca Maryi na placu Szembeka, biorąc na siebie rolę pośredników w rozmowach z Niemcami.

Hitlerowcy również nie byli zainteresowani dalszą walką na bezpośrednim zapleczu frontu. Szybko zawarto porozumienie, powstańcy rozeszli się do domów, w zamian obiecano nie stosować żadnych represji. Obie strony dotrzymały słowa.

W połowie września na Pragę wkroczyły odziały Ludowego Wojska Polskiego i Armii Czerwonej. Aresztowano ujawniających się członków AK, zatrzymano również pułkownika Żurowskiego. Skazano go na karę śmierci, został jednak odbity z więzienia. Pod fałszywym nazwiskiem ukrywał się aż do 1958 roku, wtedy dopiero uchylono wyrok na człowieka, który ocalił Pragę od rzezi.

O POMOC Z ZACHODU

Sztab AK mimo wszystko trzeźwo analizował sytuację militarną w stolicy. Drugiego dnia walk „Monter" zameldował, że „najważniejsze przedmioty nie zostały zdobyte" i „nie ma nadziei na zdobycie przedmiotów dotychczas nie opanowanych". Miał rację, od 5 sierpnia inicjatywa przeszła w ręce Niemców, a takie wydarzenia, jakim było na przykład zdobycie dwa tygodnie później gmachu PAST-y, nie zmieniały ogólnej sytuacji. Polacy ograniczali się do obrony zajętego terenu.

Poszukując rozpaczliwie wzmocnienia sił, generał „Bór" 14 sierpnia wydał rozkaz, aby wszystkie oddziały AK na terenie kraju ruszyły na pomoc stolicy. Po raz kolejny zabrakło dowódcom wyobraźni, gdyż maszerujące w kierunku Warszawy jednostki zostały rozbite przez Niemców i wpadły w ręce NKWD.

Dowództwo powstania skompromitowało się również żądaniami wobec aliantów zachodnich. Od Brytyjczyków oczekiwano natychmiastowego przysłania do Warszawy Samodzielnej Brygady Spadochronowej i przebazowania do kraju polskich dywizjonów myśliwskich. Były to żądania świadczące o nieznajomości realiów współczesnej wojny. Samoloty i szybowce używane do akcji desantowych nie miały odpowiedniego zasięgu, a przebazowanie myśliwców było absurdalnym pomysłem. Armia Krajowa nie zdobyła bowiem żadnego lotniska i nie miała możliwości obsługi naziemnej samolotów (mechanicy, paliwo, amunicja). W tej sytuacji jedyną formą pomocy z Zachodu pozostały zrzuty zaopatrzenia.

Było to poważne wyzwanie logistyczne. Warszawa znajdowała się na granicy zasięgu samolotów operujących z bazy w Brindisi we Włoszech, a Sowieci odmówili zgody na międzylądowania na swoich lotniskach. Maszyny musiały pokonać nad terytorium wroga bez tankowania ponad dwa tysiące sześćset kilometrów, a zdarzało się, że ostrzeliwała je także sowiecka artyleria przeciwlotnicza. Nic dziwnego, że brytyjski dowódca lotnictwa John Slessor pisał w swoich pamiętnikach: „[...] nie jestem z natury mściwy, ale mam nadzieję, że istnieje specjalne piekło przeznaczone dla bydlaków z Kremla, którzy zdradzili armię »Bora« i doprowadzili do daremnych ofiar"[10].

Loty nad Warszawę powszechnie uważano za samobójcze, a Brytyjczycy ustąpili wyłącznie z powodu nacisku polskich polityków. Przybierał on „niemal histeryczne natężenie" i obawiano się nawet wycofania polskich formacji z frontu.

„Każdej nocy z tej strony wielkiej wyspy startuje nad kontynent tysiące samolotów – pisali w telegramie wysłanym do pałacu Buckingham piloci słynnego Dywizjonu 303 – Skromny ułamek z nich mógłby uratować Warszawę. Proszę nam wierzyć, Wasza Wysokość, że kiedy w 1940 roku ważyły się losy Wielkiej Brytanii, my, polscy lotnicy, nie myśleliśmy szczędzić krwi i życia. [...] Wtedy, nad płonącym Londynem, nie brakło polskich i angielskich lotników, czy ma ich teraz zabraknąć nad płonącą Warszawą? Czy to miasto ma zginąć w przededniu zwycięstwa, po pięciu latach tęsknoty za wolnością? [...] Czy wiarę w Wielką Brytanię zniszczą płomienie trawiące naszą stolicę? Wasza Wysokość, proszę wybaczyć nam, żołnierzom, szczerość i bezpośredniość. Nie możemy jednak dłużej milczeć, gdy giną nasze kobiety i dzieci. Wierzymy mocno, że ich los nie jest obojętny Waszej Wysokości"[11].

Polityka jednak ma zawsze pierwszeństwo nad lojalnością, honorem czy zwykłą ludzką przyzwoitością. Alianci nie chcieli drażnić Sowietów i nie potrafili wymusić na Stalinie zgody na międzylądowania, o przyspieszeniu rosyjskiej ofensywy nie wspominając. Związek Sowiecki miał dla nich zresztą bez porównania większe znaczenie niż Polska i już dawno zgodzili się na dominację Kremla we wschodniej Europie. Do polskich polityków dopiero teraz dotarła prawda o zdradzie sojuszników, a zrzuty nad Warszawą były jedynie działaniem pozornym na potrzeby opinii publicznej. Nic zatem dziwnego, że po miesiącu walk w stolicy generał Sosnkowski wydał rozkaz dla Armii Krajowej będący właściwie podsumowaniem sytuacji politycznej narodu polskiego.

Przypomniał, że nasz kraj już pięć lat wcześniej został opuszczony przez sojuszników i samotną walką dał Anglikom osiem miesięcy czasu na przygotowania do wojny. A teraz po raz kolejny zdradzono Polaków, a dokładnie mieszkańców płonącej Warszawy.

„Warszawa czeka. Nie na czcze słowa pochwały ani na wyrazy uznania, nie na zapewnienia litości i współczucia. Czeka ona na broń i amunicję. Nie prosi ona, niby ubogi krewny, lecz żąda środków walki, znając zobowiązania i umowy sojusznicze"[12].

A całość zakończył cytatem z *Wesela* Wyspiańskiego:

„[...] podłość, kłam
Znam, zanadto dobrze znam"[13].

Ostatnim polskim politykiem przemawiającym w podobny sposób był Józef Piłsudski. Sosnkowski nie musiał długo czekać na dymisję, którą pod naciskiem brytyjskim wręczył mu prezydent Władysław Raczkiewicz. Ale to nie zmieniło położenia walczącej stolicy.

ALIANCKIE ZRZUTY

Do lotów nad Warszawę wyznaczono polską 1586 Eskadrę do Zadań Specjalnych i dwa dywizjony: brytyjski i południowoafrykański. Pierwszy lot odbył się w nocy z 4 na 5 sierpnia, wystartowało łącznie czternaście polskich i brytyjskich załóg. Zrzutów miały one dokonać nad Lasem Kabackim i Puszczą Kampinoską, brytyjscy sztabowcy uznali bowiem, że przelot na małej wysokości nad stolicą jest zbyt niebezpieczny.

„[...] zrzucanie dostaw w umówionych strefach zrzutu – uważał John Slessor – w otwartym terenie poza linią frontu [...] to jedno. A zupełnie co innego zejście dużym samolotem na wysokość tysiąca stóp, z klapami i kołami spuszczonymi dla zredukowania prędkości, nad wielkim miastem, gdzie toczy się rozpaczliwa walka, a więc płoną pożary, walą działa i wybuchają pociski"[14].

Brytyjskie rozkazy Polacy jednak zignorowali. Cztery załogi poleciały wprost na Warszawę i co najważniejsze, wróciły cało do Włoch, chociaż jeden z polskich liberatorów dotarł na dwóch pracujących silnikach – z czterech. Niemcy zestrzelili natomiast aż pięć na siedem brytyjskich samolotów biorących udział w operacji.

Z tego powodu loty zawieszono, ale polskie naciski zrobiły swoje i do końca sierpnia zorganizowano jeszcze osiemnaście nocnych zrzutów. Wprawdzie większość dostaw wpadła w ręce Niemców, ale nawet to, co udało się przechwycić powstańcom, stanowiło poważną pomoc. Było to bowiem dwieście pięćdziesiąt granatników przeciwpancernych PIAT (potrzebnych do walki z niemieckimi czołgami), tysiąc pistoletów maszynowych (słynnych stenów) i blisko dwadzieścia tysięcy granatów. A warto pamiętać, że w dniu wybuchu powstania AK miała sto czterdzieści pięć piatów, sześćset pięćdziesiąt siedem pistoletów maszynowych i pięćdziesiąt tysięcy granatów. Bez alianckich dostaw do walki z czołgami powstańcy mieli tylko butelki z benzyną.

Straty podczas lotów były jednak duże, z pięciu załóg polskiej eskadry, które dokonywały ochotniczo zrzutów w sierpniu, do końca miesiąca przeżyła tylko jedna. Niemiecka obrona przeciwlotnicza była bardzo skuteczna.

„Zeszliśmy na wysokość jakichś dwustu pięćdziesięciu metrów – wspominał lot z 20 sierpnia kapitan Jerzy Głębocki – przedarliśmy się przez zaporę bardzo gęstego ognia przeciwlotniczego w pobliżu Służewca i nad Wisłą. Pożary szalały we wszystkich dzielnicach Warszawy. Ciemne miejsca wskazywały na rejony zajęte przez Szwabów. Wszystko było spowite dymem, przez który przebijały się rdzawopomarańczowe płomienie. Nigdy bym nie pomyślał, że duże miasto może się tak palić. To było straszne – istne piekło dla wszystkich tam na dole"[15].

Hitlerowcy wyposażyli miasto w silną obronę przeciwlotniczą z mocnymi stanowiskami reflektorów. Do nadlatujących samolotów otwierano gwałtowny ogień, a podchodzące do zrzutów maszyny leciały nisko i stosunkowo wolno. Oślepione reflektorami załogi najczęściej kierowały się wzdłuż Wisły, niemal uderzając w mosty na rzece.

„Naszym rejonem docelowym był plac Krasińskich – opowiadał kapitan Roman Chmiel – wobec tego, kiedyśmy znaleźli się nad mostem Kierbedzia, wykonaliśmy ostry skręt i przygotowaliśmy się do zrzutu. Plac był dobrze oświetlony. Cała jego południowa strona stała w płomieniach i wiatr znosił dym na południe, ku naszemu wielkiemu zadowoleniu. Zrzuciliśmy kontenery, wiedzieliśmy, że dobrze wywiązaliśmy się z naszego zadania.

Czas było się wynosić. Pilot zszedł odrobinę niżej, bacząc na wieże i wysokie budynki. W kabinie było pełno dymu, który włazi nam do oczu i powodował dotkliwe pieczenie. Czuliśmy żar unoszący się z murów spalonej dzielnicy"[16].

Zrzuty nie zawsze jednak były celne. Gdy zasobniki lądowały na ziemi niczyjej, Niemcy natychmiast interweniowali. Kierowali tam światła reflektorów przeciwlotniczych i zaciekle ostrzeliwali teren. Powstańcy aż czterokrotnie atakowali Dolinę Szwajcarską, gdzie spadł jeden z pojemników, trzech żołnierzy AK zginęło podczas prób zdjęcia zasobnika, który wylądował na kopule kościoła Świętego Aleksandra na placu Trzech Krzyży. Ogień niemiecki był wyjątkowo cel-ny i kontener przejęto dopiero po wybiciu od wewnątrz dziury w dachu.

Gdy Brytyjczycy ponownie zabronili zrzutów bezpośrednio na Warszawę, polskie załogi znowu zignorowały polecenie. Rozkaz w wojsku jest wprawdzie rzeczą świętą, ale żaden z lotników nie zapominał, że jest Polakiem, a to miało większe znaczenie niż wszystkie rozkazy razem wzięte.

Polskie załogi nie ograniczały się zresztą do zrzutów, lotnicy, nie bacząc na niebezpieczeństwo, włączali się bezpośrednio do walki. Ostrzeliwali niemieckie pozycje z broni pokładowej, co było już prawdziwym samobójstwem, ale tylko w ten sposób można było powstańcom dać coś więcej.

„[W nocy] z 13 na 14 sierpnia, przelatując nad Warszawą – wspominał brytyjski nawigator Alan McIntosh – moja załoga wypatrzyła czterosilnikowy samolot, który leciał niżej niż nasz i odcinał się ciemną sylwetą od czerwieni płonącego miasta. Leciał dziobem w dół, jakby szykując się do lądowania, bardzo nisko, prowadząc wymianę ognia z jakimś Niemcem. Lekkie działa przeciwlotnicze, niedalekie światła reflektorów. Mógł to być tylko jeden z halifaksów polskiej 1586 Eskadry do Zadań Specjalnych, który pięć i pół godziny wcześniej wystartował z Brindisi. Niemal na pewno zdążył już zrzucić ładunek broni i amunicji i teraz jego załoga włączyła się do walki – póki jeszcze zostało jej coś do zaoferowania. Taka siła ducha ożywiała polskich lotników, którzy lecieli z pomocą dla Powstania Warszawskiego"[17].

Osiemnastego września do akcji przyłączyli się Amerykanie, korzystając z wymuszonej zgody Stalina na lądowanie na rosyjskich lotniskach. W południe nad Warszawę dotarło sto siedem latających fortec B-17 w osłonie sześćdziesięciu czterech myśliwców P-51 Mustang. Dokonano zrzutu z dużej wysokości (ponad cztery tysiące metrów), a powstańcy początkowo wzięli spadochrony za desant lotniczy.

„Nagle zaczęły wykwitać na niebie białe i ciemne punkciki – wspominał porucznik Zbigniew Blichewicz (»Szczerba«). – Powoli rosły w oczach, aż wreszcie zamieniły się w czasze, pod którymi kolebały się jakieś przedmioty. Wszystkim dech zamarł w piersiach, a potem targnął powietrzem radosny okrzyk całego plutonu. Odpowiedział mu echem jeszcze potężniejszy krzyk z miasta. Miasto też już śledziło z uwagą niepowszednie widowisko.

Drżącym głosem krzyknąłem »Wickowi«:

– Daj mi lornetkę!

Przytknąłem ją do oczu. Te czasze – to spadochrony. A wiszące pod nimi podłużne kształty...

Czułem, że mi w gardle zastyga, gdy szepnąłem do obecnych:

– Chłopaki! To wygląda na... desant! To chyba spadochroniarze.

Cisza zapadła wręcz śmiertelna. Słyszałem bicie własnego serca, jak w kanałach. Spadochrony zbliżały się do ziemi i wreszcie usłyszałem świszczący głos »Karolaka«:

– Zbyt piękne, aby mogło być prawdziwe, to zasobniki”[18].

Jak na zrzut dokonany z dużej wysokości, Amerykanie osiągnęli całkiem przyzwoitą skuteczność. W ręce powstańców dostało się bowiem ponad dwadzieścia procent zaopatrzenia (288 pojemników z 1284), inna sprawa, że akcja była spóźniona co najmniej o miesiąc. Powstanie już dogorywało i nic nie mogło tego odmienić.

Na pięć dni przed lotem Amerykanów nad stolicą zaczęły pojawiać się sowieckie kukuruźniki. Była to akcja typowo propagandowa, która miała pokazać światu, że Rosjanie wspomagają powstańców z AK. Nocne zrzuty były niewielkie, dokonywane bez spadochronów, dlatego większość sprzętu ulegała zniszczeniu. Na domiar złego sowiecka amunicja nie pasowała do używanej przez powstańców. Rusznikarze starali się jednak naprawiać uszkodzoną broń, a rozbite na bruku konserwy znalazły amatorów wśród walczących. Nie było problemów ze zlokalizowaniem worków z sowieckim zaopatrzeniem, powstańców bezbłędnie naprowadzał zapach słoniny z roztrzaskanych puszek.

IMPAS

Przez powstańcze oddziały przewinęło się około pięćdziesięciu tysięcy ludzi, jednak przeciętny stan osobowy nie przekraczał trzydziestu tysięcy. Z linii wypadali zabici i ranni, zdarzały się również przypadki chorób i załamań nerwowych. Nie wszyscy wytrzymywali psychicznie tragedię stolicy i jej mieszkańców.

W Warszawie walczyli nie tylko żołnierze AK. Do powstania przyłączyło się ponad siedmiuset członków prawicowych Narodowych Sił Zbrojnych oraz kilkuset żołnierzy Polskiej Armii Ludowej związanej z PPS. Po pewnych wahaniach w walkach wzięli również udział członkowie komunistycznej Amii Ludowej. Stosunki pomiędzy oddziałami o różnej proweniencji politycznej układały się na ogół poprawnie, chociaż komunistów z reguły traktowano z dużą rezerwą. A żołnierze AL również podkreślali swoją odrębność.

„Postanowiłyśmy obie z »Baśką« udać się na poszukiwanie jedzenia dla naszych chorych – relacjonowała sanitariuszka Hanna Nowińska (»Hanka«, »Zerwicz«). – Zabrałyśmy ze sobą dwa wiaderka. »Na nos« trafiłyśmy do jakiejś kuchni przy ulicy Świętojerskiej. Była to siedziba »Czwartaków« z Gwardii Ludowej. Nie wiedziałyśmy dotąd, że takie zgrupowanie w ogóle istnieje. Kapitan bardzo uprzejmie nalał nam do wiadra wspaniale pachnącego krupniku, ale właśnie w tym momencie wpadły ich łączniczki i ze złością czyniły mu wymówki, że obcym rozdaje jedzenie. Wrzask niesamowity! Kapitan mrugnął do nas, dał nam jeszcze duże pudło papierosów, dwa wiadra wina i obiecał, że za trzy godziny będzie miał krupnik specjalnie dla nas. Dumnie przyniosłyśmy zdobycz. Chłopcy po pewnym czasie zaczęli się wygłupiać i śmiać, ale żaden nie był w stanie podnieść się z posłania. Byłyśmy przerażone: oni byli pijani! Na szczęście kapitan dotrzymał obietnicy i po krupniku chłopcy odzyskali formę"[19].

Żywność w powstaniu była tak samo potrzebna jak broń i jej również brakowało. Dlatego łączniczki z AL tak gwałtownie sprzeciwiały się, gdy odlewano zupę (o winie i papierosach nie wspominając) dla „wrogów klasowych".

Inna sprawa, że oddziały AL rządziły się swoimi prawami, a ich członkowie nigdy nie zapominali o ideologii i wykorzystywali ją, kiedy było im wygodnie.

„Po południu zostałem wezwany do »Bończy« – opowiadał Zbigniew Blichewicz. – Nieliczne, ale za to dobrze wyposażone w broń oddziałki AL zeszły z pozycji, tworząc niebezpieczne luki w systemie obronnym odcinka batalionu. Jeden tylko kapitan »Szwed« [Jan Szaniawski – S.K.] pozostał ze swoim plutonem gdzieś na Bugaju, nie solidaryzując się z członkami swej partii. AL-owcy wyszli z prostego założenia. Skoro ich czerwoni bracia nie chcą im przyjść z pomocą, to oni ten cały kram mają gdzieś i nic to ich nie obchodzi. Ta postawa nie była pozbawiona pewnej logiki, zachowanie jednak komunistów było dość kłopotliwe dla walczących oddziałów AK"[20].

W szeregach powstańców znaleźli się przedstawiciele aż szesnastu narodowości, chociaż w większości były to pojedyncze przypadki. „Legię cudzoziemską" AK tworzyli najczęściej uciekinierzy z niemieckich obozów i dezerterzy, był jednak również żonaty z Polką Nigeryjczyk August Agbola O'Brown. Osobny pluton stworzyli Słowacy (nominalnie sprzymierzeńcy Niemiec), a uwolnieni z obozu na Gęsiówce Żydzi uczestniczyli w pracach fortyfikacyjnych i pomocniczych. W powstańczych oddziałach walczyli natomiast pozostali przy życiu członkowie Żydowskiej Organizacji Bojowej (w tym Marek Edelman).

Hitlerowcy nie odważyli się użyć do tłumienia powstania oddziałów węgierskich, obawiając się o ich lojalność. Mieli rację, ponieważ z Budapesztu nadchodziły rozkazy, aby nie mieszać się do powstania. Ale zaznaczono także, że nie wolno przechodzić na polską stronę.

Hitlerowcy szybko otrząsnęli się z zaskoczenia i przystąpili do metodycznej pacyfikacji miasta. W Warszawie stacjonowały duże siły niemieckie (około szesnastu tysięcy żołnierzy i policjantów), dobrze uzbrojone i mające oparcie w umocnionych stanowiskach. Oddziały te stopniowo wzmacniano, aż do czterdziestu tysięcy ludzi, co uznano za wystarczające do zdławienia powstania. Decydowała bowiem przewaga techniczna, hitlerowcy dysponowali lotnictwem, artylerią i bronią pancerną. Bezkarnie mogli bombardować polskie pozycje, gdyż powstańcy nie mieli żadnej (!) obrony przeciwlotniczej. Podczas całego powstania zestrzelono zaledwie jeden samolot wroga, a polscy dowódcy z reguły zakazywali ostrzału atakujących maszyn. Dysponowano tylko karabinami maszynowymi, dlatego walkę z samolotami uważano za marnowanie amunicji.

Powstańcze pozycje atakowały czołgi, rozbijając barykady. Do tego celu hitlerowcy używali również zdalnie sterowanych min samobieżnych typu Goliath. To właśnie podczas przecinania kabla sterującego takiego pojazdu został postrzelony jeden z bohaterów filmu *Kanał* Andrzeja Wajdy, podchorąży „Korab".

Największy popłoch wzbudzały jednak niemieckie sześciolufowe moździerze rakietowe Nebelwerfer (kaliber 300 mm i 380 mm), nazywano je „krowami" lub „szafami". Z powodu charakterystycznego dźwięku przy odpalaniu wzbudzały powszechną panikę, były w stanie zburzyć cały dom. W prawie każdej relacji z powstania są wzmianki o tej broni i jej przerażająco skutecznym działaniu.

Do ostrzału Warszawy wykorzystywano również ciężki samobieżny moździerz oblężniczy typu Karl kalibru 600 mm. Pocisk o wadze dwóch ton niszczył wszystko, w co uderzył. Na jednym z bardziej znanych zdjęć z okresu powstania uwieczniono moment trafienia takim pociskiem budynku towarzystwa Prudential, najwyższego gmachu przedwojennej Warszawy.

Trzeba przyznać, że powstańcy szybko przystosowywali się do nowej sytuacji i niewiele było ich w stanie zbulwersować. Nawet potężne niemieckie niewypały.

„Otrzymujemy rozkaz urządzenia się po ciemku i odpoczywania – wspominał Lech Hałko z batalionu »Bończa« – bo jutro rano mamy przejąć obronę tego odcinka. Niektórzy mają latarki, ale używają ich bardzo ostrożnie, bo na błysk światła z gruzów Poczty [Głównej – S.K.] Niemcy odpowiadają kanonadą. Nie ma tu materacy, do których przyzwyczailiśmy się w naszym ostatnim miejscu postoju. Po omacku znajduję na ziemi mały wzgórek, coś akurat pod głowę, więc kładę się i zasypiam. Po przebudzeniu zamarłem ze strachu. W nikłym świetle poranka widzę, że spałem oparty głową o pocisk – niewypał z 600-milimetrowego moździerza »Thor« [właściwie Karl 6-»Ziu« – S.K.], do połowy wryty w gruzy. Spałem jak zabity i śniłem chyba o Steńce! Z mojej przerażonej miny śmieją się chłopcy od »Krybara«. Oni z tym niewypałem są za pan brat już od dawna"[21].

Piątego sierpnia do Warszawy przybył SS-Obergruppenführer Erich von dem Bach-Zelewski mianowany dowódcą oddziałów SS. Niebawem otrzymał zwierzchnictwo nad całością sił niemieckich w stolicy i to właśnie on jest odpowiedzialny za krwawą pacyfikację powstania. To jego sumienie obciążają wymordowanie dziesiątek tysięcy ludności cywilnej, gwałty i egzekucje.

Hitlerowcy od pierwszych dni działali bowiem ze skalkulowanym okrucieństwem, chcąc zastraszyć miasto. Do tłumienia rewolty użyto obok jednostek liniowych oddziałów specjalizujących się w krwawych pacyfikacjach. Jej członków nazywano w Warszawie Kałmukami, ponieważ w ich składzie znalazły się dwa bataliony azerskie i brygada szturmowa SS RONA (Rosyjska Wyzwoleńcza Armia Ludowa) Bronisława Kamińskiego. Jednostka ta złożona z renegatów rosyjskich i ukraińskich charakteryzowała się prawdziwie wschodnim okrucieństwem, bardziej niż walką zajmując się mordowaniem, gwałtami i rabunkiem.

Wbrew obiegowym opiniom w stolicy nie było natomiast własowców (Rosyjskiej Armii Wyzwoleńczej – ROA), taką nazwą określano błędnie podwładnych Kamińskiego.

Kałmukom dorównywała w bestialstwie brygada SS-Standartenführera Oskara Dirlewangera. Złożona z kryminalistów wyciągniętych z obozów koncentracyjnych (Niemców, Austriaków, Bałtów), stała się prawdziwym postrachem stolicy. Oddział miał jednak niezwykle wysokie straty, bo walki z powstańcami były bardziej niebezpiecznym zadaniem niż palenie wsi na Białorusi. Sam Dirlewanger nie uszedł po wojnie polskiej sprawiedliwości. Aresztowany w czerwcu 1945 roku przez Francuzów, został w więzieniu zakatowany przez Polaków (byłych powstańców?), którzy woleli nie czekać na oficjalny proces.

ŚMIERĆ WOLI

Wybuch powstania zablokował niemieckie linie komunikacyjne, dlatego najważniejszym celem okupantów stało się zapewnienie sprawnego transportu przez walczące miasto.

Na pierwszy ogień poszła Wola, gdzie zgodnie z poleceniem Himmlera mordowano każdego spotkanego Polaka. Otaczano kolejno domy, mieszkańców wypędzano na zewnątrz i rozstrzeliwano, bez rozróżnienia płci i wieku. Czasami ofiary spędzano do piwnic, do których wrzucano wiązki granatów lub które podpalano. W jednym z sierocińców podwładni Dirlewangera wymordowali dzieci, rozbijając im głowy kolbami karabinów. Wielu mieszkańców Woli znalazło śmierć, gdy pędzono ich na powstańcze barykady w charakterze żywych tarcz.

Nie oszczędzano szpitali, mordując chorych, rannych i personel medyczny. Płonęły kościoły razem z wiernymi. Wola stała się sceną wydarzeń niewidzianych w Europie od czasów Czyngis-chana. Przy takim natężeniu zbrodni walka hitlerowców z oddziałami powstańczymi zeszła na drugi plan.

„Tych nieszczęsnych i najwidoczniej całkiem niewinnych uciekinierów – opisywał niemiecki oficer Hans Thieme – którzy ośmielili się schronić w domu Bożym, spędzono tu na cmentarz i rozstrzelano – mężczyzn, kobiety, starców i dzieci – wszystkich. Wśród nich krążyły roje much, a oni leżeli w kałuży krwi, czekając, aż ich spalą lub pogrzebią jacyś siepacze czy pachołki. Wkrótce zobaczyliśmy jeszcze więcej śladów niezwykłego okrucieństwa – leżące w stosach przy ścianach domów zwęglone ciała, powykręcane, zastygłe w geście obrony członki. Inne ciała kładziono na nosze i z obojętnym wyrazem twarzy przenoszono do grobu. [...] Teraz zmieniono technikę [...] przywożono ich ciężarowymi samochodami. Kazano im podejść do płotu. Każdy musiał wyrwać jedną sztachetę i stanąć z nią w szeregu. Potem rozstrzeliwano cały szereg, polewano benzyną i palono. Sztachety były potrzebne po to, by się lepiej paliło"[22].

Apogeum zbrodni nastąpiło w „czarną sobotę" 5 sierpnia. Jeszcze rano ludność Woli mordowano w sposób chaotyczny, po południu zaś masakrę ujęto w zorganizowane formy. Mieszkańców spędzano na place fabryczne i cmentarze, gdzie ich rozstrzeliwano z broni maszynowej. Czasami ofiarom strzelano w tył głowy, a zwały trupów sięgały wysokości kilku metrów.

„Środkiem podwórka prowadzono nas w głąb – zeznawała Wanda Lurie – do wąskiego przejścia na drugie podwórze. Tu Niemcy i Ukraińcy ustawili nas czwórkami. [...] Trupy leżały na prawo i na lewo, w różnych pozycjach. Naszą grupę skierowano w kierunku przejścia pomiędzy budynkami. Leżeli tam już zabici. Gdy pierwsza czwórka dochodziła do miejsca, gdzie leżały ciała, oprawcy błyskawicznie podnosili broń i strzelali w kark od tyłu. [...] Podeszłam więc w ostatniej czwórce, razem z trojgiem dzieci, do miejsca egzekucji, trzymając prawą ręką dwie rączki młodszych dzieci, lewą starszego synka. Dzieci szły, płacząc i modląc się. Starszy, widząc zabitych, wołał, że i nas zabiją. W tym momencie Ukrainiec stojący za nami strzelił najstarszemu synkowi w tył głowy. Następne strzały ugodziły młodsze dzieci i mnie"[23].

Kula nie była jednak śmiertelna, pocisk trafił kobietę z boku w kark i wyszedł przez policzek. Wanda upadła pomiędzy martwych i nie tracąc przytomności, obserwowała kolejne egzekucje. „Wprowadzono nową grupę mężczyzn, których trupy po chwili upadły na mnie. Wprowadzono kolejną partię, tym razem kobiet i dzieci. I tak czwórka za czwórką, rozstrzeliwali do późnego wieczora"[24].

Wanda Lurie była w ciąży i ruchy dziecka uświadomiły jej, że musi żyć. Pod zwałami pomordowanych przeleżała trzy dni (!), po czym udało się jej wydostać. Trafiła do kościoła Świętego Wojciecha przy ulicy

Wolskiej, a następnie została przewieziona do Pruszkowa. W szpitalu w Podkowie Leśnej urodziła syna, któremu nie bez powodu dała na imię Mścisław.

Rzeź Woli trwała jeszcze przez następne dwa dni, chociaż przybyły właśnie do Warszawy von dem Bach-Zelewski ograniczył jej zasięg. Zrezygnowano z mordowania kobiet i dzieci, ograniczając się do rozstrzeliwania mężczyzn. Zelewski meldował przełożonym (niezgodnie z prawdą), że zaczyna mu brakować amunicji do egzekucji. Odrzucił także sugerowane wieszanie Polaków zamiast rozstrzeliwania, tłumacząc to czasem. Nie miał jednak na celu względów humanitarnych (jego sumienie obciążały potworne mordy na Wschodzie), był pragmatykiem i uważał, że zbrodnie na Woli utrudnią polityczne rozwiązanie konfliktu. Miał również poważne obawy co do odporności psychicznej podwładnych, wśród wykonawców i obserwatorów zbrodni notowano bowiem przypadki załamań nerwowych.

Egzekucje ostatecznie ustały 12 sierpnia, wciąż jednak obowiązywał rozkaz mordowania wziętych do niewoli powstańców i osób uznanych za „podejrzane".

Na Woli zginęło około trzydziestu ośmiu tysięcy ludzi, a dalsze dziesięć tysięcy na Ochocie. Dokładnej liczby nigdy nie ustalono, w rzezi wymordowano bowiem całe rodziny, a powojenne losy rozproszyły tych, którzy przetrwali. Masakra fatalnie odbiła się na nastrojach ludności cywilnej i wielu warszawiaków okazywało powstańcom otwartą wrogość. Członkowie AK natomiast przestali mieć jakiekolwiek skrupuły moralne wobec jeńców niemieckich.

„Na kwaterze u Haberbuscha [słynny browar warszawski – S.K.] mieliśmy około 40 jeńców – wspominał Tadeusz Pogórski, pseudonim Morwa. – Wiedzieliśmy, że Niemcy rozstrzeliwują naszych powstańców wziętych do niewoli. Jeden z oficerów SS, znany morderca z getta, ofiarował nam walizę kosztowności, aby się wykupić. »Sosna« [major Gustaw Billewicz – S.K.] był tak wściekły, że kazał ich wszystkich rozstrzelać. Był to nasz odwet za Wolę"[25].

Te zbrodnie fatalnie odbiły się na psychice powstańców. Młodzi ludzie oswoili się z bestialstwem, bo śmierć towarzyszyła im stale i wszędzie. Potrafili z niej żartować, nawet z najbardziej osobistych tragedii. „Pamiętam raz w katedrze na Starówce – wspominał Zbigniew Blichewicz – bodaj 15 sierpnia, a było to po wiadomości o wyrżnięciu ludności Kolonii Staszica przez własowców, jak »Wojtek«, mający tam dziewczynę, z którą utrzymywał bliższe stosunki, patrząc w nocy na rozgwieżdżone niebo, rzekł rozmarzonym głosem:

– Już widzę oczami wyobraźni, jak moja Jolanta leci na pasie fabrycznym w charakterze mydła... A że ładna szelma była, więc chyba toaletowe z niej zrobili.

Było to wtedy powiedzonko tak pospolite, że nawet nie skarciłem chłopaka za makabryczny żart. Przeciwnie, razem z innymi wybuchnąłem śmiechem"[26].

„Wojtek" (Wojciech Wroński) miał więcej szczęścia niż jego dziewczyna. Przeżył powstanie, po wojnie osiadł w Kanadzie i pracował jako architekt w Toronto. Zmarł w 2000 roku.

KANAŁY

Wola upadła 11 sierpnia, tego samego dnia Niemcy opanowali Ochotę. Resztki powstańczych oddziałów przebiły się na Stare Miasto i do Śródmieścia. Od tej chwili w rękach AK pozostawały izolowane od siebie enklawy, a teren obsadzony przez powstańców kurczył się z każdym dniem.

Problemem stała się komunikacja pomiędzy poszczególnymi dzielnicami. Wprawdzie aż do 11 sierpnia w Warszawie działała publiczna sieć telefoniczna, ale z oczywistych powodów nie kwalifikowała się do rozmów o znaczeniu militarnym. Łączność radiowa również była zawodna, wobec tego sięgnięto po rozwiązanie sprawdzone podczas walk w warszawskim getcie. Do komunikacji zaczęto wykorzystywać sieć warszawskich kanałów ściekowych.

„Już 6 sierpnia – wspominał Jan Rossman – na polecenie szefa sztabu Okręgu Warszawskiego AK i szefa łączności opracowano projekt wykorzystania kanałów w czasie powstania. [Tego dnia] przybyły jednocześnie dwie łączniczki z Mokotowa do Śródmieścia, 15 sierpnia została już ułożona linia telefoniczna ze Śródmieścia na Stare Miasto. [...] Na Żoliborzu odszukałem pracowników warszawskiej kanalizacji, którzy poinstruowali nas między innymi, jak należy poruszać się w kanałach o małych przekrojach – na czworakach, z kawałkiem drewnianego kija, którym trzeba było podpierać się jednocześnie o boczne ściany kanałów. Drogi kanałami mierzyły po kilka kilometrów – ze Starego Miasta na Żoliborz około 2 kilometrów, ze Śródmieścia na Stare Miasto około 1,5 kilometra, z Żoliborza na Ochotę około 5–6 kilometrów"[27].

Kanały służyły nie tylko do komunikacji, z Żoliborza na Starówkę transportowano pod ziemią broń i środki opatrunkowe. Włazów wejściowych strzegła żandarmeria, obowiązywały przepustki. Pojawiła się specjalna „służba kanałowa", w której skład wchodzili kilkunastoletni chłopcy i dziewczęta, bo do sprawnego poruszania się pod ziemią wskazana była drobna budowa ciała. „Szczury kanałowe" (jak ich pieszczotliwie nazywano) szybko przystosowały się do specyfiki służby, odbywało się to jednak na zasadzie prób i błędów.

Podstawą była nauka specjalnego sposobu poruszania się, kanały miały bowiem przekrój przypominający rurę, bez płaskiego dna. Należało odpowiednio stawiać nogi, aby kolana wytrzymały marsz, a do tego pokonać wstręt do ścieków i odchodów.

„Specyficzny, ostry zapach siarkowodoru – opowiadała Elżbieta Ostrowska »Ela« – zmieszany z wonią zastałego, gnijącego szlamu i butwiejących roślin uderza w nozdrza. Światło latarki, żółte i skoncentrowane, pada kilka metrów w głąb kanału, ślizga się wzdłuż sklepionych ścian pokrytych liszajami wilgoci, wreszcie rozprasza się i znika. Powierzchnia sięgającego po pas błota połyskuje w blasku jak czarny, płynny metal. [....] Wysokość kanału w najszerszym miejscu nie przekracza półtora metra. Należy więc pochylić głowę – niżej, jeszcze niżej.... Oprzeć ręką o oślizgłą ścianę, ugiąć w kolanach nogi"[28].

„Szczury kanałowe" testowały obuwie. Na początku zakładano kalosze, ale zbierały się w nich woda i ścieki. Nieprzydatne okazały się również trampki, łatwo bowiem mogły być przecięte przez szkło i ostre przedmioty zalegające na dnie. Najlepsze okazały się solidne wojskowe buty, ale dopiero „po wycięciu czubków, żeby woda się wylewała".

„Na dole spodenki gimnastyczne – tłumaczył Tymoteusz Duchowski (»Motek«). – Na górze niemieckie peleryny, pod nimi coś ciepłego, bo w kanale temperatura oscylowała wokół 9 stopni. Na głowie często szmata [...], żeby nie rozbić czaszki o sklepienie. Hełm raczej nie wchodził w grę, bo przy uderzeniu rozlega się huk. Echo w kanale wyprzedza człowieka o 20 minut"[29].

Niemcy szybko się zorientowali, że kanałami odbywa się komunikacja, i usiłowali temu przeciwdziałać. Początkowo wsypywali przez włazy piasek, potem zaczęli wstawiać do środka szyny tramwajowe, zasypując je cementem. A w przypadku podejrzanych odgłosów wrzucali do wnętrza granaty albo karbid, w połączeniu z wodą wytwarzający groźny acetylen.

Kanały okazały się niezastąpioną drogą ewakuacyjną, a po raz pierwszy użyto ich w tym celu już 7 sierpnia na Ochocie. Grupa powstańców broniąca tzw. Reduty Wawelskiej (pomiędzy ul. Wawelską, Pługa, Mianowskiego i Uniwersytecką) wycofała się niewielkim kanałem o przekroju sto dziesięć na sześćdziesiąt centymetrów. Właz kanału był jednak pod ostrzałem, wobec tego zrobiono do niego przekop (!) z jednego z budynków. Ewakuacja zakończyła się sukcesem, w ciągu sześciu godzin z otoczonej placówki zniknęło osiemdziesięciu trzech powstańców. Niemcy nie ukrywali zdziwienia, gdy po zdobyciu reduty nie zastali w niej obrońców.

Jeszcze większe zaskoczenie spotkało okupantów trzy tygodnie później. W ostatnich dniach obrony Starego Miasta rozpoczęto zorganizowaną ewakuację do Śródmieścia. Zniknęła cała załoga dzielnicy, a hitlerowcy zastali na Starówce tylko ludność cywilną oraz rannych i chorych. Uświadomili sobie wówczas, że powstańcy mogą niepostrzeżenie pojawić się w każdym miejscu stolicy.

Ostatnią względnie udaną ewakuacją był odwrót z Powiśla i Czerniakowa na Mokotów. „Okazuje się, że idziemy na Mokotów – wspominała Wiesława Kamper (»Sławka«) z batalionu »Parasol«. – Cieszę się, że jesteśmy jako tako poubierani. Robi się głęboko i już nam sięga do pasa. Jestem tak zmęczona i śpiąca, że nawet woda i marsz nie przeszkadzają mi w spaniu. [...] Szereg nagle zatrzymał się. 15-minutowy postój. Trzeba rozminować barykady zrobione przez Niemców w kanałach. [...] U góry zasieków kolczastych zrobiono otwór i przez niego kolejno przeciskamy się. Za barykadą chlusnęłam w wodę, a w dodatku jest tu niżej i głębiej – woda sięga nam do ramion, prąd rwie. Co chwila poślizguję się, idę naprzód, ale w wielkiej odległości nie widzę nikogo przed sobą, tylko z daleka jakieś światełko. Widocznie gdzieś skręcili, bo światło zniknęło. Boję się strasznie zgubić, odłączyć [...]. Odgłos kroków rozchodzi się jednak po kanale. Za mną dostrzegam »Fabiana« [Janusz Werner – S.K.]. Nareszcie nie jestem sama. Ostatkiem sił idę szybko naprzód, by ich dogonić"[30].

Mokotów skapitulował 27 września, chociaż „Monter" nakazał dalszą walkę i usiłował zawrócić (!) wędrujących kanałami powstańców. Przejście żołnierzy i ludności cywilnej do Śródmieścia okazało się jedną z najtragiczniejszych kart powstania, a przy włazach ewakuacyjnych działy się dantejskie sceny.

„[...] rozdawano chłopcom broń, żeby przenieśli ją do Śródmieścia – opowiadała Aniela Iwaszkiewicz (»Nela«) z batalionu »Baszta«. – Byłam świadkiem, jak jeden chłopak, któremu dano broń, żeby ją przeniósł, mówi: »Wy mnie teraz broń dajecie? Ja cały czas nie miałem broni w ręku – tu się walczy! Tu Niemcy są! – i trzasnął tą bronią [...] pod nogi. Teraz to ja nie chcę tej broni, ja tu cały czas walczyłem i nie miałem, broni"[31].

Potworne rzeczy działy się też pod ziemią. Co chwila wybuchała panika, całe oddziały gubiły drogę. Grupa powstańców (około 150 ludzi) przez pomyłkę wyszła włazem przy ulicy Dworkowej i została natychmiast przez Niemców rozstrzelana. Reszta brnęła godzinami w cuchnącej brei, często po zwłokach tych, którzy nie wytrzymali trudów marszu.

„Ewa, moja szyfrantka, dostała ataku szału – relacjonował Tadeusz Burdziński (»Zenon III«). – Niesiemy ją kolejno, potykając się o trupy, plecaki i porzuconą broń. Niesamowite wycie Ewy łączy się z odgłosami innych podobnych wrzasków. Widocznie nie ona jedna... Sadzamy Ewę, okrywamy ją płaszczami. Musimy dać jej odpocząć. Siedzi oparta bezwładnie o boczną ścianę kanału. Już nie wyje. Oczy ma szklane. Podnosimy się. Ona już nie daje znaku życia"[32].

Kilkanaście godzin w kanałach to bardzo długo, a ci ludzie mieli już za sobą niemal dwa miesiące apokalipsy Warszawy. Taka przeprawa nawet dla zdrowego i sprawnego człowieka byłaby ciężkim zadaniem, a co dopiero dla wycieńczonych powstańców. Niemal nikt z nich nie wierzył, że jeszcze kiedyś zobaczy słońce.

„Z czasem szeregi zaczęły topnieć – wspominał jeden z członków kompanii »Gustaw« – a idąc wąskim kanałem, nie sposób było opanować sytuacji. Zdarzały się wypadki, że żołnierz w szoku z okrzykiem »Niemcy!« rzucał granat w kolumnę posuwających się przed nim własnych żołnierzy. [...] Po drodze napotykamy obłąkanego nieszczęśliwca biegającego nago wśród trupów i wzywającego swojej »Basi«. Nawoływanie jego niesie echo po opustoszałych już kanałach, inne grupy dawno już powychodziły lub zostały zmuszone do wyjścia pod groźbą użycia gazów"[33].

Po dwudziestu trzech godzinach (!) błądzenia w kanałach nadszedł jednak kres. Z kompanii »Gustaw« zostało już tylko kilka osób i nie było możliwości dalszego marszu. Co chwila cofano się przed niemieckimi blokadami, z włazów sypały się granaty, kompletnie stracono orientację.

„Obłąkanego nieszczęśliwca ciągle nawołującego swoją »Basię« spotykamy jeszcze kilka razy. Jego nawoływania niesione echem po opustoszałych już kanałach stały się w końcu powodem naszej kapitulacji, bo zwabieni Niemcy nawołują już do wyjścia z kanałów. [...] Rozpoczynamy pertraktacje. Niemcy przyrzekają zostawić nas cało i oświadczają, że czekają na nas przy włazie na powierzchni. Rzucamy broń i wychodzimy, pierwszy idzie obłąkany nagi człowiek"[34].

Do kanałów na Mokotowie weszło kilka tysięcy osób, a do celu dotarło niewiele ponad osiemset. Część wpadła w ręce Niemców, jednak większość pozostała w ściekach na zawsze.

Ewakuację z Mokotowa przeżył dwudziestotrzyletni porucznik Jerzy Stefan Stawiński („Lucjan"). W 1957 roku na podstawie jego scenariusza Andrzej Wajda nakręcił słynny film *Kanał*, a po pokazie filmu na festiwalu w Cannes Stawiński nie mógł opędzić się od amerykańskich producentów. Uznano go za człowieka o niezwykłej wyobraźni i chciano natychmiast zatrudnić w Hollywood. Amerykanie uważali bowiem, że Stawiński wymyślił „wojnę w kanałach", a gdy tłumaczył, że scenariusz napisał na podstawie własnych przeżyć, nikt nie chciał w to uwierzyć.

ŻYCIE CODZIENNE POWSTAŃCÓW

Od pierwszych dni walk dzielnice opanowane przez Armię Krajową przypominały plac budowy. Na ulicach powstawały barykady, a w ścianach domów wybijano dziury, przygotowując ciągi komunikacyjne. Miasto pokryło się gęstą siecią przejść, zaułków i kryjówek, a piwnice adaptowano na prowizoryczne schrony i punkty opatrunkowe. Zdania na temat ich przydatności były jednak podzielone, chroniły wprawdzie przed odłamkami i ostrzałem z broni strzeleckiej, ale stawały się śmiertelną pułapką w przypadku zawalenia się budynku.

Po dwóch tygodniach walk miasto znalazło się na skraju katastrofy epidemiologicznej. W połowie sierpnia przestały bowiem działać wodociągi, a po upadku elektrowni na Powiślu nie było prądu. Przed ujęciami wody ustawiały się długie kolejki i w pośpiechu kopano nowe studnie. A sierpień 1944 roku był wyjątkowo upalny i słoneczny.

„Brak wody, światła i gazu – meldował 26 sierpnia major Tadeusz Wardejn-Zagórski („Gromski"). – Kanalizacja w większości domów nie funkcjonuje, klozety są tak pozapychane, że ludność zaczyna korzystać z byle zakątka dla załatwienia swych potrzeb naturalnych. Odór straszny, nie widać nigdzie budowy latryn publicznych, zresztą nie ma ich gdzie budować, gdyż na każdym skwerku są groby i przybywa ich z godziny na godzinę"[35].

Woda stała się towarem deficytowym, a zabiegi higieniczne niedostępnym luksusem. Szerzyły się czerwonka, wszawica i świerzb, szczególnie cierpiały dziewczęta z trudem przystosowujące się do sytuacji. Gdy pod koniec sierpnia pluton „Jerzyków" ze zgrupowania „Radosław" znalazł na nowej kwaterze beczkę z mocno nieświeżą deszczówką, uznano, że woda do umycia głowy „jeszcze się nadaje". Dziewczęta zadbały więc o „poprawę wyglądu i urody" i „z umytymi i uczesanymi włosami były jak nowe". Nie na długo jednak, wkrótce bowiem nadleciały sztukasy i posypały się bomby.

„Patrzyliśmy na siebie ze zdumieniem – wspominał Edmund Baranowski »Jur«. – Wszyscy byliśmy pokryci grubą warstwą ceglanego pyłu. Po upiększających zabiegach dziewcząt nie pozostał żaden ślad. Umyte starannie głowy pokrywał pył. Były teraz nie do poznania" [36].

Mężczyźni okazywali się bardziej przewidujący, inna sprawa, że ich wspomnienia na ten temat są raczej odstręczającą lekturą. „Z higieną zresztą różnie bywa – przyznawał Lech Hałko (»Cyganiewicz I«). – Jeśli uda się zdobyć kubełek wody, to duża radość i tzw. kąpiel. Mydłem i szmatką!

Podziwiam, jak oszczędnie jednym kubełkiem umył się cały nasz pluton, podejrzewam jednak, że nie wszyscy to zrobili. Swoją przedwojenną szczoteczkę do zębów noszę w kieszonce koszuli, ale musiałem odłamać kawałek rączki, bo nie chciała się zmieścić. Zęby czyszczę na sucho, zabrakło mi już proszku i pasty. Zupełnie źle było również ze zmianą bielizny, dopóki nasze dziewczęta nie zdradziły się, że wyszabrowały gdzieś sporo nowej, niestety damskiej, w czterech kolorach: beżowym, różowym, niebieskim i białym. Ten ostatni został przez nas zatwierdzony, więc idą w ruch nożyczki. Obcinamy piękne koronki i dopiero teraz daje się coś takiego zaakceptować" [37].

„Cyganiewicz" miał zresztą inne problemy. Powstanie rozpoczął wprawdzie w sandałach, ale wkrótce zdobył piękne skórzane buty. Niemieckie oficerki okazały się jednak za ciasne i miał z nimi mnóstwo kłopotów. Próby ich rozciągnięcia nie przyniosły efektów, ale „Cyganiewicz" nie chciał się z nimi rozstać. Były trudności ze zdejmowaniem ich na noc, a brak wody i czystej bielizny jeszcze pogłębiały dyskomfort.

„Dokuczają mi ciasne buty z cholewami – żalił się. – Nie mogę ich zdjąć bez czyjejś pomocy. Operacja ta wymaga współpracy drugiej osoby.

Wygląda to tak: kładę się na plecy, a kolega bierze mój but między swoje nogi i mocno trzyma stopę obydwoma rękami. W odpowiednim momencie z całej siły pcham drugą nogą tyłek kolegi, aż on zostaje z moim butem w swoich rękach, niestety, owiany nie bardzo przyjemnym zapachem! Trudno się dziwić, skarpetki prane były jeszcze w domu, czyli przed powstaniem. Dla mnie jest to moment niepewności, bo niekiedy pomagierzy nie wytrzymują i pozostaję z jednym butem na nodze, chyba że uda mi się ich przekupić paczką papierosów"[38].

„Cyganiewicz" zapewne starał się mieć odpowiednią liczbę papierosów, w tym czasie przeżywał bowiem gorący romans z łączniczką Stefanią Fabisiak („Marta"). Czasami parze udawało się znaleźć opuszczone mieszkanie i spędzić razem noc, nie wiadomo, jak wówczas dawał sobie radę ze zdjęciem butów. Na ten temat zachował dyskrecję, niewykluczone zresztą, że wybierając się na randkę, zmieniał wcześniej obuwie.

Powstanie miało trwać tylko kilka dni i nikt w mieście nie przygotował odpowiednich zapasów żywności. Po rozpoczęciu walk przestały funkcjonować szlaki zaopatrzeniowe z podwarszawskich miejscowości, a stołeczne magazyny szybko zostały opróżnione.

„Zupełny brak chleba – alarmował major Tadeusz Wardejn-Zagórski. – Nie tylko ludność cywilna, ale nawet wojsko, nawet sztaby nie dostały chleba od ubiegłego wtorku, czyli 5 dni! Względnie regularnie kuchnie wydają obiady żołnierskie dla rannych i chorych, ale ich wartość kaloryczna spada ciągle. Jest to tylko zupa chuda z kaszy z dodatkiem krajanych kartofli, czasem trochę grochu lub klusek, a co dzień ta sama. Brak kawy i ogromne jej oszczędzanie przy wydawaniu z kuchni wojskowej i publicznej sprawia, że ludzie nie mając nic do picia – piją wodę surową (często ze studzien zanieczyszczonych), co powoduje choroby żołądka panujące nagminnie"[39].

Z upływem czasu było coraz gorzej, skończyły się bowiem także zapasy żywności zdobyte na Niemcach. Powstańcze oddziały zaczęły głodować.

„Z kulinarnego punktu widzenia podzieliłbym powstanie na następujące okresy – zauważył ironicznie Jan Kurdwanowski (»Krok«). – Okres wolski – grochówka i papierosy, okres wczesno-staromiejski – konserwy i koniak, okres późno-staromiejski – cukier, okres śródmiejski – sago, okres czerniakowski (schyłkowy) – woda z Wisły"[40].

Prawdziwym postrachem powstańczego menu okazała się zupa-pluj gotowana z niełuskanego jęczmienia ze składów browaru Haberbuscha i Schiele. Zupa zawdzięczała swą nazwę temu, że w czasie jedzenia trzeba było stale wypluwać łupiny.

„Czasami zupa jest słodka, innym razem słona – tłumaczył Hałko. – Raz była bez cukru i bez soli. Taka nie do przełknięcia mdła papka. No i te łuski! Nie daje się tego świństwa pogryźć ani przełknąć. Robimy więc sobie zabawę: kładzie się pustą puszkę lub jakieś naczynie między nogami, mniej więcej w odległości metra, i próbuje trafić łuską do celu. Są robione nawet zakłady, komu się to uda najlepiej"[41].

Specyfika walk w mieście spowodowała, że na stanowiska w ruinach Poczty Głównej zupa dojeżdżała „kolejką linową". Gotowano bowiem zupę po przeciwnej stronie ulicy, która była pod silnym ostrzałem niemieckich karabinów maszynowych. Z reguły posiłek docierał jednak do powstańców, ale gdy pewnego dnia hitlerowcy dobrze się wstrzelili, do odbiorców dotarła jedynie rączka od kubła.

Głód bywa skutecznym doradcą, korzystano więc z każdej okazji, aby urozmaicić jadłospis. Było lato, dojrzewały warzywa i owoce, chociaż wyprawy do opuszczonych ogródków działkowych były niebezpieczne, to niechęć do zupy-pluj powodowała, że podejmowano to ryzyko.

„Idziemy cicho na przedpola – wspominała »Sławka«. – Co chwila Niemcy rozświetlają rakietami. Przewodnik pokazał nam drogę, sam został. Dziwne, gdy człowiek dla kartofli idzie na tak niebezpieczną wyprawę. Jesteśmy na miejscu, zaczynamy macać krzaki (działki mokotowskie) i wyrywać. Mnie to nie idzie. Jasio Modzelewski ma już cały worek i pomaga mi. Nic dziwnego. Chłopak z »lasu« (z wileńskiego).

[...] Zaczynają się przygody z pękaniem worków, coraz komuś wysypuje się część zdobyczy. »Mały« po drodze chrupie kapustę prosto z główki jak zając. [...] Na kwaterze cieszą się z naszego łupu, bo chyba już nie umrzemy z głodu, a kartofli nie jedliśmy od początku powstania (na Starówce były jakieś płatki kartoflane – ohydztwo, brr...)"[42].

Powstańcy nie byli jednak wegetarianami, a ich młode organizmy domagały się mięsa. Gdy skończyły się zapasy konserw, wybito konie – ostatnie sztuki zniknęły ze stolicy w połowie września. Pozostały jednak inne zwierzęta domowe.

„Jedliśmy cukier – relacjonowała Halina Chlistunow (»Alika«). – Nigdy nie lubiłam słodyczy, ale cukier w kostkach uwielbiam do dziś. Nie brakowało go do końca powstania. Jedliśmy czasem jakieś suchary, jakiś podejrzany tłuszczyk, taki w pudełeczku. Mój brat, którego odnalazłam, też nie wiedział, co to jest. Ze dwa razy byłam wtedy zaproszona na jakiś jubel. Zdaje się, że jedliśmy wtedy pieska. Okazało się potem, że jednej pani zginął pudelek. Zresztą pieski w powstaniu często ginęły"[43].

Spożycie psiego mięsa stało się tak powszechne, że w wielu powstańczych relacjach są o tym wzmianki. Był to czas, kiedy rządziła wyższa konieczność, w obliczu głodu znikały przyzwyczajenia kulturowe. Pogłowie psów w stolicy drastycznie spadło, do kotła szły również inne gatunki zwierząt domowych. Jak długo bowiem można było żywić się zupą-pluj bez żadnej okrasy?

W trzeciej dekadzie września stacjonujący w Śródmieściu oddział Kazimierza Leskiego odwiedzili znajomi dowódcy z czasów pracy w II Oddziale Sztabu Generalnego. Gości należało odpowiednio przyjąć, tego niełatwego zadania podjęła się łączniczka Halina Szeptycka („Halina"). Przygotowała owies „ugotowany na coś w rodzaju kaszy" z dodatkiem „maleńkich kawałków, dość zresztą twardych, prawdziwego mięsa". Wszystkim potrawa bardzo smakowała, a Halina „dyplomatycznie nie udzieliła informacji na zapytanie o pochodzenie okrasy". Potem przyznała się jednak Leskiemu, że „był to bodajże ostatni już kotek w okolicy".

Oddzielnym problemem powstańczych oddziałów było nadużywanie alkoholu. Ale czy można się temu dziwić? Młodzi ludzie żyjący w ekstremalnych warunkach pili w celu dodania sobie odwagi czy też dla relaksu po zakończeniu walki. Opijano pamięć poległych kolegów. Trunki służyły również do poprawy funkcjonowania układu pokarmowego nadwerężonego fatalną dietą i powszechnym brudem.

[...] alkoholu było dużo, nawet o wiele za dużo – przyznawał Kazimierz Leski. – Praktycznie w każdej zdobytej przez nas instytucji niemieckiej znajdowała się dobrze zaopatrzona piwnica. Takie piwnice byliśmy w stanie upilnować. Alkohol znajdujący się jednak w prywatnych mieszkaniach w większości domów [...] był nie do upilnowania. Choć ludzie nasi rozumieli, że i w sprawach picia konieczny jest rozsądek, to jednak każdy chciał mieć ten swój zapasik. I było go przecież gdzie zdobyć. Także przykład niektórych oddziałów, niedalekich terytorialnie, nie zawsze był najlepszy. Muszę jednak przyznać, że większe nadużycie alkoholu na naszym odcinku było raczej sprawą sporadyczną, rzadsze niż gdzie indziej"[44].

DYLEMATY

„W tych dniach w Warszawie toczy się bitwa – meldował 24 sierpnia swoim przełożonym przebywający w Warszawie Brytyjczyk sierżant John Ward – jakiej charakter chyba trudno zrozumieć narodowi brytyjskiemu. To bitwa, w której czynny udział bierze tak ludność cywilna, jak i AK [...]. To wojna totalna. Przez minione dwadzieścia cztery dni linią frontu jest każda ulica miasta. Nieprzyjacielskie moździerze, artyleria i lotnictwo zbierają obfite żniwo wśród ludności. Nie można oszacować strat materialnych"[45].

Od pierwszych dni powstania redutami obronnymi stały się również kościoły i klasztory, a hitlerowcy mordowali duchownych tak samo jak osoby świeckie. W miarę możliwości powstańcy starali się jednak zabezpieczyć przed zniszczeniem i profanacją najcenniejsze przedmioty kultu. Należała do nich cudowna figura Jezusa Nazareńskiego z archikatedry Świętego Jana. Średniowieczną rzeźbę (zwaną krucyfiksem Baryczków) wyniesiono z płonącej świątyni i umieszczono w piwnicach kościoła Dominikanów. Leżeli tam wówczas ranni, co stało się powodem pewnego nieporozumienia.

„W podziemiach kościoła znajdował się szpital – opowiadała Barbara Gancarczyk (»Pająk«). – Rannych układano wprost na posadzce, jednych obok drugich. Wśród tych rannych położono figurę Pana Jezusa. Opowiadał kiedyś ksiądz, który bywał wśród tych rannych, spowiadał ich, udzielał ostatniego sakramentu. Pod ścianą spostrzegł leżącą postać przykrytą żołnierskim płaszczem. Zapytał leżącego, czy może chce się wyspowiadać. Nie usłyszał odpowiedzi, pomyślał więc, że leżący już pewnie nie żyje. Sięgnął ręką pod płaszcz i upewnił się, że ta osoba musiała już dawno umrzeć, bo jest zimna i jakaś skostniała, zesztywniała. Uważał, że trzeba ją w tej sytuacji wynieść. Zapalił zapałkę i okazało się, że to nie zmarły, ale figura Pana Jezusa. W kilka dni później ten kościół został zbombardowany. Zginęło bardzo wiele osób, a Pan Jezus jakimś cudem ocalał. Był nienaruszony"[46].

W klasztorze Sakramentek znajdującym się na Rynku Nowego Miasta po raz pierwszy od trzystu lat zawieszono obowiązującą klauzurę. Przełożona zgodziła się na urządzenie tam szpitala, a przybyłym na rozmowę powstańcom odpowiedziała: „od czasu jak nasz zakon istnieje, nie było precedensu [...] aby została złamana klauzura, która jest znamieniem zakonu naszego", ale rozumie, że „chwila dla Polski była tak osobliwa" i wymaga specjalnego zachowania. W budynkach klasztornych znalazło schronienie ponad tysiąc rannych i chorych.

W ostatnich dniach walk o Stare Miasto Niemcy postawili sakramentkom ultimatum: klasztor miał zostać ewakuowany 31 sierpnia do godziny 15.00 albo zostanie zniszczony. Przeorysza zwróciła się o radę do dowództwa AK i usłyszała, że „widok sióstr duchownych opuszczających swoje stanowiska byłby dla żołnierzy bolesnym ciosem". Wobec tego zakonnice zostały, a klasztor zbombardowano. Zginęło około tysiąca osób świeckich i trzydzieści pięć sióstr sakramentek.

Liczba ofiar powstania przekroczyła wszelkie wyobrażenia. Początkowo zabitych grzebano w trumnach, a nad grobami powstańców oddawano salwę honorową. Potem zabrakło trumien, a kule oszczędzano na Niemców. Dziedzińce i trawniki zamieniły się w cmentarze i właściwie trudno było znaleźć wolną przestrzeń bez świeżych grobów.

W połowie sierpnia oficjalnie ogłoszono, że zmarłych i zabitych należy grzebać na cmentarzach polowych, tzn. na placach, skwerkach i podwórzach. Przy każdym pochowanym powinna zostać zakopana butelka z personaliami ofiary, nałożono również obowiązek spisania w dwóch egzemplarzach protokołu zgonu. Nawet to okazało się jednak niewykonalne, za sukces można było uznać już samo zorganizowanie pochówku. Znacznej liczby ciał pogrzebanych pod gruzami nie udało się w ogóle wydobyć. Najbardziej przerażające jest, że po wojnie wiele szczątków na zawsze pozostało w podziemiach, a w tych miejscach powstały nowe budynki lub ulice. Życie wielu dzielnic stolicy toczy się dzisiaj na powstańczych cmentarzach.

Andrzej Janicki wspominał: „Ludzie ginęli pojedynczo, gromadnie, czasami całymi rodzinami od kul karabinowych, od pocisków artyleryjskich, od bomb zrzucanych z samolotów, od chorób, na które zabrakło lekarstw. W ten sposób zmarł mój kolega szkolny i przyjaciel Olgierd Skirgiełło, student medycyny. Ratował chłopca chorego na dyfteryt, sam się zaraził, nie było ratunku. Nie mniej bohaterska śmierć niż od kuli na barykadzie"[47].

MIŁOŚĆ W CIENIU ŚMIERCI

Według oficjalnych statystyk w dniach Powstania Warszawskiego zawarto dwieście pięćdziesiąt sześć małżeństw. W rzeczywistości liczba ślubów była większa, nie zawsze bowiem dało się dopełnić obowiązku rejestracji. Wprawdzie 18 sierpnia „Monter" wydał rozkaz uzależniający udzielenie sakramentu od zgody Szefostwa Duszpasterstwa Komendy Okręgu, ale w praktyce uzyskanie takiej zgody nie zawsze było możliwe. Podobnie jak przekazanie informacji o zawartych związkach.

Kapelani powstańczy specjalnie nie przejmowali się rozkazami. Doskonale wiedzieli, że młodzi ludzie, którzy chcą się pobrać, mają niewielkie szanse na przeżycie najbliższych dni. Nie stwarzali zatem problemów i właściwie wystarczyła tylko dobra wola obu stron.

Procedurę maksymalnie uproszczono, zapowiedzi dawano tylko raz (albo wcale), a sama ceremonia trwała zaledwie kilka minut. Niekoniecznie też musiała odbyć się w kościele, często ślubów udzielano w piwnicach lub mieszkaniach prywatnych. Zresztą decyzje o ślubie również czasami podejmowano zupełnie spontanicznie.

„Mąż [mój] późniejszy wyszedł z tych kanałów – wspominała Maria Piechotka (»Marianna«). – Pojawił się na Bartosiewicza w mundurze esesmańskim, znaczy w panterce. Powiedział: »Słuchaj, to jest jedyny moment, żebyśmy się pobrali, bo ja mam nareszcie całe spodnie«. Bo przedtem mu się to raczej nie zdarzało. Mnie Powstanie zastało w jakiejś sukience, która już po kilku dniach była dosyć brudna, więc postanowiłam ją wyprać. Wyprałam, powiesiłam na sznurku. W międzyczasie sąsiadka, pani zresztą zupełnie mi nieznana, pożyczyła mi swoją sukienkę, żebym miała na zmianę. Moja spaliła się razem z całą kamienicą i zostałam w tej cudzej sukience. W niej chodziłam już, jako jedynym stroju, aż do końca Powstania. To była moja suknia ślubna. Ponieważ sandałki mi się oczywiście rozleciały, to pożyczyła mi buty nasza wspólna koleżanka, która miała rozmiar o cztery większy od mojego. Wobec tego buty były, powiedzmy sobie, luźne"[48].

Maria Huber i Kazimierz Piechotka pobrali się 30 sierpnia w kościele Dzieciątka Jezus przy ulicy Moniuszki. Świątynia była na wpół zburzona, a na podłodze leżało dużo szkła z wybitych okien. Na uroczystość przyszło dwadzieścia osób.

Prawdopodobnie pierwszym powstańczym małżeństwem byli Teresa Bagińska i Zdzisław Poradzki ("Kruszynka"), jeden z uczestników zamachu na Kutscherę. Właściwie ślub odbył się jeszcze przed godziną „W" i państwo młodzi prosto z uroczystości udali się na miejsce zbiórki swoich oddziałów.

Ślubom często towarzyszyły pogrzeby, taka była bowiem powstańcza rzeczywistość. Przyszłości nie planowano na lata, a nawet na miesiące, liczyły się tylko najbliższe godziny. Wiele par nie dożyło końca powstania, a czasami chwilę zaślubin dzieliło od wdowieństwa kilka godzin.

Nietypowe były również obrączki (często zastępowały je nakrętki), a najlepszym prezentem ślubnym okazywało się zwolnienie ze służby na najbliższą noc. Jedna z łączniczek wspominała, że tego dnia koledzy roznieśli za nią wszystkie meldunki, inna para otrzymała zaś w prezencie ślubnym wannę pełną wody do kąpieli.

Czasami związki finalizowano już po wojnie, liczne wojenne miłości nie przetrwały jednak próby czasu. W wielu wypadkach nawet tak ekstremalne przeżycie jak powstanie nie związało ze sobą par. Niektóre znajomości miały przelotny charakter i od początku nie było szans, aby zakończyły się na ślubnym kobiercu. To byli przecież młodzi ludzie, którzy nie zawsze poważnie traktowali sprawy seksu.

„Pod presją walki wybuchała intensywność uczuć – stwierdził Jerzy Janczewski (»Glinka«). – Istniało pewne rozluźnienie norm. Znałem osiemnastoletnią sanitariuszkę, która uważała mnie za bohatera. Alkoho-

lu nie piliśmy, ale jak w nocy znaleźliśmy puste mieszkanie, to się kochaliśmy, oddając się sobie bez reszty"[49].

OBERLANGEN

Kolejna „epidemia miłości" wybuchła w ostatnich dniach wojny, w obozie jenieckim w Oberlangen.
W stalagu przebywało ponad tysiąc siedemset dziewcząt z powstania, a 18 kwietnia 1945 roku obóz wyzwo-
lili żołnierze 1 Dywizji Pancernej generała Maczka. Wy-
zwolili i padli ofiarą uroku dziewcząt z AK.

Na początku czerwca do obozu przyjechał „Cyganiewicz", szukając siostry i ukochanej Steńki. Gdy
udało mu się dostać do wnętrza obozu i zobaczył swoje dawne koleżanki, nie ukrywał zaskoczenia: „Rozglą-
dam się i oczom nie wierzę. Wszystkie dziewczęta jak
lalki, w pięknych mundurach, obcych, angielskich, ale
dopasowanych, szminka na ustach, puder na twarzy,
koafiury świąteczne, same cuda!"[50].

Odnalazł Steńkę i natychmiast tego pożało-
wał. Dziewczyna pojawiła się „elegancka, wystrojona,
jeszcze piękniejsza niż w Warszawie", ale najwyraźniej
jego przyjazd nie wzbudził w niej zachwytu: „»Cyganiewicz«! Jak ty wyglądasz! Wojna skończyła się dwa
miesiące temu, a ty jeszcze w łachach chodzisz! Guziki
masz poobrywane! Wstyd! Poza tym brat twój przyjechał i twierdzi, że ty nie żyjesz!"[51].

Steńka najwyraźniej zdążyła go już opłakać
i ułożyła sobie życie na nowo. A Hałko niezbyt ładnie
się prezentował na tle eleganckich żołnierzy Polskich
Sił Zbrojnych. Inna sprawa, że gdy oni adorowali dziewczęta w Oberlangen, on zdążył już uciec z niemieckiego
obozu i nawet przyłączyć się do czeskiej (!) partyzantki.

Pancerniacy generała Maczka nie byli jedynymi rywalami chłopców z AK. Niebawem pojawili się członkowie Samodzielnej Brygady Spadochronowej, ci sami, na których bezskutecznie czekano kilka miesięcy wcześniej w Warszawie. Rywalizacja była nierówna, powstańcy nie mieli bowiem kosmetyków, „papierosów, czekolady i angielskiego żołdu". Zabrakło im również „werwy, animuszu i ochoty".

„Widziałem na własne oczy – żalił się »Cyganiewicz« – jak »Czarna Baśka« [Barbara Chojnacka – S.K.], bohaterka walk na Starówce, piękna niebieskooka brunetka, ciągnęła za sobą cały sznur spadochroniarzy, chłopaków jak lalki. Każdy po dwa metry wzrostu, wszyscy z paczką pod pachą, a dwóch z bukietem kwiatów"[52].

Niebawem pojawili się kolejni adoratorzy. Informacje o „babińcu w Oberlangen" dotarły do polskich pilotów i od razu „gwałtownie spadły akcje pancerniaków i spadochroniarzy". A „Cyganiewicz" doszedł do wniosku, że „lotników również nie polubi".

„Steńka jest piękną kobietą – tłumaczyła mu siostra – i od wyzwolenia adoruje ją wielu stęsknionych za Polkami żołnierzy 1 Dywizji. To bardzo imponuje i zachęca do nadrobienia straconego przez wojnę i niewolę czasu. Tymczasem ty zniknąłeś w wojennej zawierusze. Może byłoby lepiej, gdybyś zapomniał o tym, co wspólnie przeżyliście w Powstaniu. Jesteś młody i na pewno zakochasz się jeszcze nieraz"[53].

„Cyganiewicz" poszedł za radą siostry i wyjechał do Włoch, do II Korpusu generała Andersa. Do Polski nigdy nie wrócił, osiedlił się ostatecznie w Kanadzie. Stalag w Oberlangen pozostaje natomiast ewenementem na skalę ogólnoeuropejską. Nigdy w jednym miejscu nie odbyła się tak duża liczba ślubów w tak krótkim czasie.

„Rozpieszczone dziewczęta przebierały jak w ulęgałkach i gremialnie zniewalały swoich wyzwolicieli! Obozowy kapelan, ksiądz »Paweł«, ma pełne ręce roboty. Przed ołtarzem staje dzień po dniu para za parą! Przeszło 300 ślubów w obozie w Oberlangen to chyba jakiś rekord"[54].

TRAGICZNY BILANS

Powstanie Warszawskie było jedną z największych katastrof w dziejach narodu polskiego. Niemal całkowitemu zniszczeniu uległa lewobrzeżna Warszawa, a z zabytkowej zabudowy Śródmieścia i Starego Miasta ocalało zaledwie trzy procent budynków! To jednak nie wszystko, ostatecznie mury można odbudować, ważniejsze były inne straty.

„Płonęły biblioteki oraz archiwa – mówił profesor Paweł Wieczorkiewicz. – Jest jedna rzecz, o której rzadko się mówi. Wcześniej do Warszawy zwożono z terenu mnóstwo prywatnych zbiorów – wspaniałe kolekcje obrazów, stare księgi – bo sądzono, że w mieście są bezpieczniejsze niż w małych miasteczkach i dworach. Szczególnie że nadchodziła armia sowiecka, która niczego nie szanowała"[55].

Z dorobku pokoleń pozostał tylko popiół, a to, co nie spłonęło, zostało zrabowane, aby już do kraju nie wrócić.

Przerażająco prezentuje się bilans strat osobowych w powstaniu. Zginęło od stu pięciu do stu trzydziestu tysięcy mieszkańców stolicy (do dzisiaj nie ustalono dokładnej liczby!). W walkach poległo siedemnaście tysięcy powstańców, a dalsze piętnaście tysięcy poszło do niewoli (znaczny ich procent nigdy do kraju nie wrócił). Zniknęło całe pokolenie warszawiaków patriotów, a stolica już nigdy nie miała być tym samym miastem co przed sierpniem 1944 roku. Po stronie niemieckiej zginęło tysiąc pięciuset siedemdziesięciu żołnierzy i oficerów, a siedem i pół tysiąca zostało rannych. Bilans strat wynosi jeden do stu. To była rzeź, a nie wojna[56].

„Pozostała tylko legenda i długie szeregi żołnierskich grobów na cmentarzu Powązkowskim. Leży tam pokotem kwiat warszawskiej młodzieży, kwiat Armii Krajowej. Leży batalion za batalionem, kompania za kompanią, pluton za plutonem"[57].

Każdy naród musi mieć własne legendy, ale tym razem cena była zbyt wysoka. Ci ludzie poświęcili swoje życie na darmo, ich ofiara okazała się zbędna. Polska straciła bowiem niepodległość, stając się częścią sowieckiego imperium.

Rozdział 2.
„Greta" i „Nowak"

KURIER Z WARSZAWY

C zekałem w saloniku mieszkania na Górnym Mokotowie – pisał Jan Nowak-Jeziorański o okolicznościach poznania swojej przyszłej żony – kiedy w drzwiach stanęła szczupła, bardzo zgrabna dziewczyna o zadartym nosku i ślicznych, dużych, lekko skośnych oczach. Uczesana była à la Greta Garbo i trochę ją przypominała"[1].

Była to łączniczka Jadwiga Wolska („Greta"), która miała odebrać od niego dokumenty. Dziewczyna od razu spodobała się kurierowi, a z jej strony wyczuł „nieśmiałe zainteresowanie". Jeziorański był rasowym mężczyzną i natychmiast zareagował na sygnał. Wbrew wszelkim konspiracyjnym zasadom nawiązał z nią rozmowę. Wyszli wprawdzie z lokalu osobno, ale zaraz spotkali się w tramwaju. Dziewczyna nie dała się jednak zaprosić na kawę i niebawem zniknęła.

Zdzisław Antoni Jeziorański miał wówczas dwadzieścia dziewięć lat i piękną kartę niepodległościową za sobą. Był absolwentem stołecznego gimnazjum imienia Adama Mickiewicza, uczył się w jednej klasie z Janem Kottem i Ryszardem Matuszewskim. Większe znaczenie miała jednak jego szkolna znajomość z Janem Kwiatkowskim, synem wicepremiera i ministra gospodarki Eugeniusza Kwiatkowskiego. To właśnie on namówił Jeziorańskiego na studia ekonomiczne w Poznaniu, które Zdzisław ukończył w 1936 roku. Na uczelni objął stanowisko starszego asystenta w katedrze ekonomiki, co nie przeszkodziło mu w ukończeniu Szkoły Podchorążych Rezerwy Artylerii we Włodzimierzu Wołyńskim.

Jeziorański pochodził z patriotycznej rodziny i od najmłodszych lat poważnie traktował obowiązki wobec ojczyzny. „Od dziecka wbijano nam w głowę – wspominał po latach – że we wszystkich bez wyjątku powstańczych zrywach brali udział jacyś Jeziorańscy, a za czasów Kościuszki prapradziadek sprzedał nawet nieruchomości na Solcu i ufundował oddział jazdy, w którym sam służył. W Pierwszej Brygadzie żadnego Jeziorańskiego nie było, ale za to w armii Hallera jeden z kuzynów, Tadeusz Jeziorański, zdobył Virtuti Militari. [...]

Od małego dziecka uczono mnie zdejmować czapkę na widok weterana 1863 roku. [...] Ledwo nauczyłem się czytać, gdy jedna z ciotek zaprowadziła mnie pod Krzyż na stokach Cytadeli, gdzie z dumą pokazano mi nazwisko Jana Jeziorańskiego, wyryte obok nazwisk członków Rządu Narodowego z Trauguttem na czele, straconych w tym dniu na szubienicy"[2].

Wzorem dla dorastającego chłopca były lwowskie Orlęta, a szczególnie poległy za ojczyznę trzynastoletni Adam Kalinowski. Wielokrotnie czytał *Dzieci Lwowa* Heleny Zakrzewskiej, a następnie przyszła fascynacja bohaterami Sienkiewiczowskiej *Trylogii*.

Podczas kampanii wrześniowej Jeziorański dostał się do niewoli niemieckiej, miał jednak sporo szczęścia, większość żołnierzy jego jednostki wpadła w ręce Rosjan i trafiła do Katynia. Zdzisław natomiast, w towarzystwie młodego działacza PPS Józefa Cyrankiewicza, zbiegł z niewoli. Przyszły premier PRL zrobił na nim wówczas bardzo pozytywne wrażenie.

Jeziorański przedostał się do Warszawy i tak jak wielu innych przedstawicieli inteligencji zarabiał na życie wstawianiem szyb w oknach, po kampanii wrześniowej było na to duże zapotrzebowanie. A kiedy popyt się zmniejszył, zajął się handlem.

„[...] Jeździłem więc podmiejskim pociągiem na jarmarki do Żyrardowa lub innych podmiejskich miasteczek. Na jednym z takich jarmarków spotkałem przypadkowo kolegę z seminarium Taylora [profesor ekonomii z Poznania – S.K.] Kazimierza Wandelta. On handlował sztuczkami płótna, a ja naftą i masłem. Ryknęliśmy śmiechem na swój widok. Oto dwóch młodych adeptów ekonomii przygląda się sobie wzajemnie w nowej i całkiem nieoczekiwanej roli"[3].

Stabilizację finansową przyniosło mu wreszcie stanowisko administratora dwóch warszawskich kamienic. Mógł wówczas zająć się działalnością konspiracyjną, wstąpił do ZWZ i trafił do Akcji „N" – komórki zajmującej się walką psychologiczną z okupantem. Przygotowywano tam, a następnie rozprowadzano pisma i ulotki w języku niemieckim, które miały sprawiać wrażenie, że są produktem wewnętrznej, antyhitlerowskiej opozycji.

Jeziorański był dla podziemia cennym nabytkiem, przez całe lata mieszkał bowiem w Poznaniu, który został włączony do Rzeszy.

„Zabrałem się do roboty z całą energią i zapałem, na jaki było mnie stać. Nie chodziło o przerzucanie wydawnictw Akcji »N« przygodnie i przy okazji. Trzeba było zorganizować zastęp kurierów i stworzyć im warunki bezpiecznego i częstego przekraczania granicy w obu kierunkach. Konieczne było także zbudowanie na ziemiach przyłączonych do Niemiec sieci odbiorców, którzy zajmą się kolportażem na miejscu albo przerzucać będą bibułę dalej w głąb Rzeszy. To wszystko wymagało moich częstych wyjazdów i obecności na miejscu"[4].

Jezierański szybko wykazał się zdolnościami w tej materii. W mundurze kolejarza i pod zmienionym nazwiskiem działał na terenach przyłączonych do Niemiec. Inna sprawa, że miał niesamowite szczęście do ludzi. Potrafili oni wykraść odpowiednie blankiety z biurek przełożonych, a następnie uzupełnione o fałszywe dane dyskretnie podłożyć do podpisu. Natomiast, jak wspominał Jezierański, „kopię urzędowej pieczątki wykrawało się z linoleum" i był to tak dobry falsyfikat, że „sam diabeł nie zauważyłby różnicy". Oczywiście nie obyło się bez różnych przygód. Zdarzyło się, że Jezierański jechał w stronę Rzeszy pociągiem wypełnionym handlarzami. Martwił się nawet, że jego bibuła będzie zagrożona, gdy kontrola graniczna urządzi polowanie na przemytników. Tymczasem na ostatniej stacji przed granicą wszyscy opuścili pociąg, aby przedostać się do Rzeszy nielegalnie. Jezierański pozostał sam jeden (!) w całym składzie, ale gestapo ograniczyło się do obejrzenia jego fałszywych dokumentów i nie okazało zainteresowania torbą z ulotkami.

Działalność rozszerzono na Gdańsk i Gdynię, a Jezierański znalazł nawet sposób na dotarcie przez Sztokholm do Londynu. To zadecydowało o jego losach, bo nie rezygnując z dotychczasowej działalności, został łącznikiem krążącym pomiędzy okupowanym krajem a Wielką Brytanią.

Jednak nigdy nie był zwykłym kurierem, gdyż dodatkowo wypełniał specjalne polecenia. Nie bez powodu przyjmował go osobiście generał Tadeusz Komorowski w towarzystwie generała Pełczyńskiego.

„Liczymy na to, że najdalej po trzech miesiącach – mówił Pełczyński – powróci pan do kraju drogą powietrzną jako skoczek. Ma pan być jak gąbka, która naprzód w kraju wchłonie jak najwięcej wiadomości, faktów i pozwoli je wycisnąć z siebie w Londynie, aby powtórzyć ten zabieg przed powrotem do kraju. Musi pan więc mieć tam uszy i oczy otwarte, zebrać informacje, naświetlenia, oceny, zdobyć dostęp do dokumentów po to, by po powrocie dokładnie nas zorientować w sytuacji politycznej i wojskowej. Będziemy słuchać pana osobistych opinii, ale zależy nam najbardziej na znajomości faktów i konkretów"[5].

Wypełniając te zadania, Jeziorański musiał zmienić swoje konspiracyjne nazwisko. Wprawdzie w Warszawie posługiwał się oryginalnymi personaliami, ale gdy przekraczał granice Generalnego Gubernatorstwa, nazywał się Jan Kwiatkowski (przyjaciel z lat szkolnych poległ podczas kampanii wrześniowej). Kiedy jednak doszło do dekonspiracji części organizacji, zmienił dane osobowe. Wygląd nie był najważniejszy, gestapo poszukiwało bowiem zbyt wielu ludzi i „gubiło się w tysiącach zdjęć, nazwisk przybranych i prawdziwych". Zasugerowano mu, aby przybrał krótkie i popularne nazwisko. Jeziorański uznał, że Jan Nowak spełnia te wymagania, czego miał później żałować.

„Dopiero po latach przekonałem się, że popełniłem w tym momencie gruby błąd. Konspirator nie powinien przybierać często spotykanego imienia i nazwiska. Jan Nowak dawał mi się we znaki już po wojnie, gdy przechodziłem kontrole paszportowe na różnych granicach. Tylu jest na świecie polskich i czeskich Janów Nowaków, że co najmniej jeden znajduje się na jakiejś czarnej liście. Za każdym razem trzeba było udowadniać, że nie jest się tym właśnie Janem Nowakiem, którego poszukują różne policje. Bardzo kłopotliwe imię i nazwisko"[6].

JADWIGA WOLSKA

Jadwiga Wolska („Greta") była trzy lata młodsza od Jeziorańskiego. Urodziła się w Żydaczowie koło Lwowa, a jej rodzice pracowali w szkolnictwie. Następnie rodzina przeniosła się do Krakowa, gdzie Jadwiga ukończyła gimnazjum. Studiowała na Wydziale Wychowania Fizycznego Uniwersytetu Jagiellońskiego, naukę przerwała jednak wojna. W 1941 roku przeprowadziła się do Warszawy, gdzie już mieszkała jej starsza siostra Barbara („Jula"). To ona wciągnęła Jadwigę do konspiracyjnej pracy, a dziewczyna szybko dała się poznać jako znakomita łączniczka.

„Cały materiał dla pism dywersyjnych – wspominał plastyk Stanisław Tomaszewski (»Miedza«) – odbierała i przenosiła na punkty przerzutu do drukarni łączniczka »Greta« (Jadwiga Wolska). Ona jedna w naszej redakcji utrzymywała kontakt z tymi punktami. Była to jedna z najdzielniejszych dziewczyn, jakie pracowały w konspiracji, a niemało ich poznałem podczas stażu w organizacjach wolnościowych, który rozpocząłem we wrześniu 1939 roku. Na »Grecie« spoczywała również cała odpowiedzialność za łączność między poszczególnymi redakcjami rozrzuconymi po lokalach w całej Warszawie. Hitlerowcy, angażując w to cały aparat, jaki mieli do dyspozycji, zajadle szukali Nowców. »Greta« stale nosiła przy sobie truciznę, gdyż w razie wpadki groziło zawieszenie na długi czas całej roboty w komórce »N«.

Deszcz nie deszcz, zima czy lato, »Greta« biegała od lokalu do lokalu, a było ich wiele w odległych od siebie dzielnicach miasta"[7].

Jeziorański podobał się Jadwidze, ale dziewczyna uznała, że obowiązki łączniczki nie pozwalają na prywatne spotkania z kurierem. Wybiegając z tramwaju, nie przypuszczała jednak, że zobaczą się już dwa dni później. Spotkali się bowiem na odprawie w jednym z konspiracyjnych lokali i tym razem „Nowak" nie pozwolił już, aby dziewczyna zniknęła.

„[...] udało mi się nawiązać bliższą znajomość z »Gretą«, co było zresztą naruszeniem obowiązujących reguł konspiracji – przyznawał. – Życie towarzyskie kolegów z Podziemia, a więc spotykanie się poza służbą z przyjaciółmi, poza skrzynkami i lokalami w prywatnych mieszkaniach, zawsze związane było z pewnym ryzykiem dekonspiracji, a zebrania towarzyskie w liczniejszym gronie i śluby działaczy Podziemia w obecności kolegów z konspiracji nieraz kończyły się tragicznie: na Pawiaku lub na Szucha. Ludzie są jednakże tylko ludźmi i kontaktów organizacyjnych nie dało się hermetycznie oddzielić od zwykłego osobistego współżycia"[8].

Młodzież wstępowała bowiem do konspiracji grupami, jedna osoba wprowadzała przyjaciół i znajomych. Bywało to niekiedy przyczyną tragedii, takich jak słynny „rozstrzelany ślub" w czerwcu 1943 roku. Gestapo aresztowało wówczas niemal całą (!) Organizację Specjalnych Akcji Bojowych, której członkowie zgromadzili się w kościele Świętego Aleksandra na ślubie kolegi z oddziału. Rozstrzelano większość uczestników nieszczęsnej uroczystości, zginął również pan młody.

„Greta" i „Nowak" zaręczyli się po kilku tygodniach znajomości. Przez pewien czas nie znali jednak swoich prawdziwych nazwisk i adresów, było to konieczne ze względu na groźbę niemieckiego aresztowania. Partnerzy na ogół godzili się z podobnymi ograniczeniami, chociaż z reguły starali się dyskretnie poznać personalia swoich wybrańców. Przynosiło to czasami komiczne rezultaty, tak jak w przypadku znanych nam już z poprzedniego rozdziału „Marty" i „Cyganiewicza":

„– Leszek! Żyjesz! Przeszedłeś jednak kanałami ze Starówki! A ja myślałam, że tam zostałeś! [...]

– Rozkaz, Steńka, ale najpierw powiedz mi, skąd wiesz, że mam na imię Lech? O ile mnie pamięć nie myli, przedstawiłem się jako »Cyganiewicz«, a ty jesteś »Marta«!

– A ty skąd wiesz, że mam na imię Steńka? Kto się wygadał? Ja wiem, jak masz na imię, bo chciałam wiedzieć"[9].

W przypadku „Grety" i „Nowaka" sprawy potoczyły się jednak zwyczajowym trybem i dziewczyna została przedstawiona matce oraz bratu kuriera. Z drugiej strony kontakty rodzinne ograniczyły się do siostry Jadwigi, rodzice dziewczyny mieszkali bowiem w Krakowie, a brat zginął w kampanii wrześniowej. Niebawem zresztą para musiała się rozstać, Jeziorański wracał do Londynu i nie wiedział, kiedy z powrotem zjawi się w kraju. Wykorzystywał zatem ostatnie chwile u boku narzeczonej.

„W schludnym mieszkanku na Grottgera ogniskowało się życie grupki młodych działaczy Podziemia. W niedziele i święta, jeśli czas pozwalał, cała paczka jeździła popływać nad Wisłę lub pograć w siatkówkę. Dzień powszedni był za to bardzo pracowity. Praca łączniczki kursującej z jednej skrzynki na drugą na lewych papierach nie kończyła się z nadejściem nocy. Jedna siostra stukała na maszynie w kuchni, druga segregowała papiery w pokoju. Pod oknami słychać było nieraz ciężkie kroki patrolujących Niemców. Posterunek żandarmerii mieścił się niedaleko, na Willowej"[10].

„Greta" przy pożegnaniu wcisnęła Jeziorańskiemu pod podszewkę kapelusza kartkę z napisem: „Będę na Ciebie czekała". I słowa dotrzymała.

PIERWSZE DNI WALKI

W połowie października Jeziorański wyruszył do Gdańska. Rodzinie zapowiedział, że jeżeli nie wróci po dwóch tygodniach, mają oficjalnie zgłosić jego zaginięcie. Tak też zrobiono, co kilka miesięcy później stało się przyczyną pewnych nieporozumień.

Kurier dotarł do Szwecji, skąd zabrał go brytyjski samolot. W Londynie wobec władz emigracyjnych i Brytyjczyków występował jako emisariusz polskiego podziemia. Do Polski wrócił jednak ze znacznym opóźnieniem, ponieważ złamał rękę podczas treningu spadochronowego. Ostatecznie włączono go do operacji „Most III" i przyleciał brytyjskim samolotem transportowym, który wylądował w okolicach Tarnowa. Stamtąd, mając jeszcze rękę na temblaku, przedostał się do Warszawy.

„Pędzę Bracką – opisywał pierwsze wrażenia z warszawskich ulic – i widzę z dala profesora Adamczyka, polonistę od Batorego, który tak jak ja administruje domami Komisarycznego Zarządu. Na mój widok staje i patrzy szeroko otwartymi oczyma, z takim zdumieniem, jakby zobaczył upiora. Kłaniam się i mijam go szybko. Po chwili rzucam okiem za siebie. Profesor zatrzymał się i patrzy w moją stronę wciąż z tym samym wyrazem nieopisanego osłupienia"[11].

Przyczyny dziwnego zachowania Adamczyka wyjaśniły się po wizycie u rodziny. Andrzej Jeziorański opisał bratu sytuację: „W dwa miesiące po twoim wyjeździe musiałem coś wymyślić. Powiedziałem ludziom, że zginąłeś śmiercią tragiczną w niewyjaśnionych okolicznościach. Zarząd Komisaryczny został powiadomiony. Przez całe tygodnie musieliśmy z mamusią z wyrazem smutku i powagi na twarzach przyjmować kondolencje znajomych i sąsiadów, poczynając od życzliwego dozorcy"[12].

Od rodziny dowiedział się że „Greta" jest cała i zdrowa, niebawem zresztą spotkał się z dziewczyną. Spędził nawet jedną noc w jej mieszkaniu na Grottgera. Ze względów bezpieczeństwa ulokowano go w konspiracyjnym lokalu na Mokotowie. Trzy dni przed wybuchem powstania wziął udział w spotkaniu z dowództwem Armii Krajowej i przekonał się, że nic już nie zatrzyma wybuchu powstania.

„Uderzyła mnie zmiana między atmosferą spotkania z Komorowskim, Pełczyńskim i Rzepeckim przed rokiem i obecnie. Wtedy odnosili się do Sosnkowskiego jak wyszkoleni w dyscyplinie wojskowej podkomendni do swego zwierzchnika, któremu przekazują przez emisariusza meldunek. Teraz rozmawiałem z gronem wojskowych, którzy doszli do przekonania, że muszą decydować sami na miejscu, nie oglądając się na Londyn"[13].

Podobne refleksje przyniosła rozmowa z delegatem rządu, choć widział, iż Warszawa „rzeczywiście była jak beczka dynamitu". Wszystko było gotowe do rozpoczęcia walki, pozostawał tylko problem braku broni i sensownych planów działania.

Rozpoczęcia walk nie mogła doczekać się również „Greta". Podobnie jak inni członkowie AK tak długo działała w konspiracji, że wybuch powstania przyniósł jej prawdziwą ulgę.

„Jest godzina 9-a rano dnia 1-go sierpnia 1944 roku – wspominała rok później. – Zgłaszam się do lokalu centralnej poczty organizacyjnej przy Alejach Niepodległości i otrzymuję tam zapieczętowaną kopertę zaadresowaną do mojego szefa [Tadeusz Żenczykowski, pseudonim Kowalik – S.K.] z napisem »pilne, do rąk własnych«. Nietrudno domyśleć się, że koperta kryje właśnie »to«, na co czekamy już długie dwa tygodnie. Nareszcie. Byle jak najszybciej doręczyć. Ale jak na złość nie ma pod ręką ani »rikszy«, ani »dorożki«, a na tramwaj czekać nie warto. Prawie biegnę ulicami, roztrącając ludzi po drodze. Wpadam do szefa i już na progu krzyczę – »Dziś!«. Szef spogląda mi porozumiewawczo w oczy. Otwiera kopertę i już za chwilę swoim spokojnym i energicznym głosem wydaje rozkazy dotyczące dzisiejszego popołudnia"[14].

W niemal wszystkich relacjach można znaleźć taki same wspomnienia. Tłumy ludzi spieszących do miejsc koncentracji i kompletny brak przeciwdziałania ze strony Niemców. Czy zatem hitlerowcy świadomie sprowokowali wybuch? Czy też zaabsorbowani walką z Armią Czerwoną nie zwracali uwagi na takie drobiazgi jak koncentracja sił AK?

„Miasto nagle zmienia charakter – opisywał Jezierański. – Po raz drugi w ciągu czterech dni odbywa się planowa mobilizacja powstańczej armii. [...] Tysiące młodych ludzi w gorączkowym pośpiechu zmierzają na miejsca zbiórki, które mają być przeważnie punktem wyjścia do szturmu na najbliższy obiekt niemiecki. Jeden rzut oka wystarcza, aby odróżnić tych, którzy za kilka godzin staną się żołnierzami, od zwykłych przechodniów. W powietrzu unosi się nastrój podniecenia. Zbliżający się wybuch wyczuwa się jak nadchodzącą burzę. Spostrzegam jednak większą niż zawsze liczbę niemieckich patroli i lekkich wojskowych wozów pancernych. Cud boski, że Niemcy nie przystąpili dotychczas do prewencyjnego uderzenia" [15].

Podobną opinię wyrażała „Greta", która tego dnia była wyjątkowo zajęta, miała bowiem roznieść po mieście kilkadziesiąt „rozkazów, wiadomości, poleceń".

„Idę ulicami miasta, które przeżywa w tej chwili szczególny moment podziemnej mobilizacji. Mężczyźni i kobiety – żołnierze AK, którzy za parę godzin staną do walki, zmieszani są jeszcze z tłumem cywilów. Lecz wprawne oko może ich już łatwo odróżnić po przyspieszonym kroku, po długich butach z cholewami, pasach, beretach, wiatrówkach, którymi już teraz starają się nadać sobie wygląd zbliżony do żołnierskiego. Znajomi nie przystają jak zwykle, nie rozmawiają ze sobą. Powietrze naładowane elektrycznością jak przed burzą" [16].

„Greta" nie zapomniała jednak o narzeczonym, zdążyła dojechać do niego i wspólnie udali się na ulicę Jasną, gdzie „Nowak" miał swój przydział. Dziewczyna chyba bardziej trzeźwo niż Jeziorański patrzyła na realne szanse powstania. Ostatecznie jako łączniczka przemierzała codziennie Warszawę i spotykała się z dziesiątkami ludzi. Dlatego, wychodząc ze swojego mieszkania na Grottgera, miała wrażenie, że nigdy więcej go nie zobaczy.

„Już na progu mimo całego pośpiechu coś mnie zatrzymuje. Rzucam spojrzenie na to mieszkanie, w którym przeżyłam lata konspiracji. Uświadamiam sobie w tym momencie, że zostawiam za sobą w życiu coś, co już nie wróci. Ile ciężkich, a jednak pięknych zarazem chwil przeżyłam w tych ścianach. Tu spotykali się ludzie z mojego zespołu. Tu nieraz szukali schronienia ci, którzy musieli własne mieszkanie opuszczać nagle i nieoczekiwanie. Ile momentów pełnych napięcia, gdy w nocy lub nad ranem budzi stukot ciężkich butów »szkopskich«, nawoływania w znienawidzonym języku, brzęk kluczy dozorczyni. [...] To wszystko teraz zostało już za mną. Już nie wróci"[17].

Jeziorański miał przydział do Wydziału Propagandy, gdzie właściwie sam stworzył sobie stanowisko. Sztab AK nie przewidział bowiem osoby koordynującej powstańcze przekazy dla angielskiej prasy i radia, a kurier idealnie się do tego nadawał.

Tuż przed godziną „W" przypadkowo wszedł w posiadanie podstawowego narzędzia pracy. W kamienicy przy Jasnej 20 mieszkała rodzina folksdojczów, którą aresztowano przed rozpoczęciem walk, a Jeziorański przejął „wspaniały odbiornik radiowy". Umożliwiało to „własny nasłuch Londynu i innych radiostacji".

Tego samego dnia Jeziorański przeniósł się do pobliskiego hotelu Victoria (przy Jasnej 26), który był przewidziany na siedzibę sztabu „Montera". Zajął pokój na najwyższym piętrze, chcąc zapewnić sobie dobry odbiór radiowy. Nikt wówczas jeszcze nie miał pojęcia, jak naprawdę będzie wyglądało powstanie i że najwyższe piętra zostaną najbardziej narażone na ostrzał i bombardowania. A powstańcze sztaby nie będą kwaterowały w hotelach, tylko w piwnicach i schronach.

Podczas gdy Jeziorański instalował się wygodnie w hotelu, jego narzeczona miała problem z dotarciem do tego budynku. Zaczynała się powstańcza rzeczywistość i ciągłe ukrywanie przed ogniem wroga.

„Mamy się tam przedostać, ale Niemcy ostrzeliwują ulicę z placu Dąbrowskiego. Nawet tych kilkudziesięciu kroków nie sposób przejść ulicą. Idziemy więc przez piwnice domów i przejścia wyrąbane w murach. Piwnice są już oświetlone, dozorcy domów wskazują drogę w tym podziemnym korytarzu"[18].

W pierwszych godzinach walk odznaczyła się siostra „Grety" „Jula". Wysłana wraz trzema innymi łączniczkami do gmachu PKO na rogu Świętokrzyskiej i Marszałkowskiej, wróciła z czterema jeńcami. Nieuzbrojone dziewczęta wzięły do niewoli czterech uzbrojonych po zęby żołnierzy wroga. Perswazja kobiet bywa czasami dość przekonująca i okupanci poddali się bez wahania.

„W czyich rękach jest miasto? – zastanawiał się 2 sierpnia Jeziorański. – Wciąż nie sposób się zorientować. Jedne budynki zajęte są przez naszych, inne przez Niemców, ulice są pod ostrzałem i stanowią *no man's land*. Nie ma właściwie żadnej linii frontu"[19].

Powoli jednak w tym całym chaosie zaczęły się pojawiać elementy porządku. Warszawa została podzielona pomiędzy powstańców i okupantów, chociaż sytuacja zmieniała się z godziny na godzinę.

„Miasto stanowi szachownicę, lecz powstają już linie rozgraniczające tereny zajęte przez powstańców i Niemców. Spontanicznie wzniesione przez ludność cywilną miasta barykady uniemożliwiają przenikanie i poruszanie się niemieckim czołgom i samochodom pancernym. Wewnątrz dzielnic, zajętych przez AK, są okrążone gniazda oporu, z których Niemcy ostrzeliwują pobliskie ulice i barykady. Hotel »Victoria« jest już nie tylko miejscem pobytu dowódcy wojsk powstańczych, ale i szpitalem. Zresztą coraz więcej rannych"[20].

ŚMIERĆ „JULI"

Niemcy brutalnie zweryfikowali poglądy sztabu AK na temat metod prowadzenia wojny w warunkach miejskich. Gdy 4 sierpnia Jeziorański wracał z obchodu powstańczych stanowisk, nie znalazł już hotelu Victoria. Budynek został zbombardowany. Wydział Propagandy przeniósł się więc do gmachu PKO, a następnie do słynnej Adrii przy Moniuszki 10. Tam też Jeziorański rozpoczął przygotowywanie angielskich audycji dla powstańczego Radia Błyskawica.

Angielszczyzna Jeziorańskiego była jednak zbyt słaba jak na potrzeby przekazu radiowego, dlatego przydzielono mu urodzonego w Londynie Polaka Adama Truszkowskiego („Tomicki").

„Współpraca nasza wyglądała tak – wspominał »Nowak« – że po jednej stronie biurka gryzmoliłem po polsku, zapisane kartki wędrowały na drugą stronę, gdzie Adam – nie wyjmując papierosa z ust – walił wprost na maszynę po angielsku. Ósmego sierpnia, kilka minut po dziesiątej rano, po raz pierwszy rozległ się w eterze sygnał stacji: pierwsze takty *Warszawianki*, a potem zapowiedź: Halo – tu »Błyskawica« – stacja nadawcza Armii Krajowej w Warszawie na falach 32,8 i 52,1 metra"[21].

Tego samego dnia nadano pierwszą audycję w języku angielskim, a w rolę spikera wcielił się Truszkowski. Londyn potwierdził odbiór programów Błyskawicy po tygodniu i od tej pory w serwisach BBC regularnie zamieszczano informacje emitowane z Warszawy. Był to „pierwszy i jedyny w tej wojnie przypadek, żeby z kraju okupowanego, wprost z pola walki nadawała radiostacja foniczna".

W cieniu tych sukcesów rozgrywała się rywalizacja o wpływy w powstańczej radiostacji. Odnalazła się bowiem ekipa z przedwojennego Polskiego Radia, która zażądała, aby oddać jej rozgłośnię. Ostatecznie podzielono czas antenowy pomiędzy skonfliktowane grupy, choć przedwojenni fachowcy chwilami zachowywali się jak przybysze z innej rzeczywistości. Dochodziło do ostrych sporów z delegatem rządu i sztabem AK, radiowcy uważali bowiem, że powinni mieć dużą autonomię repertuarową.

„Waliły bomby, paliły się domy – wspominał Jeziorański – ryczały »krowy«, a oburzona pani Ponikowska, przedwojenny filar Polskiego Radia, [...] wykrzykiwała:

– Oni zapominają, że my nie jesteśmy żadną instytucją państwową, tylko spółką akcyjną!"[22].

Jeziorański po latach nie ukrywał, że „wielkim handicapem" w jego pracy był fakt, iż redagował program zza biurka, bo miał „za mało czasu, by chodzić po

mieście, zdobywać informacje i bezpośrednie wrażenia". Potrzebne materiały otrzymywał na codziennych
odprawach, schodzili się wówczas wszyscy redaktorzy
powstańczej prasy, radia i licznych działów propagan-
dowych. Tam dostawał również najnowsze informacje
ze sztabu „Montera", a resztę załatwiał nasłuch radiowy, który prowadził osobiście.

Po latach przyznał, że chociaż nosił broń, nie
zdarzyło się, aby musiał jej użyć. Wprawdzie nie miałby „żadnych wahań, by kropnąć jakiegoś Szwaba", ale
los zadecydował inaczej. A jak wiadomo, podczas wojny potrzebni są zarówno żołnierze, jak i specjaliści od
propagandy.

Tymczasem „Greta" wraz z siostrą służyły jako
łączniczki. Przekradały się z meldunkami na najbardziej niebezpieczne odcinki, a dodatkowym zagroże-
niem w Śródmieściu był niemiecki ostrzał Alej Jerozolimskich. Dzielnica została właściwie podzielona na
dwie części, a przekraczanie ziemi niczyjej pociągało
za sobą duże niebezpieczeństwo. Krwawe żniwo zbierali zwłaszcza niemieccy snajperzy.

Szesnastego sierpnia „Jula", siostra „Grety",
udała się na drugą stronę Alej Jerozolimskich, aby pomóc chorej koleżance. Była doświadczoną łączniczką, podczas powstania nikt jednak nie był bezpieczny,
a kule niemieckich snajperów zagrażały wszystkim
jednakowo.

„Dochodzi druga w nocy – wspominała »Gre-
ta« – a »Juli« jak nie ma, tak nie ma. Niepokój ogarnia
mnie coraz większy, ale pocieszam się, że może jakiś
większy transport zakorkował Aleje, może duży ostrzał
i nie puszczają. O piątej rano dochodzę do przekonania,
że Barbara dziś nie wróci"[23].

„Greta" o świcie ruszyła na poszukiwanie siostry, wyszła z kwatery, nie mówiąc o tym nikomu. Dotarła do ulicy Widok, ostatniej przed Alejami Jerozolimskimi. Po dłuższej dyskusji udało jej się wejść do budynku, z którego „skakało się" na drugą stronę ulicy. Obsada miejscowej placówki AK była bardzo zdenerwowana, bo w nocy było dużo ofiar.

„Po chwili stoję w wyłomie ściany, która wychodzi na Aleje – opowiadała »Greta«. – Kilkanaście metrów jezdni dzieli mnie od drugiej strony. To tak wygląda ten śmiertelny odcinek ulicy nasiąkniętej krwią gończów, łączniczek, kurierów, kolporterów? Trzeba te kilkanaście metrów przebiec pod ogniem strzelców wyborowych ukrytych na górnych piętrach BGK [Banku Gospodarstwa Krajowego na rogu Alej Jerozolimskich i Nowego Świata – S.K.]. Ulica, którą tyle razy dziennie przebiegałam przed Powstaniem, jest teraz martwa. Gdzie podziały się tramwaje, riksze, dorożki konne, wózki z kwiatami i jarzynami, warszawscy zamiatacze ulic, gazeciarze, tłumy pieszych, wreszcie niemieckie samochody? Cicho tu i pusto"[24].

„Greta" zawróciła, „skoczyła" przez Aleje dopiero wieczorem, kiedy dowiedziała się, że jej siostra została ciężko ranna na Lwowskiej. Dotarła do powstańczego szpitala, ale było za późno. Ranna w brzuch Barbara Wolska już nie żyła.

„Żegnałam ją osiemnastego sierpnia o godzinie trzeciej po południu wraz z jej narzeczonym Janem Kostrzewskim (»Zając«). Był ksiądz, było dużo kwiatów, były łączniczki [...] i przyjaciele, którzy zanieśli »Julę« do ogródka domu na Mokotowskiej, gdzie już były inne świeże mogiły. [...] Ksiądz nie pozwolił zasypać prawej strony trumny, bo – jak powiedział: »tu przyjdą następni«. Na innych grobach są często na krzyżach tylko dwie litery »NN« – nieznani. [...] Przy sąsiednim grobie klęczy młoda jeszcze kobieta ustami prawie dotykając ziemi. Słyszę, jak mówi cichutko sama do siebie: »Nie płacz, nie płacz – jesteś przecież matką bohatera«. Patrzę na tabliczkę na krzyżu: »Żołnierz AK, lat 17«... I ja także staram się nie płakać" [25].

Jeziorański nie był obecny na pogrzebie „Juli", zatrzymały go obowiązki. A gdy zrozpaczona „Greta" wracała do Adrii, zagubiła się w zaułkach i przejściach Śródmieścia. Zapytała o drogę patrol i wówczas dowiedziała się, że Adria już nie istnieje, bo w budynek trafił pocisk z najcięższego moździerza.

ŚLUB

Jeziorański miał jednak szczęście. Dwutonowy pocisk wprawdzie trafił w budynek, ale przebił wszystkie piętra i nie eksplodował. Znacznie gorszy los spotkał powstańców zakwaterowanych w pobliskiej Filharmonii Narodowej, gdzie pocisk wybuchł i pogrzebał cały oddział stacjonujący w piwnicach gmachu.

Budynek Adrii ocalał i przeniesiono tam studio radiowe. W gmachu PKO zakwaterował się bowiem sztab powstania ewakuowany kanałami ze Starego Miasta.

„Po dziś dzień jest dla mnie tajemnicą – zastanawiał się po latach Jeziorański – jak to się stało, że Niemcy, którzy pod koniec zabrali się do zagłuszania »Błyskawicy«, nie zdołali zlokalizować jej z samolotów goniometrią i zniszczyć. Co prawda na dachu zawsze siedział obserwator oddziału »Chwatów« i na widok zbliżającego się samolotu natychmiast dawał znać technikom na dole, którzy z miejsca przerywali emisję"[26].

Lepiej niż inni zdawał sobie sprawę, że powstanie zmierza ku klęsce, miał bowiem okazję do codziennego nasłuchu sowieckich radiostacji. Wydawało mu się to „większą udręką niż bomby i miny spadające każdego dnia", ponieważ słyszał „lawinę oskarżeń, inwektyw i obelg" pod adresem dowództwa powstania. Wiedział również, że Sowieci odmówili pomocy samolotom latającym ze zrzutami. Warszawa miała zginąć i nic tego losu nie mogło odmienić.

Budynek Adrii ostatecznie jednak spłonął i radiostacja Błyskawica ponownie zmieniła lokalizację. Studio nadawcze przeniesiono do kamienicy Ericssona przy ulicy Mokotowskiej, a gdy ustały dostawy prądu, audycję nadawano, uzyskując zasilanie z generatora spalinowego pobliskiej fabryczki granatów.

Przy okazji „Nowakowi" udało się odwiedzić rodzinę przebywającą w domu przy Nowym Świecie. Matkę oraz brata znalazł w piwnicy i zaczął ich namawiać do przenosin w okolice swojej kwatery.

„– Mamusiu – pochylam się do matki – ja za pół godziny będę wracał. Przygotujcie się, pójdziemy razem na drugą stronę. Tu lada godzina zostaniecie zasypani albo przyjdą Niemcy. Idą z Powiśla.

– Po co, synku – odpowiada matka spokojnym głosem. – Za dzień albo dwa przyjdą i tam do was. Po co się ruszać?

– Będziemy razem – nalegam i ten argument z miejsca chwyta"[27].

Jeziorański zdążył jeszcze wejść do opuszczonego mieszkania, ale już nic ze sobą nie zabrał. Uznał, że nie czas na sentymenty, teraz „liczył się tylko człowiek i te godziny czy dnie życia, które mu jeszcze pozostały".

Razem z Jeziorańskimi opuścił Nowy Świat ulubieniec rodziny, jamnik Robak. Pies miał dotychczas niesamowite szczęście, bo nie skończył w powstańczym kotle. Szczęście to miało mu dalej towarzyszyć.

Po zakwaterowaniu rodziny Jeziorański odbył decydującą rozmowę z „Gretą". Po śmierci „Juli" przyrzekli sobie, że pobiorą się zaraz po powstaniu. Wymienili się wówczas zegarkami, on ofiarował jej swoją omegę, a ona „mały damski zegareczek, który niedawno jeszcze nosiła »Jula«". Teraz Jeziorański przekonywał narzeczoną, że niebawem powstanie upadnie i lepiej by było, gdyby śmierć zaskoczyła ich jako małżeństwo. Poza tym warto było pomyśleć o ślubie, dopóki dało się spotkać jeszcze „jakieś ocalałe kościoły i księży".

„Greta" uległa jego argumentacji, a za puszkę konserw zdobyła nawet dwa miedziane krążki, które miały posłużyć jako obrączki. Wybrali datę 7 września, a pobrać się mieli w kaplicy Przytulisko przy ulicy Wilczej 9. Pozostawało jeszcze załatwienie formalności, ale to wziął na siebie Jeziorański.

„Kwatera kapelanów AK mieściła się na Skorupki. Księżom wypełniały czas pogrzeby i przygotowania umierających na śmierć. Ale trafiały się również i śluby. Młody ksiądz był sceptyczny, miał nieufny stosunek do improwizowanych w czasie powstania małżeństw. Poskutkowało, kiedy powiedziałem, że wróciłem z Londynu i pokazałem wąziutkie pasemko papieru, które »Greta« na wyjezdnym do Anglii zaszyła mi w kapeluszu" [28].

Przed ślubem Jeziorański wypatrzył na balkonie jednego z okolicznych domów kwitnące petunie. Odnalazł w piwnicy lokatora, który „spojrzał na niego jak na wariata", ale dał klucz do mieszkania i pozwolił zerwać kwiaty.

W kaplicy było dużo ludzi, wszyscy wolni od służby przyszli popatrzeć, jak skoczek żeni się z łączniczką. Jeziorańscy szli do ołtarza po potłuczonym szkle, w świątyni nie zachował się żaden witraż. Ksiądz zresztą spieszył się na pogrzeb i cała ceremonia trwała zaledwie kilka minut. Dwóch młodziutkich członków „Chwatów" wręczyło „Grecie" wiązankę gladiolusów z ogrodu Zakładu Głuchoniemych i Ociemniałych, a pod koniec uroczystości rozległ się charakterystyczny ryk „krowy". Co, jak skomentował jeden z obecnych, zastąpiło marsz Mendelssohna.

Prosto z kaplicy udali się na grób „Juli", a potem odbyło się skromne przyjęcie weselne.

„Na kwaterze [...] »Wasyl« [Lech Sadowski – S.K.] zgotował małe przyjęcie. Jego młoda żona była córką Pakulskich, właścicieli wielkiego sklepu kolonialnego na rogu Marszałkowskiej i Koszykowej. »Wasyl« zaprezentował z triumfem butelkę wina ocalałą z piwnicy sklepu Pakulskich, ktoś inny przyniósł jedną puszkę angielskich konserw i dwie sardynek. W 37. dniu Powstania była to nie lada uczta weselna. Tego wieczoru mieliśmy ostatni raz mięso w ustach, jeśli nie liczyć dwóch gołębi, zabitych kilka dni później przez podmuch bomby, która zburzyła narożnik Wilczej i Mokotowskiej"[29].

Państwo Jeziorańscy rozpoczęli wspólne życie, chociaż sądzili, że nie potrwa ono dłużej niż kilka tygodni.

KAPITULACJA

W ostatnich dniach powstania Jeziorański dostał rozkaz, aby skompletować mikrofilmy z powstańczymi dokumentami, wydostać się z miasta i dostarczyć je do Londynu. Początkowo planowano, że przejdzie kanałami na Mokotów i tam spróbuje przedrzeć się za linie niemieckie, ale upadek dzielnicy wymusił korektę planów. 1 października oficjalnie ogłoszono zresztą zawieszenie broni, a dzień później Warszawa skapitulowała.

Błyskawica wyemitowała ostatni program 4 października, w ostatnich dniach walk po raz kolejny zmieniono lokalizację, przenosząc ją do budynku Biblioteki Publicznej na Koszykowej. Jeziorański przygotował łącznie pięćdziesiąt siedem audycji w języku angielskim.

Razem z ludnością cywilną mieli wyjść z miasta jego matka i brat, pojawił się jednak problem psa, którego nie można było zabrać ze sobą. Andrzej Jeziorański zdecydował się pozbyć zwierzęcia i poprosił o przysługę jednego z żołnierzy. Nie odszedł jednak daleko, gdy dopędził go chłopak z psem na ręku.

„– Panie – wykrzyknął – trzy razy strzelałem i za każdym razem pistolet nie wypalił. Temu psu sądzone jest wyżyć. Ja już do niego strzelać nie będę"[30].

Robak rzeczywiście miał szczęście: podczas ewakuacji wskoczył na zatłoczoną ciężarówkę, a potem dostał się do wagonu towarowego. Razem z panią Jeziorańską przeżył poniewierkę.

Gdy Robak walczył o życie, „Nowak" i „Greta" szykowali się do ryzykownego zadania. Dowództwo AK wyraziło zgodę na podróż Jadwigi z mężem, chociaż zwiększało to niebezpieczeństwo. Ale w tych czasach nie obowiązywały już żadne reguły i nawet najlepiej przygotowana akcja mogła się zakończyć klęską. Decydowały ślepy traf i osobiste szczęście.

Jeziorański miał niedawno złamaną rękę i to zadecydowało o sposobie ukrycia dokumentów. Najlepiej było udawać, że ma się kontuzjowaną kończynę.

„Wpadliśmy z żoną na pomysł – wspominał – by mikrofilmy z dokumentami powstańczymi i filmową kronikę Powstania – 6600 m taśmy w rolach – ukryć w gipsowych zwojach. Znajomy lekarz zagipsował mi pół piersi i prawą rękę po łokieć, resztę dokumentów żona ukryła w swojej torbie"[31].

Miasto mieli opuścić razem z transportem rannych zorganizowanym przez Czerwony Krzyż, a przed wyjazdem poszli jeszcze na grób „Juli".

„Stanąłem przed oknem – wspominał działacz PPS Zygmunt Zaremba (»Marcin«) – wzrok mój zatrzymał się na wyrosłym na dole cmentarzyku, który ongiś był ogródkiem. Między odwiedzającymi cmentarz rozpoznałem kapitana [był wówczas porucznikiem – S.K.] Jana Nowaka z powstańczej stacji radiowej »Błyskawica«. Przyklęknął wraz z towarzyszącą mu kobietą przy którejś z mogił. Żywi, którzy mieli odejść z Warszawy, żegnali tych, co zostaną tu na zawsze"[32].

Jeziorańscy opuścili miasto, w którym spędzili najtrudniejsze chwile swojego życia. Miasto, w którym się poznali i pokochali, a którego „Greta" już nigdy nie miała zobaczyć.

„Obejrzeliśmy się za siebie – zapamiętał pożegnanie ze stolicą Jeziorański. – Z balkonów obok barykady zwisały smutno białe płachty. Żegnałem moje miasto, w którym spędziłem dzieciństwo, lata szkolne, lata wojny i dni Powstania, kiedy każda uliczka, narożnik, każda znajoma kamienica stały się nagle tak bliskie jak twarz ukochanego człowieka"[33].

OSTATNIE
POŻEGNANIA

Bez większych problemów dotarli do Krakowa, do rodziców „Grety". Dziewczyna musiała im przekazać informację o śmierci „Juli" i zadecydowała, że do rodzinnego domu uda się bez męża.

„Nie chciała, bym był świadkiem tego tragicznego przywitania – wspominał Jeziorański. – Rozstaliśmy się na dworcu. Ona pobiegła na Retoryka, a ja do mieszkania mojego przedwojennego przyjaciela z uniwersyteckich czasów – Witka Trąmpczyńskiego.

Gdy po kilku godzinach »Greta« przyprowadziła mnie na Retoryka, rodzice, w których dopiero co jak piorun z nieba trafiła wiadomość o drugim największym nieszczęściu ich życia, czekali na progu z chlebem i solą, jak stary polski zwyczaj nakazywał.

– Straciliśmy w Powstaniu córkę – powiedziała matka – witamy syna"[34].

Początkowo planowano, że Jeziorańscy odlecą do Wielkiej Brytanii w ramach kolejnej operacji „Most". Przygotowania trwały jednak bardzo długo i ostatecznie nic z tego nie wyszło. W tym czasie Jeziorański podróżował pomiędzy Krakowem a Częstochową, spotykał się z generałem Okulickim, odbierał ostatnie instrukcje. Razem z „Gretą" wyruszyli w niebezpieczną podróż dopiero w połowie grudnia. Państwo Wolscy musieli się pożegnać z córką i jak się okazało, mieli już nigdy nie zobaczyć swojego dziecka.

„Żegnali nas ludzie, którym wojna zabrała dwoje dzieci, a teraz odchodziło trzecie – ostatnie. Zdawali sobie dobrze sprawę z czekającego na nią niebezpieczeństwa, ale nigdy jednym słowem nie usiłowali nas zatrzymać czy przemówić do uczuć córki. Z takich aktów cichego bohaterstwa nieznanych ludzi utkane były męczeńskie dzieje naszego kraju w latach ostatniej wojny. Gdy przed zakrętem schodów obejrzeliśmy się po raz ostatni, nie hamowali już łez.

Do końca nie rozstając się z nadzieją, czekali na nasz powrót przez dwadzieścia cztery długie lata samotnej, przeraźliwie smutnej starości. Odeszli prawie równocześnie w roku 1968 i spoczęli we wspólnej mogile na cmentarzu Rakowickim, z dala od grobów poległych dzieci"[35].

WSPÓLNIE
PRZEZ OKUPOWANĄ EUROPĘ

Wędrówka „Grety" i „Nowaka" była wyjątkowo niebezpieczna. Musieli przejechać pociągiem niemal przez całą Rzeszę, aby następnie nielegalnie przekroczyć granicę Szwajcarii. Wprawdzie mieli oficjalne skierowanie na roboty do tartaku we Freiburgu, ale ich kenkarty były nieudolnie podrobione. A do tego ujawnienie zawartości ich bagażu musiałoby zakończyć się katastrofą.

Sprzyjało im jednak szczęście, bez większych przeszkód dotarli do Freiburga i w pobliżu miasta skontaktowali się z niemiecką grupą trudniącą się przemytem ludzi. Jeziorańskiego tytułowano nawet „generałem", uważając go za ważną figurę w antyhitlerowskiej opozycji. W Wigilię Bożego Narodzenia 1944 roku pojawił się przewodnik, który przeprowadził ich przez zaśnieżone góry. Razem z nimi wędrowali dwaj Rosjanie, uciekinierzy z robót przymusowych.

„Co za paradoks – szepnął Jeziorański do »Grety« – idziemy jak Polska, między Niemcami i Rosją. Rosyjscy i niemieccy komuniści prowadzą parę Polaków, wysłanników polskiego Podziemia. W pewnej chwili weszliśmy do pustej o tej porze kopalni miedzi. Posuwaliśmy się wąskimi, krętymi korytarzami, wykutymi w skale, pobliskich chodnikach i ruchomych deskach. Było tu jeszcze zimniej niż na zewnątrz. Wyszliśmy wreszcie z tych labiryntów kopalnianych i dalej pięliśmy się w górę ścieżką wśród lasu. Po dwóch godzinach las nagle urwał się i odsłonił się wierzchołek góry. Widok ze szczytu panującego nad okolicą był tak rozległy, a noc tak jasna od śniegu i gwiazd, iż wydawało się, że pół świata leży u naszych stóp. [...] Hans poszedł za naszym spojrzeniem i jakby odgadując nasze myśli, wyciągnął rękę w tamtym kierunku i powiedział: – *Ihre Heimat ist da* – tam jest wasza ojczyzna. Po chwili zaczęliśmy schodzić w dolinę – na drugą stronę życia"[36].

Był tylko jeden problem, dalszą część podróży mieli odbyć na rowerach, a Jeziorański nigdy nie posiadł umiejętności jazdy na tym sprzęcie! Ostatecznie poszli pieszo i po wielogodzinnym marszu dotarli do granicy, gdzie przewodnicy ich opuścili. Jeziorańscy ruszyli do Szwajcarii i trafili na zasieki z drutu kolczastego, o których nikt ich nie uprzedził.

„Wzdłuż zasieków biegnie wydeptana ścieżka – wspominał kurier. – Każda sekunda zwłoki w tym miejscu grozi aresztowaniem. Nie tracąc czasu, usiłujemy przedostać się przez druty. »Greta« pełznie po ziemi i jak wiewiórka przedostaje się na drugą stronę. Ja próbuję iść górą i zwisam na kolcach jak rozcapierzony ptak. Przy pomocy »Grety« udaje mnie się w końcu wywikłać i ląduję po drugiej stronie w podartym kożuchu. Po prawej stronie widać oświetlony budynek i szlaban, przy którym ktoś się kręci"[37].

Ponownie mieli dużo szczęścia, trafili do szwajcarskiego aresztu i nie odstawiono ich do Niemiec. Po dwóch tygodniach udało im się uciec i dotrzeć do polskiego poselstwa w Bazylei, gdzie przekazali przesyłkę we właściwe ręce. Mikrofilmy powędrowały do Londynu drogą dyplomatyczną, ale Jeziorańskich obserwowała policja i ponownie trafili za kratki. Gdy zamykano ich do aresztu, kurier, chcąc zniszczyć dokumenty, które miał w portfelu, przez pomyłkę zjadł banknot dziesięciodolarowy, czego długo nie mógł odżałować.

Naciski brytyjskie zrobiły jednak swoje i deportowano ich do Francji znajdującej się już w rękach aliantów. Od tej chwili wszystko odbywało się bez problemów. Udali się do Lyonu, gdzie czekał na nich specjalnie przysłany samolot, i przez Paryż dotarli do Londynu. Tam „Nowak" wraz z „Gretą" wzięli udział w konferencji prasowej zorganizowanej dla wysłanników światowych mediów. Na sali byli obecni przedstawiciele Reutera, United Press International, Associated Press, agencji francuskich oraz „cała prasa angielska londyńska i prowincjonalna, od »Timesa« poczynając, a na brukowcach kończąc".

„Ściągnęła ich podwójna sensacja – tłumaczył Jeziorański – przybycie na Zachód pierwszych uczestników i świadków Powstania Warszawskiego i tzw. *human story* – obecność małżeńskiej pary powstańców, którzy pobrali się w czasie walk ulicznych i przebyli drogę z Warszawy do Londynu.

Wiadomo, że prasowe sensacje są jak wystrzelona w powietrze rakieta, której błysk jest mocny, lecz trwa krótko. Dziś wszyscy o niej mówią – jutro nikt o niej nie pamięta. Lecz wiedziałem także, że po to tu szliśmy, by właśnie w tym momencie dać świadectwo prawdzie dla całego świata. Był to szczytowy punkt całej mojej wojennej działalności"[38].

WE DWOJE

„[Wielka Brytania] jest krajem – pisał generał Mieczysław Słowikowski – który swym obywatelom rewanżuje się sowicie za spełnienie względem niego określonych obowiązków, zaś cudzoziemiec, który z narażeniem życia odda temu krajowi ogromne i istotne usługi, otrzymuje jedynie mniej lub bardziej prestiżowe odznaczenia, ale nic poza tym!!!"[39].

Generał miał rację, sam zresztą usłyszał od jednego z angielskich oficerów, że gdyby był Brytyjczykiem, to za to, co zrobił, „do końca życia nie potrzebowałby już pracować". Problemy ze znalezieniem zatrudnienia mieli również polscy politycy. Stanisław Cat-Mackiewicz opisał spotkanie angielskiego ambasadora z ministrem Zaleskim:

„Tenże ambasador złożył pożegnalną wizytę Augustowi Zaleskiemu, którego znał jeszcze wtedy, kiedy Zaleski odgrywał w Genewie poważniejszą rolę w Lidze Narodów. Powiedział:

– I tak to wszystko się skończyło.

Zaleski kiwnął głową.

Potem Anglik wtrącił bardzo taktownie:

– Znam rodzinę na wsi, która by chętnie przyjęła polską służbę.

Wtedy Zaleski odpowiedział:

– No, to ja mógłbym być tylko piwnicznym, bo na stajennego i dojeżdżacza jestem już za stary"[40].

To nie był żart, nasi rodacy, którzy zostali na emigracji, bez względu na wiek, wykształcenie i zasługi starali się o najprostsze zajęcia. Fizycznie pracowali nawet zasłużeni wyżsi oficerowie, generał Maczek był sprzedawcą, potem barmanem w londyńskich hotelach, a generał Sosabowski magazynierem. Grupę byłych ministrów i generałów, która zarabiała na życie czyszczeniem sreber w angielskich hotelach, nazywano ironicznie „srebrną brygadą" – czytelna aluzja do słynnej Pierwszej Brygady.

Jeziorańscy mieli więcej szczęścia od innych, Jan był doświadczonym radiowcem, znalazł więc pracę w rozgłośni polskiej radia BBC w Londynie. Ale wcześniej mieli okazję poznać powojenny niedostatek, „Greta" nauczyła się nawet tkać i wstawiała swoje wyroby do sklepów. Posada w BBC oznaczała jednak całkowitą zmianę ich sytuacji, dzięki kredytowi bankowemu kupili nawet mały domek. Jeziorański wreszcie mógł robić to, co najbardziej lubił.

Wiele par ma doskonałe relacje w ekstremalnych sytuacjach, ale gdy zaczyna się normalne życie, wszystko ulega zmianie. U Jeziorańskich było podobnie. Chociaż nigdy nie myśleli o rozstaniu i nie wyobrażali sobie życia bez siebie, to nie było dnia bez sprzeczki. Podobno już wchodząc do ich domu, można było wyczuć emocje, oboje nie mieli zresztą najłatwiejszych charakterów. Jeziorański był skrajnym egocentrykiem, a do tego nigdy nie włączał się do domowych obowiązków. To było zadanie Wiśki (jak zaczęto nazywać Jadwigę), zresztą chyba ona sama przyczyniła się do ukształtowania takiej postawy męża.

„[...] Wiśka go cały czas dopingowała – opowiadała zaprzyjaźniona z Nowakami Włada Majewska. – Teraz ty mnie dyktuj, ja będę pisała. Słuchała i mówiła: Zdzichu, to jest niedobre, tego nie pisz. Sama nie pisała, ale miała zmysł krytyczny. Uważała, że on to jest geniusz – Leonardo da Vinci i Albert Einstein w jednej osobie. Nie można takich rzeczy mówić mężowi"[41].

W domu wszystko było podporządkowane Jeziorańskiemu. Jan był potwornym bałaganiarzem, wszędzie walały się jego papiery, a co gorsza, nie można było ich ruszyć. Zdarzały się sytuacje, że nie było miejsca na zjedzenie obiadu, bo stół zajmowały jego dokumenty, i wówczas pani Jeziorańska posłusznie siadała z talerzem przy małym stoliczku. A przecież miała raczej pedantyczne skłonności.

Wydaje się zresztą, że „Greta" nigdy nie wyszła z roli łączniczki. Wojna się skończyła, już nie służyła w AK, ale była łączniczką swojego męża, i tak miało pozostać.

WALKI CZĘŚĆ DALSZA

Stabilizacja trwała zaledwie kilkanaście miesięcy, w 1951 roku Jeziorańskiemu zaproponowano objęcie funkcji dyrektora powstającej Rozgłośni Polskiej Radia Wolna Europa. Oznaczało to konieczność przeprowadzki do Monachium i całkowitą zmianę trybu życia. Jeziorański zawsze miał duże ambicje, a nowe stanowisko pozwalało mu na większe zaangażowanie w walkę z komunizmem.

Jadwiga zbyt dobrze znała męża, aby protestować. Ona również nienawidziła Sowietów, ale zdawała sobie sprawę, że najbardziej ucierpi na przeprowadzce do Bawarii. Wyraziła jednak zgodę i stało się tak, jak przewidywała. Jeziorański realizował się zawodowo, a ona pozostawała żoną przy mężu.

„[...] nie miała łatwego życia – przyznawał »Nowak«. – Na miejscu nie było żadnych sił biurowych. Zatrudniłem więc w charakterze sekretarek, maszynistek, bibliotekarek, spikerek itd. wszystkie żony z wyjątkiem własnej. Ona jedna była sama, tylko w towarzystwie ukochanej suczki Żaby. Dzieliłem się z nią codziennymi troskami wieczorem, gdy wracałem z Radia zmęczony i obładowany materiałami"[42].

Nie wiadomo właściwie, dlaczego Nowak-Jeziorański oficjalnie nie zaangażował żony w rozgłośni. Wprawdzie miał skrajnie konserwatywne poglądy na temat podziału domowych obowiązków, ale akceptował pracujące kobiety. Czyżby nie chciał mieszać życia osobistego i zawodowego? To raczej mało prawdopodobne, gdyż Jadwiga i tak była jego osobistą asystentką. Nie bał się również oskarżeń o nepotyzm, ale być może nie chciał blokować etatu dla żon innych pracowników. Jako dyrektor otrzymywał wystarczające wynagrodzenie, aby utrzymać siebie i żonę.

„Żałuję, że nie mieliśmy dzieci – przyznał w jednym z wywiadów. – To był brak w moim życiu. Tak się złożyło. Ale z drugiej strony, nie mając licznej rodziny, mogłem w pełni skoncentrować się na pracy. Może więc w pewnym sensie było to jakimś zrządzeniem Opatrzności. Jednak przyznaję, że tego przeżycia, jakim jest ojcostwo, nie zaznałem"[43].

Wprawdzie twierdził, że nie była to świadoma decyzja, ale Włada Majewska zauważyła, iż dla prawdziwych konspiratorów potomstwo jest tylko ciężarem. I chyba miała rację, Jeziorańscy doskonale wiedzieli, że żyją na pierwszej linii frontu wojny z komunizmem, a dzieci mogły się stać źródłem skutecznych nacisków. Komuniści nie mieli bowiem żadnych skrupułów, a porwania, szantaże czy zabójstwa należały do ich stałych metod działania.

Pani Jeziorańska nigdy nie chciała być tylko żoną swojego męża. Wprawdzie działalność publiczną pozostawiała „Nowakowi", jednak potrafiła realizować własne pasje bardzo odległe od jego zainteresowań.

„»Greta« stworzyła sobie w domu warsztat fotografii artystycznej – wspominał Jeziorański – i zdobyła kilka wyróżnień na konkursach polskich [emigracyjnych – S.K.] i międzynarodowych. Tylko w czasie wakacji byliśmy razem, dużo włócząc się po Europie i Bliskim Wschodzie"[44].

Radio Wolna Europa stało się najpopularniejszą zachodnią stacją radiową w Polsce i prawdziwym utrapieniem dla rządzących w kraju komunistów. Zagłuszanie nie przynosiło większych rezultatów i wiadomości emitowane przez rozgłośnię błyskawicznie rozchodziły się wśród społeczeństwa. Próbowano zatem zdyskredytować jej dyrektora, a za najsłabszy punkt Jeziorańskiego uznano jego żonę.

„Głównym celem »akcji specjalnych« stała się z czasem »Greta« – opisywał »Nowak«. – Jej wytrzymałość nerwowa została wystawiona na ciężką próbę. Była adresatką różnych anonimowych nocnych telefonów albo wyroków śmierci wydawanych na męża jako hitlerowskiego kolaboranta. Kiedy musiałem poddać się jakiemuś zabiegowi operacyjnemu, dostała formularz zakładu pogrzebowego z życzliwą radą, by wypełnić go zawczasu, bo już wkrótce będzie wdową. Nowym pomysłom nie było końca. Jakaś anonimowa pobożna paniusia z parafii św. Józefa zaklinała się na Pana Jezusa i Matkę Przenajświętszą, że na własne oczy widziała mnie w jakimś pensjonacie w towarzystwie przystojnej brunetki"[45].

Ofiarą zemsty komunistów padli rodzice „Grety". Na swoje nieszczęście zostali w kraju, podczas gdy rodzina Jeziorańskiego wyemigrowała do USA. Państwo Wolscy zostali wykwaterowani z własnego mieszkania. Do końca życia zajmowali lokal bez bieżącej wody, a znajomi odsunęli się od teściów „naczelnego zdrajcy z Wolnej Europy". Władze PRL nie zgodziły się nawet na przyjazd córki na ich pogrzeb (zmarli w krótkim odstępie czasu). „Greta" nigdy sobie tego nie wybaczyła, a może nawet w duchu miała żal do męża, że naraził jej rodziców na poniewierkę.

Jedyne, co mogła zrobić, to w samotności oglądać zdjęcia z cmentarza Rakowickiego. O ich dostarczenie poprosiła Jacka Taylora, prawnika i opozycjonistę, wnuka wykładowcy Jeziorańskiego z Poznania. Podczas pierwszego pobytu Taylora na Zachodzie przekazała mu dokładne instrukcje. „Pójdziesz na cmentarz Rakowicki – mówiła – od Matejki w prawo i zatrzymasz się przy grobie znanych krakowiaków Prylińskich. Tam obok jest grobowiec Wolskich. Sprawdź, czy nie trzeba czegoś naprawić. Jeśli tak, to zrób remont, a ja ci oddam pieniądze"[46].

Taylor nie zawiódł, zrobił kilka slajdów cmentarza, które wręczył „Grecie" przy następnym spotkaniu. Pani Jeziorańska nie otworzyła jednak od razu koperty, poczekała, aż mąż z gościem pójdą w góry. Najwyraźniej chciała zostać sama ze swoją rozpaczą. A do przyjaciółki pogrążonej w depresji po śmierci matki powiedziała, że powinna czuć się szczęśliwa, iż matka zmarła na jej rękach. „Grecie" nie było to dane i musiała się pogodzić z faktem, że jej rodzice umierali sami.

Nigdy jednak nie zawiodła Jeziorańskiego i zawsze go wspierała. Jak przystało na dawną łączniczkę AK, zachowywała niewzruszony spokój i wytrzymała wszystko. Nic dziwnego, że „Nowak" w chwilach szczerości przyznawał, iż „bez Wiśki już dawno byłby w piachu".

ALPEJSKI AZYL

„»Greta« robiła wszystko – wspominał Jeziorański – pisała na maszynie, prowadziła archiwum, zajmowała się domem, żyła tylko dla mnie. Mam świadomość, że wiele od niej brałem i niewiele dawałem. Pocieszam się tylko, że nie dla siebie"[47].

W 1976 roku „Nowak" przeszedł na emeryturę i postanowili z żoną osiedlić się w górach, z dala od wielkomiejskiego gwaru. Ich wybór padł na samotny góralski domek na austriackiej przełęczy Pass Thurn na granicy Tyrolu i Salzburga.

„Po latach zgiełku, nieustannych napięć i kryzysów znaleźliśmy się nagle w ustroniu, w błogiej ciszy, której nie zakłócało nic prócz śpiewu ptaków i cichutkiego pobrzękiwania dzwonków pasącego się bydła. Byliśmy w końcu sami, z dala od ludzi. Trzysta metrów od nas, w dole, biegła droga, przy niej dwa tyrolskie hotele albo raczej zajazdy"[48].

Dwa lata spędzone w Pass Thurn były chyba najpiękniejsze w ich wspólnym życiu. Jeziorański pisał *Kuriera z Warszawy*, wstawał wcześnie rano i na podstawie ręcznych notatek dyktował tekst na magnetofon. Nigdy nie opanował sztuki pisania na maszynie, dlatego następnie do akcji wkraczała „Greta". Przepisywała wspomnienia męża, a jako pierwsza czytelniczka recenzowała też tekst. Były to przecież również jej wspomnienia.

„Było widać, że jest to małżeństwo akowców – wspominał Jacek Taylor. – Oni reprezentowali specjalny typ człowieka. Wiedziałem, że tydzień przede mną przyjmowali gości z Polski. Można było z nich pasy drzeć, a nie wydali, kto to był. Po latach dopiero dowiedziałem się, że raz był to na krótko Adam Michnik, kiedy indziej Władysław Bartoszewski z żoną Zofią, która jako redaktor Państwowego Instytutu Wydawniczego opracowywała tekst, dokonywała niezbędnych skrótów pierwszej wersji *Kuriera z Warszawy*"[49].

Jeziorański w austriackich Alpach realizował jeszcze jedną pasję. Wędrował po okolicznych wioskach i skupował za bezcen stare tyrolskie meble. Ich renowacją zajmowała się oczywiście żona i niebawem ich dom zapełnił się szafami, stołami, krzesłami i pięknie malowanymi skrzyniami. W niedalekiej przyszłości miało to przynieść całkiem wymierne profity.

W tym czasie „Nowak" dostał ofertę objęcia kierownictwa Biblioteki Polskiej w Paryżu, ale „Greta" była temu przeciwna. Nie chciała opuszczać austriackiego azylu, miejsca, w którym czuła się naprawdę szczęśliwa.

AMERYKAŃSKA
SAMOTNOŚĆ

W 1977 roku Jeziorańskiemu zaproponowano przeprowadzkę do Waszyngtonu, gdzie miał zostać nieoficjalnym rzecznikiem spraw polskich przy rządzie amerykańskim. Nie odpowiedział od razu, obawiając się reakcji żony. „Greta" miała jednak klasę i po raz kolejny poświęciła dla niego osobiste szczęście.

„Tu jest mi dobrze jak w niebie – stwierdziła – i nigdzie mi lepiej już nie będzie, ale nawet raju nie można zamieniać na poczekalnię śmierci. Jesteś w pełni sił. Za rok będziesz mi tu z nudów po ścianach chodził. Jedziemy do Waszyngtonu!" [50].

Przydała się wówczas meblarska pasja Jeziorańskiego. Gdy przyszło do sprzedaży domu, to jego wyposażenie wyceniono znacznie wyżej niż sam budynek. Dzięki temu mogli kupić dom w Annandale w Wirginii i rozpocząć nowy rozdział życia. „Greta" jednak z bólem żegnała się z austriackimi Alpami.

„To była najtrudniejsza decyzja w jej życiu – przyznawał »Nowak«. – Wyjazd z Pass Thurn był dla niej największym poświęceniem, dowodem na to, że potrafi wznieść się ponad osobiste szczęście".

Pani Jeziorańska przygotowała nową siedzibę zgodnie ze swoimi upodobaniami. Meble sprowadzono z Europy, a na ścianach zawisły obrazy polskich artystów (Suchodolski, Gierymski, Chełmoński, Brandt, Axentowicz, Fałat). Pasją „Grety" stał się ogród, którym osobiście się zajmowała. Na „Nowaka" nie mogła liczyć, mąż bowiem nigdy nie zrobił sobie nawet jajecznicy. A dzień zaczynał od połówki grejpfruta, którego oczywiście kroiła i podawała żona.

„To był dom, w którym rządziła Wiśka – uważał opozycyjny wydawca Mirosław Chojecki. – Poza domem widać było potężną energię bijącą z »Nowaka« w jego rozmowach z urzędnikami amerykańskiej administracji. Byłem na przykład przy jego rozmowie z Richardem Pipesem, czołowym amerykańskim specjalistą od spraw sowieckich. Widać było, że w tego rodzaju kontaktach to on jest stroną silniejszą. Natomiast w domu rządziła Wiśka – Janek, co ty z tymi skarpetami!!! Jak tam mieszkałem, to trząsłem się przed Wiśką, a nie przed »Nowakiem«"[51].

Chojnacki, jak przystało na mężczyznę, nie zauważał jednak pewnych problemów oczywistych dla kobiet. Przyjaciółka Jeziorańskich Maria Michejda wcale nie uważała, aby „Greta" była panią w swoim domu. „Jan zawsze miał wiele do powiedzenia, wspaniale opowiadał. Ale mówił tylko on! Nie dawał jej dojść do słowa! Nawet wówczas, gdy opowieść dotyczyła ich wspólnych przeżyć, czy to z okresu konspiracji, czy też na przykład wycieczek po Europie czy do Palestyny. Gdy tylko Wisia chciała coś dodać, obcinał ją – często w nieprzyjemny sposób"[52].

Był to chyba większy problem, niż mogło się wydawać. Jeziorańskich wiele łączyło, wspólnie przeżyli tyle lat, ale codzienność wywierała na ich małżeństwo negatywny wpływ.

„Widziałam ich życie – tłumaczyła Michejda. – Żadne małżeńskie życie nie jest łatwe. Jan miał bardzo silny charakter, ale ona także. Była ogromnie lojalną i kochającą żoną. Nie mieli dzieci i Jan był dla niej wszystkim. Może to cechuje wielkich ludzi, ale Jan był despotycznym i egocentrycznym człowiekiem. Miał dwa oblicza. To publiczne i patriotyczne i to domowe.

Wielkość Jana nie pozostawiała wiele miejsca dla wielkości Wisi, a ona również wiele przeżyła, wiele widziała i wiele potrafiła. Czasami jednak czuła się po prostu zduszona"[53].

Na domiar złego Jeziorański był wyjątkowym skąpcem. Nie chciał nawet kupić żonie komputera, aby ułatwić przepisywanie własnej korespondencji, artykułów i książek. Sam był zawsze nienagannie ubrany, żona natomiast zadowalała się swetrami, które sama robiła na drutach. Nie pomógł jej również w realizacji ambicji fotograficznych.

„Gdy Wisia była już ciężko chora, rozmawialiśmy z Janem w jej obecności, że zrobimy w ambasadzie polskiej w Waszyngtonie wystawę jej prac – opowiadała Maria Michejda. – Jan się zapalił do pomysłu. Później jednak okazało się, że każdą z plansz trzeba jakoś do ekspozycji oprawić. Ambasada nie chciała tego finansować. On też nie był chętny wydawać pieniądze. Wisia zmarła i wystawy w Waszyngtonie nie doczekała. Wkrótce potem ja to Janowi powiedziałam: »Obiecałeś i nie dotrzymałeś słowa«. Oczywiście był na mnie wściekły i krzyczał: »Bo ty mnie zawsze oskarżasz! Ty chcesz, żebym ja czuł się winny!«"[54].

Sumienie gryzło go jednak z tego powodu do końca życia, na swój sposób kochał bowiem żonę. I nie był to przypadek, że gdy poważnie zapadła na zdrowiu, nie potrafił już nic napisać. To chyba największy hołd, jaki mógł oddać „Grecie" w tym związku.

Jeziorańscy nie umieli dojść do porozumienia na temat zmian demokratycznych w Polsce po 1989 roku. „Nowak" zaczął jeździć do kraju, ale poważnie chora żona nie mogła mu już towarzyszyć. Nie potrafiła mu wybaczyć, że ją zostawia w takim stanie, była zresztą ciągle nieufna wobec sytuacji w kraju.

„Nieufna to mało powiedziane – twierdziła Zofia Korbońska. – Dopóki trwała zimna wojna, Jan i Wisia byli partnerami w tej samej grze. Ale po 1989 roku pojawił się między nimi ideowy rozdźwięk. Dla mnie było nie do pomyślenia, że »Nowak« razem z ludźmi z dawnej nomenklatury może zasiadać w kapitule Orła Białego, że może spotykać się z Kwaśniewskim. Wiem, że »Greta« myślała tak samo. Ona pozostała nieprzejednana. W swoich sądach była samodzielna. Jednak na zewnątrz niczego nie okazywała, bo była wobec niego lojalna i zawsze broniła go jak lwica. To naprawdę nie był przypadek, że »Greta« nie przyjechała do Polski. Ona nie chciała. Nie szła na żadne ideowe kompromisy. Była postacią szlachetniejszą niż on" [55].

Chorowała już wówczas poważnie na płuca i nie chciała dłużej żyć. „Nowak" upierał się, aby ją ratować, ale ona postanowiła, że śmierć pozostanie jej decyzją. Kiedy więc na jego polecenie podłączono ją do respiratora, w nocy wyrwała całą instalację. Zmarła następnego dnia wieczorem (1 maja 1999 roku), męża nie było wówczas przy niej. Uczestniczył w uroczystościach związanych z wizytą prezydenta Aleksandra Kwaśniewskiego w USA.

W swojej ostatniej woli „Greta" poprosiła o pochowanie w grobowcu rodziców w Krakowie. Uważała, że tak być powinno i że chociaż jedno dziecko musi spocząć na wieki u ich boku. Zmarłego sześć lat później Jeziorańskiego pochowano w rodzinnym grobie w stolicy. To raczej nie jest przypadek, że tak zakończyło się małżeństwo dwojga ludzi, którzy wspólną drogę rozpoczęli powstańczym ślubem. Stojąc przed ołtarzem w zrujnowanej kaplicy, uważali, że spędzą razem najwyżej kilka tygodni, ale los zadecydował inaczej. Przeżyli wspólnie pięćdziesiąt pięć lat, na stałe wpisując się w najnowsze dzieje Polski. Szkoda tylko, że tak niewiele osób zauważyło, jaką rolę odegrała „Greta" u boku męża.

„Jedynym człowiekiem, który publicznie docenił konspiracyjne zasługi Wisi, był Jan Karski – uważała Maria Michejda. – Pamiętam, że prowadził jakieś spotkanie, na które przyszli oboje. I wówczas Karski powiedział, że zasługi »Grety« są równe zasługom Jana. Karski poprosił, aby oboje wyszli na podium. To był jeden jedyny raz, kiedy Wisia została publicznie doceniona i uhonorowana"[56].

Podobno człowieka, z którym spędziło się życie, można docenić dopiero, gdy odejdzie. Tak też było z Jeziorańskim – dopiero wówczas zdał sobie sprawę z roli żony w swoim życiu. Zauważyła to Janina Rybka, która objęła po zmarłej funkcję asystentki „Nowaka".

„Fascynowała mnie ta osoba – opowiadała. – Trafiłam do jej domu, dotykałam tych samych przedmiotów. Musiała mieć wyczucie artystyczne, bo wszystkie polonica i obrazy były wyeksponowane w taki sposób, że rzeczywiście to wnętrze upiększały. Ogromnie lubiła ogród, gdzie rosło wiele różnokolorowych azalii. Uwielbiała zwierzęta. Miała książki o ptakach, a w ogrodzie niezliczoną ilość karmników. Do ogrodu zakradały się wiewiórki i szopy pracze. Pan Jan co wieczór o niej mówił. Nie pozwalał usiąść na krześle przy stole w kuchni, na którym ona siadała. Cały czas wisiała na poręczy jej wełniana chusta. Po śmierci na jej łóżku leżały furażerka z czasów akowskiej konspiracji oraz szarfy z wieńców złożonych na jej grobie. To było sanktuarium Pani Wisi"[57].

Patrząc na ich losy, trudno nie zgodzić się ze starym porzekadłem, że za wielkimi osiągnięciami mężczyzn stoją zawsze ich partnerki. Szkoda tylko, że nikt ich nie dostrzega.

Rozdział 3.
Śmierć poety

W RODZINIE BACZYŃSKICH

Krzysztof Kamil Baczyński był bardzo oczekiwanym dzieckiem. Jego matka, Stefania, kilka razy poroniła, a jego siostra Kamila zmarła wkrótce po urodzeniu. Po niej to właśnie Krzysztof dostał drugie imię.

Przyszły poeta urodził się dziesięć lat po ślubie rodziców. Jego ojciec Stanisław Baczyński pochodził ze Lwowa, był członkiem PPS, żołnierzem Legionów (słynnej I Brygady) i działaczem Polskiej Organizacji Wojskowej. Walczył w wojnie z bolszewikami, zasłużył się dla sprawy polskiej podczas plebiscytu na Górnym Śląsku. Z upływem czasu jego poglądy coraz bardziej się radykalizowały, a ostatecznie zerwał z piłsudczykami po zamachu majowym. Pan Stanisław stał się zwolennikiem lewicowej ideologii, do grona znajomych zaliczał nawet Wandę Wasilewską.

„Stanisław Baczyński przyjeżdżał z Warszawy na wykłady w Instytucie Badań Europy Wschodniej – pisał Czesław Miłosz. – Był postawny, o prostych plecach, bardzo żołnierski, co zgadzało się z tym, co mówiono o jego służbie w Legionach w pułku ułanów i o wojennych wyczynach w powstaniu śląskim. Politycznie umieszczano go wśród piłsudczykowskiej lewicy rodem z PPS. Był marksistą, jak można wywnioskować z jego artykułów. Zastanawiał tym przekrojem cech, ja w każdym razie nie spotykałem ludzi jego pokroju"[1].

Na życie zarabiał jako nauczyciel, pracował w Wojskowym Instytucie Historycznym, był recenzentem i krytykiem literackim, wydał również kilka książek. Jego związek ze Stefanią nie był specjalnie udany, zdarzały się nawet okresy separacji. Inna sprawa, że Stanisław Baczyński zniknął z domu na dwa lata, aby udać się w podróż po Europie i Bliskim Wschodzie. Stefania natomiast szukała ukojenia w ramionach pewnego malarza, a mąż po powrocie wyzywał ją od „gudłajek" (była żydowskiego pochodzenia).

Krzysztof Kamil wychowywał się z matką, a jego stosunki z ojcem nie były najłatwiejsze. Stanisław traktował syna bardzo surowo, potrafił nawet bez specjalnych powodów wychłostać kilkuletnie dziecko po nogach pokrzywami. Nic dziwnego, że chłopiec z lękiem mówiło o ojcu „on".

Na domiar złego Krzysztof był słabego zdrowia, miał alergię, cierpiał na astmę. W epoce, w której nie znano jeszcze podręcznych inhalatorów, było to niebezpieczne schorzenie. Problemy z astmą towarzyszyły Baczyńskiemu do końca życia.

„Spaliśmy na piętrze w wielkim pokoju na lewo od hallu – wspominał Stanisław Piętak. – Raz, ledwie obudzony, patrzę, a tu Krzysztof skoczył z łóżka, słaniając się, biegnie ku oknu, chce wyrywać okiennicę, wreszcie otwiera, przyklęka czy pada i ukazuje mi rozpaczliwym gestem, gdym podbiegł do niego, że w marynarce ma lekarstwo, pastylkę, bym ją wyjął i wepchnął ją do ust"[2].

Ataki czasami kończyły się pobytami w szpitalu, nic zatem dziwnego, że Krzysztof nigdy nie był okazem tężyzny fizycznej. Matka drżała o zdrowie jedynaka i starała się go odwieść od wszelkiej aktywności sportowej. W efekcie Baczyński lubił właściwie tylko spacery, nieźle również tańczył.

Pani Stefania zadbała natomiast o edukację syna, Krzysztof uczęszczał do elitarnego Gimnazjum Państwowego im. Stefana Batorego w Warszawie. Lista sławnych wychowanków szkoły jest bardzo długa, ale warto skoncentrować się na roczniku maturalnym 1939. Razem z Baczyńskim świadectwo dojrzałości uzyskali wówczas: Konstanty (Kot) Jeleński oraz późniejsi bohaterowie Szarych Szeregów – Jan Bytnar („Rudy"), Tadeusz Zawadzki („Zośka") i Aleksy Dawidowski („Alek").

Baczyński był miernym uczniem, ale przejawiał duży talent plastyczny. Planował naukę w warszawskiej Akademii Sztuk Pięknych, nie wykluczał również studiów plastycznych we Francji. W realizacji tych zamierzeń przeszkodziły mu jednak dwa tragiczne wydarzenia. Pod koniec lipca 1939 roku zmarł na chorobę nowotworową jego ojciec, a miesiąc później wybuchła wojna.

ADRIATYCKIE FASCYNACJE

„Krzyś był zgrabny, foremny – wspominała poetę jego koleżanka, Izabella Rybarska – mniej więcej 165 centymetrów wzrostu, zawsze niesłychanie elegancki, w krawacie, w jasnej koszuli"[3].

Wbrew obiegowej opinii, późniejsza żona poety Barbara Drapczyńska wcale nie była jego pierwszą ani też jedyną miłością. Krzysztof, jak większość nastolatków, miał bowiem dość kochliwe usposobienie i wcześnie zaczął zwracać uwagę na płeć piękną. Stałość w uczuciach nie była wówczas jego najmocniejszą stroną, zdarzyło mu się nawet jednocześnie (!) planować małżeństwo z dwiema partnerkami.

Ze względu na stan zdrowia Baczyński dwukrotnie spędzał wakacje na wybrzeżu adriatyckim. Obozy, w których brał udział, były drogie, kilkutygodniowy pobyt kosztował około pięciuset złotych, można zatem przypuszczać, że stanowiło to duże wyrzeczenie dla rodziny. Ale zdrowie jedynaka było najważniejsze. Przyszły poeta po raz pierwszy pojawił się w Dalmacji latem 1937 roku. Przebywał na wyspie Šolta w pobliżu Splitu i tam też poznał młodszą o rok Annę Żelazny.

„Rzecz działa się przed wojną – opowiadała córka Anny, Ewa Morawska – wiem na ten temat ogromnie niewiele. Matka moja była człowiekiem prywatnym, bardzo dyskretnym i o sprawach swojego życia osobistego opowiadała mi niewiele. Poznali się na obozie w Jugosławii, w lecie 1937 roku. Nie wiem, kiedy się zaręczyli – tyle tylko, że już bodaj w 1939 roku zaręczyny zostały zerwane i zrozumiałam, że Matka moja nie chciała, czy też jej rodzice nie życzyli sobie przenosić się do Warszawy"[4].

Anna pochodziła z Jasła, jej ojciec był lekarzem i dyrektorem czy też ordynatorem szpitala miejskiego. Baczyński nie był żadną partią dla jego córki, poza tym warto pamiętać o wieku obojga. Podczas wakacji nad Adriatykiem Anna miała przecież zaledwie 15 lat, co raczej wykluczało poważne decyzje.

Panna Żelazny była uczennicą szkoły sióstr niepokalanek w Nowym Sączu. Uwielbiała poezję i sama pisała wiersze, co zapewne zbliżyło ją z Baczyńskim. Gdy uczestnicy obozu wracali do kraju, Krzysztof ulokował się w pociągu na jednej półce z dziewczyną (zapewne były to tzw. kuszetki). Całą podróż „szeleścili kartkami i półgłosem coś tam szeptali".

Związek przetrwał dwa lata, wiadomo, że korespondowali ze sobą i że Baczyński był przynajmniej raz w Jaśle. W sprawę zdecydowanie jednak wkroczył ojciec dziewczyny i Anna wycofała się z danego słowa. Ale poeta nie mógł o niej zapomnieć, podobno nawet drukował wówczas wiersze pod pseudonimem Jan Żelazny. Z relacji późniejszego męża Anny wynika natomiast, że spotykała się ona z Krzysztofem jeszcze w 1940 roku w Rabce lub w Zakopanem. A jak było naprawdę, tego zapewne nigdy się już nie dowiemy.

Rok po poznaniu Anny Baczyński ponownie przyjechał do Dalmacji. Tym razem poznał Zuzannę Progulską ze Lwowa i znów się zakochał. Najwyraźniej miał w tych czasach nieco poligamiczną naturę, jego związki były jednak platoniczne.

Tym razem na wybrzeżu Adriatyku przebywał już inny chłopak niż rok wcześniej. Przez kilkanaście miesięcy wydorośłał, dużo pływał, sprawiał wrażenie starszego niż w rzeczywistości.

„Miałam wówczas 15 lat – twierdziła po latach Zuzanna – i zwróciłam na siebie uwagę Krzysztofa dobrym pływaniem. Wypływaliśmy razem dość daleko i pytał mnie wtedy, czy nie boję się rekinów. Przyjaźń zawarta w wodach Adriatyku przeniosła się na ląd"[5].

Po powrocie do kraju korespondowali ze sobą, a Baczyński przysłał jej „śliczny zbiór wierszy »Wyspa szczęścia«". W listach wyznawał, że jest jego natchnieniem, jego muzą. Kilka miesięcy później zobaczyli się ponownie w Zakopanem.

„Do ponownego mojego spotkania z Krzysztofem doszło w lutym 1939 roku w Zakopanem – wspominała Zuzanna. – Przyjechałam z rodzicami, on był sam. Bardzo się sobą cieszyliśmy. Pokazywał mi Zakopane, znów chodziliśmy na długie spacery, sankami pojechaliśmy na Cyrhlę. Wśród wygwieżdżonego nieba snuł na głos swoje marzenia: odwalić maturę, zwiedzić Włochy, Egipt"[6].

Tylko z kim chciał tak podróżować? Sam czy w towarzystwie dziewczyny? Jeżeli tak, to której? Bo raczej chyba nie jednocześnie i z Zuzą, i z Anną?

„Widziałam wówczas Krzysztofa po raz ostatni – kontynuowała Zuzanna. – Wakacje mieliśmy spędzić razem w górach. Tymczasem pisywaliśmy do siebie, jednak na wakacjach nie spotkaliśmy się. Pierwszego września wszystko się urwało. Oddzieleni wypadkami i granicami wojennymi, nie wiedzieliśmy o sobie nic"[7].

W tym momencie we wspomnieniach panny Zuzanny pojawia się pewna nieścisłość. Ostatni raz widzieli się w lutym 1939 roku, a kolejne wakacje wypadały jeszcze przed wybuchem wojny. Wiadomo, że Krzysztof spędził je w górach, jednak bez Zuzanny. Czyżby przeżywał w tym czasie fascynację jeszcze inną dziewczyną? Nie jest to wykluczone.

Nie można się temu dziwić. Baczyński był przecież wrażliwym nastolatkiem o rozchwianej psychice. Zapewne czasowa separacja rodziców też się do tego przyczyniła i teraz szukał potwierdzenia własnej wartości. A czy to takie dziwne, że młody twórca potrzebuje muzy? A nawet kilku?

Inna sprawa, że obie znajomości nie miały wiele wspólnego z realnym życiem. Rozgrywały się głównie korespondencyjnie, spotkania były rzadkie, a poeta tęsknił raczej do swoich wyobrażeń o partnerkach niż do realnych dziewcząt. Być może właśnie takiej formy związku wówczas potrzebował?

WOJNA

Poglądy Stanisława Baczyńskiego ewoluowały od ruchu niepodległościowego do komunizmu, poglądy jego syna przebyły odwrotną drogę. Przed wojną miał orientację zdecydowanie lewicową, był nawet członkiem nielegalnego Związku Niezależnej Młodzieży Socjalistycznej „Spartakus". Dał się wówczas poznać jako zwolennik komunizmu, brał udział w akcji popierającej strajk nauczycielski w 1937 roku. Zajmował się organizacją „absencji uczniów w szkołach warszawskich" na czas strajków, bywał na zebraniach robotniczych, kolportował ulotki i rozlepiał afisze. Twierdził nawet, że po maturze chętnie wstąpiłby do organizacji komunistycznej. Ale w ostatnich latach przed wybuchem wojny zaczęły w nim narastać wątpliwości. Był to czas stalinowskich procesów moskiewskich i Baczyński nie mógł uwierzyć, że starzy działacze nagle zdradzili „ojczyznę proletariatu". Dyskusje na ten temat rozpalały młode umysły.

„Pamiętam, że dyskutowaliśmy na temat procesów moskiewskich – wspominała kuzynka Krzysztofa Maria Turlejska. – Byłam wówczas pod wrażeniem skrupulatnie przeczytanego stenogramu procesu Rykowa, Bucharina, Radka, Jagody i ich towarzyszy [...], wydawało mi się wówczas niemożliwe i bezsensowne, by oskarżenie było fałszywe, zwłaszcza że podsądni przyznawali się do winy. Jak mało rozumieliśmy mechanizm działania władzy! Dyskusja nad tym na zebraniu »Spartakusa« była dość ostra, moi oponenci nie bez uzasadnienia uważali za niemożliwe, by tak wielu wybitnych i ideowych działaczy ruchu robotniczego i państwa radzieckiego okazało się po prostu szpiegami na żołdzie niemieckim, japońskim czy polskim"[8].

Baczyński oprzytomniał, jego kuzynka natomiast okazała się osobą odporną na logiczne argumenty. Tuż przed wojną wyszła za ideowego komunistę Jana Turlejskiego i wyjechała w głąb ZSRR. Jej mąż zginął podczas nieudanego startu samolotu z pierwszą „grupą inicjatywną" PPR, która miała odbudowywać w Polsce ruch komunistyczny. Ona pozostała zagorzałą działaczką PPR, a później PZPR.

„Pisywała histeryczne uzasadnienia dla wyroków w procesach politycznych – podkreśla profesor Paweł Wieczorkiewicz – często kończonych wyrokami śmierci. Zbytnia aktywność spowodowała, że Bierut (!!!), solidarny jako mężczyzna, po [jej] kolejnym donosie na aktualnego kochanka, wysokiej rangi dyplomatę, nakazał wygnać »tę kurwę« z pracy w aparacie"[9].

Turlejska późno doznała iluminacji, bo dopiero w 1968 roku. Wydawała nawet opozycyjne publikacje w drugim obiegu (jako Łukasz Socha), przypomniała sobie również kuzyna poetę.

Krwawe czystki w Sowietach spowodowały, że Baczyński nabrał dystansu do komunizmu. Mimo iż lewicowa ideologia pozostała mu bliska, ostatecznych złudzeń pozbawiła go wyprawa na wschód podczas kampanii wrześniowej. Tak jak wielu innych mężczyzn opuścił bowiem Warszawę, aby wstąpić do mającej się organizować za Bugiem armii polskiej. Do wojska nie dotarł, ale zetknął się z działalnością „robotniczo-chłopskiej" Armii Czerwonej. I nie dostrzegł w tym nic dobrego dla kraju, zapewne zresztą wpadły mu w ręce sowieckie ulotki nawołujące do rozprawy z „faszystowską Polską".

W kwietniu 1940 roku hitlerowcy rozpoczęli tworzenie warszawskiego getta, ale Baczyńscy pozostali po aryjskiej stronie. Ryzykowali życie, ich pochodzenie nie było przecież tajemnicą. Mieli jednak dużo szczęścia, bo nikt ich nie zadenuncjował. Rodzina była pod obserwacją okupantów, ale z zupełnie innych powodów niż pochodzenie.

„W otwartych drzwiach ukazuje się kilku żandarmów – wspominała siostra cioteczna Baczyńskiego Aniela Kmita-Piorunowa – wdzierają się do wnętrza i zaczynają szukać Stanisława Baczyńskiego. Nie przyjmują do wiadomości, że poszukiwany nie żyje już od paru miesięcy – on żyje, lecz ukrywa się! Wie, że przyjdą po niego, żeby się z nim »rozprawić« za działalność w okresie plebiscytu na Śląsku. Nie wierzą okazanemu świadectwu śmierci. Dopiero po długich perswazjach i przekonywaniach domowników udało się pozbyć niebezpiecznych »gości«" [10].

Na szczęście nikt nie zainteresował się pochodzeniem Stefanii, co mogło mieć fatalne konsekwencje.

Początek wojny przyniósł jeszcze jedną ważną zmianę w życiu Krzysztofa Kamila. Dotychczas był człowiekiem niewierzącym, niewykluczone zresztą, że pod wpływem komunistycznej ideologii. Wraz z odrzuceniem marksizmu zwrócił się ku Bogu. Ale endecji i jej programu wciąż nienawidził. I tak miało pozostać.

LITERACI I LITERATURA

Trudno jednoznacznie określić, czy Baczyński był bardziej utalentowany poetycko, czy też plastycznie. Wprawdzie połączenie tych uzdolnień nie jest rzadkością, ale z reguły artyści wybierają tylko jedną dziedzinę. Chyba że mamy do czynienia z talentem na miarę Wyspiańskiego.

Baczyński nigdy nie miał okazji odbyć regularnych studiów plastycznych. Zachowało się natomiast kilkadziesiąt jego rysunków i akwareli, które świadczą, że nastolatek miał duży talent, zapewne więc zakwalifikowałby się na studia na ASP. Los zadecydował jednak inaczej. Chociaż wiersze pisał od wielu lat, szkolni poloniści go nie doceniali. W liceum powszechnie uważano go za przyszłego plastyka.

„Miał kłopoty na lekcjach polskiego – wspominał jego szkolny kolega Jerzy Madziar. – Nikt nie podejrzewał, że w nim kryje się tak duży talent, był dla nas przede wszystkim dobrym rysownikiem. Profesor Olszewski zawsze stawiał mu dobre stopnie. [Mawiał, że] w tym chłopcu coś drzemie, ma śmiałą linię i subtelne poczucie koloru, ale kpi sobie z perspektywy"[11].

W pierwszych miesiącach okupacji sytuacja finansowa zmusiła Baczyńskiego do podjęcia pracy zarobkowej. Malował szyldy, wstawiał szyby w oknach, pracował u węglarza, przyjmował telefoniczne zlecenia w Miejskich Zakładach Sanitarnych. Nie zajął się jednak wzorem innych inteligentów handlem, do tej profesji potrzebne było lepsze zdrowie.

Muza poezji nad nim czuwała i w 1940 roku poznał warszawskich pisarzy – Stanisława Ryszarda Dobrowolskiego i Jerzego Kamila Weintrauba. Znajomości te miały przynieść wymierne efekty.

Baczyńskiemu szczególnie imponował Weintraub, który miał już w dorobku dwa tomiki poetyckie. Razem próbowali tworzyć, eksperymentowali też z prozą, ale głównie prowadzili długie rozmowy o literaturze. Weintraub był starszy od Krzysztofa o pięć lat i podobnie jak Baczyński był żydowskiego pochodzenia, życie po aryjskiej stronie stanowiło więc dla nich obu wielkie wyzwanie.

Nowy znajomy założył konspiracyjne Wydawnictwo Sublokatorów Przyszłości i w tym właśnie wydawnictwie zadebiutował Baczyński. W cyklu Biblioteki Poetyckiej ukazały się dwa tomiki Krzysztofa, każdy z nich zawierał siedem wierszy, a ich łączny nakład liczył czternaście (!) sztuk. Ich tytuły to *Zamknięty echem* i *Dwie miłości*.

Spotkania poetyckie (sympozja, jak o nich mawiano) odbywały się z reguły u Dobrowolskiego, w jego mieszkaniu na Nowogrodzkiej. Z powodu godziny policyjnej goście często zostawali na noc, a podczas dyskusji pijano to, co akurat było dostępne: herbatę, kawę ewentualnie bimber.

„Krzysztof nie był dobrym kompanem do kieliszka – zauważył Dobrowolski – nie pił nie tylko osławionego »bimbru«, ale nawet najautentyczniejszej »monopolki«. Chyba że trafiła się nam – rzecz rzadka [...] – flaszczyna jakiegoś tam wińska, chętnie wypijał szklaneczkę. Dostawał wtedy rumieńców – też u niego rzecz rzadka, na ogół miał raczej marmurowo-bladawą cerę

– i weselał, tracąc wyraz pospolitej u niego, głębokiej (na co dzień) zadumy"[12].

Znajomość z Weintraubem i Dobrowolskim była niezwykle cenna, ale prawdziwą odmianę przyniosła wiosna 1941 roku. Baczyński poznał wówczas Jerzego Andrzejewskiego, który natychmiast poddał się urokowi młodego poety. Pisarz zrobił wiele, aby go promować, przedstawił Baczyńskiego Jarosławowi Iwaszkiewiczowi, Czesławowi Miłoszowi i Jerzemu Zagórskiemu. Doświadczeni twórcy szybko docenili talent młodszego kolegi i jeszcze w tym samym roku Krzysztof otrzymał stałe stypendium z podziemnego funduszu literatury, które wypłacano mu aż do wybuchu Powstania Warszawskiego.

Jerzy Andrzejewski był homoseksualistą i chociaż miał żonę (a nawet dwie) i dzieci, nie ukrywał swojej orientacji seksualnej. Miewał różnych partnerów, ale dla Baczyńskiego zupełnie stracił głowę. Po latach uznał go za swoją największą miłość i do końca życia trzymał na biurku zdjęcie poety. Do niego też porównywał wszystkich swoich późniejszych kochanków, ale przegrywali oni z Krzysztofem już na starcie. Baczyńskiemu nie dorównał nawet Marek Hłasko.

„Gdybym kochał Krzysztofa mniej, niż go kochałem i kocham – pisał Andrzejewski do Stefanii Baczyńskiej w 1945 roku – na pewno łatwiej byłoby mi skierować do jego matki słowa nadziei czy współczucia. Pani wie, jak bliskim był mi Krzysztof. Był moim najlepszym, jedynym właściwie przyjacielem. Myślę o Nim często i to myślenie jest dla mnie najboleśniejszą raną"[13].

Była to jednak miłość niespełniona, ponieważ Krzysztof pozostał heteroseksualny. Andrzejewski musiał się z tym ostatecznie pogodzić. Baczyński jednak wysoko cenił pisarza i jego przyjaźń miała dla niego duże znaczenie. Przyznawał, że Andrzejewski był w jego życiu, oprócz matki, najważniejszą osobą, dedykował mu wiersze, został nawet ojcem chrzestnym jego syna.

„Śmierć Krzysztofa to wspomnienie, którego wolę nie dotykać – wyznawał po latach pisarz – nie wnikać w nie. Odpycham też od siebie jego twarz, ruchy, uśmiech, wolę nie wywoływać jego głosu i różnych chwil, spotkań, rozmów. Jedna taka chwila ożywienia – wskrzesza inne"[14].

Andrzejewski nigdy nie napisał wspomnienia o Baczyńskim, porównywał żałobę po nim do rozpaczy po śmierci matki. Było to zbyt bolesne przeżycie, nie chciał do niego wracać i ostatecznie o poecie napisał tylko jeden artykuł, opublikowany na łamach „Literatury" w 1978 roku.

Dzięki Andrzejewskiemu Krzysztof trafił do Stawiska, posiadłości Iwaszkiewiczów. Przyjaciel odpowiednio go zarekomendował, co wystarczyło, aby wzbudzić zainteresowanie młodym poetą. Willa Iwaszkiewiczów była zresztą w tych latach azylem dla wielu luminarzy polskiej kultury.

„Stawisko w czasie wojny – twierdził Czesław Miłosz – było taką oazą, gdzie się zbierali literaci warszawscy; gdzie można było siąść do stołu i przez chwilę mieć wrażenie, że właściwie istnieje jakaś ciągłość, że przecież to nie jest tylko groza okupacyjna"[15].

Iwaszkiewiczowie oficjalnie zarejestrowali prowadzenie pensjonatu, dzięki temu wielu uciekinierów mogło przebywać w majątku. Dłuższy lub krótszy czas mieszkali tam: Andrzejewscy, Tatarkiewiczowie,

Ferdynand Goetel, księżne Czetwertyńska i Lubomirska, Adam Grzymała-Siedlecki, Stefania Łobaczewska, Horzycowie, Pola Gojawiczyńska, Jerzy Waldorff, Stanisław Dygat, Adam Mauersberger, Parandowscy, Berezowie, Leon Schiller i Stanisław Piętak.

„Znaczenie Stawiska dla naszej podziemnej literacko-artystycznej Warszawy było ogromne – tłumaczył Miłosz – i zasługi ich dwojga, Jarosława i pani Hani, nie ograniczają się do udzielania pomocy ludziom, w tym wielu Żydom. Stawisko było także i przede wszystkim instytucją oznaczającą, że wśród ruin zostaje zachowana jakaś ciągłość"[16].

Krzysztof chętnie tam przyjeżdżał, bo uważał, że powietrze Stawiska znakomicie wpływa na jego układ oddechowy. Po raz pierwszy przybył tam razem z Andrzejewskim prawdopodobnie 1 stycznia 1941 roku.

„[...] wizytę poprzedził znaczny »hyr« – wspominał Iwaszkiewicz – pomiędzy przyczajonymi literatami, że narodził się nadzwyczajny młody poeta, że dojrzałość jego w tak młodym wieku jest zdumiewająca, że pisze bardzo dużo, jednym słowem, że jest to zjawisko nieprzeciętne"[17].

Początkowo Iwaszkiewicz był trochę Baczyńskim rozczarowany, ujrzał bowiem młodzieńca „drobnego, nieładnego i bardzo skromnego". Chłopak był zamknięty w sobie i trudno było się z nim porozumieć. „[...] zawsze bardzo poważny – tłumaczył skamandryta – i nawet moja żona, która miała doświadczenie z dość trudnymi w obcowaniu poetami, jak na przykład Jerzy Liebert, nie dawała sobie z nim rady"[18].

Iwaszkiewicz przyznał, że początkowo nie przepadał za młodszym kolegą po piórze, a najbardziej zrażał go fakt, że Krzysztof był „szalenie pewny swoich wierszy". Okazało się jednak, że młodzieniec miał rację, co musiał przyznać pan Jarosław. Baczyński potrafił bronić swojego zdania z takim zapałem, że całkowicie zaskoczył gospodarza.

„Gdy poeta skończył czytanie, próbowałem powiedzieć kilka zdań zawierających zastrzeżenia. [...] Baczyński przyjął moje zastrzeżenia z niespodziewanym sprzeciwem. Z nieśmiałego chłopca przerodził się nagle w oburzonego autora – i chodząc po pokoju, ostro przeciwstawiał się moim sądom. Nie przywiązywałem do tych moich sądów specjalnej wagi. Zrozumiałem od razu, że w tym wypadku natknąłem się na naturę poetycką tak bardzo odmienną od mojej (a może tak podobną), że nie będziemy mogli się porozumieć. Natomiast bardzo mi się podobała energiczna obrona swych dzieci, którą Baczyński przeprowadzał, zupełnie zapominając o swoim poprzednim skrępowaniu. Tak zrodziła się między nami sympatia, która nigdy nie przerodziła się w przyjaźń, jednak pozwalała na częste kontakty i rozmowy, w których niezmiennie pozostawaliśmy na swoich stanowiskach"[19].

Wiosną 1942 roku Krzysztof przyjechał do Stawiska na dłużej, był wówczas w szczytowym okresie swojej twórczości. Jak obliczył jego biograf Wiesław Budzyński, na przełomie 1941 i 1942 roku powstało około stu wierszy. Baczyński był już pełnoprawnym twórcą, co Iwaszkiewicz bezbłędnie wyczuwał.

„Trzeba tylko do niego trafić poprzez tę skorupę – tłumaczył pan Jarosław – którą on na siebie nakłada, przez młodzieńczą nieśmiałość, przez pewną szorstkość młodości. Wiersze jego nie wszystkie lubię, ale zdziwiła mnie łatwość, z jaką je pisze, i jakie mnóstwo! Może trochę za dużo"[20].

Iwaszkiewicz nie byłby jednak sobą, gdyby nie próbował wykorzystać sytuacji. Miał podobne preferencje erotyczne jak Andrzejewski, a Baczyński z czasem coraz bardziej go pociągał. Ponadto skamandryta zawsze preferował antyczny model homoseksualizmu, w którym starszy mężczyzna wprowadza w życie młodszego.

Był tylko jeden problem – Baczyński nie zmienił swoich poglądów na miłość grecką. Pogodził się z tym już Andrzejewski, a teraz musiał zaaprobować to również Iwaszkiewicz.

„Krzysztof opowiadał nam – wspominała Joanna Weintraubowa, żona Jerzego – jak na Stawisku stanął przy oknie, a Iwaszkiewicz podszedł z tyłu i wziął go za ramiona. I Krzysztof nam o tym opowiadał:

– Ja się wysunąłem i odsunąłem się od niego – mówił"[21].

Baczyński miał poczucie własnej wartości, zdarzyło mu się nawet powiedzieć Miłoszowi, że już jest „większy od niego". Wiedział jednak, że powinien się kształcić, i dlatego zapisał się na konspiracyjną polonistykę. Skoro postanowił być poetą, musiał postępować konsekwentnie.

Nie traktował jednak studiów z całą powagą. Od początku założył, że zamierza wzbogacić swoją wiedzę, a nie zostać polonistą. Uczęszczał tylko na niektóre przedmioty, bo nie chciał tracić czasu na to, co go nie interesowało.

„[...] Krzysztof traktował swoje zajęcia uniwersyteckie niezupełnie pedantycznie – opowiadał jego kolega ze studiów Zbigniew Wasilewski – a raczej indywidualnie, ustawiając się właściwie od razu w pozycji wolnego słuchacza [...]. Na pierwszym roku nasz

program nauki przewidywał w każdym tygodniu cztery po pół godziny, wykłady lub ćwiczenia. [...] Otóż
Krzysztof bardzo wcześnie, bodaj czy nie od początku,
zaczął na niektóre zajęcia przychodzić w »kratkę« lub
nie uczestniczył w nich wcale"[22].

Interesowały go zajęcia z filozofii, ale nie próbował zdawać egzaminu, regularnie natomiast chodził
na proseminaria, których tematyka była mu bliska. Zachwycał wszystkich swoją analizą Słowackiego, no ale
wieszcz był jego ulubionym poetą.

Po roku zrezygnował z polonistyki – poezja
i konspiracja zabierały mu zbyt dużo czasu. A może
w duchu myślał tak jak Tuwim ćwierć wieku wcześniej? Skamandryta, gdy porzucał polonistykę, powiedział, że poczeka, aż dostanie doktorat honoris causa.
I rzeczywiście po trzydziestu latach go otrzymał. Ale
Krzysztof Kamil nie miał przed sobą tyle czasu.

BASIA

„Była drobna, krucha, miała jasne oczy
w szczupłej twarzy – wspominał Barbarę Drapczyń-
ską jej przyjaciel Marcin Czerwiński. – Odznaczała się
w niezwykle wysokim stopniu zdolnością rozumienia
ponad znane sobie pojęcia i osiągnięte w krótkim życiu
doświadczenia. Talent taki bywa nazywany intuicją
kobiecą – co tutaj wydaje się określeniem nie najtraf-
niejszym. Jeśli się pod tym pojęciem rozumie zdolność
kobiet do podążania za ambicjami wybranego mężczyzny, miała ją i Basia"[23].

Barbara była rok młodsza od Krzysztofa, pochodziła ze znanej warszawskiej rodziny drukarzy.
Byli to ludzie o „tradycjach dobrego rzemiosła, posta-

wy obywatelskiej i wysokich ambicji kulturalnych". Z powodu wojny dziewczyna zdała egzamin dojrzałości konspiracyjnie z rocznym opóźnieniem.

„Basia nie miała ambicji poetyckich – opowiadała jej koleżanka szkolna Jadwiga Klarner. – Myślała raczej o krytyce literackiej. Recytowałyśmy Majakowskiego, czytałyśmy wiersze poetów z kręgu »Zadrugi«, taką zwariowaną poezję, nadającą się do wygłupiania w młodzieńczym wieku. Rozpisywało się te wiersze na głosy – był chór starców, chór żab... Pamiętam, że potem, już w latach wojny, Barbara poznała kogoś z »Zadrugi«"[24].

Zachowało się kilka relacji o tym, jak Barbara i Krzysztof się poznali. Przekazy są sprzeczne, a łączy je jedynie data. Na pewno pierwszy raz spotkali się 1 grudnia 1941 roku, a już cztery dni później (!) Krzysztof oświadczył się dziewczynie i został przyjęty.

„[...] poznali się jesienią 1941 roku na jakimś wykładzie – uważał Zbigniew Wasilewski. – Tadeusz Sołtan wspomina, że było to u Henryka Hiża, asystenta profesora Kotarbińskiego, przy ulicy Kredytowej. Krzysztof miał wtedy odprowadzić Basię do domu, a po powrocie opowiadał pani Stefanii: – Wiesz, poznałem tam dziewczynę uroczą, inteligentną. A jak mądrze mówiła!... – Podobnie Barbara wyznawała z przejęciem w rozmowie ze swoją matką. Podczas owego wieczoru Krzysztof otrzymał zaproszenie na imieniny, 4 grudnia, i wówczas to... oświadczył się jej w czasie pierwszej przegadanej wizyty. Dobrze pamiętam teraz, że Barbara wspominała o tym z nie ukrywaną satysfakcją, w której wyczuwałem niewątpliwą chęć zadziwienia słuchacza"[25].

Nie ma to większego znaczenia, czy Wasilewski prawdziwie przedstawił okoliczności pierwszego spotkania, czy, jak uważa Wiesław Budzyński, Krzysztof poznał Basię u koleżanki. Ważne, że od pierwszej chwili oboje zrozumieli, iż są sobie przeznaczeni. I nigdy się w tym przekonaniu nie zachwiali.

„Pamiętam – byłyśmy już po maturze – wspominała Jadwiga Klarner – była zima 1941/1942, Barbara przybiegła do mnie. – Słuchaj – woła – poznałam fantastycznego chłopaka. On zaraz tu przyjdzie. [...] Wchodzi szczupły młody człowiek. Przyniósł wiersz... Wszedł, przedstawił się i od razu zwrócił się do Barbary: »Przyniosłem wiersz dla pani«. Basia powiedziała: »To niech pan przeczyta«.

Tego dnia wyłączono elektryczność. Niemcy okresowo wyłączali światło i akurat wypadło na naszą stronę ulicy. Tylko ogarek skwierczał w oleju...

Wiersz zrobił na mnie szalone wrażenie. Barbara poprosiła, żeby czytał dalej. »Bo niech pan jeszcze coś przeczyta« – zachęcała. Wtedy Krzysztof wyjął plik kartek i zaczął czytać.

I już było widać, że Basia za nim świata nie widzi"[26].

Był tylko jeden problem: matka poety upatrzyła sobie na żonę dla jedynaka inną dziewczynę. Najwyraźniej uznała, że jeżeli musi już stracić Krzysztofa na rzecz innej kobiety, to sama ją wybierze. Postanowiła, że syn poślubi córkę sąsiadów, Halinę Perzyńską.

„Hala była tęgą, niezbyt urodziwą panną, ale sympatyczną – wspominała sąsiadka Irena Mann. – Dała się lubić. Bardzo ją lubiłam i dobrze wspominam. Podobna do ojca, pulchna – apetyczna – przy kości, a do tego straszliwie gadatliwa i w okularach – nosiła okulary już jako dziecko i chyba miała zeza"[27].

Krzysztof nie brał pod uwagę planów matki, wiedział, że poznał tę jedyną i zamierza z nią spędzić życie. Ale był dobrym synem i nie wyobrażał sobie, aby matki zabrakło u jego boku, gdy oficjalnie prosił państwa Drapczyńskich o rękę córki. Przyszła teściowa zapytała tylko młodych, czy nie lepiej poczekać ze ślubem do zakończenia wojny. Krzysztof odparł, że nie wiadomo, czy w ogóle tę wojnę przeżyją, co uznano za przekonujący argument.

Barbara Drapczyńska i Krzysztof Kamil Baczyński pobrali się w czerwcu 1942 roku w kościele Świętej Trójcy na Solcu. Wśród gości weselnych byli Iwaszkiewicz i Andrzejewski.

„Bzy w tym roku kwitły obficie – wspominał pan Jarosław – i zjawiłem się na tym obrządku z ogromnym snopem tych kwiatów. Po ślubie powiedziałem do kogoś: właściwie wyglądało to nie na ślub, ale na pierwszą komunię. Oboje Baczyńscy, bardzo młodzi, wyglądali jeszcze młodziej, a ponieważ oboje byli niewielkiego wzrostu, rzeczywiście zdawało się, że to dwoje dzieci klęczy przed ołtarzem"[28].

SYNOWA I TEŚCIOWA

Baczyńscy zajmowali przed wojną duże, ponadstumetrowe mieszkanie w bloku przy ulicy Hołówki 3 na Czerniakowie. Po śmierci Stanisława matka z synem przeprowadzili się do mniejszego lokalu w tym samym budynku. Było to dwuizbowe mieszkanie o powierzchni około czterdziestu metrów kwadratowych, w którym po ślubie zamieszkała również Basia.

Stosunki pomiędzy teściową i synową od początku ułożyły się fatalnie. Pani Stefania uważała bowiem, że syn popełnił wielki błąd, i dawała to odczuć synowej. „Matka Krzysztofa – wspominał Andrzejewski – uważała małżeństwo syna za dopust Boży i wielki mezalians. Jej wychuchany, wypieszczony jedynak, któremu wymarzyła triumfalny wymarsz na szczyt Parnasu – wybrał sobie jakąś drukarzównę!" [29].

Dochodziło do scysji i awantur, właściwie nie było dnia bez kłótni. To nie była zwykła niechęć, ale po prostu nienawiść. Stefania nie mogła zrozumieć, jakim prawem miejsce u boku Krzysztofa zajęła Barbara, skoro było ono należne „Matce – Opiekunce – Przewodniczce!".

Barbara wreszcie nie wytrzymała i postanowiła wrócić do rodziców. Jej brat Zbigniew Drapczyński zapamiętał, jak pewnego dnia siostra przyjechała zdenerwowana do rodzinnego domu i twierdziła, że dłużej nie będzie mieszkać pod jednym dachem z teściową. Długo rozmawiała z matką w cztery oczy, po czym uspokojona pojechała do męża.

Krzysztof znalazł się w wyjątkowo trudnej sytuacji. Był wprawdzie mocno związany ze Stefanią, ale Basię kochał i chciał z nią dzielić życie. Musiał wybierać i wybrał żonę, a pani Stefania wyprowadziła się do Anina.

Od tej pory kontakt matki i syna drastycznie się ograniczył. W okupacyjnej rzeczywistości odległość pomiędzy Aninem a Czerniakowem była poważną przeszkodą, zwłaszcza że Krzysztof coraz bardziej angażował się w konspirację. Matka i syn korespondowali ze sobą, a z zachowanych listów wynika, że poeta miał wobec niej wyrzuty sumienia. Stał jednak na stanowisku, iż jego małżeństwo jest równie ważne, a nawet ważniejsze niż miłość do matki.

Teściowie wspomagali Baczyńskich materialnie i bez ich pomocy małżonkowie zapewne nie daliby sobie rady. „[Barbara] nie kryła – wspominał Zbigniew Wasilewski – że podstawą ich utrzymania bywa czasem doraźna pomoc jej rodziców, [...] a także stypendium przyznane Krzysztofowi z podziemnego funduszu literackiego, o którym wspominała chętnie, gdyż był to jeszcze jeden dowód uznania talentu męża przez czynniki mniej czy więcej miarodajne"[30].

W rzeczywistości młodą parę utrzymywali głównie rodzice Barbary, co potwierdza najlepszy specjalista od biografii Baczyńskiego Wiesław Budzyński. W rozmowie ze mną opowiedział, że teściowie płacili za wynajęte mieszkanie młodych, a Basia i Krzysztof regularnie jadali u nich obiady. W okupacyjnej rzeczywistości oznaczało to bardzo wiele.

Żyli skromnie, co zauważył Wasilewski, kiedy przypadkowo trafił do ich domu w pierwszy dzień 1944 roku: „Podczas wizyty u Baczyńskich pilnie lustrowałem też ich mieszkanie. Nie pamiętam już, czy był to jeden, czy dwa pokoiki z niewielką kuchnią. Urządzone było dość skromnie, ale porządnie i według ówczesnych pojęć nowocześnie. Nie zauważyłem żadnych przejawów zbytku, a nawet wyraźnego dobrobytu; o ile pomnę, również samo śniadanie, jakim poczęstowała mnie Basia, było mimo świąt nad wyraz skromne. Wiadomo, że warunki finansowe młodego małżeństwa stanowiły przedmiot szczerej troski Krzysztofa. Dość niezaradny w życiu, sam raczej potrzebujący opieki i pomocy, miał pewien uraz na tym punkcie. [...] Mam podejrzenie, że Basia czasem bywała po prostu głodna, ale widocznie dla nas wszystkich znosiła ze stoickim spokojem te dolegliwości życia Pani Poetowej"[31].

MUZA

Od chwili ślubu Baczyńscy funkcjonowali towarzysko wyłącznie razem. Gdy miał pojawić się Krzysztof, to było wiadomo, że z nim będzie także Basia. I odwrotnie, w kręgu znajomych dziewczyny raczej nie wyobrażano sobie, aby Barbara przyszła sama na spotkanie. Baczyńscy jeszcze przed ślubem razem studiowali, zdarzało się nawet, że Krzysztof wysyłał żonę na zajęcia, aby zrobiła dla niego notatki. Barbara okazała się zresztą bardziej wytrwałą studentką i właściwie uczyła się aż do wybuchu powstania.

Niektórzy jednak uważali, że Baczyński zbyt wyręcza się żoną.

„Przez cały okres studiów mówiło się zawsze w liczbie mnogiej – opowiadała Hanna Zaniewska – Krzysztof i Basia, Basia i Krzysztof. A tak praktycznie to właściwie była tylko Basia. Do załatwiania. Do chronienia, gdy możliwe (»Nie, po cóż miałby tu być? Dziś tak łapią... Ja mu wszystko powtórzę«). Do dbania (»On nie myśli nigdy o takich rzeczach ani w ogóle o sobie. Nie potrafi. I przecież szkoda jego czasu...«). Jej czasu za to na nic, co tyczyło Krzysztofa, nie było szkoda"[32].

Z drugiej strony żona była potrzebna Baczyńskiemu jak powietrze. Właściwie nie potrafił już bez niej funkcjonować i to nie tylko w zwykłych codziennych sprawach. Inaczej patrzył na świat, uczucie do Basi wyostrzyło jego wrażliwość. Dostrzegał teraz to, co wcześniej było dla niego niedostępne.

„[Barbara] żyła jak bezcenny cień męża – kontynuowała Zaniewska – jednocześnie tak fascynująco umieszczana na pierwszym planie. Z okazji jakiejś wymiany podręcznika czy lektury po wykładzie usłyszałam oświadczenie Krzysztofa: »Dopiero jak na nią patrzę, wszystko zaczynam rozumieć«. »Co rozumieć?«. »No to, o czym w tej chwili myślę« – zdumiał się naszej niepojętności Baczyński. Stojąca obok Basia nie uśmiechnęła się. Bo też nie był to komplement ani miły półżart; ot – nie wymagająca komentarza rzeczywistość"[33].

Dla Barbary mąż był najwyższym autorytetem, bezkrytycznie więc przyjmowała jego oceny literackie. Jeżeli Krzysztof uwielbiał Słowackiego, to znaczyło, że wieszcz był najwybitniejszym polskim poetą. Dawała nawet temu wyraz na zajęciach uniwersyteckich, polemizując z opiniami wykładowców. Kiedy znakomity historyk literatury profesor Stanisław Adamczewski zauważył, że słownictwo miłosne Słowackiego jest anachroniczne, uznała, iż pan profesor nie zna się na poezji.

„Czuła się śmiertelnie, osobiście obrażona. Wprawdzie Krzysztofa na wykładzie nie było. Ale zapinając ostatni guzik u palta, powiedział do nas z pasją przy wyjściu:

– On [tj.] profesor nie rozumie, że istnieje tylko Słowacki! Śmieszne"[34].

KONSPIRACJA

„Przemiana Baczyńskiego z chronionego przez matkę astmatyka w żołnierza – dziwił się Czesław Miłosz – jest zdumiewającym triumfem woli: »kochanka moja zwie się wola«. Chyba pomogły tej woli tradycje rodzinne ojca legionisty, który walczył w bitwach nad Stochodem. O tej przemianie pisali krytycy, składając hołd bohaterskiemu poecie-żołnierzowi"[35].

Baczyński trafił jednak do konspiracji stosunkowo późno, bo dopiero latem 1943 roku. Zapewne duże znaczenie miała przeprowadzka matki do Anina, ale Czesław Miłosz podniósł znacznie poważniejszy problem.

„Spadkobierca polskiej poezji romantycznej, przede wszystkim Słowackiego, z pełną świadomością składał z siebie ofiarę ojczyźnie, wiedząc zarazem, że ta ojczyzna go nie chce. Co więcej, czuł, że jego lud, z którym łączy go nie tylko krew, ale historia kilku millenniów, to żydowski lud w getcie. Niektóre wiersze świadczą o tym wyraźnie, choć zważywszy na jego egzystencjalne powikłania, ta poezja mogła ich odsłonić więcej"[36].

Warto zwrócić uwagę na pewne znaczące powiązanie dat. Powstanie w getcie warszawskim wybuchło 19 kwietnia 1943 roku i trwało do połowy maja. Baczyński wstąpił do konspiracji kilka tygodni po jego stłumieniu, kiedy stało się jasne, jaki los spotkał żydowską ludność stolicy. Wiele metafor w jego wierszach odnoszonych przez krytyków do wizji okupowanej i zniszczonej Polski mogło mieć czasami węższe znaczenie i dotyczyć tragedii warszawskich Żydów. Baczyński był Polakiem i czuł się Polakiem, ale wiedział doskonale, że tysiące takich samych jak on katolików żydowskiego pochodzenia zginęło za murami getta. Dlatego już nie chciał stać obok i żyć tylko poezją, przyszedł czas na osobiste włączenie się do walki. Wątek ten zapewne dopiero czeka na swojego badacza.

Bez względu jednak na motywy kierujące poetą, pozostał w swojej decyzji konsekwentny. Poszedł śladami kolegów z rocznika maturalnego: „Alka", „Rudego" i „Zośki". I miał go spotkać taki sam los.

W lipcu 1943 roku był już sekcyjnym w II Plutonie „Alek" 2 Kompanii „Rudy" batalionu „Zośka". Przybrał konspiracyjny pseudonim „Krzysztof Zieliński", ostatecznie wtedy też zadecydował o porzuceniu studiów.

„Po pierwszej zbiórce z Krzysztofem – wspominał jego kolega z konspiracji Juliusz Deczkowski – sekcja wysunęła propozycję, ażeby to on właśnie został ich dowódcą, ponieważ był starszy, miał większe doświadczenie życiowe. Propozycja została przez Krzysztofa przyjęta pod warunkiem, że w wolnych chwilach uzupełnimy jego wiadomości wojskowe. Od tego czasu Krzysztof pełnił tę funkcję aż do czerwca 1944 roku"[37].

Baczyńskiego rzeczywiście otaczali znacznie młodsi chłopcy. Wprawdzie warunkiem przyjęcia do Grup Szturmowych było ukończenie osiemnastego roku życia, ale w praktyce różnie z tym bywało. Baczyński miał dwadzieścia dwa lata, jego podwładni byli o kilka lat młodsi.

Wkrótce po wstąpieniu poety do Szarych Szeregów doszło do kilku aresztowań w jego kompanii i lokale, w których składowano broń, uznano za spalone. Krzysztof zaproponował, aby uzbrojenie jednego z magazynów przetransportować do jego mieszkania na Hołówki, bo aresztowani nie znali jego adresu.

Wykonano odpowiedni schowek w podłodze i Baczyński ze swoją sekcją przenieśli pięć pistoletów maszynowych i kilka sztuk broni krótkiej. Niebawem magazyn znacznie się rozrósł, składowano w nim również granaty, materiały wybuchowe i podręczniki wojskowe.

Pewnego dnia przypadkowym świadkiem czyszczenia broni stał się teść poety, który zdenerwowany zapytał, czy nie można by przechowywać broni w innym miejscu. Wówczas Baczyński odpowiedział, że nie rozumie, dlaczego walczyć mają inni, a on ma stać z boku. Słowa te można uznać za jego credo życiowe w tym okresie.

Praca w konspiracji nie była jednak dla niego łatwa, cały czas dokuczała mu astma, nigdy też nie był specjalnie wysportowany. Dlatego nie wyznaczono go do akcji „Wilanów" – odwetu na niemieckich osadnikach współpracujących z okupantem. Akcja zresztą wywołała duże zamieszanie w batalionie „Zośka", jego członkowie nie chcieli brać udziału w pacyfikacji wsi, nawet zamieszkanej przez Niemców.

„[...] Krzysztof nie brał udziału w akcji – potwierdzał Deczkowski – tylko jego sekcja. »Roger« [Zbigniew Rosner – S.K.] był łącznikiem dowódcy akcji, pozostali koledzy ubezpieczali przeprawę przez Wisłę oraz drogę dojścia do kwater. Domyślaliśmy się, że dowódca naszego oddziału stara się oszczędzić Krzysztofa ze względu na jego twórczość literacką"[38].

Baczyński czuł się jednak zawiedziony. Co z tego, że był słaby, chorował na astmę i pisał wiersze? Był mężczyzną, czuł się Polakiem i chciał walczyć. Może rzeczywiście nie nadawał się do wojska, ale tym bardziej nie odpowiadała mu rola biernego świadka. Nie chciał stać z boku i patrzeć, jak inni giną. To nie były czasy dla obserwatorów, tylko dla żołnierzy.

Przełożeni skierowali go do Agricoli – Harcerskiej Szkoły Podchorążych Rezerwy. Było to wyróżnienie i sygnał, że został jednak przeznaczony do dowodzenia oddziałami w walce.

„Wykłady związane z »Agricolą« – kontynuował Deczkowski – prowadzone przez ukrywających się oficerów Wojska Polskiego, trwały około 7 miesięcy (prócz przygotowania w domu i wyjazdów w teren, pochłaniały 12 godzin tygodniowo, zaczynając się po godzinie policyjnej i trwając do drugiej w nocy). Spotykaliśmy się przeważnie w trzech lokalach. Dwa razy w tygodniu jeździliśmy na Pragę"[39].

W kwietniu 1944 roku Baczyński wziął udział w akcji T–U: pod Urlami wysadzono wówczas niemiecki pociąg. Operacja zakończyła się sukcesem, ale Baczyński był przybity. Nie nadążał za grupą, szybko się męczył, astma bardzo mu dokuczała. A na domiar złego swoją pierwszą akcję bojową bardzo przeżył psychicznie.

„[...] leżałem w domu chory, a Baczyńscy przyszli mnie odwiedzić i rozerwać – opowiadał Marcin Czerwiński. – Była to zwykła wizyta, uwikłana w nieodzowne konwenanse: rozmowy z moimi rodzicami, jakiś grzecznościowe słówka. Zauważyłem, że Krzysztof jest jakby nieobecny, że odpowiada nieprzytomnie. Potem już dowiedziałem się, że dzień czy dwa dni wcześniej brał udział w wykolejeniu wojskowego transportu niemieckiego. W czasie wizyty u mnie przeżywał jeden z momentów przełamywania się dwóch rzeczywistości, dwu opozycyjnych systemów egzystencji"[40].

Problemy fizyczne czy etyczne nie były jedynymi kłopotami Krzysztofa w tym okresie. Ten humanista o duszy poety nie bardzo umiał się odnaleźć w typowo wojskowych przedmiotach wykładanych w Agricoli. Zdał wprawdzie egzamin teoretyczny, ale z praktycznej części terenowej otrzymał bardzo słabe oceny. A już kompletnie oblał topografię, co dyskwalifikowało go jako dowódcę oddziału.

Na początku lipca został zwolniony z funkcji sekcyjnego, a jako powód podano „małą przydatność w warunkach polowych". Nieoficjalnie zaoferowano mu stanowisko szefa prasowego kompanii, ale Krzysztof odmówił.

Ocena przełożonych była surowa, ale sprawiedliwa. Baczyński nie potrafił się jednak z nią pogodzić, on naprawdę chciał walczyć z bronią w ręku. Ostatecznie odszedł z batalionu „Zośka" i przeszedł do batalionu „Parasol", gdzie objął stanowisko zastępcy dowódcy plutonu. Zmienił też swój pseudonim, zapewne nie chciał, aby coś wiązało się z nieudanym epizodem jego służby. W „Parasolu" nazywano go „Krzysiem".

Niestety nie posłuchał rady kolegi z „Zośki", Jana Rodowicza („Anoda"). Miał on trzeźwe spojrzenie na przydatność Baczyńskiego w służbie czynnej i starał się wpłynąć na jego decyzję.

„»Znasz Baczyńskiego – mówił do Jadwigi Klarner – powiedz mu, żeby pisał wiersze, a nie bawił się w wojsko. Wojna nie jest dla takich jak on«. Była to stuprocentowa racja, tyle że trudna do realizacji. Powiedziałam o tej rozmowie Basi – sama wolałam nie poruszać drażliwego tematu – ja też nie wyobrażałam sobie wątłego Krzysia jako żołnierza – partyzanta, ale on nawet nie chciał słuchać o wyjściu z akcji konspiracyjnej. Uważał, że jest to obowiązek każdego młodego Polaka, i mimo że miał poczucie własnej wartości, nie chciał zastosowania wobec siebie taryfy ulgowej"[41].

Trudno w tej sytuacji nie przyznać racji profesorowi Stanisławowi Pigoniowi, który powiedział: „należymy do narodu, którego losem jest strzelać do wroga z brylantów". I czyż nie miał racji Jan Nowak-Jeziorański, który całe Powstanie Warszawskie spędził za biurkiem, ani razu nie wyciągając broni? W każdej armii są specjaliści od walki, ale również ludzie zajmujący się innymi sprawami. Powołaniem Baczyńskiego była poezja, a nie wysadzanie pociągów.

WOJNA I POEZJA

Krzysztof wprawdzie przeżywał frustracje z powodu niepowodzeń w dziedzinie wojskowej, ale jego kariera poetycka nabrała przyspieszenia. Na konspiracyjnym konkursie literackim otrzymał jedną z czterech równorzędnych nagród (obok Czesława Miłosza, Anny Świrszczyńskiej i Tadeusza Hollendra), a w gronie jurorów obok Iwaszkiewicza znalazł się również Kazimierz Wyka. Jego uznanie miało dla poety dużą wartość, oznaczało bowiem akceptację krytyków literatury.

Latem 1943 roku Wyka przysłał Baczyńskiemu esej w formie listu, pozytywnie wypowiadając się na temat jego twórczości (*List do Jana Bugaja*). Esej został opublikowany następnie w konspiracyjnym krakowskim „Miesięczniku Literackim" i był pierwszą fachową oceną poezji Krzysztofa. Oczywiście wzbudziło to zadowolenie poety, a szczególnie jego żony.

Wpływ Barbary na życie Baczyńskiego stawał się coraz bardziej widoczny. Jeden z przyjaciół, który odwiedził ich rok po ślubie, zauważył, że wprawdzie Basia była „zapatrzona niezłomną wiarą w geniusz poetycki swego męża", ale dopiero właściwie przy niej „Krzysztof z wypieszczonego jedynaczka przekształcił się w dorosłego mężczyznę"[42].

Każdy mężczyzna potrzebuje uznania, a szczególnie artysta. Zachwyty czytelników są mile widziane, ale na pewnym etapie kariery oczekuje on pozytywnych opinii specjalistów.

„Nie wiem, czy już wtedy – wspominał Zbigniew Wasilewski – ale na pewno podczas okupacji, pomyślałem nieraz, że bądź co bądź nie brakowało wówczas Baczyńskiemu dowodów uznania, ale że musiało mu brakować rzetelnych analiz jego postawy twórczej i poetyki, jakie byłyby jego udziałem w warunkach wolnego życia literackiego. Pochwały i chyba nawet zachwyty były bowiem – tak referowała mi tę kwestię Barbara – dość ogólnikowe i w rezultacie mało »pożywne« dla poety"[43].

Do tego dochodził jeszcze jeden problem, to znaczy kontakty Baczyńskiego z literatami z jego pokolenia. Krzysztof miał dość chłodne relacje z twórcami skupionymi wokół konspiracyjnego miesięcznika „Sztuka i Naród", między innymi z Tadeuszem Gajcym. A jednym z powodów była endecka orientacja redakcji tego pisma, której Baczyński nie akceptował.

„O ile bowiem Krzysztof syt był na ogół aprobaty i uznania, choćby ogólnikowego, wśród znajomych literatów »średniego pokolenia« – twierdził Wasilewski – o tyle współtowarzyszom i obserwatorom ówczesnego Krzysiowego żywota widne było pewne jego uczulenie na »niedowrażliwość« – jak to mylnie określała Barbara – rówieśników na głębię i urok, a chyba przede wszystkim rolę i miejsce jego poezji. Z niejednego półzdania i wymykającej się czasem obojgu Baczyńskim aluzji (Krzysztof był pod tym względem bardziej zdyscyplinowany, Basia jak zwykle wybuchowa) odczytać można było rozdrażnienie, wywołane nie dość przychylnym, a nawet złośliwie krytycznym przyjmowaniem jego wierszy przez grupę SiN-u – »Sztuki i Narodu«"[44].

Inna sprawa, że Gajcy i spółka mieli czego zazdrościć Baczyńskiemu. Poeta cieszył się coraz większym uznaniem, a jego wiersze powtarzano i recytowano w całej okupacyjnej Warszawie. Na konspiracyjnych spotkaniach autorskich zawsze był komplet, a uczestnicy tych spotkań, wychodząc, powtarzali nowe utwory i długo jeszcze o nich dyskutowali.

„Pamiętam: siedziałem obok Baczyńskiego – wspominał Wasilewski – i zerkałem z bliska na jego teksty. Czytał głównie z małych notesików zapisanych starannie drobnym, równym pismem; każdy utwór opatrzony był tytułem i najczęściej u dołu datą powstania. Czasem sięgał po *Wiersze wybrane* – z nich najczęściej czytał *Magię*, *Rycerza*, *Młot*, *Starość* i *Historię* – to wydanie wtedy widziałem po raz pierwszy. Wyraziście eksponował wewnętrzne dźwięczności utworów"[45].

Baczyński prezentował swoje utwory nie tylko na spotkaniach autorskich. Chętnie deklamował podczas imprez towarzyskich czy konspiracyjnych zbiórek. Potrafił zarazić poezją nawet swoich młodych podwładnych, co można uznać za duży sukces.

Krzysztof nie ograniczał się do recytacji. Doskonale wiedział, że jego wiersze muszą docierać do odbiorców w formie drukowanej, chętnie więc umieszczał swoje utwory w konspiracyjnej prasie i antologiach poetyckich. Inna sprawa, że równie chętnie go wydawano.

W maju 1942 roku ukazał się pierwszy zbiór wierszy Baczyńskiego *Wiersze wybrane*. Wydanie obejmowało dwadzieścia dwie kartki papieru powielaczowego w formacie A4 z linorytem autora na stronie tytułowej. Tomik wydano pod nazwiskiem Jan Bugaj w dziewięćdziesięciu czy też stu egzemplarzach, które autor sam składał i odbijał w drukarni teścia. Drugi zbiór jego wierszy, *Arkusz poetycki*, ukazał się jesienią 1943 roku w nakładzie trzystu egzemplarzy.

Poeta zbliżył się w tym czasie do miesięcznika „Droga", pisma o bardziej lewicowym charakterze niż „Sztuka i Naród".

„Dla Krzysztofa – kontynuował Wasilewski – wciągniętego od paru lat w grono pisarzy starszych wiekiem i stażem literackim, ale niewątpliwie łaknącego również bliższych kontaktów z rówieśnikami, wśród których pragnął ugruntować swą pozycję pisarską, a także po prostu znaleźć naturalne środowisko rozwojowe – najpierw polonistyka, a z kolei »Droga« stanowiły pożądane przejście do kręgów młodej literatury. Nie tylko przystał do zespołu »Drogi«, lecz i objął w nim kierownictwo działu poezji; do komitetu redakcyjnego dołączyła też Basia [...]" [46].

Trzeba jednak przyznać, że oponenci spod znaku „Sztuki i Narodu" powoli zmieniali stosunek do poety. Gajcy pozytywnie zrecenzował jego *Arkusz poetycki*, urządzono też Baczyńskiemu wieczór autorski.

Losy młodych redaktorów konspiracyjnych czasopism literackich potoczyły się wyjątkowo tragicznie. Współzałożycielka „Drogi" Ewa Pohoska nie dożyła nawet wydania drugiego numeru miesięcznika, Niemcy zamordowali również trzech kolejnych redaktorów naczelnych „Sztuki i Narodu". Więcej szczęścia miał ostatni, Tadeusz Gajcy, poległ bowiem w Powstaniu Warszawskim.

PLAC TEATRALNY

„Jadę na odprawę do Krzysztofa na Hołówki – zanotował 28 lipca 1944 roku w swoim dzienniku

Zbigniew Czajkowski-Dębczyński. – Są wszyscy drużynowi. [...] Dyskutujemy sprawę smętnego stanu magazynu. Podobno magazyn nasz ma wystarczyć na całą kompanię. Czemu nam tego nie powiedziano wcześniej? Wszyscy klną bardzo"[47].

O losach Baczyńskiego zadecydował bałagan organizacyjny w ostatnich godzinach przed wybuchem powstania. Po odwołaniu mobilizacji w stolicy panował zamęt, a przy okazji zdarzały się sytuacje przypominające sceny z kultowej komedii *Giuseppe w Warszawie*.

Dzień przed wybuchem powstania Czajkowski miał się stawić na odprawę w nowym lokalu przy ulicy Grzybowskiej. Po sprawdzeniu adresu zapukał do właściwego mieszkania i przed zaskoczoną lokatorką wyrecytował hasło. Początkowo na twarzy pani w średnim wieku malowało się zaskoczenie, ale po chwili pojawiły się uśmiech i zrozumienie:

„Ja to z konspiracją nie mam nic wspólnego – wyjaśniła – ale jak pan chce wiedzieć, gdzie chodzą wszyscy młodzi ludzie z paczkami, to idź pan przez podwórko, w sieni w lewo"[48].

Pierwszego sierpnia rano Baczyński otrzymał polecenie przejęcia i dostarczenia do batalionu obuwia. Do pomocy dostał czterech ludzi. „Tuż przed powstaniem – tłumaczył Bohdan Czarnecki (»Mors«) – dowiedzieliśmy się, że na ulicy Bagno jest fabryczka butów, miało być kilka tysięcy par, ale było tylko kilkadziesiąt. 1 sierpnia Krzysztof miał te buty rozdzielić. I po to też stawili się na Focha koledzy, z którymi później dołączył do Ratusza"[49].

Nie do końca jest to prawda, ponieważ nikt nie przekazał Baczyńskiemu informacji, że o godzinie

17 wybuchnie powstanie (zapewne łączniczki z rozkazami dotarły później). O godzinie „W" oddział Baczyńskiego dalej przebywał na Focha i w tej sytuacji poeta podjął jedyną słuszną decyzję: postanowił czekać na rozwój wypadków.

Trapił go zresztą inny problem. Wychodząc na akcję, właściwie nie pożegnał się z Basią, czego bardzo żałował. Miał przeczucie, że nigdy już się nie spotkają, na szczęście zapewne nie wiedział, że żona jest w ciąży.

Kiedy jednak nad pobliskim budynkiem Ratusza pojawiła się polska flaga, ekipa Baczyńskiego dołączyła do powstańców na placu Teatralnym. O przebiciu się na Wolę, gdzie walczył batalion „Parasol", nie było nawet mowy.

„[...] byłem razem z Krzysztofem na posterunku – wspominał Witold Stawski (»Sławek«) – w narożnej izbie od strony kościoła Kanoniczek. Był już zmierzch, gdy podjechał niemiecki samochód. Zdecydowaliśmy, że strzelamy. Po pierwszych kilku strzałach poszły opony. Na środku był kwietnik i uszkodzony samochód wjechał w płot. Po następnej serii [...] jeden Niemiec wypadł, drugi został w środku.

I wtedy Krzysztof zaczął mieć wyrzuty sumienia, że zabił człowieka. »Boże, zabiłem człowieka! – mówił. Nie wiadomo, czyja kula trafiła... moja czy jego... Ale Krzysztof mówił, że to on zabił!"[50].

Właściwie nigdy nie ustalono, co robił Baczyński w ciągu następnych dwóch dni. Zapewne przebywał w Ratuszu i brał udział w zdobyciu pobliskiego pałacu Blanka. Podlegał wówczas majorowi (nadkomisarzowi) „Barry'emu", znanemu później jako szef żandarmerii na Starym Mieście.

Jedynym pewnikiem w powstańczej biografii Baczyńskiego jest jego śmierć 4 sierpnia po południu. Ale już jej okoliczności do dzisiaj wywołują dyskusje. Z upływem czasu pojawiło się bowiem kilka relacji. Poeta miał zginąć w Ratuszu albo w pałacu Blanka, zabić go miała kula dum-dum czy też cała seria, inni zaś twierdzili, że był to pocisk niemieckiego snajpera. Do najdziwniejszych opowieści można natomiast zaliczyć historię, jakoby przyczyną śmierci Krzysztofa była jego niepohamowana chęć zabijania wroga. Miał z karabinkiem snajperskim urządzić polowanie na Niemców z okien Ratusza. Ten sam człowiek, który dwa dni wcześniej rozpaczał, że zastrzelił w walce hitlerowców! Wrażliwy i delikatny artysta, który wypełniał patriotyczny obowiązek, ale cierpiał z tego powodu. Trudno o bardziej absurdalny pomysł.

Wiesław Budzyński poddał krytyce różne relacje na temat śmierci Baczyńskiego i dzięki temu wiemy, że poeta poległ w pałacu Blanka od strzału snajpera. Był nieostrożny i wychylił się z okna, chociaż wiedział, że budynek jest pod ostrzałem.

„Baczyński miał ślad od kuli z lewej strony – wspominała sanitariuszka Janina Grzybowska (»Nita«) – i trochę zamazany krwią policzek. Leżał w holu na czerwonym dywanie. Gdy przyszłam – mieli już go wynosić. Popatrzyłam, przyklękłam, badam puls – nie czuję. Kładę rękę na sercu... Dochodzi jakiś starszy pan. »Co siostra stwierdziła?... Nie żyje? To, chłopcy, zabierajcie...«. But się zgubił, jak go kładli.

Mówię: »Taki młody człowiek i gdzież to głowę wysadził?«, bo już mi powiedzieli, że się wychylił. Odruchowo chciałam wyjrzeć, »Niech pani się nie wychyla, bo panią to samo spotka«. Mówiono, że na Focha są Niemcy.

Pytam o dokumenty. Dokumentów przy sobie nie miał!

– Słuchajcie, panowie, kto to jest? – pytam.

– To poeta, Baczyński – odpowiedział któryś (tacy młodzi byli chłopcy...). – Niech pani zapisze, bo pani nie zapamięta. – Zapamiętam, zapamiętam... Zapamiętałam, bo... Baczyńska to moje nazwisko panieńskie!

Chcą ciało znosić po schodach. Mówię, że przy noszach trzeba zapiąć pasy. Ciało spada na ziemię... Zrobiło mi się słabo"[51].

Krzysztofa Kamila Baczyńskiego pochowano tego samego dnia wieczorem na dziedzińcu pałacu Blanka. Złożono jego ciało w trumnie, a nad grobem rozległa się salwa honorowa. Był dopiero początek powstania i były trumny, a pocisków jeszcze nie oszczędzano tylko na Niemców.

ŚMIERĆ BASI

Barbara, żegnając się z mężem, miała złe przeczucia. Udała się do rodziców na ulicę Pańską, wybuch powstania zaskoczył ją jednak na placu Piłsudskiego. Pierwszą noc spędziła w piwnicy i do rodziny dotarła dopiero następnego dnia. Bardzo bała się o Krzysztofa.

Pozostała na Pańskiej, ale cały czas szukała informacji o mężu. W połowie sierpnia zamieściła nawet anons w jednej z powstańczych gazetek. Oczywiście bez skutku.

Złe przeczucia potwierdziło również kilka dni później przypadkowe spotkanie z „Morsem". „To Basia pierwsza mnie poznała – opowiadał wiele lat później »Mors«. – Zobaczyła z przeciwnej strony ulicy, podbiegła i rzuciła mi się na szyję. Miała nadzieję, że skoro ja tu jestem, to zobaczy również i Krzysztofa, który był w »Parasolu« moim zastępcą. Wiedziałem już, że Krzysztof nie żyje. Powiedział mi o tym bodajże Czajkowski, około ósmego sierpnia, gdy oddział, w którym był Krzysztof, przeniósł się z Ratusza w rejon ulicy Długiej. Zdaje się, powiedziano mi, że Krzysztof zginął w Ratuszu, dokładnie na wieży ratuszowej"[52].

„Mors" nie powiedział Basi prawdy, okłamał dziewczynę, ale ona mu nie uwierzyła. W domu zwierzyła się matce, że „Mors" nic nie chciał jej powiedzieć. Narastało w niej przekonanie, że Krzysztof nie żyje. Wiedziała, że gdyby żył, znalazłby sposób, aby przekazać jej jakąś wiadomość. Znał przecież jej plany i mógł się domyślić, że nie wróciła do domu. Musiało zatem wydarzyć się nieszczęście.

Wydaje się, że Barbara szukała śmierci, nie przejmowała się ciążą, nie chciała przebywać w piwnicy. Budynki były pod ciągłym ostrzałem, 26 sierpnia pocisk z „krowy" uderzył w pobliżu, a odłamek szkła trafił ją w głowę.

W piwnicy przeprowadzono operację (trepanację czaszki?), która jednak się nie powiodła. Basia traciła i odzyskiwała przytomność, bardzo cierpiała. W chwilach świadomości szeptała, że wie, iż Krzysztof nie żyje, i ona też już nie chce żyć.

Ostatniej nocy przed śmiercią córki pani Drapczyńskiej przyśnił się Baczyński, który podszedł do leżącej Basi i okrył ją swoim płaszczem. Przeczucie nie zawiodło matki, Barbara zmarła po pięciu dniach męczarni, przyciskając do siebie tomik poezji męża i jego dyplom z podchorążówki. Pochowano ją na chodniku przy ulicy Siennej 33.

PO WOJNIE

W lipcu 1945 roku po powrocie do stolicy Drapczyńscy ekshumowali ciało córki. Nie obyło się jednak bez makabrycznych szczegółów, padli bowiem ofiarą miejscowych hien cmentarnych. Przed przystąpieniem do ekshumacji ojciec Basi umieścił na krzyżu mogiły informację, aby nie ruszać grobu, bo rodzina zajmie się pochówkiem. Następnego dnia znaleźli grób rozkopany, zwłoki zniknęły, a chwilę później pojawił się pewien osobnik i zażądał okupu w zamian za wskazanie miejsca ich ukrycia. Rodzina Basi nie miała wyboru i ugięła się przed szantażem. Niestety, nawet w dniach takiej tragedii znajdą się ludzie żerujący na cudzym nieszczęściu.

Rodzice Basi wiedzieli o śmierci Krzysztofa i chcieli, aby córka spoczęła u boku męża. Pozostało zatem czekać, aż szczątki zięcia zostaną odnalezione, co jednak nie było łatwe. Warszawa przypominała wówczas jeden wielki cmentarz, na pogrzeby czekały dziesiątki tysięcy zabitych, a wielu z nich należało przedtem zidentyfikować.

W śmierć syna nie chciała uwierzyć Stefania Baczyńska. Poszukiwała go pomiędzy ocalałymi powstańcami, miała nadzieję, że syn przeżył apokalipsę.

„Pani Stefania [...] głęboko wierzyła, że syn żyje – opowiadał Henryk Sosnkowski, sąsiad Baczyńskiego – i gorączkowo go poszukiwała. Rozlepiała setki kartek, tak wtedy powszechnej formy poszukiwania rodzin; dopytywała się o jego towarzyszy broni, interweniowała w PCK, ogłaszała za pośrednictwem Polskiego Radia"[53].

Miała nawet za złe Iwaszkiewiczowi, że użył wobec jej syna określenia „poległy w powstaniu", i żal do Andrzejewskiego, że przebywa w Krakowie zamiast szukać przyjaciela.

„Chociaż powszechnie [...] panuje przekonanie, że mój syn zginął w powstaniu – pisała do Kazimierza Wyki – ja osobiście nie znalazłam dotąd potwierdzenia tej wersji. Wskazywano mi aż pięć dzielnic, w których jakoby miał zginąć, najwięcej mówiono o Ratuszu. Otóż sprawdzałam tę wiadomość i mam prawie pewność, że tam nie zginął"[54].

Nikt nie chciał jej wyprowadzić z błędu i nawet Iwaszkiewicz tłumaczył, że „żadnych pewnych wiadomości nie posiadał i posiada". Inna sprawa, że większość świadków śmierci Krzysztofa przebywała na Zachodzie i nie kwapiła się z powrotem do kraju. Było ich zresztą niewielu, większość zginęła w powstaniu. A słynny major „Barry" siedział w stalinowskim więzieniu, wątpliwe zresztą, czy pamiętał chłopca, który przyłączył się do jego oddziału i zaraz zginął.

Pani Baczyńska powoli oswajała się z myślą o śmierci syna, nie wiadomo zresztą, kto ostatecznie pozbawił ją złudzeń. Razem z Drapczyńskimi skoncentrowała się na poszukiwaniach grobu, brała udział w wielu ekshumacjach, wreszcie w styczniu 1946 roku przyszedł czas na plac Teatralny.

Kilka powstańczych pochówków wskazał im Roman Sadowski, który do powstania mieszkał w oficynie Ratusza. Zapamiętał, że Baczyński został pochowany jako drugi czy trzeci w szeregu zabitych.

„Był – jak zapamiętał Zbigniew Drapczyński – pochmurny, bardzo nieprzyjemny dzień, kilka stopni mrozu, gdy przystąpiono do ekshumacji na dziedzińcu Ratusza. Zmarzniętą ziemię trzeba było tłuc kilofami"[55].

Poszukiwania pierwszego dnia nie przyniosły rezultatu. W nocy pani Drapczyńskiej przyśnił się Krzysztof, ta kobieta musiała mieć wielkie zdolności parapsychiczne, i oznajmił, że „leży drugi od brzegu", co okazało się prawdą.

„Kiedy otwarto tę »drugą od brzegu« trumnę – opisywał Wiesław Budzyński – Feliksa Drapczyńska rozpoznała oficerki Krzysia, które sama przed powstaniem nosiła do szewca. Matka w dalszym ciągu nie wierzyła, że to Krzyś, wtedy teściowa, zdenerwowana, klęcząc przy otwartej trumnie, rozgniotła grudkę ziemi w okolicy szyi. W ręku został medalik od pierwszej komunii z wyrytymi inicjałami Krzysia. Stefania Baczyńska zemdlała"[56].

Nie zachowała się kartka z danymi poety umieszczona w kieszeni ubrania, w zdenerwowaniu zapomniano również o pewnej anomalii anatomicznej Baczyńskiego: poeta miał sześć palców u stopy.

„Poznali go po medaliku ze świętym Krzysztofem, po włosach i po zębach – twierdził Roman Sadowski. – Zbigniew Drapczyński poznał też bryczesy szyte z niemieckiego materiału. Żadnych dokumentów przy zwłokach nie znaleziono. Gdzieś w kieszeni tkwiła jedynie zzieleniała fifka, którą Stefania Baczyńska zabrała; w domu poszła do łazienki i starannie umyła"[57].

Matka zgodziła się, aby syn spoczął na wieki u boku Barbary. Załamana przyznała nawet, że „Krzyś

tak kochał swoją żonę, że jej śmierci by nie przeżył".
Tak jak Basia nie przetrwała jego odejścia.

Barbara i Krzysztof Baczyńscy spoczywają na warszawskich Powązkach Wojskowych, a ich mogiła znajduje się pomiędzy kwaterami „Parasola" i „Zośki". Tak jakby nawet po śmierci poeta pozostał związany z konspiracją, która wcale go nie chciała. Miał pisać wiersze i przeżyć, ale on uparł się, aby zginąć za ojczyznę. Złożył ofiarę ze swojego życia i pociągnął za sobą w otchłań śmierci żonę oraz ich nienarodzone dziecko.

Rozdział 4.
Miłość silniejsza niż strach

„BLONDYNKA"

W chwili wybuchu powstania Danuta Ślązak miała niewiele ponad dwadzieścia lat. Pochodziła z warszawskiej Pragi, wraz z rodzicami mieszkała w pobliżu cmentarza Bródnowskiego, przy ulicy Świętego Wincentego 47. Miała pięcioro rodzeństwa, a jej ojciec, Józef, pracował jako konduktor w stołecznych tramwajach. O sytuacji materialnej swojej rodziny w tym czasie tak pisała po latach:

„To wystarczało. To była taka sprawa, że przecież wiadomo było, że konduktorzy, dając bilety... te bilety przez niektórych pasażerów były delikatnie wrzucane do torby, która była u konduktora, i konduktor sprzedawał te bilety ponownie. To był zysk. Z tego można było się utrzymać"[1].

Rzeczywiście był to dość opłacalny proceder, bo warszawiacy doskonale wiedzieli, że konduktorzy otrzymują niskie wynagrodzenie. Podwójny obrót biletami przybrał takie rozmiary, że okupanci powołali własną policję tramwajową. W 1942 roku do Treblinki wysłano 250 konduktorów, a kolejnych 450 zwolniono z pracy.

„Najwięcej kłopotów stwarzali tramwajarze – przyznawał wiceprezydent okupowanej Warszawy Henryk Pawłowicz. – Wystarczyło, że ktoś rzucił hasło: nie płacić za przejazdy tramwajowe lub płacić i nie brać biletów, gdyż i tak pieniądze z tramwajów zabierają Niemcy... i zaczęły się masowe kombinacje z niewydawaniem biletów mimo zainkasowania należności. Zjawisko to stało się prawie powszechne, a wielu warszawiaków uważało niemal za swój obywatelski obowiązek – nie brać biletów"[2].

Józef Ślązak brał udział w dostarczaniu żywności do warszawskiego getta. Odwagi nie brakowało również jego żonie Agnieszce. Na początku 1942 roku przyniosła z getta półtoraroczne dziecko – Gizelę Alterwajn. Znajomy doktor wyleczył chorą dziewczynkę, a Danuta załatwiła jej metrykę na nazwisko Stefania Szymkowiak. Dla sąsiadów była kuzynką z Kresów, a w opiece nad nią nie przeszkodził nawet donos dozorczyni domu, w którym mieszkali. Ślązakowie mieli bowiem znajomego granatowego policjanta i sprawę wyciszono.

„Dla nas wszystkich Stefcia była najmłodszym dzieckiem – wspominała Danuta – i myśmy traktowali ją jak [...] siostrę. [...] Moi rodzice byli bardzo wrażliwi na nieszczęście ludzkie"[3].

Rodzice Gizy zginęli w niemieckich obozach: matka w Treblince, a ojciec w Auschwitz. Dziewczynka przetrwała wojnę, w 1945 roku odnaleźli się jej krewni, z którymi wyemigrowała do Urugwaju. Okupacji nie przeżył natomiast Józef Ślązak. W sierpniu 1944 roku został aresztowany i wywieziony do obozu koncentracyjnego we Flossenbürgu. Zginął 4 grudnia 1944 roku.

Pierwszy kontakt z okrucieństwem wojny panna Ślązak miała już podczas kampanii wrześniowej. „Z chwilą wybuchu II wojny światowej zostałam skierowana do szpitala Przemienienia Pańskiego na

Pradze. Tam byłam w charakterze telefonistki, która przyjmowała telefony z dzielnicy praskiej, gdzie trzeba było wysyłać karetki pogotowia. Ten punkt sanitarny miał numer 301 i podnosząc słuchawkę, mówiłam: »Tu Rat-San 301«. Przychodziłam na dyżury do chwili zbombardowania tego szpitala na Pradze"[4].

Potem jej życie potoczyło się według znanego schematu. Pochłonęła ją działalność konspiracyjna, a podobnie jak w przypadku wielu innych członków podziemia decydującą rolę odegrały kontakty towarzyskie.

„Do plutonu 174. trafiłam przez znajomych chłopców. Chociaż była okupacja, to młodość ma swoje prawa. Od czasu do czasu urządzaliśmy potańcówki, czyli prywatki, w naszym stosunkowo dużym mieszkaniu. Poznałam na nich Lecha i Mariana Grzywackich oraz »Albatrosa« [Jerzy Podkóliński? – S.K.], który pracował razem z Marianem w jakiejś firmie niemieckiej [...]. Poznany niejako na towarzyskim gruncie »Albatros« zaproponował mi potem wejście do ich konspiracyjnej grupy. Twierdził, że przyda im się taka dziewczyna jak ja"[5].

Danuta Ślązak przybrała pseudonim Blondynka i podjęła się obserwacji ludzi podejrzewanych o współpracę z Niemcami. Aby sprawdzić rozkład lokalu, nie zawahała się nawet przed wizytą w mieszkaniu jednego z konfidentów. Śledzenie kolaborantów traktowała jak swój patriotyczny obowiązek i starała się nie myśleć, co dalej z tymi ludźmi się działo.

Przeszła również przeszkolenie medyczne i wojskowe, ale życie nie kończyło się na konspiracji. Odbywała praktyki zawodowe w Wydziale Świadczeń Długoterminowych Zakładu Ubezpieczeń Społecznych przy ulicy Słowikowskiego (obecnie Spasowskiego). Praktyki przynosiły zresztą przyzwoity dochód, który miał znaczenie dla rodzinnego budżetu.

LESZEK

Młodość miała swoje prawa i w życiu „Blondynki" coraz większą rolę zaczął odgrywać kolega z konspiracji Leszek (Leon?) Pawłowski, którego poznała na jednej z prywatek.

„Był to wysoki, bardzo przystojny, szczupły szatyn o piwnych oczach. Musiałam mu się podobać, bo z miejsca zaczął się do mnie »przystawiać«, jak to się wtedy mówiło. Przychodził na urządzane u nas prywatki i wszedł w komitywę z moją mamą, która po prostu go uwielbiała i wychwalała pod niebiosa. Najwyraźniej wyznawał zasadę, że droga do serca córki prowadzi przez matkę"[6].

Pawłowski powiedział kolegom, że Danuta „jest fajną dziewczyną", która „będzie dobrą żoną i matką". I oznajmił, że „gdy skończy się wojna, to się z nią ożeni".

Miał jednak poważnego konkurenta, „Blondynką" interesował się bowiem również jego kolega Mieczysław Gałka. Żaden z nich nie zamierzał zrezygnować z dziewczyny, a spór pomiędzy przyjaciółmi w przyszłości rozstrzygnął ślepy powstańczy los.

Początkowo jednak wydawało się, że Leszek wygra rywalizację o względy Danuty. W maju 1944 roku podczas spaceru w parku Skaryszewskim oświadczył się dziewczynie.

„Nie myślałam jeszcze wtedy o małżeństwie – wspominała Danuta Ślązak po latach. – Owszem, Leszek mi się podobał, tworzyliśmy ładną parę. Przyjemnie było z takim przystojnym chłopcem spacerować po mieście, pójść na plażę na Saskiej Kępie czy dostać bukiecik fiołków, które wręczał, patrząc mi głęboko w oczy. Był delikatny, serdeczny, troskliwy. Przypominało mi się, że jak kiedyś złożył mnie atak febry, to przesiedział przy mnie całą noc, pomagając mamie mnie pielęgnować. Lubiłam Leszka, dobrze się czułam w jego towarzystwie, ale czy byłam w nim zakochana? Czy była to miłość, na jaką czeka każda dziewczyna?"[7].

Powiedziała jednak „tak", a narzeczony kilka dni później wręczył jej srebrny pierścionek zaręczynowy. Wyjechali nawet razem do leśniczówki w okolicach Rogowa, gdzie spędzili „cudowny, niezapomniany tydzień". Zapewne jednak Leszek łączył przyjemne z pożytecznym, ponieważ czasami znikał na kilka godzin, a narzeczona nie zadawała żadnych pytań. Domyślała się, że brał udział w szkoleniu wojskowym.

Związek ten nie miał jednak przed sobą przyszłości, a rozdzieliło ich powstanie. Nie znamy bliższych szczegółów wojennej biografii Pawłowskiego, wiele lat po wojnie Danuta wspominała tylko, że nosił pseudonim „Adrian" („Leszek"?) i walczył w Śródmieściu. Nie widział narzeczonej od chwili rozpoczęcia walk, a gdy spotkali się dwa lata po wojnie, ona była już żoną innego mężczyzny. Szczęśliwym mężem okazał się jego kolega z konspiracji Mieczysław Gałka.

„ELEGANT"

„Gdzieś na miesiąc przed Powstaniem dostałam polecenie uszycia stu opasek biało-czerwonych – wspominała »Blondynka«. – Nie umiałam szyć na maszynie, a u nas w domu nie było maszyny do szycia, więc poszłam do znajomych państwa, których syna znałam, a był w obozie w Oświęcimiu, i ta pani, Józefa Błażejczyk, uszyła mi biało-czerwone opaski. Potem, w czasie Powstania, właściwie to już przy pierwszym alarmie, już były te opaski, a w czasie Powstania dostałam opaskę z numerem – pluton numer 174"[8].

Informacja o godzinie „W", podobnie jak w przypadku wielu innych osób, dotarła do niej późno. Była wówczas w pracy w centrum miasta. „Do mnie przyszedł łącznik o godzinie 13.30. Powiedziałam swojemu kierownikowi, że ja muszę wyjść. Zrobił wielką zdziwioną minę, ale się uśmiechnął, mówi: »No, jak pani musi, no to proszę bardzo«. Pobiegłam szybciutko na Pragę, zabrałam plecak i jeszcze zdążyłam przez most Kierbedzia na nasz punkt"[9].

Mimo iż większość oddziału dotarła na wyznaczone stanowiska na czas, to jego członkowie nie otrzymali broni. „Blondynka" początkowo za jedyne uzbrojenie miała granat zaczepny, tzw. sidolówkę.

„Grupa, która miała nam dostarczyć broń, nie dotarła do naszego punktu. Myśmy właściwie zostali zupełnie bez broni i musieliśmy ją zdobywać już w akcji, w walce z Niemcami. Wtedy liczył się żołnierz, który posiada własny pistolet, wszystko jedno, nawet granaty. W tym okresie na ulicy Żelaznej strzelanina była już bardzo ostra i przeszliśmy z naszą grupą na ulicę Miedzianą. Myśmy przez pierwsze trzy dni byli na Miedzianej i na Pańskiej"[10].

Danuta rozpoczęła powstanie jako komendantka (patrolowa) sanitariatu kompanii, ale już trzeciego dnia walk poprosiła o przeniesienie do drużyny liniowej kaprala podchorążego Mieczysława

Gałki pseudonim Elegant. Oddział należał do batalionu „Chrobry I", a Danuta, odchodząc z punktu sanitarnego, otrzymała awans na starszego strzelca.

„Elegant" był przystojny, adorował Danutę, a Leszek walczył na innym odcinku. Pierwsze dni powstania nie dawały wprawdzie zbyt wielu chwil na refleksje, ale Gałka coraz bardziej imponował dziewczynie. Inna sprawa, że był niezwykle odważny i wiedział, jak zrobić na niej wrażenie.

PASAŻ SIMONSA

Na początku sierpnia drużyna „Eleganta" walczyła w okolicach ulicy Żelaznej, następnie przeszła na Grzybowską do składów słynnego browaru Haberbuscha i Schiele.

„Ci, co walczą – wspominał pobyt w magazynach Jan Kurdwanowski – wracają z linii już częściowo przystrojeni w niemieckie uniformy. Jeśli mundur nie pasuje, wymieniają między sobą, rzadziej przehandlowują. Podaż mała, popyt ogromny. Niemiecka czapka, kurtka, pas, nie mówiąc już o hełmie, jest przedmiotem dumy i podziwu. Oficerowie, zwłaszcza starsi wiekiem, na ogół ubrani są po cywilnemu albo noszą części polskich przedwojennych mundurów. Tłum powstańczy jest w zasadzie odziany po cywilnemu, z pewnym odchyleniem w stronę żołniersko-sportowo-robotniczą. Tu i ówdzie nakrapiany wojskowymi czapkami, kurtkami, spodniami – jasnozielonymi przedwojennej armii polskiej, szarozielonymi Wehrmachtu i trawiastymi niemieckiej policji. Wiatrówki, drelichy, bryczesy, buty narciarskie, granatowe uniformy, czapki tramwajarskie, kolejarskie, furażerki, cyklistówki, berety. Wyróżniają się pasy: fryzjerskie do ostrzenia brzytew, niemieckie z napisem *Gott mit uns* i ozdobne oficerskie, jasnobrązowe, inkrustowane mosiądzem. Aby zapobiec rozstrzelaniu w razie dostania się do niewoli, każdy ma biało-czerwoną opaskę na lewym ramieniu"[11].

Szóstego sierpnia batalion „Chrobry I" trafił na Stare Miasto, początkowo stacjonował przy ulicy Długiej i bronił pałacu Mostowskich. Po jego upadku trafił do pasażu Simonsa w pobliżu Arsenału. Były to dni nadziei, liczono, że powstanie zakończy się sukcesem, i niewiele wiedziano jeszcze o rzeziach urządzanych przez hitlerowców.

„Żywność mieliśmy ze Stawek, stąd żywność była – wspominała pani Danuta. – Na przykład, jak został zlikwidowany cały oddział niemiecki, który ukrył się w Białym Domu, tu na Nalewkach, to dowódca – kapitan »Sosna« – dał pisemko, że możemy pójść na Podwale i dostać pięć litrów czerwonego wina. Poszliśmy: ja, »Elegant", »Piast« i »Tadek«. Poszliśmy do dowództwa, żeby [...] dali nam wino. Ten, który przyjmował od nas to pismo, powiedział: »Co to jest? Przecież to musi być oficjalny, a nie na świstku papieru«. To »Tadek« spojrzał, pokazał, że w drugim pokoju stoi maszyna – ja umiałam pisać na maszynie – chłopaki mnie zasłonili, to ja »zapotrzebowanie« normalnie wystukałam. »Co ty piszesz pięć litrów. Coś ty, wariatka, przecież trzeba pisać pięćdziesiąt!«. On podpis kapitana »Sosny« podrobił i wszystko [było] w porządku, bo było to pisane na maszynie. Ale my nie mamy teraz pojemnika na te pięćdziesiąt litrów... Ludność cywilna nam dała bardzo duży baniak. Potem daliśmy dla dzieci to czerwone wino, bo było bardzo dobre, tak że podzieliliśmy się. Przyszliśmy do pasażu, tam akurat była msza święta, przynieśliśmy to wino i jedliśmy suchary z boczkiem z konserwy, zdobyte przez naszych"[12].

Nic dziwnego, że humory dopisywały i zdarzyło się nawet, że Danuta tańczyła na beczce, co z uwagą obserwował „Elegant". Niebawem jednak los się o nią upomniał – została kontuzjowana podczas tragicznego wybuchu tankietki na ulicy Kilińskiego, ale wróciła do oddziału. Straty batalionu były coraz większe, zaczynało też brakować żywności i amunicji.

Pasaż Simonsa był kilkukondygnacyjnym obiektem handlowym u zbiegu Długiej i Nalewek. Powstał na początku XX stulecia, w gmachu mieściły się sklepy, biura i magazyny. W pierwszych dniach powstania w jego piwnicach zorganizowano szpital, a budynek stał się redutą osłaniającą dostęp do Starówki.

„[...] był architektonicznym dziwolągiem – opisywał Kurdwanowski. – Nad obu salami znajdowały się cztery piętra, a po drugiej stronie wielkiego korytarza, od Arsenału, sześć pięter z jednopiętrową przybudówką na samym szczycie klatki schodowej. Z którejkolwiek strony nań było patrzeć, nie przypominał żadnej znanej geometrycznej figury. Z lotu ptaka musiał być podobny do podkowy, z jednym ramieniem grubszym i obu nierówno odrąbanymi. Sam wielki korytarz przecinał do wysokości sufitu pierwszego piętra wschodnie, grubsze ramię, i to nie pod kątem prostym, ale skośnie"[13].

„Blondynka" należała do drużyny liniowej, nigdy zresztą nie chciała być łączniczką czy sanitariuszką. Traktowano ją na równi z mężczyznami, otrzymywała nawet przydziały zdobycznej męskiej bielizny, którą wymieniała później na damską. Czasami jednak jej płeć stwarzała pewne problemy. „Trochę trudności sprawiało mi poranne mycie, które odbywało się pod pompą na podwórzu naszej kwatery. Chłopcy zdejmowali koszule i myli się do pasa. Kiedy stanęłam przy studni i zdjęłam czapkę, spod której wysypały się zbyt długie jak na chłopaka, blond włosy, natychmiast rozległy się kpiące głosy żołnierzy z innego plutonu:

– A koszula? Dlaczego jej nie zdejmujesz? Przecież należy się myć do pasa!"[14].

Z zaopatrzeniem w wodę było coraz gorzej, przestały bowiem działać wodociągi. Przed studniami ustawiały się długie kolejki, a zmęczeni powstańcy nie zwracali już większej uwagi na higienę osobistą.

„Najpierw przestaliśmy się myć, poza paru czyściochami – przyznawał Kurdwanowski. – Zmienialiśmy tylko majtki i koszule, brudne rzucając do śmieci. To się nazywało żyć całą gębą! Potem przyszedł koniec codziennych zmian bielizny, brakowało czasu i ochoty na fasowanie z magazynów, połączone z przełamywaniem oporu strażników. Aby poprawić wentylację, rozluźniałem tasiemki bluzy pod szyją i rozpinałem oba rozporki – panterki i spodni, gdy nikt nie widział. Skarpety nie tyle przepocone, co przenoszone, wyrzucałem i wkładałem świeże, aż wyczerpał się zapas w plecaku. Wtedy właśnie włożyłem ostatnie dwie pary w przewidywaniu bliskiego końca Powstania, nie zdając sobie sprawy, że obrona Starego Miasta jeszcze nie rozpętała się na dobre, a Powstanie zaledwie się zaczęło"[15].

Kobiety z natury jednak bardziej dbają o higienę osobistą niż mężczyźni. Ale nawet najdzielniejsze łączniczki czy sanitariuszki spotykały typowe dla powstania przykre niespodzianki. Nieraz po tym, jak udało im się umyć włosy w resztkach wody, następował nalot i dziewczyny, te, które przeżyły, wyczołgiwały się z piwnic pokryte pyłem i gruzem z walących się ścian.

W nocy z 14 na 15 sierpnia na Miodowej rozbił się zestrzelony przez Niemców południowoafrykański (?) B-24 Liberator. Płonącej maszynie zabrakło stu metrów do placu Krasińskich wyznaczonego na miejsce zrzutu.

„Słychać było warkot samolotów nad naszymi głowami – wspominał Bohdan Tomaszewski. – Rozpoczęła się kanonada niemieckiej artylerii przeciwlotniczej. Była tak gwałtowna, że nawet nie usłyszeliśmy huku spadającego liberatora na ulicę Miodową. Pobiegliśmy tam i wyciągnęliśmy zmiażdżonych i na wpół spalonych siedmiu lotników. Na kocach przenieśliśmy ich do bramy. Pochowani zostali potem w sąsiedztwie kościoła na Długiej. Zapamiętałem, że od samolotu płynęły gorące fale powietrza. Jakby liberator wydawał ostatnie tchnienie. Dotknąłem ręką skrzydła niejako w podzięce za ich heroiczną pomoc dla Warszawy, bo przylecieli aż z bazy we Włoszech"[16].

Tragedia na Miodowej do dzisiaj jest przedmiotem dyskusji. Sugerowano, że załogę samolotu stanowili Polacy lub Kanadyjczycy, zachowały się również informacje, iż jeden z lotników przeżył katastrofę, ale ciężko ranny zmarł po kilkunastu godzinach w powstańczym szpitalu. Niektórzy twierdzili również, że rozbił się halifax, a nie liberator, i taką wersję wypadków podawała również Danuta Ślązak. Na pewno jednak eksplozja zbiorników z paliwem zrujnowała dwie kamienice.

W zachowanych wspomnieniach powtarzały się również informacje o wymontowaniu z wraku samolotu sprawnych działek (!) czy też karabinów maszynowych, których następnie użyto w walce.

„Jedno skrzydło samolotu – potwierdzała »Blondynka« – spadło na podwórze naszej kamienicy przy ulicy Długiej 15. Było na nim działko pokładowe kalibru 22 milimetry. »Elegant« skrzyknął chłopaków i szybko je wymontowali, a jeszcze szybciej ukryli. Była również taśma z amunicją, około 200 pocisków. »Śmiałek« wyznaczył do obsługi »Eleganta«, »Wisłę« i »Wartę«. Chłopcy nie wiedzieli, jak się z tym cennym sprzętem obchodzić, i mieli trudności z jego uruchomieniem. Na szczęście na zastępcę dowódcy batalionu został skierowany kapitan »Wład«, Wiktor Dobrzański, przedwojenny oficer lotnictwa [poległ 27 sierpnia w pasażu Simonsa – S.K.], jak wynikało z jego stalowoniebieskiego munduru. Okazał się bardzo sprawnym instruktorem. Nauczył chłopców obsługi działka. Było ono na skutek upadku nieco odkształcone i mogło strzelać wyłącznie ogniem pojedynczym, a nie seriami. »Elegant« jako strzelec wyborowy został celowniczym"[17].

W rzeczywistości żaden z samolotów zrzucających zaopatrzenie nad Warszawą nie był uzbrojony w działka. Podany kaliber również nie odpowiadał standardom stosowanym przez aliantów, zapewne zatem chodziło o wielkokalibrowy karabin maszynowy 12,7 mm, w broń tego typu uzbrojone były liberatory. Ale inny uczestnik walk w pasażu Simonsa, Jerzy Zarębski, również twierdził, że chodziło o działko. Pomagał przy jego przenoszeniu i zapamiętał, że „było potężne", miało „długą, osmaloną pożarem lufę" i „wielki, masywny zamek". On także uważał, że sprzęt został wymontowany z halifaxa, a nie z liberatora[18].

Pochodząca z wraku broń (bez względu na jej rodzaj) była dla powstańców nieocenioną pomocą. Niestety nie cieszyli się nią długo, wkrótce bowiem zabrakło amunicji i z żalem musieli ją porzucić. »Elegant« wraz z kolegami ruszył kanałami na Żoliborz po zaopatrzenie z tamtejszych magazynów, ale nigdy tam nie dotarł.

„20 sierpnia – opowiadał po latach Mieczysław Gałka – kiedy szliśmy jako ochotnicy na Żoliborz po broń, Niemcy zrobili atak i ja zostałem ranny, między innymi z moich kolegów został jeden zabity, »Rekin«, i zostało wielu kolegów, chyba jedenastu rannych"[19].

Po śmierci „Rekina" (Ryszarda Rejmana) szczególnie rozpaczała sanitariuszka „Alina" (Alina Zalewska). Od pewnego czasu stanowili bowiem parę, chociaż powszechnie uważano, że dziewczyna swoim adoratorom przynosi nieszczęście. Podobno „Rekin" powiedział jej przed akcją, że jeżeli nie wróci, to „rzeczywiście jest pechowa". Zginął przy włazie do kanału na Długiej.

Ranni „Elegant" i „Wisła" trafili do powstańczego szpitala, co Gałce miało ocalić życie. Rankiem 31 sierpnia nad pasaż Simonsa nadleciały bowiem sztukasy i zamieniły gmach w gruzowisko.

„Przebiegłem wielki korytarz – wspominał Kurdwanowski – wpadłem do Sali Obrabiarek i zrobiwszy krok, stanąłem jak wryty. Podłoga urywała się... Rudawa mgiełka jeszcze wisiała w powietrzu. Nade mną niebo. Sali Obrabiarek nie było. Zdmuchnęło cztery piętra. Naprzeciw sterczał parometrowy kikut szczytowej ściany. Między mną a ścianą, na dnie głębokiego leja, zobaczyłem postać w białym kitlu, siostrę porucznika »Mariana«. [...] Teraz dopiero dostrzegłem u jej stóp jakiś kształt ludzki. Już wziąłem go za trupa, gdy zwymiotował krwią. W miejscu oka miał głęboką dziurę. Razem z »Lechem«, »Sławem« i czwartym mężczyzną, w którym dopiero po chwili rozpoznałem kapelana, bo tak był usmolony, ułożyliśmy rannego na kocu. Cekaemista, biorąc kapelana za cywila, warknął nań, by się szybciej ruszał. Ksiądz kapelan nie zidentyfikował się. Mnie się wydawało, że przez moment zastanawiał się, czy dać ostatnie namaszczenie rannemu. Aby sprawdzić, czy jest przytomny, ktoś zapytał go o nazwisko. Nieoczekiwanie szepnął: »Szofer«. Cały był pokryty brunatnym pyłem i sadzami, bez bandaża i bez czarnej opaski na oku, nie do rozpoznania. Z oczodołu i ze starej rany na skroni sączyła się krew. [...] Wydrapując się z leja, zobaczyłem kaprala »Jura« i strzelca »Jaśmina« z karabinami i w pełnym umundurowaniu. Obaj dołączyli do nas i pomogli nam nieść »Szofera«. Nie było już nikogo więcej z kompanii »Lisa«"[20].

Pod gruzami zginęło 300 powstańców, a ciała większości z nich do dzisiaj spoczywają w zasypanych podziemiach (ekshumowano jedynie 99 poległych). W miejscu tragedii obecnie znajduje się parking, a część dawnych piwnic zburzonego gmachu znalazła się na terenie powiększonego po wojnie ogrodu Krasińskich.

W pasażu Simonsa straszną śmiercią zginął również „Wisła" (Ryszard Grzywacki), ranny razem z „Elegantem" podczas wyprawy na Żoliborz. Lżej kontuzjowany od kolegi, nie chciał dłużej zostać w szpitalu. Gdy „Blondynka" przyszła ich odwiedzić, zaproponował, aby została z Mieczysławem. Sam dołączył do oddziału, wydając tym samym wyrok na siebie.

„»Wisła« na swoim posterunku – opowiadała Danuta – żył jeszcze, kiedy dotarli do niego koledzy przeszukujący ruiny. Był przygnieciony w poprzek ciała ogromną belką żelazną z konstrukcji budynku. Nie było jednak żadnej możliwości, aby ją usunąć.

– Dobijcie mnie – prosił. – Nie chcę się dostać w ręce Niemców.

– Przyjdziemy później. Może cię jakoś wydostaniemy. Na razie sobie zapal – zapewniał »Grzybek« [Marian Surówka – S.K.], wkładając mu w usta papierosa"[21].

Powstańcy ewakuowali się jednak z ruin pasażu i nie wrócili już po „Wisłę". Można mieć tylko nadzieję, że chłopak zmarł, zanim dostał się w ręce hitlerowców.

PIEKŁO ANNO DOMINI 1944

„»Elegant« miał ranę nad prawym kolanem, stosunkowo niewielką, ale nie mógł chodzić, bo kość została naruszona. Poza tym był posiekany odłamkami, obie ręce i pierś miał w cętki od smarowania jodyną. Panterka i letnia marynarka, które wziął na wyprawę, były mocno splamione krwią"[22].

Jego stan uniemożliwiał transport kanałami, w podobnej sytuacji znalazło się również półtora tysiąca rannych i chorych powstańców. Ostatnie oddziały weszły do kanałów 2 września, na Starym Mieście pozostało na łasce hitlerowców trzydzieści pięć tysięcy cywilów. Okupanci niemal od razu po wkroczeniu na Starówkę rozpoczęli rzeź, a ich pierwszymi ofiarami padli ranni i personel medyczny w prowizorycznych szpitalach.

„[Jak] wkroczyli Niemcy – wspominał Edward Matecki z batalionu »Gustaw« – to najpierw spokojnie się zachowywali, weszli z bronią gotową do strzału, ale nic. Potem przyszedł rozkaz łamaną polszczyzną, żeby lżej ranni wyszli na ulicę. Jak ci, którzy mogli chodzić, wydostali się na ulicę, to mimo że miałem perforację bębenków, usłyszałem strzały i wiadomo było, że oni ich zabijają. Wtedy nie tylko ja, na czworakach między nogami Niemców, którzy stali, ale jeszcze nie strzelali, [ruszyłem] do schodów z piwnicy na powierzchnię ulicy Podwale. Jak byłem w połowie schodów, to wtedy ci, którzy wymordowali lżej rannych na ulicy, wpadli z bronią gotową do strzału, żeby wystrzelać resztę leżącą. Do mnie wycelował jeden z tych, nie wiem, czy to był »dirlewangerowiec«, czy esesman, i uratowało mnie to, że jak byłem w połowie schodów, była wnęka i ubikacja, rzuciłem się, on strzelił, inni też do rannych, słyszałem: »Dobijcie mnie!«, a w tej ubikacji już leżał jeden ranny i czekaliśmy, bo on widział, że mu umknąłem, ale jakoś w tym ogólnym bałaganie chyba zapomniał. Potem zapalili wszystko, jak się zaczęło palić, to ja z tym rannym na czworakach wydostaliśmy się na pierwsze podwórko, bo tam między Podwalem a Długą były dwa lub trzy małe podwórka asfaltowe. Na tych podwórkach leżało dużo zabitych dziewcząt, chłopców i po tych ciałach przemieszczaliśmy się w kierunku Długiej, wszystko się paliło naokoło"[23].

Hitlerowcy metodycznie podpalali dom za domem, z piwnic wyprowadzano ludność cywilną, mordując od razu słabych i chorych. W szpitalach ranni powstańcy płonęli żywcem, a na podwórzach rozstrzeliwano lekarzy i sanitariuszki. Dziewczyny z reguły przed śmiercią były jeszcze gwałcone.

„Blondynka" tuż przed ewakuacją Starówki odniosła ranę w łydkę, ale mogła normalnie się poruszać. Nie zeszła jednak do kanałów, postanowiła zostać z „Elegantem", i nie była to tylko koleżeńska solidarność.

„Miałam w pamięci jego pełne lęku oczy – opowiadała po latach – i błagalne spojrzenie, by go nie zostawiać. To był przecież kolega z konspiracji, przyjaciel z Pragi. Ostatni z naszych chłopców. Innych, jak również i naszego plutonu, już nie było"[24].

Dziewczyna przebrała się w cywilne ubranie, spakowała do plecaka trochę medykamentów i wróciła do „Eleganta" do szpitala „Pod Krzywą Latarnią" (Podwale 25). Niebawem wpadli tam żołdacy z oddziałów RONA, jeden z nich znalazł patefon i odtwarzał raz za razem polski hymn, a reszta gwałciła i mordowała.

Danuta miała szczęście, zdążyła się ukryć pod noszami (a może raczej łóżkiem) „Eleganta". Chwilę później szpital stanął w ogniu, a zbrodniarze pospiesznie opuścili płonącą kamienicę.

„Blondynce" udało się wyciągnąć Mieczysława z zadymionej sali, następnie wróciła po innych. Łącznie wydostało się ponad dwadzieścia osób (dwadzieścia jeden lub dwadzieścia dwie), które w kłębach dymu i ognia przedarły się na podwórze. „Choć już zapadł zmierzch, było jasno od pożarów – opisywała Danuta po latach. – [...] Podwórze zaściełały stosy trupów. To byli ranni, którzy wyszli wcześniej i zostali zabici. To były nagie dziewczęta, zgwałcone i bestialsko zamordowane. Ich ciała pokrywał popiół, sypały się na nie rozżarzone głownie, niesione wiatrem z płonącego budynku. Słychać było skwierczenie i roznosił się swąd palących się ciał"[25].

Danuta zrobiła ścieżkę pomiędzy zwałami trupów i kolejno ciągnęła za sobą najciężej rannych. Za nią czołgali się ci, którzy mogli się poruszać o własnych siłach.

„Tu również dolatywały płonące głownie. Wśród wielu zabitych leżało kilku rannych ze szpitala przy Długiej 7. Był tam chłopiec z otwartym złamaniem podudzia, z którego sterczała kość piszczelowa. Wyskoczył z piętra przez okno, gdy własowcy zaczęli strzelać do rannych. Od postrzału w głowę wypłynęło mu oko. Był przytomny i krzyczał rozpaczliwie:

– Koledzy! Nie zostawiajcie mnie"[26].

Nie można mu było jednak pomóc, nikt bowiem nie był w stanie złożyć jego złamanej nogi. Cała grupa ruszyła, czołgając się, w kierunku zbombardowanej kamienicy przy Długiej 1/3. „Elegant", który leżał tam, gdy został ranny, pamiętał, że w tym domu zachowały się niezasypane piwnice. To była jedyna nadzieja na ocalenie.

„Po krótkim odpoczynku – kontynuowała pani Danuta – wyciągnęłam chłopców na chodnik przed bramą wejściową [...]. Okoliczne domy płonęły. W powietrzu fruwały kawałki rozżarzonej blachy, spadające z dachów palących się domów. Każda taka mogła ściąć człowiekowi głowę. Rozlegał się niesamowity trzask i huk walących się domów. Szalał wiatr wywołany gwałtownymi zmianami temperatury powietrza. Niósł snopy iskier i rozrzucał płonące żagwie kawałków drewna z krokwi dachów i okien"[27].

Do piwnicy przy Długiej dotarł także Edward Matecki. Razem zgromadziło się tam ponad dwadzieścia osób. Niebezpieczeństwo jednak wcale nie minęło, wciąż groziła im śmierć ze strony oprawców przeszukujących ruiny. „[...] od razu następnego ranka usłyszeliśmy głosy Niemców – wspominał »Elegant« – i ci koledzy, którzy byli bardzo blisko wejścia do piwnic, zginęli. Niemcy ich zauważyli i kazali wyjść, więc część tych kolegów wyczołgała się przed wejście. Niemcy ich od razu zastrzelili i był taki jeden moment, kiedy strzelili jeszcze do jednego z kolegów, Andrzeja Dybasia. On podbił pistolet Niemcowi i przestrzelono mu szyję, więc udał trupa, upadł na ziemię. W momencie kiedy oni odeszli, wczołgał się z powrotem do piwnic. Tam zostało już nas niewielu"[28].

CZEKAJĄC NA ŚMIERĆ

Pozostało ich już tylko sześcioro. Oprócz Danuty, Mieczysława, Edwarda i Andrzeja znaleźli się tam jeszcze ciężko ranny marynarz i starszy pan o nazwisku Zieliński. Mieli trochę wody i kostki cukru, które ssali, aby oszukać głód.

„Jedyną możliwie zdrową osobą była »Blondynka« – kontynuował »Elegant«. – Zaczęła szukać po piwnicach jakichś wody, żywności. W niektórych piwnicach znalazła i nam to podawała, kiedy wyszła i przez kilka minut jej nie było, ciągle myśleliśmy o tym, żeby się jej nic nie stało, żeby jej nie zauważyli Niemcy, żeby przypadkiem nie trafiła na jakąś minę, którą Niemcy w tym czasie minowali Stare Miasto. Zawsze było wielką radością, że żyje, że coś dla nas robi i że wraca"[29].

Od śmierci z pragnienia uratował ich w tych dniach Zieliński. Zwrócił uwagę na hałdę węgla w piwnicy, stwierdził, że warto byłoby ją przeszukać. Danuta znalazła tam skrzynkę, a w niej „pięć syfonów wody sodowej, kilka butelek wina Złota Reneta i butelkę francuskiego szampana w pięknym opakowaniu". W tych warunkach był to prawdziwy skarb.

Wydaje się zresztą, że „Blondynka" w swoich wspomnieniach nieco pomniejszyła ilość znalezionego alkoholu. Matecki opowiadał bowiem również o wódce, dodając, że mieli duże zapasy mocnych trunków. Niewykluczone zresztą, iż była to jedna z przyczyn pogarszającego się stanu zdrowia rannych.

Względnie spokojnie przetrwali dwa tygodnie. Kryzys nastąpił, gdy „Blondynka" dostała wysokiej gorączki. Wśród rozbitków zapanowało przygnębienie, które przyniosło tragiczne skutki.

„[Zieliński] który leżał przy ciężko rannym marynarzu – wspominał Edward Matecki – zapalił ogień i chyba chciał sobie coś odgrzać. W każdym razie dym, który się wydobywał na zewnątrz naszej piwnicy, Niemcy zauważyli. Wtedy najpierw usłyszeliśmy okrzyk: *Feuer! Feuer!*, potem przyszedł Niemiec, wziął starszego pana [Zielińskiego – S.K.], przyszedł drugi raz i strzelił w tył głowy leżącego marynarza. Zapalił zapałkę i patrzył po piwnicy, a my nieruchomo leżeliśmy w głębi i nas jednak nie zobaczył, bo nie miał latarki. Po jakimś czasie ciało zabitego marynarza zaczęło się rozkładać. Wtedy musiałem go wyciągnąć, bo Andrzej i Mietek byli ciężko ranni, tylko ja fizycznie mogłem towarzyszyć Danusi i mogłem coś robić, wyciągnąłem ciało wyżej, położyłem na gruzach przy otworze naszej piwnicy i roje much, bo już się strasznie rozkładało to ciało"[30].

Mieszkańcy piwnicy mieli wręcz nieprawdopodobną wolę życia. Matecki, mimo złamanych kości stopy, wiele razy wychodził nocą z piwnicy, towarzysząc „Blondynce" w poszukiwaniu żywności. Opierał się na znalezionej szczotce do zamiatania i szedł, wiedział bowiem, że jest to jedyna szansa na przeżycie w ruinach.

Jedna z takich eskapad przyniosła im ocalenie od śmierci głodowej. Dwieście metrów od ich piwnicy, w ogrodzie zburzonego klasztoru sióstr sakramentek trafili na „dorodne krzaki pomidorów, a na nich czerwone owoce, zagony cebuli i zagon innych warzyw". Znaleźli również duży kosz z pałąkiem, co umożliwiło przeniesienie zdobyczy do piwnicy.

Niebawem jednak ich grupa znów się zmniejszyła, zmarł bowiem ciężko ranny siedemnastoletni Andrzej Dybaś.

„[...] widzieliśmy że on już nie wytrzymuje – mówił »Elegant« – bo ostatnio myśmy nie mieli prawie wody. Została znaleziona jakaś beczka ze zgniłą wodą, która była gotowana nad świeczkami w garnuszku i rozdawana po porcji. W tym czasie, kiedy »Blondynka« była chora, Andrzej Dybaś w nocy nie wytrzymał z pragnienia i napił się wody niegotowanej. »Blondynka« podeszła do niego i on zaczął mówić do niej:

– Słuchaj »Blondynka«, ja cię przepraszam, że tyle ci kłopotu sprawiam, ale wiesz, jestem tak ranny, że nie wiem, jak postępuję, i ja już w tej chwili jestem tak bardzo słaby, nie gniewaj się na mnie.

»Blondynka« go pocałowała i mówi:

– Nie martw się Andrzej, jakoś przeżyjemy, damy sobie radę.

Po paru godzinach »Blondynka« bierze go za rękę i mówi:

– Słuchajcie, Andrzej nie żyje"[31].

Ciało chłopca nie mogło zostać w piwnicy, jego rozkład uniemożliwiłby bowiem przeżycie pozostałym. Ponadto gnijące zwłoki przed progiem kryjówki stanowiły zabezpieczenie przed niemieckimi patrolami, sugerowały, że nikt nie ukrywa się w ruinach. „Elegant" był jednak zbyt słaby, aby wynieść ciało, dokonali tego „Blondynka" z „Edkiem". Matecki przyjaźnił się z Andrzejem i usunięcie zwłok z piwnicy było dla niego wyjątkowo ciężką próbą: „Jak ciągnąłem go za nogi – opowiadał »Edek« – i ta głowa tłukła mu się o kamienie, o gruz, miał piękne włosy, miał urodę dziewczęcą, to było coś strasznego. Położyłem go na ciało tego marynarza i jak wróciłem do piwnicy, to moje pierwsze słowa do Danki: »Danka, daj mi wódki«. Tam mieliśmy nie tylko kostki cukrowe, ale tam mieliśmy ogromne zapasy alkoholu. Nie pamiętam, ile tego, po tym przeżyciu strasznym dla mnie, wypiłem i upadłem nieprzytomny. To był chyba jeden przypadek w moim życiu, że tak się napiłem, ale to było coś strasznego"[32].

OCALENIE

Pozostała przy życiu trójka nie zdawała sobie sprawy, że powstanie dogorywa. Dochodziły do nich bowiem odgłosy walki ze Śródmieścia, słyszeli eksplozje wysadzanych domów i sądzili, że walka w całym mieście trwa dalej.

„Widziałem wtedy panoramę Pragi – opisywał »Edek« wrażenia z wyprawy z »Blondynką« po żywność – zwalone mosty kolejowe, nad Cytadelą unosił się biały dym, wydawało mi się, że to jest specjalna zasłona dymna, bo to jeszcze było w rękach niemieckich, a Sowieci byli już na Pradze i była wymiana ognia. Nawet widzieliśmy sowieckie samoloty szturmujące, jak nadlatywały wzdłuż Wisły w stronę Powiśla i otworzyły ogień. Będąc w ogrodzie sakramentek, patrzyłem na tę scenę batalistyczną, jak one nurkują i strzelają. Wiedziałem, że Powiśle jest w rękach niemieckich, bo samoloty miały gwiazdy na skrzydłach i stąd się orientowałem, że to są sowieckie"[33].

Wędrując po gruzach Starówki, nie spotykali nikogo, widzieli tylko nieliczne zdziczałe psy i koty. Wszędzie leżały rozkładające się ciała, dymiły wypalone domy. Stare Miasto sprawiało wrażenie wymarłej pustyni, skąd zniknęło wszelkie życie.

Coraz bardziej martwił ich stan „Eleganta". Chłopak gorączkował, miał silne bóle w zranionej nodze, wdała się gangrena. Było jasne, że bez pomocy lekarskiej długo nie pożyje.

„Z opuchniętej nogi Mietka tryskała ropa – wspominała »Blondynka« – a on nie miał już siły, aby jęczeć z bólu. Bez przerwy nasłuchiwał, czy nie idą Niemcy, prawie nie spał. Gdy w naszej piwnicy pojawił się zabłąkany kot, to Mietek początkowo go głaskał, ale gdy ten zamiauczał, wydało mu się tak głośne, że w zdenerwowaniu rzucił go o ścianę. Często tracił przytomność i baliśmy się, że może jej już nie odzyskać"[34].

Na domiar złego kończyły się woda i cukier. 8 października, w szóstym tygodniu epopei, Danuta postanowiła poszukać wody w ruinach tzw. sodowiarni, punktu, gdzie przed powstaniem sprzedawano napoje chłodzące.

„[...] wyszliśmy z Danką na ulicę – wspominał Matecki – i, o dziwo, widzimy, że ulica Freta jest wymieciona z gruzów, sama ulica wygląda trochę inaczej. To był biały dzień, chcemy wyjść, ale widzimy Niemców. Przy ulicy Mostowej stoi niemiecki wóz z końmi i oni grzebią coś przy brzegu chodnika, myślimy, że może minują. Niemcy wtedy nas nie widzieli i nagle z gruzów kościoła wychodzi dwóch mężczyzn w białych fartuchach z opaską Czerwonego Krzyża i my do nich krzyczymy: »Uwaga, tu są Niemcy!«. Oni się zatrzymali: »A co wy tu robicie?«. »Jesteśmy ranni«. A jeden z nich się pyta: »Co to za ulica?«. Nie wiedział. Mówimy: »Ulica Freta«. »My jesteśmy ze Szpitala Wolskiego, jutro po was przyjedziemy«"[35].

Od nich dopiero dowiedzieli się, że powstanie upadło, że żołnierze AK trafili do niewoli, a ludność cywilna została wysiedlona. „Blondynka" nie chciała jednak czekać kolejnej nocy, wiedząc, że w przypadku „Eleganta" liczy się każda godzina. Natychmiast poszła przez zniszczone miasto do szpitala, tłumacząc, że jej dowódca może nie dożyć następnego dnia. W szpitalu pielęgniarki nakarmiły ją – zjadła pierwszy od wielu tygodni ciepły posiłek.

„Poczęstowały mnie talerzem gorącej zupy, od której zakręciło mi się w głowie. Nogi się pode mną ugięły i musiałam usiąść, żeby nie zemdleć. Siostry pocieszały mnie serdecznymi słowami i wypytywały o nasze przygody. Po chwili zjawił się znajomy sanitariusz wraz z drugim dość korpulentnym panem. Mieli wózek, na którym były koce. Dali mi biały fartuch z opaską oraz przepustkę i spiesznym krokiem pomaszerowaliśmy na Stare Miasto"[36].

Było to ryzykowne, zapadał już zmierzch i istniało niebezpieczeństwo, że zostaną zastrzeleni przez Niemców. Ale Danuta myślała tylko o kolegach pozostawionych w piwnicy i o tym, że nie może ich zawieść. Wiedziała też, że Mieczysław musi natychmiast otrzymać pomoc lekarską.

„Kiedy »Blondynka« odeszła – wspominał »Elegant« – te godziny oczekiwania były dla nas bardzo ciężkie. Usłyszeliśmy kroki, na pierwszy moment, prawda, sądząc, że to Niemcy, siedzieliśmy cicho. No ale usłyszeliśmy polską mowę. I weszła »Blondynka«, [...] dwóch jeszcze mężczyzn i nas z tych piwnic zaczęli wyciągać na powietrze. To było ogromne przeżycie, kiedy spojrzało się po pięciu tygodniach pierwszy raz w niebo i zobaczyło się jeszcze nieliczne listki na drzewach. Uświadomiło sobie, że jeszcze jest życie na ziemi. No i nas wtedy na ten wózek położono i zabrano do Szpitala Wolskiego"[37].

Musieli przedstawiać koszmarny widok, bo napotkany niemiecki patrol cofnął się z przestrachem. Dwóch brodatych, potwornie brudnych mężczyzn leżących na wózku i rozczochrana, podobnie zaniedbana kobieta. Nic dziwnego, że żołnierze Wehrmachtu z okrzykami: *Mein Gott, Mein Gott!*, przepuścili ich.

W szpitalu sądzono, że Danuta ma ponad czterdzieści lat. Cała trójka była koszmarnie pogryziona przez pchły. Po pięciu tygodniach spędzonych w piwnicach ich nogi były w takim stanie, że personel szpitala, aby je umyć, używał benzyny.

„Jak znalazłem się w Szpitalu Wolskim – opowiadał Matecki – położono nas i zakonnica mnie, leżącego, zaczęła karmić łyżką. Miała jakiś garnuszek i karmiła mnie rozgotowaną kaszą, która nie była ani słodzona, ani solona, nic, tylko rozgotowana kasza i to była najlepsza rzecz, którą w życiu zjadłem" [38].

„Blondynka" miała rację, stan „Eleganta" był krytyczny i następnego dnia trafił na stół operacyjny. Chociaż był półprzytomny, zdołał jeszcze poprosić dziewczynę o rękę, a ta przyjęła jego oświadczyny. Czy myślała wówczas o Leszku? Raczej nie. Nie mieli ze sobą kontaktu od wybuchu powstania, było bardzo wątpliwe, czy przeżył. Zresztą kochała już Mieczysława i nie opuściła go nawet na sali operacyjnej.

„Elegantowi" amputowano nogę. Gdy się o tym dowiedział, przeżył załamanie nerwowe, ale mimo to wiedział, że jest przy nim kobieta, która nigdy go nie zawiedzie.

KRAKÓW

„Potem niemieckimi samochodami Czerwonego Krzyża Niemcy ewakuowali Szpital Wolski – opowiadał »Edek«. – Zabrali nas na dworzec towarowy Warszawy i tam czekał pociąg sanitarny, ale to były wagony towarowe, tylko że oznakowane czerwonym krzyżem. Nie bardzo wiedzieliśmy, dokąd nas wiozą, czy do obozu koncentracyjnego, czy gdzie indziej. Zawieźli nas do Krakowa i wtedy znaleźliśmy się w Szpitalu Miejskim, już nie pamiętam na jakiej ulicy. To było naprzeciwko obozu przejściowego, gdzie Niemcy łapali i potem wywozili. Po jednej stronie obóz z drutem kolczastym, a po drugiej Szpital Miejski" [39].

Kraków zrobił na „Blondynce" nierzeczywiste wrażenie. Pomimo okupacji życie toczyło się tam swoim niespiesznym rytmem: „W Warszawie przed wojną i przed powstaniem zawsze było tłoczno i gwarno. Ludzie, których było pełno na ulicach, gdzieś się spieszyli przepychali, mówili głośno, wręcz się przekrzykiwali. A tutaj życie toczyło się powoli, nikt się nie spieszył, jeździły tramwaje, kawiarnie były pełne, ludzie spokojniejsi, mniej agresywni – słowem spokój i porządek"[40].

„Elegant" wracał do sił. Nauczył się sprawnie poruszać o kulach, a młody organizm regenerował się w szybkim tempie. Nie chciał już dłużej przebywać w szpitalu, namówił więc Danutę na wyjazd do rodziny mieszkającej w Małej Wsi w okolicach Rawy Mazowieckiej. Problemem były pieniądze, ale „Blondynka" znalazła rozwiązanie. Okazało się bowiem, że w Krakowie nadal działa ZUS i nawet wypłaca uciekinierom z Warszawy zaległe pobory i zasiłki chorobowe! Czasami niemiecki *ordnung* miał swoje dobre strony.

Pani Danuta z pomocą znajomej, z którą pracowały razem przed powstaniem, wypełniła odpowiednie dokumenty, obie pomogły również innym warszawskim rozbitkom. Wpisywały do formularzy „jednym prawdziwe, innym fikcyjne dane o zatrudnieniu". Adresy stołecznych firm były jak najbardziej autentyczne, a danych osobowych „i tak nie mógł nikt sprawdzić".

„W sumie moja zaległa pensja i dwa zasiłki chorobowe – pisała po latach »Blondynka« – wyniosły kilka tysięcy złotych, czyli sporą jak na owe czasy kwotę, za którą kupiłam na tandecie, czyli na bazarze, ubrania dla nas. Były to w większości rzeczy wyszabrowane w Warszawie, a więc stosunkowo tanie. [...] Mietek miał ciągle swoją marynarkę z powstania, podziurawioną i poplamioną krwią. Dałam ją więc do pralni i cerowni, służyła mu jeszcze przez długie lata. Kupiłam mu buty, spodnie, bieliznę i skórzany płaszcz. Starczyło też pieniędzy na ubranie dla »Edka« i na dożywianie"[41].

Pani Danuta pomyślała również o sobie. Była przecież młodą kobietą, która przeszła prawdziwe piekło. Chciała wrócić do normalnego życia i zaspokoić zwyczajne kobiece potrzeby: „Kupiłam sobie przede wszystkim pasek do pończoch oraz bieliznę, oraz futro z fok, czyli mówiąc prozaicznie, z farbowanych na czarno królików. Ale było to już coś"[42].

„Edek" został w szpitalu, czekała go bowiem jeszcze operacja pogruchotanej stopy. Danuta i Mieczysław wyruszyli natomiast do Małej Wsi. „Blondynka" zdobyła zaświadczenie, że jako siostra PCK opiekuje się inwalidą wojennym. Wieźli ze sobą zresztą dużo medykamentów i środków opatrunkowych, krakowski szpital był bowiem dobrze zaopatrzony. Kombinowanym transportem przez Koluszki i Rawę Mazowiecką dotarli na miejsce, a ostatni etap pokonali chłopską furmanką.

Okazało się, że w Małej Wsi przebywają również matka i siostry Mieczysława. „Blondynkę" czekała ciężka próba, ponieważ przyszła teściowa oskarżyła ją o wciągnięcie „Eleganta" do konspiracji. Były to bezpodstawne zarzuty, ale czy można się dziwić słowom matki, kiedy zobaczyła syna bez nogi? Wiedziała też, że Mietek kochał Danutę jeszcze przed powstaniem.

ŚLUB

Do Warszawy wrócili w marcu 1945 roku. Zamieszkali na Pradze, rychło jednak okazało się, że nowe, komunistyczne władze stanowią poważne zagrożenie dla byłych powstańców.

„[...] na rogu ulicy Inżynierskiej i 11 Listopada – relacjonowała »Blondynka« – zatrzymał mnie przyzwoicie ubrany, sympatyczny młody człowiek. Uśmiechnął się, pocałował mnie w rękę i powiedział głośno:

– Dzień dobry, co u pani słychać?

A szeptem dodał:

– Niech pani szybko znika z Warszawy. Tu niedaleko mieści się Urząd Bezpieczeństwa. Zamykają akowców. Pani też to grozi"[43].

Danuta miała znakomitą pamięć wzrokową, ale nie rozpoznała młodzieńca. Nie bez powodu, ponieważ nigdy wcześniej go nie widziała. Zapewne chłopaka wysłano z ostrzeżeniem, pokazując mu wcześniej dziewczynę na ulicy. Miejscowe środowiska niepodległościowe zdążyły się już bowiem zorientować w zamiarach komunistów i wypracowały system ostrzegania powracających do miasta członków AK.

„Wróciłam do domu – opowiadała Danuta – i mówię »Elegantowi«, że spotkał mnie taki człowiek i powiedział, że są tu aresztowania, więc lepiej, żebym uciekła stąd. Zrobił się straszny szum, bo oni przecież wiedzieli, że na Stalowej jest to UB, NKWD i że już wywozili wtedy z Pragi, nawet panią doktor dentystkę wywieźli, u której się leczył »Elegant«"[44].

Nie myśleli o ucieczce za granicę, ale zdecydowali się wyjechać z Warszawy. Z pomocą przyszedł przypadek, odnaleziony kuzyn Gizeli Alterwajn dał im list polecający do swojego znajomego w Łodzi o nazwisku Borkowski. Człowiek ten, dyrektor w Zjednoczeniu Artykułów i Tkanin Technicznych, serdecznie się nimi zajął. Natychmiast znalazł dla „Blondynki" etat referenta, nie było również problemów z mieszkaniem, zasiedlili poniemieckie dwupokojowe lokum.

Przed przeprowadzką Mieczysław i Danuta uregulowali jeszcze sprawy prywatne. 15 kwietnia 1945 roku pobrali się w zniszczonym częściowo kościele Matki Boskiej Loretańskiej przy ulicy Ratuszowej na Pradze. Nie obyło się bez pewnych komplikacji. Matka „Eleganta" sprzeciwiała się małżeństwu, Agnieszka Ślązak natomiast uważała, że córka powinna dotrzymać słowa danego Leszkowi. Ale młodzi nie przejmowali się tymi opiniami, bo nie wyobrażali sobie życia bez siebie. To, co razem przeszli, związało ich na zawsze.

„Panna młoda wystąpiła w błękitnej sukience i jasnym, pożyczonym płaszczyku – opisywał Dariusz Baliszewski. – Gdyby nie kule, nikt by się nawet nie domyślił, że pan młody niedawno stracił nogę. Przygodni świadkowie uroczystości ze zdziwieniem zauważyli, że gdy padły słowa małżeńskiej przysięgi: »I że nie opuszczę cię aż do śmierci«, oboje młodzi nagle zaczęli się uśmiechać, prawie śmiać. Ktoś z oburzeniem skomentował, że też nie ma dla tych młodych nic świętego. I wtedy Jurek Rejman, brat poległego »Rekina« ze 174. plutonu, wyjaśnił:

– Bo oni, proszę pani, już to mają za sobą.

– Co mają, co niby mają za sobą...?

– No, śmierć mają, proszę pani"[45].

Przyjęcie ślubne („sute i zgodnie z tradycją mocno zakrapiane") odbyło się w mieszkaniu matki Mieczysława. Noc poślubną spędzili na rozkładanym łóżku w kuchni, a „Elegant" wypominał później z uśmiechem, że panna młoda przyszła, przytuliła się do niego „i z miejsca usnęła".

Następnego dnia wyjechali do Łodzi, aby rozpocząć wspólne życie.

ŻYCIE PO ŻYCIU

Na wszelki wypadek zmienili jednak nazwisko. Czasy były niebezpieczne i nie należało kusić losu. Pani Danuta podjęła studia na uniwersytecie, których jednak nie ukończyła z powodu choroby. Po dwóch latach pobytu w Łodzi niespodziewanie spotkała na ulicy Leszka Pawłowskiego. Okazało się, że po powstaniu trafił do niewoli, a po zakończeniu wojny przebywał w Anglii. Informację o małżeństwie narzeczonej przyjął z godnością i przez wiele lat utrzymywał stosunki towarzyskie z Gałkami. Danuta uważała jednak, że w głębi duszy nigdy nie wybaczył jej nielojalności.

22 lutego 1947 roku Sejm Ustawodawczy uchwalił amnestię, z której Gałkowie postanowili skorzystać. Jako pierwsza w łódzkim Urzędzie Bezpieczeństwa pojawiła się »Blondynka«, towarzyszył jej kolega, były członek Batalionów Chłopskich.

„[...] mnie przypada młody oficer, przystojniak nawet, ale grzeczny, a mojemu koledze rudzielec, widać, że taki... No i normalnie: pisać życiorys, wszystko podać. Ja, słodka idiotka: ale nic dokładnie nie wiem, owszem brałam udział w Powstaniu, ale kto był dowódcą, jak to było, to ja przecież nie wiem, bo niby skąd, byłam zwykłym człowiekiem. A on to był cwaniak nie z tej ziemi. Była otwarta szafa pancerna, w niej granaty, różne pistolety, jest telefon i on mówi: »Ja muszę na chwilę wyjść«. Siedzę przy biurku, ma dokumenty moje, prawda, to ja się odsuwam od tego biurka, nogę na nogę i patrzę w sufit. Myślę: wy dranie, wy myślicie, że warszawiankę będziecie tutaj... To było tak dwa razy, za każdym razem jak on przychodził, to ja się przysuwałam, jak wychodził, to ja się odsuwałam. Potem już jak wyszłam – bo musiał dać mi przepustkę, o której godzinie wychodzę – powiedziałam: »Ja nie wyjdę, bo przyszłam z kolegą, jak kolega wyjdzie, to i ja wyjdę«. No i on wszedł do drugiego pokoju i kolegę zwolnili, i wyszliśmy"[46].

Miała szczęście, na tym skończyły się jej kontakty z Urzędem Bezpieczeństwa. A oficer, który ją przesłuchiwał, kłaniał się jej nawet później na ulicy.

Gałkowie wrócili do Warszawy w grudniu 1948 roku i początkowo zamieszkali w Starym Wawrzyszewie, u ojca chrzestnego „Blondynki". Mieczysław pracował w Polskich Zakładach Optycznych, Danuta w Centralnej Radzie Związków Zawodowych. Nie można jednak powiedzieć, aby los był dla nich łaskawy.

Otrzymali wprawdzie własne mieszkanie, pokój z kuchnią na Muranowie, rodzinę prześladowały jednak nieszczęścia. „Sanitariuszką czy pielęgniarką byłam właściwie przez całe życie – podsumowała pani Danuta. – Najpierw choroba i śmierć siedmiomiesięcznego synka, potem dziesięć lat walki o zdrowie i życie starszej córki, dotkniętej chorobą Heinego-Medina. Kocowanie, ćwiczenia rehabilitacyjne, ćwiczenia w wodzie, masaże. Tę walkę wygrałam. Dziś [w 1998 roku – S.K.] jest zdrową, normalną kobietą, z lekka tylko utykającą na prawą nogę. Potem kilka miesięcy pielęgnacji młodszej córki zakażonej przy zastrzyku bakteriami. Antybiotyki były wówczas dostępne tylko na czarnym rynku, na bazarze"[47].

W sierpniu 1972 roku Gałkowie wracali z wczasów w Lubniewicach, a rodzinnego trabanta prowadził Mieczysław. Nie zauważył plamy rozlanego oleju, pojazd wpadł w poślizg i całkowicie się rozbił. Danuta miała złamane cztery kręgi, nogę i obrażenia głowy, jej mąż natomiast doznał poważnego urazu nerek. Przez dwa lata trwała walka o jego życie, zmarł w marcu 1975 roku.

Pod koniec lat siedemdziesiątych w Warszawie pojawiła się japońska telewizja, aby nakręcić film o wojennych losach Gałków. Podczas jego realizacji „Blondynka" po raz pierwszy od czasów powstania zeszła do piwnicy przy Długiej 1/3. Zauważyła wówczas, że dom wprawdzie jest nowy, ale odbudowany na starych fundamentach, i że zachowały się charakterystyczne sklepienia piwnic oraz ich układ.

W Japonii wydano również książkę o ich losach, a w 2000 roku Danuta została uhonorowana Medalem Florence Nightingale za szczególne zasługi w ratowaniu życia ludzkiego. W 2010 roku otrzymała tytuł Sprawiedliwy wśród Narodów Świata.

Edward Matecki po wojnie mieszkał w Gdańsku, następnie wrócił do Warszawy. Urząd Bezpieczeństwa nie interesował się nim specjalnie, chociaż „Edek" podczas okupacji należał do Narodowej Organizacji Wojskowej. Długie lata pracował w Instytucie Chemii Przemysłowej na Żoliborzu, zajmował się również fotografią. Razem z dominikaninem ojcem

Szymonem Niezgodą utrwalał na zdjęciach klasztory i zabytki kultury podominikańskiej. Chociaż często bywał w klasztorze przy ulicy Freta, nigdy nie wszedł do znajdującej się w pobliżu piwnicy, w której spędził kilka najtrudniejszych tygodni swojego życia.

Rozdział 5.
Tragiczny trójkąt

RODZINA RANKOWSKICH

WPowstaniu Warszawskim brały udział całe rodziny, tylko w składzie oddziałów Starego Miasta można odnaleźć kilkadziesiąt powtarzających się nazwisk. Obok siebie walczyli rodzice i dzieci, bracia i siostry, mężowie i żony. Z reguły ich losy były tragiczne, niewiele rodzin przetrwało powstanie bez strat. A zdarzało się, że ginęli wszyscy członkowie familii, którzy brali udział w walkach.

Feliks i Włodzimiera (Włodzimira?) Rankowscy mieszkali na Starym Mieście przy ulicy Brzozowej 2/4. Mieli pięcioro dzieci, z których czwórka wzięła udział w powstaniu. Troje starszych (Andrzej, Wincenty i Barbara) w szeregach batalionu „Bończa", a szesnastoletnia Bogumiła trafiła do plutonu „Radio" w Śródmieściu. Była najmłodszym żołnierzem w sztabie majora Stanisława Błaszczaka, dowódcy zgrupowania „Róg".

„GIGA" I „WICEK"

Najstarszy z rodzeństwa Andrzej („Ryś I") w chwili wybuchu powstania miał dwadzieścia sześć lat. Brał udział w obronie stolicy we wrześniu 1939 roku, spośród rodzeństwa najdłużej działał w konspiracji. Pomimo różnicy wieku był bardzo związany z Wincentym

(„Wicek") i Barbarą („Basia", „Grom"). Jako jedyny z rodzeństwa założył już własną rodzinę.

„Ryś" i „Wicek" uchodzili za wyjątkowych zawadiaków. Odważni i przedsiębiorczy, na Starym Mieście znali każdy zaułek i każdego mieszkańca. Czasami jednak pozwalali sobie na zachowania, które nie miały wiele wspólnego z dyscypliną wojskową.

Lech Hałko („Cyganiewicz I") w pierwszych dniach powstania zastał ich w mieszkaniu swoich znajomych przy ulicy Brzozowej. Rankowskim towarzyszyło kilku kolegów, a cała gromadka była dobrze „rozochocona alkoholem", siedzieli w obłokach dymu papierosowego.

„Widzę, że nad półką z książkami – wspominał »Cyganiewicz« – wisi piękna mandolina, na której kiedyś często grywałem. Sięgam po nią i nagle słyszę krzyk:

– Nie ruszaj, bo strzelam!

Widzę wycelowaną we mnie lufę schmeissera. Wariat – pomyślałem, ale właściciel schmeissera wyjaśnił, że o książki na półce oparty jest odbezpieczony granat... bez zawleczki!

– Czy wyście zwariowali? – pytam.

– Wypieprzaj na barykadę i poszukaj zawleczki, bo wypadła mi z ręki. Jak znajdziesz, to mandolina twoja. Nam jest niepotrzebna, bo gramy tylko na nerwach – odrzekł plutonowy podchorąży »Ryś«, trochę chwiejnym głosem.

– Koledzy, przecież kawałek drutu albo duża agrafka zastąpi zawleczkę – próbuję ostrożnie.

– Wypieprzaj po drut! Agrafki nie mamy – pada rozkaz.

Kawałek drutu znalazłem bez żadnych trudności. Wracam do »pistoletów«. Każą mi wziąć granat, wynieść na zewnątrz, zabezpieczyć go drutem i dopiero wtedy przyjść po mandolinę. Już z mandoliną w ręku pytam, czy nie bali się, że któryś po pijanemu potrąci odbezpieczony granat?

– Kto tu jest pijany? Panowie, wypieprzcie tego pętaka razem z jego grajką!"[1].

Na tym nie zakończyły się jednak tego wieczoru przygody „Cyganiewicza". Wracając na kwaterę, wzbudził prawdziwą sensację. Uznano go za wariata, gdyż powstańca idącego na barykadę z karabinem i mandoliną na Starym Mieście jeszcze nie widziano.

Prawdopodobnie opisywana przez „Cyganiewicza" libacja była imprezą urodzinową narzeczonej „Wicka" Jadwigi Cholewianki („Giga"). Dziewczyna 9 sierpnia kończyła osiemnaście lat i to zapewne z tego powodu Rankowscy świętowali w gronie znajomych. Wprawdzie Hałko nic nie wspominał o obecności dziewczyny, ale przecież najbardziej interesowała go mandolina.

Były to dni entuzjazmu i wiary w przyszłość. Po kilku latach okupacji warszawiacy poczuli się wolni, a młodych ludzi walczących na barykadach uznano za bohaterów. Ksiądz Tomasz Roztworowski, kapelan harcerskiego batalionu „Wigry", z uśmiechem zaopatrywał swoich podopiecznych w doczesne dobra: „Pokaźnej tuszy, w bardzo zniszczonej, pobrudzonej wapnem i ceglanym pyłem sutannie, zawsze uśmiechnięty, często przynosił nam ze składnic w Polskiej Wytwórni Papierów Wartościowych papierosy, czekoladę, chleb, konserwy, a nawet wódkę.

– Chłopcy! To dla was zamiast błogosławieństwa i rozgrzeszenia! – mówił z uśmiechem"[2].

Nie wiemy, jak długo trwała znajomość „Wicka" i „Gigi" ani kiedy postanowili się pobrać. W pierwszych

dniach powstania uchodzili już jednak za narzeczonych, bardzo zresztą lubianych przez otoczenie. „Giga"
była wyjątkowo „ładna i bardzo zgrabna", o urodzie
w „typie wybitnie południowym". Odróżniała się od
dziewcząt z oddziału, bo „na przekór żołnierskim mun-
durom koleżanek chodziła w lekkiej sukience i bardzo
było jej z tym do twarzy".

Zbierając materiały do tej książki, miałem
przyjemność porozmawiać z koleżanką „Gigi" i „Wicka" panią Barbarą Bobrownicką-Fricze („Wilia"). Sanitariuszka 101 Kompanii odznacza się doskonałą pamięcią
i udzieliła mi odpowiedzi na kilka pytań dotyczących
rodziny Rankowskich. Chociaż nie była tak blisko zwią-
zana z „Gigą" jak z młodszą siostrą „Wicka" Basią, przekazała mi ważne informacje.

„Byli narzeczeństwem – mówiła pani Bobrownicka-Fricze – i na pewno się kochali. A pierwsze dni
powstania jeszcze bardziej związały ich ze sobą. »Wicek« ocalił »Gidze« życie. Nie byłam przy tym, ale tak
mówili na kompanii, więc zapewne tak było"[3].

Okazja do rewanżu nadarzyła się niebawem,
11 sierpnia (dwa dni po historii z mandoliną), podczas
ataku na szpital ewangelicki na Karmelickiej, „Wicek"
dostał postrzał w głowę. Kula snajpera przebiła mu
hełm, otarła się o głowę i rozerwała ucho.

„Leżał na bruku – relacjonował Stanisław Podlewski. – Nie było do niego dojścia. Niemcy usadowie-
ni w odległości 50 metrów kropili zawzięcie, uniemoż-
liwiając wszelką pomoc. Czuł, jak gwałtownie uchodzi
z niego krew i życie. I wtedy łączniczka »Giga« (Jadwiga
Cholewianka), jego narzeczona, dociera do niego, wy-
ciąga z kałuży krwi i na własnych ramionach zanosi
w bezpieczne miejsce"[4].

Czy mogło być coś bardziej romantycznego? Para zakochanych walczy obok siebie pod gradem kul i wzajemnie ratuje sobie życie. To wszystko musiało ich do siebie jeszcze bardziej zbliżyć, ale niebawem miał się pojawić „ten trzeci".

TRAGEDIA BASI RANKOWSKIEJ

„Była zjawiskowej piękności – wspominała Barbara Bobrownicka-Fricze. – Przepiękna, cudna, promieniowała urodą jedyną w swoim rodzaju"[5].

Gdyby brać pod uwagę tylko zachowane relacje, to Barbarę Rankowską zapewne można by uznać za najpiękniejszą dziewczynę powstania. „Bardzo ładna, drobna blondyneczka" epatowała wdziękiem młodości i osobistym urokiem. Była zaręczona z Piotrem Jaszczukiem („Tomaszewski"), a termin ślubu wyznaczono na 20 sierpnia. Niestety, nie było jej dane doczekać uroczystości ani swoich dwudziestych pierwszych urodzin.

Szesnastego sierpnia, podczas walk w ruinach Zamku Królewskiego, został ranny w nogę Andrzej Rankowski. Wyniósł go spod ostrzału Wojciech Wroński („Wojtek") i obaj dotarli na punkt opatrunkowy w katedrze św. Jana. Pełniąca tam służbę Basia niezwłocznie zajęła się bratem, po czym razem z koleżankami zaniosły go do szpitala przy ulicy Podwale 19. Następnie ruszyły z powrotem do katedry, Barbara jednak odłączyła się od koleżanek, aby odwiedzić rodziców w piwnicy przy Jezuickiej.

„Dziewczyna chce zabrać trochę chleba – opisywał Stanisław Podlewski – który matka upiekła z niemałym trudem.

– Basiu, zostań jeszcze chwilę – prosi ojciec.

– Nie mogę, tatusiu, tam na mnie czekają, jestem potrzebna.

– Dziecko kochane, gdzie będziesz spała w katedrze? – pyta matka.

– Położę się, mamusiu, do pierwszej lepszej trumny.

– Co ty mówisz, Basieńko? Bój się Boga!"[6].

Nigdy jednak nie dotarła do katedry, biegnąc bowiem na punkt sanitarny, dostała się pod silny ostrzał niemieckich granatników.

„Nagle dochodzi nas rozdzierający krzyk kobiety – wspominała Barbara Gancarczyk (»Pająk«) z batalionu »Wigry«. – Cierpnie mi skóra na myśl, że w tej sytuacji będę musiała biec na ratunek. Chwila wahania. Strach walczy z poczuciem obowiązku. Nadzieja, że może ktoś przede mną skoczy na pomoc przytrzymuje mnie na miejscu. Mijają sekundy... Rozpaczliwe wołanie »ratunku!« powtarza się kilkakrotnie. Nie ma już wątpliwości, skąd pochodzi. Musiało kogoś razić na drodze ze Świętojańskiej na Jezuicką"[7].

Wahania nie trwały długo i Barbara ruszyła na pomoc. Przez dziurę w murze przedostała się na podwórko przy katedrze, ostrożnie posuwając się w kierunku głosu wzywającego pomocy. „Niewiele widzę, jest zmierzch, a poza tym unoszący się wokół pył po wybuchu przesłania wszystko. Dostrzegam wreszcie dwie postacie mężczyzn pochylone nad ranną. Dźwigają ją z ziemi, niosą. Razem z »Teresą«, która w tej chwili zjawia się koło mnie, idziemy za nimi do przedsionka katedry – punktu pierwszej pomocy. Wstępne oględziny potwierdzają ranę dość głęboką uda i dolnej części brzucha. Dochodzi nas rozpaczliwe pytanie:

– Czy będę żyła?

– Ależ tak"[8].

Rany były głębokie, nie wydawały się jednak groźne, a patrol sanitarny przetransportował Basię do szpitala w podziemiach gmachu Ministerstwa Sprawiedliwości. Nawet w tym miejscu uroda sanitariuszki zrobiła ogromne wrażenie, a jeden z ciężko rannych powstańców powtarzał bez końca półgłosem: „ludzie, jaka ona piękna, jaka piękna...".

Oględziny lekarskie przyniosły fatalny werdykt, doktor Krauze (nie udało się ustalić jego imienia) nie dawał rannej większych szans na przeżycie. Barbara odniosła bowiem poważne obrażenia wewnętrzne, najgorsze były jednak rany nerek. Odłamki musiały uszkodzić również kręgosłup, gdyż lekarz stwierdził, że nawet jeżeli „uda się ją uratować, to i tak będzie kaleką".

Jako pierwszy w szpitalu pojawił się „Wicek". Podtrzymywany przez „Gigę" przyszedł z Podwala, nie bacząc na własną ranę.

„Długą chwilę trwa rozmowa brata z siostrą.

– Basiu, bądź spokojna – mówi – wszystko skończy się dobrze.

Po chwili żegna się i wychodzi. Chce, aby widziała, że może iść o własnych siłach. W największej rozpaczy szepcze:

– Biedna Basia umiera, a ja jej nie mogę pomóc"[9].

Barbara chwilami traciła przytomność i lekarze zdecydowali się wykonać transfuzję. Dziewczyna wprawdzie miała rzadką grupę krwi, ale przełożona sanitariuszek Jadwiga Dokowska miała identyczną i bez wahania zgodziła się na zabieg.

Niestety, stan rannej nie poprawiał się, wysiłki personelu medycznego okazały się bezowocne. Basia słabła z każdą chwilą. O krytycznym stanie siostry poinformowano Andrzeja leżącego na Podwalu. Młodzieniec bardzo to przeżywał, dzień wcześniej Basia opatrywała jego ranę, a teraz on nie mógł jej pomóc.

„Mówiłem o wszystkim i o niczym – opisywał swoją wizytę u Andrzeja jego przełożony porucznik Zbigniew Blichewicz (»Szczerba«) – myśląc, jak tu dotknąć istoty rzeczy. Nie składało się jakoś. Nagle, niespodziewanie dla mnie, Andrzej wyszeptał:

– Pan wie już chyba, że moja siostra Baśka jest ciężko ranna?

Musiałem mieć bardzo głupią minę, lecz odetchnąłem z ulgą. Skinąłem twierdząco głową.

Chłopcu zaszkliło się w oczach. Po chwili znowu szepnął:

– Próbują ją ratować, ale podobno słaba nadzieja.

Spojrzałem Andrzejowi w oczy i powiedziałem bardzo serdecznie, lecz stanowczo:

– Normalna rzecz na wojnie – żołnierz patrzy prosto w oczy śmierci. I nam, żołnierzom, nie pozostaje nic innego, jak tylko zebrać w sobie wszystką moc, by uznać to za rzecz normalną w naszych warunkach.

Andrzej spuścił oczy, zagryzł wargi i po chwili dwie łzy spłynęły mu po policzkach. Świadomie czy bezwiednie kiwał głową, jakby aprobował to, co powiedziałem, tylko zagryzione mocno wargi świadczyły, że niełatwo mu to przychodzi. Spojrzałem po obecnych, po czym ścisnąłem chłopca mocno za ramię i powiedziałem cicho:

– Trzymaj się, stary! To jedno nam wszystkim pozostaje"[10].

O ranie Basi z opóźnieniem dowiedział się jej narzeczony. „Tomaszewski" nie mógł od razu opuścić zajmowanej pozycji, ale gdy tylko nadarzyła się okazja, natychmiast pojawił się w szpitalu. „Naraz rozlegają się szybkie kroki. Młody, rosły mężczyzna w hełmie wpada na korytarz. Zielona łaciata panterka opina jego smukłą postać, a zza pasa wygląda łeb trzonkowego granatu. W ręku trzyma peem i wiązankę czerwonych kwiatów. Te kwiaty w ciemnej norze...

– Koledzy – pyta – gdzie leży sanitariuszka Basia, ranna przed kilku godzinami?

Wskazują mu. Podchodzi do jej łóżka. Salutuje. Zdejmuje hełm, odkłada swojego stena. Pochyla się nad nią i na piersiach składa kilka czerwonych kwiatów. Potem długo całuje jej ręce. Basia kładzie rękę na jego czole, na oczach. Coś mówi do niego szeptem... Nagle chłopiec podnosi się, jeszcze chwilę patrzy na nią bez słowa, chwyta swojego stena, wkłada hełm, salutuje i szybko odchodzi”[11].

Relacja ta jest jednak niepełna, nie zawiera bowiem najbardziej poruszającego wydarzenia. Barbara Bobrownicka-Fricze, która doskonale znała Basię – chodziły do jednej klasy w gimnazjum – opowiedziała, że „Tomaszewski” przyniósł ze sobą kompot, a dziewczynie bardzo chciało się pić. Chłopak napoił ją tym kompotem, a po jego odejściu stan dziewczyny gwałtownie się pogorszył. Miała wprawdzie niewielkie szanse na przeżycie, ale ten nieszczęsny napój przyśpieszył agonię. Półprzytomna dziewczyna szeptała, że nie chce umierać, ale nie poznała już Andrzeja, który uciekł ze szpitala, aby ją odwiedzić.

Jaszczuk obwiniał się o śmierć narzeczonej. Twierdził, że ją zabił, i na nic się zdały perswazje kolegów. Zrozpaczony powtarzał, że pragnie już tylko zemsty i nie ma po co żyć.

Barbara Rankowska została pochowana na podwórzu domu przy ulicy Kilińskiego 1. Na pogrzebie obecni byli koledzy z oddziału, kilkoro znajomych, rodzina. Był też nieszczęsny, załamany „Tomaszewski".

„Żal mi się szczerze zrobiło chłopca – wspominał »Szczerba« – patrzyłem na jego spokojną, kamienną rozpacz. Gdy już pod łopatami urosła mała mogiłka, postawiono prowizoryczny krzyżyk i co poniektórzy zaczęli się rozchodzić, podszedłem do »Tomaszewskiego« i kładąc mu rękę na ramieniu, powiedziałem:

– Jutro rano robię wypad na Zamek. Poproszę »Bończę«, by panu pozwolił iść ze mną.

Chłopak podniósł na mnie oczy suche, bez łez, ściśnięte bólem i tak niewymownie smutne, że wzruszyły mnie do głębi. Po chwili, jakby teraz dopiero zrozumiał, o co chodzi, ścisnął mi mocno rękę i rzekł z błyskiem w oczach:

– Dziękuję.

Tego wieczoru »Wicek« i »Wojtek« upili się na amen, a i reszta chłopców niewiele im ustępowała"[12].

W POSZUKIWANIU ŚMIERCI

Piotr Jaszczuk był od Basi starszy o rok. Miał stopień sierżanta podchorążego, dowodził 3 Plutonem 101 Kompanii. Zawsze uchodził za wyjątkowo odważnego, ale po pogrzebie narzeczonej obsesyjnie szukał śmierci. I niebawem ją znalazł, bo o to akurat w walczącej Warszawie nie było trudno.

Trwały zacięte walki o katedrę, budynek przechodził z rąk do rąk. Oddział „Szczerby" otrzymał rozkaz odbicia świątyni i przy takiej okazji nie mogło zabraknąć Piotra. Tym bardziej że dowódca raczej nie utrudniał mu szukania zemsty.

„Wezwałem podchorążego »Tomaszewskiego« – wspominał Blichewicz – który stracił narzeczoną kilka dni temu i wiedziałem, że chłopiec aż dyszy, by odegrać się na Niemcach. Ma wziąć ośmiu ludzi i podciągnąć ich od bramy na Jezuickiej i zakrystii. Będzie im tam trochę gorąco, bo stropy i schody opodal ciągle się żarzą, ale ma siedzieć cicho i akcji nie wszczynać, dopóki z zewnątrz kościoła nie padnie hasło »Szczerba«. Wtedy przeć w kierunku ołtarza prawej nawy, bo tam prawdopodobnie będzie wrogie gniazdo ogniowe. Po drodze zwrócić uwagę na lewy ołtarz, żeby przypadkiem na swoich tyłach nie zostawić jakiegoś Szkopa. Ja idę od głównej bramy. Żadnej strzelaniny w kościele, zanim padnie hasło. To wszystko"[13].

Natarcie zakończyło się sukcesem, zdobyto trochę broni i doliczono się ośmiu zabitych Niemców. Przy okazji ludzie „Tomaszewskiego" obsadzili barykadę przylegającą do garaży zamkowych.

Niestety, rano hitlerowcy ponownie opanowali katedrę. Oddział „Szczerby" ruszył do ataku jeszcze raz, a w natarciu wziął również udział „Tomaszewski". Po raz kolejny odbito budynek, tym razem jednak kosztem dużych strat. „Posunąłem się w stronę nawy – opisywał »Szczerba« – każąc nie spuszczać z oczu galerii. Doszedłszy do zwalonego świecznika, spojrzałem w prawo. Na dwóch stopniach podwyższenia, przed lewym ołtarzem leżał twarzą do ziemi żołnierz w »pancerce«. Podszedłem do niego. Był bez hełmu. Ciemne włosy skąpane we krwi, leżał na dwóch karabinach, których pasy przerzucił przez szyję. »Ryszard« obrócił go za ramię do góry – »Tomaszewski«. Dotknąłem ręki – była już zimna. Szedł objuczony zdobyczną bronią, zwycięski – aby w zdobytym ponownie kościele znaleźć śmierć przed samym ołtarzem Boga, tylekroć zhańbionego w tej świątyni"[14].

Niewykluczone, że Jaszczuk zginął na skutek fatalnej pomyłki. Podczas walki decyzję należało podejmować natychmiast, widoczność była jednak ograniczona, a obie strony nosiły podobne mundury.

„Podchorąży »Tomaszewski« z grupą powstańców parł szaleńczo naprzód – pisał Podlewski. – Celnymi strzałami ze swojego peemu położył już kilku Niemców. Chciał zabrać ich broń i amunicję. Zniknął w kłębach kurzu w głębi katedry. W pewnej chwili powracał. Któryś z powstańców dojrzał jakąś zbliżającą się postać w hełmie i panterce. Zapytał:

– Stój! Kto idzie?

»Tomaszewski« nie odpowiedział, zapewne nie dosłyszał wśród huków. Powstaniec rzucił granat. Nim »Tomaszewski« zdążył wypowiedzieć słowo, rozległa się eksplozja. Miał straszliwie poszarpaną głowę i ręce"[15].

Piotr Jaszczuk znalazł śmierć, której od kilku dni szukał. Miał zresztą przeczucie, że nie przeżyje ataku na katedrę i przed akcją poprosił kolegów, aby pochowano go u boku narzeczonej. Niestety, nawet to życzenie nie mogło zostać spełnione.

W pobliżu mogiły Rankowskiej nie było już bowiem miejsca i „Tomaszewskiego" pochowano na dziedzińcu przy kościele Jezuitów. Następnego dnia w świeży grób trafiły ciężkie pociski i po miejscu pochówku chłopca nie pozostał żaden ślad. Nie było mu dane połączyć się z narzeczoną po śmierci, tak jak sobie tego życzył. Po wojnie Basia spoczęła na Powązkach

Wojskowych, gdzie w kolejnych latach dołączyli do niej obaj bracia. „Tomaszewski" zaś nie ma nawet grobu.

„MALARZ"

Jedną z legend Starówki był Karol Aksenow pseudonim Malarz. Znacznie starszy od większości kolegów z batalionu „Bończa" (liczył trzydzieści dziewięć lat), był dowódcą 1 Plutonu w 101 Kompanii. Miał za sobą burzliwy życiorys, zawsze jednak wracał na ukochaną Starówkę.

„[...] był synem staromiejskiej dzielnicy – twierdził Stanisław Podlewski. – Mówił jej gwarą, myślał tak jak wszyscy mieszkańcy Starówki. Czuł się najlepiej w krętych wąskich uliczkach i w mrocznych zaułkach Kamiennych Schodków, Piekiełka czy Wąskiego Dunaju, gdzie można było gościa obrobić »na stopkę«, to jest puścić tylko w bieliźnie, gdzie równocześnie nie odważył się zapuścić żaden agent Gestapo"[16].

Podczas okupacji niemal oficjalnie paradował po Starym Mieście z pistoletem maszynowym czy granatami, ale wpadł dopiero na handlu bronią z Niemcami. Trafił w ręce hitlerowskiej policji kryminalnej, został jednak zwolniony, prawdopodobnie żona (Maria Aksenow, „Czarna Mańka") przekazała właściwej osobie odpowiednią łapówkę.

W chwili wybuchu powstania „Malarz" miał stopień sierżanta, brał udział w walkach o Zamek Królewski i katedrę, jego pluton zniszczył niemiecki czołg. „Malarz" jednak najchętniej oddawał się innej pasji. W wolnych chwilach siadał w ukrytym miejscu i „polował na Niemców". Był dobrym strzelcem i osiągał znakomite rezultaty. A żona namawiała go do jeszcze większej efektywności, prosząc o „naramienniki szkopa oficera". Podobno żartowała nawet, że w przypadku braku wyników odmówi wypełniania obowiązków małżeńskich.

„Dawniej nasz Król Jegomość August III z dynastii saskiej – mówił »Malarz«, szelmowsko się uśmiechając – strzelał z zamkowych okien do psów spędzonych zewsząd. Teraz ja sobie strzelam do nadludzi"[17].

Już w pierwszych dniach powstania Aksenow został dwukrotnie ranny. Nie przejmował się tym jednak i z „zabandażowaną głową i z ręką na temblaku" chodził „wszędzie tam, gdzie groziło największe niebezpieczeństwo". Zmartwieniem Marii byli ich synowie, „pętający się za ojcem i matką po powstańczych barykadach". „Nie można ich upilnować – narzekała. – Są prawdziwym utrapieniem. Łażą po barykadach i szukają wśród powstańców ojca. Uciekają ze schronu, a tu przecież wojna"[18].

Kilkanaście dni walk wystarczyło, aby „Malarz" stał się prawdziwą legendą. Podczas powstania bohaterowie jednak z reguły nie żyli zbyt długo, podobnie było z Aksenowem. Zginął 17 sierpnia podczas obrony gmachu PKO przy ulicy Brzozowej. Niemcy rzucili tam liczne siły wspierane przez czołgi, dlatego straty polskie były wyjątkowo duże.

„»Młodzik« klęknął przy pierwszym z brzegu człowieku – wspominał »Szczerba«.

– »Malarz« – szepnął. – »Malarz«.

Spojrzałem na leżącego. Więc to był słynny łowca Niemców, plutonowy [sierżant – S.K.] »Malarz«, o którym legendy już krążyły po Starym Mieście. Leżał teraz poszarpany, jęcząc z cicha. Od razu widać było, że niedługo skończy. Skonał dwie godziny później w lazarecie"[19].

Aksenow osierocił trzech synów, jeden z nich, Zygmunt, podczas kampanii wrześniowej znalazł się przypadkowo w kadrze amerykańskiego dokumentalisty Juliena Bryana. To jedno z bardziej znanych zdjęć z dni oblężenia Warszawy – chłopiec z klatką z kanarkiem.

Po śmierci męża Maria zostawiła dzieci pod opieką sąsiadów i przyłączyła się do batalionu „Bończa". Po ewakuacji oddziału do Śródmieścia zaczęła sprawiać problemy porucznikowi „Szczerbie". Najwyraźniej nie potrafiła uporać się z traumą po śmierci męża i usiłowała odnaleźć się w roli „wdowy po bohaterze". W efekcie terroryzowała sanitariuszki batalionu, a dziewczęta bały się jej jak ognia.

Blichewicz nie zamierzał jednak tego tolerować, uważał, że schemat organizacyjny oddziału nie przewiduje etatu dla „wdowy po bohaterze".

„Weszła bardzo pewna siebie – wspominał »Szczerba«. – Widać, że przywykła już tutaj coś znaczyć. [...] Przyglądałem się teraz rosłej, dość tęgiej kobiecie o śniadej cerze, czarnych włosach i oczach. Widać, że rządziła kiedyś mężem, a teraz postanowiła wodzić rej w kompanii jako żona sławnego »Malarza«. Ale ze mną ten numer nie przejdzie.

– Jakim prawem – zacząłem spokojnie, choć wszystko we mnie chodziło – zaczyna pani szarogęsić się w mojej kompanii?

– Nie rozumiem, o czym pan mówi, poruczniku – odpowiedziała hardo »Malarzowa«.

– Doszły mnie słuchy, że pani terroryzuje personel kobiecy kompanii. Niektóre dziewczęta bały się nawet o tym mówić [...].

– Pan mi grozi? – żachnęła się »Mańka«. – Jestem żoną »Malarza«. Major »Róg« powiedział mi, że jestem na specjalnych prawach.

– W takim razie radzę od razu przenieść się do sztabu majora »Roga«, bo u mnie nie ma pani żadnych praw specjalnych. [...] I niech jeszcze raz dojdzie do czegoś podobnego, usunę panią z kompanii jako osobę niepożądaną w szeregach AK, choćby nie jeden, ale czterech majorów pani broniło. Dopóki dowódcą kompanii jestem ja, tak będzie, jak powiedziałem. Teraz może pani odejść. Ale radzę się dobrze zastanowić nad tym, co powiedziałem.

Wyszła oszołomiona, bez słowa. Widać było, że nikt do niej jeszcze nie przemawiał w ten sposób. Od tej chwili nie słyszałem na nią ani jednej skargi. Widocznie pomogło"[20].

„Czarna Mańka" dosłużyła się stopnia sierżanta, przeżyła powstanie, odznaczona została również Krzyżem Walecznych. Zmarła w kwietniu 1968 roku w Warszawie.

„MŁODZIK"

„Giga" i „Wicek" planowali małżeństwo, w czym nie przeszkodziła im nawet śmierć Basi Rankowskiej. W trakcie powstania nie było czasu na zwłokę, śmierć zbierała bowiem obfite żniwo. Nie przypuszczali jednak, że na ich drodze do wspólnego życia stanie kolega z oddziału.

Dwudziestojednoletni Edward Łopatecki („Młodzik") pochodził ze Lwowa, ale w chwili wybuchu wojny mieszkał z rodziną w Warszawie. Szybko trafił do konspiracji i już w 1939 roku był członkiem

Służby Zwycięstwu Polski. W AK znalazł się w oddziałach dywersji bojowej i brał udział w wykonywaniu wyroków podziemnych sądów. Szczerze nienawidził hitlerowców i kolaborantów, uchodził zresztą za bezwzględnego egzekutora.

„Szliśmy z kolegą Łopateckim do niego – wspominał Albin Ossowski, pseudonim »Binek« – a on stanął i skręcił. Ale my już byliśmy tak nastawieni, że... [doszliśmy] do niego, ja z moim niemieckim: »Zostałeś skazany...«. Trochę niepewnie i – pach! pach! pach! – tylko krople czerwone jak atrament na [twarzy]. Uciekamy. Idziemy z powrotem"[21].

W 1943 roku „Młodzik" został aresztowany i trafił do Oświęcimia, po dwóch miesiącach udało mu się uciec z obozu. Ukrywał się w stolicy, a po wybuchu powstania został dowódcą plutonu w 103 Kompanii. Jako jeden z nielicznych przeżył tragiczny atak 1 sierpnia na niemieckie pozycje na Bednarskiej. Zginęło wówczas czterdziestu siedmiu powstańców (na pięćdziesięciu trzech biorących udział w akcji), a Niemcy stracili zaledwie jednego żołnierza.

Zapewne w tym nieszczęsnym oddziale Łopatecki poznał „Gigę", oboje po jego zagładzie trafili do 101 Kompanii. Urodziwa dziewczyna podobała mu się, wiedział jednak, że jest narzeczoną Wicka Rankowskiego.

„Młodzik" uchodził za żołnierza o szaleńczej odwadze, która wyróżniała go nawet na tle innych walecznych kolegów. Nie nosił hełmu, twierdząc, że krępuje mu ruchy, zadowalał się małą czapeczką. Odwagę chłopaka doceniał „Szczerba", mawiając, że „jeden »Młodzik« za dziesięciu innych wystarczy". A do tego Łopatecki przejawiał wręcz ksenofobiczną nienawiść do okupanta, nic zatem dziwnego, że okazał się największym bohaterem walk o katedrę św. Jana.

„»Młodzik« wysunął się nad gruzy – opisywał »Szczerba« – i puścił w głąb katedry serię ze szmajsera. Zawtórowały mu dwa inne nasze peemy. Z tamtej strony odpowiedział tylko jeden.

– Bij skurwysynów! – ryknął »Młodzik« i jak kot przeskoczywszy przez wysoki wał rumowisk, rzucił się naprzód w opadający kurz. [...] Szalał po całym kościele. Jakiegoś podnoszącego się z trudem SS-mana kopnął w zęby, zupełnie jak w filmie amerykańskim, drugiego zdzielił przez łeb kolbą szmajsera"[22].

Podczas walki Łopatecki wpadał w prawdziwy szał bojowy, widział tylko wroga, którego ze wszystkich sił pragnął unicestwić, nie zwracał uwagi na nic i na nikogo. „[...] podobny do rozjuszonego młodego byka – opisywał »Szczerba«. – Ten sympatyczny, młody chłopiec wyglądał naprawdę strasznie w morderczej furii. Wypadł z lewej nawy ołtarza i począł coś zajadle kopać – pobiegłem w tę stronę i zobaczyłem, że chłopak skacze i depcze po ciałach dwóch martwych SS-manów, którzy leżeli na noszach, widać gotowi do ewakuacji, tylko nie zdążono ich wynieść.

Chwyciłem chłopca mocno za ramię i potrząsnąłem.

– Edek! Zwariowałeś! – krzyknąłem. – Toż to trupy!

Chłopak oprzytomniał, spojrzał na mnie i rzekł twardo:

– To nie trupy, to zmory"[23].

Ale czy można się dziwić „Młodzikowi", skoro nawet księża czasami zapominali o zachowaniu właściwym dla swojej profesji? Kapelani transportowali broń i amunicję, a podczas walk pełnili funkcje pomocnicze. Jeden z nich tłumaczył, że wcale nie uważa tego za złamanie przykazań, ponieważ „to nie ludzie, to hitlerowcy".

Nie wszyscy powstańcy byli przygotowani psychicznie do walki w kościołach. Świątynie dotychczas stanowiły dla nich sacrum, a teraz stawały się miejscem zażartych zmagań. Deptano po rozsypanych hostiach, strzelano zza ołtarzy. Niekiedy dochodziło do tragikomicznych sytuacji:

„W czasie walk w katedrze – opowiadał Zbigniew Chałko (»Cyganiewicz II«) – dwóch Niemców wpadło na krużganek, strzelając. Słyszę głos Tadzia »Króla«: »Wy skurwysyny« – i widzę, że pociągnął z pistoletu po nich, jednego zabił, drugi uciekł. Tadzio ukląkł i mówi: »Chrystusie Panie, świnia jestem, używając takich słów, przebacz«"[24].

POŻEGNANIE Z RODZINNYM DOMEM

Bracia Rankowscy szybko wrócili do oddziału. W przypadku Andrzeja był to duży wyczyn, ponieważ dostał paskudny postrzał, a jego rana wyglądała bardzo źle. Jednak „Ryś" już kilka dni po zdarzeniu samowolnie opuścił szpital, wcześniej nie przekazał zresztą dowództwa swojego plutonu szturmowego. Walczył dalej, „spragniony zemsty za śmierć ukochanej siostry", chociaż trudno go było uważać za pełnoprawnego żołnierza. Wzbudził tym nawet irytację „Szczerby": „Spojrzałem dalej. [Stał tam] »Ryś«, którego widziałem wśród łączniczek »Bończy« i któremu kazałem wrócić do szpitala. Był tak poharatany, że do końca został już niezdolny do walki. Obróciłem się wściekły.

– »Wojtek«, kto mi tego dzwona o laskach przyprowadził?

– Nikt – tłumaczył się podchorąży. – Sam przyszedł za nami, chociaż kazałem mu wrócić"[25].

„Ryś" wprawdzie poruszał się o laskach, ale nie zgadzał się na pozostanie w szpitalu. Z powodu ran nie brał jednak udziału w dalszych walkach o katedrę, co zapewne ocaliło mu życie. Poległ tam przecież jego niedoszły szwagier „Tomaszewski", a Łopatecki został ciężko ranny.

– »Młodzika« znaleźliśmy przy wejściu na galeryjkę – mówiła sanitariuszka Jadwiga Płachecka »Kropka«. – Leżał w kałuży krwi. Bez życia. Kula przeszła przez szczękę. Zanieśli go nieprzytomnego do doktora"[26].

Edward Łopatecki był jednak nieprawdopodobnie twardym człowiekiem i pomimo ciężkiej rany po miesiącu uciekł ze szpitala, aby wrócić do oddziału. Inna sprawa, że chociaż postrzał bardzo go oszpecił, jednak dzięki tej ranie znalazł miłość swojego życia.

„Młodzika" w szpitalu pielęgnowała bowiem „Giga" i zapewne wówczas poznali się bliżej. A niebawem miało to mieć znaczące konsekwencje.

Katedra ponownie wpadła w ręce Niemców, powstańcy cofali się na całej linii. Aby opóźnić zajmowanie przez hitlerowców terenu, bojownicy podpalali opuszczane domy. W pewnej chwili przyszła pora na budynek przy Brzozowej 2/4, rodzinny dom Rankowskich.

Nikt z kompanii nie chciał tego zrobić, dobrze wiedząc, kto tam mieszkał. W tej sytuacji sprawę wziął w swoje ręce „Wicek" i osobiście podpalił budynek. Nie komentował tego, po prostu zrobił to, co było konieczne.

Można tylko się domyślać, co czuł, gdy podkładał ogień pod dom, w którym wraz z rodziną spędził najpiękniejsze chwile swojego życia.

„Całą powierzchnię Rynku pokrywa gruz – opisywał ostatnie dni obrony Starego Miasta Lech Hałko. – Na jego południowym skraju od czasu do czasu wybuchają pociski granatników, podnosząc chmury pyłu. W świetle dopalających się domów Rynek wygląda jak pofalowana powierzchnia morza w czasie burzy. Dla nas to chyba już ostatnia burza, po której nastąpi cisza i spokój. Trudno jest pokonać strach przed tym, co nas niewątpliwie czeka. Żal, bo właściwie jeszcze nie zdążyłem zakosztować życia"[27].

Nadeszła decyzja o ewakuacji kanałami i na Rynku pozostawiono tylko niewielkie siły, które miały osłaniać odwrót. Przed opuszczeniem Starego Miasta zadbano również o potrzeby duchowe. „Zaraz za rogiem widzę księdza – kontynuował Hałko – ubranego w panterkę jak my, ale ze stułą na szyi i małym pudełeczkiem w ręku, z którego właśnie wyjmuje hostię, podając ją klęczącej przed nią łączniczce. Jestem następny. Klękam i zaczynam zdejmować hełm z głowy, ale ksiądz mnie powstrzymuje, mówiąc:

– Nie zdejmuj synu, tu jest niebezpiecznie.

Sam był bez hełmu. Patrzę na jego twarz. Pomimo huku i detonacji pocisków artyleryjskich i granatników stoi spokojny, dostojny i pogodny. Wydaje mi się, że uśmiechnął się do mnie. Pytam, czy mogę przystąpić do komunii świętej bez spowiedzi?

– Możesz – odpowiedział. – Dziś Chrystus przychodzi do ciebie *in articulo mortis*. Bij się w piersi i żałuj za grzechy. Niedużo zresztą ich pewnie było, bo młody jesteś"[28].

Panowało już jednak pewne rozprzężenie, bo wieczorem okazało się, że na Rynku zostało zaledwie dziesięciu (!) żołnierzy. Gdyby nie zdecydowana postawa jednej z sanitariuszek, sprawy przybrałyby tragiczny obrót.

„[...] podczas mojej nieobecności – wspominał »Szczerba« – ukazali się na rynku Niemcy, od Świętojańskiej i Jezuickiej. Było to tak nagłe, że zastępujący mnie jedyny oficer w kompanii, podporucznik »Zawrat«, stracił głowę. Widząc to, sanitariuszka »Baśka Lecę-Pędzę« wzięła inicjatywę w swoje ręce, mówiąc, że opuszczając odcinek, przekazałem jej dowództwo. Następnie dzielna dziewczyna, kierując ogniem, przepłoszyła Niemców, gdzie pieprz rośnie. Nie wierzyłem własnym uszom, choć znałem »Baśkę« jako czupurnego »pistoleta«. Krzyż Walecznych, który nosiła na białej bluzce, był tego najlepszym dowodem. Ale kilka ciał leżących u wejścia z południowej strony wskazywało, że istotnie rozegrała się tu walka, pierwszy raz na Rynku Starego Miasta"[29].

Inni uczestnicy akcji twierdzili nawet, że Barbara odpędziła od cekaemu obsługę i „jak sama zaczęła prać, to tylko wióry ze Szkopów leciały". Historię tę powtórzono w kilku relacjach, mimo iż sama zainteresowana ją dementowała.

Barbarze Bobrownickiej-Fricze odwagi na pewno nie brakowało. W pierwszych dniach powstania cudem uszła z życiem podczas bombardowania sanitariatu na Świętokrzyskiej (zginęło ponad dwadzieścia jej koleżanek), a 3 sierpnia przy Dworcu Gdańskim zginęła jej siostra. Brata okupanci powiesili podczas publicznej egzekucji jeszcze w 1943 roku. Miała zatem powody, aby nienawidzić Niemców, ale w rozmowie ze mną twierdziła, że historia obrony Rynku zawiera wiele nieścisłości.

„Usiłowałam to nawet prostować – mówiła – ale jakoś nikt tego nie chciał zrobić. Ja nie strzelałam, ja byłam sanitariuszką i przez całe powstanie nie strzeliłam do nikogo. Po prostu jak wybuchła panika na Rynku, to rzuciłam swój sanitarny tobołek i złapałam pierwszych napotkanych żołnierzy, tych z AL. Rozkazałam im i poszli za mną. Ustawiłam ich, zaczęli strzelać i Niemcy wpadli w panikę. Uciekali, padali, wstawali, padali i nie wstawali. To wszystko. Ja sama nie strzelałam"[30].

Barbara Bobrownicka-Fricze została za swój wyczyn przedstawiona do Orderu Virtuti Militari, jednak w zamieszaniu towarzyszącemu ostatnim godzinom obrony Starówki wniosek gdzieś przepadł. Dowiedziała się o nim dopiero w 2009 roku po wydaniu pamiętników porucznika „Szczerby".

Zapewne jej poświęcenie ocaliło powstańców wchodzących do kanału na placu Krasińskich, w tym „Młodzika" i Andrzeja Rankowskiego. Razem z powstańcami ewakuowano także lżej rannych, ale uznano, że bardziej poturbowani nie dadzą sobie rady w kanałach. Przy włazie dochodziło do dantejskich scen. Usiłowali się tam dostać również cywile, w czym przeszkadzała powstańcza żandarmeria. Inna sprawa, że jej postępowanie było trudne do zaakceptowania, a skargi na dowodzącego nią majora „Barry'ego" powtarzają się w wielu wspomnieniach. Ale czy istnieje armia, w której policja wojskowa cieszyłaby się popularnością? Na placu Krasińskich sytuacja była wyjątkowo trudna, wszyscy chcieli się dostać do kanałów, a pierwszeństwo mieli powstańcy z bronią.

„Przy włazie do kanału – wspominał »Cyganiewicz I« – pełni służbę dowódca żandarmerii na Starym Mieście major »Barry«, dobrze zbudowany, prawie 2-metrowy dryblas. Pochylony krzyczy, przeklina i dosłownie szarpie się z żołnierzami, którzy są albo zbyt powolni, albo nie chcą się rozstać ze swoim osobistym bagażem. Dochodzi do rękoczynów. »Barry« nie pozwala zabierać do kanałów plecaków i chlebaków, natomiast, kto ma ochotę i trochę sił, może wziąć broń poległych kolegów"[31].

Atmosfera robiła się coraz bardziej nerwowa, żandarmeria wyławiała z grona powstańców osoby cywilne i brutalnie usuwała je z kolejki. Dochodziło do szarpaniny, a atmosferę grozy potęgowały jeszcze ciemności rozświetlane tylko błyskami wystrzałów.

„Jesteśmy już blisko włazu – kontynuował Hałko – kiedy parę metrów przede mną »Barry« zaczyna się szamotać z jakąś dziewczyną, przeklinając soczyście.

– Spieprzaj stąd! – krzyczy. – Tu tylko wojsko ma prawo do ewakuacji!

– Ale ja jestem łączniczką w dowództwie zgrupowania »Róg«, które już przedwczoraj przeszło kanałami na Śródmieście. Zostałam, bo miałam do wykonania zadanie – broni się dziewczyna.

– Dowód! Pokaż dowód, bez niego nie wpuszczę! – sierdzi się żandarm. Odniosłem wrażenie, że jest na gazie.

– Dowodu nie mam, ale jest tu gdzieś porucznik »Szczerba«, on mnie zna. »Szczerba«! Podaj dalej! »Szczerba«!

Rozpaczliwy krzyk łączniczki wędruje do tyłu. Porucznik przyczołguje się [...] i oświadcza spokojnie.

– Ja gwarantuję, majorze, że łączniczka jest żołnierzem Armii Krajowej.

– Nie puszczam dziurawego wojska! – pieni się »Barry«.

– Chłopcy! Repetuj broń! – rozkazuje porucznik »Szczerba«.

Zaklekotały zamki peemów i uspokoiły żandarma. Zniknął. Nie wiem, czy wlazł do kanału, czy się wycofał. Nieważne"[32].

Problem był z rannymi, w tym z samym dowódcą kompanii, ponieważ „Szczerba" miał rękę na temblaku i nie mógł zejść, przytrzymując się uchwytów. Spadł z drabinki, wylądował w brei, na szczęście na dole pomogli mu podwładni. Gorzej było z „Młodzikiem", trzy dni wcześniej postrzelonym w szczękę. Znoszono go ostrożnie, z dużymi trudnościami, chłopak bardzo cierpiał. O własnych siłach nie mógł zejść również Andrzej Rankowski, ale koledzy z batalionu nie zostawiliby obu rannych na pastwę Niemców.

Czy w transporcie „Młodzika" brała udział „Giga"? Niewykluczone, chociaż zapewne tylko do włazu ewakuacyjnego. Sanitariuszki schodziły bowiem razem ze swoimi oddziałami.

„Wąż ludzi-widm – opisywał »Szczerba« – trzymających się jeden drugiego za pas, za rękaw czy brzeg kurtki, zgiętych wpół. Czasem tylko można się było wyprostować, brnąc po kolana, po pas, czasem wyżej, w cuchnącej mazi, wśród zrywających się krzyków, jęków i przekleństw. Czasem dolecą słowa szeptanej modlitwy. Czasem ktoś pada i ludzie przechodzą po nim, wdeptując go w odchody miasta"[33].

Marsz odbywał się w zupełnych ciemnościach. Chociaż Niemcy nie zdawali sobie sprawy z ewakuacji

Starówki, wiedzieli jednak, że kanałami odbywa się komunikacja pomiędzy dzielnicami i w przypadku podejrzanych odgłosów wrzucali do środka wiązki granatów lub wlewali benzynę i popalali.

„Ten marsz w kanale będziemy pamiętać do końca życia – wspominała Barbara Kardasz (»Skowronek«). – W mazi śmierdzącej między szczurami i my jak szczury. Maszerowaliśmy tak od 23.00 do 5.00 rano. Odcinek, który można było pokonać spacerkiem w pół godziny. Każdy musiał mieć wolne ręce albo być przywiązany do kroczącego przed nim. Był to warunek, żeby się w kanale nie zgubić. Nie wolno było rozmawiać ani świecić latarką. Cisza i ciemność – to dwa warunki szczęśliwego dotarcia do wyjścia z kanału. Niemcy koło Uniwersytetu mieli otwarty właz, na wysokości ulicy Królewskiej na wprost pomnika Adama Mickiewicza. W ogóle całe Krakowskie Przedmieście było pod ich kontrolą – aż do Nowego Światu"[34].

Trudno sobie wyobrazić, co podczas tego widmowego marszu odczuwał „Młodzik". Chociaż chłopak miał poważniejszy problem: zakochał się, i to z wzajemnością, ale nie była to szczęśliwa miłość.

MAŁŻEŃSTWO „GIGI"

„Może nie powinnam tego mówić – opowiadała Barbara Bobrownicka-Fricze – ale przecież minęło już tyle lat. »Giga« pielęgnowała »Młodzika« po zranieniu i stało się. Oboje strasznie zakochali się w sobie. Ale ona była już zaręczona z »Wickiem«. On uratował jej życie... Trwało powstanie, a tu kolega z oddziału..."[35].

„Giga" musiała wybierać i pozostała lojalna wobec narzeczonego. Nigdy nie dowiemy się, co wówczas

przeżywała, ale zapewne „Wicek" niczego nie podejrzewał. A „Młodzik" również z nikim nie podzielił się swoimi uczuciami.

Postawmy się zresztą w jego sytuacji. Uważano go za bohatera (za walki w katedrze otrzymał Virtuti Militari), ale Rankowski wcale nie był od niego gorszy. A co powiedzieliby koledzy i koleżanki z oddziału,
gdyby „Giga" porzuciła narzeczonego? Człowieka, który
walczył razem z „Młodzikiem", razem z nim narażał życie i spał na tej samej podłodze? Czy „Młodzik" czułby
się wówczas komfortowo? Bardzo wątpliwe.

„Nie wiem, co czuła »Giga« – kontynuowała
Barbara Bobrownicka-Fricze. – Nigdy blisko ze sobą nie
byłyśmy. Ale jej nie zazdroszczę"[36].

Rzeczywiście nie było czego zazdrościć.
Dwóch mężczyzn zakochanych w tej samej kobiecie.
Dwóch kolegów z oddziału, a nawet z tego samego krę-
gu towarzyskiego, co potwierdzał Lech Hałko:

„»Młodzik«, »Wojtek«, »Ryś«, »Wicek«, »Czarna
Baśka« i »Giga« stanowią osobną i bardzo zgraną grupę, nazywaną »pistoletami Szczerby«. Przeszli ten sam
powstańczy szlak na Starówce, który ich zahartował
i związał wieczną przyjaźnią. Jedno za drugie skoczyło-
by w ogień. Gdy z konieczności rozdziela ich służba, są
nieszczęśliwi"[37].

Rankowski szybko doszedł do siebie po po-
strzale ze Starówki. Wrócił do dawnej formy, był tym
samym nieustraszonym zawadiaką i chętnie wypełniał
nawet najdziwniejsze polecenia „Szczerby".

Śródmieście rządziło się swoimi prawami. Nie
było dotychczas tak zaciekle atakowane jak Stare Miasto, co skrzętnie wykorzystywała powstańcza biurokra-
cja. Niektórzy członkowie miejscowego AK mieli chyba

zbyt dużo wolnego czasu i ich obyczaje dziwiły żołnierzy batalionu „Bończa".

„Na kwaterze czekają na mnie do wypełnienia specjalne kwestionariusze – zżymał się »Cyganiewicz« – dotyczące między innymi nazwiska, imion, daty urodzenia, stanu cywilnego, liczby dzieci, wyznania, przebytych chorób itp. Najpierw rozśmieszyło, a potem rozgniewało to żołnierzy Starówki, którzy od pierwszych dni powstania marzyli o godziwym odpoczynku i posiłku, a biurokratyczne procedury administracyjne Śródmieścia mają w dupie, i to bardzo głęboko!"[38].

W obrębie dzielnicy obowiązywał również zakaz poruszania się z bronią poza stanowiskami bojowymi. Miejscowa żandarmeria surowo tego przestrzegała, dochodziło nawet do rozbrajania uciekinierów ze Starego Miasta. Rekwirowano im broń, którą z takim trudem zdobyli, a następnie przetransportowali kanałami.

„Wróciłem do kompanii – wspominał »Szczerba«. – Tu zastała mnie wieść, w którą z początku trudno było wprost uwierzyć. Oto dwóch żołnierzy wróciło z miasta bez broni. Rozbroił ich patrol żandarmerii. Kazałem przywołać delikwentów. Byli to młodzi chłopcy, po osiemnaście lat najwyżej. Miny mieli zawstydzone i skruszone. Spytałem ich, czemu im zabrano broń. Wydukali wreszcie, że w Śródmieściu nie wolno podobno wychodzić z bronią na miasto. Takie są przepisy"[39].

Blichewicz nie zamierzał jednak tolerować rozbrajania podwładnych. Niezwłocznie postanowił odzyskać broń, nie interesując się specjalnie ustaleniem personaliów patrolu żandarmerii. Nie interweniował również u przełożonych, ale dobrze wiedział, kogo wyznaczyć do akcji.

„Właśnie zjawił się »Wojtek« z »Wickiem«. Kazałem im dobrać sobie po czterech tęgich chłopaków. Każdy ma udać się ze swoją grupką na miasto. Jeśli napotkają jakiś patrol żandarmerii – rozbroić. Broń przynieść mnie. Obu podchorążych jakby ktoś na sto koni wsadził. Przyrzekli, że żaden bez łupu nie wróci. Byłem zresztą tego pewien" [40].

Wysłańcy nie zawiedli, niebawem pojawili się z dwoma visami i pistoletem maszynowym Błyskawica. Przynieśli ze sobą również butelkę wódki, którą „na miejscu dokumentnie wysuszyli". Obu młodzieńcom przypadł zresztą do gustu ten proceder i jeszcze nieraz (bez rozkazu) rozbrajali patrole. Niekiedy zdarzało im się nawet poturbować opornych żandarmów. „Szczerba" jednak ochraniał ich przed sankcjami, „Wicek" i „Wojtek" pełnili bowiem funkcję jego ludzi do specjalnych poruczeń. Nigdy swojego dowódcy nie zawiedli, mieli zresztą dużo szczęścia, omijały ich kule i odłamki.

Tymczasem „Młodzik" przebywał w szpitalu przy ulicy Wspólnej. Odwiedzała go tam „Giga", co jeszcze zwiększało frustrację młodzieńca, bo wiedział, że nigdy nie będą razem.

„Patrzyłem na wymizerowaną twarz chłopca – wspominał »Szczerba«. – Był bardzo zeszpecony. Kula snajpera trafiła go w lewą część szczęki. Ropiało to ciągle i wychodziły na wierzch coraz to nowe drzazgi kostne. Z jedzeniem i mówieniem było i długo jeszcze miało być źle, bardzo źle" [41].

Pomimo to chłopak stwierdził, że nie zamierza dłużej leżeć w szpitalu. Upewnił się tylko, gdzie stacjonuje kompania, i zapowiedział, że za dwa, trzy dni pojawi się w oddziale. Opinie lekarzy go nie interesowały.

Słowa dotrzymał, chociaż miał jeszcze otwartą ranę w szczęce. Powiedział, że nie wróci na Wspólną, musiał się zresztą zaopiekować chorą matką. Pani Zofia Łopatecka przeżyła bowiem załamanie nerwowe i sanitariuszki sprowadziły ją do oddziału. „Młodzik" zajął się nią troskliwie, miał na to czas, gdyż nie był zdolny do udziału w żadnej akcji.

Był zamknięty w sobie, nie przejawiał chęci do życia. A gdy rozeszły się pogłoski o kapitulacji, postanowił, że do niewoli nie pójdzie. Chciał zostać w mieście i „ukryty w gruzach ze swoim szmajserem »psuć« Niemców, ile się da". Matką natomiast miały zająć się koleżanki z kompanii.

„Młodzik" szczerze nienawidził Niemców, ale tym razem chodziło chyba o coś innego. Po powrocie ze szpitala dowiedział się, że „Wicek" i „Giga" postanowili zalegalizować swój związek, a ślub miał się odbyć jeszcze przed wymarszem z Warszawy. To zapewne zaważyło na jego decyzji.

„Szczerba" odwiódł jednak „Młodzika" od planu pozostania w ruinach stolicy. Chociaż sam nie wyobrażał sobie kapitulacji przed Niemcami, to mimo wszystko żal mu było chłopca, który zmierzał do samozagłady. „[...] ty masz matkę – tłumaczył. – I ona ma tylko ciebie jednego. Choć z przestrzeloną szczęką. Chcesz ją zostawić samą na poniewierkę? W takim stanie nerwów? Wierz mi, przestałbyś być dla mnie tym, kim jesteś, gdybyś to zrobił!"[42].

Blichewicz był niezłym psychologiem i osiągnął sukces. „Młodzik" po długich namowach zmienił zdanie i zdecydował się na niemiecką niewolę. Ale na ślub „Gigi" i „Wicka" nie poszedł, do tego już nie potrafił się zmusić. Zapewne zresztą specjalnie nie nalegano na jego obecność.

Uroczystość odbyła się dzień po kapitulacji w podziemiach budynku braci Jabłkowskich. Świadkami byli „Szczerba" i „Wojtek", a porucznik po latach wspominał ze wzruszeniem: „Tam czekał już ksiądz [...], czekała »Giga«, panna młoda – śliczna jak zawsze i jak zawsze w cywilnej sukience. Czekał »Wojtek« i brat »Wicka«, »Ryś«, który na tę okoliczność przykuśtykał o laskach ze szpitala zza Alej Jerozolimskich. Był »Karolak«, dowódca plutonu, jako bezpośredni przełożony »Wicka«, od chwili gdy moich ananasów wcieliłem do pierwszego plutonu"[43].

Był to jeden z ostatnich ślubów powstańczych w stolicy, ceremonia nie trwała zbyt długo. Ale co najważniejsze, ogłoszono już zawieszenie broni i zaślubinom nie towarzyszyły pogrzeby, jak to się wcześniej często zdarzało.

„Przyjemnie było patrzeć na tych dwoje – młodych ładnych, dzielnych i kochających się ludzi, którzy trzymali się za ręce i patrzyli sobie w oczy. Piękna para. On poważny, opuścił go zwykły wisielczy cynizm młodego człowieka, który otarł się tyle razy o śmierć. Ona smukła, zgrabna, o oliwkowej cerze, ciemnych włosach i oczach – wyglądała prześlicznie"[44].

POWOJENNA TRAGEDIA

Cała trójka trafiła do stalagu w Fallingbostel, następnie „Gigę" przeniesiono do Bergen-Belsen i Oberlangen. Wyzwoliły ich wojska alianckie wiosną 1945 roku.

Rankowscy postanowili wracać do kraju, „Młodzik" zaś nie widział tam dla siebie miejsca. Odczuwał niechęć zarówno do komunistów, jak i do przebywania w pobliżu ukochanej i jej męża. Uznał, że najlepiej zrobi, jak zaciągnie się do marynarki. Podróże po świecie miały przynieść mu zapomnienie. Aby zrealizować ten zamiar, już w niewoli pilnie uczył się języka angielskiego.

Andrzej Rankowski również postanowił nie wracać do kraju. „On chciał pozostać na Zachodzie – opowiadała Barbara Bobrownicka-Fricze. – Chciał ściągnąć do siebie rodzinę. Ale żona powiedziała, że nigdy z Polski nie wyjedzie. I on wrócił, na swoje nieszczęście"[45].

Andrzejem zainteresował się bowiem Urząd Bezpieczeństwa i „Ryś" został aresztowany. Po brutalnym śledztwie stanął przed sądem i skazano go na wieloletnie więzienie. Wprawdzie nie zakończył życia z dziurą w głowie na powązkowskiej Łączce, ale w jego przypadku wyrok miał mieć tragiczne konsekwencje.

Tymczasem „Młodzik" wciąż nie potrafił odnaleźć się w otaczającym go świecie. Coraz bardziej tęsknił za krajem, gdzie wprawdzie rządzili komuniści, ale to przecież była jego ojczyzna. Zresztą miał już kolejny pomysł na życie, który zrealizował niezwłocznie po powrocie do Polski. Skoro nie mógł być z „Gigą", o której nigdy nie zapomniał, a za pobyt na Zachodzie groziły sankcje Urzędu Bezpieczeństwa, postanowił zostać zakonnikiem. Cel ten zrealizował, wstępując do kamedułów na krakowskich Bielanach.

„Giga" i „Wicek" po wojnie zamieszkali w Warszawie, komuniści specjalnie ich nie niepokoili. Rankowski znalazł niezłą pracę, ale niestety los upomniał się o niego. Wiosną 1950 roku padł bowiem ofiarą tragicznej pomyłki.

„»Wicek« był w podróży służbowej na Mazurach – opowiadała Barbara Bobrownicka-Fricze. – I tam, przez przypadek, został zastrzelony przez naszych partyzantów. Wiem to na pewno, później rodzina dostała list z przeprosinami za pomyłkę. Ale nie mogło to mu już zwrócić życia"[46].

Oficjalnie podano, że Rankowski zginął tragicznie, rodzina nie zgodziła się bowiem, aby władze wykorzystały propagandowo jego śmierć. Zginął wprawdzie z rąk „żołnierzy wyklętych", ale to był absolutny przypadek. Informacja o śmierci Rankowskiego dotarła do „Młodzika" i zburzyła jego spokój. „Giga", jego ukochana „Giga" została wdową. Dziewczyna, która była miłością jego życia, znów stała się dla niego dostępna. Jej mąż zginął, to wprawdzie straszna tragedia, ale życie toczyło się dalej. „Młodzik" opuścił więc klasztor, życie mnicha nie było mu jednak pisane.

„[...] był dobrze zapowiadającym się duchownym – pisał Andrzej Rumianek (»Tygrys«) – ponoć miał nawet kontakty z Karolem Wojtyłą. Niestety, jak mówił nam zakonnik, zrezygnował z powołania, ponieważ »był zbyt śmiały w swoich poglądach«"[47].

To był tylko pretekst, prawdziwą przyczynę, dla której opuścił mury klasztorne, stanowiła „Giga". Nie zawiódł się, dziewczyna przez lata małżeństwa nie zapomniała o nim. Pobrali się, doczekali dwójki dzieci, przeżyli wspólnie wiele lat. Edward Łopatecki zmarł w sierpniu 1997 roku, „Giga" żyje do dnia dzisiejszego. Niestety, nie udało mi się z nią porozmawiać, sędziwa sanitariuszka przeszła bowiem niedawno udar i kontakt z nią okazał się niemożliwy.

Podchodząc do drzwi mieszkania „Gigi" w otwockim bloku, nie potrafiłem ukryć wzruszenia.

Na drzwiach zauważyłem małą, staroświecką wizytówkę z napisem „J.E. Łopateccy". Pomyślałem, że takie osobiste drobiazgi bardziej działają na wyobraźnię niż sterty dokumentów. Wizytówkę umieścił przecież kiedyś „Młodzik", gdy wprowadzali się z „Gigą" do tego mieszkania.

Tragicznie potoczyły się natomiast losy Andrzeja Rankowskiego. „Ryś" w więzieniu stracił zdrowie, zwolniono go dopiero na fali przemian po śmierci Stalina. Nie dane mu było jednak zobaczyć więcej rodziny.

„Wrócił do Warszawy – opowiadała Barbara Bobrownicka-Fricze – i wsiadł już nawet do tramwaju. I tam, w tym tramwaju, umarł. Nikt tego nie zauważył, dopiero motorniczy zobaczył, że ktoś za długo siedzi na jednym miejscu. I to on odkrył, że Andrzej nie żyje"[48].

Andrzej Rankowski zmarł 6 lutego 1956 roku, pochowano go na Powązkach Wojskowych u boku siostry i brata. Dopełnił się tragiczny los rodziny Rankowskich.

Rozdział 6.

Miłość i „Parasol"

„JEREMI"

K ilka powstańczych małżeństw zawarto również w legendarnych batalionach „Zośka" i „Parasol". Od samego początku istnienia oddziałów w ich składzie były pary narzeczonych, a najtragiczniejszy los spotkał Janinę Trojanowską i Jerzego Zborowskiego.

Batalion „Parasol" powstał na przełomie lipca i sierpnia 1943 roku. Jego organizator, cichociemny Adam Borys („Pług"), stworzył oddział dywersyjny, którego podstawowy skład stanowili wyselekcjonowani członkowie Szarych Szeregów. Początkowo jednostka nosiła nazwę „Agat" (od antygestapo), później „Pegaz" (przeciwgestapo), aby ostatecznie otrzymać kryptonim „Parasol". Zmianę nazwy wymuszały aresztowania członków organizacji przez niemiecką policję.

Głównym zadaniem „Parasola" była likwidacja hitlerowskich zbrodniarzy. Oddział przeprowadził kilka akcji, które odbiły się głośnym echem w społeczeństwie. Najsłynniejszą był zamach na Franza Kutscherę, wówczas jednak z dziewięciu członków grupy uderzeniowej aż czterech przypłaciło tę akcję życiem.

W gronie pierwszych siedemdziesięciu pięciu harcerzy skierowanych do „Agatu" był Jerzy Zborowski („Jeremi"). Pochodził z rodziny o tradycjach ziemiańskich, uczył się przed wojną w Gimnazjum Państwowym im. księcia Józefa Poniatowskiego i działał w ZHP. Maturę zdał konspiracyjnie w 1940 roku, na początku okupacji działał w tajnej organizacji młodzieżowej PET.

„Jeremi" nie był jednak typem żołnierza – drobnej budowy, w okularach, sprawiał wrażenie raczej humanisty, myśliciela niż człowieka czynu. Interesował się jednak zagadnieniami wojskowymi i zdobył ogromną wiedzę w tym temacie. Nigdy natomiast nie czuł się dobrze w roli dowódcy, co było jego osobistą tragedią. Doskonale zaś zdawał sobie sprawę z własnych braków, a to w gronie powstańczych oficerów należało raczej do rzadkości.

„Jeremi" wprawdzie nie lubił brać bezpośredniego udziału w walce, ale jej nie unikał i w rezultacie dobrze się sprawdzał. Uczestniczył w akcji pod Arsenałem, odbijał więźniów pod Celestynowem, a w czerwcu 1943 roku dowodził atakiem na pociąg pod Gołębiem.

Odnoszone sukcesy zaowocowały nominacją na dowódcę kompanii, a w rzeczywistości został nieformalnym zastępcą dowódcy „Parasola". Jego stosunki z „Pługiem" nie należały jednak do najłatwiejszych, cichociemny nie był zachwycony swoim zastępcą. Dzieliło ich niemal wszystko, począwszy od wieku – „Pług" miał trzydzieści pięć lat, a „Jeremi" dwadzieścia – na poglądach i usposobieniu kończąc.

„Gdy szli razem ulicą – pisał Aleksander Kamiński – »Jeremi« niski, nie dbający o ubiór, w nie oczyszczonych butach, od dawna nie strzyżony, zapalczywie dyskutujący w błysku swych okularów, a obok niego spokojny, małomówny, prosty jak świeca, starannie ubrany mężczyzna z laską w dłoni, w spodniach zawsze dokładnie wyprasowanych, z właściwie dobranym krawatem – zdawało się, że idą obok siebie dwa zupełne przeciwieństwa"[1].

Cichociemny zapewne wolałby człowieka, który skrupulatnie wykonuje rozkazy, a nie analizuje je pod względem etycznym. Bo chociaż była wojna, „Jeremi" nigdy nie zapomniał, że istnieją zasady, których nie wolno przekraczać.

„Z trudem przychodziło mu [Zborowskiemu] wyrobienie w sobie cech żołnierza-dowódcy – przyznawał Piotr Stachiewicz (»Wyrwa«). – Lepiej czuł się w gronie swoich kolegów w plutonie niż jako zastępca dowódcy oddziału. Zdawał sobie sprawę, że oddział musi przestrzegać regulaminu wojskowego, uczuciowo jednak były mu nadal bliskie petowskie hasła humanizmu"[2].

Nie zmienia to jednak faktu, że „Jeremi" okazał się znakomitym dowódcą. 7 września 1943 roku dowodził likwidacją sadysty z Pawiaka Franza Bürkla. Zamach został perfekcyjnie przygotowany i to Zborowski wpadł na pomysł, w jaki sposób bezpiecznie przetransportować pistolety maszynowe na miejsce akcji.

„Najgorzej było ze stenem »Jeremiego« i moim – wspominał Eugeniusz Schielberg (»Dietrich«). – W toku przygotowań okazało się, że sten wiszący na smyczy strasznie pije w kark, ale to wszystko wysiada wobec faktu, że lufa jego filuternie wygląda między połami płaszcza. Przy skróceniu smyczy, gdy u dołu jest w porządku, w dekolcie płaszcza ukazuje się kopyto (kolba stena)"[3].

Ostatecznie zdecydowano się na użycie futerału na skrzypce, a dostarczeniem „odpowiednio podniszczonego obiektu" zajął się osobiście „Jeremi". Futerał odegrał zresztą w akcji główną rolę.

„Dochodzi godzina dziewiąta pięćdziesiąt pięć rano – opisywał Aleksander Kamiński. – »Jeremi« [...] stoi na przystanku tramwajowym przy rogu Marszałkowskiej i Oleandrów. Patrzy w stronę ulicy Oleandrów, gdzie mieszkał Bürkl. Stąd należy się go spodziewać. W pobliżu »Jeremiego« – młody człowiek z wywiadu. Kilkanaście kroków dalej oparł się o mur jakiegoś domu melancholijny skrzypek, trzymając pod pachą zamknięty futerał skrzypiec. W sąsiedniej bramie i na przeciwległym przystanku u wylotu Litewskiej – dwóch młodych ludzi, nie zwracających wzajem na siebie uwagi"[4].

Bürkla zastrzelili z bliska „Jeremi" i „Lot" (Bronisław Pietraszkiewicz), a gdy wywiązała się ogólna strzelanina, do walki przyłączył się „Dietrich". To właśnie on był tym melancholijnym skrzypkiem, który w odpowiedniej chwili wyciągnął broń z futerału, kompletnie zaskakując przeciwników. Akcja trwała dziewięćdziesiąt sekund i zakończyła się pełnym sukcesem, Bürkl zginął, oprócz niego poległo jeszcze kilku esesmanów. Ekipa „Jeremiego" wycofała się bez strat.

Problem był tylko z nieszczęsnym futerałem, który porzucono na miejscu zamachu. „Jeremi" dostał go od jednej z łączniczek, a ciotka dziewczyny była świadkiem przekazywania go Zborowskiemu.

„Nazajutrz została zaczepiona przez sąsiada – opowiadała sanitariuszka »Parasola« Danuta Kaczyńska – który, będąc przypadkowo naocznym świadkiem zamachu, opowiedział jej w słowach pełnych zachwytu przebieg wypadków na ulicy Litewskiej. Struchlała ciotka nie mogła podzielić jego entuzjazmu, natychmiast bowiem skojarzyła sobie wczorajszy widok z opisem zamachowca wyjmującego rozpylacz z futerału od skrzypiec. W domu natychmiast przeprowadziła rewizję i indagację"[5].

Dzielna ciocia osobiście przetrząsnęła wszystkie sklepy i graciarnie w całej Warszawie w poszukiwaniu podobnego futerału. Znalazła i dzięki temu jej kuzynka mogła dalej chodzić na lekcje gry, „nie wzbudzając podejrzeń podwórka poinformowanego dokładnie o roli skrzypiec w głośnym zamachu".

Jedną z łączniczek biorących udział w akcji była Janina Trojanowska („Nina"), ukochana „Jeremiego". Para ta spotykała się ze sobą już od pewnego czasu i nawet wspólnie planowała przyszłość.

„NINA"

„[»Nina«] cieszyła się ogólną sympatią – wspominała Kaczyńska. – Drobna, o subtelnej urodzie, nieśmiała i raczej małomówna – wyglądała na słabą istotkę. W rzeczywistości była to odważna dziewczyna o silnym charakterze"[6].

Zachowane zdjęcia potwierdzają, że „Nina" była osobą o nieprzeciętnej urodzie. Miała dużo wdzięku, a przy „całej swojej kobiecości posiadała inteligencję męską", co tworzyło intrygujące połączenie.

Janina Trojanowska była młodsza o rok od Zborowskiego. Pochodziła z rodziny oficerskiej, jej ojcem był generał Wojska Polskiego, Mieczysław Ryś-Trojanowski. W chwili wybuchu wojny uczyła się w gimnazjum, a maturę zdała konspiracyjnie. Szybko też znalazła się w składzie PET-u, a następnie Szarych Szeregów.

„Przez długi czas udawało się jej konspirować w tajemnicy przed całą rodziną – wspominała matka dziewczyny, Jadwiga Trojanowska – a później, gdy już samego faktu należenia do tajnej organizacji nie dawało się ukryć, nie wtajemniczała nikogo w to, co robiła, co było jej pracą i życiem, a musiało być tajemnicą. Zawsze opanowana i zdyscyplinowana, wykonywała cicho swe niebezpieczne zadania"[7].

„Nina" trafiła na żeński kurs Agricoli, który ukończyła z oceną bardzo dobrą. A w szkole podchorążych dziewczęta nie miały wcale taryfy ulgowej.

„Wykłady odbywały się w godzinach bardzo wczesnych rannych – wspominała Maria Stypułkowska-Chojecka (»Kama«) – ponieważ łączniczki niejednokrotnie już o dziewiątej, wpół do dziesiątej miały zajęcia łącznościowe, musiały odebrać pocztę, zanieść pocztę. Dlatego wychodziłam z domu niejednokrotnie o wpół do siódmej rano, po to, żeby na siódmą zdążyć na zajęcia. Wieczorem [...] uczyłam się w szkole przy ulicy Jasnej, czyli miałam dość wypełniony dzień. Popołudnia w szkole, przedpołudnia w szkole Agrykola, w ciągu dnia zajęcia konspiracyjne. Gdy mnie ktoś zapyta, jak ja to godziłam, nie umiem powiedzieć"[8].

Rzeczywiście nie było to łatwe zadanie i niektóre dziewczęta nie potrafiły połączyć konspiracji z nauką. Musiały dokonywać wyboru i najczęściej rezygnowały ze szkoły. Podziemna działalność patriotyczna miała większą moc przyciągania niż nauka.

„Wiele pośród dziewcząt porzuciło szkołę – potwierdzała »Kama« – chcąc jak najwięcej czasu poświęcić konspiracji. Pozostałe, które chodziły, opuszczały dużo godzin lekcyjnych, uznając szkolenie w oddziale i pracę za rzecz ważniejszą aniżeli nauka. Nie było to rozsądne, ale żadna z nas nie umiałaby powiedzieć: nie mogę tego zrobić, bo idę do szkoły czy też mam lekcje. W zasadzie zajęcia ranne rozdzielano między te nie chodzące, ale czasem było ich za mało. Tak więc liczba nie uczących się powiększała, to samo działo się wśród chłopców"[9].

Wprawdzie konspiratorzy starali się zachować swoją działalność w tajemnicy, ale najbliżsi domyślali się prawdy. Wielu rodziców otwarcie pomagało młodym zapaleńcom. Kaczyńska wspominała: „Nie mam statystyki, która by mówiła, ilu rodziców dziewcząt z naszego oddziału wiedziało o działalności córki i zgadzało się na nią, nie myśląc o własnym bezpieczeństwie. Wiem z zebranych relacji, że takich rodziców było bardzo wielu. Oddawali do dyspozycji oddziału mieszkania, ułatwiali łączność, odbierając telefony, przyjmując paczki, przekazując informacje, niekiedy wyręczając córkę w jakichś zadaniach. Tych rodziców, którzy nie wyrazili zgody na działalność córki w konspiracji, nie należy posądzać o brak uczuć patriotycznych: po prostu bali się o swoje dziecko"[10].

Nie wiadomo dokładnie, kiedy „Nina" i „Jeremi" stali się parą. Znali się jeszcze z czasów PET-u i na pewno dawno już zwrócili na siebie uwagę. A w czasach „Agatu" dziewczyna zawsze starała się być blisko „Jeremiego". Gdy chłopak został wykładowcą minerki i taktyki dywersji w Agricoli, wiadomo było, że zaraz pojawi się tam również Janina. Wszyscy widzieli, że ta dwójka jest w sobie zakochana. Wprawdzie Aleksander Kamiński twierdził, że parą stali się dopiero po wybuchu powstania, ale jest to mało prawdopodobne.

„Oczywiście, jeżeli szefem instruktorów był »Jeremi« – zauważyła Kaczyńska – to sprawy łączności w szkoleniu interesowały również »Ninę«, której sympatię do »Jeremiego« dostrzegano od dawna. Toteż »Nina« przeniosła się z dowództwa do służby szkolenia, gdy »Jeremi« został zastępcą dowódcy »Agatu« – »Nina« wróciła do dowództwa jako łączniczka »Jeremiego« [...]"[11].

CMENTARZE WOLI

„1 sierpnia 1944 roku Jaśka wyszła z domu – wspominała Jadwiga Trojanowska – jak wychodziła zawsze w ciągu ostatnich lat, nie mówiąc, gdzie idzie. Pożegnała się serdeczniej niż zwykle z matką, której nie przyszło wtedy na myśl, że widzi ją po raz ostatni"[12].

Koncentracja batalionów „Parasol" i „Zośka" przebiegała sprawnie. Niemal wszyscy ich członkowie terminowo trafili na miejsce mobilizacji, dostarczono również broń. W gronie podwładnych „Jeremiego" znalazła się także Krystyna Wańkowicz („Anna"), córka słynnego Melchiora.

„Spotykałam »Annę« na tuż przedpowstaniowych odprawach w kompanii – pisała Danuta Kaczyńska. – Była to krępa, masywnie zbudowana dziewczyna, miała piękne, bujne włosy. Zachowywała się sztywno, tak jakby dopiero teraz znalazła się w konspiracji i bardzo jej to imponowało albo jakby przybyła z oddziału, w którym panował dryl ściśle wojskowy. Jej »Tak jest!«, wypowiadane zawsze na baczność, nie pasowało do naszego swobodniejszego zachowania. Może tak maskowała nieśmiałość i zażenowanie wywołane znalezieniem się w nieznanym środowisku? Nie wiem, nie zdążyłam jej bliżej poznać w krótkim przedpowstaniowym okresie"[13].

Starsza córka Melchiora Wańkowicza miała dwadzieścia pięć lat, była zatem nieco starsza od swoich koleżanek z oddziału. Zapewne właśnie stąd brała się jej powaga w zachowaniu, tym bardziej że niedawno dołączyła do oddziału. Choć rzeczywiście była osobą małomówną i zamkniętą w sobie, nie miała przebojowości innych dziewcząt. Nie chciała jednak zostać sanitariuszką i zgłosiła się do służby łącznikowej. To dawało jej poczucie bezpośredniego udziału w walce.

W pierwszych dniach sierpnia powstańcy przeżywali chwile euforii, gdy zrozumieli, że znaleźli się na wyzwolonym obszarze Warszawy. Dla miejscowej ludności byli bohaterami i batalion nie narzekał na brak ochotników.

„Wraz z pierwszymi strzałami powstania – wspominała Kaczyńska – do »Parasola« – podobnie zresztą jak do innych oddziałów – masowo zaczęli napływać ochotnicy. Meldowały się całe grupy, które zostały odcięte od macierzystych oddziałów, zgłaszali się pojedynczy ochotnicy; przyjmowanie tych ostatnich limitował stan uzbrojenia"[14].

Humory wszystkim dopisywały, tym bardziej że odnoszono sukcesy. Skutecznie odpierano ataki niemieckie, a z opanowanych na Stawkach magazynów napływało zaopatrzenie. W niemieckich panterkach wszyscy prezentowali się znakomicie, a dziewczęta uznały żółtozielone czapki za bardzo twarzowe. Nastroje poprawiło również zdobycie przez batalion „Zośka" dwóch czołgów typu Pantera na ulicy Karolkowej. Pojazdy uruchomiono, a powstańcom dalej dopisywało szczęście. Tego samego dnia w ich ręce wpadł bowiem samochód z amunicją artyleryjską do czołgów.

Przez kilka dni oba wozy brały skuteczny udział w walkach (między innymi przy wyzwalaniu

Gęsiówki – obozu dla Żydów na Muranowie), potem jednak zaczęły się problemy.

„Z czołgami coraz większy kłopot – wspominał Witold Bartnicki (»Wacek«). – Benzyny jest mało. Akumulatory wyczerpują się szybko i nie ma ich czym naładować. Od rana stoimy bez możliwości odjazdu. Przeszukano wszystkie samochody znajdujące się w odległościach dostępnych, aż wreszcie znalazły się akumulatory o potrzebnym napięciu. Trochę nie pasują. Ale nasi mechanicy i elektrycy to mistrzowie improwizacji, postawili się i czołg może odjeżdżać"[15].

O utracie obu czołgów ostatecznie zadecydował brak akumulatorów, pomimo licznych uszkodzeń po walkach oba pojazdy walczyły aż do upadku Woli. Stanowiły tak duże wzmocnienie powstańczych oddziałów, że nikomu nie przyszłoby do głowy z nich zrezygnować. Nawet gdy urządzenia celownicze były niesprawne, a działa kierowano na wroga przez obrót całego pojazdu.

„4 sierpnia wieczorem było spokojnie i urządziliśmy małą wieczorynkę – opowiadał Janusz Brochwicz-Lewiński (»Gryf«). – Zaprosiliśmy z sąsiednich oddziałów kilka osób, mieliśmy trochę wina, jedzenia, dziewczęta przygotowały poczęstunek. Było nas około 40 osób, panowała niezwykła atmosfera. Śpiewaliśmy. Wtedy, tam, powstała piosenka:

Pałacyk Michla, Żytnia, Wola
Bronią go chłopcy od »Parasola«.

Ziutek Szczepański, utalentowany muzyk i kompozytor, skomponował tę piosenkę. Wtedy, o 9–9.30 wieczorem, pierwszy raz wszyscy ją zaśpiewaliśmy"[16].

Były to jeszcze dni pełne nadziei, wszyscy poddawali się euforii. Na najbardziej oryginalny pomysł wpadli jednak „Kier" (Jan Sylwestrowicz) i „Krótki" (Mieczysław Perendyk). Obaj młodzieńcy mieli po dwadzieścia lat, w czasie pełnienia służby w pobliżu cmentarza ewangelickiego urządzili na cmentarzu piknik. Zdobyli gdzieś tłustą gęś, zorganizowali patefon z płytami i zbudowali z płyt nagrobnych „bunkier". Następnie rozpalili ognisko i przy dźwiękach muzyki smażyli ptaka na patelni.

„Naraz od Młynarskiej pojawia się czołg i sunie powoli w ich kierunku. Dwaj kucharze uciszyli patefon, ukryli się w »bunkrze« i chcą przeczekać niemiłe chwile, ale czy to ognisko przyciągnęło wzrok czołgistów, czy zaintrygował ich dziwny schron, dość, że walnęli z działka w tamtą stronę i fontanna piasku wytrysnęła o kilkadziesiąt kroków od »bunkra«. Kucharze nie namyślali się długo, wyskoczyli ze swego schronu i pędem rzucili się za najbliższe groby, umykali jednak nie z pustymi rękami: jeden unosił patefon, drugi trzymał za nogę parzącą go gęś. Gdy skryci w zieleni wysunęli głowy spoza chroniącego ich grobu, zobaczyli, jak od kolejnego pocisku armaty czołgowej rozlatuje się w drobne kawałki ich »bunkier" [17].

Niebawem jednak na Woli rozpętało się prawdziwe piekło, gdyż Niemcy przystąpili do systematycznego zdobywania dzielnicy. Mordowali ludność cywilną, palili domy, powstańcy cofali się krok za krokiem. Walczono o każdy dom, utracone budynki na nowo odzyskiwano, zdarzało się, że powstańcy zdobywali parter, ale nie potrafili wyprzeć hitlerowców z wyższych kondygnacji. Dla ludności Woli członkowie AK przestali być bohaterami, uważano bowiem, co było zrozumiałe, że to przez nich okupanci mordują tysiącami mieszkańców dzielnicy. Szczególnie przeżywał to „Jeremi", który uważał, że wojna jest sprawą wyłącznie regularnych sił zbrojnych, a ludność cywilna powinna być z niej całkowicie wyłączona.

„Wy, łajdaki, kary na was nie ma – krzyczała jedna z kobiet. – Cóżeście zrobili z narodem? Przeklęte diabły. I czemużeście, głupki, zaczynali z Niemcami? O Jezu, co wyście narobili, co wyście narobili..."[18].

„Jeremi" nie aprobował również samosądów, zdarzało się bowiem dobijanie esesmanów lub odmawianie pomocy wziętym do niewoli rannym. Powstańcom puszczały nerwy, a szczególną nienawiścią darzono niemieckich strzelców wyborowych, tzw. gołębiarzy. Uznawano ich za morderców i rozstrzeliwano już od pierwszych dni walk.

„Pod ścianą przeciwległego bloku ustawiono niemieckich »gołębiarzy« – wspominał Ryszard Górecki (»Majtek«) – ujętych z bronią w ręku. Stali twarzami do ściany, z rękami podniesionymi i opartymi o mur. Wśród nich młodzi chłopcy, a także kobiety. To oni strzelali do powstańców z okien strychowych, z dachów, zza kominów. Odszedłem od okna. Nie potrafiłem jednak znieść widoku ludzi skazanych na śmierć [...].

Do naszej kwatery przyszły koleżanki. Roześmiane, wesołe, prosiły o piosenkę. Dobrze, zaśpiewamy, czegoż nie byliśmy skłonni uczynić dla dziewcząt... Pierwsze słowa przecięła sucha, długa seria. Podbiegliśmy do okna. Pod murem leżało kilka ciał. [...] Chęć do śpiewania minęła"[19].

Piątego sierpnia „Jeremi" został niegroźnie ranny w szyję i „Nina" odprowadziła go do punktu sanitarnego. Chłopak po opatrzeniu wrócił na linię, bo nie było czasu na roztkliwianie się nad drobnymi kontuzjami. Trwały zajadłe walki o pałacyk Michla i wolskie cmentarze, harcerskie bataliony powstrzymywały kolejne niemieckie uderzenia. W rzeczywistości płaciły jednak krwią za próbę utrzymania drogi, która miałaby posłużyć do ewentualnej ewakuacji sztabu powstania do Puszczy Kampinoskiej.

Straty „Parasola" był ogromne, na wolskich cmentarzach Niemcy wyeliminowali czterdzieści procent (!) stanu osobowego batalionu. A jedną z ofiar była Krystyna Wańkowicz.

„Około 2–3 w nocy przyszła łączniczka od »Jeremiego« – wspominał »Gryf«, który był zastępcą dowódcy batalionu. – Dała mi rozkaz na piśmie, bym się wycofał. Niebawem przyszedł drugi rozkaz. Wtedy posłałem ludzi – by szli na pobliski cmentarz ewangelicki. Nie chciałem, ale był rozkaz. Poszło sześciu chłopców i Krystyna z nimi. Sama się zgłosiła. Życzyłem, by spokojnie dostali się na cmentarz i czekali na nas gdzieś w zaroślach. Wychodzili tylnym wyjściem. Była 4–5 rano. Podała mi rękę na pożegnanie, śmiała się.

Śpiewali »Pałacyk Michla, Żytnia, Wola...«. Pół godziny później zginęli... Co się stało?

Obserwator niemieckiej artylerii siedział w kryjówce z lornetką, zobaczył moich siedmiu ludzi. Był około 500 metrów od baterii, drogą radiową podał informację do obsługi granatników. W wyniku tego odpowiedziała bateria granatników z ciężką bronią 81 milimetrów. To była seria z moździerzy – pociski padały 1-2-3-4-5-6...

Wszyscy razem, cała siódemka, zginęli od tych pocisków. To się działo 50 metrów ode mnie"[20].

Krystyna Wańkowicz zginęła na miejscu, a dwa dni później została wraz z innymi poległymi pogrzebana w pobliżu. Rodzice po wojnie nie odnaleźli jednak jej ciała.

„Potem »Rafał« przyniósł mi zegarek »Anny« – opowiadała »Lena« (Danuta Boleszczyc-Rudnicka?) – z wyrytą na nim dedykacją od matki, do oddania rodzinie.

Kiedy zostałam ciężko ranna na Czerniakowie, oddałam zegarek Bożenie, siostrze »Szarego«. Bożena zginęła na Powiślu. »Rafał« zginął przed pałacem Krasińskich, w obronie Starego Miasta"[21].

Gdy Wańkowiczówna umierała na cmentarzu, „Nina" przekradała się z meldunkiem od „Jeremiego". Nie miała szczęścia i kula niemieckiego snajpera trafiła ją w twarz. Pocisk przebił oba policzki, zdruzgotał kości szczęki i wyszedł na zewnątrz. „Nina" przeżyła, ale została bardzo oszpecona i miała problemy z mówieniem.

„Któraś z koleżanek, bo przy tym nie byłam – relacjonowała Wacława Jurczakowska (»Wacka«) – opowiadała mi, że pierwsze jej zdanie [brzmiało]: »Jeremi, ty ze mną się nie ożenisz«. I »Jeremi« – takie było koleżeństwo, taka jakaś wspólnota – decyduje, że może ją psychicznie, moralnie to podniesie, i decydują się wziąć ślub. I dalej idą walczyć już jako małżeństwo"[22].

Zborowski podjął taką decyzję, ale przedtem należało się wydostać z Woli.

KOŚCIÓŁ GARNIZONOWY

Batalion „Parasol" opuścił Wolę 9 sierpnia wieczorem. Pokiereszowany oddział przedarł się przez gruzy getta na Stare Miasto, gdzie przydzielono mu kwatery na placu Krasińskich.

„Czekając na zakwaterowanie – wspominała Kaczyńska – śmiertelnie zmęczeni chłopcy i dziewczęta kładli się pokotem na ulicy, z głowami na krawężnikach i momentalnie zasypiali. Nie mieli nawet siły jeść smakołyków, które znosiła im ludność Starówki"[23].

Razem z rannymi ewakuowano „Ninę". Na Starówce znalazła się w powstańczym szpitalu, a „Jeremi" odwiedzał ją w każdej wolnej chwili. Gdy obowiązki mu na to nie pozwalały, starał się dać dziewczynie do zrozumienia, że cały czas jest obecna w jego myślach.

„»Jeremi« wysyła mnie na Długą – wspominała Henryka Zarzycka (»Władka«) – do pułkownika z rozkazem [...], twardym głosem, nie patrząc na mnie, mówi – »Potem pobiegnie pani na mury obronne i zaniesie 2 jajka rannym w krtań [...]. Przeszłam – oglądam się troskliwie w bramie dowództwa – koszula na piersi i na plecach przestrzelona 2 razy"[24].

Przesyłka była oczywiście dla „Niny", a pamiętajmy, co oznaczały dwa świeże jajka w trzecim tygodniu powstania.

„Parasol" ponownie znalazł się w ogniu walk, Niemcy ruszyli bowiem do szturmu na Stare Miasto. Chłopcy z batalionu nigdy jednak nie zapominali, że razem z nimi w oddziale służą także dziewczęta. Ale rywalizacja o ich względy podczas walk przynosiła czasami tragiczne następstwa.

Danuta Kaczyńska nosiła ze sobą kolta kaliber 9 milimetrów, który sprawiał jej duże problemy. Dziewczyna miała małą dłoń i aby odbezpieczyć broń, musiała używać drugiej ręki. Dlatego marzyła o mniejszym pistolecie, tzw. siódemce. Obiecał jej, że zdobędzie taki pistolet, wybierający się na akcję Jacek Szperling ("Jacek"). Ale oczywiście nie bezinteresownie.

„– A jak ci przyniosę z natarcia siódemkę, to dasz buzi?

– Dam.

– To daj zadatek.

Pocałowałam go w policzek. Na to podszedł »Jur« (Jerzy Hołownia):

– Co tu się dzieje?

– Daję zadatek na siódemkę.

– A jak ci przyniosę, to też buzi dostanę?

– Dostaniesz.

– To daj zadatek.

Chłopcy poszli do natarcia. A ja czekałam, drżąc z niepokoju. [...] Pierwszego wprowadzono »Czempa« (Tadeusza Bułacińskiego), miał strzaskany nadgarstek. Potem wniesiono »Jacka«, miał przestrzał przez dolny płat płuca, rana nie była śmiertelna, ale bardzo bolesna; jęczał i krzyczał, musiałam go trzymać za ręce, gdy »Dr Maks« [Zbigniew Dworak – S.K.] robił opatrunek. Zaraz potem oparty na ramionach dwóch kolegów pojawił się »Jur«; ranny był w rękę i nogę. Już nigdy nie prosiłam nikogo o przyniesienie mi małego pistoletu"[25].

Tymczasem „Nina" powoli dochodziła do siebie. Lekarze zgodzili się nawet, by opuściła szpital, rany goiły się bowiem całkiem dobrze. Szczęka jednak pozostała zdeformowana, miała też straszliwe blizny na policzkach. „Jeremi" podjął już decyzję i gdy tylko wyszła ze szpitala, poprosił ją o rękę. Ceremonię wyznaczono na następny dzień, a ślubu miał udzielić „Ojciec Paweł" (ksiądz Józef Warszawski). Kapłan ten bowiem traktował powstańców po ojcowsku i nie zwracał uwagi na formalności kanoniczne i rozkazy przełożonych.

Janina Trojanowska i Jerzy Zborowski pobrali się 17 sierpnia w podziemiach kościoła garnizonowego przy ulicy Długiej.

„Ceremonia odbyła się w czasie krótkiego zluzowania batalionu na linii przez sąsiednie zgrupowanie – opisywał Aleksander Kamiński. – Jeremi po nie przespanej nocy miał zaczerwienione oczy, ale buty i mundur w stanie wyjątkowej czystości. Był spokojny, poważny. Jasia wprawdzie miała twarz obandażowaną, ale tym razem ubrała się nie w panterkę i spodnie, lecz w świeżą, czyściutką bluzeczkę i spódnicę, pożyczone u podnieconych faktem niezwykłego ślubu mieszkanek Starówki. W ręku trzymała kilka kwiatków azalii, jakimś cudem zdobytych i ofiarowanych jej przez koleżanki. Nie było stuły, ksiądz złączył dłonie młodych swym pasem zakonnym" [26].

Danuta Kaczyńska zapamiętała natomiast, że to koleżanki z oddziału przyniosły pannie młodej różne części garderoby. Sama pożyczyła „Ninie" „pas z harcerską lilijką w klamrze", ponieważ „młodej parze zależało na harcerskim akcencie swego ślubu".

Pomimo sformalizowania związku z ukochaną „Jeremi" był w coraz gorszym stanie psychicznym. Ten człowiek o wrażliwej duszy humanisty nie powinien służyć w pierwszej linii. Widział zbyt wiele ludzkiego nieszczęścia, przerażała go gehenna ludności cywilnej, a szczególnie los najmłodszych warszawiaków. Ze zgrozą obserwował, jak kilkuletnie dzieci bawią się w piwnicach w wojnę i powstanie, wiedząc, że urazy w ich psychice będą nie do naprawienia. Pod warunkiem, oczywiście, że maluchy przeżyją, co wydawało się mało prawdopodobne.

Do depresji doprowadzały go również rozmowy z mieszkańcami i ich oskarżenia pod adresem powstańców. Widział, jak pod pociskami i bombami walą się wiekowe mury Starego Miasta, jak płoną bezcenne zabytki polskiej kultury. A do tego codziennie ginęli jego koledzy i koleżanki, młodzi chłopcy i dziewczęta, do których się bardzo przywiązał.

Całą swoją czułość przelał na żonę, której niestety nie mógł poświęcać zbyt wiele czasu.

„Usiłowali być jak najczęściej razem – pisał Kamiński. – Owo »razem« prawie nigdy nie znaczyło »we dwoje« i z reguły za tło miało pośpiech oraz napięcie nerwów, zmęczenie i lęk, meldunki i rozkazy, kurz i krew, drżenie murów, wybuchy, śmiertelne gwizdy i błyski"[27].

Na Starym Mieście poległo stu osiemnastu żołnierzy „Parasola", dwa razy więcej niż na Woli. Batalion miał teraz rozmiar kompanii, zdolnych do walki zostało zaledwie około stu dwudziestu ludzi.

CZERNIAKÓW

Trzydziestego pierwszego sierpnia, podczas próby przebicia się „górą" ze Starego Miasta do Śródmieścia, „Jeremi" został ranny w nogę. Rana nie zagrażała jednak życiu i tego samego dnia wieczorem zszedł wraz z żoną do kanałów. Opuszczał Starówkę w ostatniej grupie batalionu „Parasol", oboje z „Niną" szli przy noszach, na których niesiono jego rannego zastępcę „Wacka" (Wacława Czyszka). Ewakuacja odbyła się wbrew wyraźnemu rozkazowi, że ciężko ranni pozosta-

ją w szpitalach, ale Zborowski nie wyobrażał sobie po-
rzucenia kolegi na pastwę wroga. Poza tym był przekonany, że „Wacek" ma zawsze szczęście, i nawet polecił
„Ninie", aby w kanałach trzymała się blisko jego noszy.
Miał rację, bo chociaż Czyszek stracił nogę, to jako jedyny z nich przeżył powstanie, zmarł w 2001 roku.

Ewakuacja ze Starówki nie była końcem epopei
„Parasola". Po dwudniowym odpoczynku skrwawiony
oddział został wraz z batalionem „Zośka" przeniesiony
na Powiśle i tam po raz kolejny znalazł się w prawdziwym piekle.

Brakowało praktycznie wszystkiego: wody,
żywności, lekarstw, amunicji. A walki trwały już drugi miesiąc i nawet najbardziej odporni byli potwornie
zmęczeni. Jan Kurdwanowski, obserwując zagładę kolejnej dzielnicy – walczył na Woli i na Starym Mieście
– oddawał się teraz filozoficznym rozważaniom o roli
jednostki w historii.

„Sam nieraz zastanawiałem się, jaki jest mój
wkład w zwycięstwo nad Trzecią Rzeszą. Przecież nie
trafiłem żadnego Niemca, choć nie mógłbym przysiąc
– w takim mętliku nieraz się nie zauważy. Po dłuższym
myśleniu doszedłem do wniosku, że sprowadza się to
głównie do faktu, że nie dałem się zabić. Ile to amunicji
Niemcy na mnie zmarnowali, ile kul bzyknęło obok, ile
granatników, pocisków, bomb. A benzyna do sztukasów; ropa do czołgów; węgiel do parowozów, które pod-
woziły do Warszawy zaopatrzenie i części zapasowe;
a kosztowne rakiety magnezjowe, które rozbłyskały na
niebie, ilekroć nocą potknąłem się o cegły. Lotnicy, ar-
tylerzyści, fizylierzy, kolejarze, robotnicy w fabrykach
broni. Ileż czasu poświęcili oni wszyscy, by mnie zabić. A ilu Rosjan, Anglików, Amerykanów ocalało, po-

nieważ wszystkie te kule, pociski i bomby nie posypały się na nich"[28].

„Parasol" był na Czerniakowie najpopularniejszym oddziałem. Jego główną siedzibą stał się budynek szkoły dziennikarskiej na Rozbrat, gdzie „nad drzwiami tradycyjnie wywieszono rozpięty czarny parasol". Straty były jednak potworne, a prawdziwy dzień grozy nadszedł 14 września.

„W schronie wszyscy pomęczeni leżą pokotem – wspominała Wiesława Kamper-Gliszczyńska (»Sławka«). – Między szóstą a ósmą będę mogła odpocząć, bo Niemcy z pewnością rozpoczną natarcie o ósmej. Są systematyczni. Według nich można nastawiać zegarek"[29].

Tym razem jednak niemieckie natarcie było silniejsze niż zwykle. Pod osłoną granatów dymnych hitlerowcy przedostali się bezpośrednio pod stanowiska „Parasola", a na niebie pojawił się klucz sztukasów.

„Przez pole biegnie porucznik »Luty« [Wacław Dunin-Karwicki – S.K.] i pada – opisywała »Sławka«. – Krzyczy do mnie, by sprowadzić mu żonę, aby mógł się pożegnać. Podbiegam, pocieszam go, że wyliże się. Mówi do mnie: »nie pocieszaj mnie, ja wiem, co to jest – jestem lekarzem«. Dostał w kręgosłup. Wołam, aby mi ktoś pomógł. Podbiega do mnie »Maja« [Maria Chuchla – S.K.], że »Jeremi« ciężko ranny"[30].

„Jeremi" tym razem dostał postrzał w bok i rokowania nie były najlepsze. Gdyby mógł spokojnie poddać się leczeniu szpitalnemu, zapewne by przeżył. Ale na płonącym Powiślu nie było na to szans.

„Na punkcie sanitarnym leży naszych mnóstwo – opisywała ze zgrozą »Sławka«. – »Dr Maks« uwija się razem z Haliną i »Jaśką« [»Niną« – S.K.]. Leży »Jeremi«, »Luty«, »Prus« [Jerzy Niedzielski]. »Prus« prawie nieprzytomny z upływu krwi patrzy na mnie błędnym wzrokiem – nie poznaje mnie [zmarł tego samego dnia – S.K.]. Dostał w tętnicę pachwinową, tak samo jak »Małgorzatka« [Alicja Czerwińska], która jest coraz słabsza. Dostaje zastrzyk z kamfory. Trzymam ją za rękę. Oczy jej nieruchomieją, dopiero w tej chwili uświadamiam sobie, że jedno jest zielone, a drugie niebieskie. Jej jasne blond włosy są rozsypane dookoła. Usta poruszają się, jakby chciały coś mówić, i tak zastygają. »Jaśka«, żona »Jeremiego«, nakrywa ją kocem, to już koniec"[31].

DESANT

Piętnastego września Sowieci opanowali Pragę, ale Niemcy zdążyli wcześniej wysadzić mosty. Najbliższej nocy jednak na pomoc powstaniu ruszyli żołnierze 1 Armii LWP, korzystając z milczącego przyzwolenia dowództwa Armii Czerwonej.

Pospiesznie przeprowadzony desant był fatalnie przygotowany i od początku skazany na niepowodzenie. Berlingowcy jeszcze na wodzie ponieśli duże straty, bo przeprawa na łodziach pod ogniem wroga przez dużą rzekę musiała się zakończyć masakrą.

„W prostokącie Wisły, zakreślonym przez wyrwane okna – wspominał Kurdwanowski – zobaczyłem przez lornetkę dwóch ludzi w łodzi; wypłynęli z mgły. Rosyjscy łącznicy? Rytmicznie uderzali czterema wiosłami, mierząc na nas, na wylot Zagórnej. Jeśli byli w zasięgu mego wzroku, to i Niemcy musieliby ich widzieć z tego brzegu, gdyby tu byli. [...] Wtem ciszę przerwał karabin maszynowy. Był to jedyny dźwięk w przestrzeni od postrzępionych dachów Solca do zerwanego mostu i po zamglony widnokrąg. [...] Tamci nadal równo wiosłowali, iskry zaczęły migotać obok łodzi. Koledzy wyrwali mi lornetkę. Gdy ją za chwilę odzyskałem, zobaczyłem tylko jednego mężczyznę – w wodzie. Płynął ku nam, chyba żabką, rytmicznie wynurzając głowę. Iskry szły i szły. Niemożliwe, by ich sam nie zauważył, ale wykonywał wciąż te same ruchy, z tą samą szybkością. Odtąd wiem, co to znaczy patrzeć na coś ze ściśniętym sercem"[32].

Już na początku doszło do tragicznej pomyłki. Berlingowcy, widząc nadbiegających ludzi w niemieckich panterkach, otworzyli do nich ogień. Nie wiedzieli, że w Warszawie powstańców rozpoznaje się po opaskach na ramieniu i dlatego każdy człowiek w niemieckim mundurze był dla nich wrogiem. Prawdopodobnie to właśnie od ich ognia poległ wówczas Andrzej Romocki („Morro"), legendarny dowódca kompanii „Rudy" batalionu „Zośka".

Żołnierze Berlinga byli słabo wyszkoleni, a co gorsza, nie mieli zupełnie doświadczenia w walkach w dużym mieście. Nikt im nie mógł jednak odmówić ofiarności, płacili krwią za swój udział w powstaniu. Doskonale obrazują to wspomnienia Kurdwanowskiego:

„W komórce zgromadziło się mieszane towarzystwo miejscowych niedomundurowanych oraz niedozbrojonych powstańców i przybyszów zza Wisły. Wdałem się w rozmowę z berlingowcami, wyjaśniając, jak zachować się wobec »goliata«, nalotu nurkowców itp."[33].

Dyskusję przerwał jeden z powstańców, który zameldował, że w pobliżu pojawił się czołg typu Tygrys i szykuje się do ostrzału. Berlingowcy zareagowali przygotowaniem rusznicy przeciwpancernej.

„Koniecznie dobra – oświadczył plutonowy, choć z tonu odpowiedzi wynikało, że nie bardzo wiedział, co to jest »Tygrys«. Sądząc po kalibrze, rusznica mogła być groźna najwyżej dla tankietki. Plutonowy wziął kaprala, jednego żołnierza z rusznicą i wyszli. Nadal rozmawialiśmy, my oszołomieni ich uzbrojeniem, oni labiryntem murów, ciasnotą i bliskością stanowisk obu przeciwników. Po kwadransie plutonowy wrócił, odszczypnęło mu kawałek ucha, krew kapała na mundur. Siadł w kącie bez słowa.

– A gdzie tamci dwaj?

Machnął ręką i już się więcej nie odezwał"[34].

Żołnierzom LWP przytrafiały się także inne tragiczne błędy, których doświadczeni powstańcy nigdy by nie popełnili. Zdarzyło się, że kilku z nich w ciemnościach przekradło się pod pozycje niemieckie i ukryło za drewnianymi beczkami. Hitlerowcy usłyszeli podejrzane hałasy i otworzyli ogień przez beczki. O tym, że mogą one być puste, żaden z żołnierzy nie pomyślał.

Dodatkowe straty powodowała również prawdziwie sowiecka dyscyplina, do jakiej byli przyuczeni. Nigdy nie cofali się bez rozkazu, nawet w sytuacjach, gdy żołnierze AK już dawno opuściliby pozycje.

„Powstańcy i Niemcy walczyli niczym w czapkach niewidkach – tłumaczył Kurdwanowski – kryjąc się w głębi mieszkań. Berlingowcy, nim się otrzaskali z walką w mieście, strzelali z okien, wysuwając pierś, jak to się widzi na rycinach z czasów Komuny Paryskiej"[35].

W tych dniach ciężko rannego „Jeremiego" przenoszono na noszach z miejsca na miejsce, bo coraz bardziej zmniejszał się obszar Czerniakowa kontrolowany przez powstańców. Transport odbywał się przejściami przez piwnice i rozbite ściany domów, czasami jednak trzeba było pokonywać otwartą przestrzeń pod ostrzałem. „Nina" nawet na chwilę nie odstępowała męża.

„Przez piwnice sąsiedniego, płonącego domu – opisywał Aleksander Kamiński – trzeba było wyjść na niewielką otwartą przestrzeń (ogród warzywny?) i przebiec ją pod ogniem paru nieprzyjacielskich karabinów maszynowych, które biły z boków na krzyż. Na warzywniaku leżały ciała zabitych i ciężko rannych »parasolarzy«, których już nie sposób było teraz stąd wyciągnąć"[36].

Podobno „Jeremi" modlił się o śmierć, bo wiedział, że podwładni go nie zostawią, a stanowił teraz dla nich ciężar i zagrożenie.

Zdesperowani dowódcy wysyłali do walki nawet ciężko rannych, liczył się bowiem każdy, kto mógł oddać chociaż kilka strzałów do wroga. Bez znaczenia było, że o własnych siłach nie będzie mógł się wycofać, nikt zresztą nie spodziewał się, że przeżyje upadek dzielnicy.

„Kapitan, oficer berlingowców i oficer AK w berecie – opowiadał Kurdwanowski – w którym rozpoznałem podporucznika »Jelenia«, przeczesywali piwnice, zatrzymując się niemal przy każdym. Gdy zbliżyli się, zrozumiałem, o co chodziło. Sprawdzali rannych żołnierzy i, jeśli rana wydawała się niegroźna, kazali iść na górę. Na moich oczach kapitan wyłuskał dwóch berlingowców z postrzałami głowy. Próbowali się wykręcić, narzekając na zły stan zdrowia, ale poszli posłusznie jak baranki. Ranni powstańcy także szli prawie bez szemrania, wystarczyło spojrzeć »Jeleniowi« w oczy.

Nikomu nie musieli przystawiać rewolweru do brzucha. Jeden wyławiał berlingowców, drugi akowców"[37].

Sytuacja na Czerniakowie stała się beznadziejna. Resztki „Parasola" i „Zośki" połączono w jeden oddział, zresztą już od dawna nie zwracano większej uwagi na przynależność organizacyjną żołnierzy. Aktualny stał się rymowany dowcip napisany kiedyś przez nadwornego poetę batalionu Józefa Szczepańskiego („Ziutek"):

„W »Parasolu« już taka jest mania,
Że na pluton mówi się kompania,
No i takie trzy plut-kompaniony
Zwą się szumnie szturm-batalionem"[38].

„Ziutek" okazał się optymistą, bo na Czerniakowie było jeszcze gorzej niż na Starym Mieście. Poeta jednak tego się już nie dowiedział, ponieważ został ciężko ranny na Starówce i 10 września zmarł.

„AKNE" I „ZAWAŁ"

„Powstańczy Czerniaków ginął – opisywał Aleksander Kamiński. – Ścieśniony został już tylko do ulicy Wilanowskiej i jej zaplecza w kierunku Zagórnej oraz skrawka ulicy Solec przy brzegu Wisły. 19 września pułkownik »Radosław« przystąpił do ewakuacji niezdolnych do walki żołnierzy swojego zgrupowania kanałami na Mokotów"[39].

„Jeremi" odmówił jednak ewakuacji, uznając, że transport jego osoby kanałami nie ma większego sensu. Nie chciał wraz z żoną po raz kolejny wędrować ściekami i narażać innych na śmierć. Postanowił zostać do końca na Powiślu i podzielić los jego mieszkańców. Podobną decyzję podjął „Luty" ciężko ranny w kręgosłup.

Na Mokotów odeszła większość zdolnych do walki żołnierzy „Parasola", a razem z innymi przedarła się kanałami sanitariuszka „Sławka". Już na miejscu, w parku Dreszera, dokonała tragicznego bilansu:

„Robimy spis. Okazuje się, że z 600 Parasolarzy jest nas dokładnie 27 osób, a całe zgrupowanie »Radosława« liczy siedemdziesiąt kilka. Niektórych naszych nawet nie znam, bo byli z innych odcinków. Przyłączyła się do nas grupa z rozbitej kompanii – siedem osób, w tym jedna sanitariuszka [...]"[40].

„Sławka" nie wiedziała wówczas, że za pięć dni Mokotów skapituluje i resztki batalionu ponownie wejdą do kanałów, aby ruszyć do Śródmieścia.

„Luty" nie był jedynym ciężko rannym lekarzem w ostatnich dniach obrony Czerniakowa. 19 września postrzał w płuco otrzymał „Zawał" (Krystyn Strzelecki), student medycyny pełniący obowiązki lekarza w sanitariacie. Miał jednak szczęście, a ocalenie zawdzięczał swojej świeżo poślubionej żonie (pobrali się dwa dni przed Zborowskimi).

To właśnie Lidia Kowalczyk („Akne") zmusiła przypadkowo spotkanych cywili do wyniesienia męża z płonącego budynku, a następnie transportowania go na prowizorycznych noszach w kierunku Wisły.

„Droga była straszna i uciążliwa – wspominała po latach. – Zapadła już ciemna noc z 19 na 20 września. Mrok rozświetlały co chwila rakiety i wtedy Niemcy otwierali huraganowy ogień. W takich momentach trzeba było rzucać rannego i padać na ziemię. Noszowi nie wytrzymali nerwowo i po pewnym czasie zostałam znów sama z rannym"[41].

Trudno uwierzyć, czego dokonała ta dwudziestoczteroletnia dziewczyna. Zdarzyło się jej nawet rozbroić Niemca, który zapędził się na ziemię niczyją. Zmusiła go do niesienia noszy i razem dotarli na brzeg Wisły, gdzie dostała przewodnika, który zaprowadził ją do przeprawy.

Trwała już bowiem ewakuacja zdziesiątkowanych berlingowców i powstańców. Przeprawa była jednak fatalnie przygotowana, a Sowietom najwyraźniej nie zależało (jak zwykle) na ratowaniu ludzi. Ale „Akne" i „Zawał" ponownie mieli szczęście.

„Stanęliśmy nad stromym brzegiem – opowiadała dziewczyna – a w dole z wolna odpływała krypa, a w niej kilku ludzi, którzy nie chcieli zawrócić i zabrać ciężko rannego. Pomogła interwencja (owego przewodnika) [...], który zagroził strzałami z karabinu. Położono w poprzek łodzi deskę spod wanny, a na niej rannego mojego męża. Dla mnie zdrowej nie było miejsca. Wyobraźnia działała szybko: wyobraziłam sobie, że deska zsunie się przy ruchu fal i mąż mój zatonie. Wskoczyłam zatem do wody i zaczęłam płynąć w pełnym mundurze za łódką"[42].

„Akne" i „Zawał" dotarli na praski brzeg i przeżyli wojnę. Lidia Kowalczyk zmarła w 1989 roku, mąż, którego uratowała, przeżył ją o blisko dwadzieścia lat.

DO KOŃCA RAZEM

Osłaniający przeprawę „Jerzy" (Ryszard Białous), nominalny dowódca „Zośki", nie mógł już jednak dłużej czekać. Dalsza ewakuacja za Wisłę okazała się niemożliwa, droga do kanałów odcięta. W rękach powstańców pozostała już tylko jedna enklawa: połączone przekopem dwa punkty oporu – Solec 53 i Wilanowska 1. Uznał zatem, że lepiej zginąć w walce, niż czekać na śmierć, i poprowadził swoich ludzi do ataku. Nocą kilkudziesięciu powstańców, a z nimi kilku zagubionych berlingowców, usiłowało się przebić do Śródmieścia. Na miejsce dotarło zaledwie pięć osób (nikt z „Parasola"), zginął wówczas legendarny „Słoń" (Jerzy Gawin), o którym opowiadano, że zawsze omijają go kule.

Reszta zawróciła na Wilanowską 1 i tam rozegrał się ostatni akt dramatu Czerniakowa. Doszło do krótkiego zawieszenia broni, podczas którego budynki opuścili ranni i cywile, a Niemcy zobowiązali się do traktowania jeńców zgodnie z zasadami konwencji genewskiej.

W opuszczonej reducie pozostało jeszcze trzydziestu powstańców, a ostatni bastion oporu na Powiślu skapitulował rankiem 23 września.

„Nie mieliśmy już z czego strzelać – wspominała sanitariuszka Małgorzata Damięcka-Lorentowicz (»Duda«) – nie mieliśmy ubrań, aby przebrać się za cywilów. Jeden porucznik »Szumski« (Stanisław Warzecki) zdobył sobie ubranie, a także po cywilnemu ubrany był kapelan, ksiądz Józef Stanek pseudonim Rudy. Pozostali ubrani byli częściowo po wojskowemu, w kombinezonach spadochronowych; przybyli ze Starówki mieli panterki i przeważnie opasek nie zdjęli"[43].

„Szumski" został zastrzelony natychmiast po kapitulacji, rozstrzelano wówczas resztę obrońców Wilanowskiej 1. Najokrutniejszy jednak los czekał kapelana i pięć dziewcząt.

„Sanitariuszki-łączniczki – relacjonowała dalej »Duda« – zostały poprowadzone dziurą do fabryki farb. Później z placu widziałam, przechodząc przez fabrykę farb, że [...] wszystkie 5 kobiet było powieszonych [...]. Ja z księdzem staliśmy pod ścianą pilnowani przez młodego SS-mana, który uprzednio zastrzelił »Szumskiego«. Inni SS-mani zaczęli mówić, że trzeba z nami skończyć; odpowiedział po niemiecku:

– Ci do mnie należą – po czym powiesił księdza na ścianie domu, na jego własnym szaliku"[44].

„Jeremi" i „Luty" znaleźli się w grupie jeńców opuszczających Wilanowską 1 podczas zawieszenia broni. Obu niesiono na prowizorycznych noszach, towarzyszyły im żony. Obok powstańców, przez gruzowisko, które kiedyś było ulicą Wilanowską, szła w długim szeregu ludność cywilna. „Ninie" zaproponowano wmieszanie się w tłum, ale odmówiła, nie chcąc opuścić męża.

Grupę powstańców doprowadzono do siedziby gestapo w alei Szucha i tam dokonano ostatecznej selekcji.

„Z relacji kilku osób wynika – mówiła matka »Niny« – że Niemcy segregowali jeńców: na lewo – śmierć, na prawo – życie. »Jeremiego« odstawili na lewo, »Ninę« – na prawo. Ona jednak przeszła na lewo. Niemcy byli trochę zdziwieni, ale machnęli ręką"[45].

Selekcja miała na celu oddzielenie najciężej rannych, których zamierzano od razu zlikwidować. „Nina" musiała o tym dobrze wiedzieć, ale nie zawahała się ani chwili. Nie opuściła ukochanego mężczyzny, dla niej słowa przysięgi małżeńskiej: „że cię nie opuszczę aż do śmierci", nie były pustym frazesem.

Żadne z nich nie ma nawet grobu, nigdy bowiem nie odnaleziono ich ciał. Prawdopodobnie z alei Szucha trafili na plac Narutowicza i tam w siedzibie niemieckiej policji dopełnił się ich los. Zginęli razem, tak jak razem szli przez okupację i powstanie.

Na Szucha nie trafił natomiast ciężko ranny „Luty". Zakwalifikowany jako cywil – oboje z żoną mieli na sobie cywilne ubrania – został wywieziony ze stolicy. Ale postrzał z Powiśla okazał się śmiertelny i Wacław Dunin-Karwicki zmarł 21 listopada 1944 roku.

Rozdział 7.

Demony porucznika „Szczerby"

ZBIGNIEW BLICHEWICZ

Znany nam już z poprzednich rozdziałów porucznik „Szczerba" (Zbigniew Blichewicz) był nieco starszy od swoich podwładnych ze 101 Kompanii. W chwili wybuchu powstania miał trzydzieści dwa lata i niezwykły bagaż doświadczeń życiowych. Z zawodu był aktorem, przed wojną grał na scenach Kalisza i Wilna, pojawiał się również w zespole warszawskiego Teatru Kameralnego.

Wybuch wojny zastał go w Wilnie, a po inwazji niemieckiej na ZSRR przedostał się do stolicy. Dla AK był cennym nabytkiem, w połowie lat trzydziestych odbył bowiem kurs podchorążych rezerwy. W Warszawie przeszedł przeszkolenie dywersyjne i otrzymał status oficera do zadań specjalnych.

Miał już żonę, którą była starsza od niego o cztery lata Elżbieta Zembrzuska. Nie znamy bliższych szczegółów ich pożycia, ale nie wydaje się, aby małżeństwo należało do specjalnie udanych. W swoich pamiętnikach „Szczerba" często wprawdzie wspominał o żonie, ale bez specjalnych emocji. Raczej wyłącznie notował jej obecność, a w jego wzmiankach brakuje nie tylko uczucia, lecz także zwykłego ludzkiego ciepła. Poza tym nazywał Elżbietę „Kaczką", co raczej trudno uznać za komplement.

Dzień przed wybuchem powstania Blichewicz odwiedził kawiarnię U Aktorek, aby pożegnać się ze znajomymi, a po latach skrupulatnie wyliczył, z kim wówczas się spotkał, szczególnie pamiętając o urodziwych koleżankach. Przy okazji „poszedł na górę, do buchalterii", gdzie pracowała Elżbieta. Nie zajęło mu to jednak wiele czasu, a bardziej zainteresowało go „solidne pęto kiełbasy", które od niej otrzymał, niż ona sama.

Blichewicz dotarł punktualnie do mieszkania na Elektoralnej, gdzie miał wyznaczone miejsce mobilizacji. Razem z czterema młodymi ludźmi przesiedział tam pierwsze dwa dni powstania, po czym dowiedział się, że z powodu braku broni nie weźmie udziału w walce.

„Szczerba" nie zamierzał jednak rezygnować. Od właścicielki mieszkania dostał rewolwer z zapasem amunicji i mimo że po wyjściu na ulicę został przypadkowo ranny w rękę, nie stracił zapału. Broń zmieniła zresztą jego sytuację, dostał rozkaz budowy barykady u zbiegu ulicy Elektoralnej i placu Bankowego. Oddano mu również pod komendę dwóch nieuzbrojonych członków AK, a kolejnych trzech dobrał sobie z grona cywilnych ochotników. Dzięki zupełnemu przypadkowi udało mu się uzbroić oddział.

„»Błyskawica« wprowadził do mojej izdebki – wspominał po latach – młodą dziewczynę z biało-czerwoną opaską na ramieniu i z zawiniątkiem w ręku. Okazało się, że jest łączniczką i szuka już od kilku godzin oddziału, któremu miała wręczyć przesyłkę. Niestety, nie może trafić.

– Przecież ja nie mogę z tym chodzić bez końca, może pan porucznik się tym zajmie? – powiedziała i rozwinęła pakiet.

»Błyskawicy« i mnie oczy wyszły na wierzch z wrażenia. W paczce było pięć nowiutkich coltów (takich samych jak mój) i kilka paczek amunicji. Wymieniliśmy spojrzenia, po czym, hamując radość, powiedziałem:

– Z takim bagażem to rzeczywiście niebezpiecznie jest chodzić; chętnie pani pomogę. Niech pani to zostawi u mnie. Ja wypiszę pani pokwitowanie. Gdyby pani miała z tego powodu jakieś nieprzyjemności, zwrócę pani przesyłkę, dobrze?

Dziewczyna zgodziła się. Obiekcje przyszły dopiero, gdy wypisywałem pokwitowanie. Złożyłem podpis: »ppor. Szczerba, VII Oddział Komendy Głównej AK«. Dziewczyna spojrzała na mnie zdumiona i powiedziała:

– AK? Ja myślałam, że to NSZ"[1].

Oczywiście „Szczerba" nie oddał już broni. Niebawem zresztą zetknął się z problemami, które miały mu towarzyszyć do końca powstania. „Błyskawica" (Zbigniew Lankares) ocalił z pożaru Hal Mirowskich trochę żywności i dwie skrzynki wódki. Po alkohol natychmiast zgłosiła się para młodych ludzi ze Starówki, tłumacząc się potrzebami powstańczego szpitala.

„[...] na głowach mieli niemieckie czapki polowe, tego samego koloru tzw. panterki ściągnięte rzemiennym pasem. Dziewczyna miała bryczesy i długie oficerskie buty. Oboje stanowili bardzo ładną parę. On wysoki, przystojny, ona bardzo ładna, o ciemnych oczach i kasztanowatych włosach, ładnej jasnej cerze i łobuzerskim spojrzeniu. Chłopiec miał zatknięty za pas niemiecki granat, tzw. tłuczek, ona przewiesiła przez ramię torbę opatrunkową z czerwonym krzyżem"[2].

Uroda dziewczyny zrobiła na „Szczerbie" duże wrażenie i bez wahania wydał przybyszom jedną skrzynkę. Nie wziął pod uwagę opinii „Błyskawicy", który podejrzewał podstęp: „Głowę dam, że to nie dla żadnych rannych, tylko żeby ich ferajna ochlaj miała. Ten jeden sam za trzech wystarczy"[3].

NA STARYM MIEŚCIE

Pierwsze dni powstania były czasem entuzjazmu, powszechnej euforii poddali się też mieszkańcy wyzwolonych obszarów miasta. Powstańcy byli bohaterami, ludźmi, którzy odważyli się rzucić wyzwanie znienawidzonemu okupantowi.

„Plac Krasińskich wygląda odświętnie – wspominał Zbigniew Czajkowski-Dębczyński z batalionu »Parasol«. – Słońce świeci, spacerują tłumy ludzi. Kręcą się karuzele, huśtawki itd. Z daleka tylko dochodzą odgłosy strzałów i wiatr ciągnie po niebie słupy dymu z palącej się wciąż Woli. Czasem nadjedzie od strony frontu samochód, znaczony polskimi barwami, po zaopatrzenie lub sanitarka z rannymi"[4].

W niemieckich magazynach przy ulicy Stawki powstańcy zdobyli bogate zaopatrzenie. W efekcie oddziały ze Starówki i Śródmieścia były niemal jednolicie umundurowane; aby odróżnić się od Niemców, noszono na ramieniu biało-czerwone opaski. Początkowo również nie było problemów z żywnością.

„Magazyny zawierały całą masę najrozmaitszych produktów: cukier, kaszę, konserwy – relacjonował Stanisław Likiernik (»Stach«). – Dowiedziałem się już po wojnie, że ludność Starego Miasta przetransportowała na plecach tony tego pożywienia. Dzięki temu Stare Miasto, przez trzy tygodnie walk odcięte od świata, miało co jeść"[5].

Szczególnym powodzeniem cieszyły się niemieckie konserwy, wielu powstańców jeszcze po latach wspominało smak peklowanych ozorków w sosie czy doskonałego pasztetu. Przy tej okazji jednak w ręce oddziałów AK wpadły potężne zapasy alkoholu, co miało się stać przyczyną poważnych problemów.

9 sierpnia „Szczerba" przeniósł się na Stare Miasto, gdzie został dowódcą plutonu szturmowego batalionu „Bończa". Już pierwszego dnia na kwaterze spotkał dziewczynę, którą niedawno obdarował wódką.

„Szeroką klatką schodową dotarłem na pierwsze piętro i zatrzymałem się przed drzwiami oznaczonymi numerem 17. Zapukałem. Po chwili otworzyła mi dziewczyna w mundurze, bryczesach i wysokich butach. Spod gęstwy kasztanowatych włosów spojrzały na mnie ładne, łobuzowate oczy. Dziwnie znajome.

Ależ to przecież sanitariuszka, która razem z podchorążym wyfasowała u mnie na Elektoralnej skrzynkę wódki dla »rannych chłopców«. Ona poznała mnie również, choć niemiecki mundur musiał mnie trochę zmienić. Uśmiech rozjaśnił jej twarz. [...] Była naprawdę ładna, z tym łobuzerskim spojrzeniem było jej bardzo do twarzy"[6].

„Szczerba" również zrobił na niej wrażenie i sanitariuszka natychmiast zgłosiła się do osobistej opieki nad jego ranną ręką. A może po prostu zalotność była wpisana w jej naturę?

„EWA"

Nie wiemy, jak właściwie nazywała się ta dziewczyna, nigdy bowiem nie ustalono jej personaliów. Nosiła pseudonim „Ewa" i była zaprzysiężonym członkiem AK. Nie znamy jej późniejszych losów, nie wiadomo nawet, czy przeżyła powstanie. Jeżeli jednak wpadła w ręce hitlerowców, to z taką urodą miała niewielkie szanse na przetrwanie.

W pierwszych godzinach pobytu na Starym Mieście oddział „Szczerby" nie brał udziału w walkach, a jego dowódca miał chyba zbyt dużo wolnego czasu. Na efekty nie trzeba było długo czekać, Blichewicz bowiem coraz bardziej interesował się urodziwą sanitariuszką. Nie protestował, gdy dziewczyna przygotowała mu na kwaterę pokój z dodatkowym łóżkiem dla siebie, stwierdziła, że musi być cały czas w pobliżu rannego dowódcy.

Ich wzajemne stosunki znamy wyłącznie ze wspomnień „Szczerby", chociaż nie mamy specjalnych powodów, aby je kwestionować. Blichewicz okazał się bowiem rzetelnym pamiętnikarzem, a jego relację z walk batalionu „Bończa" potwierdzają inne przekazy. „Szczerba" cieszył się dużym uznaniem wśród podwładnych, ponieważ był dowódcą wyjątkowo dbającym o żołnierzy. Unikał niepotrzebnych strat, ale gdy wymagała tego sytuacja, odznaczał się osobistą odwagą.

„[...] dostał rozkaz uderzenia na katedrę św. Jana – wspominał major Stanisław Błaszczak, dowódca zgrupowania »Róg«. – Jego oddział trzymał barykadę na Kanonii. Na mój rozkaz wszyscy mieli na dany sygnał wyjść i uderzyć! Blichewicz usiadł na barykadzie – tyłem do Niemców – i wygłosił przemowę do żołnierzy, a potem ruszyli do natarcia. To nie była fanfaronada. Blichewicz poszedł za to do raportu do dowódcy batalionu"[7].

Bardzo ciepło o „Szczerbie" wypowiadała się również jedna z sanitariuszek oddziału, Barbara Bobrownicka-Fricze. Według niej Blichewicz był prawdzi-

wym profesjonalistą, szczerze lubianym przez podko-
mendnych. Miał wprawdzie skłonności do teatralnych
zachowań i podczas walk w katedrze reagował jak aktor na scenie, ale ostatecznie liczył się końcowy efekt.
A „Szczerba" odnosił sukcesy.

Wobec „Ewy" porucznik okazywał jednak
daleko idącą słabość. Podobno inwencja należała do
dziewczyny, Blichewicz zaś, jak przystało na rasowego
mężczyznę, pozwalał się adorować.

„– Jak to?! – żachnąłem się. – Ja mam spać razem z panią?

Dziewczyna uśmiechnęła się łobuzersko.

– Jestem od dziś pana sanitariuszką, więc muszę być przy panu.

– Nie czuję się na tyle kontuzjowany, żeby musiała przy mnie pani dyżurować. Jakoś daję sobie z tym
radę od kilku dni.

– Bo pan nie miał sanitariuszki, a teraz pan
ma. Pomogę się panu rozebrać – rzekła dziewczyna, za-
krzątnąwszy się po pokoju.

– Dziękuję – odparłem niemal szorstko. – Od
kilku dni się nie rozbieram. Jeśli mi pani zechce odpiąć
pas z pistoletem, to będzie wszystko. Buty zdejmę sobie
sam. [...]

Zdjąłem temblak i ułożyłem się na tapczanie,
oparłszy ranną rękę trochę wyżej, jak zalecił lekarz.

»Ewa« przyglądała mi się ciekawie.

»Ładna szelma« – pomyślałem"[8].

W rolę obrońców moralności tym razem wcie-
lili się Niemcy i kolejny ostrzał rynku Starego Miasta
zakończył intymną scenę pomiędzy dowódcą a jego
sanitariuszką: „Dziewczyna wyszła zza prowizorycz-
nej kotary, a ja otworzyłem szeroko oczy. »Ewa« nawet

w mundurze była bardzo ładną dziewczyną, ale to, co zobaczyłem teraz, przeszło moje wyobrażenie. Z rozpuszczonymi włosami koloru dojrzałych kasztanów, w lekkim szlafroku, który, odsunąwszy się, odsłonił jedno krągłe ramię, wyglądała tak uroczo, że trochę się zaniepokoiłem o mój autorytet niewzruszonego dowódcy.

A ona szła do mnie powoli, świadoma swojej urody i wyjąwszy z ust zapalonego papierosa, podała mi go z uśmiechem, mówiąc:

– Pozna pan moje myśli, panie poruczniku.

Po czym nachyliła się nade mną, a ja poczułem, jak cała moja stanowczość gdzieś odfruwa i patrząc w jej oczy, myślałem: »Jeżeli teraz jej nie pocałuję, to jestem kiep!«.

Głowa dziewczyny schylała się wolno coraz bliżej ku mojej, gdy nagle huk, brzęk szkła, spadający tynk, pył i światło zgasło. Poczułem tylko, że tapczan mój robi w prawo zwrot, a potem już nic, tylko ciemność... Po chwili wpadł »Ryś« z latarką w ręku. Światło ogarnęło mój tapczan, potem łóżko »Ewy«. Usłyszałem głos podchorążego:

– W porządku?

– Ja tak – odpowiedziałem. – Nie wiem, jak pani »Ewa«.

– Rzuciło mnie o ścianę – usłyszałem głos sanitariuszki. – Murowane, że jutro będę miała pełno sińców"[9].

Zapewne Blichewicz nie oparłby się pokusie, nie ukrywał zresztą, że dziewczyna bardzo mu się podobała. Ich romans stworzyłby jednak niezręczną sytuację, tym bardziej że porucznik był przecież żonaty, o czym wszyscy wiedzieli.

Inna sprawa, że młodość i uroda dziewcząt z AK były problemem, z którym musieli się zmierzyć niemal wszyscy dowódcy powstańczych oddziałów. Najczęściej stawali na wysokości zadania, a drobny flirt czy dwuznaczny żart nie utrudniały wzajemnych relacji. Dobrze rozumiał to przełożony „Szczerby", rotmistrz „Bończa" (Edward Sobeski).

„[...] stał na środku pokoju, podrzucając na dłoni Krzyż Walecznych – wspominał Blichewicz. – Przed nim stała dziewczyna, jedna z jego łączniczek. »Bończa« spojrzał na mnie, po czym podjął rozmowę, przerwaną widocznie moim przyjściem.

– I tak rozkazem Dowództwa Grupy Północ mam pani ten krzyżyk przypiąć do piersi... Ale ponieważ ta pierś jest bardzo młoda, może pani sama zechce to zrobić, bo ja znowu czuję się jeszcze nie taki stary, ażeby manipulować przy tak... walecznej piersi.

Podszedł do łączniczki, wcisnął jej w rękę krzyż i pocałował ją w czoło, a dziewczyna spłoniona zniknęła za drzwiami"[10].

„Bończa" pozwalał sobie na żarty, ale ostro interweniował, gdy dotarły do niego informacje na temat zachowania „Ewy". Niezwłocznie polecił usunąć dziewczynę z kompanii, motywując swoją decyzję tym, że sanitariuszka „przez swą urodę i zalotny sposób bycia osłabia postawę bojową młodych żołnierzy". Polecił jej nawet odebrać legitymację AK!

Zapewne dziewczyna zawróciła w głowie nie tylko „Szczerbie", a „Bończa" dobrze wiedział, jakie to niosło zagrożenie. Sytuacja na Starym Mieście była coraz trudniejsza, Niemcy atakowali ze wszystkich stron, a rywalizacja o względy dziewczyny mogła przynieść fatalne następstwa. Blichewicz nie ukrywał jednak irytacji: „Byłem wściekły. Nakazałem szefowi załatwić sprawę we własnym zakresie. Nie mogłem się jednak tak łatwo wykręcić sianem. Wkrótce przyszła do mnie zapłakana »Ewa«. Wśród łez tłumaczyła długo, że to jest podła intryga Jadwigi, przełożonej sanitariuszek batalionu, że ona sama jest niewinna i że do mnie przychodzi po ratunek. Żal mi było szczerze dziewczyny. Rozkaz jednak był wyraźny. Słuchałem wywodów i wreszcie, aby przeciąć sprawę, powiedziałem:

– Panno »Ewo«, oczywiście nie wierzę w powody, dla których mam usunąć panią z kompanii. Od razu mi to wyglądało na jakąś kobiecą intrygę. Rozkaz jednak jest rozkazem i wykonać go muszę, cokolwiek bym o nim myślał. Mogę jedynie tyle zrobić, że zatrzyma pani legitymację AK, a z nią – jestem przekonany – przyjmą panią w każdym innym oddziale jak najchętniej. Jest mi bardzo przykro, ale nic więcej zrobić dla pani nie mogę.

»Ewa« odeszła z kompanii jeszcze tego samego dnia. Nigdy już potem nie spotkałem naszej pięknej sanitariuszki"[11].

„Szczerba" potraktował całą sprawę jako „kobiecą intrygę", której animatorką miała być przełożona sanitariuszek Jadwiga Dokowska „Ciocia". Rzeczywiście zachowane relacje nie są dla niej specjalnie przychylne, nie najlepszą opinię swojej szefowej wydała również Barbara Bobrownicka-Fricze. Zapamiętała głównie jej lodowate oczy i twardy głos. Choć też prawdą jest, że dyplomowane pielęgniarki raczej po macoszemu traktowały młodsze sanitariuszki.

„Jest zawodową pielęgniarką – opisywała Bobrownicka-Fricze jedną ze starszych koleżanek. – Jej wykształcenie stawiało ją w uprzywilejowanej sytuacji wobec nas. Cóż my, po kursach, cóż my, bez wykształcenia. Sama przecież już niejednokrotnie czułam brzemię odpowiedzialności i wyrzuty z racji mego niedouczenia. W tej sytuacji żadna z nas nie ośmielała się otworzyć ust na tematy sanitarne. Pociągało to za sobą lawinę pouczeń, a, co gorsza, ironiczny uśmiech ukazywał jej wielkie zdrowe zęby zdolne rozgryźć najtajniejszą wiedzę, a cóż dopiero naszą ignorancję. Panna Kazimiera była wielką patriotką i w tej dziedzinie także zauważała u nas poważne braki. Tematów do szkoleń, wychowywania, krytykowania nigdy jej nie brakło. Najtrudniejsze do zniesienia były jej wymagania co do czystości. Potrafiła nawet robić awantury"[12].

Zawodowe pielęgniarki uważały, że nie jest to miejsce na flirty i romanse. Dla nich liczyło się tylko dobro rannych, a rywalizacja o względy dziewcząt ich zdaniem stwarzać mogła niepotrzebne zagrożenie. A gdy w sprawę zamieszany był jeszcze dowódca oddziału, sytuacja stawała się już niebezpieczna. Zapewne dlatego Dokowska interweniowała u „Bończy", który zareagował z całą stanowczością.

Dla oddziałów walczących na Starym Mieście nadchodziły ciężkie dni i niebawem już nikt nie miał czasu na flirty. „[...] świst lecącego pocisku, nagły wybuch – wspominała Barbara Gancarczyk z batalionu »Wigry« – nawet ten zwalający z nóg, seria kaemu, to dla nas krótki moment strachu i... utwierdzenie w przekonaniu, że nie każda »zaraza« musi nas akurat trafić. A po kontuzji wystarczy spojrzeć w lusterko, aby wybuchnąć śmiechem: »rany boskie, czy możliwe, że ten kocmołuch to ja?«. W takich warunkach chłopcy nigdy nie potrafią docenić urody dziewcząt batalionu"[13].

MASAKRA NA KILIŃSKIEGO

„Stare Miasto bombardowały przez ten czas: artyleria z Pragi, »krowy« i cztery bombowce – wspominał Stanisław Likiernik. – Przylatywały, wyładowywały na nas każdy kilka bomb półtonowych lub zapalających, wracały na lotnisko, brały nowy ładunek i były z powrotem nad nami około czterdziestu minut później. Naturalnie żadnego myśliwca sowieckiego na horyzoncie. Niemcy rzucali te bomby jak na ćwiczeniach"[14].

Hitlerowcy uznali Starówkę za cel numer jeden, powstańcza enklawa zagrażała bowiem komunikacji przez Wisłę. Rzucili przeciwko niej niemal wszystkie dostępne środki, a walkę prowadzili z prawdziwie niemiecką pedanterią. „Teraz już systematycznie sztukasy bombardują rejon Rynku od 8.00 do 20.00 – pisała Lidia Gliszczyńska (»Sławka«) – co kwadrans – cztery razy na godzinę. Lecą trzy samoloty i zniżają się nad domem, spuszczają trzy bomby i odlatują. Już wiadomo, który dom będzie bombardowany – niszczą po kolei"[15].

Niemiecki *ordnung* przynosił jednak pewne korzyści, hitlerowcy, kierując natarcie na główne ulice, zadowalali się na innych odcinkach tylko demonstracją zbrojną. Prowadzili ją według stałego grafiku, który powstańcy bez problemu rozszyfrowali. I tak na rogu placu Zamkowego i Świętojańskiej codziennie około godziny 16.00 pojawiały się „jakieś czołgi, które z niemiecką systematycznością" ostrzeliwały barykadę przez pół godziny.

Stało się to zresztą powodem jednego z polskich sukcesów, powstańcy zdobyli bowiem hitlerowski transporter gąsienicowy. Wykorzystując „niemiecki rozkład jazdy", zorganizowano skuteczną zasadzkę, a opanowany pojazd ustawiono na Dziekanii, pod dzwonnicą katedry św. Jana, wzmacniając tam barykadę. W polskich rękach transporter pozostał do czasu ewakuacji stanowiska.

Niestety, zdobycie samochodu pancernego miało również swoje złe strony, rozzuchwaleni powstańcy zapominali bowiem o zwykłej ostrożności. Po barykadach krążyły legendy o czołgach zdobytych przez batalion „Parasol" na Woli, więc na Starym Mieście marzono o podobnym wyczynie.

„Pogoda była piękna, słoneczna – wspominał Blichewicz niedzielę 13 sierpnia. – Stałem i z rozkoszą wdychałem rozgrzane sierpniowe powietrze. Ulice znów się zaludniły. Artyleria milczała. Balkon wychodził na Podwale.

Gdy tak stałem, paląc papierosa, od strony placu Zamkowego ukazał się nieduży czołg wielkości mniej więcej naszych przedwojennych tankietek TKS. Wewnątrz siedziała nasza załoga, a okrążało go kilkadziesiąt cywilnych osób, wiwatując rozradowanymi głosami. [...] Czołg był teraz niemal pod moim balkonem i skręcił w Wąski Dunaj, kierując się w stronę Rynku"[16].

Rzeczywiście rano barykadę na Podwalu zaatakowały dwa niemieckie czołgi, a chwilę później pojawiła się niewielka tankietka. Obrzucona butelkami z benzyną stanęła w ogniu, a jej operator zbiegł. Powstańcy ugasili pożar i stwierdzili, że wewnątrz pojazdu nie ma nikogo.

Dowodzący na tym odcinku kapitan Ludwik Gawrych zakazał swoim podwładnym zbliżania się do zdobyczy. Zarządził również sprawdzenie tankietki przez specjalistę, niestety wyznaczony pirotechnik pracował w wytwórni granatów i mógł się zająć pojazdem dopiero wieczorem.

Tymczasem w pobliżu czołgu pojawiła się kolejna grupa powstańców i zarekwirowała pojazd. Tankietka ruszyła ulicami Starego Miasta, budząc powszechny entuzjazm, niczego nie podejrzewał również Blichewicz: „Jakoś nie zastanowiłem się, dlaczego Szkopy opuścili czołg. Nawet mruknąłem jakąś uwagę, że dobrze, że się po trochu dozbrajamy. Nie chciało mi się schodzić z balkonu. Pozostałem jeszcze jakiś kwadrans i znowu zobaczyłem ów czołg, tym razem z drugiej strony balkonu. Na tle szarego budynku Ministerstwa Sprawiedliwości otaczał go już duży tłum. Radość była nieopisana"[17].

Tankietka jeździła po ulicach Starówki niemal przez cały dzień (!) i około godziny 18.00 pokonała niewielką barykadę u zbiegu ulic Podwale i Kilińskiego. Pojazd otaczały tłumy, a szczególne zainteresowanie okazywały dzieci, które z tego powodu powychodziły z piwnic.

Niestety, nikt nie rozpoznał zdobyczy, inna sprawa, że powstańcy ze Starego Miasta zetknęli się z takim pojazdem po raz pierwszy. Był to bowiem Borgward B IV, samobieżny stawiacz min używany do niszczenia barykad. Jego uzbrojenie stanowił półtonowy ładunek wybuchowy z zapalnikiem czasowym, który niebawem spowodował tragedię.

Do pojazdu usiłował się jeszcze dostać pirotechnik (Witold Piasecki „Wiktor"), który właśnie zakończył pracę. Nie zdążył. Gdy był już blisko tankietki, dostrzegł, jak z przodu pojazdu zsunęła się metalowa skrzynia. „Czułem, że zaraz stanie się coś złego – wspominał po latach. – Przyspieszyłem kroku, wszedłem do bramy naszej kwatery przy Kilińskiego 3 i wtedy uderzyła mnie fala powietrza. Mój krok zmienił się w skok, upadłem w ogródku na podwórzu. W bramie szalało morze ognia. W bramie był skład butelek zapalających. Leżały też granaty przyniesione przez nas z wytwórni. Kijami i bosakami wyciągaliśmy całe jeszcze butelki i granaty ze strefy ognia. Złapałem kogoś z zegarkiem. Była 18.07"[18].

Hitlerowcy mają na sumieniu potworne bestialstwa, ale wbrew obiegowym opiniom nie spowodowali eksplozji za pomocą radia. Tankietka nie była zresztą pułapką wypełnioną materiałami wybuchowymi. „Ani czołg, ani pułapka – twierdził ekspert od uzbrojenia Mariusz Komacki. – Niemcy porzucili podpalony stawiacz min. Może liczyli na to, że Polacy zaczną przy nim manipulować i sami wysadzą barykadę. Stało się inaczej. Powstańcy, którzy jeździli tym pojazdem po Starówce, musieli przy pokonywaniu przeszkody u zbiegu Podwala i Kilińskiego złapać za dźwignię. To spowodowało zsunięcie się ładunku i uruchomienie zapalnika czasowego. I tyle"[19].

Skutki eksplozji były straszliwe. Zginęło około 300 osób (w tym wiele dzieci), była ogromna liczba rannych, a tragedię powiększył jeszcze wybuch magazynu granatów i butelek z benzyną. Podmuch wyrywał okna, drzwi i balkony, rozrywał ludzi na strzępy.

„[...] niesamowity huk, zaczęły walić się domy – opowiadała sanitariuszka Barbara Korpal. – Na szczęście nam nic się nie stało. Otrzepujemy się z kurzu, biegniemy na piętro, bierzemy torby sanitarne i wybiegamy na ulicę Kilińskiego, a tu istna jatka. Ciała ludzkie porozrywane wiszą na parapetach, walają się po jezdni, dziesiątki ludzi wiją się z bólu i umierają. Nie wiadomo, kogo ratować. Ranni, poparzeni, oślepieni – wloką się w różne strony, słychać już nie płacz, lecz potężny ryk. Mężczyzna zupełnie bez ubrania, wygląda jakby ktoś umyślnie skórę z niego ściągnął, tak poparzony. Twarzy właściwie nie ma, wszystko zwęglone. Istota ta jest jeszcze żywa, na czworakach gdzieś jeszcze się chowa i wyje"[20].

Masakrę przeżył jeden z jej bezpośrednich sprawców, powstaniec, który prowadził tankietkę po ulicach Starego Miasta. Nie znamy jego personaliów, to zresztą bez znaczenia. Ten człowiek przeżył prawdziwe piekło na ziemi, gdy zorientował się, do czego przyłożył rękę.

„Wracałyśmy stamtąd nieprzytomne od odoru krwi i od wrażeń – opowiadała Barbara Bobrownicka-Fricze. – W pewnym momencie widzimy: idzie chłopak po ulicy i śpiewa – upił się.

– Takie nieszczęście – mówię – a ty poszedłeś się upić.

– Bo ja jechałem na tym czołgu i poszedłem na chwilę na kawę.

Takie było jego przeznaczenie: tylko on wyszedł z tego czołgu, a jego koledzy zginęli"[21].

Pretensje do siebie miał również „Szczerba". Jego oddział mógł przecież obsadzić tankietkę i przetrzymać ją do czasu oględzin przez pirotechnika. Niestety, porucznik nawet o tym nie pomyślał, a po eksplozji wyładował się na bezpośrednich sprawcach masakry. „Gówniarze! Czołgiści zasrani! Żeby nie sprawdzić, nim do czołgu siadają. Niemcy im podarunek zrobili. Ot, i macie prezent!"[22].

Widok ulicy Kilińskiego miał go zresztą prześladować do końca życia. Nigdy chyba nie pozbył się wyrzutów sumienia.

OSTATNIE DNI
STAREGO MIASTA

Masakra na Kilińskiego zbiegła się w czasie z generalnym szturmem hitlerowców na Stare Miasto. Okupanci używali ludności cywilnej w charakterze żywych tarcz przed czołgami. Zabytkowe centrum bombardowały sztukasy, artyleria i moździerze rakietowe. 16 sierpnia po raz pierwszy na Starówkę spadły półtoratonowe pociski wystrzelone z moździerza Karl. Powstańcy, broniąc się zajadle, oddawali dom po domu i w połowie miesiąca zajmowali już obszar nie większy niż dziesięć kilometrów kwadratowych.

Najgorszy los przypadł ludności cywilnej stłoczonej w piwnicach i prowizorycznych schronach. Każde wyjście w poszukiwaniu żywności czy wody wiązało się z niebezpieczeństwem, śmierć zbierała obfite żniwo. „[...] wynieśli zabitą młodą kobietę z domu narożnego przy Celnej – relacjonowała »Sławka«. – Jej dzieci słychać przez ścianę – jeszcze żyją – dwóch małych chłopców zostało zasypanych. Po dwóch godzinach zastałam na mojej kwaterze dwa małe trupki (2 i 3 latka) pod workiem – tylko nóżki wystawały. Ciotka zabitych chłopców przyszła akurat do kuchni i opowiadała mi, że jak chłopców odkopią, to ona będzie ich wychowywać; nic nie wie, a ja nie mam siły jej powiedzieć. Boję się, że przez uchylone drzwi zobaczy" [23].

Zaczynało brakować żywności, wodociągi przestały działać. Ludność cywilna musiała zadowolić się tym, co wcześniej zgromadziła, a nie wszyscy mieli wystarczające zapasy. Ci, którzy stracili mieszkania, z reguły nie zdążyli ze sobą zabrać zbyt wiele.

„W schronach dzieją się dantejskie sceny – kontynuowała „Sławka". – Dzieci głodne, spragnione, matki nie mogą darować sąsiadom, którzy sami jedzą i nie dzielą się swoimi zapasami. Na nas też patrzą wilkiem – zupełnie inaczej niż na początku, gdy wyrywali kwiatki z doniczek i rzucali na żołnierzy. Przedtem, gdy zanieśliśmy Janusza rannego do piwnicy, powiedziałam cywilom, żeby uważali, aby nie pobrudzić pościeli – oni na to, że »krew polskiego żołnierza jest jak wino«. [...] Jakaś staruszka karmi stale swojego psa – je z nim z jednej miski. Ludzie jej o mało nie zlinczowali. Wczoraj pies zaginął"[24].

Dramatycznym wydarzeniom towarzyszyły też sytuacje tragikomiczne. Nie wszyscy mieszkańcy Starówki dawali sobie psychicznie radę, niektórzy tracili równowagę umysłową, gdy patrzyli na tragedię dzielnicy. Na barykadach widywano ludzi zachowujących się jak pacjenci zakładów psychiatrycznych.

„Znajdowaliśmy się na posterunku przy Konwiktorskiej – opowiadał Stanisław Likiernik. – Niemcy okupowali boisko »Polonii« naprzeciw. W pewnym momencie usłyszałem hałas od ulicy, która stanowiła linię frontu. Już miałem strzelać, gdy ujrzałem pana w długiej koszuli, wchodzącego do naszego budynku od tamtej strony. Tym razem nie strzelono z przeciwka. W ręku miał pusty słój. Uprzejmie zaproponował mi kupno miodu i kwaszonych ogórków. Wyglądało to na przywidzenie. Powiedziałem mu, że zakupy robi intendentura, dalej, w głębi naszych pozycji... i gość poszedł jej szukać"[25].

Płonęły kościoły i zabytkowe kamienice, a podwórza zamieniały się w cmentarze. Zabrakło trumien, zmarłych kładziono więc wprost do ziemi, umieszczając przy zwłokach butelkę z danymi personalnymi. Często nie starczało nawet czasu na obrzędy religijne, zaczynało brakować miejsca na pochówki.

„[...] zawiadomiono mnie o śmierci kolegi – kontynuował Likiernik – którego nie znałem bliżej (chyba dołączył już w czasie Powstania). Nie pamiętam ani nazwiska, ani pseudonimu. Zginął na posterunku na czwartym piętrze. Znieśliśmy zmarłego na podwórze domu, gdzie trzeba go było pochować. Zastaliśmy tam, o dziwo, już gotowy grób. Nie zastanawiając się, pomyślałem, że ktoś go wykopał na zapas. Pogrzebaliśmy w nim kolegę. Zaledwie ukończyliśmy minutę milczenia czy modlitwę, usłyszałem krzyki: »Cholera, ukradli nam grób«. Musieliśmy bardzo szybko odmaszerować, bo zbliżająca się grupa żołnierzy, niosąca ich zabitego, nie wyglądała na zadowoloną"[26].

20 sierpnia Blichewicz został mianowany dowódcą 101 Kompanii (dwóch jego poprzedników zginęło). Nie była to przypadkowa nominacja, pluton „Szczerby" odznaczył się w walkach o katedrę, a porucznik, walczący z ręką w gipsie, okazał się właściwym człowiekiem na właściwym miejscu.

Blichewicz potrafił zapanować nad podwładnymi i utrzymać dyscyplinę, co nie było łatwą sprawą. Wbrew opiniom o wysokiej karności oddziałów powstańczych z dyscypliną bywało bardzo różnie. Byli to przecież młodzi ludzie, ochotnicy, przepojeni wprawdzie patriotyzmem, ale z trudem poddający się rygorom wojskowym. Walki uliczne w dużym mieście miały swoją specyfikę.

Przypłacił to życiem porucznik „Leśniewski" (starszy sierżant podchorąży Józef Dołęgowski), który przybył z Kampinosu. „Nie można przysyłać ludzi z Kampinosu do miasta – tłumaczyła Barbara Bobrownicka-Fricze. – [Tym bardziej że] porucznik »Leśniewski« pił. Była w pewnym momencie akcja Niemców. Nasz porucznik »Szczerba« nie chciał puścić oddziału »Leśniewskiego« do akcji. A on się bardzo awanturował, uważał się za takiego bohatera itd. »Szczerba« uległ i pozwolił mu pójść do akcji. I pierwsza kula zabiła »Leśniewskiego«, kiedy się wychylił zza muru. Człowiek był nietrzeźwy, a jego żołnierze tak strasznie skrzywdzili »Szczerbę«: po prostu oskarżyli go o to, że przez niego zginął »Leśniewski«! A ja pamiętam doskonale, jak »Szczerba« nie chciał mu na to pozwolić. Inaczej wyglądała walka w lesie, inaczej tutaj”[27].

W powstańczych oddziałach alkohol stawał się coraz większym problemem, ale „Szczerba” panował jeszcze nad sytuacją. Nie interweniował bez wyraźnych powodów, uznając, że trunki pomagają w rozładowaniu emocji. Wiedział, w jakim stanie psychicznym są jego podwładni, i okazał również pobłażliwość w przypadku samosądu.

„Któregoś dnia, pod koniec walk na Starym Mieście – wspominał Ireneusz Kędziora (»Ignacy«) – pobiegliśmy na wsparcie do kościoła Jana Bożego, gdzie znajdował się nieduży szpital. Już pod koniec walk na Starówce zdobyli go Kałmucy. Nie na długo. Kilka godzin później znów był w naszych rękach. Tego, co tam ujrzałem, nie zapomnę nigdy. Ci z rannych, którzy nie mogli się wycofać, leżeli z poderżniętymi gardłami. Tego samego dnia wieczorem złapaliśmy trzech z tych Kałmuków, własowców, czy jak ich tam nazwać. Zgubili się w ruinach. Cośmy z nimi zrobili – łatwo się domyśleć. W końcu te trzy naboje więcej czy mniej... Za to jednak czekał nas sąd polowy.

– Chcecie być tacy jak oni? – pieklił się nasz dowódca.

Ale przez całą noc odpieraliśmy ciężkie ataki i w końcu porucznik [»Szczerba« – S.K.] zapomniał albo raczej nie chciał pamiętać. Sądu nie było"[28].

Oczywiście Blichewicz nie zapomniał o zdarzeniu, ale zdawał sobie sprawę, że jego chłopcy, widząc takie bestialstwa, musieli odreagować. Jeden ze sprawców („Ignacy") miał zaledwie piętnaście lat, oddanie go pod sąd byłoby więc zupełnym absurdem. „Szczerba" nie mógł jednak oficjalnie popierać mordowania jeńców, dlatego ostro potraktował podwładnych, aby następnie zapomnieć o całej sprawie. W innych okolicznościach los sprawców samosądu mógłby być godny pożałowania, powstańczy wymiar sprawiedliwości działał szybko i bezwzględnie. Z reguły na karę śmierci skazywano jeńców, którzy mieli przed wojną polskie obywatelstwo, folksdojczów i kolaborantów. Na najwyższy wymiar kary skazywano również powstańców oskarżonych o rabunek mienia ludności cywilnej. Musiał to być poważny problem, na przykład w jednym rozkazie dziennym dla Starego Miasta (z 20 sierpnia) podano informację o czterech wyrokach śmierci dla żołnierzy AK! Z problemem szabru i rabunków „Szczerba" miał zresztą niebawem zetknąć się osobiście.

Walki o Stare Miasto trwały już wiele dni i powstańcy odczuwali coraz większe znużenie. Walczono o każdy dom, o każde piętro, nie było chwili wytchnienia. „Dzisiaj w dzień trzy razy zasnąłem z pistoletem maszynowym w ręku – skarżył się osiemnastoletni Janusz Gunderman. – Wszyscy marzymy o końcu. Nie możemy się doczekać. Wszyscy oklapli. Na Podwalu zawaliły się 2 ściany w domu, w którym żeśmy stali.

36 godzin na barykadzie, 10 przerwy i znów 24 godziny. Trzy noce nieprzespane"[29].

Powstańcy nie marzyli już o ofensywie Sowietów czy ewakuacji do innych dzielnic. Wśród tych, którzy przeżyli, utrwaliło się przekonanie, że zostaną na Starówce na zawsze, dołączając do setek poległych kolegów. Do kapitulacji nie było chętnych, wszyscy wiedzieli, że oznacza to pewną, okrutną śmierć.

Blichewicz potrafił znaleźć się w niemal każdej sytuacji, nawet gdy Stare Miasto zamieniło się już w morze ruin, a wycofujący się powstańcy podpalali opuszczane budynki.

„[...] przyszło dwoje starych ludzi – wspominała Barbara Bobrownicka-Fricze. – Dla mnie wówczas oni byli bardzo starzy, ale byli młodsi niż ja w tej chwili. Byli biedni, tacy mali i mówią do naszego porucznika »Szczerby«:

– Dlaczego chcecie spalić nasz dom?

A on im tłumaczy i widzę, że ma łzy w oczach. To był szalenie wrażliwy człowiek. A postawa tych ludzi była taka:

– Musicie palić, to palcie"[30].

Odporność psychiczna Blichewicza miała jednak swoje granice i wolał zginąć pod gruzami Starówki, niż opuścić barykady.

„[...] na Podwalu w kwaterze »Bończy«, który był ranny – relacjonowała sanitariuszka Jadwiga Majewska (»Jagoda«) – i leżał na tapczanie, odbyła się narada, którą prowadził major »Róg« (Stanisław Błaszczak). Uczestniczyli w niej dowódcy poszczególnych kompanii – pamiętam między innymi gorącą utarczkę słowną między porucznikami »Koperskim« a »Szczerbą«. »Koperski«:

– Dość tego romantyzmu polskiego, codziennie giną żołnierze, mam wielu zabitych!

»Szczerba« na to:

– A ja będę walczył do końca, choćbym miał paść trupem"[31].

Nie był w tym odosobniony, podobno jakiś kapitan wykrzyczał „Bończy", że to „niegodne opuszczać konające miasto i mieszkańców, że to podłość, tchórzostwo zostawiać ich na pastwę Niemcom" i że powstańcy „powinni wytrwać do końca na tej straconej reducie".

Stare Miasto zresztą już nie istniało, a ruiny nawet nie płonęły, dawno wypaliło się wszystko, co mogło się spalić. Dymiły piramidy gruzów, a pozostałości domów waliły się z hukiem.

„Przeskakując po gruzowisku ulicy Świętojańskiej koło numeru 17 – relacjonował szesnastoletni wówczas Andrzej Rumianek (»Tygrys«) – zobaczyłem dom, w którym mieszkałem i z którego wyszedłem do Powstania. I tu przyszła refleksja – kikuty rozbitych domów, wśród których rosłem, a ulica, na której mieszkałem, zryta i zasypana gruzem. Tu, gdzie jeździliśmy na hulajnogach, graliśmy w klipę, zwalony fronton Katedry, barykada, na której ginęli koledzy i moi rówieśnicy beztroskich zabaw. Schodki do bramy, na których siadywał nasz dozorca, dobroduszny pan Józef, kontrolujący wchodzących do posesji zapytaniem: »Do kogój?«"[32].

Zapadła decyzja o ewakuacji kanałami i porzuceniu tysięcy rannych. Na pastwę wroga zostawiono również ludność cywilną, która początkowo przejawiała nieprawdopodobny entuzjazm. Wszyscy wierzyli, że cierpienie ma sens, że przyniesie wymierne korzyści. Teraz jednak wyzywano powstańców od bandytów, słusznie uważając, że jak zaczynali, „to nikt nie pytał nas o zdanie". A gdy teraz kończą walkę, to „odchodzą i też nic nie mówią".

„Jeszcze jedno przeżycie z ostatnich chwil na Starówce – opowiadała Barbara Bobrownicka-Fricze. – Myśmy trzymali przez cały czas Rynek, ze względu na trwającą ewakuację kanałami. Znalazłam pancerfausta. Myślę sobie tak: »My odchodzimy, musimy to schować, bo jakieś dziecko weźmie to do ręki i jeszcze je rozerwie«. Poszłam w pobliskie ruiny i szukam miejsca dla schowania pancerfausta, a tam spotkałam dziecko, sześcioletnie, niebieskookie. Do dziś pamiętam tego chłopczyka. On mnie pyta: »Odchodzicie?«. Odpowiedziałam mu, że nie. To kłamstwo i te dziecinne oczy pozostały we mnie na zawsze"[33].

TRAGEDIA NA OKÓLNIKU

Wieczorem 1 września pozostałości batalionu „Bończa" opuściły kanałami Stare Miasto. Podziemny marsz przebiegł bez większych zakłóceń i powstańcy wyszli włazem u zbiegu ulicy Wareckiej i placu Napoleona.

„Patrzyłem na ten »nowy świat« – wspominał »Szczerba« – wszystko jak nie z tej ziemi... Całe domy, ba, nawet całe szyby! Czy to możliwe, że to, co tu widzimy, jest tym samym miastem, co świat gruzów, któryśmy dopiero co opuścili? Chłopcy żartowali, śmiali się głośno i dowcipkowali na ten temat"[34].

Zaczynało natomiast brakować żywności. Powstanie miało przecież trwać zaledwie kilka dni, a tymczasem w ciągu miesiąca walk do Śródmieścia napłynęły tysiące uciekinierów z innych dzielnic. Podstawą jadłospisu stało się więc gotowane sago – „sztuczna kasza, przeźroczyste kuleczki trochę mniejsze niż pęczak" oraz słynna zupa-pluj.

Potrzeba, jak wiadomo jednak, matką wynalazku, podwładni „Szczerby" czasami urozmaicali więc jadłospis. Koni w stolicy wprawdzie już nie było, ale pozostały inne zwierzęta domowe. „»Bolek« wpadł raz na pomysł – wspomniał Andrzej Rumianek – żeby chłopakom i nie tylko zafundować obiad z mięsem. Pomysł chwycił i sam brałem udział w tej wyprawie. Już nie pamiętam, kto podprowadził nas pod sobie znajomy adres, w okolice ulicy Żelaznej, gdzie przekonywał znajomych właścicieli okazałego doga o przydatności psa do służby w łączności. Dziewczyny zarzekały się, że nie będą tego jadły. Głównym kucharzem był »Brzoza« (Jan Landowski), który, jak się później okazało, był nie tylko doskonałym erkaemistą. Tego dnia była nie tylko piękna, ale i upalna pogoda, pootwierane drzwi od góry do dołu budynku, a kuchnia mieściła się na ostatnim piętrze, skąd niósł się drażniący zmysły zapach pieczeni. Widok zajadających chłopaków przełamał resztę oporu. Do końca Powstania wszyscy wspominali tę wspaniałą ucztę" [36].

Barbara Bobrownicka-Fricze początkowo odmawiała konsumpcji psiego mięsa, tłumacząc, że według niej to zwierzę ma duszę. W odpowiedzi koledzy z batalionu szczekali na jej widok, mówiąc, iż teraz mają po dwie dusze. Skończyło się na tym, że Barbara się złamała, a po latach przyznała, iż psie mięso z kluskami „to było całkiem dobre jedzenie".

Żołnierze „Szczerby" słyszeli na każdym kroku od mieszkańców Śródmieścia, że „Starówka ich objada", a nawet że „Starówka rabuje". Do prawdziwej pasji doprowadzały go opinie, że skoro „przyszli tutaj, to Niemcy teraz zabiorą się do Śródmieścia". We wzajemnych kontaktach nie było serdeczności ani nawet wspólnego języka.

6 września rano zbombardowany został budynek konserwatorium przy ulicy Okólnik, gdzie stacjonowała kompania „Szczerby". W gmach trafiły bomby burzące i zapalające, uczelnia stanęła w płomieniach. Były straty w ludziach, na drugim piętrze zostali zasypani podchorąży „Bogut" (Józef Nowak) i sanitariuszka „Janka". Byli parą, planowali małżeństwo, bardzo ich w oddziale lubiano.

„Wskoczyłem z chłopakami na górę – relacjonował Blichewicz. – Część klatki schodowej na wysokości drugiego piętra zwalona. Wszędzie zwały gruzu" [37].

„Szczerba" nie mógł się nawet dostać na piętro, uniemożliwiała mu to ręka w gipsie. Jego podwładni dotarli jednak w pobliże zasypanych i nawiązali z nimi kontakt. „Głos dochodził do zawalonych. Dostać się do nich natomiast nie było sposobu. Trzeba by usunąć wpierw ogromne ilości gruzu. Zszedłem na dół mobilizować wszystko, co żyje, do akcji ratowniczej. Właśnie wtedy przypadł do mnie starszy, siwy pan z rozwianymi długimi włosami, krzycząc, że na górze płoną bezcenne zbiory biblioteki konserwatorium i jeżeli natychmiast nie zacznie się akcji ratowniczej, wszystko przepadnie" [38].

Był to dyrygent i kompozytor Stanisław Kazuro, którego Blichewicz kazał natychmiast usunąć z budynku. Zagroził muzykowi chłostą (!), wykrzykując, że na górze jest dwoje ludzie zasypanych, a „każde z nich jest dla niego ważniejsze niż dziesięć zasranych bibliotek". I trudno się z nim nie zgodzić.

Akcja ratunkowa była jednak fikcją, powstańcy nie posiadali ciężkiego sprzętu, a budynek płonął. Zasypani nie mieli żadnych szans, tym bardziej że kompania otrzymała rozkaz wymarszu na ulicę Kopernika. Do ruin uczelni zbliżali się Niemcy i nie było możliwości ich powstrzymania.

„Zdjąłem hełm — wspominał Blichewicz. – Z czoła obficie lał mi się pot.

– Słuchaj, »Wojtek« – zacząłem mówić i czułem, że bledne. – Powiedz im, że zrobi się wszystko, co będzie możliwe. Ale... szanse są małe. Więc... w ostatecznym razie... Niech się ratują sami! Tak jak tylko potrafią... Jeśli ogień dojdzie do nich. Rozumiesz, co mówię?

»Wojtek« popatrzył na mnie, potem długo milczał. Wreszcie zaczął wołać, a głos mu się raz po raz łamał.

– »Bogut«!... Gdybyśmy się nie dostali do was... Dom może spłonąć... W takim razie masz pistolet!

Nastała chwila śmiertelnej ciszy. Potem »Wojtek« rzucił nam usłyszane słowa w dół, ich dźwięk zabrzmiał jak łomot opadającego wieka trumny.

– Nie da rady! Pistolet za daleko... Nie sięgnę...

Jakaś kobieta zapłakała. To mała »Babcia« [Halina Możdżyńska – S.K.]. Bardzo się z »Janką« lubiły"[39].

W rumowisku nie znaleziono nawet szczeliny, aby wrzucić granat i skrócić mękę zasypanych. Przywaleni belkami i gruzem mogli tylko bezradnie czekać, aż pochłoną ich płomienie.

„Stukali i walili, żebyśmy ich uwolnili – wspominała Barbara Bobrownicka-Fricze – a myśmy nie mogli, bo ogień. Wtedy Wojtek Wroński chciał się zastrzelić, ale wyrwali mu pistolet z ręki. Oni się tam musieli spalić. Nie byliśmy w stanie cokolwiek dla nich zrobić. I poszliśmy, a oni musieli tam zostać"[40].

Nie tylko „Janka" i „Bogut" zginęli potworną śmiercią w ruinach konserwatorium. Przywalony gruzem został również pięćdziesięciopięcioletni szef plutonu „Ziarno", zawodowy podoficer (nie udało się ustalić jego personaliów).

„Krzyczał, aby go dobić – wspominał Zbigniew Chałko – wzywał ludzi po imieniu: »Ja się palę od spodu! Dobijcie mnie!«. Któryś z żołnierzy nie wytrzymał, rzucił granat, reszta ściany przykryła go!" [41].

Na swój sposób miał więcej szczęścia od „Janki" i „Boguta".

Okrutna śmierć podwładnych była wielkim wstrząsem dla „Szczerby". Ciągle miał przed oczami tę dwójkę młodych, dzielnych, zakochanych w sobie ludzi. Okazja do zemsty nadarzyła się kilka godzin później, gdy przy ulicy Foksal porucznik stał się świadkiem niezrozumiałej sceny.

„W ogrodzie barak, na tle którego stoi w szeregu kilkunastu ludzi. Obok przypatruje się temu spora gromadka obojga płci. Przeważają mężczyźni. Przed ustawionymi w szeregu pod ścianą budynku ludźmi kręci się kilku żołnierzy AK i co chwila któryś z nich strzela do stojących bez ruchu. Trafiony podskakuje w śmiesznym drgnieniu i wali się pod ścianę. Znów pada strzał i kolejny człowiek w konwulsjach runął na ziemię. Robiło to wrażenie jakiejś zabawy zaimprowizowanej *ad hoc*. Stałem chwilę i bezmyślnie przyglądałem się widowisku. Nowi ludzie zaczęli ustawiać się pod ścianą. Wszyscy poprzednicy już leżeli zabici na ziemi" [42].

Powstaniec dowodzący egzekucją wyjaśnił, że w Śródmieściu zatrzymano ponad trzysta folksdojczów, a gdy część uciekła, resztę postanowiono uśmiercić. Problem był jednak taki, że wśród powstańców nie było wielu chętnych do tej roboty. Do wykonania pracy katów zgłaszali się natomiast cywile.

„Na pamięć [...] nasunęli mi się w tej chwili »Bogut« i »Janka« zasypani w konserwatorium – tłumaczył »Szczerba« – i czekający na płomienie, które ich żywcem pochłoną... Potem »Młodzik« z przestrzeloną szczęką w katedrze... »Tomaszewski« leżący twarzą w kałuży krwi przed ołtarzem... »Zbyszek« jęczący z wyszarpanym bokiem... »Ryszard« gasnący nam w oczach i tylu, tylu innych... Kobiety pędzone przed czołgami na Starówce, czołg na Kilińskiego i krwawe plamy na murach po eksplozji..."[43].

W miejscu egzekucji Blichewicz był najstarszy stopniem, przejął więc inicjatywę. Po porannej tragedii nie miał skrupułów, a „wyparcie się własnej krwi" uważał za wyjątkową zbrodnię. „Wszystkich folksdojczów do ziemi! – rozkazał. – Niemców rodowitych i tylko tych [...], co mogą się nam na coś przydać, zostawić! Ciała reszty powrzucać do baraku, oblać naftą i spalić. Dopilnować, aby się wszystko dobrze spaliło! Żeby nie zostawić żadnych śladów!"[44].

Był konsekwentny i gdy pewien czas po zakończeniu egzekucji znaleziono ukryte w baraku dwie kobiety (matkę i córkę), również polecił wysłać je „do ziemi". Nie miał zwyczaju zmieniać swoich rozkazów.

ELA

„Szczerba" nigdy właściwie nie potrafił odnaleźć się w Śródmieściu i chyba w głębi duszy żałował, że nie zginął na Starówce. Dostrzegał niekompetencję w dowodzeniu, sprzeczne rozkazy, chaos. Nie wytrzymywał ciągłego napięcia i odpowiedzialności za życie podwładnych.

Na krótko przed tragedią w konserwatorium odnalazł w powstańczej kuchni przy placu Małachowskiego żonę. Spotkanie nie wzbudziło w Blichewiczu specjalnych uczuć, potraktował Elżbietę chłodno i tradycyjnie większym zainteresowaniem obdarzył znajomych z aktorskich czasów. Ponownie zwracał uwagę na urodę koleżanek, tym razem zachwycał się Jadwigą Kuryluk, a właściwie jej „ślicznymi blond włosami kontrastującymi jasną plamą z ciemnym wnętrzem suterenty".

Elżbietę ściągnął do swojego batalionu dopiero po jedenastu dniach, traktując to jako małżeński obowiązek. „Pod wieczór wrócili »Wojtek« z »Wickiem«, prowadząc moją żonę. Zarządziłem, by spała z dziewczętami, chcąc w ten sposób podkreślić, że pełni służbę zwykłej łączniczki w kompanii. »Kaczka« uznała mój punkt widzenia za zupełnie słuszny. Musiałem tylko przez jakiś czas tępić wśród łączniczek i sanitariuszek tendencję do tytułowania Eli »panią porucznikową«. Potem zapanowała komitywa i przyjaźń"[45].

Być może Blichewicz nie kochał żony, ale Elżbieta potrafiła wpłynąć na jego decyzje. Doskonale znała słabości męża (jak to żona) i wiedziała, w jaki sposób można to wykorzystać. I w odpowiedniej chwili się nie zawahała.

Poważnym problemem stało się w tym czasie okradanie opuszczonych mieszkań. Lokatorzy koczowali w schronach, a w ocalałych kamienicach szaber przybrał niepokojące rozmiary. Powstańcy nie mieli żywności, wody i ciepłej odzieży (była już druga połowa września), ale samowolne rekwizycje czasami trudno było odróżnić od zwykłego rabunku.

„Wydałem rozkaz – pisał »Szczerba« – że z płonących domów żołnierze mogą wynosić rzeczy, które im są potrzebne: ciepłą odzież, bieliznę, koce, kołdry oraz żywność, jeśli znajdą. Za każdy inny szaber i w innych okolicznościach będę karał jak najsurowiej. Rozkaz ten kazałem szefowi odczytać w kompanii"[46].

Blichewicz nie rzucał słów na wiatr i konsekwentnie egzekwował własne rozkazy. Przekonał się o tym boleśnie Władysław Piotrowicz, pseudonim „Tygrys" (nie mylić z Andrzejem Rumiankiem). Dziewiętnastoletniego chłopaka przyłapano na gorącym uczynku, chwilę po włamaniu do zamkniętego mieszkania. „Tygrys" nie był specjalnie subtelny, drzwi otworzył za pomocą toporka, a po zatrzymaniu nawet nie próbował się tłumaczyć. W milczeniu przyjął zapowiedź sądu polowego i niezwłocznej egzekucji.

„[...] obejrzałem mieszkanie, do którego włamał się »Tygrys« – wspominał Blichewicz. – Było skromne, dwupokojowe. Szabrownik nie zdążył chyba jeszcze nic zabrać. Dopiero co wszedł. Mogłaby to być okoliczność łagodząca, ale postanowiłem raz na zawsze odstraszyć wszystkich od podobnego procederu"[47].

Podobno „Tygrys" miał „już jeden czy dwa wyczyny" na swoim koncie i po batalionie rozeszła się wieść, że teraz „Szczerba" na pewno „każe go rozwalić". Wtedy do akcji wkroczyła Elżbieta, wstawiając się za chłopakiem.

„Przyszła do mnie sanitariuszka »Zosia« – tłumaczyła mężowi. – Ona się kocha w »Tygrysie«. Są, zdaje się, po słowie... I teraz płacze i prosi mnie o ratunek dla niego.

– To bardzo źle wybrała! – przerwałem ostro.

– Może. Nie naprzykrzałam ci się, wiesz o tym. Tylko widzisz, zabijają nas Niemcy. Po co mamy się jeszcze wykańczać nawzajem? To podobno nawet dzielny chłopak? Daj mu szansę rehabilitacji. O 22.00 drugi pluton idzie na pocztę. Pozwól mu iść z kolegami. Może tam odkupić lub złagodzić swoją winę... Namyśl się nad tym. Zrób to dla mnie.

Wyciągnąłem papierośnicę. Poczęstowałem Elę i zapaliłem sam. Po chwili powiedziałem:

– Zaczynam żałować, że wziąłem cię do kompanii.

– Może tak, może nie. Potem osądzisz. Daj mu szansę. Zrób to jeden raz dla mnie"[48].

„Szczerba" ustąpił, „Tygrys" poszedł na akcję i zmazał swoją winę. Przeżył zresztą powstanie, a po wojnie osiedlił się w USA. Nigdy nie ożenił się z „Zosią", ale to już zupełnie inna historia. Ważniejsze wydaje się sformułowanie Elżbiety podczas decydującej rozmowy z mężem. Pani Blichewicz powiedziała, że nigdy „nie naprzykrzała się mężowi", co można uznać za najlepsze podsumowanie ich związku.

„KRYSTYNA"

„Szczerba" był w coraz gorszym stanie psychicznym, a kolejny cios stanowiła dla niego śmierć dowódcy batalionu, rotmistrza Sobeskiego. „Bończa" został ranny jeszcze na Starówce, a teraz zachowywał się tak, jakby szukał śmierci. I bez problemu ją znalazł.

Dotychczas Blichewicz raczej unikał alkoholu, teraz był mu coraz bardziej potrzebny. Pił nawet przed akcjami bojowymi, co wprawiało jego podwładnych w osłupienie.

„[...] spojrzałem na Wojtka – opowiadał »Szczerba«. – Na pewno masz wódę w manierce. Daj mi łyk.

Podchorąży niepewnie odpiął manierkę. Niewiele było na dnie. Wychyliłem jednym haustem. Piekący płyn orzeźwił mnie.

– Teraz daj mi papierosa!

Trzy paczki wyciągnęły się do mnie wśród ciszy. Gdy zapaliłem, »Wojtek« wreszcie przemówił:

– Świat się do góry nogami przewraca! Wódz w akcji pociągnął łyka!

– Nie w akcji, tylko przed akcją – powiedziałem spokojnie. [...]

Teraz zwróciłem się do »Wicka«:

– Ty też na pewno masz coś w manierce?

Zapytany powoli, bez słowa podał mi ją. Była znacznie cięższa. Pociągnąłem tęgi łyk.

– Co to jest? – spytałem zdumiony. – Koniak?

– Człowiek się stara, jak może, aby w potrzebie wodza podniebienie uratować – padła trochę niewyraźna odpowiedź.

Pociągnąłem jeszcze raz, potem drugi z manierki i oddałem ją chłopakom.

– Napijcie się i wy"[49].

Kontakty Blichewicza z alkoholem nie ograniczały się do kilku tęgich łyków przed akcją. W wolnych chwilach popijał w towarzystwie niedawno poznanego Eugeniusza Brodowicza, pseudonim „Roman". Dwudziestosześcioletni lekarz przypadł mu do gustu, zwrócił również uwagę na jego urodziwą asystentkę „Krystynę".

Nie znamy jej personaliów, „Szczerba" podał jedynie pierwszą literę nazwiska, co pozwala przypuszczać, że „Krystyna" przeżyła powstanie. Niewykluczone zresztą, iż Blichewicz z rozmysłem zmienił inicjały. „Krystyna" była bowiem mężatką, a ich znajomość przekształciła się w romans na gruzach konającej stolicy.

"Przed wojną państwu K. dobrze się powodziło. On był inżynierem i miał własne przedsiębiorstwo. W czasie okupacji też jakoś dawali sobie radę. Mieli ładne mieszkanie na Smulikowskiego [...]. Gdy wybuchło powstanie, pani Krystyna, żądna silnych i bohaterskich wrażeń, zgłosiła się ochotniczo jako sanitariuszka w Zgrupowaniu »Konrad«. [...] Mieszkała jednak nadal w swym ładnym mieszkaniu. Po upadku Powiśla trzeba było wszystko zostawić i ze zgrupowaniem ruszyć do Śródmieścia razem z mężem, który, nie będąc żołnierzem, przez nią »wisiał« przy wojsku, poświęcając się zdobywaniu żywności dla siebie i małżonki"[50].

Po przeanalizowaniu informacji podanych przez Blichewicza można podejrzewać, że chodzi tu o Krystynę Minkiewicz ("Krystyna", "Żaba"). Przed powstaniem mieszkała na Smulikowskiego, służyła jako sanitariuszka w zgrupowaniu "Konrad". Wprawdzie "Szczerba" opisał "Krystynę" jako kobietę "chyba lat trzydziestu", a pani Minkiewicz była cztery lata młodsza, możliwe jednak, że nie znał nawet jej dokładnego wieku. Na pewno jednak uważał "Krystynę" za wyjątkowo urodziwą, zgrabną kobietę o "śniadej cerze i pięknych włosach".

Pani K. sprawiała wrażenie osoby poszukującej nowych wrażeń i niemal od razu zaczęła adorować "Szczerbę". "Roman" odgrywał rolę przypadkowej przyzwoitki, a cała trójka spędzała razem dużo czasu na mocno zakrapianych spotkaniach. Blichewicz zresztą szybko wyrobił sobie własne zdanie na temat urodziwej sanitariuszki.

„Przecież nie dlatego ściga mnie oczami, że jej się podobam, że ją interesuję jako mężczyzna. Na pewno nie. Ale jej żądna przygód natura szuka nad moją głową niewidzialnego nimbu Starego Miasta – najkrwawszej reduty powstania. Gdzie nie zostało nic oprócz zgliszcz i ruin... W jej oczach na pewno mąż, który kiedyś zapewniał jej wszystko, co tylko mąż dać może żonie, więc byt, pozycję, spokój, przyszłość – dziś znaczy mniej niż pierwszy lepszy chłopak z AK, byle z opaską na ramieniu i karabinem w garści"[51].

Zapewne jednak chodziło o coś innego. „Krystyna" nie szukała bowiem przygód wśród młodszych od siebie powstańców, jako atrakcyjna kobieta z pewnością nie miałaby z tym problemu, ale pociągał ją „Szczerba". Najwyraźniej Blichewicz nie był znawcą damskiej psychiki i nie wiedział, że zamknięty w sobie, zmęczony mężczyzna o mrocznej psychice może intrygować kobietę. A etos bohatera ze Starego Miasta i order Virtuti Militari na pewno dodawały jeszcze uroku.

Spotykali się coraz częściej, z reguły w towarzystwie doktora „Romana". A gdy tydzień przed kapitulacją lekarza zabrakło, spotkanie skończyło się tak, jak musiało się zakończyć. Gwałtownym zbliżeniem erotycznym w ruinach nocnej, płonącej Warszawy.

„Bezwiednie poszedłem za nią. Nagle zarzuciła mi ręce na szyję i przylgnęła do mnie całym ciałem. Czułem jej ciepło, gorące piersi na moich i usta, które wpiły się w moje namiętnie i długo. Zawirowało mi w głowie. Objąwszy ją prawym ramieniem, oddałem pocałunek z równą siłą. Trwało to długo. W pewnej chwili „Krystyna" oderwała się od moich ust. Poczułem jej gorący oddech na mojej twarzy.

– Och, Zbyszek! Jak dobrze jest żyć! – szepnęła z jakąś dziką pasją.

Potem wtuliła się we mnie jeszcze mocniej, a usta jej wgryzły się w moje z taką gwałtownością, że straciłem poczucie miejsca i czasu... Zrzuciłem hełm, by mi nie przeszkadzał"[52].

W ich zbliżeniu nie było jednak uczucia, raczej fizyczna namiętność. „Szczerba" traktował całą sprawę wyłącznie w charakterze przygody i nawet miał coś na kształt wyrzutów sumienia. „Postanowiłem [...], o ile to się da, unikać bramy, w której mógłbym spotkać „Krystynę". Nie byłem zakłamanym skromnisiem. »Przygoda żołnierska« w tych warunkach z naprawdę ładną i zgrabną kobietą mogła na pewno pociągać i przywoływać wspomnienia. Nie byłem jednak zadowolony z siebie"[53].

Czy nie było to jednak zachowanie typowe dla mężczyzny? Porucznik wykorzystał okazję, a następnie dyskretnie unikał partnerki. Czy tak samo potraktowałby „Ewę" na Starówce, gdyby doszło między nimi do czegoś poważniejszego? Czy też rozgrzeszałby się „żołnierską przygodą"?

KAPITULACJA

Ostatnie dni września były właściwie czekaniem na kapitulację. Toczyły się wprawdzie cały czas zacięte walki, ale wszyscy wiedzieli, że powstanie już długo nie potrwa.

„Przez trzy dni trwało zawieszenie broni – wspominała Barbara Bobrownicka-Fricze stacjonująca w ruinach Poczty Głównej. – Przyszli wtedy do nas żołnierze niemieccy, to byli właściwie chłopcy. Byli bardzo mili, świetnie nam się rozmawiało. Jak my żeśmy się doskonale rozumieli! Potem, za trzy dni, ponownie zaczęliśmy do siebie strzelać. Jeden z nich opowiadał o sanitariuszce, czy też łączniczce, którą widział w czasie walk, biegła, z opaską na ramieniu, a on nie mógł, nie chciał do niej strzelić. Widziałam tę jego bezradną twarz i do dziś tego człowieka pamiętam. Pierwszy raz widziałam, że Niemiec to może być człowiek"[54].

"Szczerba" nie mógł się jednak z tym wszystkim pogodzić. Raz już opuszczał Stare Miasto z poczuciem klęski i teraz wolał śmierć niż niewolę. Przy okazji postanowił również zakończyć swoją "żołnierską przygodę".

"Odsunąłem się od niej.
– Niebezpieczna jesteś.
– Nie lubisz mnie? – słowa dziewczyny padły jak wyzwanie.
– Żal mi twego męża – stwierdziłem po chwili.
– Dziecinny jesteś! – powiedziała, po czym zastanowiła się chwilę i dodała z miną niewiniątka: – No cóż ja zrobię, że on nie jest bohaterem? To nie czas dla takich ludzi jak on.
– A ty szukasz bohatera – powiedziałem jakby nie do niej. – Ano, szukaj! Może znajdziesz. Choć obawiam się, że ci to łatwo nie przyjdzie. Nie ma chyba bohaterów wśród nas, żywych. Choć właściwie mam jednego u siebie w kompanii, ale ten jest za młody dla ciebie: ma dopiero 19 lat. Myślę jednak, że najbliżsi twojego ideału są ci, którzy leżą pod gruzami"[55].

Blichewicz rzeczywiście żałował, że nie zginął. Kiedy na odprawie oficjalnie dowiedział się o rozmowach z Niemcami, po powrocie na kwaterę zażądał wódki i "pod papierosa wypił cały zapas", czyli prawie pół litra. A następnego dnia obserwował ze zgrozą, jak w odległości 150 metrów od polskich stanowisk spacerowali hitlerowscy żołnierze bez broni! Oddział „Szczerby" dostał bowiem rozkaz niereagowania na ruchy przeciwnika.

„Nagle ledwo od naszych stanowisk ujrzałem rzecz nie do wiary. Tuż przy ulicy Świętokrzyskiej Szkopy również defilowały przed stanowiskami powstańców i oto jakiś Szwab, wykrzykując coś, zbliżał się do linii polskich, ciągle drąc się radośnie. Na to wyskoczył akowiec i za chwilę dwaj śmiertelni wrogowie podali sobie ręce, wrzeszcząc teraz już razem wniebogłosy" [56].

To jednak nie wszystko. Ośmieleni Niemcy postanowili odwiedzić również stanowiska „Szczerby", zakładając, że walka się skończyła i można porozmawiać z niedawnym przeciwnikiem. „Jakiś Szkop począł iść w naszym kierunku, zachęcony widać sceną, którą przed chwilą musiał widzieć równie dobrze jak my. Zbliżał się szybko, wymachując rękami i pokrzykując. »Zbigniew« podpuścił go na kilkadziesiąt metrów. Nagle wyskoczył mu naprzeciw ze stenem w ręku.

– *Zurück!* – krzyknął. – *Zurück!*

Niemiec zatrzymał się niezdecydowany i stanął w miejscu.

– *Zurück!* – krzyczał dalej podchorąży. – *Hast du gehört?!*

Szkop zawrócił ku swoim, którzy powitali go gromkim śmiechem.

»Zbigniew« również zawrócił ku nam. Twarz cała mieniła mu się gniewem. Ręka trzymająca stena drżała lekko.

– Skurwysyny! – syknął ze złością" [57].

Na ostatnią odprawę „Szczerba" przyszedł kompletnie pijany, zresztą udał się tam wyłącznie na skutek nalegań żony. Najwyraźniej uznał, że w obliczu kapitulacji dyscyplina nie ma już większego znaczenia, a może jego psychika nie wytrzymała świadomości klęski. Ten człowiek przeszedł przecież tak wiele i nie chciał teraz trafić za druty obozu jenieckiego.

„Przed kapitulacją dowódca kompanii »Szczerba« – wspominał Zbigniew Chałko – poprosił nas o znalezienie mu polskiego munduru i odznaczeń. Udało mi się zdobyć dla niego i mundur, i medale, ale tknięty przeczuciem, zacząłem szukać go wszędzie, wpadłem do kuchni na kwaterze, w ostatnim momencie zdołałem podbić rękę »Szczerby« uzbrojoną w rewolwer: strzał poszedł w sufit"[58].

Zbigniew Blichewicz złożył broń 4 października i razem ze swoim batalionem opuścił Warszawę. Nie chciał widzieć, jak cieszyła się ludność cywilna po kapitulacji, nie chciał też oglądać przyjaznych gestów ze strony niedawnego wroga.

„Jeden taki patrol spotkaliśmy na ulicy Widok – wspominała Barbara Bobrownicka-Fricze. – Żołnierze niemieccy z uśmiechem pokiwali do nas i zatrzymali na rozmowę. Znam niemiecki język. W rozmowie nazywali nas *tapfere Kerle* (dzielnymi chłopcami) i utrzymywali, że teraz wspólnie wyruszymy przeciwko bolszewikom.

W tym właśnie momencie z bramy domu, przy którym staliśmy, wyszedł jakiś ewakuujący się cywil (ludność już od kilku dni opuszczała Warszawę) z butelką wódki w ręku. Spojrzał ponuro na AK-owców i wręczył butelkę wódki żołnierzom niemieckim! No, z Niemcami żeśmy oczywiście nie pili. Oni nam zresztą również tego nie proponowali, ponieważ byli »na służbie«"[59].

Inna sprawa, że relacje pomiędzy Niemcami i powstańcami po kapitulacji mogły zaskoczyć nie tylko „Szczerbę". Były one co najmniej poprawne, tak jakby nie było dwóch miesięcy krwawych walk i ponad stu tysięcy ofiar. „Nasze patrole chodziły normalnie z bronią – opowiadał Zbigniew Dębski z batalionu »Kiliński« – również po terenie zajętym przez Niemców. [...] Nie spotykaliśmy się z oznakami wrogości. Niemcy byli raczej pełni uznania, że tyle czasu stawialiśmy im opór. Zachowywali się wobec nas zupełnie przyzwoicie.

Niektórzy koniecznie chcieli dokonać transakcji polegającej na wymianie lub kupnie naszej broni. Jeden z Niemców zaproponował mi złotego schafhausena (markowy zegarek) za moją błyskawicę, inny chciał się zamienić z kolegą, oferując nowiutkiego schmeissera za jego stena. W obu przypadkach nie skorzystaliśmy z okazji.

Charakterystyczne było, że nie spotkaliśmy ani SS-manów, ani żołnierzy z RONA. Tych pierwszych, pochodzących z elitarnej jednostki SS Hermann Goering, wycofano prawdopodobnie na front, gdzie byli w tym momencie bardziej potrzebni"[60].

To wiele tłumaczyło, zapewne w innym przypadku nie byłoby tak spokojnie.

MARIA SZNUK

„Szczerba" przebywał kolejno w kilku niemieckich oflagach, Elżbieta natomiast trafiła do stalagu Fallingbostel. Nie wiemy nic o powojennych losach „Krystyny", jeżeli jednak identyfikacja z Krystyną Minkiewicz jest właściwa, to żyła ona najdłużej z całej trójki (zmarła w 2008 roku).

W ostatnich dniach wojny Blichewiczowie znaleźli się na wolności, żadne z nich nie chciało jednak wracać do kraju rządzonego przez komunistów. Ich małżeństwo rozpadło się, ale nie znamy daty ani okoliczności rozwodu. Z informacji uzyskanych od rodziny „Szczerby" wiadomo tylko, że Elżbieta wyjechała do Argentyny i zmarła w Buenos Aires [61].

Pewne światło na rozwód Blichewiczów rzucają jednak zachowane listy „Szczerby" do przebywającej w Palestynie Hanki Ordonówny. „Wspominał w nich o swojej żonie i zapewne chodziło o Elżbietę, napisał bowiem, że podczas powstania żona »cały czas była przy nim«". Wprawdzie pani Elżbieta dołączyła do męża dopiero 11 września, ale informację można uznać za skrót myślowy. W korespondencji z Ordonówną Blichewicz jeszcze kilka razy wspominał o Elżbiecie, można zatem podejrzewać, że do rozwodu nie doszło przed wrześniem 1947 roku (data ostatniej wzmianki). Wyrażał się zresztą o niej w samych superlatywach, jak nigdy wcześniej [62].

„Szczerba" wrócił do aktorstwa i już w czasie pobytu w niewoli grał w polskich teatrzykach jenieckich. Następnie trafił do zespołu Teatru Ludowego imienia Wojciecha Bogusławskiego w Lingen. Tam też doszło do głośnej scysji między nim a jego kolegą ze sceny, Tadeuszem Fijewskim.

Blichewicz miał zawsze zasadnicze poglądy na temat szacunku do munduru i odznaczeń, był również niezwykle dumny z orderu Virtuti Militari. Nosił krzyż „zbyt często i nie zawsze w sprzyjających okolicznościach", co stało się przyczyną konfliktu. Fijewski pod wpływem alkoholu pozwolił sobie na żart z manii orderowej Blichewicza, a ten wysłał do niego sekundantów. Kiedy Fijewski odmówił satysfakcji, „Szczerba" zapowiedział, że czeka jeszcze trzy dni, po czym „strzeli do niego jak do kaczki, przy pierwszej okazji".

Aktor poruszał się w obstawie kolegów, „skrzętnie omijając miejsca, gdzie mógłby spotkać Blichewicza", a pertraktacje z upartym porucznikiem rozpoczęła jego siostra Basia. Jej łzy i prośby „skruszyły wreszcie twardy opór" i „Szczerba" zgodził się darować życie Fijewskiemu pod warunkiem publicznych przeprosin.

„Nazajutrz rano – wspominał Stanisław Piekarski – schodząc na próbę, byliśmy wszyscy zaintrygowani. Gdy już zgromadziliśmy się w sali, Tadzio Fijewski wystąpił na środek świetlicy, chrząknął, zrobił efektowną minę i powiedział:

»Przepraszam«. Tu znowu spauzował. »Przepraszam krzyż Virtuti Militari«.

Po czym godnie cofnął się na swe miejsce. Z trudem zachowaliśmy wszyscy kamienny spokój i powagę"[63].

Mania „Szczerby" może śmieszyć, ale warto pamiętać, że chociaż Fijewski współpracował z AK, nigdy nie brał udziału w walkach. Nie na miejscu były więc jego wypowiedzi, a tym bardziej żarty, na temat odznaczeń, na które powstańcy zasłużyli własną krwią.

Po zakończeniu wojny Blichewicz dostał przydział do Teatru Dramatycznego II Korpusu i wyjechał do Włoch. Nie zagrzał tam jednak długo miejsca i niebawem pojawił się w Anglii. Był już wówczas żonaty po raz drugi, a jego wybranką została aktorka Maria Sznuk. Ona również brała udział w powstaniu warszawskim, nosiła pseudonim Marianna, ale nic nie wiadomo o jej ówczesnych losach. Mimo iż przebywała w Śródmieściu, w czasie powstania nie spotkała „Szczerby". Poznali się dopiero na emigracji, oboje figurują w obsadzie *Godów weselnych* Schillera wystawionych przez Teatr Ludowy w Lingen (premiera odbyła się w sierpniu 1945 roku). W przedstawieniu brał również udział Fijewski, a za choreografię odpowiadała jego siostra Barbara.

Znajomość Blichewicza z Marią Sznuk zakończyła się małżeństwem (podobno pobrali się w Londynie). „Szczerba" zawsze bardzo czule wypowiadał się o żonie. Nazywał ją „Maśka", chyba trafił na kobietę swojego życia. Niestety okoliczności nie pozwoliły im zbyt długo cieszyć się wspólnym szczęściem.

Blichewiczowie grali na scenach polskich teatrów w Wielkiej Brytanii, nie mogło to jednak zapewnić im utrzymania. Podobnie więc jak tysiące polskich emigrantów musieli podjąć pracę fizyczną. Blichewicz nie lubił Wielkiej Brytanii ani jej mieszkańców. Zawsze twierdził, że Anglosasi „nie należą do najprzyjemniejszych narodów", a najbardziej wartościowi Polacy opuszczają Wyspy. Szukając więc możliwości utrzymania się w obcym im świecie, Blichewiczowie wyjechali do Kalifornii, gdzie podjęli pracę jako służący u miejscowych milionerów. Nie mogli jednak przystosować się do amerykańskich warunków, a szczególnie ciężko przeżywała to Maria. Dwukrotnie usiłowała popełnić samobójstwo.

Małżonkowie wrócili do Europy i tam wreszcie uśmiechnął się do nich los. Blichewicz dostał dobrze płatną pracę w Rozgłośni Polskiej Radia Wolna Europa, na falach eteru udzielała się również jego Maria. Finanse to jednak nie wszystko, pani Blichewiczowa nigdy nie doszła do siebie po załamaniu nerwowym. Nie potrafiła się pogodzić ze śmiercią matki, nie dawały jej również spokoju okupacyjne wspomnienia. Tym bardziej że wraz z mężem musiała żyć na znienawidzonej niemieckiej ziemi.

„Szczerba" opiekował się żoną. Okazało się, że ten twardy mężczyzna potrafi być czułym i oddanym mężem. Niestety, nie zawsze mógł być przy niej obecny i 1 września 1959 roku Maria popełniła samobójstwo, skacząc z piątego piętra ich monachijskiego mieszkania. Miłość męża była zbyt małym darem dla kobiety, która przeszła przez piekło powstania.

Blichewicza trzymało przy życiu chyba tylko uczucie do Marii i gdy żona odeszła, uznał, że czas też już na niego. W pożegnalnym liście stwierdził, iż próbował żyć, ale nie potrafił, i poprosił o pochowanie obok jego ukochanej „Maśki". Półtora miesiąca po śmierci żony w tym samym monachijskim mieszkaniu zażył dużą dawkę środków nasennych, popijając je whisky. Porucznika „Szczerbę" dopadły ostatecznie jego demony.

○

Zakończenie

Już na początku zrywu miałem o nim wyrobione zdanie – mówił w niedawnym wywiadzie dla »Historia Do Rzeczy« Stanisław Likiernik (»Stach«). – Dobrym przykładem jest nasze pierwsze zadanie w czasie powstania, czyli zdobycie magazynów wojskowych na Stawkach. W ich zdobywaniu miał nam pomóc oddział kawalerii. To, że »kawalerzyści« przybędą bez koni, było dla mnie jasne, ale fakt, że spóźnili się o cały dzień, a w oddziale nie było nawet jednej osoby, która miałaby chociaż pistolet, było zaskoczeniem. Niestety, tak prezentowała się większość powstańców – nie mieli ani uzbrojenia, ani doświadczenia"[1].

Powstanie Warszawskie było obok walk o Stalingrad i Berlin największą bitwą miejską w dziejach drugiej wojny światowej. Ale nie można porównywać tragedii naszej stolicy z tymi bitwami. Tam przeciwko sobie walczyły regularne armie, a nad Wisłą młodzi ludzie z gołymi rękami szli zdobywać broń na wrogu. I zdobywali ją, a walki trwały ponad dwa miesiące. To wydarzenie niemające w ogóle analogii w dziejach świata.

Dyskusja o politycznych uwarunkowaniach powstania trwa już od blisko siedemdziesięciu lat i zapewne trwać będzie zawsze. Powstanie Warszawskie dołączyło bowiem do wielkich polskich zrywów niepodległościowych i tak jak inne zakończyło się klęską. Ale żaden z nich nie był taką tragedią dla naszego narodu i nie wywarł tak ogromnego wpływu na jego przyszłość.

Sztab Armii Krajowej chciał zwrócić uwagę na sprawę polską i do poruszenia światową opinią publiczną potrzebna mu była tragedia (w zwycięstwo nikt przy zdrowych zmysłach nie wierzył). Rzeczywiście dowódcy sprokurowali dramat, z którego rozmiarów początkowo nie zdawali sobie sprawy. Szkoda tylko, że żaden z oficerów, wydając na rzeź podwładnych i ludność stolicy, nie zamierzał podzielić ich losu. W sztabie powstania nie było Leonidasa, który chciałby zginąć na barykadzie wraz z konającym miastem. Wszyscy grzecznie poszli do niewoli, gdzie nie spadł im włos z głowy.

Spacerując po cmentarzu, jakim jest Warszawa, warto pamiętać, że tutaj ginęli młodzi ludzie, którzy chcieli żyć, kochać, założyć rodziny, a na koniec zestarzeć się przy bliskiej osobie. Zamiast tego spotkała ich śmierć, a w najlepszym wypadku emigracja lub stalinowskie więzienie.

Ale pamięć o powstaniu jest wciąż żywa, także wśród młodego pokolenia, o którym mawia się, że przywykło do konsumpcyjnego trybu życia, wyścigu szczurów i właściwie nic więcej go już nie interesuje.

„Mnie bardzo długo nie było w Polsce – mówiła Magdalena Grodzka-Gużkowska (»Magdalena Zawadzka«). – A jak wróciłam, to dowiedziałam się, że powstańcy mogą jeździć za darmo tramwajami i autobusami. [...] Ale nie wiadomo było do końca, czy powstańcy mogą jeździć metrem, bo nie było tego zapisanego w legitymacji. Poszłam do pana, który sprzedaje bilety do metra przy Politechnice. Powiedziałam, że jestem powstańcem, tu jest moja legitymacja i czy wolno mi jeździć za darmo metrem. I ten młody chłopiec, który miał z 25 lat, zanim potwierdził, że mogę jeździć też metrem, stanął przede mną na baczność i powiedział, że jest zaszczycony, że może mnie poznać"[2].

I tak powinno pozostać...

Przypisy

ROZDZIAŁ 1

[1] K. Leski, *Życie niewłaściwie urozmaicone. Wspomnienia oficera wywiadu i kontrwywiadu AK*, Warszawa 1989, s. 331.

[2] Za: N. Davis, *Powstanie '44*, Kraków 2004, s. 320–322.

[3] C. Miłosz, *Rodzinna Europa*, Warszawa 1998, s. 311.

[4] *Kulisy katastrofy powstania warszawskiego*, oprac. Jan Sidorowicz, Nowy Jork 2009, s. 11.

[5] H. Zakrzewska, *Niepodległość będzie twoją nagrodą*, Warszawa 1994, s. 270–271.

[6] *Batalion Bończa. Relacje z walk w Powstaniu Warszawskim na Starówce, Powiślu i Śródmieściu*, red. A. Rumianek, Gdańsk 2010, s. 211.

[7] *Kulisy katastrofy...*, s. 16.

[8] Za: R. Jabłoński, *Przerwali bój, gdy nie było szans*, http://www.powstanie.pl/?ktory=15

[9] *Ibidem.*

[10] Za: P. Wieczorkiewicz, *Historia polityczna Polski 1935–1945*, Warszawa 2005, s. 429.

[11] http://www.mysliwcy.pl/artykul.php?id=17&dzial=3

[12] Za: P. Wieczorkiewicz, *op. cit.*, s. 430.

[13] Za: *Ibidem*, s. 431.

[14] Za: http://powstanie44.blog.pl/tag/halifax/

[15] Za: N. Davis, *op. cit.*, s. 427.

[16] Za: *Ibidem*, s. 428.

[17] Za: *Ibidem*, s. 421.

[18] Z. Blichewicz, *Powstańczy tryptyk*, Gdańsk 2009, s. 259–260.

[19] *Batalion Bończa...*, s. 328.

[20] Z. Blichewicz, *op. cit.*, s. 71.

[21] L. Hałko, *Kotwica herbem wybranym*, Warszawa 1999, s. 128–128.

[22] Za: N. Davis, *op. cit.*, s. 345–346.
[23] Za: E. Kołodziejczyk, *Tryptyk Warszawski – Wypędzenie – Dulag 121 – Tułaczka*, Warszawa 1984, s. 18–19.
[24] *Ibidem*, s. 19.
[25] Za: J.K. Zawodny, *Uczestnicy i świadkowie powstania warszawskiego. Wywiady*, Warszawa 1994, s. 337.
[26] Z. Blichewicz, *op. cit.*, s. 262.
[27] Za: W. Bartoszewski, *Dni walczącej stolicy. Kronika Powstania Warszawskiego*, Warszawa 1989, s. 328–329.
[28] Za: *Ibidem*, s. 39–40.
[29] Za: P. Reszka, *Powstańcze kanały*, „Newsweek Historia" 8/2013.
[30] *Pamiętnik łączniczki „Sławki" z batalionu „Parasol"*, „Więź" 7/1973.
[31] Za: P. Reszka, *op. cit.*
[32] Za: *Ibidem*.
[33] *Powstanie na Mokotowie. Relacje dowódców. Warszawskie Termopile 1944*, red. J. Kłoczkowski, Warszawa 2009, s. 102–104.
[34] *Ibidem*, s. 104.
[35] Za: E. Kołodziejczyk, *op. cit.*, s. 37–38.
[36] E. Baranowski, J. Kulesza, *Warszawskie gry wojenne. Wspomnienia z lat wojny, okupacji i Powstania Warszawskiego*, Poznań 2011, s. 109.
[37] L. Hałko, *op. cit.*, s. 76.
[38] *Ibidem*, s. 76–77.
[39] Za: E. Kołodziejczyk, *op. cit.*, s. 37–38.
[40] J. Kurdwanowski, *Mrówka na szachownicy*, http://www.kurdwanowski.pl/
[41] L. Hałko, *op. cit.*, s. 153–154.
[42] *Pamiętnik łączniczki...*
[43] Za: Ł. Modelski, *Dziewczyny wojenne*, Kraków 2011, s. 92.

[44] K. Leski, *op. cit.*, s. 381.
[45] Za: N. Davis, *op. cit.*, s. 394.
[46] Za: http://www.sppw1944.org/index.html?http://www.sppw1944.org/relacje/relacja43g.html
[47] Za: N. Davis, *op. cit.*, s. 395.
[48] http://www.old.1944.pl/index.php?a=site_archiwum&STEP=03&id=478&page=2
[49] Za: J.K. Zawodny, *op. cit.*, s. 311.
[50] L. Hałko, *op. cit.*, s. 272.
[51] *Ibidem*, s. 273.
[52] *Ibidem*, s. 276.
[53] *Ibidem*, s. 275.
[54] *Ibidem*, s. 276.
[55] *Kulisy katastrofy...*, s. 10.
[56] P. Wieczorkiewicz, *op. cit.*, s. 435.
[57] J. Ciechanowski, *Na tropach tragedii. Powstanie warszawskie 1944*, Warszawa 1992, s. 46.

ROZDZIAŁ 2

[1] J. Nowak-Jeziorański, *Kurier z Warszawy*, Kraków 1997, s. 149.
[2] Za: http://www.ksap.gov.pl/ksap/file/publikacje/patroni/XIV_Jezioranski_KSAP.pdf
[3] J. Nowak-Jeziorański, *Kurier...*, s. 43.
[4] *Ibidem*, s. 51.
[5] *Ibidem*, s. 170.
[6] *Ibidem*, s. 176.
[7] Za: J. Nowak-Jeziorański, *Polska z bliska*, Kraków 2003, s. 196.
[8] J. Nowak-Jeziorański, *Kurier...*, s. 158.
[9] L. Hałko, *Kotwica herbem wybranym*, Warszawa 1999 s. 119.

[10] J. Nowak-Jeziorański, *Kurier...*, s. 159.
[11] *Ibidem*, s. 308.
[12] *Ibidem*.
[13] *Ibidem*, s. 313–314.
[14] *Wspomnienia łączniczki „Grety" spisane w pierwszą rocznicę Powstania (1945)*, http://www.zwoje-scrolls.com/zwoje18/text02p.htm
[15] J. Nowak-Jeziorański, *Kurier...*, s. 318.
[16] *Wspomnienia łączniczki...*
[17] *Ibidem*.
[18] *Ibidem*.
[19] J. Nowak-Jeziorański, *Kurier.....*, s. 322.
[20] *Ibidem*, s. 325–326.
[21] *Ibidem*, s. 330.
[22] *Ibidem*, s. 332.
[23] *Ibidem*, s. 336.
[24] *Ibidem*, s. 337–338.
[25] *Ibidem*, s. 339.
[26] *Ibidem*, s. 343.
[27] *Ibidem*, s. 348.
[28] *Ibidem*, s. 350.
[29] *Ibidem*, s. 351.
[30] *Ibidem*, s. 358.
[31] Za: http://m.onet.pl/styl-zycia/uroda,jtfk5
[32] Z. Zaremba, *Wojna i konspiracja*, Londyn 1957, s. 267.
[33] J. Nowak-Jeziorański, *Kurier...*, s. 359.
[34] *Ibidem*, s. 366.
[35] *Ibidem*, s. 385.
[36] Za: http://www.asme.pl/120707983329397.shtml
[37] J. Nowak-Jeziorański, *Kurier...*, s. 397.
[38] *Ibidem*, s. 412.
[39] Za: S. Cat-Mackiewicz, *Zielone oczy*, Warszawa 1987, s. 143.

[40] *Ibidem*, s. 144.
[41] Za: J. Kurski, *Jadwiga „Greta" Jeziorańska*, Wysokie Obcasy, 13.08.2005, http://www.wysokieobcasy.pl/wysokie-obcasy/1,96856,2864802.html
[42] J. Nowak-Jeziorański, *Polska...*, s. 197.
[43] Za: J. Kurski, *Jadwiga...*.
[44] J. Nowak-Jeziorański, *Polska...*, s. 198.
[45] *Ibidem*, s. 198.
[46] Za: J. Kurski, *Jan Nowak-Jeziorański*, Warszawa 2005, s. 143.
[47] *Ibidem*, s. 176.
[48] J. Nowak-Jeziorański, *Polska...*, s. 198.
[49] J. Kurski, *Jan...*, s. 149.
[50] *Ibidem*, s. 150–151.
[51] *Ibidem*, s. 152.
[52] Za: J. Kurski, *Jadwiga...*
[53] Za: J. Kurski, *Jan...*, s. 153.
[54] Za: *Ibidem*, s. 155.
[55] Za: J. Kurski, *Jadwiga...*
[56] Za: J. Kurski, *Jan...*, s. 153.
[57] Za: *Ibidem*, s. 158–159.

ROZDZIAŁ 3

[1] C. Miłosz, *Abecadło Miłosza*, Kraków 1997, s. 53–54.
[2] Za: W. Budzyński, *Testament Krzysztofa Kamila*, Warszawa 1998, s. 42.
[3] Za: *Ibidem*, s. 48.
[4] Za: W. Budzyński, *Miłość i śmierć Krzysztofa Kamila*, Warszawa 1992, s. 59–60.
[5] *Żołnierz, poeta, czasu kurz. Wspomnienia o Krzysztofie K. Baczyńskim*, red. Z. Wasilewski, Warszawa 1970, s. 122–123.

[6] *Ibidem*, s. 124.

[7] *Ibidem*.

[8] *Ibidem*, s. 79.

[9] P. Wieczorkiewicz, J. Błażejowska, *Przez Polskę Ludową na przełaj i na przekór*, Poznań 2011, s. 451.

[10] „Literatura" 21/1980.

[11] Za: W. Budzyński, *Miłość i...*, s 34.

[12] *Żołnierz, poeta...*, s. 133.

[13] Za: http://tygodnik.onet.pl/1,51520,druk.html

[14] Za: *Ibidem*.

[15] Za: http://www.polskieradio.pl/8/873/Artyku-l/468779,Milosz-kochal-Iwaszkiewicza

[16] C. Miłosz, *Rok myśliwego*, Kraków 1991, s. 201.

[17] *Żołnierz, poeta...*, s. 128.

[18] *Ibidem*, s. 130.

[19] *Ibidem*, s. 129.

[20] *Ibidem*, s. 130.

[21] Za: W. Budzyński, *Testament...*, s. 24.

[22] Z. Wasilewski, *Legenda Baczyńskiego*, Warszawa 1996, s. 13.

[23] *Żołnierz, poeta...*, s. 206.

[24] Za: W. Budzyński, *Miłość i...*, s. 73.

[25] Z. Wasilewski, *op. cit.*, s. 26.

[26] Za: W. Budzyński, *Miłość i...*, s. 73–74.

[27] Za: W. Budzyński, *Testament...*, s. 136.

[28] *Żołnierz, poeta...*, s. 130–131.

[29] Za: W. Budzyński, *Miłość i...*, s. 89.

[30] *Żołnierz, poeta...*, s. 248.

[31] *Ibidem*, s. 247–248.

[32] *Żołnierz poeta...*, s. 217.

[33] *Ibidem*, s. 217–218.

[34] *Ibidem*, s. 220–221.

[35] C. Miłosz, Abecadło..., s. 54–55.

[36] *Ibidem*, s. 55.
[37] *Żołnierz, poeta...*, s. 287.
[38] *Ibidem*, s. 288–289.
[39] *Ibidem*, s. 289.
[40] *Ibidem*, s. 209.
[41] Za: W. Budzyński, *Miłość i...*, s. 107–108.
[42] Za:http://www.tc.ciechanow.pl/aktualnosc-2807sla-dami_barbary_drapczynskiej_z_wieczfni_kosciel-nej__zona_krzysztofa_kamila.html/
[43] *Żołnierz, poeta...*, s. 240.
[44] *Ibidem*, s. 240–241.
[45] Z. Wasilewski, *op. cit.*, s. 45
[46] *Ibidem*, s. 52.
[47] Z. Czajkowski-Dębczyński, *Dziennik powstańca*, Warszawa 2000, s. 27.
[48] *Ibidem*, s. 31.
[49] Za: W. Budzyński, *Miłość i...*, s. 125.
[50] Za: *Ibidem*, s. 127.
[51] Za: *Ibidem*, s. 157–158.
[52] Za: *Ibidem*, s. 165.
[53] *Ibidem*, s. 181.
[54] *Ibidem*, s. 179.
[55] Za: *Ibidem*, s. 186.
[56] W. Budzyński, *Taniec z Baczyńskim*, Warszawa 2001, s. 107.
[57] Za: W. Budzyński, *Miłość i...*, s. 187.

ROZDZIAŁ 4

[1] http://ahm.1944.pl/Danuta_Galkowa_%282%29
[2] Za: T. Szarota, *Okupowanej Warszawy dzień powszedni*, Warszawa 1988, s. 299.

[3] Za: http://www.sprawiedliwi.org.pl/pl/family/564,ro-dzina-slazakow/

[4] http://ahm.1944.pl/Danuta_Galkowa_%282%29

[5] D. Gałka, *Byłam warszawskim Robinsonem*, Pruszków 1988, s. 22–24.

[6] *Ibidem*, s. 38–39.

[7] *Ibidem*, s. 40.

[8] *Ibidem*.

[9] http://ahm.1944.pl/Danuta_Galkowa_%282%29/2

[10] *Ibidem*.

[11] J. Kurdwanowski, *Mrówka na szachownicy. Wspomnienia żołnierza powstania warszawskiego 1944*, Warszawa 2004, s. 27.

[12] Za: http://ahm.1944.pl/Danuta_Galkowa_%282%29

[13] J. Kurdwanowski, *op. cit.*, s. 153.

[14] D. Gałka, *op. cit.*, s. 54.

[15] J. Kurdwanowski, *op. cit.*, s. 95.

[16] *Uratował mnie esesman*, http://www.tygodniksolidar-nosc.com/2012/35/6_ura.htm

[17] D. Gałka, *op. cit.*, s. 56.

[18] J. Zarębski, *Lotnik na barykadzie*, Skrzydlata Polska, 31.07.1977.

[19] Za: http://www.polskieradio.pl/80/1007/Arty-kul/344071/

[20] J. Kurdwanowski, *op. cit.*, s. 237–238.

[21] D. Gałka, *op. cit.*, s. 68–69.

[22] *Ibidem*, s. 64.

[23] http://ahm.1944.pl/Edward_Matecki/1

[24] D. Gałka, *op. cit.*, s. 70.

[25] *Ibidem*, s. 76.

[26] *Ibidem*, s. 77.

[27] *Ibidem*.

[28] Za: http://www.polskieradio.pl/80/1007/Artykul/344071/

[29] *Ibidem.*

[30] http://ahm.1944.pl/Edward_Matecki/1

[31] Za: http://www.polskieradio.pl/80/1007/Artykul/344071/

[32] http://ahm.1944.pl/Edward_Matecki/1

[33] *Ibidem.*

[34] D. Gałka, *op. cit.*, s. 96.

[35] http://ahm.1944.pl/Edward_Matecki/1

[36] D . Gałka, *op. cit.*, s. 99.

[37] Za: http://www.polskieradio.pl/80/1007/Artykul/344071/

[38] http://ahm.1944.pl/Edward_Matecki/1

[39] *Ibidem.*

[40] D. Gałka, *op. cit.*, s. 110.

[41] *Ibidem.*

[42] *Ibidem.*

[43] *Ibidem*, s. 124.

[44] http://ahm.1944.pl/Danuta_Galkowa_%282%29

[45] D. Baliszewski, *Historia nadzwyczajna*, Wrocław 2009, s. 208.

[45] http://ahm.1944.pl/Danuta_Galkowa_%282%29/2

[47] D. Gałka, *op. cit.*, s. 132.

ROZDZIAŁ 5

[1] L. Hałko, *Kotwica herbem wybranym*, Warszawa 1999, s. 45.

[2] *Ibidem*, s. 54.

[3] Rozmowa autora z p. Barbarą Bobrownicką-Fricze przeprowadzona 7 lipca 2013 roku.

4 S. Podlewski, *Przemarsz przez piekło*, Warszawa 1971, s. 266.

5 Rozmowa autora z p. Barbarą Bobrownicką-Fricze...

6 S. Podlewski, *op. cit.*, s. 264–265.

7 *Wspomnienia sanitariuszki harcerskiego batalionu AK „Wigry" Barbary Gancarczyk-Piotrowskiej ps. Pająk*, http://www.eurofresh.se/video/pajak44.pdf

8 *Ibidem.*

9 S. Podlewski, *op. cit.*, s. 266.

10 Z. Blichewicz, *Powstańczy tryptyk*, Gdańsk 2009, s. 67.

11 *Ibidem*, s. 266–267.

12 *Ibidem*, s. 67–68.

13 *Ibidem*, s. 113.

14 *Ibidem*, s. 127.

15 S. Podlewski, *op. cit.*, s. 270.

16 *Ibidem*, s. 272.

17 *Ibidem.*

18 Za: L. Hałko, *op. cit.*, s. 66–67.

19 Z. Blichewicz, *op. cit.*, s. 80.

20 *Ibidem*, s. 292–293.

21 http://ahm.1944.pl/Albin_Wladyslaw_Ossowski/?q=edward+%C5%82opatecki

22 Z. Blichewicz, *op. cit.*, s. 115.

23 *Ibidem*, s. 123.

24 Za: J. Zawodny, *Uczestnicy i świadkowie powstania warszawskiego. Wywiady*, Warszawa 1994, s. 303.

25 Z. Blichewicz, *op. cit.*, s. 80.

26 Za: *Ibidem*, s. 126.

27 L. Hałko, *op. cit.*, s. 94.

28 *Ibidem*, s. 97.

29 Z. Blichewicz, *op. cit.*, s. 156.

30 Rozmowa autora z p. Barbarą Bobrownicką-Fricze...

31 L. Hałko, *op. cit.*, s. 100.

[32] *Ibidem*, s. 100–101.
[33] Z. Blichewicz, *op. cit.*, s. 160.
[34] *Batalion Bończa. Relacje z walk w Powstaniu Warszawskim na Starówce, Powiślu i Śródmieściu*, red. A. Rumianek, Gdańsk 2010, s. 265.
[35] Rozmowa autora z p. Barbarą Bobrownicką-Fricze...
[36] *Ibidem.*
[37] L. Hałko, *op. cit.*, s. 139–140.
[38] *Ibidem*, s. 106–107.
[39] Z. Blichewicz, *op. cit.*, s. 170.
[40] *Ibidem.*
[41] *Ibidem*, s. 279.
[42] *Ibidem*, s. 320.
[43] *Ibidem*, s. 324.
[44] *Ibidem.*
[45] Rozmowa autora z p. Barbarą Bobrownicką-Fricze...
[46] *Ibidem.*
[47] Za: *Batalion Bończa...*, *op. cit.*, s. 357.
[48] Rozmowa autora z p. Barbarą Bobrownicką-Fricze...

ROZDZIAŁ 6

[1] A. Kamiński, *Zośka i Parasol*, Warszawa 1970, s. 36–37.
[2] Za: http://peregrin-tuk.blog.onet.pl/2012/08/13/je-rzy-zborowski-jeremi/
[3] Za: D. Kaczyńska, *Dziewczęta z Parasola*, Warszawa 1993, s. 93.
[4] A. Kamiński, *op. cit.*, s. 38.
[5] D. Kaczyńska, *op. cit.*, s. 94.
[6] *Ibidem*, s. 28.
[7] Za: *Ibidem*, s. 344.
[8] http://ahm.1944.pl/Maria_StypulkowskaChojecka/7/?q=MARIA+STYPU%C5%81KOWSKA+-+CHOJECKA

[9] Za: D. Kaczyńska, *op. cit.*, s. 169–170.

[10] *Ibidem*, s. 178.

[11] *Ibidem*, s. 33.

[12] Za: *Ibidem*, s. 345.

[13] *Ibidem*, s. 190.

[14] *Ibidem*, s. 203.

[15] Zespół Akt Aleksandra Kamińskiego, Archiwum Polskiej Akademii Nauk, III–423-35.

[16] Za: A. Ziółkowska-Boehm, *Opowieść „Gryfa"*, http://www.rp.pl/artykul/601487.html?p=2

[17] A. Kamiński, *op. cit.*, s. 234 .

[18] Za: *Ibidem*, s. 271.

[19] Za: *Ibidem*, s. 211.

[20] A. Ziółkowska-Boehm, *op.cit.*

[21] Za: M. Wańkowicz, *Ziele na kraterze*, Warszawa 1983, s. 425–426.

[22] Za: http://ahm.1944.pl/Waclawa_Jurczakowska /2/?q=nina

[23] D. Kaczyńska, *op. cit.*, s. 227.

[24] Za: http://www.palestra.pl/index.php?go=artykul&id=3116

[25] D. Kaczyńska, *op. cit.*, s. 233–234.

[26] A. Kamiński, *op. cit.*, s. 289.

[27] *Ibidem*, s. 390.

[28] J. Kurdwanowski, *Mrówka na szachownicy. Wspomnienia żołnierza Powstania Warszawskiego 1944*, Warszawa 2004, s. 276–277.

[29] *Pamiętnik łączniczki „Sławki" z batalionu „Parasol"*, „Więź", 7/1973.

[30] *Ibidem*.

[31] *Ibidem*.

[32] J. Kurdwanowski, *op. cit.*, s. 300.

[33] *Ibidem*, s. 317

[34] *Ibidem*, s. 318.
[35] *Ibidem*, s. 333.
[36] A. Kamiński, *op. cit.*, s. 581.
[37] J. Kurdwanowski, *op. cit.*, s. 354.
[38] Za: A. Kamiński, *op. cit.* s. 341.
[39] *Ibidem*, s. 591.
[40] *Pamiętnik łączniczki...*
[41] Za: D. Kaczyńska, *op. cit.*, s. 307.
[42] Za: *Ibidem*.
[43] Za: D. Kaczyńska, *op. cit.*, s. 319.
[44] Za: *Ibidem*.
[45] Za: *Ibidem*, s. 345.

ROZDZIAŁ 7

[1] Z. Blichewicz, *Powstańczy tryptyk*, Gdańsk 2009, s. 30–31.
[2] *Ibidem*, s. 33.
[3] *Ibidem*, s. 34.
[4] Z. Czajkowski-Dębczyński, *Dziennik powstańca*, Warszawa 2000, s. 54.
[5] http://www.sppw1944.org/index.html?http://www.sppw1944.org/relacje/relacje.html
[6] *Ibidem*.
[7] Za: Z. Blichewicz, *op. cit.*, s. 8.
[8] *Ibidem*, s. 46.
[9] *Ibidem*, s. 47.
[10] *Ibidem*, s. 65.
[11] *Ibidem*, s.111–112.
[12] http://www.sppw1944.org/index.html?http://www.sppw1944.org/wywiady/fricze.html
[13] http://www.sppw1944.org/index.html?http://www.sppw1944.org/relacje/relacja43f.html

[14] http://www.sppw1944.org/index.html?http://www.sppw1944.org/relacje/relacje.html

[15] *Batalion Bończa. Relacje z walk w Powstaniu Warszawskim na Starówce, Powiślu i Śródmieściu*, red. A. Rumianek, Gdańsk 2010, s. 179.

[16] Z. Blichewicz, *op. cit.*, s. 73.

[17] *Ibidem.*

[18] Za: T. Urzykowski, *Rocznica wybuchu na Kilińskiego*, http://warszawa.gazeta.pl/warszawa/1,90134,2868052.html

[19] *Ibidem.*

[20] *Batalion Bończa, op. cit.*, s. 193.

[21] http://www.sppw1944.org/index.html?http://www.sppw1944.org/poezja/proza%20e.html

[22] Z. Blichewicz, *op. cit.*, s. 74.

[23] *Batalion Bończa, op. cit.*, s. 179–180.

[24] *Ibidem.*

[25] http://www.sppw1944.org/index.html?http://www.sppw1944.org/relacje/relacje.html

[26] *Ibidem.*

[27] http://www.sppw1944.org/index.html?http://www.sppw1944.org/wywiady/fricze.html

[28] *Batalion Bończa, op. cit.*, s. 185.

[29] http://www.sppw1944.org/index.html?http://www.sppw1944.org/poezja/proza%20e.html

[30] http://www.sppw1944.org/index.html?http://www.sppw1944.org/wywiady/fricze.html

[31] *Batalion Bończa, op. cit.*, s. 104.

[32] *Batalion Bończa, op. cit.*, s. 292.

[33] http://www.sppw1944.org/index.html?http://www.sppw1944.org/wywiady/fricze.html

[34] Z. Blichewicz, *op. cit.*, s. 161.

[35] J. Kurdwanowski, http://www.kurdwanowski.pl/

[36] *Batalion Bończa, op. cit.*, s. 297.

[37] Z. Blichewicz, *op. cit.*, s. 197.

[38] *Ibidem*.

[39] *Ibidem*, s. 199.

[40] http://www.sppw1944.org/index.html?http://www. sppw1944.org/wywiady/fricze.html

[41] J.K. Zawodny, *Uczestnicy i świadkowie powstania warszawskiego, Wywiady*, Warszawa 1994, s. 303.

[42] Z. Blichewicz, *op. cit.*, s. 200–201.

[43] *Ibidem*, s. 203.

[44] *Ibidem*, s. 204.

[45] *Ibidem*, s. 252.

[46] *Ibidem*, s. 261.

[47] *Ibidem*, s. 268.

[48] *Ibidem*, s. 270.

[49] *Ibidem*, s. 217.

[50] *Ibidem*, s. 225.

[51] *Ibidem*, s. 227.

[52] *Ibidem*, s. 290.

[53] *Ibidem*, s. 292.

[54] http://www.sppw1944.org/index.html?http://www. sppw1944.org/wywiady/fricze.html

[55] Z. Blichewicz, *op. cit.*, s. 302–303.

[56] *Ibidem*, s. 309.

[57] *Ibidem*, s. 309–310.

[58] Za: J.K. Zawodny, *op. cit.*, s. 302.

[59] http://www.sppw1944.org/index.html?http://www. sppw1944.org/wywiady/fricze.html

[60] http://www.sppw1944.org/index.html?http://www. sppw1944.org/relacje/relacja34.html

[61] Rozmowa autora z Niną Wunderlich, bratanicą „Szczerby", 03.07.2013 roku.

[62] http://www.bu.umk.pl/Archiwum_Emigracji/AE_5. pdf

[63] S. Piekarski, *Polskie teatry jenieckie w Niemczech 1939–1945*, Warszawa 2001, t. 2, s. 275.

ZAKOŃCZENIE

[1] *Szczęście przeciw śmierci*, „Historia Do Rzeczy", 6/2013.

[2] *Relacja kobiety, strzelca wyborowego w Powstaniu Warszawskim*, „Przekrój", 29.06.2006.

Bibliografia

Archiwum emigracji, http://www.bu.umk.pl/Archiwum_Emigracji/ AE_5.pdf

Baliszewski D., *Historia nadzwyczajna*, Wrocław 2009.

Baranowski E., Kulesza J., *Warszawskie gry wojenne. Wspomnienia z lat wojny, okupacji i Powstania Warszawskiego*, Poznań 2011.

Bartoszewski W., *Dni walczącej stolicy. Kronika Powstania Warszawskiego*, Warszawa 1989.

Bartoszewski W., *Powstanie Warszawskie*, Warszawa 2009.

Batalion „Bończa". Relacje z walk w Powstaniu Warszawskim na Starówce, Powiślu i Śródmieściu, red. A. Rumianek, Gdańsk 2010.

Blichewicz Z., *Powstańczy tryptyk*, Gdańsk 2009.

Blondynka i Elegant, http://www.polskieradio.pl/80/1007/Artykul/344071/

Bobrownicka-Fricze B., *Pamiętnik sanitariuszki*, http://www.sppw1944. org/index.html?http://www.sppw1944.org/relacje/relacje.html

Bobrownicka-Fricze B., *Staromiejskie gołębie*, http://www.sppw1944.org/ index.html?http://www.sppw1944.org/relacje/relacje.html

Bobrownicka-Fricze B., *Wywiad*, http://www.sppw1944.org/index.html?http://www.sppw1944.org/relacje/relacje.html

Borodziej W., *Terror i polityka*, Warszawa 1985.

Budzyński W., *Dom Baczyńskiego*, Warszawa 2000.

Budzyński W., *Miłość i śmierć Krzysztofa Kamila*, Warszawa 1992.

Budzyński W., *Śladami Baczyńskiego*, Warszawa 2009.

Budzyński W., *Taniec z Baczyńskim*, Warszawa 2001.

Budzyński W., *Testament Krzysztofa Kamila*, Warszawa1998.

Budzyński W., *Warszawa Baczyńskiego*, Warszawa 2004.

Ciechanowski J., *Na tropach tragedii. Powstanie Warszawskie 1944*, Warszawa 1992.

Ciechanowski J., *Powstanie Warszawskie*, Warszawa 2009.

Czajkowski-Dębczyński Z., *Dziennik powstańca*, Warszawa 2000.

Davis N., *Powstanie '44*, Kraków 2004.

Dębski Z., *Wspomnienia żołnierza batalionu „Kiliński"*, http://www. sppw1944.org/index.html?http://www.sppw1944.org/poezja/ proza%20e.html

Dziecko czerwone od krwi, http://tygodnik.onet.pl/1,51520,druk.html

Fajer L., *Żołnierze Starówki – Dziennik bojowy kapitana Ognistego*, Warszawa 1957.

Gałka D., Archiwum Historii Mówionej, http://ahm.1944.pl/Danuta_
Galkowa_%282%29

Gałka D., *Byłam warszawskim Robinsonem*, Pruszków 1988.

Gancarczyk-Piotrowska B., *Wspomnienia sanitariuszki harcerskiego batalionu
AK „Wigry"*, http://www.sppw1944.org/index.html?http://www.
sppw1944.org/relacje/relacje.html

Grodzka-Guźkowska M., *Relacja kobiety – strzelca wyborowego w Powstaniu
Warszawskim*, „Przekrój", 29.06.2006.

Gunderman J., *Powstańcze wspomnienia*, http://www.sppw1944.org/in-
dex.html?http://www.sppw1944.org/tlumaczenia/tlumaczenia.
html

Hałko L., *Kotwica herbem wybranym*, Warszawa 1999.

Harcerki 1939–1945. Relacje – pamiętniki, red. Z. Wyczańska, Warszawa 1985.

http://powstanie44.blog.pl/tag/halifax/

http://www.mysliwcy.pl/artykul.php?id=17&dzial=3

Iranek-Osmanecki K., *Powołanie i przeznaczenie. Pamiętnik oficera Komendy
Głównej AK*, Warszawa 2004.

Jabłoński r., *Przerwali bój, gdy nie było szans*, http://www.powstanie.pl/?k-
tory=15

Jabrzemski J., *Harcerze z Szarych Szeregów*, Warszawa 1997.

Jarocki R., *Sztuka i krew 1939–1945*, Warszawa 2012.

Jurczakowska W., *Archiwum historii mówionej*, http://ahm.1944.pl/Wacla-
wa_Jurczakowska/2/?q=nina

Kaczyńska D., *Byli żołnierzami Parasola*, Warszawa 1985.

Kaczyńska D., *Dziewczęta z Parasola*, Warszawa 1993.

Kamiński A., *Zośka i Parasol*, Warszawa 1970.

Kołodziejczyk E., *Tryptyk warszawski*, Warszawa 1984.

Kunert A., *Jan Nowak-Jeziorański*, http://www.ksap.gov.pl/ksap/file/publi-
kacje/patroni/XIV_Jezioranski_KSAP.pdf

Kulisy katastrofy powstania warszawskiego, Nowy Jork 2009.

Kurdwanowski J., *Mrówka na szachownicy. Wspomnienia żołnierza powstania
warszawskiego 1944*, Warszawa 2004.

Kurski J., *Jadwiga „Greta" Jeziorańska*, „Wysokie Obcasy", 13.08.2005, http://
www.wysokieobcasy.pl/wysokie-obcasy/1,96856,2864802.html

Kurski J., *Jan Nowak-Jeziorański*, Warszawa 2005.

Mackiewicz S., [Cat], *Lata nadziei*, bdw.

Mackiewicz S, [Cat], *Zielone oczy*, Warszawa 1987.

Matecki E., Archiwum Historii Mówionej, http://ahm.1944.pl/Edward_
Matecki/1

Michał Z., *Seksualne grzeszki słynnego pisarza*, http://kultura.onet.pl/ksiaz-
ki/artykuly/seksualne-grzeszki-slynnego-pisarza,1,5479417,ar-
tykul.html

Miłosz Cz., *Abecadło Miłosza*, Kraków 1997.

Miłosz Cz, *Rodzinna Europa*, Warszawa 1998.

Miłosz Cz, *Rok myśliwego*, Kraków 1991.

Miłosz kochał Iwaszkiewicza, http://www.polskieradio.pl/8/873/Artyku-
l/468779,Milosz-kochal-Iwaszkiewicza

Modelski Ł., *Dziewczyny wojenne*, Kraków 2011.

Nowak-Jeziorański J., *Kurier z Warszawy*, Kraków 1997.

Nowak-Jeziorański J., *Polska z bliska*, Kraków 2003.

Leski K., *Życie niewłaściwie urozmaicone. Wspomnienia oficera wywiadu i kontrwywiadu AK*, Warszawa 1989.

Likiernik S., *Wspomnienia z powstania warszawskiego*, http://www.
sppw1944.org/index.html?http://www.sppw1944.org/relacje/
relacje.html

Orpen O., *Lotnicy '44. Na pomoc Warszawie*, Warszawa 2006.

Ossowski A., Archiwum Historii Mówionej, http://ahm.1944.pl/Albin_
Wladyslaw_Ossowski/?q=edward+%C5%82opatecki

Pamiętnik łączniczki „Sławki" z batalionu „Parasol", „Więź", 7/1973.

Piechotka K., Archiwum Historii Mówionej, http://www.old.1944.pl/in-
dex.php?a=site_archiwum&STEP=03&id=478&page=2

Piekarski S., *Polskie teatry jenieckie w Niemczech 1939–1945*, Warszawa 2001.

Płużański T., *Bohaterski kurier z Warszawy. Wspomnienie o Zdzisławie Jeziorańskim (Janie Nowaku)*, http://www.asme.pl/120707983329397.
shtml

Podlewski S., *Przemarsz przez piekło*, Warszawa 1971.

Powstanie na Mokotowie. Relacje dowódców. Warszawskie Termopile 1944, red. J.
Kłoczkowski, Warszawa 2009.

Reszka P., *Powstańcze kanały*, „Newsweek Historia" 8/2013.

Rodzina Ślązaków, http://www.sprawiedliwi.org.pl/pl/family/564,rodzi-
na-slazakow/

Sas R., *Strzelec batalionu „Parasol"* Warszawa 2004.

Sawicki T., *Rozkaz: zdławić powstanie*, Warszawa 2001.

Stachiewicz P., *„Parasol"*, Warszawa 1984.

Stachiewicz P., *Starówka 1944*, Warszawa 1983.

Szarota T., *Okupowanej Warszawy dzień powszedni*, Warszawa 1988.

Szczerbowska K., *Jan Nowak-Jeziorański*, http://m.onet.pl/styl-zycia/uroda,jtfk5

Tragizm i sens Powstania Warszawskiego, praca zbiorowa, red. J. Kuczyński, J. Krakowiak, Warszawa 2006.

Troński B., *Tędy przeszła śmierć. Zapiski z Powstania Warszawskiego*, Lublin 1989.

Uratował mnie esesman, http://www.tygodniksolidarnosc.com/2012/35/6_ura.htm

Urzykowski T., *Rocznica wybuchu na Kilińskiego*, http://warszawa.gazeta.pl/warszawa/1,90134,2868052.html

Wańkowicz M., *Ziele na kraterze*, Warszawa 1983.

Wasilewski Z., *Legenda Baczyńskiego*, Warszawa 1996.

Wieczorkiewicz P., *Historia polityczna Polski 1935–1945*, Warszawa 2005.

Wieczorkiewicz P., Błażejowska J., *Przez Polskę Ludową na przełaj i na przekór*, Poznań 2011.

Wspomnienia łączniczki „Grety" spisane w pierwszą rocznicę Powstania (1945), http://www.zwoje-scrolls.com/zwoje18/text02p.htm

Wielcy niezapomniani. Jerzy Andrzejewski. Pisarz potencjalnie emancypacyjny, http://queer.pl/artykul/186477/wielcy-i-niezapomniani-jerzy--andrzejewski

Zakrzewska H., *Niepodległość będzie twoją nagrodą*, Warszawa 1994.

Zawodny J.K., *Uczestnicy i świadkowie Powstania Warszawskiego, Wywiady*, Warszawa 1994.

Zaremba Z., *Wojna i konspiracja*, Londyn 1957.

Zarębski J., *Lotnik na barykadzie*, „Skrzydlata Polska", 31.07.1977.

Ziółek Z., *Od okopów do barykad*, Warszawa 1976.

Ziółkowska-Boehm A., *Opowieść „Gryfa"*, http://www.rp.pl/artykul/601487.html?p=2

Żołnierz, poeta, czasu kurz... Wspomnienia o Krzysztofie Kamilu Baczyńskim, red. Z. Wasilewski, Kraków 1970.

Spis treści

Nebraska
Doppelganger

A Novel

By
Thomas J. Morrow

*A Nebraska farm boy finds
himself in Rommel's Afrika Korps,
ending up in an Iowa POW camp, then
back to Europe as an American soldier*

Old Warriors Publishing Co ---- Oceanside, California

Copyright 2006 by Thomas J. Morrow, Ph. D.

Nebraska Doppelganger

ISBN 0-9779119-0-X

Printed in the United States of America
By
Morris Publishing Company
3212 East Highway 30
Kearney, NE 68847
1-800-650-7888

About the author

Thomas J. Morrow lived in Nebraska and Iowa during his youth. His great-grandparents homesteaded on a sand hills farm around the turn-of-the 20th century, living in a "soddie" in Box Butte County north of Scottsbluff.

His mother graduated from Hemingford High School in the small farming community where his grandparents operated a bakery during the early '30s.

His father's family were merchants in Seymour, Iowa some 7 miles north of the Missouri border, 180 miles east of the Missouri River and Nebraska.

During World War II, the Morrow family lived in Lincoln where his father worked as a foreman at the Goodyear Rubber Company's Havelock plant where rubber gas tanks for B-29 super fortress bombers were built.

Traveling between Lincoln and Seymour along state Highway No. 2, the Morrow family would pass the huge Prisoner of War Camp Clarenda near the southwestern Iowa community of Clarenda.

Although just a small child at the time, the author well remembers his mother pointing out the German POWs working in the fields near the highway, saying, "Look, Tommy, see the Nazis over there!"

The author graduated from high school in Seymour, Iowa, and through the years earned three college degrees.

For the past 38 years, he has enjoyed life as a newspaper reporter and editor, with the past 13 years spent as the daily community columnist for the *North County Times* in Oceanside, just north of San Diego, California.

He maintains his Nebraska roots through his sister, Linda Morrow Johnson, who is a retired elementary school teacher living in Kearney.

Other than the leading German and American historical figures, all characters are fictional.

As an award-winning newspaper reporter and columnist, the author interviewed dozens of Allied and German combat veterans of World War II while doing research for this book. From their stories come the "*Nebraska Doppelganger.*"

Dedication

To Barbara, for keeping my grammar and syntax straight.

To Rosalee for allowing me the time to go on this literary journey.

To Scott, Shannon, Leslee, and Marc to prove your ol' Dad does have a bit of imagination and flair for storytelling.

To Joshua, Jacob, Robert, Jamie, Larry, Jaimi, Jaici, and Matthew, so that you grandchildren and your children later on might know something about the 20th century's greatest historical calamity.

And, last, but certainly not least...

To Kay, who worked long and hard, allowing me to earn an education.
Don't think I've never appreciated your sacrifice.

To all in my family, I love you and I thank you!

Nebraska Doppelganger

A Novel by Thomas J. Morrow

Foreword

Doppelganger ---- a ghostly double of a living person. Adapted from German word *doppel*, meaning "double," the term has come to refer to any double or look-alike of a person…

During the late 1800s and early 1900s, thousands of European immigrants arrived in America to begin new lives. Among the largest of these groups were Germans, many of whom were farmers settled in the Middle-Western states of Nebraska, Minnesota, Kansas, and the Dakotas.

Germans no longer living in Deutschland were known as *"Volksdeutschers."*

During World War I, the American public questioned these immigrant loyalties, and considerable discrimination was perpetrated against them. Until the Great War, the predominant language in their communities throughout the Midwest was German. After the war, a great effort was made by the Volksdeutschers themselves to learn English in order to blend into the American society. Names were changed to sound more "Anglo" and less "German."

But, things changed in the mid-1930s for those German-Americans who felt disenfranchised. In 1933, Adolf Hitler came to power in Germany with massive work programs. The new Fuhrer and the Nazi Party were rebuilding Germany, instilling new pride into the defeated and bankrupt nation, which had been stripped of many of its lands and riches by the Treaty of Versailles at the end of World War I.

With renewed pride in their German heritage, hundreds, maybe thousands of American Volksdeutscher families sent their children back to Germany to be educated in what was considered at the time some of the finest higher educational institutions in the world.

Once in Germany, many of these young Americans found themselves caught up in the Nazi movement, either willingly or unwittingly. Hundreds of young Americans were drafted into Hitler's Wehrmacht.

This is the story of a young American, who became a soldier in the German army against his will. Considered a German citizen by the Third Reich, John Krauss eventually faces his own countrymen as the world goes to war for a second time.

John's adventure is just one among many for the history books.

Author's Note:

While there are some real historical characters referenced in this novel, all other characters, including Kruass family are fictitious. Any similarities between actual persons living or dead are purely coincidental.

Old Warriors Publishing Company
Oceanside, California

E-mail: quotetaker@msn.com

Chapter

1

It was another routine assignment for Cindy Krauss. There would be a rally on the Nebraska State Capitol's north steps between 1 and 3 p.m., July 10. What wasn't routine was that it would be a rally for "white unity" sponsored by the Minneapolis-based American Nazi Party.

Cynthia "Cindy" Krauss has been s a reporter for the *Nebraska State Journal* in Lincoln, the state's capital city for the past five years. She's covered her share of nutty assignments during her tenure at the city's daily newspaper, home of the University of Nebraska and, of course, "Big Red," Nebraska's celebrated collegiate gridiron team.

In Nebraska, there are only three seasons: planting, harvest, and football. The University of Nebraska Cornhuskers football team is the closest thing this Midwestern state has to a professional sports franchise. Omaha once shared ownership of the NBA's Kings basketball team with Kansas City, but both were jilted several years ago in favor of Sacramento. There are other minor clubs, but nothing garners the accolades and the fans like the Cornhuskers.

Whether it's students, angry farmers, and railroad workers, rallies usually aren't that newsworthy. Sometimes odd, but newsworthy? Seldom.

Early on, Cindy put her journalism career ahead of all else. Any immediate plans for marriage and a family faded after she was jilted by a college sweetheart. She dates, but nothing steady. Her good, wholesome Midwestern farm girl looks and natural blond hair gave her a shot at a reporting job with one of the Omaha TV stations, but on-camera reporters don't do much writing. Rather, it's job that relies heavily on good hair, good makeup, a spiffy wardrobe and a smile that doesn't seem forced. Cindy keeps her hair short for quick morning get-ups, with minimal makeup, and wardrobe? Well, she's never been a slave to fashion. And, she wasn't sure she could smile on queue. At 28, Cindy is convinced writing is the key to her future.

"There'll be a bunch of skinheads with tattoos yelling a lot of curse words," City Editor Joe Hernandez grunted. "It'll sound like a bunch of drunk reporters at some new business' grand opening cocktail party, so you should feel right at home."

Cindy was not amused, but she tossed an obligatory smile his way. Joe had been on the desk too long. Those PR bashes went out of fashion in the early '90s while he was still in the field and she was at journalism school at Ol' Mizou (the University of Missouri). Large news organizations such as hers no longer allowed their scribes to attend such soirees without paying or having a reason to attend. How do you justify a booze party on your expense report?

Joe said he'd send Sam Crandall to the Capitol with her to take photos. The two-member Anglo-American team such as theirs should have no trouble covering the event such as that. Marvin Washington, the paper's African-American photog would be sent to cover a car show in Omaha.

"I'm gonna see if I can't come up with some sort of background angle on this," she said almost to herself, looking into her computer. "You know the Omaha paper and all of the area electronic media will be there, and they'll all be doing the same thing."

"Hell, with a name like Krauss, you ought to feel right at home," the city editor chuckled after hearing that she was taking more of an interest.

"Very funny. Hell, half of Nebraska is of German descent. Half of the Midwest, for that matter."

She paused her Internet search for a moment. Maybe that's the angle. How do people with any sort of German heritage feel about a Nazi rally staged right here in their backyard? Cindy's great-grandparents on both sides emigrated from the old country before World War I. There should be plenty of folks around who would have an opinion on such matters. Grandpa John should know. Even though he was born in Broken Bow, his parents had met at a town square dance after coming over from Germany with their parents circa 1912.

Cindy picked up the phone and dialed her mother.

"Hi, Mom. What's Grandpa John's phone number in Kearney?"

All she could ever remember was that it had a 3-0-8 area code.

"Bring me a hot dog and a diet coke," Cindy yelled to a copy boy as he headed for the "roach coach" parked outside the newsroom door. She slipped a five-dollar bill from her purse and gave it to him as he whisked by her desk.

The phone was ringing in Kearney.

"Gramps, how ya doin',' it's Cindy."

"Well, how's my little Lois Lane," a gentle, familiar voice returned.

"I'm sorry I haven't been out your way for awhile. How's Grandma?"

"Well, she has her good days. She keeps talking about things that happened years ago as if they were just yesterday, but she seems happy. You come out and see her, Sissy."

"Sissy" was the family tag placed on her as a child. She had been her grandmother's favorite, but Alzheimer's had struck its cruel blow to the Krauss family and Cindy wasn't sure whether or not Grandma Krauss even recognized her.

"Gramps, I'm working on a story that you might be able to help me with."

"Well, whatever I can do…"

"There's gonna be a Nazi rally on the capi…."

"Why would you think I could help you with that!" The voice interrupted. It had the sound of anger, one Cindy had never heard before.

2

"Hey, Gramps, I just thought you could give me some sort of ideas or perspective on what German-Americans feel when they see the swastika and those bunch of skinhead bums dressed in black leather marching around?"

There was silence on the other end of the phone.

"Gramps?"

More silence.

"Hey, Gramps? What's wrong?

"Sissy, maybe you'd better come out here and talk to me." The voice was back to its familiar quiet softness.

"Aw, come on, Gramps. That's a two-hour drive. Can't you talk to me on the phone?

"Come, see me. Your Grandmother will want to see you as well."

There was a click on the other end. Puzzling.

"Hey, Joe. I'm gonna take this afternoon off and go see my grandparents over in Kearney. My stories are all filed and I got plenty of comp time, okay?"

Not waiting for an answer, Cindy began gathering up her cell phone, pager, and PDA, shoving them into her large catchall purse.

"Okay, but we got T-storms and a tornado warning out for Kearney, Broken Bow and Grand Island." Joe had his bespeckeled eyes was glued to the weather map on his computer. "You sure you wanna be driving around in all that ugly weather?"

"I was born and raised here, Amigo. I'm not an import from Arizona like you are."

"Hey, we get storms down in Phoenix too, you know," he chuckled, still not looking away from his screen.

It was about 130 miles to Kearney from Lincoln west on Interstate 80. Cindy had driven the route many times since leaving home after high school. Inspired by Robert Woodward, the famed Washington Post investigative reporter and author, she had graduated from Kearney High determined to make her own name as a writer. Her first job out of J-school was a small weekly in Nebraska City, but within a year she landed a reporting gig on the *State Journal*. The Lincoln paper wasn't the *Washington Post*, but it was a stepping stone to a bigger audience.

It would be an overnight trip, so she drove from the Journal's downtown office to her little mail order house on Colfax Street in the historic Havelock community on Lincoln's north side. Cindy lived alone in a small two-bedroom frame home, which arrived in the Nebraska capital city via the Chicago, Burlington and Quincy Railroad freight some time around the turn of the 20th century. The big Sears and Roebuck Company in Chicago sold thousands of single-family homes of all sizes and architectural design at modest prices via mail order catalogue, shipping the structure crated up in pieces for assembly upon arrival.

Today, practically every town, city and farming community throughout America, particularly in the Midwest, have Sears homes still providing shelter.

3

Cindy did a Sunday feature story on the subject two years ago after discovering an old 1921 Sears catalog in her grandparents attic. Pick the size and style of home you wanted and, for a few hundred bucks, *voila!* Your dream house would arrive a few weeks later in shipping crates at your nearest railroad freight depot. America's last four or five generations are totally ignorant of the fact that Sears was one of the nation's largest homebuilders ---- all by mail order catalog and railroad delivery.

Joe was right about the storm. Occasional streaks of lightning danced on the black-clouded horizon, as the approaching storm loomed larger across the northwestern sky. Cindy got onto I-80 at the 403 interchange near her home and heading west. It's a good thing she put on those new wiper blades last week. Nothing short of an East Coast hurricane drives rain like a Midwestern thunderstorm, especially in Nebraska.

Driving along I-80 through the Midwest, especially eastern Nebraska and Iowa, offers pretty much the same scenery ---- rolling hills of pastures and corn fields. The corn in Nebraska is especially tall for this time of year because of all of the recent rain. Cindy noticed on a recent trip to western Iowa that it's corn is about a foot shorter than Nebraska, but then, again, she thought, "Nebraska is, afterall, the 'Cornhusker State.' What's Iowa? Hogs, soy beans." She reckoned to herself that Iowa did grow some corn, as well. The mind wanders when you're knifing across the plains at 75 mph. That conversation with her grandfather earlier kept coming back to Cindy.

John Krauss was a tall, quiet man who had spent all of his life in Nebraska as a farmer. He was the only son of Hans and Greta Krauss, both of whom had come to Nebraska from their native Germany before World War I. They met, married, and homesteaded a small farm near Broken Bow in Custer County on what grew to become 1,000 acres. Cindy's brother, Jack Krauss and his wife, Barbara, now work the farm. Cindy's parents are retired and live in Lincoln; her grandparents in Kearney.

As the Krauss family lore goes, Grandpa John had wanted to be a veterinarian, but first came the Great Depression of the '30s, then World War II. By the time it was over, things got somehow off track. He had inherited his folks' farm near Broken Bow where he married, raised Cindy's father, James, and two other children, Uncle Karl and Aunt Marlene.

Cindy caught herself going more than 85 mph as she thought about her grandfather. At that rate, she'll either outrun the Nebraska State Patrol or the approaching thunderstorm. Better slow back down to 75.

Approaching the exit for York, Cindy realized she needed gas. Besides, she needed a potty break and something to eat and drink. Hey, she thought, I never got my lunch, or my change from the five bucks she gave to the copyboy back at the office.

A towering freeway sign some nine stories in the air heralding gas at $1.85.9 for regular unleaded lured her red 2002 Ford Mustang alongside a self-serve pump. After topping off the tank, Cindy answered the call of nature and shopped for a hotdog and a Diet Coke in the Quik Mart. Back on westbound I-80, she woofed down her semi-cold dog, saving her drink so that it would last the 85 miles to Kearney. It would be 3 o'clock by the time she arrived at Grandpa John's, but the approaching storm was darkening the sky making it seem more like night than day.

"This is a storm warning for the following counties," the radio blared. "Sherman, Custer, Buffalo, Hall, Hamilton, Adams, Howard and York counties. This alert will last until 6 p.m."

Buffalo County, that's Kearney, and Custer County is where Broken Bow and the farm are, Cindy reminded herself. She hated this time of the year in Nebraska. Summer thunderstorms are not to be trifled with because they can quickly turn to tornadoes. It was a toss up whether tornadoes and thunderstorms were more troubling in the summer than a Nebraska winter, which could be deadly cold. The only thing stopping that rush of cold, Canadian wind coming down out of the Dakotas are a few strands of barbed wire to the north on the Nebraska border.

But, this isn't winter, it's the dead of summer. Wonderfully hot and humid summertime. On this mid-July afternoon, the radio was reporting humidity at 76 percent, and the temperature a blistering 95 degrees Fahrenheit, but, it seemed much hotter.

"That feels like about 107 degrees," Cindy muttered to herself and she tested the outside air by letting down her door window. "In the winter, that elevated figure would be the wind-chill factor rather than the actual temperature. Where's that damnedable Nebraska wind when we need it."

This thunderstorm certainly will cool things off for today, but the humidity will be miserable tomorrow, she thought.

The little Mustang had galloped back up to 75 mph as Cindy continued west. Two huge semi-trailer trucks were bearing down upon her, passing with ease. Where's the highway patrol when you need 'em. Oh yeah, she forgot. Those posted signed for 75 mph are mere "suggestions" for truckers. All others, however, speed at your peril.

Between York and Grand Island, Interstate 80 is straight as a stalk of tall corn. From Grand Island, I-80 follows the Platte out as far as the city of North Platte before the river bifurcates, becoming the North and South Platte. Grand Island is Nebraska's third largest city, and it isn't really that big ---- only about 50,000.

Wonder why they call it "Grand Island," she pondered. Cindy grew up in central Nebraska, but had never given Kearney's rival city much thought. Only when the two met for gridiron battle did Kearney residents pay any attention to their eastern neighbors. The Platte River flows through the town. Cindy reckoned there must have been some sort of a large island in the middle of the Platte River when the pioneers came through in the mid-1800s, settling the area.

As she sped along I-80, racing the approaching thunderstorm, Cindy spied a farmer riding one of those John Deere mowers, apparently racing to get the yard done before the storm hits. God bless John Deere, Cindy thought. That company has managed to get husbands and sons to do something no woman has ever been able to before: mow the lawn without bellyaching. Those ridealong mowers are to the Great Midwest what TV remote controls are to urban America.

Her thoughts settled upon her hometown. It's been six months since she was home. While a senior in high school, Cindy had been a stringer for the *Kearney Hub*, the town's daily newspaper. She wouldn't think much of working for that paper today. Nothing big ever happens in central Nebraska, especially in Kearney. To her, the last big story in her hometown was back in the 19th century when the postmaster mis-spelled the town's new name, submitting it to the U.S. Postmaster in Washington, D.C., as "Kearney," instead of "Kearny" as in General Stephen Kearny for whom the town's named. History records that General Kearny, a real bastard if Col. John C. Fremont was to be believed, had commanded the frontier Fort Kearny back in the mid-1800s as pioneers and explorers such as Fremont were headed west. But, to many pioneers, he's a hero for the protection he afforded them. The town came later, complete with misspelled moniker, lovingly pronounced by its residents in flat twangy brogue of Midwestern fashion that comes out sounding like "Car-nee," instead of the more correct pronunciation of "Kerr-nee."

Cindy kept flashing back to her earlier telephone conversation with her grandfather. Why had he sounded so angry? She really didn't know enough about immigrant history to discuss the matter, and that included her own family. Down through the years, it's just been more or less accepted that the Krausses were a hard-working bunch of farmers who happened to have ancestors who came from Germany. Little else was known, or at least discussed.

Nazis in America was nothing new. During the 1930s, there was quite a movement of German-Americans and wannabes who were members of the German Bund, the American wing of the Nazi Party. Surely Cindy's grandfather or her great-grandparents had no part in that tripe?

"Lawdy, there is a god!" she screamed as her car approached the Aurora interchange. A Nebraska State Patrolman had those two speeding semi-trucks pulled over. Cindy honked her horn, beating out "shave and haircut" as the little Mustang drove by the roadside entourage, slowing to a respectable 65 mph, and waving.

In about 15 miles or so, she'd be crossing the Platte River, with Grand Island off to her right. Another 30 minutes and she'd be in Kearney. It wasn't 2 o'clock yet, and it was nearly dark from the looming thunderstorm. It now was raining enough that Cindy began trying out those new wiper blades. It probably was just the beginning, she thought. Hopefully, it'll hold until she reached her grandparents home.

As the rain began to pound, there was enough light still left on the horizon that allowed the silhouette of the Archway Monument to appear ahead across the Interstate. The structure spanned the freeway, commemorating the westward migration of the pioneers during the 19th century. To Cindy, it heralded the gateway to her home town of Kearney. The 2nd Avenue Exit and the downtown area was just beyond.

Cindy managed to find her cell phone in the large catch-all purse as she continued down the highway. She this time she remembered her grandparents' phone number, having just dialed it three hours earlier.

"Grandpa, it's Cindy. I'm about two miles from your place. I should be there in about 10 minutes. Have ya got an umbrella to meet me out front?"

The gentle voice on the other end of the phone assured her that there would be portable shelter waiting for her when she arrived.

The lightning and thunder were getting worse. At 3 in the afternoon, the storm had turned day into night. The wind was whipping the little Mustang so hard, Cindy had to struggle to keep it on the road. While she certainly wanted to get to her grandparents' as soon as possible, she proceeded at a more prudent 55 mph, even though several huge trucks whizzed past her, unaffected by the inclimate weather.

Off the freeway and heading north into the heart of Kearney, she began to ponder whether this storm would produce a tornado. The radio hadn't given any warnings just yet, but the thing about the weather in the Midwest, no matter what's happening at the moment, wait five minutes and it'll change.

Some 10 blocks later, with a couple of turns, she arrived. As promised, her Grandpa John was standing, waiting on the porch with a big red golfing umbrella as Cindy pulled into the driveway. John Krauss was a tall man of about six feet with slightly stooped shoulders from many years of hard farming work. He wore his usual uniform, a pair of bib overalls and a blue denim shirt. Cindy had only seen him out of them and into a suit at weddings and funerals. As far as she knew, Grandpa John only has one suit, a dark blue serge. It'll probably be what he'll wear the day they bury him, although, the overalls would certainly be more appropriate for this man of the land.

The old man was much taller, so he had to bend over with the opened umbrella to ensure his granddaughter was sufficiently covered from the rain. They both rushed up onto the porch before exchanging their traditional hugs.

Inside the house, grandfather and granddaughter began by doing what most farm people do when they meet: talk about the weather.

"This rain'll be good for Jack up home in Custer County, but we sure don't need any more here 'bouts," the old man reckoned.

"The corn's a foot taller around Lincoln and Nebraska City than it is across the river in Iowa. Go figure," Cindy countered. "Guess we're in for a good year."

"How was your drive? Any problems?"

Cindy had walked to the hallway and taken a towel out of the linen closet to brush through her wet hair. It didn't take much with her close-cropped hairdo, but she didn't want one of those nasty summer colds.

"Naw, it was a piece of cake. Saw two smart alec truckers get their dues from a state patrolman, though. I was goin' the speed limit and these two clowns passed me like I was standing still. Ol' Smokey got 'em around Aurora."

She looked around the room.

"Where's Grandma?"

"Oh, she's taking a nap. She should be awake around five. She takes lots of naps these days," the old man said, looking out the big picture window as the rain splashed against the glass. "Naps are good because it gives me a chance to rest. I never know what's she going to do or where she's going to try to go when she's awake. I hate to think about it, but maybe she'd be better off in one of those assisted living homes they have now for people with her problem."

He stopped to ponder what he had just said.

"I promised myself that I'd keep her with me as long as she recognized me, but, little darlin,' it's about all I can do to keep up with her. She gets up at 2 o'clock in the morning and starts wandering around the house. One night I caught her walking down the sidewalk in her nightgown."

Just then a sharp flash of light and a clap of thunder so loud it could have been right on top of the house.

"Close one," the old man smiled.

"Yeah, guess the ol' tatter wagon hit a real bump that time," Cindy smiled.

"Tatter wagon. Gosh, you still remember that from when you were small?"

"Of course, Grandpa. Whenever the thunder and lightning would scare me when I was small, you calmed me by telling me it was just the tatter wagon that was rolling down the road and had hit a bump."

The old man smiled, shaking his head with that pleasant memory, returning to his gaze out the front window.

"So, Grandpa, what happened on the phone this morning? Did I say something wrong to make you upset?"

He continued to gaze out the window, looking from side to side, as if to make sure the rain was distributing itself evenly over the lawn.

"Sissy, it's way passed time that I told you a few things about me and your great-grandparents," he began. "What I'm about the tell you, not even your Dad knows. In fact, the only person living today who probably knows, or remembers, is your grandmother."

His eyes continued to look outside at the rain.

"You bein' a writer, and all, a newspaper reporter, I figure you'll get the story right. That is your job ---- to get the story right?"

"Of course, Grandpa. Go on."

"My parents came to this country before the first world war. They didn't see what their parents saw was happening in Germany. My grandparents on both sides wanted a better life, one that would be without war. Before World War I, they had known peace in Germany and much of Europe. Mom and Dad were always convinced things were better there than here. They were both young when their parents brought them here, so they tended to remember things the way they wanted them to be rather than how they really were."

He settled back into his easy chair, swiveling it around so he could continue looking out the window.

"My parents were good *Volksdeutsche*," he continued.

"What?" Cindy interrupted.

"*Volksdeutsche* ---- people of Germany not living in the Fatherland. It means more than just having been born there. It's a spirit and mind-set thing," he explained. "My parents never really seemed to be happy here, at least not when they were young. I was born in 1918, during the last days of World War I. My father believed in Germany's cause so much that he had wanted to go back and fight for the Kaiser."

"He did?"

"Yep, he sure did, but, my grandparents needed him to help on the farm. Plus, Dad and mom having just been married, well, of course, he stayed home. Then he found out that I was on the way, and that was that."

The old man continued looking out the window, not once looking at his granddaughter.

"I grew up during the roaring '20s and Great Depression. While we were struggling here in this country, Germany was on her knees in Europe. My parents thanked the Lord every night at suppertime they were here and not there, where inflation had run rampant and a loaf of bread could cost as much as a million marks. Then Adolf Hitler and the Nazis began to take power and the so-called "new Germany" emerged. Well, you can imagine how that made my parents feel, especially my father."

By this time, the granddaughter was sitting on a nearby couch, riveted to her grandfather's story.

"Everything coming out of Germany was futuristic, more modern and better, or so we were told. The giant dirigibles were flying record times across the Atlantic between Europe, South America, and North America. You think America invented cruise ships? England, Germany, and France were doing them for years before this country got into that game.

For this last remark, the old man turned his head slightly away from the window, then back.

"German immigrants from all over in this country began sending their children back to the Fatherland to be educated. Some of the best universities in the world at that time were in Germany. Others sent their children to join the German armed forces, which were building fast."

"Your parents didn't want to send you there, did they?" Cindy asked.

The old man was silent.

"Grandpa John. Did they?"

For the first time, the old farmer looked away from the window and into the blue eyes of his granddaughter.

"Yes, they did."

"Surely, you didn't go…."

"I had to go. A good German son doesn't say 'no' to his parents or, to the call of his country."

Cindy sat in disbelief. They both sat in silence. Only the ticking of big grandfather clock in the hallway could be heard. After a minute or two she spoke.

"But, this is your country."

"My parents didn't see it that way, and there were plenty of other sons and daughters across America who were in the same position I was."

More disbelief.

"You're kidding, right? You mean there were other Americans who went to Germany while Hitler was in power?"

"Sure, hundreds, maybe thousands. No one knows for sure. Good *Volksdeutsche*, especially here in the Midwest, sent their children back to build a better Germany. Little did they know they were sending them to disaster."

By now, Cindy had re-focused from being a disbelieving granddaughter to becoming the inquisitive journalist she is.

"Mom once told me that she thought you might have been a medic in the Army during World War II," she began.

"Well, yes, that's right, only it wasn't the U.S. Army, it was the German army. The Africa Corps, to be exact. I started out in a medical unit then later was assigned to serve in Field Marshal Erwin Rommel's command unit in North Africa."

"My god, that must have been exciting," Cindy caught herself muttering. "Rommel, the Desert Fox?"

"Exciting? Terrifying would be more of an accurate description," he replied. "Any sort of war is terrible, but tank warfare in a desert can be terrifying. I saw things I want to forget, but can't. As for Rommel, I don't believe he was any more excited about fighting that war than I was. Still, he was a good German soldier and he did his duty."

The old man was swiveled back around to looking out the window at the rain, which had been reduced to sprinkles as the storm moved on east out of the area.

"Gramps, I would love to write your story. It's unbelievable."

"Sissy, I want you to write it. And, you probably won't believe it."

"Well, you obviously ended up okay. How did you get back to this country?"

"That part you won't believe. It was courtesy of the U.S. Army, Navy, and the American railroad system," he replied.

"I don't follow," she said with a puzzled look.

"My entire unit was captured by Allied forces in Africa and we were eventually sent back to America to a prisoner of war camp," he said.

"How ironic. Where?"

"You won't believe that either. Clarenda, Iowa, then later, Fort Robinson, here in western Nebraska ---- near Chadron."

"You're right, I don't believe it," she said, almost laughing.

"It's true," he admitted.

Cindy broke out her handheld tape recorder and notepad.

"I gotta get all of this down," she was muttering to herself again. "I don't know where to begin. I mean, where do you start with a story like this," she said, looking up at Grandpa John.

"Well, darlin' let's try to take if from the beginning," he said, turning away from the picture window and looking into her eyes. We'll start in the morning. Can you stay the night?"

Chapter

2

Sunrise on the Nebraska prairie after a thunderstorm presents a sparkling day as if washed by the hand of God. Cindy arose early after a fitful night of tossing and turning in the guest bedroom of her grandparents' home. She kept dreaming about the revelation her grandfather had confided in her the evening before. It was almost too much to comprehend.

"It's a glorious morning," her grandmother announced, finding Cindy in the front room sipping a cup of coffee. Grandma Harriet was still a beautiful woman, even though age had robbed her of her lustrous raven-black hair. Still, the gray strands gave way to hints of its original color. There were only a few age lines in her soft face after 82 years. Her blue eyes still sparkled, but they reflected memories of long ago and little else. She could recall the drought that nearly wiped them out financially in the early 1950s, but couldn't remember what she had for dinner the night before. Cindy wasn't sure her grandmother even knew who she was.

"Morning, Grandma," Cindy replied. "Did you have a good night?"

"It was simply marvelous. Did it rain last night? It should make the crops grow ever so well," the old woman reckoned. "I don't think John will be able to get out into the fields at least until afternoon, though."

She was at the big picture window, looking from side-to-side, studying how soaked the grounded might have become.

It was Cindy's first hint that Harriet Krauss was caught in the past. Her husband hadn't been in the fields for nearly 20 years. They had lived in Kearney for the past 15 years. The old woman acted as if nothing had changed from the life she once knew on the farm up in Custer County. Grandpa John had tried to prepare his granddaughter for this, but it still was a shock.

"No, I don't suppose he will," Cindy said, smiling. "Would you like some coffee, Grandma?

"You're very kind, child. I have a granddaughter, you know. You remind me of her, but, of course, she's much younger. You must meet her sometime. I know she'd love to come over and play with you."

Cindy felt a slight pang of rejection. It had been six months since she last visited her grandparents and this time Grandma Harriet obviously didn't recognize her at all.

"I'm your granddaughter, Grandma. Don't you remember me?"

"It's simply a glorious morning," the older woman said again, looking out the big window, completely ignoring Cindy's last statement. "That rain last night will be good for the crops, you wait and see."

"What are you two girls talking about?" Grandpa John said as he entered the room, coming in from the backyard.

Oh, we're just marveling how much the rain will help the crops," Cindy replied, giving him a knowing look. "Grandma thinks it will really make things grow."

Cindy pulled her purse toward her, beginning a search for her cell phone through the maze of contents.

"I'm going to call my editor and take a couple of days off so that we can continue our talk. Okay Grandpa?"

"Sure, that'll be fine. There's lots to talk about and it can't be done in a couple of hours," he reckoned.

Grandma Harriet continued to look silently out the window as if searching for something. Her husband walked over, took her by the shoulders and guided her to a large easy chair nearby.

"Here, darlin,' sit and enjoy the morning sun. I'll go get you some breakfast," he said, lovingly.

Cindy was on her cell phone dialing Joe Hernandez' home number to tell him about taking time off. It would be a week before that rally on the state capitol steps and there would be plenty of time to research what she would need. Besides, the story she anticipated from her grandfather would, no doubt, supercede anything she might encounter in Lincoln next weekend.

Grandpa John walked over to an old phonograph player in the corner of the room, flipped a switch to begin a long-play record already mounted on its turntable. Music began play. A big smile came over the old woman's face as she continued to stare out the window.

"Oh, I love Guy Lombardo. He has the 'Sweetest Music This Side of Heaven" don't you know," she said, looking at her granddaughter with a happy smile.

Cindy smiled back, then looked at her grandfather. The 33 rpm album of Guy Lombardo and his Royal Canadians had to be more than 30, maybe even 40 years old. The scratchy sound it made revealed the many turns it had made around her grandparents old record player.

"Music is very soothing to her. It really helps. It's one of the few things she seems to connect with," he explained. "There's something about music that brings Alzheimer's patients back to life, to reality."

John Krauss announced he had asked a family friend to come in to stay with his wife for a couple of hours so he and Cindy could go out to talk. The old man suggested they go for some breakfast at a quiet café.

"I'll drive the old Lincoln," he said, half laughing. "I don't fit very well into that little car of yours."

14

Cindy didn't argue. She hated to drive and always jumped at the chance to be chauffeured. She grabbed her large purse, making sure her small hand-held recorder and notepad was inside, and followed her grandfather to the car.

The 1986 Lincoln Towncar pulled up in front of the Auger-In Café at the entrance of the Kearney Municipal Airport. The aroma of breakfast was in the air. The Auger-In was one of those typical Midwestern short-order cafes where biscuits and gravy on the menu were a given, especially during the morning hours. Eggs and bacon, of course.

Inside the Auger-In, there was a slight haze of smoke. A old wooden propeller was mounted above the coffee urn, with a sign just below that read: "If you don't like the food here, go home to your wife!"

Cindy expected the place to be filled with pilots who were ready to take up one of the several private planes tethered or hangered nearby, but, instead, half of the joint was peopled with old men in bib overalls like Grandpa John. Several of these obviously old farmers were sitting around and chatting about, what else? The weather. Two or three were reading the morning newspapers, either The Hub or the Omaha World Herald.

"I don't see any Nebraska State Journals being read here," Cindy remarked in a half-criticizing way, but, then again, she noticed only three newspapers, the local newspaper, The Hub; the gray lady of Omaha, the World Herald; and USA Today, had racks outside the door of the café. "Guess I'll have to speak to our circulation manager about this."

The airport was unusually big for a city the size of Kearney, with its large concrete tarmacs and unusually long runways. Grandpa John told her that during World War II, the airport was built to handle B-17 bombers. It had been one of several training and staging bases for the giant Flying Fortresses before they headed east across the U.S. and the Atlantic Ocean for England and the war. Air crews would train in California, Utah, Washington, and Idaho, then new planes were flown from the production lines out of the Boeing Aircraft factories in Washington, distributing them by flying to U.S. Army Air Corps bases in Cheyenne, Kearney, Lincoln, Omaha and dozens of other long-forgotten bases. Today, many of those old tarmacs serve as municipal airports, such as is the case in Kearney and Lincoln. Old Fort Crook, located just south of Omaha, has been renamed Offutt Field, the home of the U.S. Air Force's Strategic Air Command, one of the biggest bases in the world.

"John, how are ya this mornin," a slightly overweight, waitress inquired. "How's Harriet?"

"She 'bout the same, Gladys. Thanks for asking," he replied.

"Do you use brown eggs?" Cindy inquired of the older waitress, who was standing at their table.

"Honey, we use whatever kind of eggs the hen will let us have," came her droll reply. "You don't believe that stuff they tell you in the city about brown eggs being better tasting, do you?"

Cindy was a bit embarrassed because she really didn't know why brown eggs were preferred by so many of her friends. She'd always thought it might be an old wives' tale.

Grandpa John just chuckled, introducing Cindy to the waitress as he stirred his large cup of coffee after pouring a spoonful of sugar and adding some cream. He told Gladys a side order of one biscuit with gravy would be more than enough for him.

"Well, Grandpa, where do we begin?" Cindy asked, trying to restart their conversation from the night before.

"I'd s'pect we'd better start at the beginning," he reckoned.

For the first time Cindy heard her grandfather's given name: Johann Hans Krauss. "John" was the Americanized moniker he had used since he was a little boy.

"John worked better for me when I was going to grade school in Broken Bow," he admitted. "Some of my friends in high school called me Jack, but no one in this country other than my parents ever knew me as "Johann."

He was born June 25, 1918, just months before the end of the "Great War." World War I had been a calamity for Europe and especially devastating to Germany. Here in America, thousands of German-Americans had a tough time navigating through society. Many changed their names to become more "Americanized." The United States entered the war in 1917, three years after it started in 1914. While it was a relatively short period of participation on the side of the Allies, causalities were heavy, especially in the muddy trench warfare. By the 1920s, in some parts of this country it wasn't popular to have a German surname, especially after so many American G.I.s were killed or wounded on the battlefields of France during the "war to end all wars." Some 26 states outlawed the teaching of the German language in schools.

John Krauss described to his granddaughter the hardships of growing up on a farm in central Nebraska during a period that saw the world economy crash.

"During the early years of my life, we lived in a 'soddie,'" Grandpa John told his granddaughter.

"A what?"

"Soddie ---- a sod house," he replied. "They were quite common during the 19th and early 20th centuries. On the Nebraska prairie, there were few trees, and wood had to be shipped in by rail or by horse and wagon. It was convenient to build sod houses, homes that would withstand the cold winters. In fact, our family's soddie is used as our cow barn on the farm in Broken Bow."

Grandpa John continued telling his granddaughter about his early life in rural Nebraska during the Great Depression of the 1930s.

"We always had plenty to eat because we grew what we needed on our farm. We just never had any money to buy things, not that there was a lot to buy in stores. When we did need things-tools, equipment, clothes that we couldn't make-we traded livestock, poultry, produce, grain, and the like."

He continued describing life in rural Nebraska during the '20s and '30s. It was bleak. During the '20s, more than 40 percent of the state chartered banks failed. A drought devastated the entire Midwest, forcing thousands to leave their farms to seek refuge in California.

Nebraska had few paved roads, and more families used horses to power farm implements more than anything else. Motorized tractors were scarce and possessed by only the wealthiest of farmers and ranchers; cars and trucks were luxuries few families enjoyed. A good horse and buggy was prized by most farming families until the mid-30s.

"We had an old Ford Model T," he told her. "It was really a pretty neat machine, one of those combination jobs that you could convert from a pickup truck to a tractor to a small power plant that would drive a grain elevator. Ol' Henry Ford himself was a farmer, so he knew how to make a machine that would be a labor-saving value to country folk."

Grandpa John was on his second cup of coffee when he began telling about the passion his parents held for Germany, a myopic viewpoint they held far longer than they should have.

"You have to understand that my parents, your great-grandparents, were brought here, each by their parents, sort of against their will. When they came over after the turn of the last century, they were teen-agers. They didn't meet each other until they were here in Nebraska, but they both were exposed to German culture and all that it meant at the time. Music, literature, medicine, some of the finest universities in the world. Germany was one of the most advanced nations in Europe, and to a degree, in the world.

"So, mom and dad never really left Germany, at least not in their own mind," he continued. "They met, married and had me, and while I was growing up, all I heard around the supper table each evening was how great everything was 'back home.'"

"Did you buy into their delusion?" Cindy asked.

"Well, at first, yes. It was hard not to be intrigued. But, the older I got, the further I went in school, the more American I became. With Germany's defeat in World War I, followed by the Treaty of Versailles and its humiliating peace terms, the years following resulted in poverty for the old Fatherland. Then the entire world was hit by the Great Depression. Along came Adolf Hitler and his band of thugs, who took power in 1933. Those first years after Hitler took over saw a new Germany emerge, and my parents couldn't talk enough about it. Then the talk around the supper table began to swing toward my going to Germany to college."

Cindy shook her head in disbelief.

"You're one of the strongest-willed men I know, Grandpa. I'm sorry, but I'm having a hard time buying all of this. It all sounds too, too simplistic," she said, matter-of-factly.

"Well, Sissy, you were raised in a different culture during a different time, and, of course, I'm not the same person I was then. Growing up in a German

17

household, the father is the law. His will is what everyone bends to," he replied. "As simplistic, as you say, all of this sounds, it's the truth. It's what happened."

"So, did you go? Well, obviously you went," she interrupted herself, half-laughing. "What happened? I mean, how did you know what was going on in Germany?"

"My parents were a member of Der Amerikadeutsche Bund, which was a political organization, kind of the Nazi wing here in America, although it was never really that closely associated with anything going on in Europe," he continued. "It was simply known as 'The Bund.' It had a newspaper my parents read, Deutscher Weckruf and Beobachter, which was nothing more than a propaganda sheet. A lot of German-Americans here in the Midwest subscribed to it, just like my folks did.

"When I turned 18, it was 1936, and I had just graduated from high school. I really was planning to go to college in Lincoln," he continued.

"At the University of Nebraska?"

"Yes. I wanted to be a veterinarian. My father wanted me to be a medical doctor, and, of course, the finest medical schools of that day were found in Europe ---- in Germany."

"So, you went to Germany in 1936," Cindy said, taking notes.

"My father took me to Germany," he explained. "He wanted to see, first hand, the new German order and what Hitler had built. We arrived just in time for the Summer Olympics in Berlin."

Father and son had traveled by rail to New York, and from there, by steamship to Bremerhaven, one of Germany's most important North Sea ports.

"My god, you must have gotten to see Jesse Owens win his four medals at the Olympics," Cindy blurted, causing a few old farmers around the cafe to look up from their morning papers.

"Yes, I did. Saw him win the 100-yard dash, and the broad jump," he replied.

"Broad jump? What's that?" Cindy asked.

"I think they call it the 'long jump' today, but back in those days it was the 'broad jump.' I have to admit that it was an exciting time, and, in those days, Berlin was an exciting place. I had never been in a city bigger than Grand Island before I traveled to Germany.

"Do you know that part of the '36 Olympics were televised? Even though the concept of television was developed in this country, the Germans had improved TV to the point they were able to transmit pictures from the Berlin stadium, but, of course, the only receivers were a couple of miles away in a government studio. Still, it was one of the world's first TV shows, albeit in the shadow of the swastika."

Grandfather Krauss continued with his story while Cindy hung on his every word.

For young John Krauss, traveling to Berlin in 1936 was like going to another

18

planet. Compared to the peaceful wind-swept prairie of Nebraska, every aspect of life in Europe's most modern city was, John had to admit, exciting. New York City, to be sure, was an exciting place as well during the '30s, and he saw just enough of that big city while waiting for the boat to sail to realize there was far more to the world beyond Nebraska.

Before leaving home, John had kept very quiet to his friends about where he was going because he wasn't really sure it was what he wanted to do or, if he would stay. Circa 1934-35, his parents had endured a lot of chastisement by a number of German-American neighbors, as well as some Anglo and Irish storekeepers in Broken Bow regarding the couple's open admiration for Hitler and what was going on in Germany. So, the family decided to keep their thoughts to themselves.

Nothing was ever said about John attending school in Europe. In fact, everyone who asked was told that father and son had made a trip to New York City to visit family, and that John would be staying to attend school on the East coast. Local gossip could go no further than knowledge of two railroad tickets to New York City.

Neither of John's parents had become United States citizens, and because John was under 21, the legal age of that era, he traveled, accompanying his father, who used a German passport.

After their arrival in Europe, John's father stayed in Germany for a month, visiting family and old friends before sailing back to America. He had to be back in Nebraska by September, in time for the fall harvest season. Young Johann was left in Berlin with a small bank account, an even smaller apartment, and the daunting challenge of entering pre-medical school at the city's stalwart institution of higher learning, the University of Berlin.

Berlin was an exciting city, looking as though it were preparing for some sort of celebration or festival. Huge, blood-red banners with a giant black swastika in the center, hung from what seemed like every other building throughout the city. Pedestrians in Berlin's streets appeared similar to those John had encountered on the streets of New York. Every so often, he noticed men sporting a lapel button with the black swastika. He would soon learn that wearing the emblem in that manner signified the bearer as a member of Nazi party.

His German was passable, but Johann was worried that his understanding of the language would not be enough to get him by in everyday classes. His conversational German was good as far as it went, meaning his vocabulary was limited, but reading and writing the language was another matter. His mother had taught him enough to get by, but Johann feared he wrote with the ability of a sixth-grader trying to impress college professors with his language prowess. John's graduating status at Broken Bow High, along with "to whom it may concern" references from teachers, enabled him to get his foot in the door of the university, but sustaining his grade standing for four, possibly six years, was another matter. He knew he was admitted on a "conditional" basis.

19

If he wasn't able to keep up, out he'd go.

John's arrival in Berlin did not go unnoticed by German authorities, particularly the Gestapo. One evening as he was having supper in a small German café around the corner from his small apartment, he was visited by a somewhat ominous-looking character wearing a long, dark-leather trench coat. John reckoned the young man wasn't much older than he.

"Herr Krauss, my name is Krueger," the stranger announced. "May I join you for a cup of coffee?"

The man didn't wait to be invited. He just sat down across from John and removed his black fedora.

"How can I help you," John inquired.

"Well, it's not so much how you can help me, rather it is how I might be able to help you," he countered.

John was puzzled and somewhat frightened. He had heard about the Nazi secret police. Although he had done nothing wrong, the fact the agent knew his name and was making inquires was enough to make John nervous.

"According to your father's passport and travel information, I understand that you are from the United States. Nebraska, I believe?" the agent continued.

"Why, yes, is there anything wrong?"

"No, not at all. We like to interview all of our returning citizens to determine their intentions when they come home to the Third Reich. What are yours?" asked the man with the cold, black eyes that seemed to pierce through John's very soul.

"Well, for starters, I'm not German. I'm an American, and I'm here to see if I'm good enough to succeed as a student at the University of Berlin," John replied, thinking that adding a bit of good ol' American humble pie attitude might be a more prudent tact to take. This man was obviously a Gestapo agent.

"Ah, I see. And, what will you be studying?" Krueger countered, choosing to overlook the American citizen declaration.

"I'm going to try to be a physician. I'm hoping to survive my pre-med studies so I can go on to study at Heidelberg University."

John's answers seemed to satisfy the agent.

"As a citizen of Germany, you'll want to be sure and register at Wehrmacht headquarters," Krueger advised.

"Sir, I'm not a German citizen. I'm American. I was born on a farm near Broken Bow, Nebraska. I grew up there, and went to school in Nebraska. This is my first and only trip to Germany," John insisted.

"As far as The Reich is concerned, Herr Krauss, you're a German citizen. Your father's papers are in order and, as a member of the party, he is the head of his household. You, being his under-age son, are part of that household," Krueger declared emphatically as he rose from the table, his eyes still fixed on John.

"Everything seems to be in order. If I can be of any assistance, Herr Krauss, please don't hesitate to call upon me at my office near the Reichstag," the agent said, putting on his hat.

"Here's my phone number in case you need to call. And, you won't forget to register, will you."

It was obvious that Krueger's last statement was a command and not a question. He left a calling card on the table in front of John. Like those used by most European business people, it was twice the size of the cards preferred by Americans.

John was breathing somewhat easier as he tried to convince himself that everything was all right. After all, the man did leave his business card. And, the man didn't have John accompany him to where ever it is the Gestapo takes their subjects for a more private interview.

However, as the man walked out the door of the cafe, John began to feel a quiver in the pit of his stomach. He had only heard or read about Hitler's secret police, but coming face-to-face with one of their agents was all John needed to convince himself that he never wanted another such encounter. And, as he thought about it, he became more puzzled and disturbed, as he couldn't think of a reason why he would ever want to use the oversized business card of why he was being called a German citizen. He was not, and registering for the German army was something he had not bargained for. Perhaps he should have accompanied his father on the return trip across the Atlantic.

"I was just a simple farm boy from Nebraska," Grandpa John told his granddaughter, who was still shaking her head in amazement. "I had been in Germany only a month before I was being grilled by the secret police and told to register for the Army."

Grandpa John explained that "registering" for the Wehrmacht didn't mean "joining," but it could mean just that because it was similar to registering for the draft in this country.

"So, then what happened? You're not going to leave it there, are you? Did you ever see the Gestapo man again? Did you get into the university? Tell, me, tell me!" Cindy said before she realized her voice was getting louder when a couple of the diner's patrons looked over their way.

"We'll talk again this afternoon," he assured, motioning with his giant hand for the young woman to lower her voice. "But, now we've got to get back to see how your grandmother is getting along."

Cindy gathered up her recorder and notebook, slipped them into that large catch-all handbag and walked to the waiting Town Car in the parking lot.

"Grandpa, you're not pulling my leg with all of this, are you?" she said, stopping abruptly in front of the car.

"No, Sissy, I'm not. I wish I were.

Chapter

3

Riding back to the house, Cindy had dozens of questions to ask her grandfather. In the first place, how would any American think of going to a foreign country under a dictatorship like Nazi Germany to live and work?

"Well, Sissy, you have to understand that we didn't have the mass information in those days that we have today," was her grandfather's reply. "There were newspapers, radio, and newsreels in movie theatres ---- that was about it. We didn't have anything more than a local weekly newspaper in Broken Bow; radio was pretty thin when it came to news; and I only saw maybe one or two movies a month. Other than that, all I knew was what my parents told me from the information they were getting from the Bund, and other German-American friends."

Arriving back at Grandpa John's small three-bedroom bungalow, Grandma Harriet was still in her front-room chair, staring out the big window. The Guy Lombardo record had been turned over with the flip-side playing those old tunes that Cindy always heard when she visited her grandparents.

"Hi, Grandma! Are you having a good morning," Cindy asked cheerfully.

"Well, good morning," the old woman responded, with a somewhat quizzical look on her face. "Do I know you?"

"Yes, Grandma, I'm your granddaughter, Cindy," the young woman replied. "Don't you remember, we talked earlier this morning right here."

The old woman just stared at Cindy, not remembering or recognizing her from their earlier chat that morning.

"Hello, darlin.' How are you feeling?" her husband said as he walked into the room.

"Oh, there you are. I couldn't find you earlier. I thought you had left me," his wife replied, immediately recognizing him. "You won't leave me, again, will you?"

"No, dear, I won't leave you," Grandpa John said, leaning down to kiss her gently on the top of her soft, graying head.

"It's time for your nap, dear," he told her.

"I'll get her into bed and asleep so that we can go out on the patio and visit some more," he said to his granddaughter.

John Krauss walked alongside his wife into the back bedroom where a large queen-sized bed awaited. He helped her with her robe and slippers and quickly she was in bed for her nap.

"She'll sleep for a couple of hours, maybe more," Grandpa John said. "Let's go out onto the patio and sit."

Cindy's grandparents had built a large covered patio that was screened. During the summer months, the patio had been a favorite retreat for the couple, but in recent months, only John came out to enjoy the fresh air. Harriet complained that it was "too cold" for her on the patio. The house faced the west in an "L-shaped" layout, so the patio was protected from the frequent wind that sweeps across Nebraska, year-round from both the west and the north.

The patio furniture was comfortable and situated in living-room fashion. Cindy loved sitting out there with her grandfather as he told her stories from the past. However, he had never gone so far back in his past as to reveal the stories she was now hearing.

Up until now, the stories always began with her grandparents marrying in 1946, and raising a family on the farm west of Broken Bow. It had been as though time began for the Krauss family in 1946, with little else other than Grandpa John had been on the football team at Broken Bow High during the '30s. She once saw what seemed like an ancient picture of him in a football uniform in the school's gymnasium.

Cindy knew little of her grandmother. As the story went, she had been raised in North Dakota, graduated from high school in Jamestown, and attended college for a couple of years at Chadron State College before she met and married Grandpa John. That was about the extent of Cindy's knowledge of those early years of her grandparents.

As she said looking out over the backyard, a cool breeze was circulating through the patio. Grandpa John had fixed them each a large glass of iced tea. It was Midwestern iced tea, meaning it was made hot with tea bags and lots of sugar blended in to sweeten before it was iced down. Cindy hated the thought of consuming all that sugar, but there was nothing better tasting during the hot Nebraska summer than Grandma Harriet's iced tea. For the past year or so, Grandpa John had taken over the task of making iced tea. He had taken the kitchen duties away from his wife because, at first, she had forgotten how to turn of the gas burners, and, later, she forgot how to turn them on. It was a dangerous situation and someone had to keep an eye on her at all times to ensure she didn't hurt herself or burn down the house.

"This is the best, thanks, Gramps," Cindy said, taking a sip from her huge glass of tea. "Now, where were we?"

"Well, if I recall, 'I' was in Germany and in one hell of a fix," he replied, chuckling to himself as he resumed his story.

John didn't digest his evening meal very well the night he had been visited by the Gestapo. It had never occurred to John that he might, indeed, be technically a German and not American. That point had, until then, eluded him. He doubted seriously that his father knew the significance of the fact. Would he have left John in Germany had he known that his son could have been drafted into the Wehrmacht? John recalled in his mind the many times his father had regretted not returning to Germany to fight during World War I. Recalling those laments, John quickly realized that his father probably knew full-well what could happen. The circumstance made him feel like a sacrificial lamb that certainly could lead to his slaughter.

John hadn't noticed until now that a group of seven or eight men in black-shirted uniforms had gathered around the café's piano and were singing Prussian marching songs. Each man wore a swastika armband on their left sleeve. They were a boisterous bunch. After they began singing, louder and louder, several diners in the café, got up, paid their bills and left. John had the urge to do the same, but he became intrigued with the passion of these men. They seemed happy, full of pride, and, obviously were arrogant in their manner. Two of the men became angry with diners near the piano who chose not to sing with them. The couple got up and left hurriedly without finishing their dinners.

John would soon learn these were members of the "Schulzstaffel," or simply put: the "SS." He would learn that these particular uniformed men were "Allgemeine-SS," which served in the political and administration of the Nazi government. Herr Krueger, no doubt, was familiar with most of these men around the piano. John also would learn later that this particular café where he was having dinner was a favorite hangout for the SS, and that some of the other diners in civilian clothes, no doubt, also were members of the SS. After a while, John slowly got up, paid his bill and left. He would choose another café to take his future meals.

It was early September. Back home the harvest had surely started. In Berlin, classes were beginning at the university. To hedge his bets, John was taking a course in German grammar and literature. His other three courses were more familiar to him: biology, world history, and mathematics. Biology and math were pretty much the same in any language, but it would be interesting to get the German perspective on World History, he thought.

"Before you can attend any classes, you must present your Wehrmacht registration card," The stern-looking woman, probably in her 40s, said as she sat at the university's registrar desk. "You can go now and register. It's the big gray-stone building on Paul von Hindenburg Strasse, two blocks south from here."

As stern as she seemed, the woman caught John's eye because of her seemingly purple eyes. He had never seen such a striking feature as that before.

John didn't argue. What choice did he really have? He was in Berlin, obviously stuck, so he might as well make the best of it. He walked the two blocks to the Wehrmacht headquarters. The building was a five-story gray stone structure, which had all sorts of patriotic posters out front, heralding the life of a soldier and for the betterment of Germany. The big red flag with the white circled black swastika flew over the door. It was the biggest flag John had ever seen.

There was a short line at the registration window in the lobby, which took about five minutes for John to work up to his turn. The clerk seemed to have the same stern look as the woman at the university, but with cold black eyes. Why all this serious attitude, John thought.

After answering basic questions about his name, birth date, address, etc., the clerk asked the place of birth?

"I'm an American. I was born in Nebraska," John replied.

"Are your parents American or German?" the clerk asked.

"They're still German citizens, but I'm an American. I was born there, so, according the U.S. law, I'm a citizen of that country," he insisted.

"Herr Krauss, your parents are Germans, so the Third Reich considers you a German, as well. Sign here, please."

John didn't argue and complied. The clerk handed him a receipt from the registration card.

"Keep this on you at all times. You'll need to show it if you are stopped by the authorities for any reason. Heil Hitler," the clerk said, lifting his right hand slightly, at the same time looking around John to motion for the young man standing behind him to step forward.

John had that eerie feeling in the pit of his stomach again that he had the night before in the café when Herr Krueger had approached him. He felt as if he had just given away his birthright. After returning to the university's registrar's office, and showing his Wehrmacht registration card, John was given his class schedule and was told where he could collect his books.

"The Third Reich provides these books free to all its Aryan citizens," said the registrar woman, who had been so stern looking. She inspected his Wehrmacht registration card and handed it back. Now, those violet eyes were smiling and looking at John's blond hair and blue eyes. It was a look that he had never experienced before. John noticed that the woman was somewhat pretty, but her figure, which seemed to be ample, was a bit difficult to determine because of the rather austere gray tweed business suit she was wearing. John reckoned the woman was maybe 5-foot, 2 or 3-inches, 40 or 45 years old, with brown hair and, of course, those wonderful royal purple eyes.

Each morning John entered the main university campus building, he walked by the registrar's desk where he'd be greeted warmly by the woman with the purple eyes. Secretly, he figured her name must be "Violet" because of those hauntingly beautiful eyes. He had enough manners not to ignore the clerk, not that he wanted to, but John was puzzled by the attention she seemed to be giving him. One morning about a week after classes began, she did more than nod and smile.

"Herr Krauss, guten morgen," the woman said warmly as John walked by her desk.

"Good morning," John said, returning her greeting in German.

"I hope you won't think me forward, but I would like to buy you some tea after classes this afternoon, would that be possible?" she asked.

"Ah, well, why, sure, why not," he heard himself stammering, then saying, puzzled by the attention the woman was giving him.

"Good, then I'll meet you at that little outdoor café across the street say, at 4 o'clock?"

"Sure, that will be fine, I'll see you then," John said as he hurried off to class.

He was curious about what the woman could want. As attractive as she was, in a plain sort of way, she surely could be as old as his mother. John quickly dismissed any notion that the woman might be trying to "pick up" on him. At 18, his was rather limited in experiencing the world. In fact, he had only dated two girls in high school, and, then only briefly. Work on the farm didn't allow John much leisure time other than going to and from school.

That afternoon, he found the woman sitting at a table, waiting, as he walked out of the main entrance of the university and across the street to the café.

"Guten Tag," the woman said, smiling, gesturing to a chair next to her.

"Howdy, er, I mean, guten Tag," John said, catching himself speaking English, then switching to German.

"I hope you won't think I'm being forward," the woman began, speaking in perfect English, with an obvious American accent.

"Well, I am a little curious," John smiled as he replied in English.

"What will you have," she asked, as a waiter appeared next to their table.

"Beer will be fine," he said.

"Zwei Lagers," she told the waiter in German, ordering each of them a beer.

"I looked at your registration papers the other day after you came back from the Wehrmacht," the woman began, which is something John already knew. "I see that you are an American."

"Yes, I am," John smiled.

"I should have picked up on your accent earlier," she continued.

"Is my German that bad?" he asked.

"No, in fact, it's quite good, but you do have a slight, rather flat, accent that gives you away. I also had it when I first came over here as well," she said, smiling.

"You? Are you an American?" he asked.

"Yes, my name is Greta von Carlsen and I'm from Chicago. I was born in Dusseldorf, but I left Germany in 1913, when I was just 15 years old. I went there with an aunt, who was my only living relative," she explained.

John was somewhat disappointed her name wasn't "Violet," but relieved and happy to meet a fellow American ex-patriot.

"What on earth are you doing here?" he asked, curiously.

"I might ask you the same thing," she laughed. "I became a naturalized U.S. citizen, but I got lured back over here three years ago by an old boyfriend."

"Do you like it over here?" he asked.

"It has its good points, but I'd be lying if I told you I didn't miss America. So, why are you here," she asked him again.

"Well, my family has a farm in Nebraska," John began. "My father never gave up his German citizenship, and has been enamoured with Herr Hitler and what is going on here in Germany. When I graduated from high school, he was quite insistent that I come to Germany and study to be a physician. And, being a good German son, here I am."

John and Greta visited for what seemed like hours. The afternoon turned to dusk and soon the street lights were coming on. She wasn't quite as old as John had reckoned. Greta was born in 1898, which made her 38 years old. Maybe it was the second or third beer, but she looked a lot younger and certainly more attractive as the evening came upon them. Greta dropped her hair from the business-like bun she wore it during the day, which certainly had added years to her looks. It was near shoulder length, light brown in color, with the right side falling just barely over her right eye. Still, John thought, she was 20 years older than he.

"Two years ago I was married, but my husband died in a plane crash last November," Greta continued with her life story. "He was a test pilot for Messerschmitt. They won't tell me what actually happened, only that he crashed and was killed. He was awarded the Iron Cross by Hermann Goering, head of the Luftwaffe."

"Gee, that's tough, I'm sorry," John said, feebly.

"I get a small pension and, of course, and the party made sure I had a good job here at the university. I inherited my husband's house, so I get by."

"Why don't you go back to America?" John asked.

"Like a dummkopf I renounced my U.S. citizenship," she said, shaking her head, looking off into space. "The U.S. Embassy here in Berlin won't help. They said I turned my back on America once, so no second chances. Besides, I don't think they like all of the things that Herr Hitler is doing here and are afraid to let any more Germans go through Ellis Island."

John looked at his watch, then told Greta that he should be going to his apartment to study for the next day's classes.

"Where are you staying?" Greta inquired.

"Oh, my father got me a little one-room apartment not too far from here. It's kinda small and I have to walk down the hall to the bathroom, but it's cheap," John replied.

"Well, John, if you get tired of living there, I have a rather large house in one of the Berlin suburbs that my husband left me, and I have plenty of extra rooms," she said with a smile. It's just me, two cats and my maid, who is only there during the day. If you'd like something a bit more comfortably, I would be happy to discuss renting you a room. It might help you, and I can always use the extra money."

John didn't know what to say. Realizing he had just consumed three large beers, something he wasn't used to doing, now wasn't the time to give an answer.

"Can I think about it and let you know in the next day or two?" John asked.

"Of course, there's no hurry. You know where to find me at school," she said, smiling as they got up, shook hands and parted.

"Guten Nacht," John said, slipping back into his best German accent.

"Guten Nacht," she smiled.

During their conversation, Greta told John they weren't the only Americans in Berlin, or Germany, for that matter. Over the three years she had been back living in her homeland, Greta had met or had knowledge of maybe as many as 20 or 30 Americans living and working there. Some were there to study, others were there because of the "new Nazi order." John wasn't alone in being the son of German parents. A number of young men found themselves in Germany, many of them joined the growing armed forces. The Luftwaffe was of particular interest because Germany was the only nation that appeared to be building a new, modern air force. Only Great Britain seemed to have any interest in keeping up with Germany's air fleet.

Greta also cautioned John that, while being a member of the Nazi party has its rewards, it also can be dangerous. She wasn't a member, herself, but her husband had been before he died, so she spoke from personal experience.

"Be careful when dealing with members of the party and don't be caught fraternizing with Jews," she cautioned. "You can never really trust a party member and, if you become known as someone who is friendly, or even fraternizes with Jews, it can be very dangerous."

She had one more piece of advice.

"Don't be going around telling everyone you're an American," she warned. "Try to keep a low profile and don't make any trouble. You don't have your U.S. Bill of Rights in this country. From now on, don't tell anyone, unless you absolutely have to, that you are American."

Over the next several days, John attended class with relative ease. Once he was in the classroom, the only difference he could determine was that the lectures were being delivered in German. He struggled somewhat with reading the textbooks, but, now that he had a new friend in Greta von Carlsen, she was able to help him over the rough spots.

A month after their first meeting at the café, followed up by a number of other similar meetings, John felt comfortable enough in taking Greta up on her offer to rent him a room in her home. She was right. Her home was a very large house. In fact, a mansion located in the posh Schlachtensee area of Berlin, located right next to the vast Grunewald Park, which was like having a forest in the middle of a bustling city ---- not unlike New York's Central Park. It was one of those two-story gray stone structures so common place in Germany. It had a sprawling front door landing, and a covered driveway for cars to pass under and disembark passengers. The large home had five bedrooms, two of them on the first floor, and three on the second. John didn't have to walk down the hall to the bathroom because his room, which was considerably larger than the small apartment his father had rented for him, had an adjoining bathroom. You could fit two of John's new bedrooms into Greta's huge master bedroom, which was at the end of the hallway.

The only inconvenience he could find was he had to take the trolley from a nearby corner down to the university. Small inconvenience, indeed. Greta charged him the same rent he was paying for the apartment: 25 Deutsche marks a week, the equivalent of $6 U.S.

Greta couldn't be more kind and helpful. Each night, they continued to chat about America, Germany, what was happening and, what might happen. She always had a smile on her face when talking about the United States, but all sibilance of happiness left her face when discussing Germany and its politics. These little chats were always over a couple of glasses of lager or wine. John didn't care for German wine because of its sweetness.

John arrived at the mansion late one evening to find a German army officer sitting in the library, chatting with Greta.

"John, this is Major Dieter Zeis of the Wehrmacht's heer," Greta introduced, using her best formal German.

The army major was dressed in a green tunic, with a couple of rows of medals. Interestingly, nowhere did John see a Nazi party button on his uniform. Major Zeis quickly got to his feet, thrust his hand to shake John's, and at the same time, smartly dipping his head in the customary formal greeting salute. The traditional German heel click was reserved for women and high-ranking officers.

Greta gave no hint as to who John was other than a university student to whom she was renting a room.

"What are you studying?" the officer asked.

"I hope to some day be a physician," John replied. "That is, if I'm good enough."

"I'm sure you'll be just fine. Germany needs all of the medical doctors we can produce, especially in the Wehrmacht," he added.

John made no additional comments, waiting, instead, to be dismissed to go to his room. He had obviously intruded upon Greta and her guest.

"If you'll excuse me, I have some studying to do," he said as he began to walk out the door.

"Oh, you don't need to be in a hurry," Greta said, her violet eyes flashing and smiling. "Dieter is an old family friend of my late husband's. Won't you join us for awhile and have some wine?"

"Are you a Berliner, John?" Dieter asked while Greta poured him a glass of wine.

"My family comes from Bremerhaven," he said, thinking of the only other city he really knew in Germany. It really wasn't a lie. He and his father had come from Bremerhaven when they arrived in Berlin.

"Ah, yes. It's one of our most important seaports," the officer countered. "As you know, we build our submarines in Bremerhaven."

John shook his head in acknowledgement, learning, yet again, something new about this strange land that he had been thrust into.

"What do you do in the army?" John inquired, cautiously.

"I'm assigned to the headquarters staff here in Berlin. My primary duties are that of logistics, which is a fancy word for making sure our units get the equipment and manpower they need," the major answered.

"Well, as I said before, I have a lot of studying to do. If you'll excuse me," John said, finishing his glass and getting up to leave the room. "Sir, it's been a pleasure," he said, extending his hand to the major once more.

John went to his room and had no idea how late the major stayed with Greta. He thought he had heard her close her bedroom door around 11 o'clock. Later that night, he had to get up and go to the bathroom and thought he heard some strange clicking sounds. The bathroom adjoined a closet in Greta's room. He wasn't sure but what he might have been dreaming. He returned to bed and drifted back to sleep, giving the strange sounds no more thought.

The days seemed to whiz by with fall turning into winter. Snowfall in Berlin was nothing like it is in Nebraska. For one thing, there's little or no wind, which makes a big difference in the temperature. Greta continued to be a good landlord and friend, helping John whenever she could, both with everyday life and with his studies.

One day as he was leaving the university, John suddenly got that funny feeling in his stomach again as he saw the Gestapo man, Krueger, waiting on the front steps of the school.

"Herr Krauss, can we have a little chat?" Krueger asked again. It was a command rather than a request.

"Certainly. We could have a beer across the street," John replied. "What's this all about," he said as the two men strolled across the boulevard. Krueger did not answer.

As the two men settled into two chairs at the outdoor café where Greta and he first met, the agent began by inquiring as to how John's studies were progressing?

"Some of the courses are tough, but I'm getting along okay," John replied.

"I will come right to the point, Herr Krauss," Krueger began. "You can be very useful and of great service to the Fuhrer and the Third Reich."

"I can? How would that be done?" John inquired, not sure he wanted to hear the answer.

"We have been following your work at the university and find that you are an exceptionally bright student," Krueger began, trying to flatter John. "We have a special school outside of Berlin that you might be interested in attending. This is a great honor, indeed, to be selected for this training."

"What sort of school?" John asked.

"It's a school for above intelligent citizens where they are trained to do a number of highly-skilled tasks. It is a, shall we say, course to develop the right

31

people to work on their own. There eventually would be travel involved, possibly foreign travel. We are interested in you because of your command of the English language and its various American nuisances. You could be very valuable to The Reich."

"I really don't follow what you're getting at. Could you be more specific?" John was pressing Krueger.

"Not at this time," he said, slowly getting up from his chair. "Think about it overnight and if you're interested, we'll talk further tomorrow. Call me at this number." Krueger placed one of those extra large business cards bearing a swastika in front of John.

"Heil Hitler!" Krueger said, slightly raising his right arm.

John was scared. What was that conversation all about? Greta had already left the school for home, so John hopped a trolley and hurried home as well.

"I don't know what this is all about," he told Greta, after telling her about Krueger's overture.

"My god, it sounds like they either want you to train to be a spy, or they want to use your knowledge about America to train others to be spies," she said, shaking her head. "I've heard that The Reich has an elaborate network of spies throughout Europe, and both North and South America."

"I would never do that. I couldn't," John said firmly. "I've got to get outta this damned country and back home. I don't belong here."

"How are you going to do that?" Greta asked. "You don't have a passport; to the authorities, you are a German citizen who cannot travel abroad without proper papers and a visa. You'd have to apply for that and, being under age, you'd have to get your parents permission."

Greta was right. John was trapped. Without his father's passport or permission, John could not legally leave Germany. His father was back in Nebraska and, even if he could or would return to Berlin, he probably would refuse to let John return to the United States.

John turned in early that night, but he couldn't sleep. He had developed a headache and finally, about 2 o'clock in the morning, he got up, went into his bathroom and took out a small vial of aspirin from the medicine cabinet. Again, he could hear a faint clicking sound. What was it? It was coming from the opposite side of the wall, which would put it in Greta's large walk-in closet. After a minute or two, the clicking stopped.

At breakfast the next morning, John asked Greta what he should do about Krueger's overture.

"Well, if you accept, god knows where you'll end up. Very possibly dead. But, if you refuse, the Gestapo isn't going to like that. They don't take kindly to being told 'no' when they want something," Greta reckoned. "I would suspect they'll eventually come up with some sort of punishment for you."

"What could that be? I've done nothing wrong," he countered.

"My dear, you're in Nazi Germany. You don't have to do anything wrong to find yourself in prison, or worse," she replied. "It may all be just a bluff.

32

Whatever you do, I would call the phone number this morning like Krueger told you. If you don't, it'll just piss him off."

John had gotten to know his landlady and friend pretty well, and, she could be rather salty in expressing herself when she wanted to be.

Before his 10 a.m., class in biology, John stopped at a pay phone and dialed the number Krueger had given him.

Krueger, himself, answered the phone. John easily recognized the voice, which had a rather sinister edge to it.

"Herr Krueger, I'm sorry, but I really want to stay here in school, studying to be a physician," John explained. "I appreciate your offer, but it really doesn't interest me at this time. Thank you for thinking of me."

It was another one of those times when John thought humility and diplomacy might be the better tact to take.

"That's very unfortunate," Krueger replied. "Are you sure you won't reconsider?"

"Yes, I'm sure, Herr Krueger. It's very important to me that I become a physician," John said. "I thank you very much for thinking me worthy of your special training. Good-bye."

John hung up without waiting for another reply from Krueger. That queasy, sick feeling in the pit of his stomach had returned.

Several days passed with no further calls from Krueger. Greta quizzed John each night when he arrived home from school, asking such things as "Are you being followed?" and "Have you noticed anyone in your classes or around school that you don't recognize?" John answered 'no' to those questions.

One evening after dinner, Greta put on some American jazz records in her sitting room and asked John to join her for some wine.

"I have some fine French champagne. Have you ever drank champagne?" she asked.

John only had drunk beer and one or two glasses of her wine. Living with Greta was an education unto itself, and on this night, he would graduate to a higher level in his trek into adulthood.

"Have you ever made love to a woman?" Greta asked bluntly as they were sipping their second glass of champagne. Her violet eyes were burning a hole in what felt to be a flush red face.

John nearly choked as he had just taken a swallow of the bubbly wine. While the question certainly surprised him, over the several months he had known Greta, John had become accustomed to her direct questions, so he wasn't exactly shocked at the query.

"Well, ahem, well, no, to be very honest," he replied with an uneasy smile. "I only dated a couple of girls while I was in high school. I came close one night, but her father turned the porch light on while we were sitting out front in the car, and we both got scared."

"How sweet," Greta said, her voice now in a soft, purring fashion.

The champagne was definitely going to John's head. It was a nice sensation,

33

but the feeling seemed to be going out of his legs and feet.

"I'd probably better get to bed," he said, nervously, as he upended his glass.

"Yes, that's probably a good idea," Greta replied. "Good night, dear."

She was pouring herself another glass of champagne as John left the room to go upstairs to bed. As he ascended the stairs, he heard the music stop, then a new record was playing on the phonograph. It was Benny Goodman's orchestra. John recognized it immediately. He used to listen to the "King of Swing" on late night radio back in Nebraska. The sound faded away as John neared his room in the upstairs hallway. Inside, he got undressed and flopped into bed. The room seemed to be spinning just a bit. Champagne worked much differently than beer. He wasn't sure whether he liked not being in complete control of his body.

Just as John was drifting off to sleep, he felt the covers of his bed being lifted up and a warm, soft naked body slipped in alongside him. With what little light was in the room, he recognized the familiar profile. Greta raised up over him as he lay in disbelief. Her hair fell from her shoulders brushing his cheeks as she kissed and caressed his face. Then she began slowly guiding the young man on a journey to places he had never been before. Suddenly, the problems in his life, Nebraska, the Gestapo, the rigors of school, and even the effects of the champagne, were fading from his mind as John slid effortlessly into the wondrous world of sexual ecstasy. In the darkness of that hour, there was no age difference between them. They were just two people clinging to each other, searching for serenity and enjoying the moment.

When dawn broke the next morning, John found himself alone in bed. He laid quietly for several moments trying to figure out whether or not he had dreamed the nocturnal encounter the night before, or if, in fact, it had really happened.

"Good morning," John said as he came down to the breakfast room, located just off the kitchen. Greta was reading the morning paper and sipping her coffee. "Did you sleep well?"

"Yes, I did," she smiled, without looking up. "Just so you don't get the wrong idea, John. Never come into my room without being invited."

John suddenly became very confused.

"I don't understand?"

"When you get a bit older, you will," she said, again, without looking up from her newspaper. "In the meantime, let's continue to live and work as we have up until now. I'm not saying there won't be a second or even a third occasion like we enjoyed last night, but if that happens, I'll come to you. Now, do you understand?" she said, matter-of-factly, this time looking up at him. Her violet eyes were soft, but her words were firm.

"Sure, I guess. Of course, I'll do as you ask, but it's not gonna be easy. I sure hope there's gonna be another 'occasion,' as you put it. That was terrific!"

Greta continued reading her paper and sipping her coffee, however, John noticed that she had a slight smile on her lips.

"Gramps, you ol' fart, you," Cindy said, laughing and shaking her head. "Gosh, you have simply got to tell me more about Greta. She seems fascinating. Obviously, you thought she was, as well."

Grandpa John sat on the patio chair, looking out into the space of his backyard, slowly taking the last sip of his iced tea.

"Oh, my dear, there's so much more to tell about her," he said, smiling. "But, first, I've got to go check on your grandmother."

As the old man walked back into the house, Cindy was feverishly writing notes on her pad. She had no idea what she would do with this story, but, at the very least, could certainly give her the best yarn at any future Krauss family reunions.

Chapter

4

Grandpa John returned to the patio after checking on his wife. She was still sleeping, so he didn't disturb her.

"You may have to stay up with me through the night if Grandma sleeps too much," the old man told Cindy. "When she sleeps too long during the day, she's up half the night, which means I'm up because you can't leave her alone - --- she'll wander outside and Lord knows where she'll end up."

Cindy hadn't realized until this visit just how much of an impact Alzheimer's disease was having on her grandparents' lives. Grandpa John looked tired from the many hours of looking after Grandma Harriet. When the debilitating disease gets to the point its victim doesn't remember little things like where they are, how to turn the water on and off, or even how to go to the toilet, they require round-the-clock supervision.

"Gramps, you really should think about putting Grandma in a home," Cindy told him, reaching over and placing her hand on his.

"That's about all I think about," he replied. "But, it's hard to think of her being put away somewhere where she'll never leave. As I told you awhile ago, when she gets to the point of not recognizing me, then I'll do it. I'll let someone else take over."

Cindy admired her grandfather's loyalty and love, but was having a hard time accepting his reasoning because the ordeal was pulling him down, physically and mentally.

"When we're through with our little talk about my past, you'll understand a bit better, Sissy," he said. "It's not just my past, it's hers as well," he said, gesturing with his head toward the inside of the house."

Now, Cindy was really puzzled. Why would this fantastic story have anything to do with Grandma Harriet? They didn't meet until after the war, or, did they? She didn't pursue the question.

"Well, I guess I'd better get back to telling my story before it fades from my memory," he said, chuckling. "There were a lot of things happening in the world as 1936 came to a close. Roosevelt was elected to his second term as president and the King of England abdicated his throne."

"Was that Teddy or Franklin?" Cindy asked, not looking up from her notebook.

"My dear, if you're ever going to write about history, you're going to have to know the players and their time in history," Grandpa John said with an edge to his voice. "It was Franklin Delano Roosevelt. He would eventually be Adolf Hitler's undoing, but let's not get ahead of ourselves. So, there I was..."

"You said the King of England gave up his throne. Who was that?"

"By golly, they really don't teach you kids much about history these days in school, do they?" he replied, with his irritation noticeably growing.

"Well, Gramps, they probably did, but I skipped class a lot when it came to history. I've always thought it was boring, that is, until now," she admitted.

"Okay, well it was Edward the eighth. He gave up his throne to marry an American divorcee, which, in those days, was verboten. He gave it all up for a woman by the name of Wallis Simpson."

"Oh, yes, I believe I have heard that story," she interrupted.

"He hadn't officially been crowned king. His father, George the fifth, had died about a year earlier, and before his coronation, Edward, the Prince of Wales, resigned his crown because the British Parliament and other leaders refused to let him have both Mrs. Simpson and the crown."

"He must have really loved her to give all that up," Cindy reckoned.

"Well, my dear, love is a pretty powerful thing in a person's life if it's the real thing. I know," the old man said. "Okay, let's get back to it."

Grandpa John was having a bit of a problem accepting the fact his granddaughter was ignorant about the history that was the key to his life, but then he realized she was less than 30 years old and that the Vietnam War was over before she was born.

The biggest news in Berlin in late 1936 was the forming of the "Drei Maechte Pakt," (three-party pact), an alliance between the "Axis Powers" of Germany and Italy and joined by Japan. The treaty was described as a "measure of defense of European culture and civilization and world peace." The words made some sense for Germany and Italy, but John couldn't figure out until later why Japan had been included. Nazi leaders in Germany had a dreaded fear of Communism, so forging a pact with Japan on Russia's south and east and Germany on the west put the Soviet Union in a vise-like position. Of course, what Herr Hitler was really after was the rich natural resources of the Soviet Union -- coal, iron, oil, gold, and the vast grain-producing regions.

Berlin newspapers and radio broadcasts were filled with news about the various treaties Germany had entered into, including one that guaranteed the neutrality of Belgium and Holland, which, within a few years, would mean nothing. A civil war was raging in Spain, where Germany was supporting a rebel Spanish army general by the name of Francisco Franco. Hitler sent guns, tanks and airplanes, complete with advisers to assist Franco and his rebels. It would be a way of testing Germany's new arsenal and a precursor to World War II.

By the spring of 1937, John was completing his first year of studies at the

University of Berlin. Classes had gone much smoother than he had thought. Nazi Germany's technology was riding high in the eyes of the world, seemingly invincible, that is until May 6, 1937. The giant airship Hindenburg blew up, killing 33 passengers as it was landing at a U.S. Naval air station in Lakehurst, N.J. The great dirigible was one of several built by the Zepplin company that had revolutionized trans-Atlantic travel between Europe and North and South America. A dirigible could make an ocean crossing between Germany and the east coast of the United States in three days, versus the five it took for a steamship. But, the biggest problem was the hydrogen-filled lighter-than-air tanks, which made them extremely flammable. Germany had been urging the United States to let them have helium, which was controlled exclusively by America, but the political pressures building between the two countries caused President Roosevelt to deny selling the helium to the Germans. Withholding the non-flammable helium ended German airship travel.

Out of school for the summer, John began talking with Greta about seeing some of the German countryside. Since neither had a car, train travel seemed to be the best solution, and Greta suggested a trip south to Bavaria and the Black Forest. She had friends in Munich, and she knew of a wonderful little hotel that was inexpensive.

John received a letter from home faithfully each month around the 20th with a money order to take care of his expenses. His father provided the money and his mother usually wrote a short note filling him in on what was happening back on the farm. In the U.S., $50 was a fortune, and it was more than enough to pay his rent and allow him a few extras. He had managed to save around $30 for their trip. Greta chipped in a few hundred marks and they were on their way.

The German countryside offers some of the most beautiful scenery in the world, and everywhere Greta and John went, the country seemed to be prospering. Bright red Nazi banners were on display, hanging from every public building in nearly every small hamlet and village, as well as in the cities, particularly in Munich. They rode 2nd class on the train, and found small hotels each evening. For John, sharing the same bed while on the road had become a pleasant and looked-forward-to part of their trip, and he thought Greta shared the same anticipation as well.

Over the months they had become close in many ways, but Greta maintained a certain amount of detachment that John couldn't quite figure. Maybe it was his youth and inexperience; maybe it was something else. Greta seemed genuine in her friendship and closeness, but he felt she was holding something back, perhaps due to all the emotional strain over the past two years since her husband died. Interestingly, Greta talked very little about her husband and their relationship. When John stopped to think about it, he realized he knew very little about this woman he was becoming so close to, both physically and emotionally.

John awoke around 9 one morning in a quaint little hotel in the center of Munich. He was alone. Puzzled, he decided to get up and take a shower, and as he was dressing, she came through the hotel room door.

"You got up early. Where've you been?" John asked, as he dried he hair with a towel.

"I took a little trip out into the country," she replied. "It was to check on something in a nearby village."

"I would have gone with you. You should have gotten me up," he said, combing his hair in front of the wall mirror.

"Oh, you wouldn't be interested. I had to check on something for a friend," she said. "So, what shall we do today. I understand the museum of art here in the city is wonderful." Greta was changing the subject.

After a week of touring throughout southern Germany, the pair arrived back at Greta's mansion in Berlin. The last day and evening of their trip had been spent non-stop on the train, and they were exhausted. After an early dinner, they each went to their own rooms for a good night's sleep.

As was his habit, John got up around 1 a.m. to answer nature's call. He was just about to flush the toilet and return to bed when he heard that now-familiar clicking sound through the wall of the bathroom. This time, curiosity got the best of him. He was determined to do something he had promised not to do: go into Greta's room.

Greta would be sleeping, and John thought he would be able to slip into her sprawling bedroom suite and find out what was making the noise in her closet. As he slowly opened the door and slipped into her room, he noticed that the small night light in her bathroom was on and that she was not in her bed or in her bathroom. The closet's door was halfway open, and while he knew it might end their relationship, his curiosity was too strong for him to stop now. He crept over to the door and looked through the crack at the hinges. There, sitting at a small table in the large closet was Greta operating a telegrapher's key attached to a small box with a dial similar to a radio. It was a radio. The clicking sound John had heard was the telegrapher's key. Greta was sending a message of some sort over the radio set.

As he pressed closer to the small opening in the door to get a better look, John accidentally moved it, causing a small creaking noise. Greta looked up, quickly finished sending the message and whirled around. John tried to get out the door, but it was too late. She saw him..

"I told you never to come in here, didn't I," he heard Greta say as he was halfway across the room. There was a slight anger in her voice, but not what he expected.

"I'm so terribly sorry, Greta. I could hear you through the wall. My bathroom is directly on the other side, and I just had to find out what was going on," he confessed.

"It's okay," she said, motioning for him to sit down in one of her lounge chairs. "I should tell you what I'm doing."

Greta began her incredible story. It was true that she had been born in Germany and emigrated to the United States in 1913, when she was 15. But, she had been lured back to Europe by an old boyfriend. Not to Germany, but to England.

"My late husband was a member of the British Secret Service" Greta confided in a whispering voice. "Paul was an aristocrat in this country. He was part of the old family here in Germany and was allowed to travel extensively, especially in England, where he had another large estate.

"Paul had a reputation as an aviation playboy in Germany, and he was very popular with the newspapers for his daring feats, both in the air and on the ground. It was a great disappointment to a number of the ladies in both German and English society when we got married. I, of course, didn't know anything about his secret life until after we were married. I think the only reason the English trusted me was because I was an American.

"After we married and it was apparent we would be coming back here so Paul could get a closer look at German aviation, the English insisted I learn how to make his reports on the radio -- just in case he was unable to. After his death, the English asked me to continue sending periodic coded reports when I came across anything I thought would be of interest to them."

John sat in wonder. He had read novels about spies when he was a kid, but he never thought he'd ever know one, let alone a woman he had become extremely close to.

"I think you know I would never say anything about this, don't you?" he asked.

"My life, and yours, depends upon your silence," she replied. "You understand that anything that happens to me will probably happen to you because you live here. And, that's something you'd better think long and hard about," she continued.

"What's there to think about?" he asked.

"Whether or not you continue living here. It's not too late for you to leave and find another place to live. Forget that you know me," she said.

"No, I couldn't do that. I'll stay as long as you want me to," he said, smiling.

His curiosity was getting to him, however. He couldn't help asking about what she was reporting to England, which obviously was something she had seen during their trip.

"Remember that morning when you woke up and I wasn't there?" she asked, reminding him.

"Yes, but I've learned not to question you too closely about your whereabouts and movements," he replied.

"And, I appreciate that about you," she said. "Well, that morning I went to the small village of Dachau, just outside of Munich. The British wanted me to check out rumors they have been getting about a giant internment camp where the Germans are putting political dissidents. I found the camp. Apparently the Nazis have established some sort of work camp or prison there because there were guard towers and barbed wire fences all around the huge complex."

"How did you get out there?" John asked with concern.

"I took the train to Dachau, and then rented a bicycle so I could ride out near the camp. I just went close enough to confirm that it, indeed, is what the British suspected," she said, as she walked back into her huge closet and gathered up her radio equipment so she could hide it in the small opening underneath a false piece of flooring. After replacing the flooring, she slid a large steamer trunk over the secret hiding place.

"This is quite a bit for a young man of 18 to have happen to him," Greta said, as they walked back into the large bedroom suite.

"Nineteen," he said, smiling. "It's now the 25th of June. It's my birthday."

"Well, my darling, happy birthday," Greta said embracing him as they stood in the middle of the room. "We'll have to celebrate this momentous occasion early." She began guiding him back to his room. Even though he couldn't figure how there could be any more secrets in her huge bedroom for him to discover, it was apparent that Greta still was holding to her edict that nothing of a romantic nature was going to happen in her bed. John respected the demand, for whatever reason she had. The two were almost one as they moved effortlessly back down the hall and into John's bed. He noticed in the faint light that her violet eyes were shining as she looked into his. It was, indeed, a happy birthday, and the day was less than two hours old.

The next morning, as they were having breakfast, Greta reached across the table to take John's hand.

"You must never bring up anything during the day what we discussed last night," she cautioned. "Even though I think she's all right, Helen, the maid, could be a Nazi informer. I don't think she's a member of the party, but I just don't know. She was here working for Paul when we were married. He trusted her to a point, but then again, he never trusted anyone completely, not even me. He was a very careful man. That's one reason why I've always suspected that his death may not have been an accident."

Helen worked in the mansion Monday through Fridays from 9 in the morning until 4 in the afternoon. She was a matronly woman in her 50s, with a pleasant enough personality. She seldom talked -- only when spoken to when asking a question about a task to be done around the house.

John slowly began realizing what an island of serenity Greta's Schlachtensee-mansion was in what was a broiling sea of political frenzy in Berlin. He found great pleasure walking in the nearby Grunewald Park, as its vastness reminded him of the outdoor freedom Nebraska had given him while growing up.

It seemed that every other day there was some sort of Nazi parade or demonstration in the streets of Berlin. Sometimes it was ugly with the growing hate toward the Jewish population of Berlin and throughout Germany. The radio and newspaper propaganda against the Jews and other non-Aryan peoples was being put out by Nazi information minister Joseph

Goebbels on a daily basis.

The relationship between Greta and John was growing closer now that her little secret had been revealed to him. Knowing what he knew, however, made him uneasy and more cautious about whom he talked to and who he associated with. John had not made that many friends at the university, and because of his meager monthly allowance from his parents, his social life was almost non-existent. Thanks to Greta, having a social life outside of the university really wasn't that important to him. He enjoyed going straight home each night to spend the evenings with her.

There were, of course, times when Greta would be gone. After all, as the widow of a well-know socialite, and apparent hero of The Reich, she was invited to many formal functions. She had to keep up these appearances, and although she told John she didn't really care to mingle, Greta felt it was important to continue being seen in society and interacting with old friends. And, it was a way for her to glean information that might be of interest to British Intelligence.

Whenever John saw something at school or on the street that he thought might be useful to Greta and her colleagues across the Channel, he would mention it to her at night when they sat in front of the fireplace sipping their after-dinner drinks. John never knew if anything he told her was important enough to convey via radio, but he did know that if it was, he would hear the clicking during her late-night sessions in her closet.

"You realize, John, that I'm terribly fond of you, don't you," Greta said one evening as they sat, gazing at a crackling fire in the hearth.

"Yes, I have the same feeling," he replied.

"But, it can be nothing more than what we have -- what we enjoy, you realize that, don't you?" Greta said, looking at him with those beautiful violet eyes.

"I know. I don't like it. I realize that to you, I'm just a kid. But, I understand," John admitted.

"You're far beyond your years, my darling. It isn't you or your youth, it's just that I don't know where all of this will end, or whether or not I'll be able to continue to be here. I might have to leave before I'm discovered."

Her revelation brought that familiar, uneasy feeling to his stomach. He hadn't thought about what might happen if she were discovered.

"That camp near Dachau is filled with people like me. People who don't buy the Nazi line. They're prisoners, that is if they're able to live," she continued.

"If I think it's getting dangerous for us -- for you, I'll tell you, and you must do exactly as I say," Greta said. "You must not be caught up with this. You must deny you knew anything about what I'm doing."

John didn't reply. He knew what she was saying. He knew that if she were ever caught, it would mean imprisonment, or death. But, he didn't want to think about any "what ifs."

"I'm going to arrange to rent an apartment for you," Greta said.

"But," John tried to interrupt.

"No, listen. You don't have to leave here, but I want you to establish another address as your residence so that if things become dangerous, it will look as though you live somewhere else, not here," Greta explained. "I'll arrange for an apartment somewhere near the university. I want you to keep enough of your personal belongings there in order to make it look as though you've been living there all along."

Greta's plan seemed plausible. The only time they had been seen in public together was when they went on their trip to the south of Germany. She was careful not to take him anywhere among her social friends.

"What about Frau Helen and Major Zeis?" John asked.

"Well, we're just going to have to rely on Helen's loyalty to me and my late husband. As for the major, don't worry about him," she said with a smile.

John didn't know what she meant by that last comment concerning the Wehrmacht officer, but he trusted she knew what she was talking about.

Before retiring for the night, Greta told him one last thing.

"I will give you the name and address of someone who can be trusted if you should ever need help," she said. "There's no need for that information at this time, but you need to know that I'm not alone here in Berlin. There are several of us trying to keep the outside world informed of just how mad this country is becoming."

John didn't relish having to leave Greta and her lovely home. He was spoiled by the lifestyle she has provided for him, but he understood her plans. Things could get dangerous, and he certainly didn't want to get caught up in something that could get him into trouble with the authorities.

On Sept. 5, 1937, the largest congregation of party members and Nazi Storm Troops gathered in Nuremberg for the National Socialist Congress. It was designed to be the largest display of Nazi power in the history of the country.

The size of the congress was staggering, with more than 600,000 uniformed men on parade and review of Adolf Hitler, himself. Hundreds of trains transported army and paramilitary units to Nuremberg. The troops camped out in some 13 tent cities, which were erected for the occasion.

Greta wanted to see this enormous event first hand, so she talked Major Zeis into driving her and John to Nuremberg for the rally. The major, it turned out, was one of Greta's contacts for military information. He was a member of an underground movement of German military officers who were working to regain control from the Nazis. John, at first, thought Zeis might be romantically involved with Greta, but the trip to Nuremberg convinced him that Zeis was, indeed, a good friend to both of them.

When they returned to Berlin, Greta clicked away that night, reporting to her superiors in London what they had seen in Nuremberg.

The next week, John commenced his second year at Berlin University, and Greta continued working in the registrar's office. John noticed that a number of young men he had gotten to know in his various classes were missing.

After a few discreet inquiries, he determined they had become part of the growing German armed forces. The Nazi doctrine was slowly creeping into the university classrooms. And, three renowned instructors were missing as classes began. Two were known to be Jews. The third was suspected, which is all that was needed for the Nazis, who were making it their mission to rid society of all people of the Jewish religion.

John witnessed paramilitary thugs painting "Juden" on the windows of known Jewish merchants, but you didn't have to be Jewish to feel the iron hand of the party. Courts were beginning to take children away from their parents because they refused to teach their offspring the Nazi doctrine. Parents of a Christian sect of pacifists were accused by the Nazis in the town of Waldenberg of creating an environment where children would grow up as enemies of the state. Such children were being placed in state-controlled foster homes.

But, the days weren't all bleak. John ran across a small café a few blocks from the university that he couldn't resist trying. Der Chicago Hofbrau was too tempting not to enter. Inside, John spotted a mountain of a man sitting on a large stool at the end of the service bar, and judging from the way he was giving orders to the wait staff, the man had to be the proprietor. John discovered that this jovial man's name was Horst Janning, and he didn't hesitate to tell anyone who'd listen that he had spent 10 years working in Chicago before returning to the Fatherland.

"Ja, I own café on State Street in Chicago," Horst told John one day when he was there for lunch. "Big Al Capone used to come in with his gang to have lunch," he roared with a hearty laugh.

Eating lunch at Chicago Hofbrau brought John a little closer to home because of its American-style hamburgers, fried potatoes and ice cream sundaes. Of course, the sauerkraut and the bratwurst jogged him back to the reality that was Germany. John loved to meet Greta for lunch at Horst's café and watch the look on her face as she bit into one of the huge American-style hamburgers, complete with grilled onions, sliced dill pickles and mustard.

"A hamburger without pickle chips and mustard is like a day without sunshine," he always would tell her as she gulped the sandwich in silence.

For atmosphere in the evening, Horst, who always had the place decorated in large photographs of Chicago landmarks, put together a combo that did its best at playing American music, especially Dixieland. It wasn't the real thing, but it was close and it brought John, who was growing more and more homesick, a little closer to the land of his birth, if only in his mind's eye. Having Greta to share memories with certainly helped. He thought many times of how hard it would be to be totally alone in a country that couldn't relate to the everyday pleasures of the little things that are American. The little things like a hamburger, a coca cola, and, of course, the music.

Horst loved telling Chicago stories about Al Capone and the many gangland slayings that occurred during the late '20s and early '30s. And, he loved talking about the cold winter wind of Chicago, which seemed to blow 365 days each year.

"Ja, I remember da time when it was so cold in She-Ca-Go that the waves on Lake Michigan froze in place, Ja, day did too!" he would laugh, assuring anyone who would listen of the story's truth.

Of course, no one believed Horst. Well, at least no one, except John, who had some idea of just how cold a Midwestern winter could be. He wanted so badly to talk about America with Horst, but he remembered Greta's warning and continued to pose as a good German. If he did speak occasional broken English, he did so with a phony accent sprinkled with German verbs and nouns in order to hide his broad Midwestern accent.

The months of 1937 passed into 1938, and John's studies at the university progressed satisfactorily. His German vocabulary was becoming impeccable, as was his written grammar. Reading the somewhat confusing language became quite easy once he grasped the vocabulary and grammar.

In the spring of 1938, John received an official-looking letter from the German government. It was a notice for him to report for "leadership school" during the summer months between terms, before his third year of college.

"I knew that it would be a matter of time before you would get that invitation," Greta told him the night he brought the letter home to her. "This is nothing more than Nazi indoctrination. To refuse this is like telling them to 'go to hell,'" she explained.

What were his choices?

"Well, you really don't have any," she replied. "I've known other men and women who have declined, and they were rewarded by some sort of closely scrutinized government service where they could be watched. If you aren't one of 'them,' they automatically assume you're against them and so you must be closely monitored."

"What do you think they'll do if I refuse?"

"Most likely you'll be drafted into the Wehrmacht," Greta said. "I would hate for you to come under the spell of the Nazis. I don't want to lose you as the sweet boy that you are. If you go to leadership school, I will lose you for sure."

John began to realize that his peaceful days in Germany were quickly coming to an end. He had avoided, as much as he could, any contact with the Nazis. Now they were forcing him to make a decision -- one that would put him on a collision course with them and their ideology. It was July 1938, and although he had a month before he had to make his decision, he knew he would try to escape from Germany to England, France, Holland or Belgium. But, he did know that with the growing military threat, all German borders were tightly guarded. He would have to plan a clandestine escape.

"I won't go without you," John said one evening to Greta. "I just can't leave you here."

"You dear boy, I'll be all right. I'm in no danger because of my age. They won't come after me for indoctrination. They think I'm one of them because of Paul," Greta said, reaching over to clasp his hand.

"My god, you're in more danger than I am," he replied, nodding his head and looking up toward her room.

"I know the risks," she said. "It's important that I stay and continue with this work."

"Then I'm staying as well," John said firmly. "I'll turn down their 'invitation' and hope for the best."

"Be prepared, John. You may not see your third year of college, and, if they do draft you into the Wehrmacht, you probably won't have a chance to be an officer because of your refusal. Being a German enlisted man isn't an easy life," she warned.

"I'll just have to face whatever it is they throw at me," John reckoned. "I simply don't buy the line of baloney the Nazis put out."

"Oh, my dear. I love those wonderful American sayings. 'Baloney?'" She laughed as the champagne began to flow for the evening. It might be one of their last times to celebrate.

"I supposed I'd better get in the kitchen and whip us up a little supper," Grandpa John said, looking at Cindy with a broad smile on his face.

"You're gonna leave off right there, aren't you," Cindy scolded, slapping her notepad shut and clicking off her tape recorder. "Just when things are getting tense, you gotta go make supper." She was being sarcastic, and, of course, her grandfather recognized it. He laughed as he got up to go into the house. Then, he stopped, turned and looked down at her as she was gathering up her things.

"You're right, the story is getting a bit tense, and I need a rest from it right now," he said. "What I still have to tell you isn't so pleasant."

Chapter
5

As evening set in at the Krauss home in Kearney, Cindy was finishing up washing the supper dishes. Grandma Harriet was comfortably sitting in her easy chair by the window, and Guy Lombardo was grinding away on the phonograph.

Grandpa John had come into the kitchen from outside, where he had been doing a couple of odd jobs in the yard.

"Gramps, I've been doing a lot of listening over the past couple of days, but I haven't asked many questions," Cindy said as she wiped a plate with a dish cloth. "The biggest question I have is: 'What was the political and military atmosphere like in Berlin? I mean, was it like what we see in the movies?'"

"Well, Sissy, the answer to that one is 'yes,' and 'no,'" Grandpa John replied. "Much of what you see in movies and on The History Channel certainly is accurate, but it wasn't everywhere. You could escape some of the Nazi mania if you stayed at home or knew who your friends were. Places like Horst's café and Das Chicago Hofbrau were popular with people who just wanted to enjoy life and take a break from all of the fanatical hysteria that was gripping German and much of Europe."

John began telling his granddaughter what life was like for the ordinary citizen, if, indeed, there was such a thing. First of all, there was a ceaseless documentation system the Germans had imposed upon their citizens beginning in 1933, when Adolf Hitler took power as the undisputed dictator.

The Third Reich instituted literally hundreds of types of civilian, paramilitary and military identification documents, passes, booklets and tags. German efficiency in record-keeping meant that civilians had to carry their identity papers with them at all times, just as the military and paramilitary personnel did. A soldier was required to carry any number of these items after the war began in 1939, as nearly every detail of a person 's life had to be recorded and carried for identification purposes.

"Any official asking to see my identity papers would quickly see that I wasn't German born, but that I was considered a German citizen to them because of my parents," he explained. "As a student, I seldom was asked for my papers, especially because I didn't go out much at night and was able to keep a fairly low profile. I think I showed my papers more during our 1937 trip to Bavaria and the Black Forest than at any other time while I was a civilian."

In 1939 Hitler had characterized the Wehrmacht as "an army such as the world has never seen." But, this wasn't exactly true due to the make-up of the German armed forces. In reality, the average German soldier could be any one of several types, Grandpa John continued. He could be a ruthless and efficient killing machine or he could be someone who wasn't all that interested in being a soldier. Either way, after the war began with the invasion of Poland on Sept. 1, 1939, it didn't take long for many German soldiers to tire of fighting, especially after 1940, when Germany invaded France. Many of them became soft and lax in their duties.

The German military's armed forces, known as the Wehrmacht, consisted of a number of specialized units, both politically and militarily. The army, itself, was known as the "Heer." While there were three primary divisions of the so-called SS "elite" units, most of them were made up of the "Waffen SS," or the armed shultzstaffel. These were the combat troops of Hitler's SS guard. To be a soldier in the Waffen SS was a preferred status. As the backbone of the German armed forces, its members received the highest quality of food, equipment, treatment, and duty because each member had pledged never to surrender. On the dark side of the SS, regardless of their unit, members, both men and women had no moral code except allegiance to their organization. They were chosen because they had no limit to the ruthlessness they were prepared to exact.

After the Waffen SS came the Fallschirmjager, (paratroops), and the panzer (tank) armored units. The paratroops and tank crews contained the best of Germany's young recruits behind the Waffen SS. These elite troops were given the best equipment that Germany was producing, from small arms and artillery to armored vehicles. They were first-class fighting outfits.

"You have to understand something about the military, Sissy, no matter what nation it belongs to, the work can often be boring once the fighting stops," he explained. "Inactivity can be wearisome and dangerous."

Cindy was surprised to learn that many of the soldiers in the German army were often not Germans, but ethnic Germans or ex-patriots -- Poles, Russians, and even Koreans -- who either didn't like being under communist rule, or believed in the fascist movement. Many were simply conscripted or drafted into the German military. During the last part of World War II, many of these men, if they survived, became increasingly unreliable. During the Normandy invasion, one in six of the German riflemen were from the "Ost (East) Battalions. It got to the point that German sergeants had to stand behind them in the line, with pistol drawn, ready to shoot if someone tried to run or to surrender.

"America wasn't the only place where we could find a Volksdeutsche," Grandpa John explained. "They were in Poland and Russia, and whenever they were found, these people were 'volunteered.' I know from first-hand experience."

After the invasion of Russia, a great number of men from the occupied territories of the Soviet Union, the Ukraine, White Russia, and Georgia who were interested in continuing their struggle against communism, joined the Wehrmacht. These soldiers were known as "Freiwilligen" (volunteers). But, there were many more soldiers from other lands, and by 1944, the Wehrmacht had men fighting for it from France, Italy, Croatia, Hungary, Romania, Poland, Finland, Estonia, Latvia, Lithuania, Asian Russia, North Africa, Russia, Ukraine, Ruthenia, and even some Muslims and units from India.

"You also have to understand that, according to the Treaty of Versailles, the German military build-up was illegal," he said, giving Cindy a bit of history she missed during her many years in school. "The Weimar Republic, which was the successor to Imperial Germany of World War I, was allowed only a small defensive military. This small army was known as the Reichswehr."

The Reichswehr's size was controlled by the Allies in order to prevent Germany from any future aggression. It consisted of about 100,000 men, who were divided into a small army and an even smaller navy, known as the Reichmarine. There was no provision for any air force of any kind. After the Nazis took control of Germany in 1933, it was two years later that the Treaty of Versailles was denounced and the new military was formed.

Although officially announced in 1935, the Luftwaffe had existed in one form or another practically since Nov. 11, 1919, when the treaty banning it had been signed. Initially there were Freikorps air units, then later glider and sail plane formations tasked with finding ways around the rigid restrictions of Versailles. There was even a secret training base reported to be in operation in the Soviet Union, plus a number of cover organizations for the initial forming of the new German airforce. From 1939 until the end of the war in 1945, more than 3.5 million men and women served in the Luftwaffe.

The structure of the Luftwaffe was an opulent reflection of ReichMarshal Hermann Göering, who strove to create a personal army with responsibilities as far reaching as possible. His demand for more and more resources ultimately helped to defeat the Wehrmacht, which took a backseat to the Luftwaffe when it came to military priorities of manpower and equipment.

"The German navy was called the "Kriegsmarine," (war navy)," Grandpa John said, continuing with his granddaughter's short history lesson. "When the war started, Germany's naval forces were ill prepared to go up against the might of the Royal Navy of Great Britain, which was the best in the world at that time."

"What about us? The American Navy?" Cindy asked.

"It was primarily made up of World War I and older ships, and it was woefully undermanned," he replied. "America wouldn't really wake up to its need for a modern navy until after the attack on Pearl Harbor by the Japanese in 1941."

Unlike the rest of Hitler's military, the Nazis' naval construction plan had only started a few months before the war began in September, 1939. The number and strength of available ships was not adequate for the needs of a major war. Officers of the Kriegsmarine never imagined going up against the Royal Navy again. They had been soundly defeated during World War I and were realistic about Germany's capabilities and inadequacies. The officer corps of the German navy looked upon Poland and France as their enemies. By the time the German navy realized that doing battle with Great Britain, and even America, was a distinct possibility, it stepped up construction plans. However, the admirals still felt that it would be a few years before their bigger and heavier navy was a reality.

"Of course, Hitler changed that when he insisted on staging a two-front war that brought in most of the world's military might against Germany," he said, as he continued the history lesson. "At first, the German navy was extremely lucky with its invasion of Norway and the destruction of several major ships of the Royal Navy. Germany even built the two largest and most modern battleships afloat: the 42,000 ton Tirpitz and the Bismarck. The two ships each had three rows of 15-inch guns and could blow anything out of the water on the other side of the horizon, without even seeing it."

Grandpa John shook his head and explained that, even though the Kreigsmarine had a few so-called smaller "pocket" battleships which were fast and well-armed cruisers, once the mighty Bismarck was sunk in May 1941, the German navy was pretty much on the defense for the rest of the war.

"What about the U-boats, you know, the submarines?" Cindy asked, not looking up, but continuing to jot down notes as fast as her grandfather could talk. "I've heard a lot about them."

"Yes, German submarines played havoc with Allied shipping across the Atlantic and in the Mediterranean, but only until about 1943. Until then, several U-boats would gang up on Allied convoys in what were known as 'wolfpacks.' They operated just like the name implies. But, it all began to unravel after 1943. That's when the Americans and British developed sonar and radar to the point they began sinking U-boats faster than German could launch them."

He went on to explain that by the end of the war, more than 90 percent of all U-boat crews in the Kreigsmarine were killed or captured.

"What about the Gestapo?" Cindy asked. "When we see movies about World War II and Germany, they always have some sinister character or characters from the Gestapo. What was that all about?"

"Sinister is a good word to describe the Gestapo," Grandpa John replied.

The Gestapo is really an acroymn for Geheime Staatspolizei, which is German for "secret police." The unit was officially organized when Adolf Hitler and the Nazi party seized power in 1933. Hermann Goering, who had gained famed during World War I as one of Germany's top flying aces, had rose to minister of the interior in the state of Prussia. Goering replaced all of the espionage and political units of the Prussian police with thousands of Nazi, and then he became head of the unit.

At the same time Goering was organizing the Gestapo, another of Hitler's henchmen, a rather insignificant little man by the name of Heinrich Himmler, was organizing the SS as Hitler's elite paramilitary corps. The Gestapo was merged with the criminal police, and Himmler was in charge of both the Gestapo and the SS.

An integral part of the Gestapo was a unit call the Einstzgruppen, which means "task force." It was this unit's job to round up all the Jews and other undesirables living within Germany and all of the newly conquered territories and either send them to the concentration camps, or put them to death. Either way, their aim was the same. It was instant or delayed death in a labor camp.

The military units within the Gestapo were taught ways to inflict torture on their victims.

"Sissy, you remember my telling you about that trip to Munich when Greta visited the small village of Dachau?"

"Sure, that's where there was a concentration camp, right?"

"Yep, well, it also was where unethical German doctors tested various torture techniques on the inmates of Dachau," Grandpa John explained. "They'd learn just how much pain and torture the average man and woman could take before breaking or dying. Then they'd pass those ideas on to the Gestapo, which worked without any restrictions. No one other than maybe Himmler, Goering or Hitler, himself, had any control over the Gestapo. That unrestricted authority gave the Gestapo a feared presence in German society. Members of the Gestapo knew that whatever actions they took, no one would say a word. It was sinister power gone mad."

Cindy sat, pondering for a moment, then asked: "Wasn't the United Nations doing anything in those days to stop Germany's aggression?"

"Well, Sissy, the United Nations wasn't formed until after World War II," he replied. "After World War I, there was something similar known as the League of Nations, of which the United States wasn't a part. The main powers were Britain and France, and they were more interested in avoiding war than sword rattling, so they gave in to a lot of Hitler's demands. I suppose that if France and England would have taken some sort of military stand against Hitler when he re-occupied the Rhineland in the mid-30s, there might not have been a World War II, or at least not one as big as it was."

"What's the Rhineland?" Cindy asked.

"It's just what the name implies," Grandpa John said. "It's a strip of territory along the Rhine River that separates Germany from France. It's rich in natural resources and is highly industrialized. Because of its strategic location and value, the Treaty of Versailles had forbid Germany to militarize this area, but Hitler did it anyway and no one opposed the move. Historians speculate that it was one of the key blunders of the Allies for not stepping in and stopping Hitler before he was allowed to build his military strength. Maybe. I just don't know."

The old man explained that Hitler had snubbed his nose at the League of Nations and continued to build the largest air force in the world with more than 3,000 planes.

While Cindy continued to make as many notes as she could about the information her grandfather had been telling her, John went into the living room to check on his wife. Harriet was still in her easy chair, fast asleep. He returned to the kitchen table. The wall clock was showing nearly 8 o'clock.

"Gramps, what was it like on a daily basis to live in a country that must have seemed under siege?" she asked.

"Well, like I said earlier, there were ways to avoid the police, but you had to be a bit clever," he explained. "I didn't go around crowds where there were bound to be agents. I pretty much kept to my school and home, with occasional trips to the Chicago Hofbrau for a hamburger."

Grandpa John recalled seeing military parades at least once or twice weekly, as well as many displays of military hardware in prominent locations around Berlin.

"I recall one day in 1938 or so looking up at some Luftwaffe airplanes passing overhead as they flew in a giant formation in the outline of a swastika," he said. "The Nazis never missed a chance to promote themselves as the savior of Germany and to play on national pride whenever possible. There always seemed to be a marching band strutting through the streets -- with drums, hundreds of them pounding away. The SS frequently paraded with their goose-stepping troops rousing the crowds into a frenzy. The party line was that the German soldier was invincible. I have to admit that it was hard at times not to get worked up into some stage of excitement. It was such that you almost believed they were invincible."

"So, what happened when you refused to go to that leadership school between your second and third year of college," Cindy asked.

"Well, it was just as Greta predicted," he said, looking off into space. "Before I could start my fall semester, I received a notice to report to Wehrmacht Headquarters. It was the same place where I had to register before I could enroll in school.

Greta immediately called Major Zeis, and he came over to the house that evening.

"John, if I can arrange it, how would you like to work under my command, sorting and distributing medical supplies?" Dieter asked.

"Sir, that would be terrific, but is it possible?"

"The area commander owes me a few favors. I keep him in French cognac and Cuban cigars, and, because of my duties of supplying the various Wehrmacht units, I think I can arrange it so that you won't have to go into any sort of training. You college studies should more than qualify you for at least corporal or sergeant," Dieter told John.

Major Zeis instructed John to report to the army clerk before 9 a.m. the next day on the second floor of the Wehrmacht building. The clerk would be at the top of the first-floor's sprawling staircase.

"Tell the clerk you have an appointment with me for 9 o'clock," Dieter said.

John dressed smartly in a coat and tie and reported to Wehrmacht Headquarters as he had been instructed. As promised, Major Zeis ushered John into his inner office after two enlisted men each had escorted him through what seemed like a dozen different offices. He reckoned there must have been a hundred soldiers, both men and women, working at various clerical tasks. Once inside, Major Zeis closed the door and motioned for John to have a seat.

"Here's what I have arranged for you," Zeis began, passing John an official-looking letter from across his desk. "You are now Corporal Krauss from today forward. Avoid discussing with anyone how you got where you are and the rank you have. It probably wouldn't go well for you if some of the other enlisted men were to find out about it. You won't have to worry about any of the soldiers in this office who might have seen you because this will probably be the last time you'll be here."

Zeis explained that he was sending John to a military supply depot on the outskirts of Berlin near the railroad yards. He would be working in an office that received, catalogued and distributed field medical supplies to various infantry and panzer units.

"Of course, first and foremost, you're a soldier now," Zeis continued. "There's nothing I can do about that. But, you primary duties in the field, should you ever have to go there, would be that of a medic, not a soldier carrying a gun. You'll be a non-combatant."

John nodded and smiled at that prospect. He'd rather be plowing a field in Custer County, Nebraska, but here he was, so John was determined to make the best of it.

"I'll keep you at the supply depot for as long as possible," Zeis continued. "Let me know if anyone tries to inquire about your status or suggests that you be transferred. Here's my personal phone number if you have to reach me," he said, handing John a small slip of paper.

"One more thing," the major said with a cautionary tone. "I know you're an American, but if you ever have to speak English, do so in a halting fashion and act as though you have a very limited understanding of the language. Under no circumstance should you admit that you're an American."

"But, what about my papers," John asked.

"I'm issuing you new papers with a few things omitted," he said, smiling, handing John a new identity packet.

"Why should I act dumb about knowing English?"

"For a couple of reasons," Zeis replied. "First, if certain Nazi officials know you understand English as well as you do, you're liable to be 'volunteered' into an intelligence unit and you might have to do things you won't want to do. Secondly, you just never know what you might be able to learn by playing

55

dumb."

John shook his head, acknowledging what he had been told.

"Of course, you realize that you must never use my name as someone you know or have influence with. I'm your commanding officer, and corporals just don't have personal relationships with officers. I'll try to help if you call me or if we see each other at Greta's, but the less contact we have, the better."

Major Zeis gave John a letter of introduction to a sergeant at the supply depot.

"Tell Sergeant Schroeder you are his new assistant."

"Sergeant Schroeder?" John asked, confirming the name with a smile.

"Yes, he's a good man whom you can trust, as you'll soon find out," the major replied, returning the smile. "I'll tell my secretary to arrange for you to have transportation to the depot, where you'll be issued your uniforms. Sergeant Schroeder knows you're coming and will instruct you as to your duties, times you're to report and what is expected of you. As you Americans would say, 'keep you nose clean' and hope we don't get into a shooting war.

"Yes sir," John said, standing up, bringing himself to the position of attention, his first act as a military man.

"Very good. You'll do fine," the major said, rising out of his chair to escort John out of the office. "I'll no doubt see you some evening at a mutual friend's house, correct?"

"Thank you," John said as he left the office.

John was taken by car across the large city to the railroad yards and the Wehrmacht supply depot. It was a huge building that must have been six block long with an accompanying loading platform along the building that separated it from the railroad tracks. Trains would bring in the military equipment and supplies from various parts of Germany to be unloaded across the loading platform and into the various portals of the supply depot. The orderly who drove John to the depot let him off in front of a rather dark, bleak-looking section of the depot. He figured he was in the right place when he spotted a huge red cross painted on the side of the building near the large doors that led out onto the loading platform. This was the Heer's (Army) medical supply center where all requests were processed and sent out.

Inside the center there were dozens of uniformed men doing various activities involving packing, unpacking, sorting and shelving various kinds of medical supplies, including everything from bandages to medicines to canvas-covered stretchers for carrying the wounded. After making a couple of inquiries, John found himself in front of a huge burly man whom a corporal had pointed out as being one Sergeant Werner Schroeder.

"So, you're my new assistant," he said, looking John up and down from head to toe. "College boy, eh?"

"Yes sir," John replied.

"Hey, let's get one thing straight. You don't have to 'sir' me. I'm a working man, not some candy ass officer who wouldn't know a bandage from a bottle of iodine. You'll find that the only officers worth knowing in this end of the business are the doctors, and some of them are people you wished you didn't know."

Sergeant Schroeder had been a medic in World War I, lugging the wounded from the trenches while fighting in the Ardennes Forest of Belgium. After a few days working at the supply depot, John discovered why Major Zeis entrusted him to the good sergeant. Zeis wasn't one of those "candy-assed" officers Schroeder described. The two had been together for a few years and each liked and respected the other.

In 1924, Schroeder had emigrated to the United States. He was working, married and raising a family n New York when the Great Depression of the '30s hit. He lost his job, and to make sure his family wouldn't starve, he returned to Germany, where he was welcomed back into the Wehrmacht with open arms. Each month, he sent most of his paycheck to his wife and three children who remained in New York, and when they needed extra money because of an illness, Major Zeis occasionally helped the sergeant financially.

"The major told me who you are and how you got here," the sergeant said in a low, hushed tone. "You're safe here with me as long as I can keep you here. The way these Nazi bastards are going, though, who knows how long it will be before they get us into another war."

Sergeant Schroeder gave John a handbook for soldiers of the Reich's Wehrmacht. His instructions were to read the manual from cover to cover so he could learn about saluting, the various ranks and uniform designations, and much more.

"There are three things to remember. Keep your tunic buttoned, your boots polished and your mouth shut," he told his new recruit. "Don't get friendly with anyone around here because you never know when he or she is an informer for the Gestapo. If they can't learn anything about you, then you're a lot safer."

John thought to himself that he had been advised twice in one morning not to reveal his identity as an American. He had only met two people thus far, and both of them knew he was an American and had advised him to keep a low profile. Who wondered who else knew.

Schroeder directed John to follow him down the hall, where a supply clerk would issue him his uniform. He was given a traditional light green tunic with matching pants, a pair of high-topped black boots, a soft cap for garrison duty, and a steel helmet for combat. John hoped he'd never have to put on the steel helmet for any reason.

The Wehrmacht's newest soldier spent most of what was left of the morning listening to the Schroeder's pontifications. At first, John thought the old sergeant was just full of a lot of wind, but after a while, he began making sense. There wasn't that much difference in age between Schroeder and John's father, albeit, opposite ends of the spectrum when it came to German politics. From his remarks, Schroeder clearly didn't like the Nazis, but John had been in this crazy land long enough to be wary of anyone, regardless of what they might say or do.

Sergeant Schroeder was the father of two teen-aged sons and a young daughter. The eldest boy was only three years younger than John.

"Do you have quarters?" the sergeant asked.

"Quarters?" John replied.

"Yes, quarters ---- you know, someplace to live?" Schroeder clarified.

"Yes, I have a room in town," John answered, without giving details.

"Good. It's probably better than the shithole you'd have to stay in if I put you up with my people who work here. Consider it a luxury to be able to live on your own and still be in the Wehrmacht," he continued. "As long as you're working here, at least for the time being, you can continue living pretty much as you have. You'll report here at 7:30 each morning, Monday through Saturday. You'll have every other Sunday off."

"What do I do on the other Sundays?"

"You'll be here working, issuing gear, doing what needs to be done. The army doesn't take holidays," Schroeder snapped.

The sergeant inquired about how much medical training John had from his college instruction at the university.

"I can do pretty much all of the basic first-aid procedures, including setting simple fractures and even doing some minor suturing," John said, explaining the extent of his pre-medical training.

"Let me see your identity papers," Schroeder asked, holding out his big hand, which made John think about the big, red hams he and his dad used to smoke back on the farm. After studying the papers for a few minutes, Schroeder made a couple of notes on a pad at his desk.

"I see the major already has taken care of some of these papers," Schroeder said, as he handed them back to John, along with a small folder. I'll have a status page added that declares you a 'non-combatant' and a medical person who is vital to The Reich's military forces. That should help keep you out of trouble, at least for a while."

"What sort of trouble could I be in without that help?" John asked.

"Oh, you could be sent to some training camp, where they'd work the shit outta you for 12 to 15 hours a day until you've been turned into a real soldier," Schroeder laughed. "I don't think you want any of that, do you?"

John shook his head. It was obvious the old soldier was, indeed, trying to shield him as best he could.

"I've got to figure out some way to protect this fire trap in case we're ever bombed," Schroeder said, sitting back down at his desk.

"What do you mean?" John asked. "Who would bomb us?"

"Hell, anyone Herr Hitler has pissed off. Most likely the French or the English," he replied. "This next war isn't going to be fought in the trenches like we did 20 years ago. This one is going to really hit us here at home."

John thought for a minute, then remembered the big red cross on the front of the building.

"Why not paint a big red cross on the roof of this building?" John offered.

The old sergeant stared back at him in silence. Then a gradual smile turned into roaring laughter.

"For Christ's sake, that's such an obvious solution. Why didn't I think of that," he roared. "But, will those bombers see the cross?"

"Well, if you paint the entire roof white before you paint a big red cross, they won't be able to miss it," John said.

"Major Zeis has picked me a good one, he did," Schroeder replied, almost to himself.

After finishing the office orientation just before noon, Sergeant Schroeder showed John where to get his rations identity card and then took him to the supply depot's mess hall. By this time, John was well-versed on German efficiency with records and the many identification cards and papers each citizen and military person must carry, including those to be able to eat a meal hosted by The Reich's Wehrmacht.

As John entered the mess hall, he was surprised at what a dingy, dimly lit room it was for the 50 or 60 uniformed men and women who had to eat at long picnic-like tables. Whatever was on the menu for that first day didn't impress John. The aroma hit his nostrils, rendering them incapable of discerning good taste from bad food. As John and the Sergeant walked toward the serving line, he saw on the plates of soldiers sitting at the tables what looked like red cabbage, some sort of sausage and something green that resembled spinach.

"I wouldn't eat here any more than you have to," Schroeder chuckled under his breath. "Of course, if you get hungry enough, even this garbage will look good."

John already was longing for one of Big Horst's juicy hamburgers at Das Chicago. The mess plates were made of tin and looked as though they had been used in the previous war. As John and Schroeder passed down the line, cooks flipped portions of the day's fare onto their plates. John, in his new uniform, looked like he had just joined the army that day, so the cooks treated him accordingly, but when Schroeder, who was following him, passed by, the food was placed a bit more neatly on his plate. One cook even asked the sergeant if he'd like another helping. Schroeder just grunted with a quick shake of his head and kept walking.

Schroeder said the liquid being dispensed from the big aluminum urn sitting on a table in the corner was reported to be coffee, but the old soldier reckoned that because they were so far away from South America, few, if any real coffee beans, actually got into the pot. John passed it up and drank some murky looking water instead.

That afternoon Schroeder assigned a desk to John, which was located directly outside of the sergeant's office. Calling Schroeder's cubicle an "office" was really only a word in this case. It was four walls surrounding the sergeant's desk. Each partition stood about 5-feet high. Because there was no ceiling, there wasn't much privacy, and this explained why the sergeant talked in low, hushed tones whenever he relayed information to John that he didn't want anyone else to hear. Schroeder was so tall that when he stood to yell an order to one of his people working in the warehouse, his large head poked above the encasement.

At 6 o'clock, the sergeant told everyone to go home. John's first day as a soldier was over. He crawled onto the trolley with his civilian clothes under one arm and his army duffel bag slung over the other. When he arrived on Greta's front porch, she was there to greet him and to giggle at the site of this new soldier darkening her doorway.

"The first thing you need, my dear, is a stiff drink and a good tailor," she laughed. "I'll do what I can, but we simply must have that tunic taken in at the waist and shoulders. You could almost put another man in there with you."

While John appreciated Greta's concern about his looks, he thought about what was happening to him. He had known young men from Broken Bow who had left for the military service and how proud they were when they returned home in their uniform. This wasn't the same. This wasn't an American uniform. It was a German Wehrmacht uniform, and there was a definite difference.

Chapter

6

The evening hours turned into morning as John Krauss resurrected memories from 65 years and at least a half-world away. His granddaughter, Cindy, took copious notes about the old farmer's adventures as a young man in Nazi Germany.

To a 28-year-old such as Cindy Krauss, World War II was ancient history. All she really knew was what she had seen in a few movies and from channel surfing on TV, occasionally stumbling across the old filmed rantings of Adolf Hitler on The History Channel.

To the old farmer, the start of World War II was fairly simple to grasp. It could be summed up thusly: the Allies treated Hitler like a penchalant child. The more he demanded, the more they gave him what he wanted -- until he demanded the return of the city of Danzig. When Poland and the Allies refused, Hitler threw a fit in the form of blitzkreig, and the second global conflict ensued.

"Today, Sissy, you know Danzig as the Polish city of Gdansk," Grandpa John explained. "Before World War II, Danzig was a no-man's land that had once been part of Germany, and Hitler wanted it back."

"Sure, I remember when I was a little girl how the workers at the shipyards stood up against the Communist government in Poland," Cindy replied. "What did they call themselves, 'Solidarity,' or something like that?"

"Yes, that was back in 1970," the old man remembered. "I thought at the time how much that city has suffered for hundreds of years as a political football, being kicked back and forth from Germany to Poland."

"Now that part of history I do know," she said, proudly. "Wasn't' that the beginning of the end for the Communists and the Soviet Union's dominance?"

"Yes, I believe you're right, Sissy. The bands of steel around the Iron Curtain began to break, but, we were talking about another era, long before the Communists."

The old man continued to tell his simple story about being an eyewitness to history.

Simple? Yes. Truthful? Absolutely. John Krauss was there. He knew first hand what had happened to get World War II ignited. He explained to Cindy that Hitler had created a bogus incident against Germany on the night of Aug. 30, staging a mock attack using some ordinary Berlin thugs -- hoodlums and thieves hauled out of prison and taken to the eastern frontier. There, they were gunned down by the SS, dressed in Polish uniforms and then photographed for the press. It was made to look as though Poland was attacking Germany. Major Zeis discovered the ruse and told Greta and John two days later when Hitler launched his phony "counter-attack" against the hapless Poles. Hitler's scheme unleashed the world's greatest armed conflict resulting in more than 55 million deaths some six years later.

The real problem in the beginning, of course, was the Treaty of Versailles, which stuck in most Germans' craws, and Hitler used it to his advantage. The Allies eliminated large portions of Germany and re-established Poland as a nation after several centuries of obscurity. Over the many years of wars, Poland had been gobbled up by both Germany and Russia. The new Poland would serve as a buffer between traditional enemies Germany and Russia. The Allies then designated Danzig a "free," or "international" city with its own parliament for self-government. Surrounded by Polish territory, it was sort of a lonely island ---- a no man's land as far as political boundaries were concerned.

In April 1939, when it became apparent that Hitler would most probably move against Poland and other central European nations, the British signed a "friendship" treaty, pledging support to Poland against any aggression. This action infuriated Hitler. He denounced the treaty, declaring that Danzig was a German city that must be returned.

Hitler had been successful earlier with this sort of "appeasement" tactic, especially during the Munich conference in late September, 1938, with Britain and France. The Allies had given in to Hitler's demand that Czechoslovakia's *Sudentenland* be handed over to the Nazis. The excuse to take control of this region populated predominately by ethnic Germans.

At the Munich conference, Hitler promised the foreign ministers of Britain and France that if Germany were given control of the Sudentenland, there would be "no further demands." As British Prime Minister Neville Chamberlain would say upon returning to England from Munich, the agreement Herr Hitler has signed meant "... peace in our time." Hitler's appeasement tactic worked, so he tried the same ploy with Poland, demanding Danzig the next year.

Grandpa John explained that Hitler, using Danzig as a pretext for a confrontation with Poland and the Allies, was laughable because at least two months prior to his ultimatum and the September invasion, the city already was pretty much occupied and controlled by German troops. Not all but much of the city was under Nazi control. To add even more humor to the moment, German military cars and trucks were all displaying Danzig license plates..

"Major Zeis had traveled to Danzig with three other Wehrmacht officers on a fact-finding mission," the old man recalled for his granddaughter. "Danzig was no longer a 'free city,' but one firmly under Nazi control.

On Aug. 21, 1939, Hitler had another surprise for the world. He announced his "non-aggression" pact with the Soviet Union. But, the treaty went even further than just being a vow for the countries not to attack each other. The fine print allowed Germany to take part in a clean up of Poland, which then would be divided between Germany and Russia.

"Ol' Joe Stalin of the Soviet Union should have known better than to trust Adolf Hitler," Grandpa John said, shaking his head. "Up until that point in time, Hitler had broken every international treaty he ever signed."

In 1934, Hitler had negotiated an almost identical 'non-aggression' pact with Poland, then five years later he was poised to attack them. Now it was Russia's turn for the same ploy, but would the Soviets realize they were to be next on the Nazi chopping block? Ironically, a couple of years later in 1941, Britain's prime minister, Winston Churchill, tried to warn Stalin that Germany would attack Russia once Poland had been defeated, but Uncle Joe wouldn't believe it.

Grandpa John then told his granddaughter about something she had never experienced in her young life: rationing of food and goods, everything from meat and assorted food products to gasoline and tires.

"Most of the nations involved during World War II, including America, had rationing during the war," he explained. "Germany began to ration food, soap, shoes, textiles, and coal three days before her troops attacked Poland."

Hitler continued sending peace envoys to Britain and France, demanding patience from the Allies, saying he wanted to exhaust even the last possibilities for a peaceful solution to the crisis, which really meant a bloodless fulfillment of his ridiculous demands.

Using "patience" was a wonderful tactic by Der Fuhrer, because it allowed him to show the German people that if war did come, Hitler had done everything humanly possible to avoid hostilities.

Hitler ended one of his numerous missives to France, England and Poland by saying: "The individual, as well as the nation, can renounce only those things which aren't vital.

On Aug. 27, Hitler announced to the Reichstag (German Parliament) and the German people that the Polish situation was "grave." When rationing began the next day, each German citizen was allowed 700 grams of meat per week, 280 grams of sugar, an eighth of a pound of coffee or its substitute, and a 125 gram bar of soap, which was to last one person four weeks.

"News of rationing came as a heavy blow to German society," John recalled as his granddaughter continued taking notes. "The general population of Germany, especially in Berlin, which at that time had a population of about 5 million, was against a war of any kind. These average men and women had loved what Hitler had been able to do up until that time because he had done it all without firing a shot. They thought he was a 'masterful politician."

Grandpa John explained that, unlike the rest of the world, newspapers and radio were not free to print or broadcast what they wanted. Rather, they were tightly controlled by the Nazi Party.

"The Nazis kept the German people in the dark about what was happening, and revealed only that it was Poland, not Germany, who was the aggressor," he said. "Of course, the rest of the press around the world was reporting the true facts."

Poland mobilized its army of about 2 million men, but there were only arms and ammunition for 1.5 million Polish soldiers. It had a small, antiquated air force of maybe 800 out-of-date airplanes, and little or no modern military hardware.

The French foreign minister pleaded with Hitler in a missive to hold off attacking Poland, saying that "there is no question that cannot be solved peaceably." He also reminded Der Fuhrer that Poland was a sovereign nation and that France intended to honor its treaty. Hitler replied by saying he regretted the French being willing to fight to "maintain a wrong." He reiterated his demand that Danzig and the corridor territories be returned to Germany.

Less than two million Poles read a newspaper, and most of that country's small villages were without radios. The first thing the average Pole heard about the war was the eerie whine of a Stuka dive bomber bearing down upon them. Often, that dreadful sound from above was the last thing they heard.

What the German public wasn't told was that Hitler's demands were made in such a short time period that the Poles, British or French had little or no chance to respond. Through the media, Hitler's trumped up case was presented to the German public in such a way that it made the Polish people look like the bad guys, while ever the diplomat, Der Fuhrer was being "very reasonable." After-all, he was offering all parties "guarantees," which ultimately guaranteed nothing.

What generally wasn't known was that the average German on the street, in a cafe or tavern, was against war of any kind. Those who dared to talk openly about the situation questioned the sanity of a nation going to war when its entire population was so dead set against it. Too many old German soldiers remembered all too well their humiliating defeat and surrender in 1918.

"I truly believe that if there were such a thing as a true vote of confidence for Hitler going to war, it would have failed," Grandpa John told his granddaughter. "The fanatics, of course, wanted war, but the average German was sick of it, having lived with militarism for generations. But, of course, there was no 'vote,' and a nation was pulled along in a Nazi wake as Hitler steamed toward war."

The German people swallowed Hitler's counter-attack story, but the rest of the world knew the truth.

Grandpa John returned to recalling his early days in the Wehrmacht and working with Sergeant Schroeder at the Medical Corps Supply Depot. The old army veteran had taken John under his wing to make sure the young corporal didn't get into any mischief. John's skill at speaking, reading and writing German had developed to a point that no one on the Depot's staff suspected that he wasn't a native-born Deutschlander. In fact, with his two years of college, John had a better command of the language than most of the other enlisted personnel, as many never completed their high school education.

Sergeant Schroeder kept a pretty tight grip on the daily operations. The work was beginning to get harder, as the winds of war were blowing stronger. But, the Depot was not without its humorous moments. While nearly everyone had specific assignments, there were a couple of utility players -- two young soldiers who could and would do the work that no one else wanted to.

Whenever Schroeder would bellow out, "Schickel-Gruber," everyone knew he was yelling for his two favorite flunkies, privates Klaus Schickel and Hans Gruber. The sergeant got the name in a round-about way from Der Fuhrer himself.

Hitler was born an Austrian. His father, Alos Schickelgruber, was a train conductor, but Der Fuhrer used his mother, Klara Hitler's, maiden name, no doubt for obvious reasons.

Klaus and Hans were a couple of puny little guys whose uniforms were at least one size too big. Neither looked as though they belonged in any army, let alone a member of the "master race." They were obedient and perfectly suited to take care of whatever odd job or crap detail Schroeder had for them, and they always did it with a smile. It wasn't until long after the two men were assigned to the Depot, that Schroeder began combining their names, but it took Hans and Klaus awhile longer to determine the novelty of their dual moniker.

After a couple of months at the Depot, John learned more about his sergeant. For one thing, the man was living in near-poverty because most of his army pay was being sent to his wife and three children in New York. Schroeder was billeted in the Wehrmacht barracks near the main headquarters building in the center of town. Because he was regular army and not a member of the Waffen SS, his accommodations, food, uniforms and equipment were second-rate compared to Hitler's elite SS corps.

John had the small apartment near the university that Greta had arranged for him. He kept his uniforms and most of his clothes at the third-floor flat, but most of the time he stayed at Greta's mansion. After getting a look at the Wehrmacht barracks, John made a proposal to Schroeder.

"Look, Werner, why not stay at my flat instead of the barracks? You'd be more comfortable," John suggested. "You'd have more privacy and you would be almost the same distance away from the Depot as you would be from the barracks."

"I couldn't afford it," came the sergeant's reply.

"I'm not asking you to pay anything," John countered. "It's already taken care of, and besides, you'd be doing me a favor by being there to watch over my things and bring me any mail I might receive from home. There's a great little American-style café nearby."

The sergeant pondered a few minutes, then slapped his huge fist onto his desk and said, "Why not?"

Mentioning the café suddenly gave John an idea. Schroeder had told him that while living in New York, he had been a fry cook at a small diner. Big Horst always was on the lookout for someone who could cook food with an American flair. Maybe the two could meet and work something out in the way of a part-time job. John suggested the idea.

"If Horst only paid you in meals, you'd be eating far better than the slop they feed us down at the mess hall," John reckoned.

Schroeder could do nothing but talk the rest of the day about the prospect of improving his lifestyle. That evening, the two friends went into town and stopped by Der Chicago Hofbrau before going on to John's small apartment.

When John introduced Schroeder to Big Horst, they acted like two long-lost brothers. Because each took an immediate liking to the other, they began a running dialog, comparing New York to Chicago, especially whether the Cubs could beat the Yankees in a World Series. John discovered something else about his friends. They both loved baseball.

"Finally, I have someone to talk to about baseball," Horst roared. "Johnny, here, never played the game, and none of my customers ever heard of it before. All they want to do is talk about football, or as the Yanks call it, 'soccer.'"

After getting the sergeant settled into the small apartment later that evening, John left for Greta's home, and Schroeder headed back to Horst's café.

"Horst said I could start tomorrow evening, but I think I'll go get a nice big juicy hamburger tonight, on credit, of course," Schroeder roared with laughter as the two men parted.

When John arrived at Greta's, Major Zeis was there having cocktails with her in the library. There was a serious tone in the air as John entered the room.

"What's going on," he asked.

"Dieter was just telling me that there's some sort of movement beginning," she replied. .

"There's a mobilization of the Luftwaffe and its paratrooper division," Dieter explained. "From what I've been able to determine, it looks as though everything is being assigned to be moved over to the Polish border."

"Poland? What on earth would be going on there?" John asked. "I don't know much about the military, but I know enough that the Polish army is still using horse cavalry and lances."

Dieter chuckled, taking another sip from his drink.

"No, it wouldn't be a fair fight, would it?" the major reckoned. "I hope it doesn't come to that, but there is such a frenzy being raised by the Nazis to conquer more territory. Hitler isn't happy with what he's taken in Czechoslovakia and Austria. He wants more."

Greta, seated and listening to the two men talk, was staring into her glass as if in deep thought. But, she wasn't.

"I fear this could be the beginning of something quite terrible," she said, looking up. "Do you think if we attack Poland, the British and the French will come to their aid?"

"The Poles have treaties with both countries, so, it's conceivable they'd get into it," Dieter said.

The rest of the evening had a somber air to it. Dieter stayed for dinner, leaving shortly after coffee. Greta and John sat on the back patio to get a bit of relief from a hot August evening.

On Sunday morning at 6, the phone rang. It was Schroeder in a panicked voice wanting to speak to John.

"Hey, get down to the Depot as fast as you can," Schroeder said, almost yelling on the phone. "I think the shit is about to hit the fan. We're all working today filling army and Luftwaffe requisitions. Hurry!"

John obeyed. Within 45 minutes he was at the Depot, where he found Schroeder barking orders to dozens of scurrying uniformed personnel. It seemed as though Schickel-Gruber had five tasks going at once. Three Wehrmacht officers were going over figures with Major Zeis as they stood on the loading docks overseeing the loading procedures. A long train with more than 30 boxcars was just pulling up in front of the long warehouse, readying for medical packs to be loaded aboard.

A medical pack was a complete field hospital capable of accommodating up to 50 wounded personnel at one time. It included a field surgery table, equipment, cots, blankets, sheets, boxes of bandages, and an array of medicines. One of the officers overseeing the loading with Zeis was a physician, who carefully added an exact count of medicine cases to each field unit. Among the medicines were narcotics, including the pain-killing morphine, which was strictly guarded under lock and key. An armed guard was placed aboard each boxcar to ensure the trunk-like case containing the narcotics would be secure.

After the third train had pulled in and out of the depot, John lost count of the medical packs loaded for shipping east to the Polish border. Schroeder told him the trains were being disbursed to various route locations along the border, from Dresden north to the Baltic Sea. One train was designated for Danzig. John noted a number of other trains passing through the rail yards loaded with various forms of military equipment, such as tanks, trucks, artillery pieces, motorcycles and staff cars. Two troop trains passed by the Medical Supply Depot that afternoon headed for the eastern frontier.

It was 8 p.m. before Major Zeis told Schroeder he could dismiss the staff for the evening. A skeleton crew of three enlisted was kept on watch during the night, just in case late army requests came into the facility. Schroeder motioned for John to follow him, and the two men left the depot for the city. The major had given Schroeder a motorcycle with a sidecar for his use during the mobilization, so he and John rode to their apartment without having to wait for public transportation.

"Let's go get drunk at Horst's place," Schroder said.

"Aren't you supposed to be working tonight?" John asked.

"Ah, shit! I forgot to tell Horst what was going on," Schroeder replied.

When the two soldiers arrived at Horst's Der Chicago Hofbrau, a number of uniformed military personnel were in the café eating and drinking. There was a devil-may-care attitude in the air. Schroeder didn't have to explain his tardiness. Horst was well aware of what was happening in the world of the Wehrmacht and every other branch of the Germany war machine.

John stayed until around 11 at night, then headed to Greta's mansion. The house was dark, but as he cleared the landing to the upstairs and his room, he noticed a light coming from beneath Greta's door. He knew that when he heard from his bathroom the familiar clicking of her telegrapher's key, she, no doubt, was sending London the latest information about the German mobilization. Later that night, John was awakened by her soft, warm body sliding into bed with him. Well, at least some things were as they should be, he thought.

After renewing old acquaintances, Greta and John laid in bed, talking in the dark for what seemed like hours.

"I don't know how much longer I'm going to be able to continue with my work without getting caught by the Gestapo," Greta finally admitted. It was something that had been weighing on John's mind for some time, and obviously on hers as well. "I've heard the Gestapo has monitoring devices and some sort of tracking gear located on a truck to trace radio signals."

"You must be careful," John advised. "Is there somewhere else you can move your radio so it wouldn't lead the Gestapo here to you?"

"I don't know where that would be," she said with a sigh. "I've thought about doing something like that, but I can't get anyone else involved, and I really don't know anyone else to trust other than you and Dieter."

"Does Dieter actually know what you're doing?" John asked.

"No, not really. Whatever he knows, let's just say he's looking the 'other way' at this time," Greta said. "Never forget, dear, that although Dieter is not a Nazi and hates everything they stand for, he's first and foremost a German officer. He knows how to be loyal and to follow orders."

Greta's words were given as a warning for John to tuck away in the back of his mind in case he ever had to recall it at some time in the future. Hopefully, that occasion would never come. He liked the major and appreciated the many kind gestures the officer had given him so far during his short tenure as an enlisted soldier.

The next day was Monday, Aug. 21, 1939. More trains were pulling into the Depot, this time to replenish the materials and equipment that had been shipped out the day before. Tons of equipment and medical supplies were coming in from various warehouses and factories to be assembled in Medical Field Packs.

Early morning on Sept. 1, 1939, the big artillery guns of the Wehrmacht began bellowing its rain of terror into Poland, while the Luftwaffe overhead flew deep into the Polish countryside destroying everything that looked as though it might have some sort of life or use. Hitler's so-called "counter-attack" on a near-helpless nation whose military was barely World War I vintage was successful beyond his wildest dreams. Within 28 days, Warsaw had fallen while the French and British continued rattling their swords, but falling short of declaring war. The British were regarded as an enemy state of Germany, and its ships on the high seas soon became targets for the Kreigsmarine's U-boats prowling the oceans.

As the Luftwaffe and the Wehrmacht continued pummeling Poland into submission, preparations for an anticipated engagement with the French along the Rhine River were being made. One morning a few days after the attack on Poland, Major Zeis appeared at the Medical Supply Depot and began chatting with Sergeant Schroeder in his small cubicle office.

Twenty minutes later, their conversation was over. Schroeder stood up and called across the wall for Corporal Krauss to come to his office.

When John entered the small quadrangle, the major was bent over Schroeder's desk, studying a map.

"John, you're going to accompany me to the Rhineland for a survey mission," the major said, without looking up from the map.

"Yes sir," John replied. "May I asked the major the nature of our work?"

"We'll be assessing the medical supply needs in the event of a major assault along the western frontier," he answered.

John and Werner looked at one another with a grim stare. Nothing more had to be said.

"Good, then we'll leave in the morning at 7 o'clock sharp," the major said, finally looking up from the map. "I'll pick you up at Greta's, so there's no need to come here tomorrow."

John snapped to attention with a heel click, of which Zeis took notice.

"You're getting better at that," Dieter said, smiling.

"Yes sir. The sergeant has been giving me pointers," John replied with a smile. Zeis looked at Schroeder and winked.

John was looking forward to the trip, which would be by staff car. Major Zeis had been assigned a new Mercedes sedan, and John would be his driver.

During his earlier trips to Nuremberg and to Munich, John had seen much of the southern parts of Germany. Now, he would be traveling to the west, giving him a far different view of this country to which he found himself reluctantly tied.

That evening, Schroeder and John met at Das Chicago Hofbrau for a beer. News had spread that a German U-boat had just sunk a British passenger liner, the Athenia, on the high seas. Although still no official word had come as to whether the British would enter the war, this deed at sea surely would do the trick. Later, John would learn that among the 1,400 passengers of the Athenia, there were 240 Americans. Would this provoke America into the fray as well?

"This is getting to be a very bad thing," Werner told John while they sipped their beers at a table in the corner. Werner was particularly quiet on this evening.

"What's wrong, Werner?" John asked.

"I got a letter from my wife today," he replied. "My eldest son, Richard, just turned 17 and he has joined the American army. How do you like that? One of these days I could be shooting at my own son!"

John shook his head, agreeing with his friend that it, indeed, was getting to be a dark world around them.

"I wish it were me joining the American army," John sighed. "At least I'd have some idea about what I would be fighting for."

Werner reckoned he had a point.

"The money I've earned here hasn't been worth what I've given up in America," Werner said. "Selling apples on the street would have been better than what I'm doing here, or about to do, God knows what that is."

The next morning at 7 o'clock, Dieter was in front of Greta's mansion, honking the horn of a sleek new Mercedes sedan. Little red flags with the black swastika in the center of a white circle were mounted on each front fender, designating the vehicle as one for official use.

It was Sept. 4, 1939. So far, no shots had been fired along the western front. German troops were broadcasting in French messages across the Rhine River into France, saying: "We won't shoot if you don't!" The French retaliated by launching a huge barrage balloon with a streamer trailing behind that declared the same message written in German.

Dieter was appalled by the lack of preparation of the German forces at the western front. No one wanted to admit directly to Der Fuhrer that his army wasn't ready, despite a few generals who cautioned against provoking France or Britain into a shooting war. Not all of those on the general staff had been on board for the Sept. 1 attack on Poland. In fact, a couple of international observers sensed that Hitler himself was surprised when the Allies didn't give in to his demands like they had over the Sudentenland and other minor bloodless conquests. One American journalist told his audience back in the states that Hitler seemed somewhat taken aback that his bluff was called.

So much preparation had been rushed to the eastern frontier for the attack on Poland that the forces along the western frontier were woefully undermanned and ill-prepared for any sort of military engagement. Major Zeis' job was to assess what amount of medical supplies and equipment would be needed for the units that were designated to be sent to face the formidable Maginot Line in France.

"The Wehrmacht has been handed an almost impossible task," the major said as the two sped out of town. "Fighting a war on two fronts is insane. Attacking Poland is one thing, but going up against the French, which has the most powerful army on earth, is asking the impossible."

John said nothing as he drove along the streets leading out of town. He knew very little of such matters, but was learning fast. Just being at the major's side was giving him access to a view of the world that most men of his young years could never dream. Two years ago he was plowing fields in central Nebraska. Today, he was touring through Germany on the world's first superhighway, the Autobahn.

Traveling along Germany's autobahn was, indeed, a new experience. America had nothing like it. The first section of Germany's futuristic roadway, from Cologne to Bonn. It was constructed in 1929, before Hitler came to power. It was a time when Germany had more roadway than automobiles to use it. In 1933, Adolf Hitler, as the new German chancellor, quickly realized the propaganda value he could get by promoting the autobahn, so he and the Nazis took credit, making it appear that the superhighway was all Der Fuhrer's own idea. But, there were other reasons Hitler was keen on the autobahn. It would allow military vehicles to be quickly moved from one end of Germany to the other, assisting his new idea of blitzkreig.

As the two soldiers proceeded along the autobahn toward the Rhine, making stops in various small towns for petrol and a bite to eat, they realized that the German population wasn't being whipped into a war frenzy as Herr Goebbels would have liked. Not that he wasn't trying via the radio and Nazi-controlled newspapers. Germany was still a war-weary land, and as proud as they were at the many accomplishments Hitler and the Nazis had been able to make until now, it had been done mostly through intimidation without firing a shot. In fact, avid supporters of Hitler continued to believe a major war could be avoided.

Major Zeis and John stopped in Dusseldorf for the night before traveling south to Wiesbaden and Stuttgard in the central and southern regions. These cities would be designated as rear areas for hospitals and the casualties that would be moved from the front if shots were exchanged with France.

After a night's rest in a small Dusseldorf hotel, Major Zeis and John set out the next morning to inspect the city's local hospitals. That afternoon, the major met with the area commander of the Wehrmacht to discuss medical needs should his units go into battle across the river.

Interestingly, Dieter and John encountered a less than enthusiastic group of army officers. Many of their attitudes reflected those of the average German on the street. However, at each military unit there always was the ubiquitous SS officer on the scene spouting the party line, making sure every good German did his or her duty for the Fatherland. Two days later, they were on their way to Wiesbaden.

While John drove, Dieter checked his maps. It was a while before either spoke..

"Do you ever think about going back to America?" Dieter asked.

"Just about every day is all. I wished I'd never come over here."

"Why did you come?" the major continued.

"I was a dutiful son. My father had this dream that I'd become a doctor, and the only place I could get that training was in Germany," John replied.

"You know that we're near the French border and it wouldn't be all that difficult for you to get across," Dieter said as he looked up and out at the countryside.

"Well, the way my papers are right now, there's nothing to indicate that I'm American, and I'd have a tough time convincing the Frogs of that fact," John said in matter-of-fact fashion.

"I would make sure you had enough time to get across the river before I had to report you missing," Dieter continued. "Of course, to protect myself, I would have to do that, you know that don't you?"

"Of course, sir, I know that, and I appreciate the gesture, but I just don't see how I could be successful, especially when Germany is ready to attack the French. Somehow I don't think they'd open their arms to some dumb corporal running across the bridge. What am I gonna tell 'em? 'I hate sauerkraut, but I love snails and frogs?'"

The two men laughed as they continued down the highway. They spoke no more on the subject.

"For gosh sakes, Gramps, you could have gotten away from all of that," Cindy said, looking with astonishment into her grandfather's eyes.

"Well, Sissy, it wouldn't have been as easy as it seemed. I still didn't know whether to completely trust Major Zeis," Grandpa John replied. "The offer seemed genuine enough, but I remember what Greta had told me. He still was a loyal German officer of the Wehrmacht. Besides, I had no one to turn to anywhere, either on the German or the French side of the border. I had only my military identification, which said I was a German citizen, and the nearest U.S. Embassy was in Paris, hundreds of miles away."

"So, you stayed with the major and didn't try to escape," Cindy concluded.

"That's right. We finished our assessment tour and returned to Berlin after about five days on the road," the old man recalled. "And, I'm gonna leave us right there on the German autobahn because I've got to get some sleep, and so do you."

Cindy reluctantly folded her notepad. She wasn't ready to go to bed. This was the story of a lifetime -- hers and her grandfather's. She had no idea what could be done with it, but she remembered the words an old journalism teacher had preached many times at Ol' Mizzou: "Let the story take you where it will, and don't try to guess the ending."

Chapter

7

John Krauss indeed was tired after spending so many hours talking about his life more than six decades ago, but sleep would not come on this night. He rolled, tossed and turned in his bed, but he couldn't get those ancient thoughts from his mind -- things he hadn't yet told his granddaughter. His thoughts went back to that night in September of 1939, when he and the major arrived back in Berlin.

It was a long drive from the Rhineland. Along the way, the two soldiers passed a number of military vehicles loaded onto trains and trucks convoys on the autobahn, all headed for the western frontier. Germany was mobilizing for war, both on its eastern and western borders. Could this madness really be happening, John thought?

It was early evening when Major Zeis stopped to drop off John at Greta's mansion. Both men noticed there were no lights on anywhere.

"I'll wait while you go check on the house," Dieter told John, who disappearing inside.

"There's no one there," he said in a bewildered voice.

A strange feeling came over both of them.

"Get in the car," Dieter commanded. "Let's get out of here." The big Mercedes roared away into the darkness.

"Something's not right and I don't think it's a good idea to probe too deeply at this time. The house may be watched," Dieter ventured as they drove back into the city.

"I hope she's all right," John said with a trace of worry in his voice.

"Where would she go or leave word if she were in any sort of trouble?" Dieter asked.

John thought for a moment. "Drive to Horst's hofbrau."

It was about 9 o'clock when John and Dieter got to Der Chicago Hofbrau. There were a few of the regulars, but not a large crowd. Schroeder was in the kitchen frying hamburgers and Horst was at the end of the bar regaling a few patrons with his Chicago stories from his days in America.

When the huge host spotted the two men, he quickly excused himself from his listeners, offering to buy them a round of drinks. Horst motioned for John and Dieter to join him at one of the back tables.

"I have news," Horst began.

"From Greta? John asked.

"Yes. She's left town. I don't know where, but she said to tell you that she would be visiting a pen pal and didn't know when she would be back."

John looked at Dieter with a half-puzzled, half-worried look.

"When did she leave?" Dieter asked.

"Two days ago," Horst recalled. "She came in here about 4 o'clock in the afternoon and said she probably wouldn't be back in for a while. She said to tell you, John, not to go back to the house because it isn't safe. She said you'd know what that meant."

"Is that all? John asked.

"Well, she said something curious," Horst continued. "She said to tell you that her favorite radio program has gone off the air."

John gave a knowing look. Dieter was puzzled but knew better than to ask any questions at that time.

The moment created an awkward pause between three friends, who really didn't know how much to trust each other at a time and in a society where trust was a commodity in short supply.

John went to Dieter's apartment with him that evening and took the living room sofa for the night. Even though John had his own apartment, it was nothing more than a one-room set up and barely enough room for Schroeder. Obviously, new arrangements were going to have to be made if he were no longer living at Greta's mansion.

The next morning, Dieter drove John to the Medical Supply Depot before dropping off the Mercedes at the military motor pool. When they arrived at the Depot, two black sedans that the major identified as being Gestapo cars were in the parking lot.

"I'm going in with you," Dieter told John. "This might have something to do with Greta. Don't say anything until I tell you to, okay?"

John acknowledge the major's order, and followed him into the building. Inside, they found four Gestapo agents waiting alongside Sergeant Schroeder's office cubicle. Everyone in the Depot seemed to be busy, but curious as to what was going on. As they walked closer, John recognized one of the agents. It was Krueger, the man who approached him right after he first arrived.

"Krauss, we want to have a word with you at Gestapo Headquarters," Krueger began.

"This man is under my command. Is he under arrest?" the major inquired in a firm voice.

"No, major, we just want to question him on a couple of points," Krueger replied.

"Then, if he isn't under arrest, you can question him here, in front of me and the sergeant," Dieter said even more firmly.

"I'm going to have to insist that the corporal accompany us back..."

"And, I'm going to have to insist that he stay here," Major Zeis interrupted.

The three agents standing nearby started to move toward Zeis and John.

"Schickel-Grubber!" Schroeder bellowed at the top of his voice. As if by magic, not only did Hans and Klaus respond to the sergeant call, but 26 other soldiers in the Depot charged forward, surrounding the agents. It was a sight to behold.

"We don't want to cause an incident," Krueger snapped.

"Then, don't cause one. Ask your questions and leave," Major Zeis said in a quiet, but firm voice.

"May we step inside the sergeant's office?" Krueger asked in a gentler voice.

"Yes, and the sergeant and I will accompany you. Your associates can wait outside," the major replied.

"Very well," Krueger agreed reluctantly, as he looked around the room where he and his comrades were surrounded by green uniforms.

Inside, the major sat at the sergeant's desk, Krueger found a corner of the desk to lean against, while John and Schroeder stood.

"I understand that you know Frau Greta von Carlson," Krueger began.

John did not answer, but looked at the major, who nodded for him to go ahead and answer.

"Yes, sir, she is, er, was my landlord," John replied.

"Was? Where is she now?" Krueger continued.

"I don't know. When I returned to her house last night from a duty assignment in the Rhineland, she was gone," John explained.

"Just like that? Where could she have gone?" Krueger pressed.

"I have no idea, sir. Frau Carlson is a very private woman," John answered.

"Well, my boy, she must not be that private of a person, considering how you and her ..."

"Just a minute, Krueger. What are you insinuating?" the major interrupted.

"I believe this young man knows what I'm talking about," Krueger replied with a sinister-looking smile.

"Unless you have some specific charge against my corporal, I suggest you either make it or get out," the major said.

"Have you ever seen the woman known as von Carlson talk with anyone you didn't know?" Krueger continued.

"No," John replied. "She seldom entertains, and when she goes out, I have no idea where she goes or whom she associates with."

John was careful not to mention the major's name as one of those associating with Greta, but Krueger probably already knew about that.

"I'm one of those friends she associates with," Major Zeis said, interrupting. "Why, has she done anything wrong?"

"We don't know, but we suspect she might be an enemy agent," Krueger replied.

"Enemy agent?" Dieter said, half laughing.

"You think this is amusing, major?" Krueger countered.

"Accusing Greta von Carlson of being an agent. Yes, I do," he replied.

"I think this conversation with the corporal would be better served if it were conducted at my office in Berlin," Krueger said firmly.

"May I remind you, Herr Krueger, that Corporal Krauss is under my direct command and is a member of Field Marshal Karl von Rundstedt's staff at Wehrmacht Headquarters," Major Zeis countered.

"The Gestapo supercedes all authority in such matters," Krueger said slyly.

"Oh, well then, let's call my uncle and see if he agrees with you," Zeis replied.

For the first time, John discovered how powerful the major really was. He had no idea that the area Wehrmacht commander was Dieter's uncle.

"Ah, yes. Well, I don't think that will be necessary at this time," Krueger conceded. "But, we may want to question the corporal further on this matter."

"You know where to find him, but don't try questioning him without my presence, do you understand?" Major Zeis said firmly.

Krueger did not answer but got up off of the corner of the desk. As he began to walk out the door, he wheeled and said "Heil Hitler," with the traditional right hand salute, then left in obvious anger with his associates following close behind.

The entire Depot was quiet for several moments until the two Gestapo sedans pulled away, then laughter started circling the room. Major Zeis held up his hand to bring silence.

"Never forget, my friends, we all are being watched everywhere," he told the troops. "Watch what you say and to whom."

John, Schroeder and Major Zeis went back into the sergeant's office.

"Well, I know of at least one member of our staff to keep an eye on," Schroeder said.

"Hink?" the major asked.

"Correct," Schroeder replied.

"I don't understand," John interrupted.

"When the sergeant called for help, all of the soldiers in the Depot, except one, came running to be of assistance," Dieter explained. "Everyone, that is, except Private Marlene Hink. And, everyone but her was amused when the Gestapo left with their tails between their legs, which indicates she may be an informant and someone to watch. So, be careful."

Private Marlene Hink was the sort of woman most men would barely notice when passing on the street. She was rather typical of most German women during the '30s and '40s, dressing more to compete alongside men rather than to be admired by or attract them. Only her blonde hair and blue eyes set her apart from being a plain-looking woman. With Hitler's drive for a pure Aryan race, Marlene, no doubt, could contribute to that goal. Schroeder reckoned that making love to a party member would be her preferred choice. Marlene Hink stood out among the rest of the troops working in the Medical Supply Depot for her strict observance of Nazi protocol when saluting, using the preferred "Heil Hitler" before and after each official encounter. None of the other soldiers bothered with that ritual, knowing they were safe as long as Sergeant Schroeder and Major Zeis were in charge. It seemed to irritate Hink when few, if any of her comrades, returned her "heils" to Der Fuhrer.

Of course, there was no real way to tell what sort of part she played beyond being a female soldier in the Wehrmacht. John had worked alongside Marlene while doing a number of tasks over the past few weeks. Most of the time she seemed like a pleasant enough young woman, but it was Germany and it was war time, so anything was possible.

Major Zeis told Werner and John that he must go on another tour, this time to Poland near the front, if there was any sort of front left. Medical supplies and facilities needed to be inspected and inventoried.

"Sergeant, I'd like you and the corporal to accompany me to the eastern front tomorrow for a medical supply inspection," the major announced. "I'll pick you both up here at 8 o'clock sharp tomorrow morning. Pack enough for three days. We're going to inspect what's left of Poland."

"Yes sir," Schroeder said, snapping to attention with a click of his heels.

"Yes sir," John said, following the sergeant's lead.

"You really are getting better with that heel click, corporal," the major said with a slight smile on his face as he left the cubicle.

That evening when John and Werner got to Horst's café, there was yet another small, albeit pleasant, surprise. As they sat down to have a lager with Horst, the huge man reached into his pocket and pulled out a piece of paper.

"This message has to be for you, John," Horst said, slowly. "I received a phone call from Geneva, Switzerland. All the voice on the other end said was to "tell J that G arrived at the castle safely."

"Nothing else?" John asked.

"Nothing," Horst replied.

Greta always referred to her husband's estate north of England as "the castle." As brief as the message was, it told John that she was safe. Then he looked off in deep thought, pondering whether he'd ever see her again. Werner and Horst said nothing, sitting quietly, smiling at each other.

"Well, at least I know where she is and that she's safe," John concluded.

"Yes, safe," Horst agreed, nodding his head.

Before they parted, John had a pledge from each of his two friends not to mention the phone call to anyone else. The Gestapo certainly could have monitored the call, and probably did, but he held comfort in knowing she has apparently escaped the madness that seemed ready to fall upon Europe and Germany.

Horst had shown his friendship to Werner and John by making available to them the large, two-bedroom apartment above the Der Chicago Hofbrau. Werner worked in the kitchen for part of his rent, and when he could, John waited tables to pay for his share. It was a great arrangement for two soldiers with little or no money.

Living above the café wasn't the lap of luxury John had known during his time at Greta's mansion, but then again, that entire experience was surreal, to say the least. Neither John or Werner knew how long they would be shielded from combat. It was obvious Major Zeis was protecting the two soldiers as much as he could, but for how long?

"My friend, enjoy our situation for as long as possible," Werner told John. "Sooner or later, we'll see the eye of the tiger after which we're bound to feel his sharp fangs."

As promised, Major Zeis pulled up in front of the Medical Supply Depot at 8 sharp for John and Werner. He was driving the same new Mercedes sedan. With him was another soldier. The major had arranged for one of his administrative sergeants to take over Schroeder's duties at the Depot while they were gone to the front. The sergeant got out, took some brief directions from Schroeder, and the three were on their way to the front.

John drove, while Sergeant Schroeder rode up front, alongside. Major Zeis sat in back. It was nearly a full-day's drive to the Polish border from Berlin, but they weren't on the road very long before they began seeing truckloads of troops on their way back into Germany from the front. The procession reminded John of football season back in Nebraska, where a procession of cars filled with fans and supporters would caravan from one town to the next and back to play a game. The victorious troops coming back from the front were firing their weapons into the air, waving and shouting, acting as if they had won a ballgame. Apparently they had, only this game hadn't been fairly won.

The long drive gave John and Werner a chance to get to know their commanding officer a bit better. Major Dieter Zeis was a distant relative of the famed Zeis lens manufacturer, just distant enough to not inherit any of the fortune. That was on his father's side of the family.

"Sir, back in Nebraska, we'd say that your dog ran their backyard," John said, using a bit of Midwestern philosophy.

Dieter laughed, nodding approval.

On his mother's side of the family, Dieter faired a bit better. His mother's brother was General Karl von Rumstedt, the Wehrmacht area commander for the Berlin district, which, as both soldiers had determined, was the reason for the major's unusual influence.

"May I ask the major a question," John probed as he drove down the highway toward the Polish border.

"Certainly, corporal, what is it?" Dieter replied.

"What is your relationship to Greta?"

John looked in the rear-view mirror, watching the expression on Dieter's face. It wasn't what he had expected.

"Frau von Carlson is my sister-in-law," the major replied. "My wife is the sister of her late husband, Paul. Why, what did you think it was?"

John admitted that he didn't know but had assumed there might have been some sort of romantic involvement.

"No, I have only remained close to her at the request of my wife," Dieter explained. "We think her husband was assassinated by the Gestapo, but we can't prove it. He was such a popular chap in German society, as well as a hero of sorts. And, we think they more or less made up the story about his plane crashing. Funny thing, there were never any photographs of the wreckage, and quite by accident, I saw the plane he was supposed to have crashed in completely in tact out at Templehof Air Field."

Dieter speculated that one of the reasons Greta might have disappeared was to protect him, his family and the small circle of friends around her. The major included John in that circle.

After several hours of driving, the three men reached the Polish border. There were a series of check-points they were required to pass through, and at each one, Major Zeis produced the required travel documents, which included all three names. And, these documents were all signed by General von Rumstedt himself.

Once across the border, the peaceful atmosphere changed. Outside of Zoppot, Poland, near Danzig, Dieter, Werner and John came upon something they would never forget. At a checkpoint, one of the guards told the major that a battle had taken place just a half-mile off the road and into the woods. An entire regiment of Polish cavalry had taken on dozens of German panzers (tanks) by charging their positions. The cavalry had come out of the forest to protect retreating infantrymen when they suddenly were confronted by the German panzers, with no chance to retreat themselves.

When the three soldiers got to the edge of a clearing after walking a few hundred yards off the highway, they saw their first carnage of the war. The bodies more than 1,000 dead horses and Polish soldiers lay rotting in the mid-day sun. The German panzers and supporting infantry had moved on into the interior, not bothering to bury their vanquished. The three stood there in disbelief, not saying anything. John had never seen anything like it in his young life, the sergeant had tears welling up in his eyes, and the major stood with clenched fists, then broke the eerie silence.

"Gentlemen, you see before you the future of Germany," Dieter said. "What our comrades have done here will not go unpunished in the eyes of the world. This is only the beginning. I fear the other nations we'll have to encounter will not be so defenseless as Poland.

"We are already beaten and our mighty Fuhrer doesn't even know it," Dieter continued. We only have so much in resources to throw against the rest of the world. We're surrounded. Oh, we'll give a good account of ourselves. However, we eventually shall be beaten as we were in 1918. I fear the world will not be as kind to us the next time around as it was 20 years ago. When will we ever learn."

The major gave a traditional military salute to the mass slaughter sight, then turned away, "Let's get out of here," he said. The three soldiers walked in silence back to the car they had left parked along the highway. When they got to their vehicle, the major pulled two white vests from his briefcase, each with a large red cross on the front and back.

"Here, wear these until we get back to Germany," Dieter told Werner and John. This will designate you as 'non-combatants,' so if any Pole gets you in his or her gun sights, they may have mercy on you, which is more than we've shown them."

The three drove on into Danzig, where the bright red banners bearing the Nazi swastika were hanging from nearly every second-story building throughout the city. If you were wearing a German uniform, you were warmly greeted by the predominantly German-speaking civilian population.

Danzig, which was the traditional provincial capital city of Pomerania in northern Poland, had a population of about a quarter of a million people. It was one of the chief ports along the Baltic Sea, which is why Hitler insisted that the city be returned to Germany. While Danzig technically was a "free city state" by decree of the League of Nations and the Treaty of Versailles, the Germans quietly took over the city without incident before the fighting actually began. And, because Danzig was an independent sovereign territory, the Poles had built a new port city of Gdynia, a much smaller town a few miles to the north of Danzig. It became Poland's only real seaport. When the major and his two uniformed companions entered Danzig, they could still hear the big German artillery firing on Polish positions in Gydnia. As long as that small village was still under Polish control, Danzig's value as a seaport was minimized because shipping could be attacked from the Polish-controlled shoreline.

That evening from the balcony of a Danzig hotel, Dieter, Werner and John watched the night sky light up from the Germans firing at the besieged Polish army, which was surrounded on all sides ---- three by the Germans and by the Baltic Sea on the east. The Germans were throwing 88 mm shells at the Poles, who had only light machine guns to toss back. For the Polish, it was like throwing a rock at a hail storm.

"It will be only a matter of hours before the Polish have to surrender," Dieter reckoned. "They can't hold out much longer."

"I can't believe we're not being attacked by the British and the French over this fiasco," Werner muttered in a low voice.

"Be patient, my friend, they'll be here soon enough and they'll be throwing more at us than small Polish stones," Dieter replied.

The thundering flashes from the guns of a German battleship anchored in Danzig were chiming in with its 11-inch guns to join the army's big 88 mm cannons. The pocket battleship Schleswig-Holstein was providing the naval bombardment as she sat, berthed in the harbor. The shells sailed over the hotel toward the Polish lines to the north, but they were doing little damage compared to the big guns of the German army's artillery units. Nonetheless, the ship's captain and his officers invited high-ranking officers stationed in

Danzig to join him on the bridge for schnapps and light refreshments as the bombardment of Gdynia continued.

Throughout the night, a party atmosphere was hovering over all of Danzig as uniformed German troops relaxed and reveled in their conquest. Most of the civilian population seemed to be enjoying the festivities, but it was hard to determine whether they were happy to see Germans in control of the city, or because the soldiers meant newfound and much-needed commerce to their merchants' tills.

The three observers couldn't help notice a certain number of off-duty troops getting drunk. The soldiers seemed to be drinking to forget the death and destruction they had caused in the field -- rather than to celebrate a victory. To anyone who had come to the realization that Poland and her antiquated World War I armaments rendered her defenseless against the German blitzkrieg, a feeling of remorse was evident. This was no true victory. This was uncalled-for slaughter.

The next day German forces took control of Gdynia. That afternoon, the major, Schroeder and John were allowed to enter the small city. The battle was still raging outside the city, but it was obvious the Polish army was losing. Inside the town, Polish civilians, a number of old men and women, and considerable younger women and children all lined up for food. The growing crowd seemed dazed and bewildered. Their faces showed terrible bitterness, as fathers, husbands and sons were doubtless cannon fodder facing the German onslaught only a few miles away.

Dieter stopped an army officer on the street and asked if the Poles were putting up any sort of artillery defense against the German army.

"They haven't any artillery," he said, with a slight smirk. "If they had just one good-sized field piece they could blow us to bits as we sit over here fat and happy. Their lines are only two miles away."

At a hotel bar in Danzig that evening, an old waiter in the dining room struck up a conversation with Dieter, Werner and John as he served them drinks. The old man had been an infantrymen during the first World War, and he made it quite clear that he wasn't thrilled with another war. In fact, even though he was a born German, he made it known to the trio that he'd just as soon see Danzig continue as an international city, free from any outside political control.

"I'm nearly 60 years old," the waiter said in a quiet, almost whisper, as he placed three snifters of schnapps in front of them. "I've seen enough fighting to last three generations."

There was something in the old man's face that verified the wisdom he was imparting.

"I tell you there is nothing more enigmatic than the character of Germany," he continued. "I've learned a lot about human nature over my many years, and what I've found most perplexing about the average German men and women is that we were born to be naturally submissive."

The old man went on to explain that Germans think they have died a good death if they cross a street legally, even though a truck runs them down.

"We Germans die happy with a smile on our faces knowing we have done our part by not breaking the law even though the truck driver killed us by running a red light."

The old waiter continued in a voice barely audible with his philosophy, explaining that the average Germans have little or no political sense and that they blindly follow authority, refusing to think for themselves. He looked each one of his three customers straight in the eye with a sly smile, as if to say, "look in the mirror, gentlemen, I'm talking about you!"

Dieter looked around the room, then quietly leaned over to the old man, taking his arm before he walked away.

"You could be arrested and shot for saying such things, don't you realize that?" the major told the old waiter.

"Yes, I suppose I could, but they can only kill me once," the old man reckoned with a chuckle. "People like our Fuhrer and those idiot fanatics around him keep plunging this country into war, only to endure another national death every 20 or 30 years. And, we're all stupid enough to participate in that death. I say enough is enough!"

A few days later, the old man's point about the German character was borne out. Dieter heard a story from a fellow officer concerning a German mother. The woman had been told by Luftwaffe officials her pilot son was missing and presumed dead after tangling with the RAF over the English Channel. In Germany, it is a jail-able offense to listen to a foreign radio broadcast. Two days after the mother had been told her son was presumed dead, she received eight letters from friends, each of whom had heard his name broadcast over the BBC as having been taken as a prisoner of war. Instead of rejoicing in the fact her son was alive, the mother reported all eight of her friends to the Gestapo for listening to a foreign broadcast. All eight were jailed.

Dieter related the story to Werner and John, making the old bar waiter's point about German character.

"Be very careful of what you say, where you say it, and to whom you are saying it," the major cautioned. "Informants are all around us. If one of you has feelings like that old man did in the bar the other night, or knows someone who does, just keep your mouth shut! The worst that could happen is you'd be in trouble for not reporting it. If you say nothing one way or the other to such comments, you'll be preserving your own personal attitudes."

As the major and his two men inspected the various medical facilities, hospitals and aid stations, they found few German battlefield casualties. In fact, they were finding more injuries due to equipment accidents or plain dumb luck than from anything inflicted by the Poles. But the Polish casualty numbers were staggering. By the time Dieter and his team were ready to return to Berlin, the enemy numbers were mounting and being carefully calculated in precise records, as only the Germans can do. It was only three weeks since the first shot was fired, and some 60,000 Polish soldiers had been killed; 200,000 were wounded; and more than 700,000 troops taken prisoner of war.

As he drove Dieter and Werner back to Berlin, John's thoughts went to Greta. He missed her flashing violet eyes and her quick wit. Greta could be enigmatic. She could be such a stern German woman with few attractive qualities one minute and the next transform herself into a beautiful, happy, delightful girl much younger than her actual years. Forget her age, John thought. He supposed he loved her, even though he wasn't sure what that really meant. All he knew was that he missed her and hoped she was safe. The British postcard Horst received from her was proof that Greta really cared about him..

Cindy caught her grandfather staring off into space with a slight smile on his face.

"You really loved her, didn't you?" she asked.

"What? Who, are you talking about, dear?" the old farmer muttered, trying to act as if he didn't know what she was saying.

"Gramps, you know damned well who I'm talking about. Greta. You loved her, didn't you." She replied.

"Oh, Sissy, that was a puppy love romance from long, long ago," Grampa John said. "You know how it is when you 're a teenager. You fall in and out of love quite easily. I'm going out to get the morning paper." John Krauss was attempting to change the subject.

Cindy knew her grandfather quite well. Well enough to know that the fascinating story he was telling her was more than some long-ago adventures he had as a young man. She got on her cell phone to call Joe Hernandez at the State Journal. Cindy was going to need the rest of the week for this story. She had been listening to her grandfather for more than two days and he had barely gotten into the beginning of the war. Somehow Cindy had the feeling his story was just getting started.

Chapter

8

John Krauss couldn't emphasize more to his granddaughter, Cindy, that there were many good and honest people in all walks of German life while the Nazis put a stranglehold on their country.

He kept saying there was considerable opposition to war in the general German public, something that has been lost over the decades since the great calamity. For the most part, this resistance was never known.

"You knew there was a problem with the public's acceptance of the Nazi line when Herr Goebbels constantly hammered specifics in both newspapers and on the radio," Grandpa John recalled. "Goebbels' three favorites points were that 'Germany was right,' all of the fighting was merely "in defense of the nation," and "Germany will win" in the long run."

But, the people in Berlin continued to hold out hope for peace. That is, until Foreign Minister Joachim von Ribbentrop went on the radio one day in 1939 to officially announce that "the war will be pursued until its end." By that time, no one was predicting just how long it would take until the end.

By late 1939, each day brought more bad news. With winter approaching, it was announced that less than 6 percent of the German public would be able to buy new overshoes for the winter.

"All available stocks were rationed to postal carriers, newsboys and street-sweepers, in that odd order," Grandpa John recalled. "Rubber was scarce in Germany, and most of the supply on hand was being diverted to the military."

For a third straight day, the recount continued of John Krauss' early life as a German soldier.

Major Zeis, Schroeder and John returned from their tour of the Polish front to find the new rationing restrictions on the German people, who were beginning to feel dissension because the comforts and necessities of everyday life were being taken away. During their week-long trip to Poland, Zeis uncovered some interesting medical statistics regarding the first three weeks of the one-sided victory: many of the German casualties were suffered at the hands of Polish snipers in Warsaw. The snipers easily picked off a large number of German soldiers at an alarming rate. The Poles didn't give up the fight until they were hopelessly surrounded, and usually, not until they had run out of ammunition.

One of the more interesting, if not suspicious, war casualties was Germany's greatest military figure of that day, General Baron Werner von Fritsch. The popular general was reportedly killed while advancing with a small company of troops in Warsaw. His was a sad case in that he had been reduced in rank and forced by Hitler to retire. Only the war on Poland brought him back to army life.

General von Fritsch had served in the First World War, and in May of 1935, became commander in chief of the Wehrmacht.

"According to Zeis, General von Fritsch was contemptuous of Herr Hitler, saying some rather unkind things to fellow officers about the 'little Bohemian corporal,'" Grandpa John recalled. "On one occasion, there was a military parade to celebrate Hitler's birthday, to which von Fritsch scoffed, 'Why celebrate that?'"

Eventually, Hitler found out about von Fritsch's aversion to the Nazi Party, and more importantly, about his opposition to Der Fuhrer's grandiose war schemes. But, Hitler was determined to gain control of the Wehrmacht, and he ordered Himmler to gather information on Fritsch, which to Himmler, meant framing the general. A male prostitute agreed to make a bogus claim about having a sexual relationship with Fritsch. Hitler confronted the general about the outrageous claim, but when it became clear that senior members of the military were unwilling to support their general against these false charges, Fritsch "retired" from office. When it was later discovered the male prostitute was lying, Hitler refused to reinstate von Fritsch.

General von Fritsch was recalled to active duty when Germany attacked Poland, but only as an "honorary colonel." The general was allowed to serve with his old regiment. Reportedly, Fritsch was killed during the Polish invasion on Sept., 22, 1939, but there was a burning question among the ranks of the officer corps: "Was General von Fritsch really killed in action?"

Grandpa John wanted his granddaughter to understand how good men were pushed aside in order that evil might prevail. Such devious actions began to take its toll on German society in general, and certainly among the military ranks.

"The Nazis' trumped-up charges against General von Fritsch turned a lot of like-minded officers into sworn enemies of Hitler and his cronies," the old man explained. "These men would play leading roles in a six-year conspiracy to overthrow Hitler with an attempted assassination in 1944."

Back in Berlin, Major Zeis pointed out to his two now trusted colleagues that von Fritsch was a sworn enemy of Heinrich Himmler, and the speculation among the ranks of the Wehrmacht was that he was either shot or forced to commit suicide. Either way, it was highly doubted by most of the general officer corps that von Fritsch died at the hands of any Polish defender.

In the fall of 1939, John found Berlin to be a somewhat bleak city, both in attitude and weather. The war was feeding this dark attitude, and with winter approaching, the weather was less than hospitable.

Headlines in newspapers and announcers on the state-controlled radio told Berliners how much Der Fuhrer wanted peace.

"Now that Poland has been crushed, there is really no reason for the British or the French to continue with their admirable aid to a country that no longer exists," Hitler told his radio listeners.

Of course, the British and the French didn't quite see it that way. Still, Hitler continued to assure London and Paris that he "wanted nothing from the West."

Zeis felt that so-called "non-aggression" pact with Russia was beginning to pay off, for Russians, at least.

"The Soviets didn't have to fire any shots and got nearly half of Poland and is now able to put a choke hold on the Baltic states of Estonia, Latvia and Lithuania," the major told Schroeder and John one morning over coffee. "That Russian move in the Baltics is blocking Hitler from achieving his two main goals in the east: getting wheat from the Ukraine to feed this country, and oil from Romania to feed our war machine."

Volksdeutsches who had lived in those Baltic states all their lives were being evacuated.

"Trouble is brewing between us and Ivan. You can feel it," Dieter said, shaking his head. "Herr Hitler didn't anticipate his old friend Stalin to move in on the Baltics."

Another new wrinkle for the general population was introduced as a weekly belt-tightening ritual for the public to enjoy. "Entopf," which means "one-pot day," allowed restaurant diners to pay the full price of a meal, but all they get was a bowl of stew. The extra money was to go to the Winter Relief, but Schroeder said with a sinister chuckle, that the money was really going into Hitler's war chest.

Since the war started, the American press has become more interested in the movements of Hitler, including what a "typical" day in the life of Der Fuhrer is like. Dr. Goebbels obliged by detailing the following as a day in the life of the German leader:

Der Fuhrer rises early. At 7 a.m., he consumes a brief breakfast of milk or fruit juice and two or three rolls with a generous portion of marmalade.

Dr. Goebbels carefully notes that Hitler is a vegetarian.

At 9 a.m., Hitler has a second breakfast, which is commonplace in German society. This second course consists of basically the same things as the earlier version, only with fruit added.

After breakfast, Der Fuhrer meets with his deputies, including, Rudolf Hess and the three chiefs of the three branches of the Wehrmacht. ReichMarshal Goering talks about both air force matters and general economic problems.

Hitler eats lunch mid-day, which usually is a vegetable stew or omelet. He often invites three or four of his inner-circle confidants to join him. He drinks one-percent beer, which is specially brewed for him.

After lunch he continues with more state work, conferences, and has dialogue with Foreign minister von Ribbentrop.

Late in the afternoon Hitler strolls in the gardens in back of the Chancellery, continuing to talk with whom ever has an appointment with him at that time.

Interestingly, Americans discovered that Hitler is a film nut, so when he doesn't have any state functions to attend at night, Der Fuhrer watches movies in his private screening room. He especially loves American films, although most of them are banned from the German public. One of his favorites is "It Happened One Night," with Clark Gable and Claudette Colbert.

"I wonder if Der Fuhrer realizes that his beloved American movies are made mostly by Jews?" Schroeder joked to John one evening as they walked past a cinema theater.

Major Zeis, who is not without diplomatic influence due to his relationship with the area commander, received an invitation in October to the Soviet Embassy to celebrate the anniversary of the Bolshevik Revolution. It was a virtual who's who in German military led by Hermann Goering, himself. Zeis couldn't decide whether it was a bit of strutting on the part of Goering. The Reich Marshal gloated over the Luftwaffe's dramatic aerial campaign in Poland. But, then again, the Russians were trying to ply high-ranking Germans with enough vodka to wrestle information about Hitler's next move in the east, possibly against them.

Dieter was amused while he watched fat Hermann weave his war stories to a group of American journalists who were slugging down Russian vodka as fast as waiters could fill their glasses. He told them he wasn't worried about the United States agreeing to sell England war materials to use against Germany, then he got in a few jokes about how slow American factories turn out airplanes. Fat Hermann was showing off for Aviation hero Charles A. Lindbergh, who was on a goodwill mission to inspect the Luftwaffe.

"Your planes are good, but you don't make enough of them fast enough," Goering laughed as he held a big cigar in one hand and a snifter of cognac in the other. "Lucky Lindy" said nothing, giving up a slight smile.

Standing a few feet away, watching quietly as the rotund ReichMarshal weaved his spell on the journalists, was Maj. General Erwin Rommel. Zeis had met the general on a couple of earlier occasions, once during a war games conference for officers in Potsdam. Rommel had come to Hitler's attention, ironically, through the general's book, "Infantry Attacks," which outlined Rommel's theories of modern warfare tactics.

"I like your book, Herr general," Dieter said, walking up to Rommel and giving a slight bow.

"Well, thank you, major," I was beginning to wonder if anyone in our army has read it," Rommel said in a small attempt at humor.

Rommel was a relatively new general, noted for his fairness, but he seldom smiled, preferring to wear a stern mask of the serious-minded military man that he was. In 1938, Hitler appointed the general as commandant of Hitler's personal security battalion, which vaulted the relatively unknown soldier into the German military spotlight. In late 1938, Rommel became the commandant of the officer cadet school at Wiener-Nuestadt near Vienna, which was the position he held on this night in Berlin when Zeis renewed their acquaintance.

"How do you like being a school master," Zeis queried, not really knowing how the general would take the major's attempt at humor.

"What do you think?" Rommel snapped, keeping his stern eyes focused on Goering. "I've asked the Fuhrer for a panzer command in the West, but no word yet as to whether I get one or not."

Erwin Rommel had not been a major general very long. Before receiving command of the officer's War Academy, Rommel had been a lieutenant colonel teaching tactics at the War Academy in Potsdam. When he received his new assignment as commandant at the War Academy in Wiener-Nuestadt, he was surprised as anyone to learn that he had been promoted to major general.

Born in 1891, Rommel was married with one son. Rommel could never be accused of being a good-looking man, but his high cheekbones, steely gray eyes and rugged features made him a handsome military figure when in uniform. The son of a school teacher, Rommel had wanted to be an engineer, but joined the army in 1910. He was promoted to corporal in three months, then to sergeant six months later. In 1911, he was assigned to officer's military school in Danzig, and in 1912, was commissioned and sent back to his regiment in Weingarten. As a regimental officer, Rommel was in charge of recruiting. In 1914, his regiment went to war and Rommel distinguished himself in battle, winning the Iron Cross, Class I, and later the coveted Pour le Merite. He was only a captain when he and a handful of other junior officers were awarded the Pour le Merite, which usually was reserved for generals.

Counting on his new-found friendship with the Fuhrer, Rommel told Zeis he had made a personal plea to Hitler for a field command, realizing the invasion of France, Belgium and Holland would surely come soon.

"We're going to be in the thick of it before long, Zeis, just you wait and see," Rommel said, sipping a glass of sherry. "I can't see myself playing nurse maid to a bunch of kids whose families think they deserve to be officers. Present company, excepted, major."

Zeis chuckled and told the general he had taken no offense. On the contrary.

"My uncle says you are destined for great things in the army," Dieter countered, trying to draw the general into an even more personal conversation.

"Your uncle?"

"Yes, Field Marshal Karl von Runstedt, Herr general," Dieter replied. "He thinks you're destined for greatness."

"Ah, yes, of course. The field marshal is quite kind. Give him my compliments, won't you, major?" Rommel said with the hint of a smile. "And, may I ask what your career ambitions are, major?"

"Sir, I believe my abilities are most strong in the organizational and support areas for field commanders such as yourself," Dieter replied. "I'm a detail person, leaving the greater picture to those who have a broader vision."

"Well said, Zeis. But, as you can see, all I'm commanding at this time is a school of green cadets, all of whom dream of being heroes. I must say, your assessment of your abilities aren't those of today's average young officer," Rommel said, this time with a definite hint of a smile. "What are your present duties?"

Rommel had turned away from observing Goering's impromptu press conference, focusing his full attention on his conversation with Dieter.

"I'm the Berlin area command's medical supply officer and I'm also in charge of the distribution center out at the rail yards," Dieter replied.

"Well, major, I like your attitude and your directness. I've asked for the 7th Panzer Division. If the Fuhrer entrusts it to me, I shall be in need of a good administrative adjutant, would you be interested in the job?" Rommel inquired.

"Most certainly, Herr general," Dieter replied.

"Well, one of the things you'll learn right away is that if you work for me, you can forget the 'general' part, and simply call me 'Rommel' ---- or 'God,' whichever you prefer." Rommel stood stone-faced for a few seconds, then burst into laughter. Dieter suspected this was, indeed, a rare moment of levity on the general's part.

"I shall be in touch, major," Rommel said, slowly walking away. "We'll see what destiny has in store for us."

"Sir, I would be honored to serve you," Dieter replied, snapping to attention with the expected heel click.

On Nov. 8, Hitler broadcast to the German nation from a beer hall in Munich. He told the people to be prepared "for a long war." He went on to explain that he had ordered Reich Marshal Goering to be prepared for a five year war.

Some 12 minutes after Hitler and his entourage had left the Burgerbrau Keller in Munich, a bomb exploded, killing seven and wounding 63. Apparently the bomb had been placed in a pillar directly behind the rostrum from which Der Fuhrer had been speaking. If he had stayed around another 10 minutes or so, the people might not have had to worry about a long war.

As expected, the Nazi media blamed "outside agitators," this time the British Secret Service, but there was no proof. A number of foreign correspondents said it smelled like another "Reichstag fire." That suspicious event caused the parliament building to burn in February 1933, and nearly everyone agreed that it was started by the Nazis in order to blame the Communists. The next day after the Munich blast, Hitler suspended Article 48 of the Weimar Republic, which guarantees civil liberties for all citizens, declaring a "national emergency." Hitler conveniently had taken the last step toward full dictatorial control over the German people.

More evidence of the general public's unrest and dislike for the way things are going was displayed during a photographic exhibit of some rather flattering portraits of Herr Hitler. Someone threw a brick through the window of the artist's studio.

More rationing, this time for clothing purchases. Ration cards were distributed Nov. 12, with everyone getting 100 points on a card, military personnel excluded unless they wanted to buy civilian items. Socks or stockings take five 5 points, and you're allowed a maximum of five pairs per year. A new overcoat or suit takes a whopping 60 points. Schroeder wonders aloud if party officials are held to this strict point system.

"A good reason to join the Party -- you can get more socks!" he roared one evening over a beer in their apartment.

With the two men sharing both their work day and their after-hours together, John was learning more and more about the Sergeant. Gruff exterior, but a heart of gold if he liked you. It was obvious that Schroeder looked upon John as his second son. One evening, John walked into the kitchen area of the hofbrau to find Schroeder in a corner giving a haircut to Big Horst.

"I didn't know you knew how to cut hair," John said, shaking his head in amazement.

"Well, I learned a number of years ago, but back in New York, I couldn't find a job as a real barber. No license, so I became a fry cook, but that didn't last very long either because I wouldn't pay off the Mafia to keep my job," he replied.

"You should have been in Chicago," Horst interjected, laughing. "I could have gotten Big Al to get you an entire barber shop."

"Well, if army life fails, we can always open a barber shop here in Berlin," John laughed.

"Ja, right next door here to Das Chicago Hofbrau!" Horst roared.

John saw it coming. It was a matter of time until he learned more about Marlene Hink, the quiet but somewhat strange female soldier working in at the Medical Depot. Schroeder and Zeis would have nothing to do with her. Both were convinced she was an informant for the Gestapo, but ever since their warning, something about her intrigued John. He wasn't sure, still he adhered to the caution both of his friends put forward -- to a point.

"Do you like the cinema," Marlene asked one day as she and John worked side-by-side, inventorying and cataloging field medical kits at the Depot.

"Sure, I enjoy a good movie, but I haven't seen anything lately worth talking about."

"I really enjoy the American films," she countered. "So does the Fuhrer."

"Yes, I've heard," John said, trying not to laugh, remembering Werner's observation about Hollywood producers.

Was Marlene probing, or was she genuinely interested in American films.

"Oh, there are a few that I like, but to be honest, I haven't seen that many," he answered.

He was telling the truth. In Broken Bow, there was a theater, but John only got to see a movie once or twice a year, at the most.

"Have you seen 'Triumph of the Will?'" she asked, quickly adding, "It's a wonderful German film."

Now, John thought, she's definitely probing because Marlene was referring to German filmmaker Leni Riefenstahl's prize production about the big rally in Nuremberg that John, Greta and Dieter had gone to see the previous year.

"Well, to be honest, I haven't seen it yet," John admitted.

"Would you like to take me to see it?" she asked John in bold fashion.

He had never had such an invitation before. He thought Greta had been bold, but Marlene was breaking entirely new ground. It was too much to resist. He agreed to a movie date for Saturday night with hamburgers at Horst's afterward.

Marlene was a woman who looked older than her years, which whatever they were, hadn't reached 20 yet. She was around 5'2," slender and well built, with light-brown to blonde hair and blue eyes. When John met her in front of the cinema that evening, he hardly recognized her out of uniform. Once German women let their hair down, that one move completely changes their looks ---- usually for the better. Marlene wasn't wearing her glasses like she does during a work day, so that was another point John had to get use to seeing. She was a very pleasant-looking young lady. Not particularly pretty, but far from the plain looking sort she present in uniform.

While in the theater, Marlene sat glued to the screen, tightly holding John's hand as they watched the film. Every time Der Fuhrer came onto the screen, Marlene squeezed his hand, but without taking her eyes off the projected images.

During the evening, John learned that Marlene wasn't quite 18 years old, though she certainly looked older. Like Greta, she dressed to look older, when, in fact, she was barely old enough to join the army.

"As soon as I'm 18, I want to join The Party," she confided to John as they walked out of the theater. "It's my wish to bear true Aryan children for the Fatherland and in the image of our Fuhrer."

"Now, there's a true Aryan for you," John replied, barely keeping a straight face.

Marlene didn't notice the sarcasm. She now had John's arm in hers as they walked down the street toward Das Chicago Hofbrau for that hamburger. Had she noticed John's blue eyes and blonde hair? He thought she probably had.

Later that evening, John walked Marlene to the women's Wehrmacht dormitory, which was just a few blocks from the main headquarters building in the center of town. John was prepared to say goodnight at the front door and go no further, keeping in mind the caution he'd previously received from Werner and Dieter.

"I have a private room tonight, would you like to come in?" she asked, in a very inviting tone of voice.

"Well, Marlene, I really can't," John replied. "Maybe next time."

"But, I really would like to spend more time with you, John," she said, with a note of sadness in her voice. "My roommates is out for the evening, and I want to be very close to you tonight."

"It's not that I don't want to, but you see, I'm not quite well, physically, at this time," John lied.

"But, what's wrong?"

"Well, you recall that trip I made recently to Poland, I think I might have picked up something while I was over there," he continued.

"Don't tell me you laid with one of those Polish sluts!" Her sadness had turned to disgust.

"No, it's nothing like that," John said. "I think I got something from a toilet seat or a door knob, at least according to the doctor."

John had never told a "fib" that big before to anyone.

Marlene seemed naively satisfied with the bogus explanation for now, but before he could leave her that evening, she insisted they see each other again, especially when he was "well."

John was getting very good at keeping a straight face during such times of stress.

Marlene was a bit on the fanatical side, or at the very least, a overzealous believer in the Nazi line of crap. Whether she'd go so far as informing on her colleagues is still a question in John's mind, but not Werner.

"You fool, you didn't go out with that little bitch, did you?" Schroeder asked when John got home back at the apartment.

"Don't worry, Werner, I'm sure she's not an informant, at least not yet," John replied. "Although she's certainly inclined toward that direction. Right now, all she wants to do is have Aryan babies."

"Well, I certainly hope you didn't accommodate her," the sergeant countered.

"No, I was strong," John said, not knowing whether to laugh or cry about the situation in which he had just found himself. He certainly did miss the regular intimacy Greta had provided for him and, as a young man not yet 21, his physical urges were strong.

A few days after the Russian Embassy party, Major Zeis showed up at the Medical Depot, calling John into Schroeder's office for a chat.

"How would the two of you like to take another drive through the countryside," Zeis began.

John and Werner looked at one another, then waited for the major to continue.

"Maj. General Rommel would like to take a look at some installations over along the Rhine and he's asked me to provide a car and two drivers to take us there," Zeis explained. "It will be just the four of us. There's a good chance the general will be appointed to take over a panzer division if things begin to heat up with France and Britain. I've personally asked to be assigned to him. If you're interested, I think I can take the two of you with me as part of his staff."

Schroeder understood what such an assignment would mean. The best of everything. To be a member of a general's staff is a high honor.

John, of course, didn't know what to think. So far, he had been able to avoid any sort of military combat. Even though he wore the uniform of the Heer, (army), John still considered himself an American ---- an American with no business in such a place as he now found himself. But, here he was and the only real friends he had whom he could trust were Schroeder and Zeis.

Schroeder looked at John, seeming to know what might be going through his mind.

"Johnny, you won't do better than being a member of a general's staff, not in this army," he reckoned.

John looked at both men and shook his head in agreement.

"Good, we leave day after tomorrow. We pick up the general at his home at 8 o'clock in the morning," Zeis continued. "I'll make sure we have a good car for the trip. And, of course, this is a confidential assignment, so both of you be sure not to say anything to anyone."

Before leaving, Zeis told Schroeder he'd have the same sergeant from his office come and relieve him at the Depot.

"Plan on orientating your relief tomorrow," the major directed Schroeder as he was leaving the Depot.

"Oh, and corporal, now would be a very good time to perfect that heel-click of yours," the major said with a smile.

"Yes sir," John replied, with the best heel click he'd given to date.

After the major left, John asked Schroeder who General Rommel was and what sort of man is he?

"I think all we really need to know right now is that he is one of Der Fuhrer's favorites," Schroeder replied. "He has made a name for himself over the past two years. He must be good, or at least have a lot of influence because he jumped from lieutenant colonel to major general and has made a lot of older general officers extremely jealous. That doesn't happen accidentally."

Werner pointed out one other interesting point.

"As far as we know, Herr general is not a member of The Party," Werner said, smiling.

John and Werner spent the next day preparing for their trip. This excursion was different than the one they had taken to Poland. While there was continued fighting in Poland, Schroeder pointed out an old phrase from the Great World War -- "all was quiet on the western front," -- especially along the Belgium frontier. The two soldiers would have to be in their best uniforms, neatly pressed and with boots spit polished and brass shined. Schroeder kept telling John what an honor it was to be considered for such an assignment.

"Well, I guess you're right, Werner, if you want to be in the army, but remember, I'd rather be back on the farm in Nebraska," John told him that evening when they got home.

"Well, boy, you're not in Nebraska, you're in the middle of a potential nightmare, so you might as well put yourself in the best possible position in order to ride it out," Schroeder snapped, losing a little patience with his young friend.

Schroeder had to work at Das Chicago that night, and, without telling his roommate, John had made another date with Marlene Hink. There was something about the girl that gave John the strong feeling that she wasn't the fanatical Nazi she was trying to portray. As arranged, Marlene was waiting for John at a little café near the downtown train station. It was a considerable distance from Das Chicago Hofbrau or from a place anyone might recognize them.

When John arrived at the café, Marlene was at a table waiting, sipping a cup of coffee. Her blue eyes were smiling as she spotted John coming through the door. She was dressed in a dark green coat and a small black hat that sat on the back of her head. Her hair was down and her glasses off, which presented a very fetching appearance to John's way of thinking.

After a few minutes of pleasantries and some small talk about work, John began asking Marlene more about herself. Where is she from? Where did she go to school? Why did she join the army?

She grew up in Potsdam, just south of Berlin, but her family moved to Berlin after her mother died when she was 12. Her father remarried while she was going to high school at a Catholic convent. Marlene briefly considered entering church service as a nun but became more interested in living in German society where exciting things were happening.

"I find the army an exciting place to be at this time," Marlene said, sounding rather pat with her answer. "I want to serve the Fatherland as best I can."

She then began asking questions about John's background. Basically the same queries. But, John remembered Greta's warning not to reveal who he was to anyone, so he continued with the Bremerhaven story, making up something about where he went to school and led right into the truth about his father bringing him to Berlin to go to university to be a physician.

"How far back into German history does your ancestry go," Marlene asked. A curious question, but one John could answer truthfully.

"My great, great grandfather fought in the army of Frederick the Great, the King of Prussia," John replied. "Before that, I have no idea. How 'bout you?"

Marlene thought for a minute, smiled, then answered.

"I have a direct descendant who was a lady-in-waiting for Princess Catherine before she became empress of all the Russias," she replied.

"Well, it's fair to say that we're, no doubt, true Germans," John laughed, signaling the waiter for a refill of their coffees.

"Do you like your parents," she asked.

"What an odd question. Yes, of course," John replied. "Well, ah, I haven't always been happy with some of the choices and demands my father made when I was younger, but I tried to be a good German son and obey his wishes."

John thought, if she only knew.

"Yes, I guess that's how I feel, as well," she said. "Things happen in your family, choices made years ago that you have no control over. I think it is important for people to think about their lives and what affect it will have on their children and their children's children."

Marlene seemed to be talking to no one in particular. She was staring off in space as she uttered the last statement.

"How do you mean that?" John asked, with his interest genuinely piqued.

"I truly believe you can see into the truth of one's soul by looking deeply into their eyes," Marlene said, looking directly into his eyes. She hesitated for a moment, then continued.

"I have something in my past that I must not let anyone know about, otherwise I could be in jeopardy."

"Then, you must not tell anyone, including me," John replied. "I believe one's personal life is just that -- personal, and shouldn't be shared with anyone unless there is total trust."

"Yes, that's the way I feel, as well," Marlene agreed. "I feel as though I can trust you. I'd like to tell you something about myself, but I don't know how you'll react."

"Marlene, you don't have to tell my anything if you ..."

"No, I really feel safe with you and that I can trust you," she interrupted. "I can see honesty and integrity in your eyes. It's there, I know it."

The two sat for a moment, not saying anything, but just looking into each other's eyes.

"My terrible past involves my real mother, who died when I was young," Marlene said, breaking the brief silence. "My mother was Jewish. I will never know why my father married her, but, there, now you know. My step-mother, of course, is true Aryan, but not my real mother."

"Gee, I thought you were going to tell me that you come from a long line of werewolves," John said with a quiet laugh.

"It's not funny," Marlene scolded. "You don't find that repulsive?"

"Not in the least, why should I?"

"But, our Fuhrer says in 'Mein Kampf' that the Jews are responsible for all of Germany's problems," Marlene said.

"My dear, I think you've been reading too much propaganda," he said, continuing to smile.

"What do you mean? Our Fuhrer has a vision for us, and it doesn't include any Jews or anyone who doesn't have pure Aryan blood. I'm so afraid I'll be discovered and I won't be able to be part of Germany's future."

John began to see why Marlene acted so stern and mysterious around work and why she was in such a hurry to be accepted. He also began to realize why she was pushing to have a baby. An Aryan-looking child would erase any hint of her heritage.

"Look, a friend of mine once told me that some things should go unsaid and untold. This is something you should definitely keep to yourself," John advised. "Does anyone outside of your family know about this?"

"No one here in Berlin, and most of those who remember my parents marrying are either quite old or dead," she replied.

"Did your mother practice her faith?"

"No, my father wouldn't allow it, but I don't think my mother really cared," Marlene answered.

"Oh, I'm sure your mother cared. Maybe she just didn't show it. Look, a lot of people these days seem to think that being Jewish means there's something different about your blood. I know something about blood and ethnicity, having studied it at university. As I understand it, being Jewish is a religion, just like being a Catholic or a Lutheran," John said, trying to make Marlene feel better. But, it was something he definitely believed.

"Then why does our Fuhrer call the Jews an evil race?" she asked.

"Well, it's his way of making a point to prove a point, and having someone to blame for all of the wars that has happened to Germany over the past century," John reckoned. "I think there is enough blame to go around to all Germans."

John leaned over to Marlene and took her hand.

"You don't really believe all the shit Hitler and the Nazis are spreading, do you?" John asked.

"Oh, don't say such things. Someone is liable to hear and we'll both be in trouble," Marlene cautioned.

"Well, do you?"

Marlene sat looking at John for a few seconds before answering.

"No. But, it's a way of staying out of trouble with the Gestapo," she replied.

"Why, what has the Gestapo got to do with anything?"

"My dear, John, how naïve and young you are. Don't you realize Jews are being rounded up every day and sent to internment camps, and those who aren't, are leaving Germany?"

"Well, I've heard a few things, and read in the papers how Jews were being blamed, but I didn't realize they were being sent away. I thought we have religious freedom in Germany?" John said.

"Oh, there is freedom of worship as long as it's anything but Judaism," she replied.

"Well, like I said before, keep that personal background information to yourself. No one needs to know it. You're in the army and such questions should have been asked and answered, so there's really no reason to worry, as long as you don't talk about it ---- and that includes to friends like me," John told her.

"You're a good friend, John. I would hope that we can become even better friends," she said.

"And, lovers?" he ventured.

"Yes, but of course. Aren't you attracted to me?" she asked.

97

"Oh, my dear, yes. That's not it. You see, I have someone who I care deeply about. I wouldn't be very honest or a good friend if I didn't tell you, or anything happened between you and me," he told her.

"Does she love you?" Marlene asked.

"Oh, I don't know if 'love' is the proper word to use. We are very, very good and close friends. She helped me enormously when I first arrived.....er, arrived in Berlin from Bremerhaven, so I feel very loyal to her," was his answer.

"Were you lovers?"

John was beginning to learn that was something most women seem to want to know.

"Yes, we were, although no words of endearment ever passed between us," he replied.

"Well, then, there is a chance for me, right?" Marlene said with a smile and a little cheer in her voice.

"Yes, I guess there's always a chance," John said, smiling. "But, no matter what happens, keep you mouth shut about your mother, okay?"

"Yes sir, Herr corporal," Marlene said, smiling and saluting.

John walked Marlene back to the dormitory and gave her a warm kiss on the cheek as he hugged her good-night. It was the type of embrace and gesture reserved for little sisters and close friends. To John, Marlene could become the sister he never had, and if he had any control over his emotions, nothing more. His biggest problem, now, was to keep the friendship a secret or to figure out some way to tell Werner and Dieter that they have nothing to worry about from Marlene without divulging why.

Chapter

9

The motor trip to the west of Germany with Rommel was not a sanctioned one. In fact, at the last minute, Zeis called Werner and John, telling them to wear civilian clothes as the general did not want to draw attention to himself. They would travel in Zeis' personal convertible and portray themselves as businessmen visiting the industrial areas of western Germany.

"I haven't as yet actually received my command from the Fuhrer, so I don't want anyone to think I'm being premature with this assessment visit," the general told Zeis. "I have every confidence that it will indeed come through, but until then, I'm taking a few days for a holiday and inviting some friends to join me on a trip to Dusseldorf."

Major Zeis told the general he understood and that the two enlisted men he had chosen could be completely trusted.

"I put great stock in men I can trust," Rommel said. "I take care of those who take care of me."

Because of their previous trip to the western areas, Major Zeis, Sergeant Schroeder and Corporal Krauss were good traveling companions of the general. He asked many questions of what they saw -- the perceived morale of the troops, their placements, their equipment, and their general overall impressions. The general insisted upon a relaxed atmosphere and kept their conversations as casual as possible. The three soldiers, on the other hand, continued to address the general with expected military decorum due him.

During the first day's drive, the four men stopped in Hanover for a late lunch. The general, because they had plenty of time, suggested they stay the night in a small hotel he had chosen. The general and the major each had a room, with Werner and John sharing a third. They agreed to have dinner together in the hotel's dining room at 8 o'clock. Rommel had given Zeis instructions about dinner before going to his room to study some maps. Roast lamb is what he most desired, but Zeis quickly discovered the hotel's kitchen wasn't prepared to serve that dish that night.

"Let me take care of it, sir," Werner told Dieter. "I'll go down to a nearby butcher's shop and get a leg of lamb and prepare it myself if you'll get me permission to work in the kitchen."

Dieter agreed to pave the way while Werner and John went grocery shopping.

Zeis talked with hotel management to arrange for a private dining room just off of the main dining room, affording the general and his party more privacy. As far as the hotel management was concerned though, the party would be "a Berlin industrialist and his party."

The evening was pleasant, with the general being served a wonderful roast leg of lamb like he requested for the main course.

"Please gentlemen, enjoy yourselves," said Rommel, who never smoked or consumed alcohol, except for a light sherry or wine. "If you'd like a beer or some schnapps, by all means, be my guests."

The hotel's staff served the dinner, much to Rommel's delight and Zeis' surprise.

After a hearty meal of roasted lamb, the four sat around the table, continuing with small talk.

"I must say that was one of the best meals I've ever eaten," the general remarked near the end of the evening. "My compliments to the chef, if he's still in the kitchen."

"No, as a matter of fact, he's sitting right here," Zeis said. "Sergeant Schroeder was your chef for this evening."

"Good god, man, with culinary talent like that, you're being wasted distributing medical supplies," Rommel remarked.

Before the evening had ended, the general told his companions about the first war and how, as a young officer, he had won the Iron Cross, and, of course, the Pour le Merite.

"I did not ingratiate myself with the higher ranks, I can assure you, gentlemen," Rommel said, smiling.

"Herr General, ..." Zeis began.

"Please, call me Rommel," he interrupted

"Yes, Herr Rommel, if I may ask, what are your goals during this trip?" Zeis continued.

"I want to see for myself just how ready we are for war," Rommel said. "I've seen the worst of war 20 years ago and I know why we were beaten. We simply didn't have the resources to match the Allies. If I'm going to take command of panzer division, I want to make sure I have the equipment to do the job. That includes both manpower and supplies."

"Don't you think we're much better off now than we were during the Great War?" Zeis asked.

"Frankly, no. I tend to agree with the goals of the Fuhrer, but I'm not sure he understands what is involved in fighting a real war against formidable foes such as France and England. They are not going to be the pushovers that Poland was."

John and Werner looked at each other, but said nothing. They continued to listen.

"I think Hitler is a political genius who has retrieved much of our lost territories, but I fear he is being poorly advised by a bunch of thugs and goons who have no concept of what we're facing should he attack in the West," Rommel said.

"I take it that you're not a party member," Zeis said.

"No, I'm a German officer, loyal to the Fatherland and to the Fuhrer. He's who we have and it's my job to make sure he gets the very best from me and my command, whatever and whenever that might be."

"You are aware that many civilians are against doing anything further in the way of war, aren't you, sir?" Zeis asked.

"Yes, I'm aware. That bothers me. It bothers me deeply. We've gotten as far as we have to this point through the skilled rhetoric of the Fuhrer and with sheer luck. We're going to need more than that if we cross the Rhine," Rommel concluded. "Now, gentlemen, if you don't mind, I'm tired and I think I'll go to bed. I'd like to leave at 7 in the morning, Zeis. Until then, good night."

Zeis, Schroeder and John snapped to attention as the general got up from his chair.

"Gentlemen, please, we're all business colleagues on holiday," Rommel smiled as he left the room.

After he left, Zeis pulled out a pocket humidor with cigars, offering them to Schroeder and John. John declined, and Schroeder, of course, accepted. The three sat chatting, sipping cognac and beer for another hour before they called it a night.

The next morning, Dieter, Werner and John were down at the car waiting for the general. He was 10 minutes late, and when he came out of the hotel, he had a broad smile on his face.

"Gentlemen, I just talked to my wife and I'm to report back to Berlin immediately. It seems as though I'm the new commander of the 7th Panzer Division," Rommel announced.

"Congratulations, sir," Zeis said, extending his hand.

"I'm sorry about our holiday, but I have a feeling we'll be back this way shortly. Zeis, are you and your two friends still up to being a part of my staff?" Rommel asked.

"Sir, I think I can speak for all of us when I say that we would be honored to serve you," Zeis replied.

"You'll be serving the Fuhrer and the Fatherland, gentlemen, and you'll be helping me do the same," the general replied.

The four men chatted freely as they drove back to Berlin, with Rommel as jovial as they had seen him during the entire trip. When they dropped him at his military bungalow, Rommel observed that the trip, as short as it was, was a delightful one for him.

"I must tell you, gentlemen, as well as we got to know each other, this will be the last time we'll be this intimate. I hope you understand," Rommel said.

"Major Zeis, you'll be my administrative officer, and, of course, we'll have frequent chats during the day, but there'll be a number of other higher ranks between us. You'll have to deal with a variety of egos, I'm afraid."

"Sergeant Schroeder, I have a particularly sensitive stomach, so I would be honored if you would be my personal chef as long as it's practical to have one where we'll be going," Rommel said, turning to Werner. "I'd like for you to chat sometime this next week with my wife, Lucia, who can give you some recipes, ideas and tips on what I like and dislike. You'll be preparing food for me personally, and on frequent occasions, my immediate staff of about 10 officers."

Werner snapped to attention, happily acknowledging his new assignment.

"Herr general, it will be my honor," Werner replied.

"And, Corporal Krauss, I'm not quite sure where your military talents lie, but I like your quiet demeanor and courtesy. I'd like for you to be my personal valet. I haven't had one in a couple of years. They don't give me that particular luxury at the war college, but now I'll be able to have one on my command staff and I'd like for you to be that man," Rommel offered.

"Herr general, I don't know what to say," was all John could utter.

"I'll take that as a 'yes,'" the general said, chuckling.

Rommel assured Dieter, Werner and John that he'd make the necessary requests for transfers for the three of them to the 7th Panzer Division, assigned to the commanding general's personal staff. He went into his quarters and the three soldiers left. As they were driving away, Dieter observed that the general was almost correct.

"For two of us, we'll never be that intimate again with General Rommel," Dieter said.

"Two of us, why not all three?" John asked.

"Good god, Johnny, you'll be so close to him you'll be living in his shadow from now on!" Werner exclaimed, letting out one of his hearty laughs.

Dieter then became serious.

"You two didn't just happen to be chosen because of your charm and friendship to a certain Heer major," he said. "The general's health is somewhat fragile. I had a chat with him about how to keep himself at the utmost fitness and suggested that having two medics such as yourselves on his personal staff might be of value to him.

"The fact that you, Werner, are handy in the kitchen, is a bonus for the general. And, you, John, I'm sure will be very attentive to his everyday needs while keeping an eye on his blood pressure, pulse, and that sort of thing."

Three weeks went by before orders came transferring the three friends to General Rommel's command. They reported for duty at Wehrmacht Headquarters in Berlin, where Rommel was assembling his staff. After two days of briefings, air transportation was arranged. Rommel, his chief of staff, Col. Rolf Heinemann, Major Zeis, Sergeant Schroeder, and John were flown to an airfield in western Germany near where the 7th Panzer Division was encamped.

John decided to keep a daily journal beginning with his new assignment after Dieter suggested something of that nature might be appropriate. Dieter had a feeling that whatever the future brought, it could be historic and should be recorded. Something also told him that Maj. Gen. Erwin Rommel was someone special and was destined for great things.

"More importantly, John, you'll be in a position to keep the closest watch on the general, and such a record would be of help to his medical doctor who might not be able to see him as often," Dieter concluded.

John's first day's entry in his journal was somewhat brief.

April 24, 1940: Arrived at 7th Panzer Division Headquarters. The general anxious to inspect the troops. Never seen so many tanks. The colonel told ER there were 265 tanks under the command, with approximately 15,400 personnel reported ready for combat. ER's temperature normal; blood pressure 137 over 85; pulse a bit high, but normal.

John had a small compartment just off the main tent where the general's quarters were. The tent would be used when no permanent structure was available, such as out in the field during combat operations. He would be close by for any request the general had, any time he was in his quarters. Werner wasn't so lucky, but it could have been worse. He had his own tent, which was located right next to the motor pool area, where maintenance went on around the clock. Other sergeants had to share a tent, some of them four to a unit.

Major Zeis shared his tent with another officer, the division's meteorologist. The first two days were seemingly non-stop conferences with the various command level officers. The 7th Panzer consisted of one tank regiment, with staff and communications units; two tank battalions, each consisting of two light-tank companies, one medium tank company, and one repair company. There were two battalions of support equipment and personnel such as one light artillery and one anti-tank gun unit. The two support battalions also had one infantry artillery company and a reconnaissance unit. There also was one artillery regiment consisting of a scouting battalion, a communications unit, a field surgical battalion, and a supply company.

The general ate his evening meal in his quarters the first night, but he ordered Werner to prepare a dinner on the second night for his immediate command staff, which included Major Zeis.

"And, what would the general desire for dinner?" Werner inquired.

"You know what I want, Sergeant," he replied, with a smile.

"Roast lamb it is, Herr general," Werner acknowledged with a slight bow and a smart heel-click.

The dinner that evening was to be a festive one to celebrate the coming battle. Werner prepared two large legs of lamb, complete with all the trimmings. One benefit about being in the German military, at least for the officer corps, was being able to obtain top quality food, especially meat.

Civilians would have to save their ration points for months to get just one leg of lamb.

With Werner in the general's kitchen, which was another tent some 10 paces away from Rommel's command tent, John had charge of two young privates from the supply company, who were pressed into service as waiters. Both were country boys like John, but two years in Berlin had taught him what he needed to know in order to serve a fine table. John spent about an hour before the officers gathered around the table to explain which side to serve from and from which side to pour beverages. He gave each young lad a pair of white gloves to wear during the evening.

Werner personally brought out the huge roasting pan with the lamb, setting it down in front of the general. Rommel nodded to Werner to carve and serve the meat.

"Gentlemen, I want you to know that you're in for a real treat tonight," Rommel said, addressing his officers. "Sergeant Schroeder is one of the finest chefs this side of Paris, and if any of you even think about snatching him for some mundane duty such as driving a tank or firing an 88, I shall have your head, understand?"

Everyone laughed. John watched his friend as he craved the meat. Werner, indeed, did have the flare of a French chef. He presented the first plate of medium-rare meat to the general, whose eyes were gleaming with delight. The two lads began their serving duties by following John's lead of taking plates of sliced lamb from Werner and placing them in front of each officer.

Toasts were made to the Fuhrer, to Rommel, and to victory. The evening was a festive one.

April 27, 1940: ER had me prepare his dress field uniform today. He said he would need it soon. Have a feeling things are about to happen. There is gunfire in the distance, but it's quiet here in camp. The troops seem anxious to fight. An SS officer has arrived from Berlin as an "observer" at the command post. ER not happy. His pulse is a bit fast today; blood pressure 145 over 87.

Each day, John and Werner saw much of each other because of the nature of their duties. Neither, however, saw much of Major Zeis, who was out among the various units inspecting equipment and troops throughout the division. The casual familiarity they had with Zeis in Berlin was behind them. Strict military bearing was expected here, especially in the general's command.

Each evening, Rommel would write a letter to his wife or his son, then he would have a glass of sherry before going to bed. He was a very disciplined man who was punctual at everything he did, and he expected the same from those who served him.

During those quiet minutes before he turned in, the general would engage in light conversation with John.

"I understand that you studied to be a physician," Rommel said one evening.

"Yes, Herr general. I have two years at Berlin University," John replied.

"You must finish your studies. The world needs more doctors," the general said. "I, myself, wanted to be an engineer, but somehow I became a soldier, and that's all I know."

"I'd say the general is a very successful soldier, sir," John offered.

"I suppose so, but the coming days and months will tell just how good I really am," Rommel replied. "Where were you raised?"

John hesitated in answering, and the general noticed.

"Well, go on, don't be ashamed," Rommel prodded. "Was your family poor?"

"I was raised on a farm in central Nebraska -- in the United States."

"An American? Here? Good god, man, what on earth are you doing here?" Rommel was incredulous.

John told his story while the general listened. Afterward, Rommel shook his head in wonderment.

"So, where do your loyalties lie, young Krauss, Mister American farmer?" Rommel asked. "Obviously your father is still a good loyal German."

"Well, sir, I hope to goodness we never go up against the United States. I'm really trying to be a good German soldier and do my duty, but if you ask me where I'd rather be, well, I'd rather be plowing a field and preparing to plant back home," John answered, matter-of-factly. "It's that time of year."

"I'll let you in on a little secret, corporal. I've never commanded tanks in combat before. I think I'd rather be building automobiles or airplanes, something very creative," Rommel said, taking a sip of his sherry and looking off into space. "But, here we both are and we have our duties to perform. I know you'll do yours. If God is with me, I'll do mine. Good night, Krauss."

"Good night, Herr general."

May 9, 1940: ER received secret orders this evening. From the looks on the various faces of the command officers, and from the smile of the general's face, it would appear that things are about to begin. ER's BP is 130 over 80; pulse somewhat accelerated.

Early on the morning of May 10, the 7th Panzer Division, along with nine other tank divisions, attacked the Allies all along the Western Front from the North Sea to Luxembourg. German tanks rumbled across the frontiers of Belgium, Luxembourg and The Netherlands, bypassing the French, pushing Allied forces back toward the sea.

One thing about Rommel, he wastes no time in pursuing the enemy, no matter who that might be. The thrust across the western frontier has the 7th Panzer Division positioned so it was flanked by the 8th Panzer on the south and the 5th Panzer on the north. That first day, Rommel's units drove deep into Belgian territory, into and through the rugged Ardennes Forest toward the Mouse River.

May 11, 1940: The French have not fortified the Ardennes, thinking the thick woods would not allow tanks to pass through, but ER says it is a terrible blunder that he will take advantage.

May 12, 1940: ER out in front, riding in the lead tank, slicing through the Ardennes.

May 13, 1940: As he predicted, ER has crossed the Meuse and is headed across the lowlands of Belgium, Luxembourg, and Holland toward the North Sea. ER's blood pressure coming back to normal, for him: 130 over 80. Pulse normal.

Each day brought a new experience for John and Werner in service of the general. Just keeping up with Rommel was more than they had anticipated. He wasted no time at anything. The supply and maintenance companies, which brought up the rear to the entire division as it moved, had to break camp and move forward via truck as the division knifed its way deeper into Belgium.

While the Luftwaffe bombed the cities of those three nations, ahead of the panzers, German paratroopers seized key airfields and bridges. The French, who thought the Germans would try to bridge their supposedly impregnable Maginot Line, were shocked and came rushing to the Belgians' defense when they realized Germans were making an end sweep through the low countries in order to avoid heavily fortified French defenses. So much for gun mounts that won't move from just one direction: east.

May 14, 1940: Today, ER got a bird's eye view of the front by going up in a scout plane to assess the battlefield. The general then called in the Luftwaffe and Stuka dive bombers to destroy a French armored division he discovered getting ready to go up against 7th Panzer's tanks. I've noticed other divisional commanders direct their units from safe places far in the rear. Not our ER. He prefers to be up front with the troops.

"A good commander should always be with his troops," Rommel said one night to no one in particular, while Werner and John were serving him dinner. "I found flying over the battlefield was great. Some of my colleagues should get off their fat asses and do the same."

Obviously, Werner and John were to assume the role of wallpaper, or two flies on the wall, especially on that last remark, for demanded no reply.

Over the next few days, the division moved through the Ardennes and across the Meuse River so fast, even Berlin didn't know exactly where he was.

May 17, 1940: Back in Berlin they're calling us the "Ghost Division" because of the speed at which ER has pushed us against the enemy. Our radio operators keep using secret battle codes to report our positions to Berlin, but no one back there seems to know where we are and where we're going. Maybe ER and Berlin are using different maps. The general is in good spirits, but has developed a cough. I've reported this condition to the division's chief physician.

The British joined the French in trying to hold back the German attack, but to no avail. Of all the forces the enemy has faced, none could be more ferocious and determined than our general.

Not all went smoothly for Rommel and the 7th Panzer Division. May 19, 20, and 21, were critical for Rommel as he was surrounded by French and British troops in the Belgian town of Arras.

May 19, 1940: Reports from the front say that for several hours, Rommel and his staff were surrounded by French troops, but apparently they didn't realize whom they had cornered before the wily general managed to escape.

This would be only the first confusion in the fog of war for Herr Rommel.

May 20, 1940: The British attacked with a force of 80 tanks, including a few of the heavily-armored "Matilda" infantry tanks. Rommel turned back the British by using, for the first time, the new 88 millimeter anti-aircraft guns as "anti-tank" weapons with devastating effect.

Rommel improvised the use of the new anti-aircraft weapons by pointing them horizontally at the approaching tanks. The only drawback to this plan was the gun crews were high up, out in the open and vulnerable to attack. Still, this tactic worked to devastating effect against the Allies.

May 21, 1940: We have surrounded the Allies, who have reached the English Channel, surrounding the Belgian army, the entire French 1st Army, and what was left of the British Expeditionary Force.

"Krauss, listen to this," Rommel declared that evening, reading from a new dispatch from Berlin. 'Your great 'Ghost Division,' the 7th Panzer, has made military history in its advance against the enemies of the Fatherland. My dear Rommel, you are truly a 'Knight of the Apocalypse.' It's signed, Adolf Hitler. What do you think of that?"

John wasn't sure about the term "apocalypse," and he didn't want to show ignorance, so he simply said what the general expected him to say.

"That's wonderful, sir. Congratulations," John replied.

By May 23, the division's advance had slowed to a crawl. They had fought through Belgium, sustaining some losses in troop casualties, but only 42 German tanks were put out of commission, compared to the French, whose losses were more than 450 tanks, with 100,000 troops captured ---- all by the 7th Panzer. Now the division was on French soil, so close to the English Channel, they could smell the ocean.

May 25, 1940: We are in France and have set up our headquarters near the town of Casual, just south of Dunkirk. Our troops have the British, French and Belgians cornered. It appears we'll be here for a while. I found a beautiful country chateau on the south edge of the town to use for ER's private quarters. Werner is in heaven with a large kitchen to work in. The French family we displaced is less than pleased, even though we promised to pay them rent for the use of their home. During our push, we covered 150 miles in one day. Berlin really didn't know where we were on that day. ER's cough much better; BP holding at 130-80; pulse normal. The general expects highly shined boots and a clean uniform each and every day, which keeps me on my toes.

"I hope we stay here for the rest of the war," Werner said, admiring the well-equipped French kitchen he had at his disposal. "The dining room in this place is big enough to serve 50 people. If the general starts entertaining again, we're going to need more staff."

May 26, 1940: ER received a dispatch from Berlin ordering him and other panzer commanders to halt their attack on the Allies. The general is furious about this because he says this will allow the Allies to escape across the English Channel. BP elevated to 145 over 90; pulse racing. The general has a nasty temper.

"I simply don't understand what Berlin could be thinking," Rommel fumed in his chateau bedroom suite that evening. "We have the enemy in sight. If we don't destroy their armies now, we'll surely have to deal with them later when they're better prepared."

John said nothing as he brought the general his robe and slippers. Rommel was a deep-thinking man, who often expressed his ideas aloud in the company of someone else. In the short time they had known each other, Rommel and John had become comfortable with one another. He trusted John, and John understood the general's need to have a good listener, even though a reply was seldom, if ever, required.

June 4, 1940: British are evacuating most of their troops, along with some French and Belgium soldiers. Reports from the front say as many as 300,000 men were picked up by boats from England. The Dutch and the Belgians have surrendered, so now it looks like we'll be headed back south toward Paris, which means we must leave this lovely chateau.

John's prediction came true. On June 6, 1940, the division headed south, chasing a retreating French army. By June 9, Rommel had moved his divisional headquarters to another country chateau near the town of Poix, well behind the front lines, but within easy distance of the fighting. John could hear the big German 88s off in the distance, firing nearly every hour of the day.

Werner's new kitchen wasn't nearly as nice as the one in Cassel, but the mansion itself was much larger and a little more modern than the previous one. It had four bathrooms, compared to only two for the one in Cassel. Rommel also liked this new home better than the first. As before, the French family they displaced was not pleased.

June 14, 1940: Today our advance troops entered Paris. The French weren't happy to see us, which is understandable. The Fuhrer is ecstatic and has credited ER with much of the reason for the fast defeat of the French. He did not join the troops for their triumphal march through the city. He's unsure whether he wants to move his headquarters to the city or to leave it here in Poix. All vital statistics normal.

"Would you like to see the Fuhrer?" Rommel asked John one evening.

"I'm sure I wouldn't know what to say," John replied.

"Well, I don't think you'll be required, or even allowed, to say anything. If you're lucky, you just be able to see him, not meet him," Rommel explained. The Fuhrer will be in France next week to accept the French surrender. They're going to roll out the old railroad car at Compiegne, where the French had us surrender in back in 1918. That should be interesting and very historic."

Rommel said that he had been invited to attend the ceremony, along with other divisional commanders. He would take Werner and John as his driver and guard.

June 22, 1940: Werner and I drove ER to the Ardennes Forest and the French town of Compiegne for the surrender ceremony. Saw the Fuhrer as he strolled to the railroad car. After about 30 minutes, he came out and did a little dance to the delight of the German officials and troops standing nearby. It was a sad day for the French. I felt sorry for them. ER's BP was 140 over 87; pulse slightly fast.

Hitler wanted a meeting with General Rommel, so John and Werner drove their commander to a nearby hotel, which had been commandeered as a makeshift headquarters for the Fuhrer. They waited at the car while Rommel went inside. About 90 minutes later, the general emerged.

"Gentlemen, take me back to Poix," was all he said as he got into the car.

Werner nor John said anything until Rommel broke the silence.

"I received another promotion from the Fuhrer,'" Rommel said, finally.

"Congratulations, Herr 'Lieutenant' General," Werner said, turning around to address Rommel in the backseat.

"Yes, congratulations, sir," John added.

"Thank you," Rommel said, smiling. He then looked out the window as if in deep thought.

The drive back to the general's chateau in Poix was about a 70-mile drive. Nothing was said for maybe 30 minutes before Rommel, again, broke the silence.

"Gentlemen, you both have earned a well-deserved leave," the general began. "I'm returning to Germany for a few days with my family. While I'm gone, of course, there will be a few duties, but I've given orders to Zeis that each of you shall have a 10-day leave. I understand Paris is quite beautiful this time of year."

John and Werner looked at each other, very pleased, and then in unison, they gave a hearty "Ja wohl, Herr Lieutenant General" to their benefactor as they drove on toward the chateau in Poix.

Chapter
10

On their assault through the Low countries to the North Sea, John and Werner had seen very little death and destruction, primarily because they always were in the rear of the division. For them, the war was only a rumor. The noise of the big guns and the drone of aircraft overhead were certainly present, but the reality of war hadn't hit them until they were on their way to Paris for leave.

Paris, itself, was an "open city," one that Der Fuhrer chose not to molest in any way, other than occupy it with the Wehrmacht. Dozens of villages, towns and smaller cities in the outlying regions weren't so lucky. John and Werner got a good look at some of the misery, death and destruction Blitzkreig assaults visited upon peaceful communities.

Thousands of French troops, now prisoners of war, were being marched alongside the road as the two friends rode in the back of a truck the 100-odd miles to Paris. Known to the world as the "City of Light," that moniker would be in name only now because of the dark shroud of occupation hovering over one of the great cities of the world.

For some unknown reason, John didn't want to ask why Werner had insisted they both pack civilian clothes for their trip to Paris.

"After we leave our troops, we speak nothing but English," Werner advised.

"Why? Don't the French hate the British?" John replied.

"Yes, but it's a matter of degrees ---- they hate Germans even more, so it's the lesser of the two. Besides, I know some people in Paris."

John was amazed at hearing this. He thought he knew all there was to know about his friend, but now there would be another surprise waiting for him.

After the two men were dropped off at the famed Place de Concorde in the center of Paris, Werner directed them to head for the Gare du Nord, the north Paris train station.

"Are we going to take another trip?" John asked.

"No, we're going to change clothes," Werner replied. "In these uniforms we're targets -- in more ways than one."

John had been so excited upon arriving in Paris that he hadn't really taken a good look at the city and the historic buildings it was known for. The Eiffel

Tower was about the only landmark John actual noticed. Now in a cab, somewhat away from the military, he was able to take in more of the city's beautiful surroundings.

An obviously unfriendly taxi driver dropped the two soldiers off at Gare du Nord about 15 minutes later. Traffic was light. Parisians appeared to be staying indoors. The only vehicles of note on the streets were German military trucks and cars, and of course, the ubiquitous Paris cabs.

"Paris taxi drivers would be available to drive you to hell during the second coming if you were willing to pay the price," Werner said, laughing as they walked into the station.

"You seem to know a lot about Paris, my friend," John commented.

"I met my wife here in Paris, before we emigrated to the United States," Werner told him. "It was after the last war, and I remember how hated Germans were then. I learned to speak the language and I know where to go and how to avoid difficulties, or at least I did then. We'll see if that's still true."

Werner led John into the men's restroom at the huge train station, directing him to take a stall, change clothes, and pack his uniform away in his small duffel kit. Ten minutes later, they looked like a couple of tourists, fresh off the train.

"Remember, speak English," Werner cautioned.

"What are we, English tourists?"

"Hell no. The English were run into the Channel, remember? We're Americans. America is neutral, so as far as the average Frenchmen is concerned, that's who we are."

"What if we get stopped by our own people?"

"Then we're German soldiers on leave, and we'll probably catch hell for being out of uniform, so we avoid checkpoints whenever possible."

Werner hailed another cab, and the two were off to somewhere unknown to John.

"Monsieur, 21 Rue de Cardinet, se vu pley" Werner told the cab driver in his best New York accent.

"Ah, Americains! Oui monsieur," the driver said with a broad smile.

On the way, Werner tried to converse as best he could in French, which was a bit rusty and certainly obvious to John. They learned, as they expected, the Germans were hated and everyone was scared, primarily for what was unknown. The German high command had not fully contained the city and was still getting control. The collapse of the French army, one of the biggest in the world, came as a surprise to the Germans and a shock to the French, especially the citizens of Paris, who escaped the first World War. No living Parisian had ever known their beloved city in an occupied state. The cabbie said everyone was staying indoors until they felt safe to go out again. As they drove by outdoor cafes, the lifeblood of Paris, the only patrons sitting and enjoying the fresh air were those in green and gray uniforms of the

Wehrmacht.

The cab driver told his American fare that throughout the city an occasional sniper would drop a German riding in a car, standing guard, or walking on the street. It was usually an officer who drew that sort of bullet. Snipers were careful not to fire more than one shot, making it almost impossible to determine where it came from.

As they drove through the nearly deserted streets of Paris, the driver said a few American ex-patriots who make their home in the city were still around, but most had fled to England or to Portugal, hoping to get back to the United States.

The cabbie told about the rumors that a large number of French civilians had been rounded up and taken prisoner, as that some had even been shot.

"For what?" John asked.

"Ah, Le Resistance, monsieur, but of course," the driver replied.

The French Resistance already was at work in sabotaging German supply lines and military operations in and around Paris. The snipers, no doubt, were part of it.

The cab pulled up at 21 Rue de Cardinet. Werner had forgotten to change his German marks for French francs, so he had to do some fast talking.

"The Bosch made me convert my American dollars to their marks, can you take them?" Werner asked, with a quick wink at John.

"Oui, monsieur. I'll be seeing a lot of these," he replied in broken English.

The taxi drove off. John and Werner stood on a street that had both homes and apartments, just down the street from the cinema and an outdoor café.

"Okay, where are we?" John asked.

"Come on, you'll see," was the reply.

A knock on 21 Rue de Cardinet's door, a large brick building, brought a middle-aged woman.

"Claudette, it's me, Werner," he told the woman, who stood in silence. Then a look of recognition came over her face.

"Oh, my god, Werner, it is you!" she replied.

"Quick, come in, come in," she beckoned.

Once inside, Werner introduced John to his sister-in-law, Claudette Mercier. She was the older sister of Werner's wife, and she spoke very good English.

"I thought you were with the Bosch?" Claudette asked, with a suspicious look in her eyes.

"We are, but we're also both American citizens as well. Doesn't that count for something?" Werner asked, with a laugh.

"Not much, not if you're wearing that madman's uniforms," she replied. "Thank you so much for not wearing your uniforms. You must continue speaking English and don't let anyone know who you really are   because I don't want me and my family to be accused of being a collaborator."

Claudette's husband, Jean, operates a small bakery down the street from their home on Rue de Cardinet. Their only daughter, Jeanette, works with her

113

father in his bakery, and Claudette helps out part time on the weekends. Their business future is unknown now that the city is occupied by the Germans.

"We'll have to bake a lot more black bread," Claudette told Werner. "This will match their black hearts, the swine."

Claudette knew why Werner was in the German army, and while she hated the Nazis, she understood that her brother-in-law was trying to provide a good life for her sister. When it came to explaining John's predicament, she just shook her head.

"I cannot understand a father leaving a son in such a place," she said.

"Well, ma'am, Berlin wasn't bad when I arrived in 1936. In fact, it was every bit as delightful living there as I've always heard about Paris," John replied.

"Never, monsieur, never!" she scolded. "Paris is Paris, and there's nowhere on earth like her, remember that!"

"Yes ma'am," John said, smiling. His first instinct was to snap to attention with a heel click, but luckily, he caught himself on that one.

Werner asked Claudette if her brother still operated the telephone exchange out at Neuilly?

"But, of course," she replied. "Why?"

"Have the overseas lines been cut?" Werner asked.

"I really don't know," Claudette said. "I'll find out."

Claudette prepared the two men some lunch and then made a phone call to her brother.

"Jacque says that so far they can still call England," she told them.

"If they can call England, they probably can call the United States," Werner replied. "Hey, John, you wanna talk to your folks?"

Of course he did, but he really wanted to talk to was Greta even though he had no idea how to reach her in England.

"Jacque says for you to come to the exchange so that you can talk directly from his office. That way there's less chance of the Germans finding out about the call," Claudette explained.

That afternoon, Werner and John got on the Metro, Paris' vast underground rail system, and rode out to the posh northwest suburb of Neuilly. There they walked to the town's central telephone office and met with Jacque Batiste, Werner's brother-in-law. After exchanging some pleasantries, Jacque was able to successfully connect with the overseas operator and call his sister, and allow Werner to talk with his wife, Vivian, their first conversation in more than two years. John saw tears streaming down Werner's face when he came out of the phone booth.

Next, John called his parents in Nebraska, waking them in the middle of the night. He hadn't had contact with them since mail service had been cut off from outside of Germany since Sept. 1, 1939. Werner had cautioned about saying any names on the phone. All he would say was that he was calling from Paris.

"I'm fine, Mom, really I am," he told his mother. "Tell Dad I'll write when I can, but right now I'm pretty busy. I'll explain later."

Just then his father got on the phone.

"Son, how are you?"

"I'm fine, Dad, really I am."

"Son, I, (pause) I'm so sorry I got you into this mess," came a voice that sounded near tears.

"It's okay, Dad. I'll be fine," John assured.

John kept his conversation short. If anyone were listening in, it would be totally innocent, more so than if he was able to talk to Greta, which he knew was impossible.

"I should think the Germans will get around to shutting down these types of calls within the next few days," Jacque reckoned. "I'm surprised we've been able to still call out, but I figure it's because we're out of the mainstream here."

Jacque told Werner and John the calls were "courtesy of what was left of the French government," and to leave right away, just in case anyone had been listening.

"Get back on the Metro and return to Claudette's and don't stop anywhere along the way," he urged.

As the Metro stopped at each station on their ride back into central Paris, more and more uniformed Germans got on the train. Luckily, so far, no dark, foreboding characters in long, leather trench coats were seen, but John and Werner knew the Gestapo was near, no matter where they were in Paris.

That evening, Claudette planned a big dinner in Werner's and John's honor, inviting various family members, including Jacque and his family.

"Vivian sends her love to all of you," Werner said as he rose to give a pre-dinner toast to everyone around the table. "John, and I come to you in peace and as friends, despite what may be going on outside of these walls."

"How can you speak of peace when we have a gun to our heads?" Jeanette asked. Claudette's daughter had been burning a hole with her dark eyes in first Werner, then John, since the dinner began. Unmarried, Jeanette was barely 20 years old, but she had the wisdom of a 40-year-old woman. She was deeply passionate about what was happening to her country.

"Jeanette, dear, sometimes things aren't as they seem," Werner replied.

"I see things as they are," she snapped. "You may not be wearing that damned uniform now, but you're still Bosch swine, and I hate you for it!"

"Jeanette, enough," her father shouted. "They are guests at our table. I want no more of this talk."

After Jeanette's outburst, family members cautiously watched their two guests. Jacque asked a few questions about what sort of jobs they had, which allowed John and Werner to explain their role thus far in the war, and that they had not fired a shot, nor had they seen any combat action.

"My brother was captured over on the line," one woman, an aunt of Jacque's and Claudette's, said. "What will happen to him?"

"He was over on the Maginot Line?" Werner inquired.

"Yes, near Metz. He was a radioman," she replied.

"More than 100,000 soldiers were taken as prisoners," Werner said. "I really can't tell you, but I have no idea where we, er, I mean the Germans, could possibly keep that many men. I'm sure he'll be safe."

"Petain, that traitor, simply handed France to the Bosch on a silver plate," Jacque said, in an almost whisper. "He was supposedly the hero at Verdun 20 years ago, but now he is surely the villain of France!"

Jacque was referring to World War I hero Marshal Henri Philippe Petain, who was handed the government when Prime Minister Paul Reynaud resigned his post as the Germans closed in on Paris.

"Petain's first act was to call for an end to the fighting, begging Hitler for a peace accord," Jeanette said scornfully. "After the Germans entered Paris, the traitor moved the government down south to Vichy."

"Talk about collaboration. Petain's actions are the ultimate act of betrayal," Jacque reckoned. "This will not be forgotten. The Bosch cannot stay here forever, and when they leave, anyone who has worked with or for them shall pay the price."

"That's why, my friends, you must be very careful about our presence," Werner replied. "In the morning, we shall leave so that you'll not be accused of associating with German soldiers."

"But you're family," Claudette insisted. "You're not the enemy."

"Can you convince your friends and neighbors of that fact?" Werner replied. "Jeanette is right. John and I are still German soldiers. We have our uniforms in our kits, and it would be hard to deny."

Jeanette had not said anything since being admonished by her father, but she still glared at both John and Werner.

Jacque came up with a solution, one that would protect everyone.

"I own an apartment near the Arch de Triumphe," he said. "There are only three other units in this building, and they're all empty right now. School teachers live in them during their sessions, but all of them are on holiday in Italy and we don't know if they'll even be allowed to come back, which won't be until August. You're safe there for this week, at least."

Werner thanked Jacque for his generosity. Later that night, he accompanied them to the flat and let them in.

"When you leave, just put the key on the bedroom dresser," Jacque directed. "And, you'll understand if I ask you not to contact any of us unless it's an absolute emergency, right?"

Werner assured him they would be discrete.

Before leaving, Jacque had presented both Werner and John with French berets for them to wear.

"You'll look less conspicuous with these on," he said, laughing.

That night, John, who insisted that Werner sleep on the bed, took the couch in the living room. They were awakened during the night on several occasions with heavy military units driving by as they went down Paris' main thoroughfare, the Champs-Elysee.

On their second day of the week's leave, Werner and John played tourist, going to the top of the Eiffel Tower, then to Les Invalides, the huge war museum of Napoleon's Grand Armee where the body of the emperor is entombed. Then it was on to the Louvre, the world-famed art museum.

At the Louvre they found two full floors closed to the public. Each floor entrance was guarded by German troops, and a number of SS officers were seen scurrying back and forth. These floors contained some of France's greatest art treasures, including the works of Monet, Van Gogh, and Da Vinci.

"I've got a feeling Herr Hitler or some of his generals are picking out some artwork for their living rooms," Werner chuckled.

That evening, the two chose a small restaurant off of the Champs-Elysee to dine, thinking it would be safer than being right on Paris' busiest street.

John noted that if it weren't for the number of Germans in uniform sitting at tables in the café, one would not know there was a war going on.

Werner suggested they blend into the Parisian lifestyle by ordering red wine instead of their usual beverage of choice, beer. The French do have beer, but wine is what they drink with meals, and 97 percent of them choose red wine. Germans? Never.

"I hate that shit, but if we don't want to draw attention to ourselves, let's drink, okay?" he suggested to John.

Thanks to Jacque, Werner was able to get some of their marks exchanged for francs. With the occupation, the German high command insisted their captors accept marks at all French places of business, but Werner thought it would go better for them if they used francs instead of marks, for obvious reasons.

"I know enough French for both of us, so if you keep quiet, they'll think we're locals," Werner reckoned.

"Ja, vit dat accent, you'll be sure to fool 'em, you betcha," John said, giving Werner a bit of kidding. "I thought we were going to be American tourists?"

"Well, I'd like to try out my French to see just how I do," Werner replied.

The waiter came to their table for the order. True to his word, Werner attempted to order for both he and John in French. The waiter smiled.

"You are Americains, no?" he said in almost flawless English.

"It shows that much, huh?" Werner said, chuckling.

"Sir, you ordered two 'baked tractors,' that's how I know. Only an Americain would do such a silly thing," the waiter replied, with a somewhat superior smile.

"I was trying for escargot and filet mignon," Werner said, sheepishly.

The three men laughed, then conducted the rest of the order in English.

Their English words drew the attention of uniformed officers at a couple of the nearby tables, but nothing was said. They did note, however, none of the waiters were all that friendly in their service to the other tables where German soldiers were dining. It was bound to happen sooner or later. A pair of SS officers came in and sat down. The waiter who had taken care of Werner and John took menus to them, but did not greet them. He simply tossed a menu in front of each officer.

One of them called out in German to the waiter.

"Stop! We demand you give us courteous service," the agent said, his voice audible throughout the restaurant.

"No parly vous Allemagnia," the waiter said in French, with a note of sarcasm.

The officer stood up and attempted to speak in French, which made Werner feel much better about his own attempt at the language.

The waiter simply stood there, then shrugged his shoulders and started to walk away.

"Halt!" the officer demanded. By this time, every eye in the restaurant was on the waiter and the two agents.

"In the name of Der Fuhrer, I arrest you for insulting an officer of the Third Reich," the SS man said, standing up. "You will come with us."

The three men left by the front door. Another waiter soon brought Werner and John their dinners.

"Why did the waiter give those two Bosch officers such a rough time," Werner asked in English.

"His wife was insulted last night by three German soldiers as she was walking home from work," was the reply. "If you'll notice, he's only been waiting on people out of uniform, and those two were no exception."

"Yes, but why pick an argument with them?" John asked.

"It was the SS who interrogated his wife for three hours, then they determined it was she who insulted the soldiers," the waiter replied. "I fear we'll never see poor Phillipe again."

John and Werner ate their dinner in relative silence. After paying their bill and leaving a rather large tip, they walked back to their apartment.

"I wonder what will happen to that waiter," John asked, rhetorically.

"I don't know, but you have to admit he brought it on himself," Werner replied. "These Frenchmen are so god-damned proud. The difference between a civilized or a rude service can mean either a nice tip or a bullet in the head."

"Surely, you don't think he'll be shot, do you?" John asked.

"My boy, where have you been for the past three years?" Werner replied. "Such things can and do happen. To the SS and the Gestapo, human life is cheap, and if anyone gets in their way, they make an example of them."

On the way back to the apartment John suggested something that surprised Werner.

"If we could get back home to the United States, would you do if we had the chance?" John asked.

Werner walked without saying anything. After a few steps he spoke.

"You realize that even talking about such things could get us shot," he replied. "But, if we could, would you?" John said.

118

"How would we do it?"

"Well, if there's anyone left at the U.S. Embassy, we could present ourselves there as American citizens caught behind the lines and ask for safe passage home," John offered.

"That's a big 'if,'" Werner said, chuckling to himself.

"Well, don't you think it might be worth a try? I mean, what the hell do we have to stay in Germany for anyway?" John countered.

They walked a bit further with no one speaking. Then, Werner stopped.

"Listen, you might have something there, but you don't have a passport, so how are you going to explain that one?"

"Maybe we should just tell the Embassy the truth," John reckoned.

"Now, there's another unbelievable story. I joined the German Wehrmacht for adventure and money and you went to medical school but refused to be indoctrinated by the Nazis, so you got drafted. Sure, they'll believe that." Werner said with a note of sarcasm.

"Well, I return to my original question. Would you go home if you could?" John prodded as they continued to walk to the apartment.

"Yes, dammit, but I don't think it'll work," Werner said.

"Well, we'll never know if we don't try, will we?" John concluded.

As they were walking up the stairs to their apartment, Jeanette was just leaving.

"I left some bread, cheese, and wine for you on the table," she said. She still had a somewhat cold attitude toward them, but with not quite the edge. In fact, John thought he caught just a glimpse of a smile.

"Do you have to leave so soon?" John inquired.

"Yes, I must get back home. I have an early morning at the bakery," she replied.

"Why don't I walk you to the Metro station," John offered.

"You don't have to do that," Jeanette said.

"I'd like to if you don't mind," John insisted.

"If you'd like, okay," Jeanette said.

Werner went up to the apartment while John walked Jeanette to the station, which was about four blocks away. As they walked, John asked her if she knew anyone at the American Embassy.

"Yes, I have a school mate who is a secretary in some office there, but I don't know what she does, exactly," Jeanette replied, now in a more pleasant tone of voice.

"Werner and I are going to see if we can go home," John said, trusting her.

"What would you like for me to do?" Jeanette asked.

"Find out how we might be able to talk to someone with some authority in the Embassy. I would imagine there will be German troops watching the place, but since America isn't at war with Germany, there's no reason for the Embassy to be closed, I should think."

Jeanette promised to find out what she could and bring John the information the next evening at 7.

When he returned to the apartment, Werner was having a glass of the wine Jeanette brought.

"You'd think they'd have brought us some beer," Werner grumbled.

John told him about what Jeanette would try to do.

"She's a good kid," Werner reckoned. "She's full of piss and vinegar, but she means well."

The next evening Jeanette arrived as she promised, and she had some news.

"I don't know whether this will be of help or not, but the American charge d' affaires has lunch every day at a little café around the corner from the Embassy. His name is Clement Nichols," Jeanette said. "My friend says you can't miss him. He looks, dresses and eats like an American. He has red hair and lots of freckles, and he's sort of cute, my friend says."

"Clement Nichols. That sounds like some stiff diplomatic son-of-a-bitch, doesn't it?" Werner laughed.

"If he can help us, he's our stiff, diplomatic S.O.B., remember that," John concluded.

The next day, Werner and John took a cab to the café. On the way, they passed by the U.S. Embassy, where Marines were posted at the gates. They could see the American flag flying over the building. They both looked at one another.

"Ol' glory looks pretty good, huh?" Werner muttered under his breath.

"Yep, sure does," John agreed.

As expected, a detail of German troops were sitting across the street in a military vehicle, watching the front entrance of the Embassy.

They arrived at the café about 11:45 a.m., just as noon diners were beginning to drift in. In Paris, lunch really doesn't get started until around 2 in the afternoon, with dinner in the evenings after 9 or 10 o'clock. John and Werner easily spotted their man sitting in a corner inside the café.

"Pardon us, sir, might we have a word with you?" John said as they walked up to the Nichols' table.

"Yes, what can I do for you?" Nichols said, looking up from a newspaper.

"We're both American citizens, and I wonder if...."

"You'll have to call my secretary for an appointment, I don't do business while I'm having lunch," Nichols said, somewhat curtly.

"Ah, well, we have a somewhat delicate situation, sir, and I don't think it would be practical for us to come to your office," Werner said.

"Why not?" Nichols asked, still with a curtness to his voice.

"You see, we're members of the German army, but we are Americans and we want to go home," John said, as quickly and as forthrightly as he could.

"You're what?" Nichols said, somewhat loudly before looking around and lowering his voice. "Sit down, gentlemen. Now, say that again."

Once seated, John and Werner proceeded to tell their respective stories. Nichols sat in amazement, with his mouth somewhat open, in awe of what he was hearing. When they had finished, the charge d' affaires sat, studying both men, first looking at one, then the other.

"I don't know what, if anything, I can do for you gentlemen," Nichols said. "I'll see what I can do. Meet me here tomorrow."

"I have a better idea," Werner interjected. "Why not give us your office phone number and we'll call you, say around 11 o'clock tomorrow morning."

"Why wouldn't you want to join me for lunch?" Nichols asked.

"No offense meant, sir, but if the Germans find out what we're up to, it's a firing squad for both of us," Werner replied. "I just think that the less personal contact we have with you until we find out if you can do anything, the better it will be for all of us."

"If you wish," Nichols said, showing a slight smile. "I don't know what could possibly go wrong, though."

"Good god, man. Are you living in a dream world?" Werner snapped in an almost whisper. "Last night we watched as two SS officers hauled away a waiter from a restaurant simply because he showed a bit of bad manners, as if they would know any good manners in the first place."

Nichols gave them his direct telephone number and said he should know something by 11 the next morning.

It was a long afternoon and an even longer evening. The long hours were broken up with another visit from Werner's niece, Jeanette, who stopped by with more food. This time she brought some beer, as her uncle had requested. He was on his second bottle when John walked Jeanette back to the Metro.

"Are you married?" Jeanette asked, somewhat abruptly.

"No, I'm not," he replied as they walked along the boulevard.

"Do you have a girlfriend," she prodded.

"Well, sort of, but I doubt that I'll ever see her again," John said.

"How sad. Why?"

"It's a long story, but she's in England, I'm here, and I'm trying to get back to Nebraska, so it's just an impossible situation," he explained.

"Nee-bras-ka?" Jeanette said, trying to pronounce the odd American Indian name.

"Yes, that's where I'm from in America. Nebraska. It's in the middle of the country."

"I know New York, Chicago, Boston, and Saint Louis, which was named after one of our kings, but I've never heard of Nee-bras-ka," she said, laughing.

Before she got on the Metro train, she reached over and gave John a kiss on the cheek.

"Good luck, John Krauss from Nee-bras-ka," Jeanette said as she left.

"Thank you, I'll need it," he replied with a smile.

The next morning at 10:55, they walked to a pay phone booth, where John dialed Nichols' direct line at the Embassy.

"I have some good news," came Nichols' voice over the phone. "I think we can get you back home if your story checks out. We'll, of course, have to contact your parents to verify what you've told me. That shouldn't take long, say about three or four weeks at the most."

"What about my friend, Werner?"

"Ah, now that's another matter," Nichols said. "If I remember his story correctly, he voluntarily went to Germany and voluntarily signed up in that nation's army. That, alone, is reason enough to revoke his naturalization papers."

"Sir, I can't wait around three or four weeks with the off chance I'll be able to go home," John said. "What happens if I'm turned down? If I wait that long, I'll be missing from my unit, and if I'm caught, I probably would be shot for desertion.

"Well, I'm afraid you're on your own in that case," Nichols replied. "The United States of America does try to protect its own citizens whenever possible, remember that."

"Yes sir, of course. Thank you for your help, sir," John said, trying to conclude the call.

"Shall I start your paperwork to see if we can get you home?" Nichols inquired.

"No thanks. I have a German general waiting for me in three days who needs my help," John concluded.

As they walked slowly back to the apartment, neither spoke for a long time. Finally, Werner broke the silence.

"Well, my friend, look at it this way. Things could be worse. The Army duty we have right now isn't so bad. Most men would give anything to be in our positions."

"Sure. Maybe we're about to embark upon a great adventure," John said, laughing. Who knows? Germany could win the war. With our being in service to a hero like General Rommel, who knows where we might end up?"

"Yes, who knows?" Werner repeated.

Chapter
11

Cindy Krauss was having a tough time understanding her grandfather's decision back in 1940, of not taking up the U.S. Embassy's offer to verify his citizenship.

"I don't understand, Grandpa. Why couldn't you have waited the three or four weeks it would have taken to confirm you were an American?" Cindy asked.

"My dear, it was a far different world in those days," Grandpa John replied. "First of all, Europe was pretty much an island cut off from the rest of the world. There were no scheduled airline flights anywhere beyond the control of the Nazis. Thirdly, and most importantly, the United States wasn't the power it is today. In 1940, we were a third-rate nation with little more than determination and potential. Our Navy was no better than No. 3 in the world; our Army was ill-equipped and way down the list behind a number of other nations; plus, the attitude of the average American was that of being 'isolationist.' An overwhelming attitude prevailed across the country that it was 'Europe's war and America should stay out of it.'"

The old man went on to explain that the real reason was he could not take the chance of becoming a deserter in hopes of being rescued by the U.S. Embassy. There was no Internet; telephones were unreliable; diplomatic mail could take weeks. And, then there was his friend, Werner Schroeder, who had no way to benefit. Werner would have surely lost his citizenship if he had pressed the issue.

"Why didn't he lose his citizenship anyway?" Cindy asked.

"Well, for one thing, we didn't give the charge d' affaire our names," Grandpa John said, smiling. "So, he had nothing to go on. We talked with him on both days giving our first names only."

"So, what happened to Werner?" she asked.

"Now, let's not get ahead of the story," Grandpa John said, preparing for another long story session. "In spite of the fact that I was stranded in Europe and in the uniform of a nation whose cause I didn't believe in, I was quite fortunate to be witness to one of history's greatest military figures. Erwin Rommel."

"Why do you say that, Grandpa? He was a Nazi?" Cindy replied.

"Well, I'm not so sure. He said he wasn't. It's true that Rommel became enamored with Hitler during the '30s because of how he had been able to defeat the harsh terms of the Treaty of Versailles, but I don't think he was ever an official member of the party," the old man explained. "If he had never been sent to Africa, Rommel would still go down in the annals of military history as a great tactician. During the six-week campaign in the low countries and France, Rommel and our Ghost Division managed to capture nearly 100,000 troops, destroy 450 tanks, and in one day, move more than 150 miles. In return, we lost less than 300 of our men and only 42 tanks. To those poor retreating Allied soldiers, Rommel truly was 'the knight of the Apocalypse.'"

Back in Poix from their Parisian leave, John and Werner found Major Zeis waiting for them at the chateau. Dieter had not been able to go anywhere on leave while they were gone due to his administrative duties. Lt. General Rommel had left quite a list of tasks and reports he wanted upon his return.

Two days later, Rommel flew in from Berlin. He looked rested and even had a smile on his face. Rommel had met with the Fuhrer again, discussing the needs and expectations of his now-famous "Ghost Division."

Over the next several months, the days of the 7th Panzer Division were filled with training exercises and troop inspections. The normal daily routine for John and Werner remained pretty much the same. It was if they were attending a duke in his country estate. Rommel's personal needs changed little from day to day. He was doing more entertaining, frequently holding dinner parties for his officers and their wives, many of whom had joined them in France. The general's wife, Lucia, chose to remain in Germany because of their teen-aged son, Manfred, who was still in school.

Rommel's health improved over the summer and he frequently complained when John attempted to take his vitals in order to keep the general's personal physician apprised of his status.

"My boy, I'm fit as a fiddle," he would say, brushing aside John's attempts at measurement, which did indicate better health. Rommel wasn't a hypercondriac, but when he wasn't feeling well, John and those close around him could tell.

Rommel made attempts to build better relations with the local officials, but only a few French aristocrats and elected officials took him up on his frequent dinner invitations. The French hated the Germans and didn't try to hide the fact.

"It's a bitter pill to swallow, that of a defeated nation," the general would say when rebuffed by the locals around Poix. John saw a certain glimmer of admiration in Rommel's eyes when he would get such rejections.

"You have to wonder about the motivations of those who do except our invitations," he said one evening as John was helping him dress. "The French are playing a waiting game, each in their own way. We'll only be here for so long, and they know it.

"We're their natural enemy and we always will be," he continued. "The more we keep looting their rich heritage, the more they hate us, and rightfully so."

As the summer turned to fall, it was obvious to John and Werner that Rommel was getting bored. The fighting was over and there were no more victories to win in France. The Luftwaffe was pounding England, in particular, London, on a daily basis, supposedly preparing for "Operation Sea Lion," Hitler's plan to cross the English Channel with troop landing craft for the invasion of England. Rommel reckoned the 7th Panzer Division would be called upon if there was a landing during the battle for Britain, but as each day passed, prospects dimmed as the British continued to hold out, shooting down Herman Goering's Luftwaffe at the rate of three to one. Once London was bombed, the Royal Air Force retaliated by bombing Berlin and other German cities. Poix was becoming a rather peaceful place in which to watch the war.

The general began getting reports from Berlin that the Fuhrer was losing interest in a Channel crossing and is giving strong consideration to helping Italy with its desert campaign in Africa.

Benito Mussolini's Italian troops are bogged down in the western Sahara Desert fighting the British. The goal, of course, is to control the Middle Eastern oil fields, which Germany, Italy, and Britain all need if they are to continue feeding their war machines, not to mention their own respective civilian demands.

"The biggest problem any army would have fighting in North Africa would be logistics," Rommel said one evening after dinner over a glass of sherry.

He had invited Werner and John to join him. While he never had to say it, Rommel enjoyed their company for a number of reasons. For one, neither enlisted man tried to gain favor with him through flattery. Rommel enjoyed good food and Werner provided it; the general worried about his health and John kept a close watch on that. They worked as a close-knit team. The general made them feel as though they could express their views on nearly anything because Rommel enjoyed good conversation, especially when it wasn't motivated by personal advancement. The only subject off-limits was Rommel's military strategy, which neither Werner nor John would ever challenge. Why would they? He was Hitler's most successful officer.

Rommel's chateau was heavily guarded, of course, with the lower floor rooms being used by staff. The huge dining room doubled for officer conferences and for dinner parties. Werner's kitchen had a dumbwaiter that served the upstairs suites that were exclusively reserved for the general. Only two people lived there: Rommel and his valet, Corporal John Krauss. A clerk always was on duty at the foot of the stairs on the first floor, making sure the general had complete privacy upstairs. When Rommel dined alone at night, Werner would send up the food via the dumbwaiter and John would serve it. As the days whiled by with less and less to do, Rommel would often summons

Werner from below and invite him to join him and John for an after-dinner drink and chat, such as this night.

"If the Fuhrer decides to send an expeditionary force to North Africa, whoever is in command will have to be assured that a steady stream of supplies, equipment and troops will be forthcoming," Rommel continued. "That's part of Mussolini's problem right now. The British have a better supply line. Without fuel, equipment, and troops, you're doomed to failure."

"Would you like that command?" John asked.

"Yes, of course, with the assurances that I have stated," Rommel replied. "It's a wonderful opportunity to chase the British out of the Middle East and capture those valuable oil reserves. If we are to win this war, we must control the oil ---- that is the prize. Without oil, we simply cannot win."

Both Werner and John had many such opportunities to listen to the wisdom and philosophies of Rommel in their private after-dinner get-togethers, as well as when Werner would give the general his weekly haircut. John learned that Rommel like to keep well-groomed, so he advised him of Werner's barbering talents. Additionally, John learned a few techniques in the art of manicuring. So while Werner trimmed his hair and John worked on his fingernails, Germany's most popular and gallant military figure would pontificate upon any number of military topics. He discussed the latest military hardware being developed and produced in Germany to the proper conduct of military personnel on and off the field of battle.

"The enemy is to be respected at all times," Rommel would say. "Only cowardice should be a reason for the ill-treatment or indifference of one's foes. Brave men doing their duty in the face of death should always have our respect."

The general held the regular soldier and tank crew in high esteem.

"As a commander, you must always be prepared to do yourself what you ask of your troops," he would say time and time again. "If you aren't prepared to be out front with your men, then you don't deserve command."

To the horror of his command staff, on the 19th of May during the battle for France, Rommel personally drove one of his panzers, leading the way into battle. The fact that he became bogged down in a sand pit was never officially recorded for the history books. Still, the men of the 7th Panzer saw they had a commander who was fearless and was prepared to fight alongside them. This action certainly contributed to the efficiency of the division, making it "ghost-like" in its movements across the low countries.

Rommel reckoned the superior-in-numbers French army and the more than 400,000 troops from the British Expeditionary Force were poorly led: otherwise it would never have been so easy for Wehrmacht to move and take over Belgium, Holland, Luxembourg, and France as easily as it did.

Finally, Rommel received what he had been expecting: orders from General Headquarters in Berlin to prepare for a new command. Although the exact location of the new command was secret and not to be discussed, those officers close around the general knew it was to be North Africa. He gathered his command staff, including Major Zeis, Werner and John, in the chateau's dining room.

"I shall be in Berlin for briefings, and of course, I'll want all of you to go with me on this new adventure," he said in a positive, upbeat fashion. "This is an opportunity for me to announce some well-deserved promotions for some of you. While medals and honors, indeed, are important, higher rank is the ultimate reward for a job well-done."

Rommel began calling out various names of his command staff. Dieter, Werner and John were not overlooked. It's now Lt. Col. Dieter Zeis, whom Rommel singled out as being invaluable to the division for his organizational skills dealing with equipment and troop logistics as well as supplies.

"And, of course, I couldn't overlook my two most important soldiers," Rommel concluded. "Sergeant Schroeder, who keeps me well-fed and trimmed, and Corporal Krauss, my valet, who looks to my personal needs and provides something invaluable to a commander: a sounding board to bounce my occasional frustrations upon."

The officers laughed at the general's remarks. John and Werner were so proud they could feel the buttons on their tunics tightening.

Werner was promoted to sergeant first class and John to sergeant.

"There will be a new commander taking over the division," Rommel announced. "I'm not sure whom that will be, but he'll be bringing in his own command staff since I've insisted that all of you come with me to our new assignment.

"I'll be leaving in the morning for Berlin. The rest of you will be providing orientation for your respective relief. I will expect you to report to me at Wehrmacht Headquarters in Berlin within the week. I trust you'll be pleased to have a few days of leave to visit with your families before we begin our journey to our new assignment, where ever that may take us."

Rommel looked around the room into everyone's face, then gave a slight, very uncharacteristic wink.

The room lit up with smiles and laughter as the officers and enlisted men congratulated each other on their various promotions and the prospects of new adventure and glory.

That evening, Rommel summoned Colonel Zeis to his private quarters for a quiet dinner. Werner had managed to secure an especially fresh leg of lamb. When Dieter arrived, the general had John pour each of them a drink before they sat down to dinner.

"Zeis, I suppose that it is no secret by now where we're headed," Rommel said, taking a sip of sherry.

"Yes sir. We all seem to know," Dieter replied.

"I have a special task for you. This one is going to be a tough one," Rommel continued. "Our entire force must be equipped with new uniforms, clothing that does not exist in our inventory. You know the climate we'll be headed for, so we'll need to have every man outfitted with a light-weight wardrobe that will keep him comfortable. We can't have our troops and tank crews slogging around in our heavy wool uniforms. They're all right for here in Europe, but for where we're going, they'll be unbearable to wear."

Colonel Zeis offered a few suggestions, telling Rommel of some contacts that he made with clothing manufacturers in Berlin while commanding the Medical Depot.

"If I may, Herr General, it won't be easy to get this new wardrobe," Zeis offered. "Most of the good clothing manufacturers are either owned or manned by Jews, and you know what has been happening to that particular manpower source. And, then there's the to problem of getting the high command at the Wehrmacht to approve such uniforms."

"Don't you worry about that aspect," Rommel replied. "I've already discussed the matter with the Fuhrer himself. He's given me assurances that we are to have whatever we need to outfit an entire force. We must be fully outfitted and ready to move out by year's end."

Zeis reckoned there wasn't a lot of time. It was nearly October, 1940, but he would go to work immediately in securing enough lightweight khaki material to make enough tropical weight uniforms for more than a quarter of a million troops.

"It's a big job that's nearly impossible to accomplish, and that's why I've picked you for the assignment," Rommel said, placing his hand on Zeis' shoulders. "Now, let's sit down and enjoy Sergeant Schroeder's lamb feast. Sergeant Krauss, will you tell Schroeder we're ready and that he can send up the dinner?"

"Ja vohl, Herr General," John replied, snapping to attention with a click of the heels.

"You are, indeed, getting better with those heel clicks," Rommel said, smiling.

By Oct. 1, 1940, Werner and John were on their way back to Berlin via railroad. Colonel Zeis had requested they be his assistance in overseeing the huge task of developing and producing the new uniforms for what was being called "The Deutsches Afrika Korps," or simply the DAK. Dieter had initially run into some resistance from various clothing and boot suppliers, but when they realized the potential for additional money to be earned from this massive uniform redesign order, resistance quickly turned to acceptance.

Horst was happy to see his two friends back in Berlin and made their old apartment available to them for as long as they needed it.

Working with the various manufacturers was a job that took nearly seven days a week. An Italian officer with extensive experience in the Sahara during Mussolini's campaigns was brought in from Rome to assist and advise Dieter on the new uniform design. Everything in the way of a uniform would be needed. Shoes would replace the heavy high-top boots; khaki would replace wool in trousers, shirts, and tunics. Lightweight caps with goggles would be issued to each and every member of the new unit.

Werner was assigned by Dieter to oversee the design and manufacture of the new shoe-like boot required by the new Deutsches Afrika Korps. A new, lightweight, high-topped laced shoe would be needed to accompany knee-length stockings and short-legged pants, providing a more comfortable uniform. Long trousers, of course, would also be issued, as the desert during the winter months could become extremely cold. Desert temperatures could swing from below freezing to more than 120 degrees Fahrenheit. The Wehrmacht was equipped to fight in cold weather such as the Russian front, but it had never been deployed to the extreme high temperatures of the Sahara Desert.

Lightweight shirts, both short- and long-sleeved, as well as light tunics would be needed, as well as thousands of pairs of goggles to protect each man's eyes from blowing sand. John was sent to oversee the manufacture and delivery of special equipment, such as the goggles and larger canteens for carrying water, as well to secure thousands of larger canisters for storing water supplies.

Rommel personally oversaw the refitting of special filters and dust protectors for tanks and other vehicles. Half-track command cars would be used, making them far more efficient in open desert than traditional-wheeled vehicles. The general was planning for a large force that could be moved swiftly in any direction at a moment's notice. Although there were some minor objections from the Luftwaffe, Rommel managed to secure five light Fieseler Storch two-seater scout planes for his own personal use, as he did during the Battle of France.

"A good commander simply has to be able to survey the battlefield while the action is happening so appropriate decisions can be made with first-hand knowledge," he argued.

Realizing he was on a mission personally assigned by the Fuhrer, objections of any requests for equipment and manpower quickly faded.

The DAK was being formed in Wunsdorf, some 20 miles south of Berlin. Rommel would be commanding the 5th Light Division, the 3rd and 5th Panzer Regiments, and the 15th Panzer Division, all of which made up the DAK.

Things were not the same in Berlin as they were when Werner and John had left only six months earlier. The biggest difference was the blackouts and the nightly bombing raids by the RAF. While only Berlin's industrial areas were targeted, the steady drone of enemy aircraft overhead and the thunder from the huge 88 millimeter anti-aircraft guns made everyone extremely tense. Up until two months ago, Germany had delivered war upon its neighbors; now war had come to Germany.

One of John's assignments was to make sure enough medical packs and units were order for the DAK. This took him back to the Medical Depot where he saw Marlene Hink.

"I've been thinking so much about you lately," Marlene said, greeting John with a slight kiss on the cheek. "I wondered if I would ever see you again. Did you think about me while you were at the front?"

John blushed a bit and admitted he had thought of her, but not as much as he had of Greta. Ah, Greta. John feared that he would never see her again, which he thought, was probably for the best.

"I have my own apartment now," she proclaimed, proudly. "Would you like to come up for dinner one night this week?"

"Sure, when?" John asked.

"Why not tonight?" Marlene replied.

"Okay. Can I bring anything?"

"You can bring some schnapps for after dinner," she said.

Marlene gave the directions to her apartment and then returned to work.

They hadn't seen each other in six months since the war began in September.

When the two began talking at the Depot upon John's return, it was obvious what Marlene had in mind by inviting him to dinner. John didn't mind. It had been a long time since Greta had left. After all, he was a young, 20-year-old man with the physical needs that go along with that age. He wasn't sure whether Marlene had ever been with a man or not, but he was about to find out.

John arrived at Marlene's after dark and as air raid sirens were going off. He could hear the drone of aircraft high overhead. The British Royal Air Force was making its nightly raid on German factories. Thus far, civilians, for the most part, had not been affected by the bombing, which was primarily in the industrial areas outside the city. The morning after a raid, Berliners would wake to find spots of rubble in the streets, and quite often burned-out or destroyed factories, ammunition and fuel depots targeted by RAF bombardiers. Thus far, the big red cross atop the Medical Supply Depot was doing its job, much to John's personal surprise.

Once inside Marlene's small apartment, John saw that she had the room lit with candles and the windows covered with heavy, black drapes for the blackouts. Marlene look particularly fetching, wearing a low-cut blouse, which accentuated her blonde hair down across her shoulders. John had barely gotten seated on the couch before Marlene was thrusting a glass of wine in his hand with her flashing blue eyes fixed upon his.

"I've waited a long time for this evening," she said, leaning down and giving him a light kiss on the mouth.

John looked up, smiling, then took a sip of the wine before speaking.

"I've thought about you often," John began, which was slightly stretching the truth. "I've worried about how you were doing in your little ruse," which was the truth.

"Oh, let's not talk about such things tonight," she replied. "I want your safe return to be a happy one. Tell me about the war in France."

John had to admit that he hadn't really seen any war to date. He explained that his duties with General Rommel required him to remain behind the lines at his compound and that all he really knew was what he heard during staff conferences and what the general had told him.

"What was it like in Paris?" Marlene asked, sitting down beside him on the couch.

"Well, I don't have to tell you that the French hate the Germans, but with a certain aloofness," he began. "The sights are magnificent."

"None of them were destroyed by the war?"

"Oh, no. The Fuhrer specifically ordered that Paris not be disturbed. Our troops entered the city without a shot being fired," John explained. "Werner and I spent a week there, seeing many of the great sights, including the Lourve."

"It must be wonderful," Marlene sighed. "I would love to go to Paris. Do you suppose that I could get a posting there with the army?"

"I don't know why not. We've occupied the entire city, which means a lot of administration work is to be done," John replied. "I'll talk to Major, er..., I mean Colonel Zeis to see if there is anything that can be done."

The dinner Marlene had prepared was every bit as delicious as its aroma had forecast. It had been a long time since John had such a meal, even counting those prepared by Werner. As good as Werner could cook, John usually had to eat in the kitchen by himself or with Werner jumping up and down to take care of some dish for the general and his guests. Here at Marlene's apartment, it was just the two of them, both sitting at finely set table enjoying a well-prepared meal.

"You should have been a chef," John said, pushing himself back from the table. "That was every bit as good as I've tasted anywhere. Thank you."

Marlene blushed as she began clearing the table.

"Here, let me help with that," John said, jumping to his feet.

"No, you sit and relax in front of the fireplace while I take these into the kitchen," she replied.

Coming back in from the kitchen, Marlene lowered the lights to the point that only the glow from the fireplace seemed to be lighting the room. Shadows from the flickering flames danced upon Marlene and John's faces as they sat on the couch, staring into the blaze. John could count on Marlene breaking the ice. For some reason he was being somewhat shy, but not for long. Marlene reached over, and as she took his hand, began kissing him. It seemed like an eternity since he last held the warmth of a woman's body close to his. At first, there was a pang of guilt crossing his mind. After the intimacy he and Greta shared for so many months, being with another woman seemed somewhat of a betrayal. But, the feeling quickly passed because he knew he may never see or hear from Greta ever again. And, besides, Marlene was making it very difficult for him to remember anything other than the moment.

It was early when John awoke. Marlene was already up, dressing for another day at the Medical Depot. John, too, had a full day. Today, he was to accompany a convoy of trucks carrying medical supplies to Wunsdorf for the

DAK.

"I probably won't be able to see you for at least a week," John said, pulling on his trousers and boots. "The general has me doing a number of things for him in preparation for our next assignment."

"Where are you going?" Marlene asked.

"Oh, I'll be going first to the Depot, then on to Wunsdorf," he replied.

"No, I mean, where is your next assignment? Where are you and Herr General going?"

"We haven't officially been told, but we're preparing for desert warfare, so I'm sure it will be North Africa," he answered in a somewhat hedging manner. John knew full well they were headed for North Africa, hence the name "Deutsches Afrika Korps."

It was Christmas Eve, 1940, and all preparations by the DAK were being made to pull out of Wunsdorf after the first of the year. With luck, winter would be over for the men of the DAK, at least anything to do with snow. The entire corps of nearly a quarter of a million men and equipment would be moved from Germany to the port city of Tripoli in the Libyan Desert to bolster the foundering Italian army. Rommel would be in command of all Axis forces in North Africa, although his Italian counterpart actually outranked him.

General Rommel would be leaving for Tripoli Jan. 4, 1941, with his command staff accompanying him. John was given five days leave to be with Marlene, who also had five days leave. She was determined to introduce her man of the plains to something entirely different: skiing. Marlene teased John about being a "city boy" who had never ventured much out of Berlin. She didn't count his recent exploits in Belgium and France.

"If you're going to be a true German, you must learn how to ski," she told him.

The train trip south to the Bavarian Alps near the Austrian border took about nine hours. They left Berlin late at night and when they awoke the next morning, the snow-covered mountains greeted them. When they arrived at the small village of Oberstaufen, John and Marlene had their choice of horse-drawn sleigh to whisk them off to their hotel.

The Hotel Schultzberg was a picture-book structure resembling the ski chalets John had seen in magazines and books. The area was festively decorated for the Christmas holidays, and everyone was in a happy mood, from the porter greeting them at the entrance of the hotel to the desk clerks to the guests lounging in front of a giant fireplace in the lobby. The two young soldiers had pooled their money, and because the Christmas season traditionally was slow at mountain resorts, they were able to afford a retreat such as the Schultzberg. It wasn't the best hotel in town, but it was a palace to Marlene and John. The ski slopes could be seen from their room.

John was certain of one thing: he loved to see Marlene in civilian clothes. The dull green uniform of the Heer didn't suit her, but a snowsuit with the

Alps as backdrop made her look like something right out of a fashion magazine.

Their first day was spent frolicking in the snow and John learning how to stand up on a pair of skis. Coming down the beginners slope, John created such a sight for Marlene that she laughed so hard that she wet herself.

"I've never seen anyone so awkward and uncomfortable looking," she told him as he struggled to stop at the bottom of the hill.

"Believe it or not, I was always pretty coordinated when I was in school," he laughed.

Each day brought new joy into their lives, and for a time, they both forgot about the war. In the evening after dinner, they'd sit for hours in front of the small fireplace in their room, just gazing into the flames. As fond as he was of Greta, John was finding himself falling in love with Marlene. As each day passed, she brought more joy into his life. But, as close as he felt to her, John still couldn't tell her about his American upbringing. He hated keeping the truth from her. Even though he now trusted Marlene, he thought such knowledge by be dangerous for her to have, so he remained silent. Whenever the subject of childhood or growing up arose, John maneuvered his way around the subject, learning more about her in the process.

Marlene had attended a Catholic convent school, excelling in sports, particularly in soccer. Since arriving in Germany, John had seen enough football games, learning enough of the rules to discuss the subject with Marlene without revealing his true ignorance of the sport. But skiing was her other passion, as John was quickly finding out. Before the week was out, Marlene had gone down the steep 5,500-foot slope near their hotel at least twice daily. John was lucky to handle the gentle, 500-foot beginner's slope.

All too soon, the week was gone and they found themselves climbing on board the Berlin express. It was back to the nightly blackouts, bombing raids by the RAF, and preparations for going to war with General Rommel's command staff. John's orders specified he would be sent to Tripoli, Libya, some time in January with a scheduled arrival in February. Of course, all of that information was secret and the only thing he could tell Marlene was that he would be leaving soon. There would be no good-byes as the actual time of departure was known by only a few; the entire DAK would slip out in convoy fashion from Wunsdorf, load into a train and be sent to Marseilles, France, the Mediterranean port city in the south. Rommel and his immediate command staff would fly to Tripoli from Berlin, with all units scheduled to arrive in North Africa about the same time.

Cindy Krauss sat in disbelief as she watched her grandfather tell the story about how he spent the Christmas holidays of 1940. She had almost not heard anything about the DAK being moved to Libya. She was dwelling upon that winter sojourn in the Bavarian Alps.

"So, Grandpa, whatever happened to Marlene?" Cindy asked in a rather coy fashion. "I mean, you just didn't leave her without saying good-bye, did you?

Where is she?

The old man was gazing out the window. A smile was beginning to form about his lips. He slowly turned toward her, looking her straight in the eyes.

"She's in the other room, taking a nap," the old man replied.

"Oh, my god, Grandpa? Marlene is Grandma Harriet?"

John Krauss shook his head with a smile.

"Harriet is her middle name. Years ago she began going by that name because it sounded less German," he explained.

"Whoa. How did she get here? I mean, you're leaving a lot of the story untold," Cindy protested.

"No, dear, I have just begun to tell my story," he smiled. "You'll just have to have a bit of patience. I've been holding it for a long time, so you can wait for it to unfold as I tell it, okay?"

Cindy just sat on the edge of the couch like a school girl who was about to learn a long-held family secret.

"As I told you earlier, not even your father knows any of what I've been telling you. I trust you'll be able to put this down in writing so that everyone will know what really happened and why. You should have a 'best-seller' when you're through."

All Cindy, the granddaughter, the journalist, the listener, could do was nod her head in agreement.

And, "Ohhhhhh, my god!" was all she could manage to utter.

Chapter
12

John Krauss resumed telling his story to Cindy, explaining that there were a number of reasons why this particular family secret had been kept from nearly everyone.

"I don't want to get ahead of myself in telling this story, but, suffice to say, I was a German POW who escaped in 1943, and all these years I have feared being discovered," he told her. "But, now, more than half-a-century later, what's anyone going to do about it?"

"You're not telling me a lot about the war itself, Grandpa. How can I write your story if you leave out what was happening on the battlefield?

"Well, I wasn't on the battlefield while I was in the German army," he replied. "My story is more about the behind-the-scene happenings. If you want to know about the battles, go to the history books. There have been plenty of them written since the war. What I'm telling isn't in any history books. Very few people know what I know, and few of them are still alive to tell it."

"How did Grandma Harriet get to this country?" Cindy asked.

"Well, that's a story in itself, which will come later," he replied. "First, let me tell you about North Africa."

John explained how he was concerned for Marlene's safety while he was in North Africa. He did the only thing he knew and that was to approach Colonel Zeis. He stopped by his Wunsdorf office.

"Herr Colonel, I would like to ask a very big favor of you," John began one evening before the DAK was to leave for Marseilles.

"Sure, sergeant, what is it?" Zeis replied.

"When I return from North Africa, Private Hink and I plan to be married, but until I return, I'm concerned for her safety here in Berlin," John explained. "The nightly bombing by the British could put her in danger. Is it possible to have her assigned somewhere else, outside the city?"

Zeis looked a bit taken aback by John's admission. He sensed there was more to John's concern for her safety other than bombing raids by the RAF.

"She's no more in danger than any other German civilian or soldier in the city," Zeis replied.

"Yes sir, I realize that, but I would feel much better if she were assigned to a unit somewhere in the country, away from bombing targets," John pressed. "It would give me a great deal of relief to know she's not having to go to a bomb shelter every night."

Zeis studied John's face for a few seconds.

"I'll see what I can do, but I won't promise anything," Zeis said.

"Thank you, colonel, I do appreciate it," John assured.

"By the way, Krauss, do you ever hear from our mutual friend?" Zeis added.

John knew exactly what the colonel meant and at whom he was hinting.

"Nothing, sir," John replied. "I really don't ever expect to see or hear from her again, I'm sad to say."

"So am I, sergeant, so am I," the colonel said as he returned to reading a report on his desk.

The train trip to Marseilles seemed to take forever, although it was only three days. John and Werner were riding in the general's command car, accompanying his personal effects such as uniforms, books, charts, and maps. The general and his three top advisors would take off from Berlin's Templehof Airport and fly to North Africa and would be waiting for the Afrika Korps in Tripoli when the flotilla of cargo ships arrived in the Libyan port city in February.

John thought the train trip was long and boring, but waiting for all of the equipment and men to be loaded onto the ships in the Marseilles harbor took nearly a week. It gave John and Werner time to see the sights of Marseilles.

"Have you ever eaten bouillabaisse?" Werner asked as the two rode a cab into the city.

"No, what's that?" John asked.

"Ah, my friend, when you're in Marseilles, you must have bouillabaisse. In Marseilles, they make the best in the world," Werner replied.

"What is it?" John prodded.

"Well, it's sort of a fish soup with lots of various different types of seafood," Werner said, attempting to describe the soup without turning John's stomach.

"I'm a meat and potatoes guy," John said. "I'm not much of a fish eater."

"Ah, you'll love bouillabaisse," Werner insisted.

Technically, Marseilles and much of southern France is under the control of the Vichy government, which is a puppet state set up to collaborate with the Germans after the fall of the French Republic. While Marseilles is supposedly friendly territory for German soldiers, it was clear to John and Werner that there was just as much hatred for them here as there was in Paris during their leave.

As they sat down at an outdoor café to order lunch, Werner began reading a pamphlet about the local tourist sites.

"Did you ever read Alexander Dumas' book, 'Man in the Iron Mask,'"

Werner asked.

"Sure, when I was in high school. It was required reading in Mr. Stamps' literature class," John replied.

"Would you like to see where the guy was imprisoned for all of those years?"

"Here? In Marseilles?" John asked.

"Yes. You remember that little island in the middle of the harbor?" Werner inquired.

John nodded his head that he remembered. When the waiter came to their table, Werner told him they wouldn't need menus, just two bowls of bouillabaisse.

"That little island in the harbor is called Chateau 'd If, and historians say it's where many prisoners went insane, locked away for years," Werner said. "As the story goes, it was where the French kept the 'Man in the Iron Mask.'"

Minutes later the waiter reappeared with two huge, steaming bowls.

"This stuff looks horrible," John uttered.

"Ah, no, this is wonderful," Werner argued. "Dig in."

"What with? I don't have a net," John countered, slowly picking up what appeared to be a claw from a lobster or crab. "Aw, shit. This stuff is terrible."

Werner roared with laughter as he began sucking on a crab leg.

"Hey, this character is looking at me," John exclaimed, pointing at a fish head floating in the soup.

Just as they were attacking their food, John with some apprehension, and Werner with great zeal, Colonel Zeis came up to their table to inform them they would be flying out for Tripoli that evening.

As members of Rommel's personal staff, John and Werner were flown to a Luftwaffe airfield outside of Tripoli, where the general was waiting for them. He was in anticipation of the convoy carrying his beloved troops and panzers. Rommel wasted no time in organizing the unloading procedures, and once the ships arrived at the port of Tripoli, the general was on hand, personally directing the unloading process.

John and Werner's task was considerably harder. They were to locate quarters the general could use as his retreat from the fighting. This North African war would be different than the Battle of France. Rommel would be spending days at the front, only retiring to his private compound for a day or a few hours at a time. A compound was what was needed, but finding just the right facility was the trick.

The Italian commander in Tripoli was able to help. An Italian officer took John, Werner and Colonel Zeis to a number of facilities, but one in particular, a sprawling, walled compound outside of Tripoli, located near the beach and overlooking the Mediterranean Sea, was the one all three agreed would be the best available.

The home, which was owned by a tribal sheik, wasn't perfect, but it was private, big and defendable. The sheik was only too happy to make it available to the Germans -- for a price, of course. The colonel reckoned the home would take a staff of 10 to maintain, plus two platoons of soldiers, which could be housed in servants' quarters, all within the 10-foot walls surrounding the two-story house.

Werner would, of course, be in charge of the kitchen; John would have a staff of enlisted personnel to keep the house in order. And, as before, he, alone, would see to the general's personal needs.

After four days of unloading of troops, equipment, and supplies, the DAK assembled in an area near the Luftwaffe base. Ironically, all of the convoy had been able to slip pass British and American warships patrolling the Mediterranean. The general was anxious to move out and begin chasing the British into Egypt, but organizing more than 100,000 men, equipment and their logistical support, took time. While this effort was under way, Rommel took a few hours off to visit his new private quarters.

"Magnificent," he remarked upon walking into the foyer of the mansion.

"Wait until you see the ocean view from your private quarters," Zeis told him.

"You and your staff have done a remarkable job, colonel."

Dieter was obviously pleased as he escorted the general through the sprawling home, first on the main floor, then upstairs to the private quarters, which would be seen only by the general and invited guests. John, of course, would be in charge of the second floor, making sure everything would be to Rommel's liking.

"There's an adequate wine cellar below," Dieter pointed out. "It should come in handy for your command staff celebrations after we chase the British back into Egypt."

Rommel did not comment, but a faint smile was detected. And, as the general continued strolling through the mansion, he asked Werner to prepare soup and sandwiches for him and his staff before they headed back to the troops.

"It's already done, Herr General," Werner said, smiling and clicking his heels.

"Good man, sergeant. You're better at reading my mood and wishes than my wife."

He began to walk upstairs, then turned.

"All right, sergeant, when do you think I'll want a good spread of roast leg of lamb?"

Werner again snapped to attention and replied: "The first evening Herr General plans to be in his quarters I'll have a complete feast prepared for him and as many guests as he so directs."

Rommel now was smiling. He then turned to John.

"Sergeant Krauss, have you sorted through those new tropical uniforms?" the general inquired.

"Yes, Herr General," John replied. "They are in your private quarters, organized as you like them."

"I suspect that my leather long coat will come in handy against the harsh wind during the Libyan winter months, so keep it handy, will you?"

John acknowledged the command and followed Rommel upstairs. The general seemed very pleased with the way John and Werner had arranged the second floor for the general. The master bedroom, of course, would be Rommel's private quarters; the other four bedrooms had been converted to various accommodations for him and his staff. One became a small conference room; another served as a code room for dispatching and receiving secret messages from General Headquarters in Berlin; the third became a small private dining room for the general and his immediate command staff of four or five. The fourth room served as a map and planning room, where Rommel and his staff could plan their battle and attack strategy.

A spacious walk-in linen closet at the end of the hallway became John's private quarters. All of the rooms were wired for an intercom that connected to John's room, as well as the downstairs kitchen and main dining room.

Duty for John and Werner, and to an extent, Dieter, would be dramatically different in Libya compared to Europe. Rommel would use his compound as a retreat from the battlefield. He would work and sleep near the front at his command headquarters, which moved almost daily, retreating to his seaside compound near Tripoli when he was able. The compound was not only an armed encampment, but surrounded and protected by 300 hand-picked infantrymen.

At first, the general was back at his compound nearly ever night, dining with regimental and division commanders. Werner and John were kept busy day and night preparing for such occasions. This lasted only a week, then, when the DAK was organized, Rommel went on the attack, chasing the British 8th Army. The DAK surrounded the British at Tobruk, laying siege that resulted in their collapse.

For the next seven months, the two armies chased one another back and forth across North Africa. Rommel's reputation of maneuvering his Afrika Korps became legendary among the British, who dubbed him "The Desert Fox." Just when British commanders thought they had the general and his forces cornered, Rommel would pop up miles away and on the attack, catching the 8th Army off guard.

Rommel's primary directive when sent to North Africa was to rescue of Marshal Bariboldi and his Italian forces that had been losing ground to the British. While Egypt was under British control, Libya had been an Italian stronghold, but the British had forged their way as far east into Libya as Tobruk.

The DAK consisted of two divisions: the 5th Light Division and the 15th Panzer Division. Although Hitler had directed Rommel not to take any offensive action against the British until May, the DAK had barely cleared the docks in Tripoli when he sent his forces eastward to engage the British. On

March 24, Rommel and his DAK had their first engagement, blocking El Agheila, a position the British had abandoned.

Rommel used his DAK's superior mobility by splitting his forces into three battlegroups, driving along the coast and inland toward Egypt. The general personally orchestrated this new type of warfare from overhead in one of his Fieseler Storch scout planes, which he had the pilot land frequently alongside his columns, personally urging his officers and men forward.

Rommel created a force of what he called "Panzerwaffe," or tank weapon, which consisted of a large number of tanks and mobile anti-tank 88-millimeter guns, as well as stationery 88s. Together, this force won many battles, but more importantly, they were able to maintain the battlefield after the British had retreated, leaving behind all of the valuable damaged vehicles from both sides to pick spare parts from. This would later prove to be a critical effort, as supplies from Germany ceased due to the superior strength of the Royal Navy and Royal Air Force patrolling the sea-lanes.

As spring turned into a blistering, hot summer, the DAK kept the 8th Army on the defense. The British made a number of attempts to break the siege of Tobruk, but each failed because the British commanders drastically underestimated Rommel's cunning ability and his troop and equipment strength. He had put the Italians in charge of the Tobruk siege and proceeded to chase the British east out of Libya. Rommel's goal: chase the British across Egypt and gain control of the Suez Canal.

While Rommel was at the front, which kept moving back and forth almost on a daily basis, John and Werner kept his private compound humming with activity. Colonel Zeis usually was the senior officer in charge, occupying one of the rooms on the first floor. Next to Dieter was a smaller room, formerly used by servants, that Werner used for himself, which was closest to the kitchen. The other personnel, both household and armed guards, lived in back of the compound. Surrounding the walls were infantry guards on a 24-hour basis. A small airfield was carved out of the desert adjacent to the compound to accommodate Rommel's Fieseler Storch two-seat scout planes. The general could be dressed and into one of his planes, headed for the front within 10-minutes notice.

General Rommel cut quite a figure wearing his long, black leather jacket and his military cap with desert goggles on its bill. He was never without his ubiquitous three-foot swagger stick. Rommel wasn't a particular handsome man, but he certainly cut a handsome figure in any uniform he chose to wear. John thought many times that Rommel was the picture of every young boy's dream of a military hero. He was a figure that not only his own men admired and respected, but the British, his enemy, regarded him as some sort of super man the way he would outmaneuver them, chase them, then outrun them when being chased. Either Erwin Rommel was a super figure, or the luckiest man in the desert.

Although there were private moments in the late evening when Rommel would share with John and Werner as he did in France, they were infrequent. The general would be gone for days at a time, sometimes more than a week. The only evidence of war for those in Rommel's compound were the faint distance sounds of the big guns. On a dark, moonless night, one could see the flashes from the cannons far off in the distance.

Dieter had been true to his word. He had kept John and Werner out of the war as much as he could. Their service was honorable, albeit without placing themselves in harm's way. During those long, quiet hours, which stretched into days of little or nothing to do around the compound, John's thoughts would bounce between Greta and Marlene. Were they safe? Would he ever see either of them again? Though he would never mention anything to him, John never forgot what Greta had said about Dieter's clandestine role to oust Hitler. Where did that stand? Had Dieter dropped all of that dangerous activity now that he was serving Germany's most celebrated hero? Somehow John figured Dieter was not the sort of man to abandon that sort of ambition.

What was Greta up to? Was she still working for British Intelligence? Maybe she was back on the European continent raising havoc with the Nazis? There was no way to know, and John figured his chances of ever being in England to find out were slim to none.

Mail delivery was sporadic, but John was able to get letters back and forth between him and Marlene. Werner, of course, could not communicate with his wife in New York, nor could John with his parents in Nebraska. Even if he could communicate with Greta in England, John wouldn't for fear of reprisals from the Gestapo. In her latest letter, Marlene reported that work at the Medical Supply Depot was on a 24-hour basis and she was working 12-hour shifts, six-days a week, with the threat of going seven days as the Eastern front in Russia worsened. Rationing in Germany was much worse, with meat products and petroleum being hardest to get for civilians.

"We're all sacrificing for you," Marlene wrote. "Horst has had to stop offering hamburgers at the Chicago Hofbrau because meat is too hard to get."

As he did in France, John kept a daily log of the events in Africa, but only when the general was present at the compound. Rommel's vital signs were continually monitored, as well.

Nov. 1, 1941 ---- The general has developed what appears to be a chronic cough and sneeze. The desert air doesn't seem to be agreeable to Herr General. If his cough persists, I fear they'll have a specialist called in for consultation with the general's personal physician."

Rommel already had made two flights back to Germany during the long, hot North African summer. Unbeknownst to the general's command and intelligence center, a clandestine operation against the compound was being planned by British commandos, who would be dropped off by submarine just off shore along the Libyan coast.

Luckily, Rommel was back on the European continent convalescing from what was diagnosed as a "chronic diphtheria of the nose." The British didn't know of the general's absence when the assault was made.

The British commandos attacked early in the morning on a moonless night, killing a dozen guards around the compound and causing considerable damage to the living quarters. John and Werner had gone into Tripoli overnight because of the general's absence. When they returned the next day, Dieter, who had survived the attack, was directing new troops in building additional fortifications around the compound.

"We must never allow anything like this to happen again," Dieter said as the three friends gathered in the conference room. "Thank god Rommel wasn't here."

Some 30 of the DAK's best soldiers were killed during the British penetration.

The attack on the compound proved to John and Werner just how successful their general was in the field. The offensive action told them more about how dangerous Rommel was to the British than any reports they had been getting from their own troops.

Two days after the attack, Rommel returned to Tripoli to resume his duties.

Nov. 18, 1941 ---- The Italians encircling Tobruk were attacked by heavy German reinforcements in what the British called "Operation Crusader." This would be the first time Rommel would have to retreat since being in North Africa. Herr General directed his panzers to fall back to Gazala.

Rommel seemed more intense and irritable since returning from Germany. He had had an audience with the Fuhrer, and apparently, it had not gone well. The general had insisted upon a better stream of supplies, especially fuel and ammunitions, but he sensed that Hitler was losing interest in North Africa and was concentrating on the war with Russia.

To placate Rommel, Hitler elevated him to the rank of "Field Marshal" during his trip back to Germany. While the general appreciated the gesture, he realized it was an obvious attempt to change the subject of supplies to North Africa. Rommel told Dieter he'd gladly give up the honor of being a "field marshal" in exchange for a month's worth of petrol and a division of Panzer IV tanks.

One glaring thing bothered Rommel about his meeting with Hitler. Now it was impossible to have a private audience without the presence of either Martin Borman, Hitler's personal secretary, or Heinrich Himmler, head of the SS, or both. It was no secret neither man liked Rommel. The general was a product from the old Prussian military aristocracy; Borman and Himmler were not-very-successful men off the streets who had joined Hitler's early Nazi movement in the '30s. Only ReichsMarshal and Luftwaffe chief Hermann Goering stood between them and Hitler in the Nazi pecking order.

It was obvious that Borman and Himmler, who had risen to be such powerful figures, were jealous of anyone who had accomplished success by working up through the ranks in the Wehrmacht. They were particularly jealous of the many headlines Rommel was garnering around the world for his daring exploits in the North African desert. They were, indeed, wary of The Desert Fox.

"Those two are nothing but a couple of thugs -- clowns, if you will," Rommel would rave in private during the late evening hours. "The Fuhrer should get rid of them. The decisions he's making now are all wrong. These directives are not him, I tell you."

The general was always careful not say such things within earshot of anyone other than John, Werner and Dieter, his trusted, private inner circle. While it was fairly assumed that the Gestapo and the S.S. had little interest in the DAK, there were still radical Nazi elements within the ranks. Caution was the best policy at all times. As easy as it would have been, John maintained silence about his background, seldom speaking English outside the presence of Werner and Dieter, and then, with an accent, not letting anyone know his true origin.

Dieter would quietly suggest that Hitler was insane and not capable of directing a war. Rommel wouldn't hear such talk, arguing that the Fuhrer was simply under a lot of stress because of Russia. Still, there was that look in the Field Marshal's eyes that told John and Werner that Dieter may have hit a nerve of truth with Rommel.

The first shipment of equipment for the DAK consisted primarily of Panzer I, II, & III, with a small number of and Panzer IV tanks. There were various types of assault guns, tank destroyers, and anti-tank guns, such as the 88 millimeter cannons. Rommel liked to use the Panzer III and Panzer IV tanks because of their speed, and these proved most effective during blitzkrieg. One thing was certain: Hitler would never send Rommel and the DAK the latest weapons in the Wehrmacht arsenal.

Although the Germans would be using somewhat obsolete armored tank equipment in North Africa, the British were woefully equipped and poorly armed with their Cruiser Mark I, II, III, and IV tanks. Only British-made Mark III Matildas and Mark IV Churchills were a match with their 40-millimeter guns and thick armor. The British also were supplied with American tanks like the General Lee and Sherman tanks.

Despite the fact that John was in the middle of a war working for the leader of a powerful assault force, his position as valet and personal assistant to the field marshal was an insulation from combat. In fact, like in France, John and Werner came in contact with mostly high-ranking officers coming to meeting with Rommel. The only enlisted men were those guarding the compound and serving in various positions inside the facility, such as the clerks to assist Colonel Zeis, and the communications technicians who kept the field marshal in contact with his commanders in the field and with General Headquarters in Berlin. While it was difficult at times, John continued to keep his interactions primarily between Dieter, Werner and the field marshal. No one, to John knowledge, was aware that he was an American or that he even spoke English. Dieter had cautioned John and Werner about making friends with other soldiers, particularly enlisted men, because of their position of service to Rommel.

"There will be attempts to ask for favors or information from the men, maybe even some officers, but resist it," Dieter had told them. "Do your jobs well and you'll be protected. It'll be like you are in a different organization than the rest."

Rommel was the sort of leader that soldiers would follow anywhere. His reputation of leading his troops in the field spread to both sides. The British continued to plot for his capture or his assassination. On one occasion, Rommel and his driver and two aides drove right through the British lines, circling around and arriving safely back to his own troops. His own staff car had been damaged, so he confiscated a British command car among the equipment left behind as the 8th Army retreated. It served him well until a new Mercedes could be found.

Around the dinner table that evening, his officers got a hearty laugh about the incident, but Rommel said nothing. He simply smiled, seeming pleased that the event put his commanders in such good spirits.

Rommel was elusive, as was the "Scarlet Pimpernel" from their own literature. Those British, "they looked for him here, they looked for him there, they looked for him everywhere," but alas, Rommel always was able to elude capture. He truly was wily as a fox.

In her latest letter, Marlene wrote John that she was being transferred to a hospital near Kassel. She didn't know why, but she looked upon it as a better assignment than being in Berlin. Marlene was pleased that she'd be able to do work closer to what she wanted -- a nurse. John smiled and realized that Dieter had been able to help. Nothing was ever said, but John knew that his friend, the colonel, was behind Marlene's re-location.

In her letters, Marlene always reminded John with fond recollections of their week together on the ski slopes in Bavaria. He wasn't sure it was love that he felt for Marlene, but he reckoned it must be because he had never really felt this way about anyone else -- not even Greta. Then, again, his experiences in such matters were rather limited.

Knowing how devoted the field marshal was to Frau Rommel, one evening after dinner, John struck up a conversation with the general about matters of the heart.

"Herr Field Marshal, how did you know you were in love with Frau Rommel?"

Rommel had been quietly reading Plutarch's historical account of Alexander the Great's battlefield exploits in defeating Darius and the Persians. Upon hearing the question from his valet, Rommel look up as John was arranging the field marshal's uniforms. He smiled at the young soldier with a somewhat puzzled look before putting down his book and answering.

"Well, sergeant, it isn't always easy to know about such matters."

Rommel was known for his brevity when speaking. He was direct and to the point.

"Frau Rommel and I have been together for more than 20 years. One doesn't always know. I suppose it is a feeling. Love is more of an understanding between a man and a woman. Many times words are not so necessary."

John had known the general for nearly a year, but for the first time, the great man was showing a side few would ever know. Rommel took a sip from the glass of wine he was holding and looked off into space.

"Do you miss your wife, sir?" John dared to ask.

"Of course. Being so far away from your closest confidant always makes one a bit melancholy. I've been fortunate to spend so many years in the service of the Fatherland and not being separated that much from Frau Rommel. She always has been of great comfort to me, and she's a wonderful sounding board for my thoughts and ideas."

Rommel continued to sip his wine. Then he turned to John from his faraway gaze.

"Do you have someone special back in Germany, sergeant?"

"Yes sir, I do. She's a corporal in the army. I met her at the Medical Supply Depot before I joined your staff, but she's recently been transferred to a hospital outside of Kassel."

"Ah, Kassel. A wonderful city," the general replied. "Did you know that many of our tanks are built there?"

"No sir, I didn't know that. I didn't realize Kassel was an industrial center." John got a worried look on his face that Rommel couldn't help but notice.

"Is there something wrong, son?"

"Well, sir, it's just that I was hoping Marlene, er, I mean the corporal, would be a bit safer from British bombers if she were away from Berlin, but they'll, no doubt, know the location of armament factories and try to hit them."

"My friend, I don't think anywhere in Germany is going to be safe from now on until the end of the war," Rommel reckoned. "It is going to be a long and costly war, I fear, and Germany will pay dearly for what we have done."

The two men sat in silence, saying no more. Rommel finished his glass of wine and retired to his bedroom. John got up and finished with the field marshal's wardrobe and left for his room.

Now, he was even more worried about Marlene. He thought it ironic that he should be worried. After all, he was so near the fighting, yet people back in Germany, friends, and especially Marlene, were so vulnerable to the bombs of the RAF. John felt safe -- safer than if he were in Germany.

145

Chapter

13

"Tell me something, Grandpa," John granddaughter asked. "What was Germany doing fighting a war in North Africa?

Often the facts and historical significance of events fade as the years cram in between when they occurred and today. In many schools, World War II gets maybe a page or two in the history textbooks and details are non-existent.

"Well, it could be summed up very simply: oil and the Suez Canal," the old man replied.

John went about explaining how Italy had been in Libya since before World War I, but its aggressive moves east into Egypt in attempt to defeat the British and capture the Suez Canal got them into trouble.

"Mussolini asked his old friend Hitler for help and that's when the Afrika Korps was formed," John continued. "Of course, the pursuits in Russia and the oil fields they controlled near the Black Sea was of more importance to the Fuhrer. North Africa ended up being the sideshow of the war. A lot of men on both sides died or were badly wounded.

"Still, if I hadn't have been in the DAK, I might not be here today," he said, smiling.

John continued by telling Cindy of Libya, a northern Africa land about which most Americans know little. While most think of Libya as one big sand dune, the coastal areas are quite fertile. The first people to settle along the coast of North Africa were the Berbers, who can be traced back as far as 2000 BC The Berbers were nomads, who controlled the caravan routes across the Sahara Desert. Today, the Berbers still live in Libya's southern regions.

Somewhere around 1000 BC, the seafaring Phoenicians came from the East and founded the port of Cartage, which was located just west of where Tripoli is today. Cartage was a powerful city state, which ruled much of the North African coast by 500 BC Some four hundred years later, around 100 BC, the Romans conquered the area, making North Africa part of the Roman Empire. Being the good businessmen they were, the Berbers continued to thrive and maintain their independence by paying taxes to Rome. As Rome declined in power, the Arabs invaded the area, introducing their language and Islam. By the 15th century, the Ottoman Turks conquered North Africa, creating a haven for pirates. In the 1800s, the United States decided to end the piracy by wiping out the pirates.

"You're reminded of our involvement in North Africa's history when you hear the Marine Corps Hymn sung, '...to the shores of Tripoli.'" Grandpa John explained. "Back in 1911, Italian naval forces brutally conquered Libya by attacking her major seaports, finally making it one of their foreign colonies. The Italians killed or imprisoned thousands of Libyans.

But, the Libyans never accepted defeat and many of them fled into the hills where they hid out in between raids against the Italian invaders. In the days following World War I, Libyan freedom fighters were led by teacher named Omar Mukhtar, who outwitted and out ran the Italians for some 20 years. In 1931, Mukhtar, who by that time was an old man, was captured and hung as 20,000 of his countrymen watched.

"He was known far and wide as 'The Lion of the Desert,'" Grandpa John said.

When Mussolini sent his henchman, Rodolfo Grasiani to Libya to quell the rebellious Italians. El Duce, as Mussolini was known, had one motto when it came to the Libyans: "If you are not with me, you are against me!"

Grasiani was convinced that the only way to control Libya was to kill have of the male population of the country.

"The Italians killed more than half of all the males in Libya before the Allies defeated them and the Germans during World War II," Grandpa John told his granddaughter. "The Italians beat the Germans to the concentration camp game."

Grandpa John told how the Italian army built concentration camps that housed thousands of Libyans long before the first German concentration camps were built in the 1930s. Life in the camps for the Libyans was horrible with thousands dying of starvation. Approximately 55 percent of the Libyans held in the concentration camps died.

"Didn't the world know about what was going on?" Cindy asked.

"Well, some newspapers in Europe and the United States did write about the inhumane treatment of the camps during the early 1930s, which resulted in the Italians giving the Libyans more food, but it was a case of too little, too late."

"Libya has hundreds of Roman archaeological escavation sites," John said. "Over the years, more than 200 Roman wells, which continue to produce water, have been uncovered in Libya," he continued. "The Germans and the Italians were defeated in 1943, and Libya remained under Allied control until long after the war. It 1951, before Libya finally became an independent nation."

Chapter
14

"The only real combat I saw during all of World War II was in Libya," Grandpa John told his granddaughter. "Yes, I saw other action, but the real horror of war stared me directly in the face on the sand dunes of North Africa."

Cindy stopped taking notes, reaching over to put her hand on the old man's knee. She could see that ancient memories were rushing back to haunt him.

"I nearly got the field Marshal killed, or, at the very least, captured," he continued. "For the most part, thanks to Dieter and the field marshal, I was pretty much removed from the war. My post was taking care of Rommel's headquarters and residence, which was, by necessity, far removed from the battlefield. At time, as much as 50 miles; other times, as close as only 5 miles."

It was February of 1943. Supplies were running short, and the war in North Africa had definitely turned against the DAK.

John didn't remember the exact day, but early one morning, Rommel announced that he must get a closer look at the front lines. The Germans were running short of fuel for the tanks, and food supplies were dwindling fast.

"It is no longer a fight for real estate, my friends," Rommel declared. "Now, it's a fight for survival. We must have supplies or we shall surely perish."

The field Marshal wanted the fastest command car at his disposal for the scouting mission.

There was a particular command car that closely resembled a British vehicle. In the shadows or the dusk of night, the silhouette of the big German vehicle looked very much like a British command car.

On that particular day, Rommel's regular driver was recuperating from wounds received the previous week. John told the field Marshal that morning it would be an honor to drive Rommel to the front that day.

As the general got dressed that morning, John began pleading his case.

"Correct me if I'm wrong, but you've never been in the field, have you?" Rommel queried.

"No sir, I haven't. That's why I'd like to go," John replied. "And, besides, I'm about the only enlisted man who can drive your car, unless you want to pull someone out of battle to do it."

John was familiar with the huge Mercedes limousine convertible, having driven it to and from the motorpool for servicing, gas, and repairs.

"I'll talk with Colonel Zeis about this before I make a decision," Rommel grunted as John placed the field marshal's coveted Iron Cross around his neck.

Dieter was less-than-thrilled with the prospect of John going so near the front. The Nebraska lad had never received any formal training, and, other than a pistol, had never fired a weapon. But, John had a good point: could anyone be spared to drive, unless an officer were given the task.

Driving the command car was similar to that of a truck. It had double rear wheels for added traction and handled badly. Anyone unfamiliar with driving it would have a difficult time. John really was the only one who really could do the job.

"Alright, sergeant, you have the job," but it's only for today," Rommel said, with some reluctance in his voice. "We shall leave immediately."

It was a gray, windy day. The staff meteorologist reported the possibility of sand storms. Goggles were definite necessities on this day. John insisted the general take along a mask to filter the desert air. Rommel's health was continuing to decline and John was convinced it was the desert that was making him sick. He had devised a mask similar to that of a surgeon, only heavier, for the general to wear when the air was less than pristine.

As a precaution, John took the Nazi flags off of the front fenders.

"There's no sense in making a target out of us, is there sir?"

Rommel smiled, shaking his head in agreement. Dieter would be going along, plus one armed guard, a private, who rode in the front seat beside John. The small machine gun gave some comfort. Still, one mortar or tank cannon round from a British gunner could easily blast the car from existence.

As the big vehicle sped closer to the front lines, the sound of big guns grew louder. Rommel directed John to follow a road that took them around most of the action, past a battlefield of a few days ago. Not since the scene in Poland back in 1939, had John seen such slaughter. Burnt corpses lay near hulks of tanks, trucks and gun emplacements. He tried not to look at the carnage, but it was hard to ignore. John noticed in the rearview mirror that Rommel, too, was moved by the scene.

"Why were these bodies not removed from the field," Rommel said in a demanding tone.

"Sir, we haven't had a chance to get out here," Dieter replied. "We've been able to hold off the British, but we don't have the manpower to release from the front to take care of this."

"These brave souls, both ours and the British, deserve better," Rommel declared. "See if we can't do something about it."

The scene was horrific. Decapitated bodies were everywhere. Some could be identified as either British or German, but many could not. John spied at least a half-dozen separate encounters of individual soldiers seemingly embraced in death. Each had died at the hand of the other, evidencing heavy hand-to-hand combat.

John reckoned this particular battle was won by the DAK, but it was hard to tell for sure. The only indicator of success was the fact they were able to drive through this particular field unmolested.

The sounds of war were getting closer once more. The huge command car was passing alongside several batteries of "88s," which were constantly firing toward the east where the British were dug in.

At around 10 a.m., Rommel ordered John to stop at one of the forward command posts for consultation with his field commanders.

There were two things John realized that history books cannot convey about war: the noise and the smell.

The noise from the constant gunfire, both small arms and heavy artillery, at times, was deafening. The smell of death was everywhere. The wind, which was picking up, didn't help matters because it was coming from the south, pushing the stench of the battlefield they had just passed through back upon them.

The years soften the sounds of war, but not the smell of war. The aroma of dead and decaying bodies never leaves. Once experienced, never forgotten, immediately recognizable, sickenly so.

Back in the car, Rommel directed they proceed closer to the front. John began to shake inside. Not completely out of fear, but from the unknown. It was that same feeling he had the first time he made love. It was the unknown that excited and disturbed him all at one time.

During the next stop at another command post, John went behind one of the ammunition piles and vomited. He had been able to compose himself as he passed through dozens of dead bodies, but as they moved nearer to harm's way, the excitement was too much for his stomach. He wasn't sick, but he might as well have been. The results were the same. Breakfast didn't stay down, and he had no desire for lunch.

After leaving the second command post, Rommel directed John to drive to the east and north. They passed a number of troops, who were dug into shelters. Machine guns were at the ready while the "88s" continued their bombardment of British positions. Suddenly, as the car reached the top of a hill, tanks appeared ahead of them. It was the most tanks John had ever seen. There must have been at least 100 or more. They all had their big 88 caliber cannons pointed toward the east. Several were firing, others were maneuvering to other positions. In the far distance, British tanks could be seen doing the same.

Explosions were landing around the tanks. Every so often, a British round would land a direct hit, causing the German tank to either explode or burn.

Unless it was a direct hit, however, the German tank often was able to continue the fight. A German Tiger was superior in size, armor, and armament to anything the British or Americans had.

The entire scene looked to John like a big snowball fight he and his friends used to have back in Nebraska after a big snowfall. Only, instead of snowballs, these weapons of war were lobbing deadly shells that destroyed nearly anything they hit.

At Rommel's direction, John headed the big car toward the sea, then back east. The gunfire seemed to grow distant. Were they leaving the front? John hoped so, but he had the feeling they were not. His stomach was still quivering with excitement. Luckily, there was nothing left in his stomach to extract.

Suddenly, the car cleared another hill and more tanks were lined up, each firing in rapid order, some being hit by return fire. It then hit John that these tanks' big cannons were pointed west.

"My god, sir, we're behind enemy lines," John exclaimed.

"Aren't you glad you removed those damned flags," Rommel said, almost laughing. "Just keep going the way you are, sergeant. I'll tell you when to stop."

Suddenly, they were driving right through the middle of a detachment of British troops. Most of them were dug in, lying on the ground, rifles at the ready. One of the sergeant stood up, saluted smartly as Rommel's car passed by. The field Marshal returned the gesture with his swagger stick.

"They think this is a British command car," Dieter blurted. "Why else aren't they firing at us."

Rommel had a stern look as the car sped on. John was really nervous, but he kept the vehicle moving as directed. They were going exactly 45 kilometers an hour; John would never forget looking down at the speedometer at that time.

In the side rearview mirror, John noticed the British sergeant moving around frantically, jumping up and down. Evidently, he figured out who he had just saluted.

"Slowly make a wide turn to the right, sergeant, and let's head back before these Limeys figure out this is not General Montgomery," Rommel ordered.

John was happy to comply. Soon, they were back over the hill, and the gunfire was subsiding once more.

Soon, the car was passing by the familiar German tanks with the black iron cross painted on their gun turrets.

Around the dinner table that night, the field Marshal was having a ball, telling about the day's adventures. Werner had prepared a grand meal, which John was serving. His hands were still somewhat unsteady, a fact that didn't go unnoticed by Rommel as his valet poured the wine.

"Our young friend got his battle christening today," Rommel declared, holding up his glass, looking at Sergeant Krauss. "I must say, he did an admirable job of driving my command car. Would you like a new job, Sergeant?"

John paused, then continued pouring the wine to Rommel's command staff.

"No sir. I'd prefer to remain at my duties here, if you so desire," John replied.

The entire room erupted in laughter.

"What's all of the laughter," Werner asked as John came back into the kitchen.

"The field Marshal suggested that I might be re-assigned to new duties, but I declined," John replied.

The end of the Deutches Afrika Korps and its campaign came rather suddenly, John thought, even though it had become evident months earlier when the flow of supplies from Germany gradually stopped.

The battle for North Africa officially ended on May 13, 1943, with the surrender of German and Italian forces of the Afrika Korps.

Between January 1941 and May 1943, a total of 260,000 German troops were committed to the North African campaign, with 18,594 killed, and another 3,400-plus listed as missing-in-action.

Years later, John would look back upon the North Africa campaign as being one of few military efforts Germany could be proud. Thanks to Field Marshal Rommel, German and Italian forces conducted the campaign in a chivalrous manner against the Allies. British and American troop reciprocated in like manner. On several occasions, tank crews from both sides had to abandon their burning vehicles and, as far as John could determine, not once were these men shot at while trying to escape certain death. This was, of course, in sharp contrast to the war along the Eastern front in Russia.

And, thanks to Rommel, the Afrika Korps was not infiltrated with radical Nazis. The SS were all but absent, and the Gestapo were kept busy on the Continent.

The real beginning of the end began in November 1942 when Rommel began his withdrawal which ultimately lead to westward to Tunisia. After the British defeated the Afrika Korps at El Alamein in Egypt, Rommel retreated back to Libya to escape total destruction by the British 8th Army. In fact, if General Bernard Montgomery hadn't been so cautious, he could have finished off the Korps before they could escape along the coastal road.

Rommel's forces were able to reach the city of Tunis before the Americans, who had landed in Algeria and Morocco. The Desert Fox continue to hound the Allies by a series of attacks in different directions, but to no avail. The Afrika Korps was quickly exhausting its supplies of gas, food, and ammunition. Despite John's constant monitoring of the general, Rommel continued to lose his health from the desert air and the pressures of battle. At near exhaustion, the old warrior was flown back to Germany in March 1943, to leave his beloved Afrika Korps at the hands of the Allies.

The city of Tunis became the last bastion for the Korps, but on May 6, 1943, the Allies launched a massive artillery barrage that allowed American and British tanks to break through the Axis lines and push into Tunis. The escape by sea blocked by Allied ships and air power, the Afrika Korps was trapped, causing its surrender on May 13, 1943.

Enough was enough. After weeks of being on the run, with little to eat, no way to take a bath or water to freshen up, the men of the DAK were ready for relief, even if it were in an enemy prisoner of war camp.

John had stayed in Africa when Rommel returned to Germany. Werner and Dieter went with him. If there would have been room on the plane, John thought he might have gone as well. Instead, he was left to gather what personal effects the field marshal left behind for shipment to Germany. It was an effort in futility, John thought. Hitler had stopped sending supplies weeks ago, and if he wasn't going to send ammunition, equipment and food to the DAK, why would anyone think a shipment of any kind would be going to Berlin?

"It was a lonely time for me," John told his granddaughter. "Not that I had much time to think about it. Still, it was the first time since 1936 that I was truly on my own."

Grandpa John recalled that he was assigned to the new command as an aide, but General von Darmstadt had little or no need for his services because he had his own valet. Most of Rommel's personal possessions were gone by the time the DAK reached Tunis. John managed to keep his journal, a few pieces of the field marshal's uniform and his swagger stick.

On May 12, the British and American guns stopped their bombardment. The next day, commanders of the DAK ordered everyone to stack what weapons they had and to march four abreast to waiting Allied troops.

"I couldn't believe it was over," John told Cindy. "What frightened me was the unknown. What would happen to me? As an American, would I be shot as a traitor to my country

Cindy pondered aloud the obvious.

"Why didn't you just tell them who you were and what happened?"

"I was scared no one would believe me," he replied. "I'm not sure I would have believe me."

The British began processing the more than 120,000, German, and at least 110,000 Italian troops, but the numbers became overwhelming.

"The British didn't know what to do with all of us, so the Americans stepped in and took about 100,000 of us, me included," Grandpa John smiled. "It was wonderful to hear the sound of that Yankee slang again."

For the first three days and nights, John and about 4,000 German troops were held in a makeshift encampment surrounded by barbed wire and armed guards. Even though it was spring, the nights were cold and the men huddled around each other for warmth. The Americans passed out water, food, bread and beans at first, then individual boxes of C-rations, and what blankets they could find.

"We could not believe such luxuries as having individual boxes of food that came in each C-ration kit," Grandpa John recalled.

The reception by the Americans was mixed. Some of the soldiers were kind and polite, while others were downright mean. Grandpa John recalled one particular corporal with a heavy southern accent.

"Ya all don't choke on this chow from Uncle Sugar, ya hear," snarled the corporal. "If it was up to me, none of ya Nazi bastards would get anything except a bullet between the eyes."

After hearing a few similar sentiments coming from the various enlisted American guards, John decided it would be wise not to reveal himself at this time. Besides, none of his fellow troops knew he could speak or understand English, let alone that he was an American.

The next several days were spent by the Allies determining who was who among the German and Italian prisoners. In particular, they were looking for members of the S.S. and Gestapo agents. Evidently the Allied intelligence was lacking in that regard. Field Marshal Rommel was adamant about allowing any S.S. troops in his command; as for the Gestapo, if there were any agents among the troops, they weren't known.

Each member of the captured DAK, as well as the Italians, were individually interrogated. Each had to strip to the waist. John learned later that all S.Sv. troops had their blood type tattooed near their arm pit. In the event of blood transfusions, the S.S., being the "elite guard," were to receive blood before any other member of the Wehrmacht. To John's knowledge, no such tattoos were found, hence, the DAK was S.S.-free.

When it came to John's turn to be interrogated, he decided to continue with his faked broken English accent, choosing not to reveal his true nationality. He wasn't sure whether he could keep up the ruse, but once the interrogation began, John found that it became easier. First, two American enlisted men checked under John's arms for tattoos. The he was ordered to sit down in front of an officer.

"Sprechens sie English," the officer began without looking up.

"Ja, I speak a little English, sir."

"Okay, what's your name, Kraut?" the young American lieutenant continued.

"Krauss, Johann, sergeant third class," John replied.

"How do ya spell that?"

"K-R-A-U-S-S. You like I should spell my given name?" John asked.

"Naw, I got it, Mac. Okay, what's your M-O-S?"

"Vat?"

"Your 'military occupation ---- your job in the army?"

"Ja, my position is that of medical aide ---- I am a non-combatant," John explained. "Sure ya are, Mac," the lieutenant grunted as he wrote down John's answers.

"It's true, Herr lieut-nant, I have never fired a gun," John insisted.

"Yeah, and I suppose you're not a Nazi, either," the American snarled.

"Nein, I'm no Nazi," John replied.

"Right, and I'll bet you don't know any, either."

"Hardly any," John replied, truthfully.

"Bullshit! Here, put this around your neck," said the lieutenant as he handed John a tag with a string. The tag included the information John had given, plus a number. "Make sure you memorize that number." No further explanation was given.

John returned to the compound where he would sit for another three weeks before anything significant would happen.

What to do with a quarter million prisoners of war? It was unthinkable to leave them in North Africa. The Allies wanted these troops, especially the crack DAK, out of the war, permanently. Then someone looked out upon the crowded North African ports on the Mediterranean Sea where U.S. and British troop ships were being unloaded. They would be going home empty, so why not load them with POWs? Plans were hastily put into force to create more than 600 POW camps across the interior of the United States ---- mostly near small towns, away from large metropolitan areas. This would be the fate awaiting the DAK and the Italians.

John had made few friends beyond Werner and Dieter ---- he had no reason to do so. Now, he was alone, but he didn't know who or how much to trust. Even though there were no known SS officers or enlisted personnel among the ranks of the DAK, there were plenty of Nazi zealots who refused to believe Germany's fate would be nothing less than victory. Now that the Americans were in the war, especially since they were holding guns to the heads of the DAK, John identity had to be even more protected. He began to know what it was like to be caught in the middle with no friends in sight.

Serving the general gave John little or no time to feel lonely. Now that he was alone, he had a sick, aching in his stomach, longing for Marlene. Whether it was loneliness, or true affection, John could not get her out of his mind. He not only missed her, but he worried about her safety. Had she made it out of the city? Dieter promised to check on her, but now there's no way to know if he was able to accomplish that mission.

In addition to the mess kit and blanket issued to him by the Americans, John's sole possessions were tucked into a small kit bag with a shoulder sling. He had a few pieces of underwear, some socks, one shirt, and one pair of pants, plus the journal John kept on the general and daily occurrences. Ironically, neither the British nor the Americans bothered to look at it when he was asked to spread his belongings on a table before being sent into the compound. Not that anyone would have been able to read it, as most of it was put down in German. Still, a close examination would reveal some interesting notes that included American English.

John looked a bit out of place compared to his comrades. As the field Marshal's aide, his uniform was relatively new looking, his boots had good

156

soles and heals on them, and he had no signs of being in battle, which he wasn't. Some of the other POWs looked at him as if to question whether he ever saw action, which he hadn't.

The days were getting longer and the sun hotter as summer approached. Nights were the worst, because the air is cold, especially when the wind whips up. There was little or nothing to do except wait. John whiled away some of the time playing chess with a corporal, who had been a gunner on a Tiger panzer.

Fritz Palmer was from Dusseldorf. He had joined the Wehrmacht as an enthusiastic young German, who had spent three years in the Hitler Youth. Two years of war on the North African desert curb his enthusiasm to a great degree. Fritz dared to express what many of the men of the DAK were thinking. He was happy to be out of the war, alive and with all of his limbs. Still, he worried about what was ahead as a POW.

"They tell me we could end up as slave laborer," Fritz pondered over a chess move one afternoon.

"Where did you hear that?" John asked.

"Oh, there are people in here who know such things." Fritz was stoking his pipe with fresh tobacco. "We might even be sent to death camps. I've heard we have such things in Germany, and the Americans want to retaliate."

John didn't look up from the chess board. Pondered his next move, along with the rumors Fritz had just offered.

"I've known some Americans in my past, and I can assure you such things won't happen to us. We should be so lucky as to be under the Americans instead of the British. From what we've been doing to their cities, they aren't in a very good mood toward us."

Fritz sat looking at the chess game, puffing on his pipe, slowly nodding his head in agreement.

After about a week, a couple of Yank privates brought in some buckets, hoses, and wood, advising the Germans they could construct a shower for baths. There was plenty of volunteers to do the work as the smell of human sweat was permeating the camp. It has been weeks since most of the men had bathed.

One day some musicians and entertainers paraded into the camp, followed by an Italian major in an old Fiat convertible with some 300 weary Italian soldiers marching behind. They had surrounded the unarmed American USO troupe somewhere in the desert. The major presented his shiny chrome-plated Barretta pistol to the troupe's leader, an American sergeant, who was armed only with a trumpet. It was quite a sight as the procession streamed into camp. The men of the DAK got a big laugh at the expense of the Italians, who were just happy to be able to get all of the water they could drink.

That evening, the Americans set up a stage between the tents of the U.S. Army and the POW compound, so the USO show could be enjoyed by everyone. During the show, the Germans were thrilled when the band began playing an old World War I song, that had been sung by their fathers and grandfathers. It was "Pack Up Your Troubles in an Old Kit Bag and Smile."

It was glorious. The Yanks were singing the song in English; the Germans in their native language ---- each side delighted the other knew the song. Then as if the trumpet-playing sergeant knew, he conducted the band to begin playing a more solemn tune, one that brought a hush over the camp, then the words of "Lilly Marlene" began to spring forth in their respective languages.

A sense of relief came over John. He could see the same in his new friend, Fritz. If they felt it, no doubt other POW did as well. Whatever lie ahead of them, it wouldn't be slave labor or death.

Chapter
15

After a month of captivity, rumors began to spread that the POWs would be moved, but to where? Finally, the answer came. An American colonel stood on the back of a truck at the compound and announced to John's camp of some 2,000 DAK enlisted men that they would be trucked to the nearby port in Tunis and boarded onto a ship. No further information was given. Where would they be sent? The rumor mill began to churn. One story had them going to the infamous French penal colony known as "Devil's Island" off the coast of South America. Another speculation was the British-owned Falkland Islands, a remote piece of royal rocky real estate in the south Atlantic Ocean some 2,000 miles from Argentina. But, John had the feeling he was going home. He reckoned that because it was an American ship, it would, logically, be returning to the United States.

John was right, but, it would take another two weeks before he would have his thoughts confirmed.

"This is the Captain speaking," blared the ship's loudspeaker system. "We are 200 miles west of Gibraltar and entering an area of the Atlantic known for U-boat activity. I realize you wish your Wolf Pack kriegmarine comrades good hunting, but I prefer that this ship and you not be their prey. Accordingly, I have radioed the International Red Cross of our position and we that have 2,000 German POWs aboard and no war materials. Hopefully, your U-boat comrades will wish us well and let us be on our way. In the meantime, pray those U-boat commanders get this message; if they don't, pray that their aim is bad. That is all."

John reckoned the same message was being relayed to the 11 other Liberty ships sailing with the one he was on, the USS Walter A. Mann. The ship was new, fresh out of a New Jersey shipyard; a 20,000-ton vessel, approximately 620-foot long, capable of carrying 2,100 troops. In wartime conditions, John would later learn that ships like the Mann could carry nearly 7,000 troops, Yank GI's were jammed aboard headed for the war.

The convoy was in "zig-zag" mode as an extra precaution, not that it would really deter a good U-boat commander from sinking the lumbering vessel as it plowed 12 nautical miles an hour through the black Atlantic.

The Mann had carried as many U.S. soldiers to North Africa just weeks earlier. And, while each man was able to take a shower twice a week, there were only enough bunks for 1,200 POWs, so half of the men slept while the other half were up on deck or in recreation areas of the ship.

There were 50 heavily-armed American soldiers on board to watch the POWs, while a crew of 200 or so U.S. Navy sailors kept the ship steaming toward the United States. There were three large galleys where the men of the DAK were fed three times a day. Ironically, it was the same quality and amount of food as the U.S. servicemen, both Navy and Army, received. John would later learn that it is a requirement of the Geneva Convention that prisoners-of-war be housed and fed with the same conditions and quality as those troops of the host country. The United States had considerable numbers of their own troops being held in German stalags. The theory was that if the German high command realized their troops were being well cared for and treated with dignity, Allied POWs would be treated the same. It was a theory that worked to a point. Later, John would also discover that German POWs fared much better than their Allied counterparts.

About one-third of the DAK was sent to England; the other two-thirds to the United States. John realized his good fortune when he determined there were only 12 Liberty ships in his convoy. There had been 18 liberty ships loaded at Tunis, with six leaving and heading north after they had sailed past Gibraltar.

There were six U.S. destroyers serving as escorts, but only part of the way. The Navy relied on the International Red Cross to ensure their safety at the halfway point.

It was the middle of June 1943. The skies over the Atlantic were nearly always cloudy and gray. The winds often whipped up to gale force, and the seas became rough. Despite their size, the liberty ships rolled with the high seas and the decks began to flow with vomit. That good ol' Yankee chow that was so abundant would not stay down the stomachs of many of the DAK, who were used to only rolling across the sand dunes in a tank.

John and Fritz continued their chess games, seemingly oblivious to the rolling action of the ship. They had gotten hold of a role of electrical tape from one of the ship's enlisted electricians and made little adhesive pad for each of their chessmen in order to keep them in place as the ship jumped and jerked.

After the 10th day at sea, the captain informed the crew and their human cargo that the USS Mann had reached its half-way point across the Atlantic and would be arriving in Norfolk, Va., in another 10 or 11 days, "barring any complications" from U-boats. John thought the captain's choice of words were ironic. It would take only one "complication." A single torpedo would send the USS Mann to the bottom in short order.

John's curiosity had updated him on what was happening back in America. Using his broken English, he was able to learn what a powerful nation the United States had become since he left it in 1936. Because he was a medic,

John was assigned to one of the ship's infirmaries set up to take care of ailing DAK members. Overseeing each of the three infirmaries was a U.S. Navy corpsman. During John's watch in the infirmary he was assigned, Petty Officer second-class Byron Whitting of Dalhart, Texas was in charge. Petty Officer Whitting quickly became impressed with John's medical knowledge and expertise in treating the many minor wounds and ailments coming into the ship's sick bay. Each day, the routine complaints from the Germans ranged from minor infections from cuts or wounds from the battlefield to colds, headaches, various bumps and bruises the men had received from the few fights that had broken out among the ranks.

"Heck, I should just let you do all of this work, Heinnie," Whitting said after the first week of watching John treat the various men coming into sick bay. "You know what to do. You don't need my help."

Of course, the sailor had to stay in the infirmary and watch the proceedings, but after that first week, It was John's sick bay. He only stepped aside during the times when the ship's doctor made his rounds. Since all of the POWs were enlisted, there were no German doctors on board, which meant the single U.S. Navy physician had to manage the ailments and pains of everyone on board.

Byron was a talkative Texan. Probably more so than he should have been around POWs, but he figured most of them couldn't understand English, especially his version, and he came to trust John, so he became easy to chat with. John took advantage of this opportunity by asking questions about back home.

John learned about rationing in the U.S., the tremendous movement to draft hundreds of thousands of young men, in addition to an equal number joining on their own.

"Heck, the only men left in Dalhart are young boys, cripples, and old men. The last time I was on leave, I had to beat the women off with a stick," he joked. "Naw, that's not true. My girl didn't let me out of her sight," he admitted with a smirk.

After the attack on Pearl Harbor, the nation quickly moved into a war production mode. Detroit stopped making Fords and Chevys and began churning out tanks, guns, Jeeps, and airplanes. Military bases sprang up all across America. In Texas, alone, Byron reckoned there were at least 25 or 30 military training bases and airfields where soldiers and airmen were learning to fight both Japan and Germany.

"What about Italy?" John asked.

"Oh, heck, they're no bother. Shoot, you'd probably know better than me, but they say those I-Tie tanks had only two gears in them: neutral and reverse."

John was putting a new bandage on the arm of a tank driver when Byron made that observation. Evidently the driver understood enough because he laughed along with Byron at the joke.

"Well, they bled and died the same as we Germans and your Allies over in that desert," John reckoned.

"Yeah, I s'pose they did," Byron replied. "Ah, heck, fellas, I was just joshin'."

"Vat ist 'joshin'?" the tank driver asked John with a puzzled look. John replied in German that it was just an American expression for "joke."

"Ah, is joke. Ja, a good joke!" the driver replied in broken English.

Each day brought the ship closer to the mainland of America and each day John learned more about what had been happening in his homeland while he was gone. He became good friends with Byron and, there were a couple of times when he nearly revealed himself as a fellow American. But, John's common sense told him not to do so. Even if Byron would understand, there's no telling who he might reveal John's secret to and there was no telling how the German POWs would respond to such news.

John thought that once he was back in the United States, he would somehow escape the confines of the POW camp, where ever that might be, and simply slip back into the vast American landscape and society. As long as John continued to hide his identity, no one would suspect "who" to look for him once he made good his escape. He had to be careful to not reveal too much of his American-English abilities. The only problem John could see was that of clothing. He wouldn't get very far walking around in a German sergeant's uniform and high-top boots. If he could get civilian clothing, even money wouldn't be a problem. He recalled when he left how his country was deep in a great depression and men traveled everywhere on trains or by hitchhiking. And, there was always someone willing to give a hungry man a meal, especially if he was willing to work a bit for a plate of stew or beans.

Other than a few of the DAK who had been to America, either to work or as a visitor, none of the POWs knew the geography of the United States, the language idioms, and the trivia that goes with every day conversations. If you are in the East and it's summertime, you talk about baseball, and, depending upon which city, you talk specific baseball. "How 'bout 'dem Dodgers?" or "Those damned Yankees!" or "Do you think the Cubbies will go all the way this year?"

No German soldier would know such things. No one would think to suspect a POW who could blend into the landscape like John could. He could honestly say where he was born, where he went to school, and even give his home address: Rural Route No. 3, Broken Bow, Nebraska. What other German POW could do that?

Considering what he had been through, the situation was shaping up quite nicely, John reckoned. He would simply have to bid his time and wait for the right opportunity to make his move. He could give no hint of his true identity or any clue that could put the authorities onto him once he did make his getaway. America is an awfully big country for a native-born man to lost, but for a German POW, unfamiliar with the language, the people, the geography, the culture, it would be very small, indeed.

The USS Mann and the accompanying convoy were in warmer Atlantic waters now. John had never been on a passenger-carrying ocean liner, but the sight of POWs lying on the deck, stripped to the waist, or wearing nothing but shorts, sunning themselves, had to be reminiscent of what a luxury cruise must look like. It was hard for John to conceal his enthusiasm as the ship got closer to the American shoreline. The mood among the DAK men was mixed. Many, of course, were happy to be out of battle and, nearly all were quite happy at the way they were being treated and, especially, the way they were being fed. It was far better than anything they'd ever eaten in the German army. There were a few ardent Nazis among the DAK troops, and this was always a problem. You watched what you said and who you said it to when discussing the war. One dare not criticize the Fuhrer, or the German high command for the way they were pursuing the war. You did not get too friendly with the American guards, lest you be suspected of collaborating with the enemy.

John was in a little better position to be in contact with their captors since he worked in the sick bay with an American sailor. It was expected that he communicate on a frequent and regular basis for the benefit of the DAK. For those Germans who spoke even a little English, they would not consider the conversations between John and Byron, the U.S. Navy hospital corpsman, as collaboration. Most Germans thought the tall Texan was funny and sort of a buffoon. But, the hulking six-foot-sailor from the plains of the Texas panhandle was much smarter than anyone gave him credit. He watched John work very closely, especially doing sutchure work on fresh wounds and abrasions with infections.

"Corpsman Whitting tells me you're a pretty good medic, sergeant," the Navy doctor told John one day during his rounds. "Where did you get your medical training?"

Lt. Jack Brown, M.D., was an older man, probably in his 40s. He had volunteered to serve in the Navy after Pearl Harbor, leaving a small private practice in Yankton, South Dakota.

"Sir, I have two years of pre-med at the Berlin University," John replied, using his broken, halting English. "I had planned to be a doctor, but I was drafted instead."

The doctor looked a bit perplexed.

"Why wouldn't the Germans let you finish your medical training? You'd think they would be needing your service in that regard," Lieutenant Brown replied.

John looked around. There was no POWs in the sick bay at the moment.

"To be honest, I was drafted because I refused to attend an SS training camp as well as join the Nazi party." John figured divulging that much information would be safe and, might even help a bit.

"That's too bad, son. I hope you do finish your medical studies after all of this is over. The world needs more medical doctors ---- now more than ever."

The doctor checked over some records that Byron had handed him, and then he started out the door.

"Between the two of you, this sick bay is in good hands," Dr. Brown smiled. "Carry on."

It was early in the morning on June 30, 1943. The vibration from the ship's engines had stopped. It was strangely quiet. John leaped out of his bunk and went over to a portal for a look-see. They were in port. It had to be Norfolk, Virginia's Naval Base.

John could hardly contain himself. He knew for the past three or four days that they were getting close to America. He could smell it. But, with the zig-zagging maneuvering the convoy had to take, it was difficult to judge just when they would arrive. They had done it, though. He was home!

Unloading the human cargo was another matter. First of all, there had to be arrangements made for transportation to the trains, they were told. There wasn't facility enough to house 2,000 POWs, let alone the other ships that were coming into port. John could see no other ships other than the USS Mann had come into port. Rumor had it that some of the ships were sent to Boston, while others maneuvered off the coast while the Mann unloaded.

By 11 a.m., the word was passed by the captain on the loudspeaker system that unloading would begin. On the dock, John could see MPs and SPs lined up, most of them armed with sub-machine guns, alongside big U.S. Army trucks, obviously awaiting the DAK. As far as John knew, there were no Italians aboard the Mann. More than half of the DAK aboard the ship were infantry, while the rest were tankers, artillerymen, and support personnel like John. Well, no one was like John, but one knew that then.

When John's feet touched the dock after disembarking the ship, he wanted in the worst way to get down on his knees and kiss the ground, but he knew better. Soon, he was riding through the huge Naval base on the way somewhere to an awaiting train. It was strangely quiet on the base. A number of sailors had gathered to watch the spectacle of enemy troops being unloaded from an American ship. The senior DAK non-commissioned officers organized the POWs, allowing them to proudly march in sections and smartly peeled off 25 men to a truck. It would take a lot of trucks, John thought, or, the very least, a lot of trips between the ship and the train.

The Norfolk train station was not as quiet as the base had been. It was nearly noon by the time John's truck had arrive, one of the first. A crowd had gathered. There were a few shouts of "Nazi bastards!" and "Hang the devils!" along with a few choice American slurs that John hadn't heard in years. In fact, he nearly busted out laughing because he was so happy to be able to hear his mother tongue in such abundance.

Not everyone in the crowd was mean-spirited. A few motherly type women held signs saying "Welcome to America!" Others passed out sandwiches and cookies to the men of the DAK as they marched single file past the crowd and onto the awaiting passenger train.

How could these folks have known we were coming? John thought to himself. But, even in war time, such things as big as this could not be kept secret.

Like aboard ship, John had managed to position himself so he would be on the first train to leave Norfolk. Not everyone aboard ship was so lucky. Only about half were able to leave because that's all the train would hold. A second train to take the remainder from aboard the Mann would arrive around 2 p.m., that afternoon.

As the dingy streets of Norfolk began to slip by John's train window, he could see people lined up along the sides of the tracks to watch this unusual procession. Surely, this was the first time enemy troops had set foot on American soil since the War of 1812, when the British came ashore not too far from here to sack and burn Washington. These enemy troops however, would be doing sacking or burning. What they would be doing remained to be seen.

By nightfall, the POW train, dubbed the "DAK Choo-Choo" by a few of the men who could speak some English, stopped in Bluefield, Virginia for the evening meal. They had been given C-rations aboard the train for their noon meal, but now it seemed they would be stopping and eating in   ---- restaurants? Could that be true?

One of the odd things John noticed, as did every other DAK member, most of the guards aboard the train were Negroes. John had only seen a few in his life, and then, only in Lincoln and Omaha when he accompanied his Dad to the city on business. Usually he found them working at menial jobs at the Omaha Stock Yards, or at the Cornhusker Hotel in Lincoln where his Dad always stayed.

On each Pullman car, there were five guards. Four Negroes and one white non-commissioned officer, usually a sergeant. After chatting with one of the sergeants, he learned that America was using the black men in "non-combat" roles such as truck drivers, guards, and general basic labor. They were all trained soldiers, but they didn't work alongside white soldiers, except in cases of subordination like aboard the train. There always was a white senior rank in charge.

At the evening meal, the DAK was unloaded, two cars at a time, to march down the main street and into the town's three restaurants. This, too, drew a crowd, of course. The townsfolk lined the streets, staring at this strange sight. The Army had arranged ahead of time for select towns to be used as feeding stops along the way to wherever it was they were taking the POWs. John noticed the black guards were not allowed to go into the restaurants with the Germans. They had to stay outside on the street, or in the back of the restaurant, guarding the exits. Only a white sergeant would accompany the 20 or 30 POWs into the restaurant for their meal.

The meals were usually beef or pork, potatoes, gravy, with some sort of vegetable, and lots of bread. John didn't know where the guards were eating their meals, but it wasn't in the restaurants. This caused a bit of a stir among the POWs. More of curiosity than anything else, but the longer they were in contact with the Americans, the more they began to understand this strange culture to which they were being exposed.

Little children would stare through the windows of the cafes as the POWs ate their meals, which were served to them by waitresses. Such service. Such luxury. John overheard one of the waitresses whisper to another, "I thought they'd have horns, didn't you?"

John smiled at one of the women, causing her to giggle like a school girl. To be sure, like John, there were a lot of handsome young men among the POWs. Most of the small towns where the train stopped to take on meals had no such counterparts. Most of the men were away, somewhere serving in the military. No doubt, these fine Nordic specimens of manhood attracted the eyes of many young women who were waiting for their sweethearts to return ---- many, of course, who would not.

After the second day of stopping twice for meals, a German sergeants began testing just how far they might push the Americans. It was fairly obvious that, like the Jews in Germany, the Negroes in America had less than full citizenship. The train was still in the American South ---- somewhere in Kentucky. Throughout the South, and even in parts of the North, blacks weren't allowed to eat in cafes with white people, even enemy soldiers. One DAK sergeant began pointing out that the Americans are such fanatics on observing the Geneva Convention rules, to making sure they eat the same rations.

"I think the black guards should have to eat with us in the cafes," the German sergeant proclaimed to a group of fellow POWs. "We can no longer fight in the ways we were trained, but we can tweak the noses of our American captors by making them do something they don't want to do!"

"How would we do that?" a DAK corporal asked.

"If we refuse to eat without our guards, then they'll have to give in."

"What makes you think they'll give in?" another asked.

"If we all stick together on this, trust me, they'll give in," came the sergeant's reply.

Most of the POWs had noticed that the black guards were taking their meals in back of the cafes, which had been handed to them through the back door. They had to stand up, and usually the food was either dry sandwiches or a cup of soup. It wasn't the same meal that was being served to the POWs. The white sergeant would eat in the cafe with the Germans.

It was in Frankfort, Kentucky, the capital of that state, where the POWs made their first stand. The sergeant who was taking the lead on this mission, announced to the white American sergeant that he and his men did not feel safe going into the cafes without their guards.

"The Geneva Convention requires that prisoners of war be fully protected and afforded the same accommodations and rations as the host nation," the insistent American sergeant declared.

The burly American sergeant didn't know how to react to the POW declaration. He stood there, speechless. The more he stood quiet, the noisier the POWs became. More than 20 of the Germans were yelling and pounding their spoons on the bottoms of their mess kits they had been issued aboard the USS Mann.

It didn't work that first night for the evening meal. Only five POWs, John among them, refused to eat at a cafe in Frankfort. The American sergeant ordered those refusing to eat back onto the Pullman car. The following morning was another matter. By the time the POW train reached Kankakee, Illinois, still considered the American South, a U.S. Army major was present at role call for the morning meal when the POW train stopped in Kankakee. Again, the POWs refused to go to their meal without their white American guards.

After some deliberation, the major ordered the white sergeant and all of the Negro guards to accompany and eat all meals with the POWs. John overheard the major tell a lieutenant and the sergeant that they didn't want any more trouble and if any civilians objected, to threaten military arrest under martial law if they didn't comply. Of course, John knew that once they left southern Illinois, they would probably being heading north once they were across the Mississippi into Missouri, and, even though southern Missouri considered itself part of the South, problems of blacks eating at restaurants with whites became less of an issue. It still was frowned upon in many of the 48 states, but not to the degree it was in the South.

The POWs' gesture toward the blacks seemed to bring more smiles from the guards, who were mostly privates, with one or two corporals. A couple of them began trying to learn a few words in German, and some of the POWs were learning English from the guards. One thing many of the POWs had in common with the black guards was a love of jazz music. Of course, since the late '30s, such music was not officially allowed in Germany, primarily because it was played by American blacks and Jews such as Louis Armstrong and Benny Goodman. Some of the POWs jokingly told their guards how they were able to buy Artie Shaw records after the Nazi ban on jazz because he was not considered a Jew. But, Josef Goebbels didn't realize that Shaw, was, indeed, a Jew, who had changed his name.

On the train, some of the POW music lovers would pass the time by whistling or humming their favorite music with the black guards, who would tell them how to pronounce the title in English. John and Fritz continued their chess games, which took up considerable rail time. One game lasted from Charleston, West Virginia to the Mississippi River.

John was especially interested in seeing the various farms as they passed along the American countryside. The farther west the train chugged, the closer to Nebraska they were getting, he thought. The small farms were making him even more homesick.

The first really big city the POW trained passed through was Kansas City, Missouri. The guards ordered all of the window blinds pulled down while the trained passed through the city. John managed to see a portion of the city through a small crack in the curtain. He knew Kansas City had a large stockyards and he could smell the aroma of grain and manure as they made their approach.

John's knowledge of good ol' American English came in handy as he got his first hint of where the train was headed. They were going north, probably along the Santa Fe or the Rock Island railroads. He knew such things from hearing his Dad talk about how to ship livestock to the Kansas City stockyards. He overheard one of the guards talking to another.

"Man, we gonna be close to yo hometown," the one black guard declared.

"Yeah, Clarinda is only about 50 miles or so southeast of Omaha," replied the other.

Clarinda. John wasn't sure he knew where that was, but he was pretty sure it wasn't in Nebraska, so that meant it had to be either in Kansas or Iowa. John was betting with himself that it was Iowa. Well, regardless, 50 miles from Omaha. What unbelievable luck! Broken Bow would be less than 200 miles away. He could walk that on one leg, John thought. He could feel a smile breaking across his face.

"So, what's so amusing, my friend?" Fritz asked as he looked up from the chessboard, seeing John's face.

"Oh, nothing. I was just thinking about my girl back in Germany," John lied.

"I wished I had someone who would give me such thoughts," Fritz replied, looking back down at the board for his next move.

The train was well clear of Kansas City and picking up speed heading north into the Missouri countryside. If John's memory of geography was any good, the next big town would be St. Joseph, Missouri. It was nearly lunch time. Would they be stopping there? John began thinking of ways to escape the train. He was certainly close enough to Nebraska that he could make his way home with little or no trouble. The only problem he could think of that would interfere would be the lack of civilian clothes. Walking around in a khaki DAK uniform would be a bit obvious. Oh, for a denim shirt and a pair of bib overalls. He could keep his boots because the high black tops would be covered by the overalls. John smiled again when he thought of the overalls. He hated to wear them when he was back home on the farm. They made him look like an oaf. He always insisted on wearing Levis with a belt. They were expensive, almost $5 a pair, but he didn't look like an oaf. Today, however, he'd be very happy to wear overalls.

"We'll not be stopping for the noon meal," the American sergeant announced to the POWs in the Pullman. We're not that far from our destination, so you can eat when we arrive."

"Where's that?" one of the POWs asked in nearly perfect English.

"You'll find out soon enough," came the reply. "It's someplace you've never heard of before and no place you really want to be unless you're a pig farmer."

One POW raised his hand with a big smile.

"Pigs? Ja, I grow pigs back in Germany!" The young DAK private could hardly contain himself. "Will I get to grow pigs in America?"

"Yeah, sure you will, Mac," the sergeant grunted as he jammed a half-chewed cigar back into his mouth.

Laughter broke out among the POWs, the first real sign of tension relief felt or heard during the four days since leaving the ship in Norfolk.

It was about 2 p.m., when the train began to slow in what John thought should be northern Missouri or southern Iowa. The town sign at the railroad station read "Marysville." Was it Missouri, or Iowa. John had heard his father talking about various towns in Iowa and Missouri; "Marysville, Missouri" sounded more correct than "Marysville, Iowa."

As the train slowed to a stop at the train depot, John noticed that all of the cars around the depot had Missouri license plates. Could this be their destination? Marysville must be in Missouri. Could they be 50 miles from Omaha?

The long line of Army trucks told John they weren't going to march to wherever their final destination was. He was right. Each Pullman car was methodically unloaded and each truck was filled with POWs. Together, the 15 or so trucks began to convoy north with Jeeps carrying armed guards between each truck watching the truck in front. Few of the POWs knew what direction they were headed, but John knew. This was his country. He knew where he was and he knew the people who lived here.

The convoy traveled for what seemed like an hour before pulling to a halt. The guards ordered the POWs to unload. They were at the gate of what had to be a recently built compound, surrounded by barbed wire with guard towers at each corner. A town was off to the north. A few civilian cars were parked nearby where the POWs were unloading. Most of the cars had Iowa license plates, with one or two Missouri plates. They must be in Iowa. Much closer to Nebraska and Omaha.

After the trucks were unloaded, the POWs were marched in formation into the compound and halted in the center of what seemed like a large drill field. The major and lieutenant who were on the train formed up in front of the POWs and reported to an American Army colonel, who, no doubt, was the camp commandant.

"Welcome to Camp Clarenda," the colonel began. An American sergeant stood along side of him, repeating his remarks in German. "My name is Colonel James Stewart. I'm not a movie star, nor am I related to that person with the same name, so don't let any rumors like that get started."

When the interpreter finished, there was a bit of laughter among the POWs.

"Your are in the heart of America. This is the state of Iowa. You are thousands of miles from your homeland and there is no possibility of escape. Do as you're told, when you are told, and you will be treated and fed well. For those of you who have been certified on trustee status, you'll be allowed to work in the nearby fields. The farmers you will work for will pay you 10 cents an hour for your labor. These funds will be tabulated and held for you in the camp bank. You will have the opportunity to buy cigarettes and personal items at the camp store, so when you need these things, you can draw some of the money you have earned to buy them. If you are not certified as a trustee, or choose not to work, you will have to rely on your Red Cross parcels from Germany for your personal items. I don't have to tell you that those parcels will be few and far between. Our boys in the Air Corps are doing a pretty good job of destroying your country, so I doubt you'll be seeing many luxuries from home."

"The colonel could have refrained from that last remark, which didn't sit well with the men of the DAK. They knew he was right. In North Africa, parcels from home had all but ceased. No one expected anything from Germany.

"Over the next several days, each of you will be interviewed and categorized for the various jobs you are suited for. This camp is a classification center. Some of you will be moved to other camps throughout our country. The rest of you will stay here.   "You do not have to work. I repeat. You do not have to work. But, if you would like to have life a bit easier and some of the luxuries that go along with that, I suggest you consider doing something. You're going to be here a long time and no one is going to rescue you, so make the best of your stay here at Camp Clarinda.

After Colonel Stewart finished his address to Camp Clarinda's newest residents, another officer, a Captain Richard Smith began explaining the processing and orientation the men of the DAK would be put through. First, he said, they would each be given a physical examination at the camp infirmary. Captain Smith called for all German medics to step forward. John and two other German corporals step forward in smart, military fashion, shouting, almost in unison, "Ja Wold, Herr Capitan!"

The three medics were told to report to the infirmary "on the double" after the captain finished with his briefing.

"After your physical examinations, you will be given a camp uniform. You are required to wear this uniform at all times. Pack away your military uniforms for when you leave here. You will not be permitted to wear them while at Camp Clarinda.

"Next, you will each be interviewed for personal information such as name, rank, serial number, hometown, next of kin, your occupation, and your hobbies. We want you to make the best of your stay here at Camp Clarinda." There was just a hint of sarcasm in his voice that only an American would detect ---- John, certainly, got the message.

"Your personal belongings with be inventoried and you will be allowed to keep any and all items not deemed inappropriate." The interpreter stumbled on this bit of information, but, finally got out an explanation that made sense to those non-English speaking POWs.

"After all of this has been done, you will be assigned to a barracks. There will be 50 men to each barracks unit. Each of you will have a bunk and will be responsible for keeping your bunk area neat and tidy and the barracks clean. There will be inspections on a weekly basis, and, occasionally on an unannounced basis. Just because your prisoners, doesn't mean you're out of the military." When this was conveyed to the POWs, there was a trickle of laughter, and a lot of groans.

"Each barracks is equipped with latrines and showers. For you country boys, ask one of your comrades from the city to show you how to flush the toilets." More laughter.

"Each man will be issued a personal shaving kit. These kits will have one safety razor, toothbrush, and toothpaste. Again, military decorum will be observed. Each man will fall in for morning quarters and inspection clean shaven. Again, you country boys ask your city buddies to explain the toothbrush and its proper operation." Even louder laughter.

"You three medics, fall out and follow this corporal to the infirmary," the captain continued, pointing to a small-framed soldier standing on the side of the formation. "The rest of you will be marched to the infirmary sometime in the next 15 minutes.

"Meanwhile, each barracks will have a senior non-com. That is, the senior ranking man among you will be responsible for each barracks. If there are any disciplinary problems, your senior man will answer to the camp commandant. The most senior of you will serve as POW commandant for formation and inspection purposes. This man will be the one to be allowed to communicate directly with the camp commandant. Any problems, complaints, suggestions, or requests, must be passed to your barracks commandants, who then will pass said requests to the POW commandant, who then will communicate them to the camp commandant. Understood?" The captain waited until the interpreter had finished and observed a general nodding of heads among the prisoners.

Your interviews this afternoon will be important; to determine who's who and what's what." Again, the interpreter stumbled a bit on that translation.

"Okay, now one more thing. From time-to-time, there may be civilian personnel inside the gates of Camp Clarinda. At no time, however, will you have any direct contact with said personnel unless accompanied by one of the American guards or camp personnel."

At the infirmary, John and the other two medics were greeted by Technical Sergeant Virgil Kraus of the U.S. Army Medical Corps.

"Any of you men speak English?" the sergeant asked.

Only John raised his hand.

"I speak a little," he answered in his usual halting manner, careful not to use any words that would give him away.

"What's your name, soldier?"

"Sir, it's the same as yours ---- Krauss ---- 3rd class Sergeant Krauss."

"Son, you don't have to 'sir' me --- I work for a living," the sergeant smiled. "Same as mine, eh? How do you spell it?"

"K-R-A-U-S-S," John replied.

"Ah, gottcha there. I do it with just one 'S.' What's your given name?"

"Johann ---- John in your language."

"Well, at least your folks gave you a man's name. I'm stuck with 'Virgil,' so, just call me 'Sarge,' understood?"

"Ja wold," John replied, with a slight heel click.

"And, cut that heel-snappin' shit out. You don't have to do that around here," he growled.

John interpreted the conversation to the other two medics. The sergeant asked what knowledge each of them had in the way of medicine. After hearing his background, John was put in charge of the three. Their first task would be to give inoculations to the POWs as they each filed in for a basic physical.

"This won't be your standard induction physical," the Sarge explained. "It's pretty much a 'breathe, piss, and look' exam," he chuckled. Each man would have his chest listened to by a doctor as he took deep breaths, then they would be checked for any hernias. Of course, all of them were required to strip to the waist, and, somewhere during the exam, required to raise their arms ---- another quick check for SS guards. A urine specimen would be taken to determine if any venereal disease exists, and an eye examination. The inoculations would be given as each man filed out after his physical.

For the 250-odd POWs that had arrived with John that day, the physical exams were completed by 6:30 that evening. The Sarge took the three medics over to the camp mess hall for the evening meal. Many of the POWs were already eating. John could not believe his eyes. Not only were they being fed hot food from a long serving line, but the American guards were in line, receiving the same food. The Sarge fell into line with the three German medics, allowing them to go first. The eyes of John and the other two DAK medics were popping. There were POWs on the line, serving the food as each man passed by. The choices were unbelievable. There were pork chops, mashed potatoes and gravy, green beans, cobbed corn, bread, butter, and chocolate pudding for dessert. The Sarge guided the three over to a table in the corner.

"This is your table from here on out," he said. "Because you are medics, you get a few special privileges. First of all, you'll bunk with me in the infirmary. You don't have to stay in the barracks. Secondly, you get to sit over here with me to eat. And, thirdly, at morning and evening muster, you'll fall out with me. I'm you're leader, you commander, your tall-hog-at-the-trough."

John almost choked on a mouthful of food. He was afraid to respond to this last remark because it was strictly a Midwestern witticism. One that only a farmer would really understand ---- a farmer who raises hogs.

The Sarge saw that John understood the remark.

"So, where you from, boy?" the Sarge asked of John. The other two medics were busy shoveling in their food as if they hadn't eaten in a month. They missed the humor and John didn't bother to interpret for them.

"I, ah, I'm from Bremerhaven," John replied, carefully.

"Oh, yeah, where's that?" the Sarge asked with curiosity.

"It's in the northern part of Germany. My father is a farmer," John quickly added.

"Oh, then that explains it."

"What?"

"You understanding about the 'hog' remark."

"Ah, yes, I understand," John replied, smiling.

"I don't mean to insult you, but what the fuck are you doing fighting for that crazy maniac in Berlin?"

"I really didn't have a choice," John replied. "I was in medical school. The Gestapo tried to recruit me for one of their so-called 'leadership schools,' and I refused. So, I was drafted."

"Leadership school? What's that?"

"Well, as I understand it, it was a training where you come out as an agent or a spy. They wanted me because of my English-speaking abilities, among others," John explained.

"What others?"

"Oh, I don't know, maybe my medical skills, who knows?"

"So you're not a Nazi?"

"No, I never joined the party. In fact, I don't think you'll find a lot of party members in our DAK group."

"What's 'D-A-K?'"

"Deutches Afrika Korps," John replied. "It means German Africa Corps. It is an elite desert tank and infantry force that was commanded by Field Marshal Erwin Rommel."

"So where's that guy?"

"Rommel? Well, I think Germany. I'm not sure."

"Ran out on you, did he?"

"No. No, he was sick and had to go back to Germany for recovery."

"Yeah, right. Bet he was fakin' it. Didn't want to get captured like the rest of you."

"No, he was, indeed, sick. He has respiratory problems. I know, I was his personal valet and medic."

The Sarge stopped chewing, holding a forkful of potatoes halfway to his mouth.

"You're shittin' me?"

"No, truly, I was. I was with him since the Western front in 1941."

"Well, I wouldn't let that get around to the brass. No tellin' what they'll put you through."

"Das brass? What is that?" John asked.

"You know, the officers. Keep that to yourself for now. I'll nose around and see if is something that will get you in trouble or will help you."

John smiled. He began to think the sergeant was trying to be helpful. He ventured back by repeating some American humor.

"You are not shitting me, are you Sarge?"

"Naw, John, I wouldn't shit you ---- you're my favorite turd."

John tried to suppress his laughter. He didn't want the Sarge to know that he understood.

"Turd? What is that?" John continued to play ignorant.

"Ah, never mind. I was just kiddin."

It was good to be back in the good ol' U-S-A. John couldn't believe his great fortune. The bad part, though, was not being able to share his joy with anyone. Not a single soul, lest he regret it later. To think, his parents, his home, his life was less than 300 miles away in the neighboring state of Nebraska. So close, yet so far, far away.

Chapter
16

As the week slipped by, the Iowa summer was coming to an end and John knew what that meant ---- fall, harvest time, and the first frost that heralds winter. The POWs all knew about winter. Many were eager to see snowfall because after two years in the desert, they longed for a place that, at the very least, resembled Germany in the winter.

Most of the POWs agreed to work in neighboring farm fields. Iowa's state highway No. 2 passed east-west alongside the north side of Camp Clarinda. Motorists would wave at the prisoners as they worked in the fields of soy beans and corn.

The town of Clarinda was about a mile to the north of the camp. It was a farm-to-market community of about 5,000. Other than working at the POW camp, the biggest industry in Clarinda were the small shops serving the farming community. Most of those not employed in the town square's stores worked at the Iowa State Mental Hospital.

As each day passed, the Sarge revealed more about himself. U.S. Army Medical Corps Sergeant Virgil Kraus was born and raised in Minneapolis, Minnesota. Like John, he was a second-generation German-American. Unlike John, his parents wanted no ties to Germany. The Sarge's parents never looked back on their native homeland when they came to America just before World War I. They owned and operated a small bakery in Minneapolis, which, when the war was over, no doubt would be turned over to their son. He doubted if John was any relations. Kraus or Krauss were about as common place in Germany as Smith or Jones were in America.

Life at Camp Clarenda was, at best, predictable to monotonous. But, then again, it was a prison. It was designed to keep German soldiers busy and out of the war. With the winter approaching and the harvesting nearly complete, there would be many boring days and evenings ahead. Some of the POWs began converting one of the empty barracks into a theater. A few of them were college educated in the arts, and began to put down on paper entire plays from memory. Still others requested musical instruments from the camp commandant that some sort of musical program might be started.

But, not all was calm and peaceful. The war news from Europe was not good from the German point of view. The Allies were pounding cities of the Fatherland day and night, which caused great anguish among the POWs. A few began denouncing Hitler and the Nazi regime. While John thought there were few, if any, ardent Nazis among the DAK, in truth, while few in number, those Nazi party members among the prisoners were strong, vocal and dangerous. There were a few incidences of retribution from the Nazi taken out upon those prisoners suspected of collaboration with the enemy ---- namely talking against the Fuhrer and doubting Germany's victorious destiny. John was careful not to get caught in this web. Thankfully, he was not in the barrack with the main prison population, which was another stroke of his extraordinary luck. Rumors of the "Holy Ghost" visitation were spread throughout the camp.

The "Holy Ghost" was a group of Nazi soldiers who would select their victim for some transgression and call upon him at his bunk while sleeping in the middle of the night. They would take clubs and beat him while he lay in his bunk, or, if he was found "guilty of treason," hanged in the barracks restroom, making it look like suicide.

John and the Sarge saw a number of prisoners in the infirmary who had been beaten by the "Holy Ghost." Some of them were near death when they were brought in. Of course, no one talked, or pointed fingers. This vigilante justice among the POWs sent chilling fear through the population, causing many of the men to be withdrawn, refusing to participate in anything where they might be considered helping the enemy. Some of the POWs stopped working before the harvest was over. It was a scary problem that had the camp guards and officers scurry to identify the culprits. Two of the Nazi thugs were caught beating a prisoner in a restroom by an Army guard. They were brought before Colonel Stewart, who put them in solitary confinement for 30 days, then sent off to another camp.

When John asked where the two Nazis were sent, the Sarge just smiled and replied, "Ya don't wanna know."

John didn't asked again.

Camp Clarinda had a POW population of about 3,000, with some 500 U.S. Army guards, plus another 50 or so support personnel and officers. Although the facility had been started by the Army Corps of Engineers, it had been completed by the first batch of prisoners who arrived before all of the barracks had been built. When the first of the DAK arrived, some 500 German soldiers from earlier capture in Africa had taken up residence. They worked on carpentry details and in the mess halls. Ironically, no German medics had arrived before John and the other two.

The barracks were long, narrow structures of wood with one large coal-burning stove in the center for winter heat. While they weren't the most comfortable of structures, the buildings held their heat reasonably well and the roofs kept out the rain and snow. The POWs knew they were far luckier and better off than their comrades along the Western Front, and, most definitely better of than anyone who might be fighting on the Eastern front in Russia.

While the town of Clarinda seemed unaffected by the war, food and gas rationing were the most evident of their sacrifices, not to mention that nearly every young man 17 and older was gone. Some of the 16-year-olds managed to talk their way into the service, either forging their birth or baptismal certificates, or getting a relative to lie for them. Still, John could not get over the way life seemed to go on, much as it must have been before the war. Clarinda was very much like his hometown of Broken Bow. Maybe a little bigger in size, but certainly much the same in every other respect. It was a county seat that existed primarily to serve the farming population surrounding it. The only difference was the Iowa mental hospital, and, of course, a POW camp. Not every Midwestern town had one of those.

As Christmas approached, it was apparent that this observance of the Nativity was something held in common by both American and German soldiers. Nearly all of the traditions of this holiest of Christian holidays were shared. Even the ancient songs of season were the same, only the language different.

The men of the DAK worked for weeks on a special Christmas Eve program to be presented in the camp theater. Colonel Stewart and his wife were the guest of honor, with his support staff all sitting in the first four rows. There had to be three performances in order for all who wanted to see the program to do so. A truck had been provided with two guards and six POW trustees to go out into some nearby woods to gather enough fir trees for each of the more than 50 barracks.

Christmas dinner in the mess hall was a most memorable one. In addition to dozens of turkeys, which were raised on nearby farms, large hams were served. The POWs and many of their American guards had never seen so much food. The serving line was open all day and into the evening. Prisoners could go back for seconds and thirds. John volunteered to help the Sarge at the infirmary for the various digestive disorders that seemed to occur that day.

The bone-cold Iowa winter saw the early January temperatures drop to as cold as 24 degrees Fahrenheit below zero. John was used to enduring high winter winds and blowing blizzard-like snow, but he had never experienced biting cold like that of the Iowa winter of 1943 and 1944. John would find out later that the European winter of 1944 was the coldest on record, as well, especially in Belgium where the Battle of the Bulge was fought.

The winter evenings were spent by the POWs in the recreation halls of Camp Clarenda. Some watched Hollywood movies, others working on stage plays. Still others were studying more practical matters such as planning spring Victory gardens in a 40-acre parcel set aside by Colonel Stewart for the camp's vegetable garden.

Despite the civilian food shortages because of the war, rations for both POWs and the U.S., continued to be plentiful. Still, a Victory garden could produce several hundred pounds of potatoes, cabbage, carrots, and other vegetables that will go a long way in supplying fresh produce for the camp stew pots. Such a delicacy would be a delight to any German pallet, especially if a nice fresh cut of pork or beef were tossed in. Having such luxuries is one of the benefits of locating a POW camp in the "Breadbasket of the Nation." For those POWs who worked in the camp vegetable garden, special privileges were afforded them such as an extra ration of cold beer, or extra hour privileges in the camp recreation hall.

In late April, after a particularly rough winter, the first signs of spring came ---- a robin landed on the window sill outside of the infirmary office. It had, indeed, been a rough winter, those familiar with Iowa winters said as much. As John watched the robin peck away at something on the sill, Sarge was reading a memo sent to him from Colonel Stewart.

"It says here they're looking for a POW medic out at Fort Robinson," Sarge said.

John could hardly contain his response. Fort Robinson was in northwest Nebraska, about 150 miles from Broken Bow.

"Oh, where's that?" John asked, innocently.

"Way out to hell and gone in Nebraska. No place you've ever heard of before," Sarge replied.

"I never heard of Clarinda before," John said, chuckling.

"Naw, guess you wouldn't have, would you." Sarge continued looking at the memo. "You wanna go?"

John didn't know how to respond to the question. Sure. Absolutely, he wanted to go. He'd figure out a way to escape along the way, or after he got there. But, what if he couldn't escape? Would he be any better off there than here in Camp Clarinda. For a prisoner of war, John had it pretty good and he knew it.

"What would be my advantage if I said yes," John replied.

"Says here that a POW medic of trustee status would be in charge of the camp infirmary. Seems as though most of the POWs out at Fort Robinson are trustees. It must be a pretty easy place to be, but, then again, you in Nebraska. You know what my Pop always said about people who live in Nebraska?" John shook his head, waiting for an answer. "They're poor, dumb bastards who can't make a living in Minnesota. Ha!"

John gave a fake laugh, knowing the people of Nebraska to be far from "poor, dumb bastards." They were hard working, honest folks, like his folks. Still, John didn't want to reveal himself, so he went along with the Sarge's sarcastic humor at Cornhusker expense.

"Can I think about it?" John asked, thinking he would be better off not to seem to eager about going to another camp.

"Sure, but don't take to long. The colonel wants a recommendation from me by tomorrow," Sarge said, folding the memo and slipping it into his middle desk draw. "It's chow time, let's go to the mess hall."

The two men walked the 50 yards or so for their noon meal. John was quiet during the meal, but the Sarge continued his usual banter of complaining about either Army life or whether he'd get a letter from home at the day's mail call. He had a girlfriend back in Minneapolis, but lately she hadn't been writing with the frequency of the past and Sarge suspected something was wrong.

"I'm expecting a 'Dear John' any day now," Sarge grunted, looking off into space across the mess hall as they sat, eating their lunch.

"Why would any one write you as 'John?'" John asked.

"Ah, it's an American expression. When a guy's girl back home wants to dump him for someone else, she writes a 'Dear John' letter, you know, 'Dear John, sorry to have to tell you, but I'm pregnant and am going marry your best friend Al.'"

"Who's Al?"

"Ah, just forget it," the Sarge snapped. "Maybe I'm worrying about nothing."

When the two got back to the infirmary, John continued to question the colonel's memo for more information.

"Do you think I should take the assignment?"

"Shit, John. No matter where you go, you're still a prisoner. This ain't like applying for a better paying job. The Army's short of medical personnel and they're looking for ways to cut corners. Making you the camp doc out at Robinson is a way for them to free up a medic for combat."

John wondered about that. Why would a tech sergeant with Virgil's experience, be assigned to a POW camp.

"Are you going to have to go to war?" John asked.

"Naw, I was wounded at Scholfield Barracks when the Japs attacked us in Hawaii," the Sarge replied. "I don't have full use of my arm. Caught a couple of Jap bullets. It keeps me out of action, but I'm fit enough for this place."

John said most of the guards and support personnel were men who, for some reason or another, were not fully fit for combat duty.

"Most of us are either lame, too dumb, or too old to go to war," the Sarge reckoned. "Haven't you noticed after all these months, I just type with one hand?"

John had noticed, but figured it was simply the way the Sarge learned to type. Most men he knew, both American and German, used the "hunt-and-peck" method of typing. John had taken one year of typing at Broken Bow High, but acted as though he were as inefficient as the next soldier, American or German, when it came to using a typewriter.

"If you think I could qualify, I'd like to request that I be considered for the position at Fort Robinson," John heard himself saying to the Sarge.

"You sure you wanna leave this little Iowa paradise?"

"Well, I always wanted to see as much of the world as possible. I've come this far, why not a bit farther? How far is it to this Fort Robinson in Nebraska?"

"Hell, I don't know, let's see, it must be at least three or four hundred miles," the Sarge replied. He took out a key from his pocket and opened a locked desk drawer on the side of his desk and pulled out a map. Spreading it out on the desktop, the Sarge began looking for Fort Robinson.

"Here we are in Iowa," the Sarge began, pointing to a dot on the map. "And, Fort Robinson is way the hell out here in western Nebraska." He was pointing to the northwestern corner of the panhandled state. "Don't tell anyone that I showed you this map. None of you guys are supposed to know where the hell you are in this country. Maps are verboten, understand?"

John assured the Sarge the secret was safe and no one would know.

"How will I get there?" John asked.

"Oh, I don't know. Probably they'll send you out by train like you got here."

John told the Sarge about being trucked from Marysville, Missouri to Clarinda.

"Oh, hell, we got a railroad here, but it runs the wrong way from how you came in. That's why you had to be trucked. They'll probably load you onto a train and head you west. So, you wanna go?"

"Sure, why not?"

The Sarge picked up the phone and asked the operator for the commandant's office. He told the clerk on the other end to tell Colonel Stewart that he was recommending POW Sergeant Johann Krauss for the Fort Robinson assignment.

John didn't hear anything about the transfer for about two weeks. On the morning of May 12, 1944, the Sarge got a call from the commandant's office telling him to have John packed and ready to ship out that evening.

"You'll be taken into town to catch a POW train loaded with more of your guys headed for Fort Robinson," the Sarge told John.

"Do you know what route or towns we'll be going through?"

"Now dammit, John, I'm not supposed to tell you things like that, but..." the Sarge held up his index finger, then pulled out the map from his desk. "Let's have a look-see."

The Sarge studied the map for a couple of minutes.

"Looks like you'll be traveling the ol' CB&Q route," he said.

Of course, the Burlington Railroad. John knew it well. It goes right through Broken Bow.

"C-B-and Q?"

"Yeah, the old Chicago, Burlington and Quincy Railroad. You'll chug out of Clarinda and go to Lincoln, Nebraska, then out west to old Fort Robinson," the Sarge explained.

"Why do they call this 'Camp Clarinda' and that 'Fort Robinson," John asked, continuing to act ignorant.

"Well, Fort Robinson is an old cavalry fort from the Indian fighting days of the last century. Lots of history out there, if you enjoy that sort of thing."

You'd better go in and pack your things and get ready to move out," the Sarge said. "And, don't forget, you'll be wearing that kraut uniform of yours.

You can't take those wonderful blue denim uniforms we gave you ---- they're Camp Clarinda property," the Sarge said, laughing.

The ride into town was short. The Sarge rode to the station with John in the back of a pickup truck. They had become good friends. The Sarge, at times, gave evidence that he felt a bit guilty befriending the enemy. John, of course, never revealed that he was more of a friend than the Sarge could imagine.

"Well, ol' buddy, keep your nose clean and do a good job out there in Indian country," the Sarge said, holding out his hand for John to shake.

John smiled, taking the Sarge's hand.

"Thank you for everything. Under different circumstances, you and I probably could be good, close friends," John concluded.

"Yeah, you're probably right. Now, get outta here before I change my mind and keep you here in this Midwestern paradise."

An Army guard led John to the awaiting train. He notice that the blinds were all pulled on the five-car train. Inside, he found more German prisoners heading for Fort Robinson. He was excited. He was going even closer to home. If he could figure out a way, he would be home. Maybe by morning.

It was nearly midnight when the train pulled into Lincoln. No one was supposed to know where they were, but John was able to glimpse the station's name "Lincoln" as they slowed to a stop.

He was getting close.

Back at Camp Clarinda, TSgt. Virgil Kraus was on the phone.

Yes sir, Colonel. He's on the train. I think he'll go for it. Yes. Thank you. Talk with you later. Goodnight, sir."

The Sarge sat back in his office chair, propped his feet on the desk, and leaned back in his chair. He had a smile across his face. He clasped the back of his head with his hands.

"Go, you little Cornhusking devil, John. Go!"

Chapter
17

Once the train was well out of Lincoln, John began keeping a close measure of the time traveled along the Burlington route. He recalled the CB&Q's passenger train ride from Broken Bow to Lincoln usually took around three hours. It was past midnight, but for the major communities, the train slowed to around 35 mph. In Broken Bow, it would slow even more. John reckoned his chance to escape would come as the train pulled through town before it picked up speed on the northwest edge of town.

Calculating the time and mileage as best he could by the sound of the train's movement, John began listening closely for the broken railroad signal crossing ---- the one with the faulty bell in the business district of Broken Bow. Once he heard the bell with the skipping clang, John would know the train was passing through Broken Bow. It would be only a matter of minutes before the train would be slowly pulling out and picking up speed as it reached the countryside. It would be only a matter of minutes before John would nearly be home.

The train slowed as it approached what John thought was a town. The time was about right, if his memory was correct, for Broken Bow. The train came to a stop. Were they on a siding? Yes. He could hear the whistle of another train coming south. Some 10 minutes later, the southbound train passed and the POW train began to slowly move. He was sure they were in a town, although he had no way to tell. John could hear a railroad crossing alarm, but not the one he was hoping to hear. If this was Broken Bow, there would be one more crossing, then the one with the skipping bell.

When he finally heard the faulty clanging sound, John sprang forward to the men's lavatory at the end of the Pullman car, where an Army corporal stood guard.

"Corporal, I have to get forward to the next car," he told the guard.

"Hey, Mac, you know the rules," the guard replied. "No POWs leave the car."

"Listen Buddy, I'm no POW," John explained. "I'm a U.S. Army captain working undercover," John lied, giving himself a considerable promotion. "There's a rumor of a breakout being planned in the next car, so I need to get in there and see if I can find out more information."

"Yeah, right, Mac," the guard said. "I've heard about you tricky Krauts being able to speak American."

"No, seriously, I am an American," John said in all truthfulness.

"Okay, if you're an American, who's the greatest hitter of all time?"

"Are you referring to baseball?" John inquired.

"Yeah, what else," the corporal replied.

"Well, most folks would say it was Babe Ruth, but then again, Ty Cobb is a favorite among Tiger fans. Still, there's Lou Gehrig, a fellow Yankee of Ruth's, who certainly gave the 'Bambino' a run for his money."

The American corporal stood there, with mouth half-open, slowly nodding his head.

"Well, that's pretty good, but try this one: what was Babe Ruth's number when he was with the Boston Red Sox."

"Come on, corporal, you can do better than that," John scolded, jokingly. "Any red-blood American knows they didn't have numbers back in those days."

"Yeah, you're a Yank, all right, no kraut would know that sort of information," the American soldier grunted.

"Well, corporal, I'm really not a Yank," John smiled.

"What?" the corporal snapped.

"Naw, I'm a Dodger. No self-respecting Bum would ever allow himself to be called a 'Yank," John joked.

"Oh, hey, yeah, Mac, you're right! I'm a Dodger fan myself. Go on ahead to the next car, but be careful," the corporal said. "I'm from Hoboken, where you from?"

"Broken Bow, Nebraska," John replied with a smile.

"Oh yeah? Never heard of it," the corporal replied, shaking his head.

"Now, be quiet about this. I don't want the other krauts to know who I am," John cautioned as he started out the door.

"Hey, by the way, just who are you, anyway?" the corporal asked.

"Well, my POW name is 'Adolf Schickelgrubber,' but my real name is a military secret," John replied as he opened the door and slid out between the cars."

"Yeah, right," the corporal acknowledged with a big smile. "Everything's on the Que-Tee."

Once outside, John looked to make sure the soldier wasn't watching. When he was sure, John jumped down between the cars. The train was moving about 15 miles an hour, slowly picking up speed as they pulled out of town. As the train went around a slight curve, John dropped off, rolling down an embankment and landing in a ditch. After the train had passed, only the light of the moon allowed him to see anything. When he finally determined his bearings, he figured he was about five miles from his farm. There were two pastures to cross, then a small dirt road that led straight to his parent's house.

184

It would be daylight soon, so John had to move fast. He wouldn't want to be caught walking down the road wearing the uniform of a German army sergeant. That would be rather hard to explain. He could smell the pasture, the cows, the hogs, and the hay.

John was home, finally.

He hurried his step in order to get to the family farm before daylight. There would farmers out doing chores before long and he didn't want to be seen, at least wearing his uniform. After what seemed to be an eternity, John walked over a small hill and from there he could make out his family farmhouse through the mist of the early morning. It wasn't quite dawn, but he knew where his father would be ---- in the barn milking the cows.

John quietly walked into the barn and, yes, he was right. There was his father, sitting on a stool with his back to the barn door, milking one of the farm's five milk cows.

"Hello, Papa."

The old man froze. At first he didn't say a word, then, "Oh, my God. My God, my God!"

Hans Krauss jumped up from the stool to see his son for the first time in seven years.

"Johann, is it really you?"

"Yes, Papa, it's really me."

"Mama and I, we thought...how do you get here? Where did you come from?"

"It's a long story, Papa. Let's go into the house and see Mama. I'll tell you both all about it."

Upon entering the kitchen of the Krauss farmhouse from off the back porch, John thought his mother would have a heart attack. She was speechless. All she could do was hug him so tight John thought he wouldn't be able to take another breath.

The son spent the next two hours telling his parents about his war experiences and how he had managed to return home. It was an unbelievable story that even he had a hard time realizing. Mama Krauss did the one thing she did best, make her son a big farmer's breakfast, just the way he always loved: half-dozen fresh eggs, enormous strips of bacon from their smokehouse, and plenty of homemade bread.

As he ate his breakfast, continuing to tell his story, Papa Krauss sat across the table, mesmerized by his son's voice. Mama Krauss brought down a big box of mail from a closet shelf that she had been saving for her son.

"There's not much in there of importance, but there was one letter that came last week you might want to open," she said, giving a solemn glance at her husband.

John found the letter. It was from the Custer County draft board.

"I've managed to get your deferred from the Draft for the past three years," his father told him. "Three of them are friends of mine. I told them you were studying to be a doctor back East."

"Well, I guess you didn't exactly lie," John said as he opened the letter, reading its contents. "I'm to report next week for induction in Omaha."

"No, no, no!" his mother shouted. "I just got you back. They can't take you away from us again."

"Mama, they don't know where I've been. Besides, if they did know, I wouldn't be going for induction, I'd be going back to the prisoner of war camp."

"Maybe I can get you another deferment," his father offered.

"No, Papa, it's time I got on the right side of this crazy war," John replied. "Besides, I need to get back across the Atlantic. I have friends there who may need my help."

"Nazi friends?" his father asked.

"No, good, honest friends who helped me. Now I need to try and help them."

"What if they send you to fight against the Japs?" his mother asked.

"Well, with my knowledge of the German language, I don't think the U.S. Army is that dumb that they'd send me to the Pacific," John replied.

"Son, I was so very, very stupid to believe that Hitler and that bunch around him would be good for Germany," Papa Krauss said. "I'm so very sorry I ever took you out of this country and into that inferno."

"Papa, you've already apologized for that. Forget it!"

"When? When did I ever apologize for such a terrible thing?" the old man asked.

"Remember, when I talked to you on the phone from Paris in 1940," John replied.

"Oh, yes. I forgot. Well, I'll never be able to forgive myself for such a deed."

Seven years and the war had brought about a big change in his parents. His mother never really was as zealous about Germany has his father, whom he saw the biggest change. No longer was Hans Krauss spouting phrases of Hitler's deeds. To John, his father seemed like a broken man, who carried a great burden. The reality of all those years of praise for the Nazis and Hitler was that burden. John tried to alleviate the weight by telling his father that it was okay.

"Papa, just think of the experiences I have had and the good people that I did meet along the way," John told him. "I have two years of medical college and enough travel to last a lifetime."

The old man offered a forced smile, but John knew his words had little effect. For a German father to admit he was wrong and had made mistakes was a family crisis. Papa left the house to return to his chores. Mama Krauss told her son his father had been in a sullen mood for the past four years, even before John's call from Paris.

"I think it was when Hitler attacked Russia after having signed the treaty with them that your father realized Germany was doomed," she said. "All he worried about day-in-and-day out was whether or not you'd be killed ---- and,

186

for what?"

John just looked at her, smiling.

"I didn't get a scratch, Mama," he replied.

John went up to his old room and took off his uniform, and put own a pair of bib overalls and a denim shirt. He folded the uniform and put it in a box, placing it on a shelf high in his closet. He later told his mother never to show the uniform to anyone, but not to destroy it.

"Some day I may need it for something," he said.

"What on earth would you ever need that for again?" his mother countered.

"Who knows? To show my grandkids?" he laughed.

"I hope you never have to tell anyone you fought for that maniac." His mother was not amused.

"I didn't fight for him. In fact, I never fired a shot at anyone. I made it a point not to do anything that would be against my own country," John said.

John reckoned the draft notice he received was a blessing in disguise. It could be insurance against any searches for him as an escaped POW. Who would think to look among the ranks of the U.S. Army for Johann Krauss?

The next week was spent working alongside his father on the farm. It was good to climb onto a tractor, milk a cow, and eat Mama's great feasts she prepared three times each day. Neighbors came by when they got the word of John's return. When questions of where had he been, arose, John skirted the issue by saying such things as "buried in college books," or "I traveled quite a bit throughout the East," without every being specific or mentioning Germany or Europe or North Africa.

On Saturday night, John went into Broken Bow. There he ran into some old high school classmates at the drugstore. One in particular, Larry Braun, was especially glad to see him. Larry had received the same draft notice and they both would be going to Omaha on Aug. 12, 1944, for induction. John and Larry had played football and baseball together at Broken Bow High. Larry was the son of one of the town's leading attorneys, which probably explains why he hadn't been drafted sooner. Jed Braun, like Hans Krauss, had many influential friends throughout Custer County and, no doubt, some of them were serving on the draft board.

Larry had always been a quiet kid in school. He was a good athlete and a fair student, but he had never been close to any one, even John. As the two young men sat by themselves in a booth sipping Cokes at the drugstore's soda fountain, Larry began expressing fear of what lay before them.

"My father has managed to keep me out of the war up until now, but things are getting so bad everywhere that they're taking guys who earlier were 4-F," Larry told John. "I'm surprised neither of us weren't taken a year ago."

"Well, now is as good of time as any," John replied. "How's your German?"

"I can still talk with my grandparents and they speak hardly any English," Larry said.

"From what I've been able to learn about the war so far, language is the key to success in this war," John explained. "The Americans, the Army, needs interpreters ---- guys like us who can speak both English and German fluently. It could be our ticket to some good duty."

"Yeah, right up on the front lines," Larry said, with a bit of irony in his voice.

"Probably, but we'll be a valuable part of the mission and probably well-protected."

The two men agreed to meet early the morning of Aug. 11. Larry's father had offered to drive them into Omaha.

"Dad's on the County's Civil Defense Board and gets extra gas ration stamps," Larry explained. "Besides, getting on a train these days is almost impossible, and I don't relish riding 200 miles in a bus."

John short period of relaxation on the farm abruptly interrupted when news on the radio announced the invasion of Normandy by the Allied forces. The operation was called "D-day" by the news announcer, who kept updating listeners throughout the early morning of the progress being made by American, British, and Canadian troops.

"There's good news tonight, friends. The largest armada in the history of mankind has embarked upon the liberation of Europe," H.B. Kaltenbourne told his listeners that night.

John's thoughts immediately went to his friends, the field Marshal, Dieter Zeis, Werner Schroeder, and, of course, Marlene. Would they be in harm's way? Of course they would. All of them, sooner or later. John stayed glued to the radio throughout the day, evening and into the night. He felt so helpless. Of course, he was hopeful the Allies would be successful, but he also was concerned about his friends. John was torn. It was gut-wrenching.

The following days had radio and newspaper reports filled with the invasion. The Omaha World-Herald published detailed war maps showing the Allied progress. A couple of the news stories named Rommel as the commanding general in charge of the Axis Atlantic Wall defenses in France. On the weekend at the Lyric Theater in Broken Bow, John sat through the Pathe newsreel twice, hoping to catch a glimpse of a familiar face. There were thousands of troops shown coming ashore on the beaches of Normandy. More than 5,000 ships and well over 200,000 troops took part in "Operation Overlord," as details became known to the public.

The weeks that passed moving the fateful August date closer were filled with continuing positive news for America as Allied forces advanced deep into France. John was surprised that the field Marshal hadn't beat back the invasion with his crack panzer divisions. What happened? It was the reason Hitler wanted him back in Europe from North Africa ---- to defend "Fortress Europe."

The weekend before John and Larry were to leave for induction were rather solemn around the Krauss farm. Papa and Mama Krauss would, once again, be seeing their son leave them. The thought that they'd never see him again was too strong to put out of their minds, although neither said as much.

"What if the authorities come looking for you, you know, as an escaped POW?"

John looked at his father with a grin.

"Why, Papa, you just tell whoever comes around asking questions that they've got the wrong man, because your son is serving proudly in the U.S. Army," he replied. "Don't worry, Papa. I left enough confusing records that I doubt seriously if they'll ever put it together. There was no 'John Krauss' in the Germany Wehrmacht, and there were probably hundreds of 'Johann Kraussses.' You know as well as I do, Papa, that 'Krauss' is as common a name in Germany as 'Smith' is in this country."

Papa Krauss forced a faint smile, but John could see that his father was worried.

"Remember, Papa, this time I'll be able to write to you on a regular basis, so you'll know exactly how I'm doing."

John could only imagine the agony his parents had suffered over the past several years, and didn't really want to think about what lie before them as he marched off again to war, this time in a different uniform.

Larry and his father were waiting Tuesday morning when John and his father arrived at the Broken Bow Post Office. The two older men exchanged greetings and shook hands, then John turned to his father to bid him farewell.

"Papa, our parting today is a bit different than the last time, if you remember?"

"Yes, son, I remember. I'm so..."

"Papa, don't. Forget it. I'll be fine. I'll write you when I know where I'm going, okay?"

The elder Krauss stood there, slowly shaking his head. John saw something he had never witnessed before. Tears were beginning to form in his father's eyes. John smiled, took his father's hand as if to shake it, then he embraced to old man, whispering in his ear.

"Papa, I'll be back and I'll make your proud!"

The ride to Omaha was relatively quiet. Both young men sat looking out the window at the passing Nebraska countryside along state route 92. Jed Braun would occasionally asked a question, first of his son, then of John, but most was just nervous small talk.

The trio stopped in Wahoo, just outside of Omaha, where they had lunch. It was but a short ride on into the city, where John and Larry would stay the night in a hotel room near the induction center. Jed Braun offered to take the two men to dinner that evening, but Larry urged his father to head back so that he'd be home in the early evening.

John and Larry went to a movie that evening, at which neither paid much attention. In fact, both laughed back at the hotel because all either of them could remember about the film was that Errol Flynn was the star.

"Did he use a sword?"

"No, I think he had a machine gun."

The two friends laughed and turned in for the night. They had an early call the next morning to be at the induction center by 7:30 a.m., as directed in their respective letters.

Larry had brought a medium-sized suitcase filled with clothes and personal items, whereas John knew better. He had a small shaving kit and a change of socks and underwear, all stuffed into a paper bag.

"I think the Army will give us everything that we'll need from here on out," John told his friend.

He was right. After being greeted at the reception area by a Army corporal, they were directed into a large room filled with numbered lockers.

"Yous guys will strip to the waist and put your shoes and socks and other stuff in a locker and remember your number," barked an Army buck sergeant with a distinct Chicago accent. "If yous have a suitcase or bag that won't fit in your locker, place it up on top, then form a line over against that wall."

There were about 50 or 60 young men in the room, stripping to the waist and doing as they were told. Some of them fellas began chatting among themselves.

"No talkin' okay? Yous guys move yer asses," the sergeant bellowed. "This is going to be a long day."

Once all of the men were lined up against the wall, a Navy lieutenant came into the room to explain the day's activities.

"You men will have your physical examinations this morning," he began. "You should be finished by 11 a.m., at which time you'll be given a chit to buy lunch at the diner around the corner on Farnham Street. You'll report back here at 12:30 p.m., and this afternoon you'll be given a series of tests. These tests are very important to you because they will determine just where and how Uncle Sam will use you. Not all of you will be going to the Army. Some of you will be going to the Marine Corps, and a few of you ---- a very few of you, will be allowed to join us in the Navy."

This last remark brought laughter among the men, which came as a welcome icebreaker.

"I can't impress upon you enough to do your dead-level best at your testing," the lieutenant continued. "For those of you who didn't finish high school, don't worry. The Army or the Marines will teach you which end of a rifle to fire."

More laughter, although it was a bit uneasy among some of the inductees.

John kept comparing the morning with his earlier induction into the Germany army. He now realized just how privileged he had been treated by Zeis, and it was all because of Greta. But, this time, there was no Greta, nor was there a Dieter Zeis. What he would get out of the American army would be earned all the way.

As expected, John passed his physical examination with no problems. Larry did too. The two friends stayed side-by-side throughout the entire morning. At the end of the morning, right before lunch break, each man was finger-printed.

John's heart raced just a bit because if these fingerprints were ever compared with his earlier fingerprints from the POW camp in Clarinda, he would undoubtedly be discovered. He kept telling himself that it was a big war, a big country, and big army and an even bigger bureaucracy. The chance of a fingerprint comparison was relatively small unless there ever was a reason to check. John would make certain he did everything he was supposed to do and make his parents proud, and more importantly, so as not attract attention to himself any more than was necessary.

The blue-plate special at the diner on Farnham was meatloaf, mashed potatoes and gravy, and some sort of vegetable, which had been boiled so long that John couldn't recognize it. Larry thought that it may be green beans, but, according to the waitress, another inductee correctly identified the overcooked mess as spinach. The diner was an old converted trolley car, and most of its customers at 11:15 in the morning were men from the induction center. The waitress urged everyone to "eat up" because the diner's regular lunch crowd would begin coming through its doors after 11:30.

That afternoon, the inductees were mustered in a large room with school desks where they began three hours of testing to determine I.Q., aptitude, level of education, among many other personal aspects. Other forms, detailing education, personal achievements, abilities, family histories, and job preferences also were laid out in a variety of government forms.

Around 4:30 p.m., all of the inductees who had survived the physicals for the day were, again, lined up against a wall. John noted the line was a bit smaller by maybe four or five men. The same sergeant who had greeted them in the morning came was before them once again.

Yous will count off in fours, starting from my left," he said, pointing to one end of the line up.

"One, two, three, four, ... five," the count began.

"No, no, no, dammit," the sergeant interrupted. "When I tell yous guys to count off by fours, there's NO five, get it? Now, try it again."

"One, two, three, four, one, two three, four, ... one, two, three...."

There were three men on the end of the line left over without a "four."

And so it went down the line. John was a "four," and Larry was a "one."

The same Navy lieutenant came back into the room.

"Okay, men. All of you who were number 'four' welcome to the United States Marine Corps," the officer proclaimed. "You three men on the end, welcome to the United States Navy. The rest of you, well, you know where you're going ---- it's 'over hill, over dale' and a very dusty trail for you."

There was nervous laughter throughout the room.

John's heart sank. If he were going to the Marines, that meant the Pacific and not Europe. Little good his German language skills will do him fighting the Japanese.

As he was contemplating being a Marine and separated from Larry, an Army colonel, who had been standing over by the door, watching everything, walked over and whispered something to the lieutenant.

"Which one of you is Krauss?"

John looked around, then raised his hand.

"Here, sir."

The Army colonel walked over to John.

"Sprechen sie Deutsch?" the colonel asked, taking John somewhat aback.

"Jawohl, Herr Oberst" John said, snapping to attention with the German heel click automatic, "Meine Eltern haben zu Hause nur deutsch gesprochen. Ich habe es von Kindesbeinen an gelernt." (*Yes sir, my parents spoke only German at home. I learned while learning to walk*).

"Well, I'd say your German is a bit better than your Prussian heel click, son," the colonel grinned. "You'll be going to the Army, not the Marines."

John wanted to say that it wasn't the first time the heel-click observation had been made, but thought it best to not respond.

"My friend, here, also speaks fluent German," John offered, nodding his head toward Larry Braun.

"Yes, we know. You'll both be coming with the United States Army," the colonel replied.

"I can speak pig Latin," one of the inductees on the end of the line shouted.

"Yeah, my ol' man used to swear at me in French," said another.

"Alright, yous guys, knock it off. If we want any smart assed remarks, we'll ask yas," the sergeant shouted.

The Navy lieutenant began telling the inductees what would happen to them next in the process of induction.

"You will all be billeted tonight at the Great Plains Hotel, which is two blocks from here. The sergeant will give each of you chits for a night's lodging, as well as your supper and breakfast.

"Tomorrow morning, be back here at 0700 hours sharp. That's 7 o'clock your time, but you'd better get used to military time references. You men who are going to the Marines and Navy will be leaving for San Diego for your boot training. You other men who will be going to the Army, will be heading for Camp McCoy, Wisconsin where you'll take your basic training.

"One more thing," the lieutenant said, concluding his remarks. "If you're old enough to drink, better have that beer tonight because it'll be your last for a few weeks. If you're not old enough, there are four movie theaters in this area of town, so enjoy yourselves tonight. I'll see you here...when?"

"At Oh-Seven-Hundred-Hours," most of the inductees said in unison.

"Okay, then," the lieutenant said, turning to the sergeant. "Dismiss the men, sergeant."

"Alright yous guys, you heard the lieutenant. As yas go out the door, get your chits from the corporal at the reception desk and make sure you don't get into no trouble tonight. We wouldn't want to keep Uncle Sam waitin' now would we?"

John and Larry checked into the hotel, then went out for dinner, not on the induction chits, but for a real dinner at a downtown Omaha steakhouse. Papa Krauss had slipped John $20 before he left home, so he was determined to have a good American dinner in a nice restaurant before heading back to war.

There was not much happening in Omaha during the week, so the two friends took in another movie, this time a dance musical with Eleanor Powell.

As directed, the next morning, all of the inductees were at the center at 0700 sharp. There was just one thing left to do before climbing onto the bus for the train station: to be sworn into the Armed Forces of the United States. As John stood there, with right hand raised, getting ready to swear his allegiance to America, he thought it odd that, even though he had risen to the rank of sergeant third-class in the German Wehrmacht, he had never been asked to take an oath such as this. Probably because of Dieter Zeis, who had cut a lot of what the Americans call "red tape" in getting him into the service of the Third Reich.

Within an hour, in almost surreal fashion, John was sworn into the U.S. military. He then was loaded onto a bus and transported to the Omaha train station. Within an hour, he was headed for Army basic training in Wisconsin, a place he knew wasn't that far away, but a state he had only read about in school.

By noon that same day, John was staring out the window of a Pullman car, marveling at the well-groomed fields of Iowa as they proceeded in a northeasterly direction. He was amazed that, even though the tractor had taken over as the principle implement on the farm, the number of horse teams farmers were still using to do much of the work on the family farm. John made a game of counting the number of horse teams he saw as the train headed toward La Crosse, Wisconsin, the jumping off point for Camp McCoy. He saw so many teams that he began breaking them down into categories such as matched "white horses," "brown horses," and mixed colors." The browns had all others two to one by the time the train reached Des Moines; by Waterloo, the mixed teams had taken over in John's mental poll.

Even though his future was uncertain, John sat, staring out at the Midwestern countryside with a satisfied feeling. It was a feeling of pride. He not only was doing the right thing for his real country and himself, but now maybe he would be able to get back to Germany where he could help his friends, especially Marlene Hink. God knows what has happened to Marlene? Correspondence now is impossible.

Surely America and the Allies would invade Europe and chase down Hitler and his thugs before they ruined Germany. He recalled Rommel's words to him the last time they were together in North Africa.

"We have no chance of winning this war," the general said with a solemn tone. "Our only hope is that we can call a halt to the fighting and make a peace with the Allies. But, we won't be able to gain such a truce as long as Adolf Hitler is our commander and chief."

The last news John received in the POW camp at Clarinda was that Rommel was appointed by the Fuhrer to command the German forces along the coast of northern France, which were gearing up for a cross-channel invasion.

The atmosphere on the train, which carried the inductees along with hundreds of military men and women from all the branches and very few civilians, was a festive one. A few of the older men brought bottles of liquor on board at Omaha. As one inductee pointed out, that "going across Iowa would be very dry because you have to go to a state-owned beverage store to get anything above 3.2 beer and wine.

John didn't care. He had never become accustomed to drinking anything harder than a good beer or fine wine. He had tried schnapps, of course, but it only made his head hurt.

Clusters of young men, both in civilian clothes and uniforms, gathered throughout the various cars of the train to play cards, sing, and otherwise visit among themselves. There was a pretty good crap game going on in the men's room with the colored porters joining in with a few bets of their own.

Larry Braun sat staring out the train window, looking pensive. John tried to engage his friend in small talk, but nothing seemed to work. John wished he could tell Larry that these were the good days. That being in the heart of America on a train where no one was coming through with guns, checking our papers every few miles was a safe and good thing. He wished he could tell his friend what he had already experienced in this terrible war, but he couldn't.

It was early morning nearly two days later when the train pulled into LaCrosse, Wisconsin. As they had been told, the inductees were met on the platform by a group of Army personnel that would transport them the 30 some odd miles east by bus to Camp McCoy.

As John stepped off of the train, a master sergeant began barking orders for all inductees to line up on the platform. Surrealism crashed into reality. John now was officially in the American army. No special treatment. No jump in rank. He was a buck private, drafted by Uncle Sam. He was on the first leg of what would become a long journey back to Germany ---- back to Marlene, his friends, if they were still alive, and maybe even Greta.

Chapter
18

Camp McCoy was a busy, sprawling military base in the wood hills about 30 miles east of La Crosse, near the small Wisconsin towns of Sparta and Toma. The bus carrying the new inductees pulled into the base and stopped in front of a large building. The sign on the front read: "Receiving and Outfitting." This was the first of many stops the new soldiers would make on this first day. It was where uniforms and personal gear were issued.

The men unloaded from the bus and a buck sergeant began barking orders that amount to forming everyone into four ranks facing the R&O building.

As the men were forming up, John noticed an officer come from seemingly nowhere and spoke to the sergeant. The sergeant nodded then barked:

"Is there a John Krauss, John here?"

John, surprised at hearing his name, raised his hand.

"Here, sergeant. I'm John Krauss."

"Front and center, soldier," the sergeant bellowed.

John moved out of formation and up to the sergeant and the officer at a trot.

"You're Krauss?" the officer, who was a first lieutenant, asked.

"Yes sir. John Krauss."

"Of Broken Bow, Nebraska?"

"Yes, sir."

"Follow me, soldier," the lieutenant instructed.

John dutifully followed the lieutenant, who seemed to be heading for the base headquarters building about a block away.

"May I ask what this is about, sir?" John said as he walked slightly behind the officer.

"I'm not sure, but some top brass want to see you, that's really all I know," the lieutenant replied.

John was ushered into an office past the commandant's clerk, who sat in the center of the reception area of HQ. There was a long conference table with four chairs around it. The officer instructed John to have a seat and wait. Minutes later, a lieutenant colonel walked into the door carrying a file folder. He stood on the other side of the table. John snapped to attention.

"Krauss, my name is Lieutenant Colonel Bruce Whitaker," the officer began.

He was dressed in a dark brown uniform, which must be for colder weather, although everyone John had seen up until then wore light brown khakis at Camp McCoy.

"You're probably wondering what this is all about," the colonel began. John nodded his head.

"Yes, sir."

"We know who you are and where you've been," the colonel began. John was incredulous. "We've known for some time, now. It took you awhile to get back home, didn't it?"

John didn't know what to say. How could they know? He had been so careful to protect his secret.

"A British agent tipped us off to your situation about three years ago. Then, one of our contacts kept us abreast of your whereabouts."

"British agent? Oh, my god, Greta?" John blurted.

"I don't know who he or she is, but we were convinced of the information. Especially when our contact from inside the Germany army confirmed as much," the colonel continued. "We know you were taken more or less reluctantly to Germany by your father, who, by the way, has since regretted doing so. We know you were in medical school at the University of Berlin, where you were approached to train as a secret agent, which you declined. You were rewarded by being drafted into the German army. Our man was able to smooth the way for you, however."

"Dieter!" John exclaimed, shaking his head in amazement.

"Again, I'm not able to confirm or deny any identities of our agents, but, so far, how am I doing on your life in Germany?"

"My god. It's exactly what happened to me," John replied. "How did you find me after the DAK, er, ah the Afrika Korps surrendered?"

"Well, I have to admit we lost track of you because our contact went back to Germany. It wasn't until you started talking about going to medical school and turning down the Gestapo that we finally figured out which John Krauss you were. Do you have any idea how many Krausses there are in the German army?"

John chuckled along with a sigh of relief.

"No sir, I have no idea. I'm the only one I know of."

"Well, anyway, thanks to our man at Camp Clarinda, we found you."

"The Sarge? Er, ah Sergeant Kraus."

"Yeah, there's another of you damned Krauses," the colonel joked.

"I've been so concerned since I was brought into the German Wehrmacht that someone would think I was a traitor to the United States," John said.

"Well, if it hadn't been for our aforementioned sources, we wouldn't be having this conversation. You'd be in the stockade." John looked a bit perplexed. "Prison, son, prison."

"So, am I clear to serve my real country now?" John asked.

"Well, we were hoping you'd have that attitude. Answering the draft notice was no coincidence. When we arranged for you to escape as a POW, we had that notice sent to you folks' home, betting that you'd head there once you were free."

"You arranged for me to escape?"

"Now, son, do you think we actually would let an enemy soldier be in charge of an infirmary at Fort Robinson? Hell, it was just an excuse to get you closer to your home. From what we already knew about you, we figured you come up with some way to escape. The guards on the train were instructed ahead of time to go along with whatever ploy you'd come up with. I have to admit, that scheme you laid on the guard about looking for an escape attempt as an undercover officer was a good one."

John smiled, nodding his head, somewhat proud of himself.

"We need your ingenuity to continue," the colonel said, looking more stern now.

"How can I be of help?" John was curious as to what he possibly could do.

"We want you to go back to Germany," the colonel replied.

"Yes, I figured I'd be going one day as a soldier when the Allies invade Europe."

"No, I mean as soon as possible," the colonel countered.

"I don't understand."

"What I'm about to tell you is highly confidential and you're not to repeat it unless it is discussed in a briefing. We know that you were a valet for Field Marshal Erwin Rommel." John nodded his head. "We also know that Rommel is having doubts about Herr Hitler's pursuit of the war. So much so that he is one of many high-ranking generals who are considering a coup de tat.

"Rommel is now heading up the defenses of the Normandy and lowlands coastal positions, expecting an Allied invasion sometime within the next year. We want you to somehow renew your contacts with the general and serve as a messenger for us."

"What about Dieter? Ah, Colonel Zeis?" John asked.

"We don't know. Something has happened to him and we have no idea where he may be. That's something we'd like for you to determine. We want to let the field Marshal know that we are here to support him in any way we can when his group makes there move," Colonel Whitaker explained.

John nearly became lost in thought, worrying about his friend. Was Dieter still alive? The last time John saw him was when he climbed onto the Fokker tri-motor with Werner and the field Marshal.

"So, what is next, colonel?" John asked.

"Well, let me be clear about one thing. I'm not really a colonel in the U.S. Army. I'm of equal rank and pay grade, but in a new government agency known as the Office of Strategic Service, or OSS for short.

"From here, you'll be taken to England by me where you'll undergo a few weeks of intensive training. You'll officially be assigned to the OSS. You won't be in our military, but you'll have the equivalent rank of a first lieutenant. We figure what you've already been through, what you've learned, and your command of the German language, not to mention your intimacy with one of the Fatherland's greatest heroes, well, that's the least we can do for you. You'll be back in a German sergeant's uniform before you know it."

John frowned. He left his German uniform with his parents.

"Don't worry," the colonel said, smiling. "We have your uniform. And, yes, we assured your mother that we'd take good care of it and you."

John chuckled to himself. Take care of me? What the hell are they going to do for me if I'm caught as a spy behind the lines?

"Well then. That's it for now. You'll be billeted at the Bachelor Officers' Quarters here on base. I'll arrange for your transportation to England. I figure that by this time next week, you'll be in merry ol' England. Here are your credentials, I.D. card, dog tags, things you'll need to show to get around the base, get your chow, etc. We'd appreciate it if you don't try to leave the base. I hope you understand."

"I'm free to move about on the base?" John asked.

"Yes. You'll be issued an officer's uniform, shown the proper way to wear everything. If anyone asked where your assigned or what your unit is, simply tell them that you're 'in transit, awaiting further orders,' which is absolutely correct. But, remember, you're not really an Army officer. You'll get the same pay, but don't go dressing down some poor dogface for some minor infraction. It is simply your cover until you get to England."

It was a lot for John to digest. In a matter of minutes, he went from being an escaped German POW and possible U.S. traitor to drafted civilian to an OSS spy. He couldn't quite decide whether is was a continuation of his "extraordinary luck," or what. One thing is for sure, most of what had happened over the past several months had nothing to do with luck.

Chapter
19

Within three days, John, along with OSS Agent Whitaker were on their way in an Army C-47 headed for Bangor, Maine to meet up with a new bomber squadron headed for England. John needed those three days just to catch his breath and reflect on what had transpired over the past few weeks. Whitaker gave him permission to write a letter home to his parents, but with the understanding that he would divulge no details of what he would be doing or where he was going.

"We'll be catching a hop across the pond with a group of B-17s on their way to England," Whitaker told John. "We have to be in Bangor by tomorrow morning if we're going to catch that ride, otherwise, we may have to wait another week. Ever ride in a plane before?"

John shook his head. "No, sir, this will be my first flight."

Something was building. During the three days John spent hanging around the BOQ and the officers' club, he heard rumblings of some sort of build up in Europe. Could it be the long-talked about invasion of Europe by the Allies? He didn't know what to expect when he got to England, but from rumors circulating around Camp McCoy, southern England was becoming one large armed camp. Convoys loaded with troops, equipment, munitions, and weapons were streaming across the Atlantic in such numbers that it was nearly impossible not to be in sight of ships heading for England.

Upon arrival in Bangor, John and Whitaker were issued warm, sheep-lined jackets, gloves, leather helmet, and pants for the ride across the Atlantic. A B-17 was not pressurized, and, at the altitude the squadron would be flying, the temperature drops to near zero.

"It's not going to be a joy ride," Agent Whitaker assured.

Whitaker was right. The B-17 they were riding in was brand new, fresh out of the Boeing factory in Seattle, Washington. But, at 20,000 feet, the plane was cold and noisy. They were required to wear oxygen masks once the plane passed the 10,000-foot level. The crew all had intercom gear in which to communicate, but John and Whitaker were left to either remove their masks and shout or write notes to one another. The six-hour flight to Belfast, Northern Ireland was cold, miserable and uneventful. The squadron of 10 B-

17s landed for an overnight due to bad weather over southern England and the Irish Sea.

"If it were up to me, I'd just as soon swim for England than go back up in that bomber," John joked to Whitaker.

"It'll be fine. Let's go to the O Club for a drink, then hit the sack early and be ready for tomorrow," Whitaker said. "The flight from here on out should be short. The pilot says we won't be climbing above 10,000 feet tomorrow, so we won't have to wear all that cold weather gear or go on oxygen."

John acknowledged that news with a smile. It was raining hard now, but the forecast was for clearing skies by morning. If it didn't, the squadron would be grounded until it did. The Army Air Corps wasn't taking any chances of losing valuable, much-needed bombers. Luftwaffe fighters and anti-aircraft flak were knocking B-17s and B-24s down at an alarming rate during daylight bombing raids over German cities.

As predicted, the next morning, Sept. 26, 1944, was clear with a bright sunrise. The squadron took off at 0800 hours sharp with an estimated time of arrival at an Air Corps base just north of Cambridge, England at 0945. The base was far enough north so that enemy fighters couldn't reach it without running out of fuel before getting back to France. Heinkel bombers, of course, could hit nearly any of the bases, but without fighter support, British Spitfires and Hurricane fighters easily knocked them out of the sky like gliding ducks.

When their B-17 landed, an unmarked British car was waiting for the two OSS agents. They had barely cleared the plane when the car was alongside, waiting for John and Agent Whitaker.

It May and springtime in England, which meant a rainstorm at least three times a week. England has "five minute weather' ---- if you don't like the weather, wait five minutes and it will change.

John had no idea where he was or where they were headed. Agent Whitaker seemed to know, but was saying little as they rode quietly through the English countryside. After about an hour, the car pulled in through a gate and up a long driveway slicing through a magnificently manicured lawn that seemed to go forever to what looked to John like a castle. The building was a five-story, flat-roofed edifice colored with a weird yellowish orange exterior. He had only read about such fine houses when he was in school. John wondered if some British royalty once lived here, or, maybe still does.

"This will be home for the next few days, at least," Whitaker said, finally breaking the silence between them.

As the two men unloaded their small bags from the trunk, a rather slender, middle-aged man wearing what looked like a butler's uniform came out to greet them.

Welcome to Devonshire Hall, gentlemen," the man said. "We'll see that your luggage is taken to your rooms."

"Come with me, John," Whitaker said, walking up the steps of the mansion and in through the front door.

Once inside, the great house, which indeed, was a magnificent structure, had the trappings of a busy office building. There were several desks in the huge foyer and a number of men and women dressed in civilian clothes were scurrying about.

"This is OSS headquarters for now," Whitaker explained. "We're working with the Brits on this particular project. Let's go into the library." John followed Whitaker up the hallway and into one of the biggest rooms he had seen since he was in Greta's Berlin mansion. Waiting near the fireplace was a rather distinguished looking man, with a moustache, slightly balding, about 40 years old, smoking a pipe.

"Welcome to England, gentlemen. I'm Colin Root-Reed," the man said, offering his hand to Whitaker, then to John. "I trust your little jaunt across from the colonies was satisfactory." He chuckled, letting them know he was joking about the "colonies" crack. It was obvious to John that Whitaker and Root-Reed were acquainted.

"Is this our Mr. Krauss?" Root-Reed queried.

"Yes, sir, it is ---- John Krauss, of late, Sergeant John Krauss of the Deutches Afrika Korps, personal valet and medic to Field Marshal Erwin Rommel," Whitaker said in a rather proud way.

"Splendid," Root-Reed replied. "Well, let's get down to it, shall we?" Root-Reed motioned for the two men to have a sit on a rather large divan in the center of the room facing the fireplace. John had never seen this sort of luxury, not even at Greta's home. The room's four walls seemed to have books stacked on shelves that reached to the ceiling, and that must have been at least 15 feet high.

"I have some rather bad news as far as our little mission is concerned," Root-Reed began. Herr Rommel, I fear, has been wounded."

John looked startled and concerned.

"Have no fear, our sources tells us that he'll recover," Root-Reed continued. "It seems that one of our fighter pilots caught the field Marshal on a French road a few days ago and strafed him as he and a couple of aids were driving through the countryside. Our French observers tell us the driver and another officer were killed, but that the general survived. I'm told that he's in much better shape than his Mercedes roadster."

"Do you know who the officer and the driver were?" John inquired. "The ones who were killed? John could only think it very well could have been Dieter and Werner.

"Well, no, I'm afraid not," Root-Reed replied. "I can tell you this, the officer wasn't who you are thinking of, and the driver was a private, does that answer your question?"

John sighed relief. It wasn't Werner. Good.

"If I may, sir, do we know the whereabouts of Lieutenant Colonel Dieter Zeis?"

Root-Reed shot a glance at Whitaker.

"I told John that the colonel hasn't been heard from in several weeks," Whitaker interjected.

"No, sorry to say, we don't know what happened to him. We're rather anxious to find him. Good chap, that one, for a Gerry. He has been very useful to us for the past eight or nine years."

Root-Reed sounded somewhat dismissive, and John didn't like it. Dieter seemed only valuable to him as long as he was available to provide information, but he was a friend, flesh and blood, someone who had kept a naive Nebraska farm kid out of harm's way.

"So, now what do we do?" Whitaker asked.

"We wait. I don't think it wise to send our young friend back into the fray not knowing what is going on with Herr Rommel. We think he'll be back from hospital and in full command of Hitler's Fortress Europe in Normandy quite soon, but we really don't know for sure. All we know is that he's somewhere back in Germany. Tea, gentlemen?" Root-Reed motioned for an aide, who had appeared at the library door, to bring forth a small cart on wheels carrying a tea set, some sandwiches and cookies.

After the aide had brought the cart to near the fireplace, he nodded his head with a slight bow and left the room, closing the door.

"As you probably have guessed, things on this side of the channel are going to heat up before long," Root-Reed said. "I don't have to tell you that the long awaited 'big show' is about to begin."

"The invasion," Whitaker said, nodding his head.

"My dear chaps, we should not gossip about these things," Remember, the little corporal has big ears, especially on this side of the channel."

John looked concerned. He had no idea where this left him as far as the war was concerned.

"Until we know exactly what's what with Herr Rommel, we're going to put you through the paces here at Devonshire Hall over the next few weeks," Root-Reed explained. "I think we'll have enough to keep you amused until then."

Whitaker stood up.

"John, if you'll excuse us, Colin and I have some things to discuss," he said. "If you'll see the clerk just outside in the hall, he'll see you to your quarters. I'll see you this evening for dinner."

John rose, nodded his head in acknowledgement.

"Oh, sir, before I leave, I was wondering if you knew a Greta von Carlsen?"

"No, sorry. That name doesn't quite register," Root-Reed replied.

John wasn't sure he believed that answer, but didn't push it. He turned and left the room. The clerk in the hall led him up two flights of stairs to a room big enough for 10 people to sleep.

"This is my room?" John inquired as they walked through the door. His bag was just inside.

"You'll be sharing with another American chap," the clerk, who was British, told John. "A Mr. Jack Slater. I think you'll find him interesting. He's presently in class downstairs. You'll meet him later this evening."

As John began unpacking his bag, he looked out the window, which faced the rear of the mansion. In the distance, he could see some sort of an obstacle course and equipment that, no doubt, were used for physical training. He didn't really know what to expect here at Devonshire Hall. John thought this was an American operation, but, so far, he's seen only Englishmen, save himself and Whitaker. There, of course, is Mr. Slater, which he's yet to meet.

The dinner that evening was something out of a movie. John was instructed to wear a coat and tie that Whitaker had given him. When he got down to the dining room, there were about a dozen other men and three women gathered, having a cocktail, standing around another fireplace. John wondered just how many fireplaces were in this mansion.

John spotted Whitaker chatting with another man off to the side.

"Ah, there you are, John," Whitaker said. "I'd like you to meet your room mate, Jack Slater.

Slater was a slender, good-looking man of about 30 years. Dark-headed with a somewhat olive complexion

"Good to meet you, John. Bruce has been telling me all about you," Slater said, holding out his hand. "If I were a writer, I would have loved to come up with a story like yours."

John must have looked a bit perplexed as he shook Slater's hand. Both Whitaker and Slater began chuckling.

"It's okay, John. You're among friends here," Bruce told John. "Jack is one of our specialists here at Devonshire Hall. I hope you and he will get to know each other. In fact, I think you're rooming together."

"Yes, that's what I hear," John replied. "Specialist? What sort of specialist?" looking at Slater.

"Oh, heck, I'm just ol' country boy, son," Slater said with a sly smile.

"Hmmm. And, I thought I was supposed to be the country boy," John replied, smiling.

"Well, Jack, here, is from North Carolina, but he's no farmer," Bruce said, laughing.

"No, that's not exactly true," Slater spoke up. "My daddy grows tobacco and I do know how to drive a tractor." It was an ice-breaker.

The entire entourage sat around the longest dining table John had ever seen. Formally-dressed servants brought the dinner to each person. It was elegance John had never experienced. Sitting at the head of the table was Colin Root-Reed, who rose, bringing everyone to silence by lightly striking his fork on a glass.

"Ladies and gentlemen, I'd like for you all to meet the newest member to our little family here at Devonshire Hall, Mr. John Krauss, late of the German Afrika Korps."

Everyone in the room focused on the young, blond-headed man sitting between Whitaker and Slater. John felt a little embarrassed. He didn't know what to do, but the light applause from the others around the table seemed to reduce his self-conscienceness.

The dinner was pleasant and John enjoyed the stories and jokes he was hearing from members around the table. He couldn't understand why anything he had done up until this time could possibly be of value to the Allied effort.

John didn't have to wait long for his answer. The next morning he met with Root-Reed and Whitaker.

"We would like for you to volunteer to go back to Germany," Root-Reed said, matter-of-factly. "Something has happened to Field Marshal Rommel and we need to know if he still is a power to be reckoned with."

John wasn't sure what to say. He didn't know how he would explain himself if he were to go back in his old capacity as a German sergeant.

"No, you'll be going without benefit of uniform," Root-Reed replied. "You'll be going undercover."

"You mean, I'm going back as a spy, don't you?" John queried.

"Well, we prefer to regard your mission as clandestine. Hopefully, you'll be able to slip in and slip out again, unnoticed. You'll be dropped inside Belgium near the German border. From there, one of our operatives will get you back into Germany."

Whitaker chimed in at this point, assuring John that he would have what he needed to accomplish his mission.

"You know the language, you know the country, and you know how to get around," Whitaker said. "We'll give you identification papers that should get you just about anywhere."

"What if I'm caught? I'm technically a deserter," John reminded.

"Yes, there is that," Root-Reed admitted. "Look, we know what we're asking of you, but you offer us the best possible chance to talk to the man, himself."

"Herr Rommel?"

"Yes."

"And, what do I tell him when he sees me? This man is first a German, and considers himself loyal to the Reich."

"Yes, but is he loyal to Herr Hitler? That's the question we want answered."

John paused for a moment, looking out the library window toward the training field. Looking back at Whitaker and Root-Reed he made a request.

"Before I go anywhere, I'd like to see Greta."

"Greta? Greta who?" Root-Reed asked in a rather phony manner.

"You know exactly who she is. Greta von Carlsen. She's been a British agent for several years and, the last time I heard from her, she was in this country," John replied with a firm edge to his voice.

"We'll see what we can do, John," Whitaker said, interrupting Root-Reed, who was about to continue the dumb act.

"There's another condition, as well," John continued. "I want to try and get someone out of Germany if I can find them."

"Who?" Whitaker asked.

"Marlene Hink, my fiancée, and my good friend Sgt. Werner Schroeder, who is an American citizen. The last time I saw him was with Colonel Zeis and Herr Rommel when they left North Africa to return to Germany."

"Born American like you?

"No, naturalized, but, nonetheless, he's an American," John said.

"The sergeant could be very useful to us if he'll cooperate," Whitaker pondered. "How loyal to Germany is he?"

"Werner is a good man, a good soldier, but all he really wants is to return to his wife and kids in New York City," John assured.

"Let's see what we can organized for you, John," Root-Reed said, now seeming a little more amiable in helping with John's request.

John returned to his room. He wasn't sure just what he had gotten himself into. Escaping as a POW and getting drafted were cut-and-dried situation. He knew exactly what to expect, but this ---- being an OSS agent. It was the great unknown.

Chapter
20

John had never been to London. The train from Peterborough had only five stops before reaching the outskirts of London, but it was nearly a two-hour train ride that took him through legendary Cambridge, home of the famed university.

Whitaker had arranged a meeting with Greta for John at the Browns Hotel in the heart of London's West End.

As the lush, green English countryside slipped by, John felt his anticipation growing with each mile. What would he say to Greta? What would she say to him?

He wasn't quite sure why she left Berlin so suddenly, but he suspected that it must have been for safety reasons. She may have been discovered, or, maybe she had information that made it absolutely necessary for her to return to England. Whatever the reason, he would surely find it out within the next couple of hours.

As the train began to make its way through the outskirts of the north side of London, John could see the huge barrage balloons drifting over the main part of the city. While the Battle of Britain had long been over, an occasional air raid is made, mostly by the dreaded V-1 buzz-bomb rockets, which wreaked havoc down upon London and its inhabitants.

Outside of the train station, John got into a cab and directed the driver to the Browns Hotel. As the streets sped by, John noticed bombed out buildings, then several blocks where no damage was sustained. Other building had burnt; some were still smoldering from a recent attack.

As the cab drew closer to its destination, John became increasingly nervous, repeatedly checking his necktie, of which the driver took note. Whitaker had loaned him the tie; the slacks and jacket were courtesy of the U.S. government. John had to admit the new clothes did make him look rather debonair.

The was an elegantly-dressed doorman standing there to meet John's cab as it pulled up in front of the hotel. It was the first time John had ever seen a top hat. How exquisite, even if it was on the head of a hotel doorman. It must be a very expensive hotel, John thought as he walked into the lobby.

The tea room was to the right and, before he could walk through the door, John saw a familiar face smiling at him from across the room.

John had mixed emotions about seeing Greta again. He loved Marlene, but there would always be a special relationship between him and Greta.

"John, how wonderful to see you again," Greta said, getting up from her chair to give John a kiss.

It didn't go unnoticed that her kiss was on his cheek rather than the lips. John wasn't expecting anything in particular; he didn't really know what to expect.

"I can't believe I'm here with you, here in London," was all he could muster at the moment.

"Well, you're safe, that's the main thing," she said. "You must tell me all about your adventures with Germany's 'Desert Fox.'"

"There's not a whole lot to tell," he replied. "Thanks to Herr Rommel and Dieter, I was kept behind the lines and quite safe from the battlefield."

The two spent more than an hour catching up on their activities, mostly on John's part. Greta played her usually game of intrigue, divulging just enough information, to explain herself, but not enough to satisfy John's curiosity.

"When you disappeared from Berlin, I assumed that you had to leave because of safety reasons," John probed.

"Something like that," she replied.

Greta was smiling.

"I left because I was recalled to London. It seems as though the Gestapo was closing in on my radio transmissions. One of our inside contacts warned his controller about it and they got me out of there in a hurry."

"Where are you living?"

"On Paul's estate in Buckinghamshire. It's way too big, but, it's secluded and peaceful and I do enjoy it so."

John took a sip of the second cup of English tea Greta had poured for him.

"I assume they've told you where I'm assigned," he continued.

"No, they haven't. All I know is that you're working with the Americans and British and I think that's wonderful," she replied. "Will you have to go back across the Channel?"

"I don't know. I'm not really allowed to talk about it, but, of course, you know that, don't you?"

Greta nodded her head. She was looking deeply into his eyes.

"He looks so much like you."

"Who?"

"Our son," she replied.

"What?" My god, you never told me."

"That's the real reason I left Berlin," Greta quietly confided, almost whispering. "I didn't want you to be burdened with worry; it wouldn't have looked good in Berlin society for a widow to be pregnant, and, of course, London didn't need an agent carrying extra baggage around."

208

"What'll we do? I mean, should we get married?"

"My dear John, I've already gotten married. He's a wonderful man and, believe it or not, he thinks the child is his."

John was stunned. He didn't know what to say.

"I named him 'John,' but we call him 'Little Jack,' I hope you don't mind."

"Mind? Gosh, I'm flattered. Is he healthy? I mean, how old is he? When is his birthday? I must remember to get him something."

Greta gave John all of the details and a small photograph to carry in his wallet.

"A toe-head, just like me?"

"I beg your pardon, a what?" Greta was half-laughing, half incredulous.

"A blond. In the states, we call blond-headed children 'toe-heads.'"

"How cruel," she pouted.

"No, on the contrary. It's a good thing, believe me."

"You know I would have married you, don't you?" John asked.

"Oh, my darling, I do know that, but, lets face it, I'm almost old enough to be your mother, so let's don't even think about that. Everything is fine."

"Are you still working for..."

"Yes, only it's mainly research and analysis work. It's close to home, so I don't have to be away from little 'Jack' that much."

"Who takes care of him when you're away?

"Oh, I have a live-in nanny who takes care of him. She took care of my husband when he was growing up, so, you can imagine how devoted she is."

"Does she know who his real father is?"

"Oh, heavens no! Remember, we're still in England, and Queen Victoria's standards are still the rule of the day. In fact, you're the only one who knows the truth. I trust you'll keep it that way?"

"Yes, of course. Do you need any money?"

"Goodness, no. Paul left me quite well off, as you know, an my husband is a captain in the Black Watch, so we get along quite nicely. Besides, where would you get any money?" She was laughing.

"Come to think of it, I haven't drawn any money since North Africa and no one has said anything about pay since I found myself with the O-S..." John caught himself.

"My, my ---- the OSS. You have come up in the world," she replied with a broad grin. "I guarantee that you'll be making a trip across the Channel sooner than later."

"I haven't made up my mind yet. I want them to promise me that I'll be able to bring Marlene and Werner out with me when I return. And, I want to try and find Dieter."

Greta's face turned solemn.

"Poor, darling Dieter. He didn't make it," she replied.

"What? What do you mean he didn't make it?"

"Obviously you haven't heard the news. The plot to kill Hitler failed and thousands of suspects were rounded up, Dieter among them. We don't know his fate, but I fear the worst," she told him.

"Maybe if I can get to the field Marshal, he could do something..."

"John, the field marshal was near the top of list of plotters against Herr Hitler. Berlin radio announced his death and funeral last week. Reportedly, he died on Oct. 14. The radio said he died from wounds received in an aerial attack on his command car, but our contacts assure us he had mostly recovered, and that he was arrested for participating in the plot to assassinate Hitler in July 20."

John sat dumbfounded. Dieter gone? The field Marshal gone ---- both involved in a plot to kill the Fuhrer?

"I knew Dieter was being very secretive and that Rommel was beginning to have his doubts. The field Marshal told me as much when we were alone in his private quarters back in North Africa. He was a loyal German officer. It must have gotten pretty desperate for him to go against Hitler."

"Our sources tell us that Rommel was among a number of high-ranking Wehrmacht officers who wanted to overthrow the Nazis and call a truce with the Allies," Greta explained. "Had they succeeded, all of this may have been brought to an end with Germany remaining somewhat intact, but now, nothing short of Germany's unconditional surrender will do as far as Winston and Franklin are concerned."

Greta began to put her coat on, making excuses about getting back home in time for supper with Little Jack.

"I'd love to see him sometime, would that be possible?" John inquired.

"I'll see if I can work something out for you to meet us at a museum or at Green Park so that you can spend some time with him," Greta replied. "He still little enough that he won't remember you later on, and, I think that's the way it should be."

"Yes, I agree," John said, somewhat solemnly and reconciled.

Greta gave him a hug and another cheek kiss, promising to keep in touch. Before she left, she slipped John her phone number.

"Try not to call any more than you have to," she asked. "I hope you understand. I never know when Larry will be home."

"Is that his name?" John asked.

"Yes, Sir Lawrence Beckham. He's a captain with the Black Watch, one of the King's guard units.

The train ride back to Peterborough seemed longer on the return trip. The sun was going down and the lush green countryside was turning a bit gray and dark. It was 8 p.m., by the time John pulled into the Peterborough station. A U.S. Army corporal in a Jeep was waiting to take John back to Devonshire House some 10 miles away.

John barely heard the corporal's chatter as they sped through the countryside on the wrong side of the road.

"These English. How odd that they drive on the left, instead of the right like normal people," John thought. "I suppose my son will learn to drive on the left, as well. My son. That's a strange thought."

As John walked through security and into the great mansion's foyer, he notice Whitaker in the library having cocktails with some colleagues. As John walked through the door, Whitaker motioned for him to come over and join him.

"How was your visit?" Whitaker asked, taking a sip of his martini.

"Good. Interesting. Nice to catch up," John said, still in a bit of a shock from the news Greta gave him about their son.

"How 'bout a drink?"

John hesitated for a moment.

"Just a beer, I guess ---- that is, if you can find a cold one."

"Didn't those Nazis teach you how to drink?" Whitaker asked, with a bit of sarcasm.

"The field Marshal really didn't drink, except for an occasional glass of wine or brandy, so, no, I guess I haven't had a lot of experience," John replied. "Beer in Berlin before the war. And, as far as I know, most of the men I worked alongside of, including Herr Rommel, were not Nazis."

"They just did their bidding, right?"

"Colonel, it isn't that simple. I know we're supposed to hate the Germans, whom everyone here thinks are Nazis, but that simply isn't the case. There are a lot of good people there who wished there was no war."

John could feel the back of his neck begin to get hot. He didn't know whether Whitaker was teasing him, or whether it was another of his little tests.

"There's definitive news about your Field Marshal Rommel ---- it appears that he's no longer with us," Whitaker declared.

"Yes, I heard," John said somewhat solemnly. "He was a great soldier and an honorable man."

John felt he should refrain from saying anything more.

"Even Winston thinks Herr Rommel was an admirable foe."

"Winston?"

"Yes, you remember him. Churchill, the British prime minister."

"Sorry, my mind's sort of drifting," John said, somewhat apologetically. "What's going to happen next? I mean, how long before something happens for us?"

"Steady, son. Steady," Whitaker said, smiling. "Things will happen soon enough. If I had to guess, I would think that we'll be going across the Channel as soon to Paris."

"Why Paris?" John asked.

"Because it's a nice, civilized place for us to set up shop. I doubt that we'll find better working conditions as we get closer to Germany."

Suddenly, Marlene popped back into John's mind. He wondered if she was still in Kassel? Was she safe? Would he be able to find her once he got back to Germany? Would she still love him, knowing that he is an American working for the Allied cause and not Germany's? Where is Werner? How would he find his old friend?

As peaceful as Devonshire House was, the day and night departures and arrivals of Allied bombers from nearby airfields kept the skies busy and noisy.

There were two RAF air drones to the north, and three U.S. Army Air Corps fields to the west and south of the mansion. The RAF flew missions at night with its four-engine Lancaster bombers from one of its bases, with Spitfire and Hurricane fighter planes escorting bombers, day and night, over the English Channel. The Americans flew hundreds of planes by day with Boeing B-17 "Flying Fortresses" from the two bases around Peterborough, plus a dozen or more other bases throughout southern and central England. Since D-day, June 6th, the missions have increased over all major German manufacturing centers.

Over the next few weeks, John was put through a rigorous training program that involved both physical and mental tests. In a way, he was treated like a celebrity. Neither the British or the Americans had ever known anyone to find themselves in John's situation ---- that of being a citizen of one country and drafted for military service by another. The knowledge about military procedures, customs, personnel, plus his linguistic abilities were immeasurable. OSS and British Secret Service agents studied the German language for months, yet none could speak, read, nor write it as good as John.

Whitaker was right about Paris. They would be going within the next few days.

"I have friends in Paris," John told Whitaker and Root-Reed one morning. "If they're still alive, I know they'll want to help. I think they were involved with the Resistance."

"Well, we shall make that one of your first assignments when we get to the French capital," Root-Reed said, almost dismissively.

John was new at this type of war game and he wasn't sure what could be of use and what was trivial. After explaining how he came to know the French relatives of his friend, Werner, there seemed to be more interest on Root-Reed's part.

"Every little bit of intelligence helps, kid, every bit," Whitaker assured.

By the time a five-member OSS team was ready to embark for France, Whitaker had taught John seven different ways to kill a man with his hands. For a Nebraska farm boy, such knowledge would best be left on the European continent. The team consisted of Root-Reed, Whitaker, John, and two other men. One was American, the other was of unknown nationality. John had been introduced, but only first names were given. The mystery member, Andre, had a French-sounding first name, but John was pretty sure he wasn't French. Possibly a Pole, John thought.

Andre was rather dark, somewhat like a southern Italian or Greek. He said little or nothing. A muscular man in his late '20s, or early '30s, John reckoned there was something very mysterious about this Andre.

"Who is this guy?" John finally asked of Whitaker.

"He's the guy you want on your side when the going gets rough," was Whitaker's reply. "Those seven ways to take care of a man that I taught you ---- Andre could teach you at least four more."

"Yeah, but who is he?"

"He's an Italian Jew. His entire family was sent to a concentration camp somewhere in the East. Andre doesn't say much, but, he's very motivated in helping us get back at the Germans. He doesn't speak much English and he certainly doesn't know your background, so be careful about how you refer to the Germans. This man has one big hatred for all Gerries. He doesn't distinguish whether or not they are Nazis. To him, all Germans are scum. That's why first names in a unit like this are usually a good thing. If he knew your name was Krauss, he might take exception and show you one of those other four ways you don't know about."

Whitaker was smiling as he walked away.

Root-Reed gathered the small team in a conference room at Devonshire House the day before departure to France. Each man had been issued equipment, which included a .45 caliber automatic pistol, three different types of knives, two changes of dark olive-drab shirts and pants, some underwear, socks, a Navy watchcap, a leather jacket, a few hundred French francs, five gold coins, and some German marks.

"This gear will be your primary issue," Root-Reed explained. "You'll be getting some other items when we get to Paris. Those francs are to be used for necessities when dealing with the local natives in Paris."

"Yes, but will it be enough?" someone spoke up. Those gold coins are for survival behind enemy lines," Root-Reed clarified. "And, you're not to sell your pistol on the black market. You may need it."

"Sir, there's just one problem," John said, interrupting Root-Reed's mission orientation. "These German marks are pre-war. They were issued before 1933 ---- before Hitler came to power."

"So, what's the problem?"

"I don't think they're any good," John replied. "These were issued during the Weimar Republic; the Third Reich doesn't recognize this money."

Root-Reed acknowledged the problem.

"We'll make sure you have valid currency before we depart," he said, somewhat sheepishly.

The next day the team and their gear were loaded up onto a two-engine C-47 transport plane at one of the nearby U.S. Army Air Corps fields. The flight to Le Bourget Field in Paris took about one hour. The airport was the same field where Charles A. Lindbergh landed 17 years earlier ---- truly, an historic landmark. Upon their arrival, two black Citroens and a panel truck were waiting. John remembered the Citroens; the same make of French automobile used by the Gestapo when he was last in Paris under far different circumstances.

On the flight to Paris, John's thoughts went to his friends at 21 Rue de Cardinet. Would they still be there? Did they survive Nazi occupation? Claudette and Jean Mercier, their daughter, Jeanette, her uncle, Jacque Baptiste in Neuilly; what wonderful people.

"When we get into town, I'll make arrangements for us at a hotel," Root-Reed announced as they were unloading from the plane. "Some of your chaps may have to double up, of course." He was looking at John and Andre.

"I may have some place near the Arch de Triumphe that I can stay," John said, with a slight smile and to the amazement of Root-Reed. Whitaker was smiling, as well.

"I take it you've been here before?" Root-Reed replied.

"Yes, back in 1940, with the general," John said, somewhat gloating. "Well, I didn't visit Paris with him, but, I took some leave time here. I have friends here."

"We'll have them checked out and then discuss whether you can see them or not," came the Englishman's terse comment.

Root-Reed was giving John more and more reason not to like him. But, he was in command of the unit and John understood the need for caution.

"Don't worry about it, John," Whitaker said with a smile, noting John's slight frustration. "We probably won't be here long enough for it to matter anyway."

As they drove up to the Hotel Diana just off of the Champs-Ellysee, John pulled out the beret Jacque had given him more than four years earlier.

"I want to blend in," John said, putting on the black cap. He noted a slight smile on Andre's face ---- the first sign of recognition John had seen since being introduced to the Italian a few days earlier.

After getting settled into the hotel, John looked up Jean and Claudette's phone number. The phone rang three times before a woman's voice answered.

"Claudette?" John said.

"No, Jeanette," came the reply.

It took a couple of minutes for John to refresh Jeanette's memory, but then there was a shriek of joy on the other end.

"John, it is so good to hear your voice." Her English seemed much better than the last time he talked to hear.

"You're not with the Bosch, are you?" she inquired, not sure what his situation was. What about Uncle Werner?

"No, Jeanette, I'm with the Americans. I haven't seen Werner for several months. The last time I saw him he was going back to Germany with Field Marshal Rommel. How have you and your family been?"

"Well, mama and papa are fine. Things have been rough, but we made it okay," she replied.

"And, your Uncle Jacque?

There was silence.

"He didn't make it. The Gestapo discovered he was with the Resistance about two years ago," she replied. "As far as we know, he was shot, but we're not sure. He may have been sent to a work camp." There was a moment of silence. "John, you must come to dinner. When can you come to our home? You remember where it is, don't you?"

John said that he did and promised to call.

John told her he did, indeed, remember. He promised to call within the next couple of days after he was able to determine how much free time he actually would have.

The wait would be short. Root-Reed gathered the team the next morning for a briefing. There would be no time for socialization with old friends. The mission would be to send a three-man team into Germany through Switzerland. It would be Whitaker, Andre and John. Whitaker would be the team leader, Andre would be the communications expert, and John would make sure they would be able to travel through Germany without being discovered. The mission's goal was to find and create a synchronized explosion that would direct Allied bombers to the key Krupp factory manufacturing 88 millimeter tank cannons in Kassel.

John was beside himself. Kassel is where Marlene is supposed to be, that is, if she is still stationed at the hospital where Dieter had her transferred. It was supposed to be safe, but Kassel is a key manufacturing center for war materials, and a frequent target of Allied bombers. In fact, it has become one of the most bombed industrial targets of the war.

After hearing about present-day Kassel from Root-Reed, John knew he should expect too much. Some 90 percent of the city was leveled in a 1943 bombing raid by the RAF. Why? Not only was Kassel the home of Henschel locomotive engine and vehicle plants, the largest on the European continent, but a number of other important industries. The Fieseler and Junker aircraft plants were there, but more importantly, the city was the home of the heavy "King Tiger" tanks that Rommel had begged for in his North African campaign.

The key to the King Tiger's success was the mounting of the highly successful 88 millimeter cannon. These huge weapons were playing havoc as anti-aircraft flak guns against Allied bombers and fighters. As a main turret tank weapon, the 88s could knock out any Allied tank on the battlefield. While Allied bombing raids continued to pummel the Kassel factories of Porsche, Henschel, and Daimler-Benz that were producing components of the King Tiger, finding the key Krupp plants turning out the turrets and 88 cannons was proving to be quite difficult. It was John's team who would identify the plant location at night with a tremendous explosion near the factory so bombers could zero in and destroy it.

As long as Germany was able to produce the superior King Tiger tank, Nazi panzer forces would be superior on the battlefield. The King Tiger could destroy enemy tanks at extreme ranges up to 2,200 meters, making it the most feared weapon in the European campaign.

Before leaving for Switzerland, Root-Reed grilled Whitaker, John and Andre for hours on key aspects of the mission, including how to set the explosive charges that would be used on the Krupp factory.

One afternoon after a briefing session, Whitaker pulled John aside.

"Are you sure you're going to be able to go through with this mission?" he asked.

"I'm sure. Why?"

Whitaker looked sternly at John.

"There's a very good chance that you'll have to use some of that training your received back in England to kill ---- probably more than once. You're going up against your former comrades. Are you ready for that?"

John looked back just as serious.

"I left a lot of friends in Germany. Most of them are against this war and anti-Nazi," John replied. "I don't think I'll be running into any of them on this mission."

"Just wanted to make sure you're okay with what we're asking you to do," Whitaker added.

John realized that, for the first time in his life, he might be put in the position where he might be in harm's way and lives would be taken. Up until this point in time, John had pretty much escaped the ugly part of the war ---- the killing part. He had been more or less a bystander. No more. This was the real thing. John was just beginning to realize just how real his life was becoming.

"Our plans have changed," Root-Reed announced on the morning the team was to depart. "We'll be sending you in at night in an air-drop."

"How fun," Whitaker laughed. "This will make my fourth jump."

John wasn't quite sure what he had just heard.

"What do you mean, 'jump?'" he inquired with a bit of nervousness showing.

"It means, old man, that we'll be dropping you from the sky in a parachute," Root-Reed explained. "We'll be spending the next two days out in the country, giving you some quick training on what to do."

Andre said nothing. He just stared ahead.

"It really makes it a bit easier because now we can drop a lot more equipment with you so you won't have to forage for it after you get across the border like you would have had to from Switzerland," Root-Reed continued.

"Why the change?" John asked.

"Not safe through Switzerland. Our contact at the German border has been lost and we can't take any chances that you'd be compromised," he replied.

"Compromise.' That's our British cousin's quaint way of saying: 'caught and shot,'" Whitaker added with a wily smile.

Over the next two days, the team was kept busy at a French chateau west of Paris going over jump procedures from a C-47 Dakota. The C-47, ala DC-3 in civilian terms, was the workhorse for the Army's paratroop units. Hundreds were used during the night before the D-day landings, dropping thousands of men of the 101st and 82nd divisions behind the lines.

"Isn't it rather obvious flying over Germany in an unarmed cargo plane?" John asked.

"We fly an obscure route, no lights, staying away from known military airfields and units, and dropping you in the countryside away from any sort of population," Root-Reed explained. He pointed to a spot on the map north of Hanover. "It's approximately 190 miles from this point north to Kassel."

"How do we get to Kassel?" John asked.

"That's where your knowledge of the people and the language comes in," Whitaker chimed in. "We'll have the necessary traveling permits and identification papers. I speak passable German, but Andre is limited at best. You'll do all of the talking when necessary. We'll travel however best you can, preferably by train. We've arranged for one of our contacts in central Germany to meet you at a small café in Wurzburg, some 100 miles south of Kassel. At the train station in Furtwangen, you'll buy a 2nd class ticket to Frankfurt, but when you get off the train in Wurzburg to change to the Frankfurt train, just keep walking to the café about one block west of the train station. The name of the place is Café Amapola. If something goes wrong and they try to trace where they think you're headed, they'll think Frankfurt."

"Your contact will be in the café for two mornings in a row, between 9 and 11 o'clock, reading a Dresden newspaper and drinking black tea. You'll know him because he'll dip his crumpet directly into his tea, something unusual for Germans to do."

"What's a crumpet?" John asked.

"That's sort of a stale cookie in England, but it'll probably taste much better in Germany," Whitaker joked.

"When you see this, point at the newspaper and ask 'How's the weather in Dresden?' He should reply, 'Much colder than this time last year.' Your contact will get the three of you to Kassel and update you on the latest information he has been able to glean. If everything is on schedule, you should have two days to plan your attack. After you've taken care of your target, the Krupp factory, you'll split up and make your way west back across the Rhine to Allied lines," Root-Reed said.

"Do we have the proper German currency?" John asked.

"Yes, yes, I've seen to it," the leader snapped. "There's one more thing."

Root-Reed pulled out a soft duffel bag and tossed it toward John.

"You might need this somewhere along the way," he said.

"What is it?" John asked.

"It's a German sergeant's uniform, complete with identity papers and corresponding travel documents," Root-Reed replied. "You'll know if and when you'll need to revert back to your old self as a member of the Heer."

John still hadn't told anyone about Marlene or where he thought she might be found. Going it alone after the mission would give him the perfect opportunity to go looking for her and bring her back safely to the American lines.

Would she still be alive? In Kassel? As a medic, she would be needed at the hospital, so chances are good she'll still be there, John thought.

What about Werner? The last time he saw his old friend was with the field marshal. With Rommel dead, would Werner be in the line somewhere, fighting Americans and British troops, or would he be a prisoner of war, or worse ---- dead?

John's life as an observer in this world war was about to end. He truly was choosing sides and going against the only friends he had known over the past several years. John thought to himself that he hoped he would never be in a position where he would have to ask forgiveness of any of those friends.

Chapter
21

Days and nights had passed almost seamlessly as Cindy Krauss completed her ninth cassette tape recording her grandfather's oral history of his exploits during World War II.

Additionally, the young newspaper reporter from Lincoln, thus far, had filled five steno notebooks, taking copious notes about the Krauss family's history in Nebraska and how John became a soldier in Hitler's Wehrmacht before World War II.

She definitely would write a book on this fascinating and almost unbelievable story. It was hard enough for Cindy to fathom her grandfather being in a Nazi uniform; it was yet another stretch for her to picture him as a spy-saboteur behind enemy lines working for the Allies.

"We're getting to the good parts now," the old man smiled as he sat down with a cup of coffee he had retrieved from the kitchen.

"What part of this story isn't good, Grandpa?" Cindy asked, half laughing.

"Okay, back to Paris and the mission to Kassel."

The team was loaded up in a truck from the chateau and taken to an airfield somewhere to the south. John didn't know where and didn't care. He had other things on his mind. Besides, he doubted that he would ever see this particular part of France ever again.

John didn't like the way the final briefing had gone. The part about "making it back on your own" didn't quite make sense to him. He liked the idea of having some freedom to go looking for Marlene, possibly even finding Werner, but, there was something a little frightening about it ---- moreso than finding the Krupp target facility and identifying it for RAF night bombers.

It was cold when the team arrived at the airfield where a C-47 was waiting with engines warming. John's stomach had that churning sensation that he experienced when driving Rommel behind British lines in a command car. He could just imagine what a soldier on the front line must feel like every moment while in combat. How lucky he has been up until now, John thought.

With the gear loaded, the three-man team climbed into the aircraft. Root-Reed already was inside. He would go alone for the ride to see the team drop into Germany.

"Remember, lads, you must leave the aircraft two seconds apart in order for you to land in relatively close proximity to one another," the Brit cautioned. "We don't want any muck ups, do we?"

John thought how funny the English are about changing a single letter of the alphabet to turn a vulgar American phase into perfectly proper exclamatory statements that can be used in almost any social setting. John also thought about leaving a perfectly good aircraft with only a piece of silk and some string to keep him from plunging head-first into mother Earth.

As the plane began to move to the taxiway and onto the runway, John's thoughts became curious as to the competency of the parachute rigger who packed his chute. Would it open? Ever since the Germans began using paratroopers back in 1939, armies have experienced a 1 to 2 percent loss in personnel due to chute failure. The odds were with him, but, John still thought about those odds.

As the plane lifted into the air, the cabin's lights turned to red.

"What's happening?" John asked.

"The red lights accustom your eyes to the dark, so when we jump, we'll be able to see in the dark and where we're landing," Whitaker replied in a voice loud enough to be heard over the roar of the plane's two engines.

"Hopefully, some farmer's nice soft, recently plowed field," Andre added with a dour look on his face. It was the most words in one sentence John had heard the Italian speak.

According to the map at the last team briefing, the flight path of the Dakota would take them south of Paris to the French Alps, then east over Switzerland and then back north into southern Germany. Because this area of France, Switzerland and Germany is mountainous, it is less defended by German troops. Chances for night fighters and flak barrages were thought minimal, but not impossible.

The pilot announced over the intercom that the estimated flying time to the drop zone would be three hours, barring any difficulties. John checked his watch, which had been synchronized at the briefing with his fellow team members. If the pilot was correct, it will be 3:20 a.m., when the green jump light goes on.

"Might as well try to get a bit of shut-eye," Root-Reed advised. "It may be awhile before you get a chance to sleep again."

Easier said than done. John tried to relax, but knowing that he soon would be jumping out of a perfectly good aircraft at the altitude of 1,250 feet into the black of the German countryside made it impossible to even doze.

The time passed faster than what is should. Root-Reed, who was on a headset talking with the pilot, gave the thumbs up signal to the team.

"Everyone, check your gear. Make sure you've got everything. Check each other's parachute; make sure you're all harnessed up properly."

Root-Reed went over to the rear door of the plane and slid it open. A rush of cold air filled the plane's interior, sending a chill through John.

The red light went off and a yellow caution light went on. All eyes were fixed on the light below it, the green. Suddenly, the green was illuminated.

"Go, go, go!" the Englishman began yelling.

Whitaker was directly ahead of John, with Andre behind. Whitaker disappeared into the night. John counted and then stepped out of the aircraft as directed. He could only hope Andre was behind him. The sound of the plane's engines quickly disappeared and John was falling into silence, then he remembered to pull his rip-cord. The canopy of the chute jerked him to what seemed like a suddenly halt in mid-air.

It was a moonless night and it was pitch black all around except for some faint lights off in the distance to what John thought would be north. As his eyes became more accustomed to the darkness, he could make out Whitaker's chute slightly below and ahead of him. The wind was carrying them gently toward the ground. John looked around to see if Andre was following. He was, along with the supply chute behind him.

The longer John was in the darkness, the better he could see. Those parachute canopies, despite them being a dirty brown color instead of snow white, were showing up quite obvious. John hoped there were no German troops below them watching them land.

John kept his eyes on Whitaker. He noticed the leader's canopy collapsing. He was on the ground, which meant John must be close to terra firma himself. Suddenly John saw a tree line and before he could react, was drifting into a large fir pine. It seem to break his descent and after sliding down through the tree's branches, John was caught about two or three feet off the ground.

Whitaker, who had landed safely in a nearby clearing, ran over to John.

"See if you can work the canopy loose," Whitaker whispered. "We can't leave the damned thing hanging in a tree like this. It's a dead giveaway."

John began tugging at the chute's shroud lines. The team was using the standard U.S. Army's T-10 parachute, so guiding where you landed was limited. After considerable tugging, which was awkward for John with neither foot on the ground, the chute finally ripped and slid loose from the tree's branches.

On the ground, John was able to unharness himself and cut the rest of the chute away from the tree. By then, Andre had joined them. The three men buried their chutes under some trees and went to retrieve their equipment. John and Andre grabbed the equipment pod, which had landed in a clearing, and quickly carried it to some nearby trees. Whitaker gathered up the pod's chute and followed them.

The team members each quickly grabbed their respective backpacks, along with German Luger pistols. After burying everything not needed, they huddled under a tree to determine where they were. As near as Whitaker could determine, they were right where they were supposed to be. If that be true, there should be a small village about three miles to the north of them.

"That must have been the lights I saw off in the distance," John said.

"Yes. We should be able to walk there before daylight," Whitaker said.

The November sun didn't rise until close to 7 a.m., so they should have plenty of time. There supposedly is a train station in Furtwangen. OSS intelligence was good, but not perfect, Whitaker agreed.

"Hopefully there is a railroad and train station there and it stops so we can get on." Whitaker was being optimistic that OSS researchers were right.

"Does the train go north to Wurzburg?" Andre asked.

"Ever the optimist, 'eh Andre?" Whitaker grunted.

"Well, it's a good question," John added.

"If it doesn't, we'll either have a long walk or have to hot wire a car or truck," Whitaker replied.

"Well, if there is a train, it's supposed to leave for Wurzburg at 7:10 a.m.," Whitaker said.

"What if it isn't on time?" Andre asked pessimistically

"Hey, we're in Germany, not Italy. Trains here run on time, or else."

"There's no 'or else,'" John added. "It's not in the Germans' nature to be off schedule. They wouldn't know how to be early or late. They're ridiculously punctual."

As the trio began walking to the north, John made an observation that needed to be said.

"From no on, we speak only German," he said. "We don't need to be overheard speaking English."

The other two men shook their heads in agreement. Andre, who was a man of few words anyway, would do his best with what little knowledge of the language he had. If need be, he'd revert to Italian, which most German would, at least, recognize as that of a friendly ally, or at least, as long as Mussolini was in power.

It was just a little after 6:30 a.m., when the team reached the village of Furtwangen, about 30 miles east and north of Freiburg near the French border, and, yes, there was a train station in the small town's center. A few people were on the street, but paid little attention to the trio as they walked calmly and slowly to the station. The lack of attention was probably because the OSS men were dressed in German working class clothes. In fact, everything they wore was made in Germany, clothing items confiscated from German workers caught in Paris when the Allies liberated the city.

"When we get to the station, let's separate and make it look like we're traveling alone," John suggested. "Maybe even take different cars on the train."

"Good idea," Whitaker acknowledged. "But, what about Andre. You know, if he needs to talk?"

"Okay, Andre, stay with me," John said. "Whitaker, take the next car behind us."

John checked the posted train schedule in the station, and gave a nod to the other two. Each man lined up at the station agent's window and bought a 2nd class ticket for Frankfurt.

Whitaker took note that there were no military or police guards around the station. The station was somewhat stark looking. Only one lone Nazi swastika banner hung inside the station alongside a photo of the Fuhrer. The station agent didn't look up at any of the three as they bought their tickets, but he did offer the obligatory "Heil Hitler" as he issued the ducats.

"They'll be on the train," John said. "This is a small place and, with the war going the way it is, there probably isn't any troops to spare for a place this small. They'll do I.D. checks aboard the train."

Right on schedule, a 10-car passenger train pulled into the station at 7;08. There were only three other passengers besides Whitaker, John and Andre waiting to get aboard.

John and Andre went aboard the third car back, with Whitaker climbing into the fourth car. As if on cue, the train began pulling out a 7;10 a.m., sharp, and, it was going in the right direction for Wurzburg.

But, there were many stops between here and there. First Stuttgart, then Heilbronn, and finally, Wurzburg, where the team would get off. They would travel the final 100 miles to Kassel another way.

The train had been moving only about two minutes when two uniformed men appeared at John and Andre's compartment where they sat alone.

"Tickets and identity papers, please," the railroad conductor said.

John noted the conductor was well into his sixties, slight of build and bespectacled. The guard accompanying him was a young boy of maybe 16, carrying a rifle. The war was taking its toll on manpower, John thought.

The conductor glanced casually at both John and Andre's phony I.D., and travel permits, then he clipped each of their tickets and bid them a good day.

After the pair had left, John looked at Andre and whispered that this would probably be the last time they would get by this easily during an identification check.

Ironically, John identification papers were almost authentic because the OSS used his real name and Berlin address, which, if ever called upon, could be verified. Of course, he would have some serious explaining to do if the inquiry turned up the fact that John was supposed to be a prisoner of war at some POW camp in the United States.

According to the train schedule, the train would pull into Stuttgart at 8:30 a.m. Unless there was some reason to suspect something or someone on the train, there should be no I.D. check for arriving passengers at Kassel, but, this is Nazi Germany and everything is subject to change momentarily.

John and Andre sat in silence as the train picked up speed toward their destination. Thoughts of Marlene began flowing again through John's mind. He remembered their wonderful skiing trip in Bavaria. The only place he could begin looking for her would be the nearest hospital, which could trigger curiosity toward him. It was a chance he was willing to take, but not until after the mission.

The mission was another concern. How close to the factory was Marlene's hospital? Would he be calling down a rain of death upon her?

As the train plodded closer to Stuttgart, a major industrial city in Germany's southern region, evidence of Allied bombing was here and there, but nothing consistent. What probably were warehouses and factories were bombed-out hulks. Rubble from neat little cottages were spotted along the rail line, then miles would go by without any damage at all. Nothing but beautiful German countryside, although the approaching winter had turned the landscape somewhat gray. Still, the beauty was peeking through.

John couldn't help but think what this war has meant to the average German citizen. He compared what he was seeing on this rail trip with what he saw along the vast American landscape months earlier. The average American has no idea how war can disrupt every day life.

Like clockwork, the train pulled into Stuttgart station, such as it was, promptly at 8:30. The building was half-destroyed by bombs and fire. A number of the cars on side tracks in the rail yards were burned out rubble. Work crews were busy carrying rails to replace damaged track.

Looking out the train compartment's window, John and Andre noticed 10 or 12 armed Heer guards standing on the platform about 20 feet apart. These were older looking men. One of the guards had an eye patch, another had only one arm. The one-armed guard had a machine gun slung over his good arm's shoulder. John figured such a weapon more or less equalized things for the soldier's missing arm. All seemed quiet as about a half-dozen passengers departed the train. About 15 new passengers were waiting to board, among them was at least one man dressed in civilian clothes, but in the typical long, black leather overcoat, who must be Gestapo, John thought.

Within five minutes the train was pulling out of the station. Next stop: Heilbronn some 30 miles away. As the train picked up speed, the same two uniformed personnel came through checking tickets and I.D. No new passengers had entered John and Andre's compartment, so the conductor and guard passed them by, having already checked their papers earlier. John noticed the ominous-looking Gestapo agent following along behind them. As they passed by, the man in the leather overcoat passed after them, looking at John and Andre with suspicious eyes.

"Don't worry," John whispered to Andre out of the side of his mouth. "The Gestapo looks at everyone that way."

Andre grunted a slight smile and looked out the window at the passing broken down scenery which at one time was a large city. Stuttgart was mostly rubble. How could anyone have lived through such devastation, let alone continue to live there now.

John wondered how Whitaker was doing one car back of them. He thought about walking back to check, but then, changed his mind. It would not be in keeping with the plan.

The plan was for at least one of them to succeed in identifying the Krupp factory at the appointed time, even if the other two were caught and killed. That's one of the reason they were to travel separately. Andre and John sticking together was not in the plan. What if one of them is questioned beyond the normal routine check? They both would be caught.

The appointed time for the team to signal the bombers: 11:30 p.m., on Nov. 13, 1944, two days away.

The first wave of RAF bombers should reach Kassel no later than midnight, with only five to 10 minutes over the target. If the OSS team's explosion signal and resulting fire is significant enough, bomber crews will be able to see it and home in on the target.

John couldn't tell Andre or Whitaker what made him suggest it, but he motioned for all of them to get off the train at Heilbronn, some 30 miles north of Stuttgart. John had watched carefully that no I.D. checks were being made of arriving passengers; only those getting on the trains.

"Let's don't push our luck," John whispered to Andre. As the train began to slow for Heilbronn, the two men got up and made their way back one car to where Whitaker was sitting. There were about a dozen or so men and women on the train. John could see the conductor, guard and Gestapo agent in the next car back.

Whitaker sensed what was going on and began to shuffle his belongings from the overhead bin and casually followed them to the rear of the car. John kept watching the trio of inspectors checking I.D. papers in the next car. As the train pulled into the Heilbronn station, the three departed train and slowly made their way past five armed soldiers on th station's platform. Each of the three walked as if they didn't know each other and proceeded single file out through the station's waiting room and onto the town's main street.

"What's wrong?" Whitaker asked in a concerned voice.

"Nothing yet," John replied. "I had an uneasy feeling about staying on that train. I think we were pushing our luck."

"Goddamit, we're on a schedule here! Now what do we do?" Whitaker asked. "We're still about 150 miles from Kassel."

"Well, we have two days to get there. Let's blend in and go for a beer and something to eat," John suggested, remembering that the three hadn't eaten anything since the evening before.

They found a small café where coffee and sandwiches were available. The coffee was lousy and the sandwiches were mostly bread and cheese with very little meat. It was food that, obviously, was produced locally. The war was especially hard in small towns such as Heilbronn. Bread can be baked locally; cheese can be made by the farmers, but coffee is a real luxury not seen in Germany since 1942.

"We've got to change our tactics," John suggested.

"What do you mean?" Whitaker asked.

"Have you noticed that most of the men we've seen are either very old or very young boys? Those few we see who are in between are maimed and crippled. As healthy as we are, we stick out like sore thumbs. It's bound to get us questioned."

John was right, of course, and Whitaker knew it. He didn't like diverting from the mission's plan, but the decision was made and they'd have to come up with some other way of getting to Wurzburg from Heilbronn.

"Wait here," Andre said in a low voice. "I'll be back in a few minutes."

John and Whitaker looked at each other with a puzzled stare. Andre wouldn't have been John's first choice for coming up with a solution to their predicament.

The two sat, sipping more bad coffee for what seemed like nearly an hour when Andre appeared coming through the front door. By this time, no one else was in the café except a man back in the kitchen who came out every once in a while to see if anyone else had come in.

"Where have you been?" Whitaker asked in a low voice.

"Getting us a ride to Wurzburg," he replied.

"How? You don't know anyone here, do you?"

"I noticed a little Italian restaurant as we walked down the street," Andre smiled. "Have you ever known a Kraut to make good Italian food?"

"That's taking one helluva chance," Whitaker replied. "So?"

"I found a piazano," Andre answered. "He has a delivery truck and is willing to give three fellow Italians a lift."

"Three? You mean we have to pose as Italian workers?"

"Hey, you've been posing as German workers all morning," Andre said. "It ain't that big of a stretch."

"I don't know any words in Italian," John offered.

"Neither do I," Whitaker added.

"Both of you, just greet this goomba with 'buon giorno' and climb in the back. Say nothing else," Andre instructed. "I'll ride up front and keep him busy with plenty of talk."

"Where is he now?" Whitaker asked.

"Waiting over behind his restaurant. Come, we go right away," Andre said, leading the way out the café door.

The trio walked about a block to the café, which was across from the train station. It was closed, but, as Andre had said, they found a rather large man out behind the restaurant in the alley, waiting alongside a delivery van with a blackened smoke stack coming out of a box attached to the back of the truck.

Andre called out "Luigi" as the three approached the man.

"Who else?" Whitaker whispered out of the side of his mouth to John.

John stifled a bit of laughter.

As instructed, John and Whitaker offered their "buon giornos" to Luigi. He said something in return that sounded a bit like a question, to which the two

Americans simply shrugged their shoulders, leaving Andre to answer the question, which he did ---- whatever it was.

Luigi opened the back of the truck, saying something else that John took as more or less an apology for not being able to carry everyone up front. John and Whitaker crawled in with their gear. Andre tossed his bag in behind them and Luigi closed the door. They heard two truck doors slamming and the vehicle began to move.

"Christ's sake, what if we have to go through a check point?" Whitaker said.

"Let's worry about it then," John replied. "There's nothing we can do now."

"What's that smell?" Whitaker asked.

"Charcoal. Civilians don't get gasoline in Germany," John replied. "Gas goes to the military. Those big Tiger tanks take a lot of fuel. Germans have devised a way to burn charcoal as fuel. It's not too efficient, but it works."

The ride 50 mile ride to Wurzburg was uneventful. The truck slowed only a couple of times. Looking out one of the two small windows on the van's doors, John and Whitaker could see they were passing military troops and equipment along the side of the road, but no one bothered to stop them.

John had to admit the ride was rather pleasant, at least it smelled pleasant. There was an aroma of fresh-baked Italian bread in some big boxes, along with some cheese and salami, which somewhat overcame the charcoal smell, but not completely.

After about an hour, again looking through the back windows, the truck was traveling through some sort of a neighborhood, then a few small shops became visible, along with some minor bombing damage. About 10 minutes later, the truck was going down an alley and came to a stop. John and Whitaker heard both truck doors open and then footsteps.

The van's rear door suddenly opened and there stood Luigi and Andre with big smiles on their faces.

Andre was shaking Luigi's hands briskly, saying over and over "gratzi, gratzi." John and Whitaker picked up on this new bit of Italian lingo and said the same. They quickly grabbed their bags and waved good-bye to Luigi, who began unloading some boxes of bread in what looked like another restaurant.

"Where the hell are we?" Whitaker finally was able to ask.

"We're in Wurzburg," Andre replied.

"Yeah, but where?"

"Oh, this is Ristorante Luigi No. 2," Andre smiled. "As you Americans would say, 'dumb luck, 'eh?"

"Yeah, dumb luck.

Out on a street, it was now obvious they were in a much larger town. There were more Nazi banners around. Some soldiers were about a block away, just standing around talking. The town seemed quiet with few people on the street. John stopped a passerby and asked direction to Café Amapola. It was close by, but it was nearly 11. If they didn't make contact today, they'd have to wait until tomorrow morning.

When they reached the café, Andre and Whitaker stayed outside while John went in to look around. Over in the corner of the small café, which had three patrons, John noticed a woman over in the corner reading a newspaper with a cup of something in front of her. The woman had the front of the newspaper showing toward the door. It read "Dresden Welt" (Dresden World). John went up to the bar and bought a cup of what probably was more bad coffee. He turned and slowly walked toward a table next to the woman, who by then, was dipping what must be a crumpet into her cup.

The woman was a brunette with a slight build, about 40 or 50 years old, John reckoned. She was pleasant to look at and, he figured, was a stunner in her youth.

"How's the weather in Dresden?" John asked in casual fashion.

"It's a bit colder this time of year," she replied, with a slight smile.

"Mind if I join you?"

"No, please do," she said.

John sat down and began to stir his coffee.

"Are you alone?" the woman asked.

"No, I have a couple of friends outside. They can't handle the coffee," John replied.

"Yes, I understand," she chuckled, taking a sip from her cup. "When you finish your coffee, get up and go outside. I'll meet you down the street in front of the hotel, which is across from the train station," the woman said in a low voice.

John finished his coffee and go up, bidding the woman a good-bye and walked back out on the street where Andre and Whitaker were waiting. He grabbed his bag they had been watching and the trio proceeded down the street to the hotel as the woman had instructed.

"We're to meet her in front of the hotel," John said.

"Her?" Whitaker said with a note of alarm.

"Yeah, 'her.'"

"From what Root-Reed said in the briefing, it was supposed to be a guy we're to meet."

"Well, all I know is she had a Dresden newspaper and when I asked her the weather, she replied correctly. She seemed to be expecting us."

"I don't like it," Whitaker grunted.

Andre said nothing as they walked.

They found the hotel and didn't have to wait long before the woman came up to them.

"Come on inside," she directed, taking a key out of her purse and unlocking the front door. "I have rooms arranged for you."

Inside, the woman led the way to the reception desk, where no one was. She walked around behind the desk and handed the three of them three room keys.

"This is my hotel," she smiled. "Don't worry, you're safe here. I run the place and have only a cook and a cleaning lady, which I will vouch for both. Come, I'll show you to your rooms."

They followed the woman up a flight of stairs and down a small hallway. It was dimly lighted corridor with seven rooms, three on one side, and four on the other. A bathroom was at the end of the hallway for all to use.

"Right now, you're the only guests in the hotel," she said. "That doesn't mean there might not be others tonight. Sometimes we get soldiers with their girls who spend a few hours, but never any officers. The place isn't grand enough for that lot."

"Is there another floor of rooms or is this it?" Whitaker asked.

"Yes, we have rooms upstairs, but I've closed them off. With the war, I haven't had a need for them," she replied.

The woman identified herself as "Barbara." She told the trio that she had lived in Wurzburg all of her life. The hotel was her husband's.

"Where is your husband, the army?" John asked.

"No, he's in England," she replied. "He's a Jew. He left when things started going bad in '36. Hans was lucky to get out when he did. He had relatives in Switzerland and was able to get to England with their help."

"Why didn't you go with him? John asked.

"I didn't think things would go as bad as they have. I thought it would be alright. We didn't want to leave the hotel and everything, so I stayed."

"Do you still have contact with him?" Whitaker asked.

"Yes, but not so the Nazis would know about it," she smiled.

Whitaker later told John and Andre that everything was beginning to make sense. Root-Reed's contact was a man. Hans. But, evidently, failed to tell them that the German contact would be a woman ---- Barbara.

Barbara said she would bring their evening meal up to their rooms.

"Stay in your rooms. Keep out of sight until tomorrow," she advised. "Early in the morning, I'll get you on up to Kassel."

"How much do you know about our mission?" Whitaker asked.

"Nothing. I was asked to take care of you here until tomorrow morning, then get you up to Kassel, nothing more. And, I really don't want to know anything more," she added.

"Will there be any checkpoints between here and Kassel?" Whitaker asked.

"Not the way we'll go, no, I don't think so, but you never know," she replied. "Lately, they've been rushing troops toward the Saar. The Allies will be here before you know it if things keep going the way they are." Barbara had a smile on her face.

The afternoon passed slowly. Each room had heavy, dark drapes covering a single window. John peered through a small parting of the drapes at the street below. An occasional civilian car would pass by, belching stinking, charcoal smoke as it rumbled down the street. Very few people were on the street. John counted four troop trucks pass by during the afternoon, each in the direction of the train station. Barbara was right ---- troops were being moved toward the western front to meet the approaching Allied forces. Wurzburg seemed like a ghost town, much like Heibronn.

The evening meal was, as promised, delivered to Whitaker's room, which had a sitting area and a bedroom, allowing all four to be reasonably comfortable as they ate and chatted. She had delivered four large mugs of beer along with the meal, which was sauerkraut, a small cut of bratwurst and a piece of dry, black bread. John could tell that the three of them were sharing one brat. It was a more glaring example of how hard the German civilian population was being hurt by the war.

"We have plenty of sauerkraut and beer, but the meat is hard to come by," Barbara said, somewhat apologetically. "Most of the meat and vegetables go to feed the army. I've had the sauerkraut canned from last summer, I bake the bread and I barter for what meat I can get, which isn't much."

By nightfall, the rooms were lit by a single light bulb hanging from the ceiling. Barbara explained that electricity was rationed and that it would go off at 8 p.m., and not come back on until 7 the next morning.

"Keep your drapes closed at all times," she cautioned. "Air raids and prying eyes."

She warned the OSS trio of a Gestapo and SS office building in the center of town, and that it was manned by only a few people.

"Just enough to keep an eye on the townspeople," she explained. "They'll only come around if they think something is going on. That's why I want you to stay in your rooms. I'll have you out of here early tomorrow morning.

John fell almost immediately to sleep after turning in that evening. It had been almost 48 hours since he last had any sleep in a bed. He was concerned about their safety and the fact that the team was entirely in the hands of this unknown woman. Still, what choice did they have? Staying inside the hotel seemed much safer than elsewhere. Her story sounded plausible, but, this was Germany and complete trust is hard to come by.

John was struck by the lack of people and the sadness he saw in the faces of those Germans he did encounter. Defeat was written all over their faces. How could this once great nation have been duped into following a madman. The 20th century wasn't even half over and already it was proving to be one of the most tragic periods in the nation's history. From the brilliant high points of Kaiser Wilhelm and Adolf Hitler to the destruction both had lead Germany into. Again, he thought back to the booming America he had returned to only recently. There was no comparison in the two countries. Yes, there was vast rationing of food and consumer goods in the United States and England, but nothing compared to what the German people were enduring.

As simplistic as it sounded, good does triumph over evil, John thought as he drifted off to sleep.

Chapter
22

John was awakened by a what at first he thought was thunder, then it was apparent it was man-made thunder. Still groggy, he thought he was back in North Africa as the sound of bursting shells came closer and closer. But, the sound wasn't shells, it was bombs.

Suddenly the ceiling of the hotel began to shake, with falling debris everywhere. Glass was breaking in the windows and the furniture in John's room was walking across the floor from the rumble of planes overhead. Luckily, he had remained dressed and had stretched out on his bed fully clothed, thinking he might have to move quickly without time for things like getting his pants on.

"We must be in the middle of a bombing raid," John yelled through his open door, across the hallway at Whitaker, who had just emerged from his room.

John grabbed his gear and headed down the stairwell. He assumed Whitaker was behind him. Andre? Where was he? At that point, who knew anything. The building was shaking and literally falling apart. Flames shot up from outside the wall, which had collapsed, lighting the way for him to see his way downstairs. As John reached the bottom of the stairs, a large beam fell directly behind him. He heard a scream. The beam had trapped Whitaker beneath it. John went to his aid, but couldn't budge the heavy timber, which began to burn. He felt for Whitaker's pulse on his neck. There was none. John reckoned Whitaker didn't know what hit him. The entire stairway was collapsing, so John headed for the door. He spotted Barbara coming out of a room behind the front desk on the first floor. Her face had a look of sheer terror. John grabbed her hand and dragged her to the front door and outside.

Overhead John could hear the roar of large, four-engine aircraft. It must be the RAF, but why Wurzburg? It wasn't an industrial center. As the two looked for something to duck under, the hotel began to burn. Flames shot up into the sky. What about Andre? Was he still inside? Had he gotten out? Poor Whitaker. This was war up close and personal being levied by the good guys, John thought. This isn't supposed to happen. The planes were moving on north. John and Barbara could see a bright red glow of fire all around them. He had to admit, he had never been so scared in his life. To think, Germans were enduring this sort of thing nearly every night and day by relentless Allied bombers. Surely Wurzburg, though, was a mistake. These bombs must be meant for Kassel to the north or Frankfurt to the east, but how could navigators be this far off ---- at the least, 30 miles, and the most, 100 miles?

Several other building on the street where Barbara's hotel was located were now in flames. John could here the firemen's bell clanging from a distance away. It was hard to tell where they were headed. It appeared that there was nothing to do but stand and watch the hotel burn. The building next to the hotel was some sort of an apartment complex and had been hit directly by a bomb. The explosion had spilled over into the hotel, crushing the common wall between them, causing the roof to cave collapse, and killing Whitaker.

The street was beginning to fill up with people fleeing burning buildings and collapsed structures. Tears were streaming down Barbara's face as she watched her hotel go up in flames. She looked up at John and then grabbed his hand.

"Come, we go," she said.

"Where?" John asked.

"I know a place in the country where we should be safe for awhile," she replied. "Let's get to the back of the hotel to see if my car is still there."

Around behind the burning building was an old Mercedes sedan. It had some burning debris on the hood, which John brushed off with a board he picked up. Barbara got inside the car and started it, John threw his bag in the backseat and jumped in front. As the car pulled away from the burning hotel, the rear wall fell, covering where the car had been parked. A minute later, they would have been too late or maybe even crushed.

Driving through the streets of Wurzburg was like negotiating an obstacle course. They would go for blocks with no damage, then pass dozens of burning or bombed out buildings. People were running everywhere, but where would the go?

"Do you get this often?" John asked as the car sped through the outskirts of the city.

"This is really the first time Wurzburg has been bombed," she replied. "I don't understand it. We don't even have much of a military presence and there certainly isn't any factories to speak of, or that I know of."

"It had to be a mistake," John concluded. "I can't see our bombers doing this indiscriminately."

"You mean like the Nazis have been doing to London?"

She had a point. Maybe the RAF simply was dropping bombs to rain death down on the civilian population as a sort of intimidation plan. Interestingly, Barbara didn't seem to be bitter about losing her business and, obviously, her home ---- the hotel. John didn't press her on the point, but was grateful that she was continuing to help him.

"What about Andre?" she asked.

"I didn't see him. He was down the corridor from Whitaker. If he got out, it would have had to be through the rear somehow. Whitaker was right behind me and when that beam fell, it crushed him and started burning. No one was coming through that way afterward."

"I doubt if he was ahead of you, but maybe," she said. "I'll go back tomorrow morning to see what I can find. Maybe he'll turn up. You're sure Whitaker is dead?"

"Yes, I'm sure," John said solemnly, looking out ahead at the road in front of them as the Mercedes picked up speed.

They drove what seemed like 10 or 12 miles when Barbara slowed and turned off to go down a small one-lane pathway.

"Where are we going?" John asked.

"It's my parents old farmhouse," she replied. "I keep it for emergencies just such as this."

"Yeah, I'd say this would be considered an emergency," he reckoned.

John glanced at his watch. It was 3:20 a.m. What would he do now? The mission, obviously, was in jeopardy. If Andre didn't survive, it would have to be abandoned. John found himself back deep in Germany with little or no idea as to how he would ever get home.

They pulled into a long driveway where at the end was a small farm cottage.

"No one lives here now?"

"No, not since my parents died," she replied. "I'm the only one who comes here. It's safe. Come, let's go inside and try to get some sleep."

Inside the cottage, which was rather stark with a small living and dining area with a kitchen on the side, Barbara led John into the single bedroom just off of the main entrance of the small house.

"I only have one bed. I hope you don't mind sharing it with me," the woman announced.

"No, this will be fine," he replied.

"Relax, John. You're safe with me," she said. "Get some sleep. Oskar will wake us in the morning."

"Oskar? Who's he?"

"He's my pet rooster. He'll begin crowing around 5:30 or 6 o'clock, so try to get some sleep while you can," she laughed.

"I suppose he keeps your hens happy," John remarked.

"Ha. That's a laugh. He's the only one left. All of the chickens have either been eaten or stolen," she replied.

"How'd Oskar turn out to be so lucky?"

"No one but me can get near him and I don't have the heart to eat him," Barbara said. "He's one of the few friends I have left in this miserable country." There seemed to be an edge to her voice now.

She was right. At 5:30 a rooster started crowing, waking them up. John opened his eyes. It was still dark out. He had stretched out on the bed with his clothes on as before, but this time, it was more to let Barbara know that he wasn't going to do anything but sleep. It had been a very long time since John had shared a bed with a woman. As he recalled, it was Marlene and their skiing trip to Bavaria, not too far from where he was now.

Barbara stirred momentarily, then seemed to drift off again until Oskar began crowing all over again as if to say, "Oh, no you don't!"

By the time the sun was rising, Barbara had water boiling for tea.

"No coffee, I'm afraid," she said apologetically. "We haven't had that luxury for some time."

"Tea is fine," John replied.

"So, now what do you do?" she asked.

"Well, I would say that the mission is off. I wouldn't know where to begin."

"Can you tell me what it is that you're supposed to do?"

John pondered for a moment before answering.

"We were to find and identify a certain factory for Allied bombers tomorrow night," he finally answered.

"You sure they didn't come a couple of days early?" she said, referring to the raid the evening before.

The two sat at a small dining table, sipping their tea. Barbara apologized again for not having anything to eat, especially eggs.

"Oskar doesn't provide those things and we left too much in a hurry last night for me to have thought about breakfast."

John assured her he was fine.

"Wherever this factory is, evidently its hidden in such a way that bombers haven't been able to knock it out," John continued.

"Would the factory you're looking for be using a lot of forced labor?" she asked.

"Could be. Why?"

"Well, I was thinking you might be looking for the Krupp factory in Kassel."

John sat looking at her with no expression. He took another sip of his tea.

"You're looking for the big guns, right?" Barbara had a look of excited interest in her eyes.

"What sort of big guns?" John was trying to act a bit dumb.

"Flak guns. 88 millimeter cannons. Krupp makes them in Kassel," she replied.

"Do you know where the factory is located?"

"Not exactly, but I know where the prison laborer are kept and I know where they enter and leave each day. That must be where they're going."

"How many laborers?"

"Thousands," she replied. "Many 10 or 12 thousand. Poor devils. They're being worked to death."

"If I were to call the bombers in on that plant, most of those poor souls will be killed," John concluded.

"Listen, John. They're dead anyway, unless your American and British friends can get here soon. How many of your buddies will be killed if they keep producing those big guns?"

Barbara told John to stay in the cottage while she went back to Wurzburg to check for Andre and to bring back more food.

"I want to go and see if there's anything to salvage of our hotel," she said, putting on her coat. "Stay inside. There's no one around here, but occasionally hunters will come by. You don't want to be seen. That would raise some suspicion.

John had been alone in the small country cottage for about a half-hour. He began assessing just what his options might be. The mission could continue; maybe fail, or, maybe be successful. He could try to find Marlene and get back to the front, or, he could just sit tight and wait for the Allied troops to get to him. If Andre didn't survive, there's no way for John to contact the OSS or Root-Reed back in Paris. John just hoped Root-Reed has him listed as a "good guy" if and when the Allies ever get here. He'd hate to be taken prisoner again by the Americans. Without OSS confirmation, he would have one heck of a time trying to explain what he was doing back in Germany ---- in civilian clothes. Come to think of it, he'd have a tough time explaining that to the Germans. With American General George Patton's 3rd Army fast approaching, knifing deeper each day into Germany, being in the midst of a country in disarray right now is not a good spot to be.

As a safety measure, John used the time he had alone to look around and see exactly where he was and what he could use in case he was discovered. There was a small barn in back of the cottage, as well as an old chicken house, presumably where Oskar resided. In back of the barn, about 100 yards was a stand of trees. After Barbara had been gone for about an hour, John picked up his bag and walked out the back door, past the barn and toward the stand of trees. Once he was in the trees, he found a place where he could observe the cottage and barn without being seen.

Barbara's car came driving into the cottage driveway about a half-hour later. She wasn't alone. John had a small set of binoculars in his bag that he used to watch the house. There was a man with the woman. He was dressed in what appeared to be laborer's clothes. He definitely wasn't Gestapo and it wasn't a uniform of any kind.

John began slowly moving back toward the house. As he approached the rear of the barn, he could hear Barbara and the man talking. She was concerned that John was missing. The two walked from the cottage out toward the barn and, as they were within 10 feet or so, John stepped from behind it to reveal himself.

"What are you doing back here?" Barbara asked.

"I didn't know who was coming up, so I left the house to wait back here for safety," John replied.

"John, this is my brother, Alfred."

John reached to shake hands when he noticed Alfred's left hand was missing from the wrist. The man had a deep scare on the left side of his face, as well.

"Happy to make your acquaintance," John said.

Alfred responded with a handshake and a slight smile, saying nothing. He continued to study John without saying anything as Barbara added that her brother had been a Luftwaffe bomber pilot early in the war.

"Is that where you lost your hand?" John inquired.

Alfred shook his head yes, with no comment.

"Let's go back inside," Barbara said.

The three walked to the cottage and went inside. Barbara began heating some water while John and Alfred sat at the small dining table. Small talk was exchanged while the tea was being prepared.

"I've told Alfred why you're here, John," Barbara offered.

John didn't say anything. He and Alfred continued studying each other without comment.

"Andre didn't make it," Barbara continued. "Firemen found his and Whitaker's bodies this morning in the rubble. There was nothing on them that would reveal who or why they were here. If anything from their bags is there, it's still in the rubble."

"How many people were killed last night?" John asked.

"It's hard to tell. The fire brigade officer told me at least a dozen people throughout the city died, and that many more were injured," she replied. "Actually, we were very lucky, considering everything."

Alfred continued studying John. Then he spoke.

"You're American, aren't you?"

Both John and Barbara looked surprised.

"What makes you say that," John asked.

Barbara interjected that Alfred was a linguistics professor at a local university.

"He would know such things," she added.

"You have a very good Berlin accent, but there is an ever so slight flat accent on your pronunciation," Alfred continued. "Your German is quite good. You almost pass for a native."

John said nothing, taking a sip from his tea.

"Where did you learn to master our language so well?" Alfred asked.

John then told them his story. Where he was born and educated, and how he learned the basic language from his immigrant German parents. How he came to be in Germany and how he got caught up in the Heer by a Gestapo agent by the name of Krueger. Both looked astonished when John told them how he had been Herr Field Marshal Erwin Rommel's personal valet, and how he had been captured and sent back to America as a prisoner of war.

"So you were able to know the great man very well, no?" Alfred asked.

"Yes, probably as well as anyone other than his wife," John replied.

Alfred looked at Barbara, who was nodding her head.

236

"I suppose you know what happened to the field marshal?"

John admitted that all he knew was that he had died a few months ago, reportedly, from wounds Rommel had suffered from an Allied plane attack.

"No. Absolutely not!" Alfred said, slamming his fist down on the table. "He was murdered by those hoodlums in Berlin."

John suspected there was more to the story, but, had no way of knowing what happened until now.

Alfred began laying out what happened to Rommel and other officers involved in the July 20th attempt on Hitler's life. The field marshal's name was mentioned along with many others by some of the conspirators' known to the Gestapo. Under torture, names and plans were revealed.

"So far, more than 5,000 loyal Germans have been murdered," Alfred said. "Our cause was to take over the government and negotiate an honorable peace with the Allies."

"You said 'our,'" John noted.

"Yes. So far, I haven't been betrayed. It's only a matter of time," Alfred reckoned. "What is your mission, my American friend?"

John studied Alfred's face. He looked a Barbara, who was shaking her head in an encouraging manner.

John laid out the basic plan to identify the Krupp factory where the King Tiger 88 millimeter turrets were constructed in Kassel.

"If I can some how mark the location of the plant, RAF bombers can take care of the rest," John concluded. "But, now that two of my team have been killed, the mission is in jeopardy.

Alfred corrected John in that it was really the Henschel factory where Krupp workers built the Tiger panzer turrets and mounted the 88 millimeter cannons.

"When is the raid to take place," Alfred asked.

"Tomorrow night between 11:30 and midnight."

Alfred looked off into space, seemingly searching for an answer. He looked back at his sister, then at John.

"There may be a way for us to do this," he replied.

"Us?" John asked.

"Yes, you and me. All you need to do is make sure there is some sort of marker for the bomber pilots to follow, right?"

"That's what we were supposed to do," John replied. "There was nothing specific. We were supposed to use our initiative in order to make that happen. Preferably, we would cause some sort of explosion and fire that the bombers could see and home in on with their bombsights."

There was a smile on Alfred's face.

"What if I could get hold of a Heinkel bomber so that we could drop a couple of incinderary bombs on the factory's location?" he asked. "Would that do the trick, as you Americans say?"

"Yeah, but how are you going to pull that one off?" John laughed.

"I'm still, technically, a major in the Luftwaffe," Alfred replied. "I have friends who could get me a set of orders allowing me access to a bomber at a nearby field. It won't be easy, but if we can get a couple of bombs on board, between the two of us, we might be able to be successful."

"Can you fly a bomber by yourself?" John asked.

"No. I'll have my co-pilot along with me."

"Co-pilot? Who's he?"

"Barbara? Who is my co-pilot?"

Barbara started laughing.

"Why John, we've heard you Yanks can do anything you put your mind to."

"Me? Wait a minute, I'm not..."

"Don't worry, my friend. I can fly the plane by myself, but in order to get use of it, I'll have to have a fellow pilot officer with me ---- that's you. Once we get airborne, you'll need to operate the bombsight in order for us to hit the target."

John had a sinking feeling in his stomach ---- the same sensation he had right before jumping out of an airplane a few days ago.

"What will we do for uniforms?" John asked. "And, identification credentials?"

"I have enough uniforms to take care of both of us, Herr Major Krauss. As for I.D., I think I can get us both on the base and into a Heinkel with just my identification. I'm fairly well known by the ground personnel."

Things were moving fast, maybe too fast. John knew that he was a trusting person but, in this particular situation, should he be? Barbara and Alfred seemed genuine and sincere in wanting to help. Alfred's apparent commitment to help end the war was convincing.

Alfred and John spent the day studying aerial charts and pinpointing where the Krupp factory is located near Kassel.

"We will have to be extremely accurate with our target," Alfred explained. "There is no moon right now and with the city blacked out, there will be no lights to guide on, so it will be very dark."

John understood just how dark the night sky can be with no moon.

As promised, Alfred took John to his home near Wurzburg and produced a Luftwaffe major's uniform. It was a near-perfect fit, albeit the sleeves on the blouse were a bit short. Still, it should work to get past the base security and onto the airfield's tarmac.

As darkness approached, the two men dressed in uniforms and drove to the base, which was about 20 miles east of Wurzburg. As Alfred said earlier that day, the guard at the gate only glanced at John, but recognized Alfred and waved them on through.

The base was small with a few buildings and two hangers. Inside the hangers were seven or eight aircraft ---- a couple of ME-109s, a Stuka dive bomber, and four Heinkel bombers.

"This is a reserve base, so not much happens around here. Most of the personnel have been transferred closer to the front," Alfred explained. "These poor birds are lame ducks."

"Pardon?" John asked.

"They're mostly junk. They've been shot up too many times. Not airworthy. A couple of the bombers will fly, but they'd never make a long-range mission like we used to fly over England."

As the two men walked inside the hanger, suddenly they were surrounded by a group of four armed soldiers. Coming out of the shadows was a Gestapo agent, dressed in the usual long, dark sinister-looking leather coat, wearing a fedora with the brim lowered all around. John was stunned, looking for Alfred to say something. He did, but it wasn't what John expected.

"Sorry, Yank, but your war ends here," he said with a grim look on his face.

"You bastard," was all John could come up with in the way of a reply.

"Welcome home, Herr Krauss," the agent said. "My name is Kaiser, not that it will matter to you. You are under arrest for impersonating an officer of theThird Reich, as well as treason."

"Treason? Where do you get that charge?" John looked stunned.

"Aren't you officially still a sergeant in Herr Rommel's defeated Afrika Korps?" Kaiser had a mocking tone to his voice. "Unless you've been issued some sort of discharge that I'm not aware of, you're still a member of the Heer of the Third Reich. If you're not a prisoner of war, we take it that you escaped and have come home, but, it would appear that you're not here to rejoin our forces, but to do harm to the Fuhrer's noble mission. Right?"

John said nothing, but just stared at Alfred, who now had a look of dim compassion and maybe even a bit of shame on his face.

"I'm sorry, John. I had no choice," was all Alfred could say. Then he walked away, got in his car and left.

John was pushed inside the back of a waiting truck with the four soldiers and driven off. Agent Kaiser followed the truck in a black sedan. They drove for what seemed like an hour before coming to a stop. When the flap from the back of the truck was swept away, the soldiers pushed John out onto the street, which was in front of a greystone building. Not 30 seconds went by before he knew it was some sort of jail or prison, but where? John asked his captors, but no one was answering.

Inside the compound, John was stripped of the uniform he was wearing and given some flimsy garments that resembled pajamas. No shoes. He was then led to a dingy cell with no window and pushed inside. When the door was locked, total darkness. The dampness of this place filled the thick air. John had never been so alone as he was at this moment.

Although John didn't know where he was, he got a pretty good idea around midnight when he could hear what sounded like hundreds of bombers flying overhead and bombs bursting nearby. He must be Kassel ---- the bombers must be the RAF night raiders looking for his signal at the factory.

There was a hard, concrete plank-type bed to stretch out on. No pillow or blanket to protect him from the chilling cold air of November and early December.

The mind does wondrous and, at the same time, weird things when you are all alone. John's thoughts bounced from visions of Marlene, his parents, Greta, their young son, Jack. What happened to Werner? Was he alive? Did Dieter suffer the same fate as John ---- sitting in a cell somewhere? Or, worse. Was or is he being tortured?

There was no way for John to determine how long he had been cooped up in the damp cell before guards came to open the door and let in some light. The first time came a few hours after John had been thrown into the dungeon-like cell. One of the guards tossed a thin blanket to him.

"You didn't get this from me," the guard whispered, almost in a compassionate manner. "If you are asked, it already was in the cell when you got here." The door slammed shut on more darkness.

The blanket was, indeed, comforting. John was worrying about catching cold, or worse. With pneumonia, a body could only last so long in such conditions.

John reckoned he had been confined to his prison around Nov. 27, 1944. As near as he could determine, it was Dec. 2, 1944, when John's first interrogation took place after his confinement.

Why five days? John reckoned it was a "softening up" process devised by the Nazis. Keep him confined in the dark cold, and dampness for a long period of time and the prisoner would be most cooperative in short order.

He was led to a small room near his cell. It was a well-lighted room, stark, except for a table and two chairs. Agent Kaiser was sitting in one, eating a breakfast of sausages and eggs with a roll and coffee. John was put in the other chair.

"I would offer you some breakfast, Herr Krauss, but, as you can see, there's only enough for me, and, with rationing what it is these days, I'm afraid I cannot be more hospitable. But, I'm not entirely without my manners. Here's some water."

Kaiser motioned to one of the guards, who put a cup of water in front of John. John drank it slowly.

"Now, tell me why you came back to Germany?" Kaiser asked as he spread some strawberry jam on a piece of his roll.

This puzzled John. Had Alfred not told him of the mission? Did he not already know about Whitaker and Andre? Their fate? John said nothing.

"Come, come, Herr Krauss. Surely you recall your mission?"

It was puzzling to John why so many questions about what was going on concerning things already revealed earlier to Alfred and Barbara. What had they told, or not told, the Gestapo. As tempting as the breakfast looked, John was determined not to let on that it had many days since he had anything to eat.

Agent Kaiser finished his breakfast, nodded toward the door, and the guards escorted John back to his cell without saying a word.

The guard who took John back to his cell didn't say anything, but John got the distinct impression that it was he who gave him the blanket. John wanted to thank him, but, then again, what if it wasn't him? Better leave well enough alone.

John got his answer as he walked through the cell door. The guard placed a piece of black bread in John's hand. John looked at the bread and then at the guard, who was slowly shaking his head from side to side.

More days of darkness followed. John made the piece of bread last for what he figured was three days. Soon after, the door opened again and two guard escorted him back to the little room. This time, however, Agent Kaiser wasn't there. Someone else was waiting ---- someone vaguely familiar.

"Herr Krauss, how good to see you after all these year," came the greeting. It was Conrad Krueger, the Gestapo agent who made sure John was inducted into the Heer back in 1939.

John said nothing in response.

"We know that you came back to Germany to commit sabotage against the Fuhrer and the Third Reich. We know that Kassel was your target, but we cannot understand why you would do such a thing to the nation that has been so good to you. A nation that nurtured you into adulthood. A nation that gave you an education, and proudly accepted you among its gallant ranks as one of its own."

John wasn't sure what Krueger was after, but he figured the Gestapo knew enough to have him shot as a spy or traitor, whichever suited them. But, then again, since when did the Gestapo or the SS have to have a reason to get rid of anyone?

"I was in Berlin on business from my current assignment when I heard of your dilemma down here in Kassel, so you can understand how I would want to come here and do what I could to help," Krueger continued. "In a way, I feel guilty for not encouraging you more thoroughly to have gone to Leadership School many years ago."

At least now he knew where he was on the geographic map. John continued staring ahead, trying to show no emotion to what was being said.

Krueger then pulled out an ink pen and a sheet of paper. The Gestapo agent demanded that John sign the paper, which indicated that he was guilty of sabotage and treason against the Fuhrer, Germany and the Third Reich.

To this action, John looked at Krueger and simply said "No."

The sly smile left Krueger's lips. John figured he'd be tortured and shot, but that ultimate act wouldn't come until a confession was signed. He figured some sort of physical abuse was next.

"I'll give you another day to think about your situation," Krueger said. "After that, it's out of my hands. One way or another, your signature will be on that confession."

Back in the darkness, John continued to reflect just how he ended up in this dreadful place. If Krueger was true to his word, John figured he had another 24 hours before the real pain would begin. What and how, he could only imagine. It all was too horrible to contemplate.

When John again appeared in the small room, both Kaiser and Krueger were there.

"You're time is up. Have you now decided that you will sign this paper?" Kaiser said, sliding the confessional sheet toward John, who was seated on the other side of the table.

John continued staring ahead, saying nothing, making no movement.

"John, you must realize that by signing this paper, you'll be saving yourself a lot of misery and pain," Krueger added, almost in a begging tone, as if he were concerned for John's well being.

John continued to stare ahead, saying nothing.

"You'll sign," Kaiser concluded, motioning for two guards to take him away.

Instead of going back to his cell, the two guards took John down the hallway to another room. Inside was a table long enough for a body. The table had straps attached. In the corner were a set of four car batteries. The wiring coming from the electrical apparatus told John that the torture was about to begin.

The two soldiers forced John onto the table and strapped him down so tight he thought the circulation would stop in his arms and legs. Just then, an SS officer walked into the room. He put on a pair of rubber gloves and went over and picked up two wires. He motioned for the guards to take down John's pants. With his genitals exposed, John began screaming at the top of his lungs as the SS officer flipped a switch that sent charges of electrical current through John's body at his testicles. John passed out after the third surge of electricity had been sent through his body. He woke up back in the darkness of his cell some hours later.

This procedure was repeated at least four times over what John figured was a week in time. The continued isolation in darkness made it difficult to gauge time as he became weaker by the hour for lack of nutriment and water. For some reason, John did have a guardian angel of sorts. The guard who slipped him the blanket and piece of bread, made sure he got a cup of water and more bread as the days went by.

The dark, damp cell where he was being held wreaked with stench from John's dirty body and his excrement. He tried to keep his bodily discharges over to one corner, the furthermost away from his so-called bunk, but the room simply wasn't that large and it was hard to escape the odor.

Oddly enough, the torture sessions stopped and so did the sessions in the room with Kaiser and Krueger. What must have been Christmas Day came as John continued to languish in the small cell. In the middle of the day, the cell door opened and the guard who had been giving John bread and water stood in the doorway. The hallway light was extra bright and shone in the cell, lighting it to the point that John could see the environment where he had been existing.

"Come with me," the guard said with a smile on his face.

The two walked down the corridor to the same small room. Inside the room John saw a meal of knockwurst, potatoes, black bread, and a large cup of water laid out on the table.

"Eat slowly," the guard told John.

"Thanks," John replied, walking slowly to the table. "What is your name?"

The guard shook his head.

"It's better for both of us if you don't know," he replied. "Everyone except me is having their Christmas dinner, such as it is this year. Some of the other guards will be back in two hours, so, enjoy your meal."

"Why are you doing this," John asked.

"My mother lives in Bismarck," the guard replied in near perfect English.

"North Dakota?" John asked in astonishment.

"Yes. I heard them say you were an American during the interrogation. I realized that you got into the Germany army much the same way I did."

John was trying not to gulp down his food.

"Were you going to school?" John asked as he chewed on a piece of knockwurst.

"No. I was visiting my father, who came back to Germany to work. He left my mother and my two sisters when Hitler began building the autobahn. He couldn't get work in America, so he thought things would be better here. I came over in early 1939, and before I could leave, I was drafted by the Heer."

"Yeah, tell me about it," John replied.

When he was finished eating, the guard took John back down the hall toward his cell, but instead of going inside, the guard showed him to a washroom at the end of the hall where John could take a quick shower. The guard managed to get him a fairly clean set of prison garb, then returned him to the cell, where the guard gave him a shovel and a bucket.

"Scoop up what you can from your floor and put it in here," the guard said. "I get you another bucket to use."

"Won't that get you in trouble?"

"No one but me and one other guard comes down to this shit hole, and he won't bother to look," the guard replied.

John cleaned up his mess in the cell as best he could. And, as promised, the guard returned with another empty bucket with a wooden lid.

"This will hold down the stench somewhat," he said, pointing to the lid. "Merry Christmas, my friend, such as it is."

Before the guard could close the door, John asked him one last question.

"How close are the Americans?"

"Close," the guard said. "I figure maybe another month or so and then maybe you can help me get back home?"

John realized that this young man would be languishing in some POW camp after the war if someone didn't intervene.

"Keep me alive and I promise I'll do what I can for you," John said as the guard closed the cell door.

A few minutes later, the cell door opened again. The guard was holding another blanket, a small pillow, and a pair of shoes.

"I don't know whether these will fit you, but I guessed your size," he smiled. "We stay fairly warm down here underground, but up above, we're having one of the coldest winters on record."

"You sound like a North Dakota farmer talking about the weather," John chuckled.

"Yeah, well, not a very good one," he replied. "We lost our farm during the Depression. That's why my father came back here to work ---- to keep our family going."

"What happened to your father?"

"Luckily, he got out when he saw what was happening. Right after Poland in '39, he left for England and went home. Mom and my sisters would have starved if he hadn't gone back."

The door closed again, filling the small cell with darkness.

For the first time in more than a month, John had hope. Now, he felt, he was no longer alone.

The torture sessions with Kaiser stopped. Two weeks into 1945, the friendly guard came to slip John some food and water.

"What's happening? Why have they stopped coming for me?" John asked.

"I don't really know, except that Gestapo agent left right before Christmas and hasn't been seen since."

"Which one, Kaiser or Krueger?"

"Kaiser. Krueger was here only for a short time. Now they've both disappeared. If you ask me, they're trying to figure out how to escape Germany and keep from being captured by the Americans," the guard concluded.

John was told that he was being held in an old Kassel city jail, which now had been abandoned except for Bismarck, as John had come to call him, and three other guards. The four soldiers took shifts around the clock in guarding John, their only prisoner.

"Kassel has been leveled by the Allied bombers," Bismarck told him. "This was a city of a quarter-million people before the war. I doubt if there are 30,000 still living here."

"Why do you stay?" John asked.

"You know why. You're my only hope of getting back home to North Dakota."

"What about the other guards?"

"I'm working on them. One is a Nazi, and he's the reason I have to keep you in your cell. The other two just want to go home to their wives. They could care less. They know what I've been doing to help you, but it's the Nazi we're worried about."

John thought for a moment, then a smile came across his face.

"What?" Bismarck asked.

"Well, when I was in England, I learned what the British think of Nazis. They have a saying, 'the only good Nazis are the dead ones.'"

The guard chuckled in an uneasy fashion, the closed the door to bring in more darkness.

John could hear the far off sounds of thunderous cannons firing. Were they American cannons? German? Probably both. Still, he had more hope than he had envisioned in his dark prison since that night at the airfield hangar.

What must have been a day later, the cell door opened. Bismarck was standing in the doorway with two other guards behind him. He had a smile on his face.

"Okay, Yank, it's okay to come out now," he said in English.

"Have the Americans arrived?" John inquired.

"No, not yet, but it won't be long."

"What about your Nazi friend?" John said in English, thinking the other two guards spoke none.

"Well, you know what the British say about that, don't you?" the guard replied.

"Yeah." John said with relief. "Say, I feel a little strange calling you 'Bismarck.' What you're real name?"

"Heinrich Janning," the guard replied. "You can just call me Bismarck if you'd like. Somehow, I have grown to hate 'Heinie,'"

The two new friends laughed. Bismarck then introduced John to the other two guards, speaking German. John was right, neither understood much English.

"So, what's the plan?" John asked.

"Well, as near as I can figure, it will be a few weeks before the Americans arrive. So far, our soldiers have been mostly sent east to resist them. Here at the jail, we've pretty much been forgotten. There is a Waffen SS unit in the western edge of town, but we're in the far outskirts of the eastern part of the city. Hundreds of years ago, this used to be the center of town, but, thanks to the Allied bombers, there is no center of town anywhere. I think we're safe for the time being."

"What about food and supplies," John asked.

"We have enough to last us for about a month in a storeroom upstairs," Bismarck replied. My friends and I will take turns standing watch upstairs, making sure no one gets too nosey about what's going on down here. In the meantime, I will ask you to stay down here because it's far safer, even if there is another air raid, which I doubt."

"Why do you doubt an air raid?"

"There's nothing left to bomb. The entire city is rubble."

"What about the Henshel and Krupp plant?"

"I don't know, but I think they finally abandoned it last week," Bismarck replied. "Maybe some work is still going on there, but not very much."

The other two guards were very friendly to John. He soon learned why.

"I sort of promised them that you'd help them with the Americans," Bismarck told John later that day.

"Well, I can only promise that I'll do what I can," John replied. "How can we keep this place from being blown apart?"

"Don't worry, down here is one of the safest places in Germany. It would take a lot to get to us," Bismarck replied. "I've been in touch with several of the towns people who still have homes or places they are living. When the Americans get closer, we'll put up white sheets to signify that we want to surrender."

"What about that Waffen SS unit. Won't they have something to say about that sort of thing?" John asked.

"We'll just have to wait to see how everything unfolds," Bismarck concluded.

Chapter
23

It would be March before the American army fought its way into the rubble of Kassel. Sherman tanks were blowing holes in what was left of the retreating SS unit that Bismarck had told John about.

As the gunfire from street-by-street skirmishes grew closer, John and his three new friends sat in the little interrogation room, discussing how best to draw the Americans' attention without getting blown apart.

"Look, you two don't speak English," John said, looking at Bismarck's two fellow guards. "You do speak English, but in that German uniform, who's going to believe that you're who you say you are?"

Bismarck shook his head in agreement.

"Do you still have my bag that I had when I was taken at the airfield?"

The guards all looked at each other until one of them remembered what John was talking about. He ran out of the room and was gone for about three minutes, returning with the bag.

"I got my civilian clothes with my OSS I.D. sewn inside the lining of a jacket," John explained. "This ought to at least buy me some time until they can verify my identity. I'll go out and try to make contact with some G.I.s. In the meantime, you guys stay down here and, for god's sake, don't shoot at any G.I.s. Surrender, but don't kill any one, otherwise, I might not be able to help you."

The three guards agreed. John got into the civilian clothes, cut through the lining of the jacket and retrieved his OSS papers.

"Wish me luck," John said with a smile on his face.

"Nebraska ---- you won't forget about us, will you?" Bismarck said with a serious expression.

"You and I will be going pheasant hunting in Yankton before you know it," John said, laughing.

It was early morning when John slipped out of the jail building. It was the first time he had seen Kassel. There was rubble everywhere where century-old buildings once stood. Bismarck had given him some ideas as to where John might encounter the American forces. He passed civilians carrying belongings, some with carts, others with wheel barrows, all making their way east out of town, trying to escape the fighting.

It was strangely quiet. John could see no German troops at all, but Bismarck had warned him about snipers, who lay in wait to pick off American troops, or any civilians trying to surrender to them.

After nearly an hour, John saw three Sherman tanks on a street where some buildings were still standing. He stayed behind a wall trying to figure out the best way to contact the G.I.s. John had a white scarf with him, but he didn't think that was wise, since there may be German snipers about. John watched the three Sherman tanks. A squad of infantry soldiers were crouched behind them. As they grew closer, John spotted a sniper hiding in the second story of one of the buildings facing the street. The German was aiming his rifle at one of the G.I.s. John instinctively yelled.

"Look out, sniper to your right!"

The G.I.s dove to the ground behind the tanks just as the sniper fired, missing one of the soldiers by less than a foot. They immediately returned fire as one of the Shermans swung its turret around, then blasting the building with a 74 millimeter cannon shot. The building collapsed, trapping the sniper beneath.

All was quiet. John waited to see if there were any more snipers lurking about. The G.I.s were doing the same.

"Hey, Mac. Where are you?" one of the G.I.s yelled out.

"I'm over here, to your left, behind the wall," John yelled. "I'm an American officer. Don't shoot."

"Yeah, that's what they all say," came a reply in smart-Alex fashion.

"Listen. I'm an O.S.S. officer. My name is John Krauss."

"Of course you are," came another reply. "Krauss. That's a good name for this lovely land."

"Seriously, I'm who I say I am," John replied again. "I'm going to come out. I'm unarmed, so don't shoot."

"Take her nice and easy, Mac," came a reply.

John slowly walked out into the open with his hands in plain site. The Shermans and the G.I.s were about 50 yards away. They Americans made there way toward John, never taking their rifles off of him.

"Okay, Mac. What the hell are you doing here?" the sergeant of the squad asked.

John explained his situation and how he came to be there. He then asked that the sergeant radio back to his command post to have his identity verified.

"H.Q. says it'll be awhile before they can verify who you say you are," the sergeant told John, taking his OSS papers. "What the hell is 'O.S.S.' anyway?"

John explained the organization as best he knew it. The G.I.s agreed to go with him to the jail to get the three German guards.

"One of them is an American," John said.

The G.I.s looked incredulous. What was an American doing in a German uniform, they asked.

"It's a long story, but he probably isn't the only American you're going to find fighting on the wrong side in this crazy war," John replied.

When the squad of G.I.s and one of the Sherman tanks made it back safely to the jail, the soldiers set up the building as a command bunker. One of the G.I.s placed a radio antenna on the roof of the old jail, to establish better radio contact with the battalion's headquarters.

John and the three German guards voluntarily stayed down in the basement of the jail, with the Americans establishing a command post on the first and second floors. After two days of waiting, a radio message came through to the G.I.s verifying John's identity.

"Some Limey by the name of Root-Reed said you were one of ours," the voice on the other end of the phone told John. "Let me speak to the sergeant in charge and I'll give him instructions for you."

The voice on the phone was that of a major in Army Intelligence for General Patton's 3rd Army. John was ordered to report to the nearest command post for transfer back to Paris as soon as possible.

"Major, I have a German soldier that I need to bring back with me," John said on the phone. He assured the officer that bringing Bismarck back to Paris was vital to the war effort. At this point in time, John had become very good a stretching the truth to military officers.

Within in two days, the city of Kassel was secure and in American hands. A Jeep was sent to the jail to take John and Bismarck back to behind the lines for transport to Paris.

"Before we go, where would the military hospital in this area be?" John asked Bismarck.

"It's north of here near Hann-Munden," Bismarck replied.

"Is that in American hands?" John asked the corporal driving the Jeep.

"Gee, sir, I don't know," was the young soldier's reply.

John got on the radio to battalion H.Q., and asked the same question. Within five minutes, John had his answer. It was in American hands, including the big military hospital near that small town.

"We're going to that hospital, corporal," John directed.

"Yes sir, I'll do what I can."

With the various checkpoints and dodging around bombed out streets and buildings, it took three hours to drive the 25 miles northeast to Hann-Munden. U.S. military police directed John, who now was wearing his OSS rank, the uniform of a U.S. Army first lieutenant to make it easier for him to travel, to the German military hospital.

When John and Bismarck arrived, they found a village of U.S. Army tents set up on the sprawling lawn of the German hospital. The U.S. Army's Medical Corps had joined forces with the German medical staff to treat the wounded of both sides. It was a effort of mutual cooperation. Nearby was a fenced-in compound of German POWs.

At the POW compound near the hospital, John noticed a group of U.S. MPs searching a formation of German soldiers. Each soldier had removed his blouse, and as an MP sergeant walked by, the German in front of him would raise his arms. John watched this procedure for a few moments. The MP sergeant was directing each man he came to in one direction or another. One group was larger than the other.

When the MP sergeant was finished with the formation, which had been dispersed into one of two groups, he walked over to where John was watching.

"Can I help you lieutenant?" the sergeant inquired.

"Yes sergeant. What's going on here?"

"Well, ya see, sir, we're separating the SS guys from the regular German soldiers. We ship those who aren't SS back to the rear for processing at a regular POW camp."

"What do you do with the SS soldiers?" John asked.

The sergeant, who had the remains of a rather well-smoked cigar in his mouth, removed it and pointed with his hand.

"They end up in that plowed field over their," the sergeant said with a smile.

John didn't want to know any more about what was going on. He left Bismarck with the corporal in the Jeep, ordering him to protect the soldier at all costs while John was in the hospital. Inside, medics and nurses from both sides were scurrying back and forth in what seemed more like a madhouse than a hospital. Field ambulances were arriving nearly every five or 10 minutes with more wounded from both sides. Doctors were moving up and down rows of wounded.

"I'm looking for a particular female German medic," John asked at the front desk.

"Are you kidding, sir?" This place has dozens of Kraut chicks wearing white uniforms. I wouldn't know how to begin to tell you who or where should is, if she's here at all."

John spent the better part of an hour going through the various wards of the three-story hospital. He saw horrifically wounded and maimed soldiers, both American and German being helped equally by doctors from both sides.

As John stood watching in one particular ward, someone began talking from behind.

"It's the Americans' penicillin that has made the difference for many of our men," a familiar soft voice said.

John turned and there was his Marlene. She was pale and haggard after many hours on her feet, caring for the wounded. She seemed much older than her 24 or 25 years. What was it? John had forgotten just how old both of them are.

"What are you doing in that uniform?" she asked after they had embraced and kissed.

"It's a long story, but I have plenty of time to tell you about it. Let's go, you're coming with me," John said, almost in order-like tone.

"Going where?" she asked in a startled manner. "I can't leave. I have work to do."

"They'll never miss you, and I might not have a chance to come back and get you. Come on, we're going home?"

"Home?"

"Yes, to Nebraska, U.S.A.!" John replied.

A big smile broke over Marlene tired face.

"I'm too tired to argue with you."

"Do you have anything you need to take with you?"

"I lost everything in this war. I thought I had lost you, but now, I have you back. Take me wherever it is that you find Nebraska."

John escorted Marlene out to the Jeep. An MP wanted to know where he was taking Marlene and the German soldier in the Jeep.

"Soldier, I'm from the O.S.S., and these two are needed back at my headquarters for interrogation."

John flashed his OSS identification card, and a set of travel orders issued by 3rd Army command. He helped Marlene into the backseat of the Jeep, then jumped in himself and ordered the corporal to proceed to the airfield near Frankfurt.

At the airfield, John had to do some fast talking in order to get Marlene and Bismarck aboard. If he hadn't have had the O.S.S. credentials, it never would have happened. John was finding out that being in the O.S.S. was about as important a membership that one could possess in the American forces. No one, except top-ranked officers with secret clearances knew what the O.S.S. really was, let alone what they did. But, being a member pretty much opened door through which John wanted to pass.

Aboard a B-24 bomber, John, Marlene and Heinrich "Bismarck" Janning were safely on their way to Paris.

Upon landing some two hours later, John saw Root-Reed waiting on the tarmac as the huge bomber taxied to a stop. The Englishman was a bit taken aback when John presented his two charges.

"I'll explain everything on the way back to the hotel," John told Root-Reed. They all piled into an Army sedan and headed for downtown Paris.

Root-Reed heard John's verbal report on how Whitaker and Andre were killed. He was amazed at Bismarck's story, finding it hard to believe that Americans could be scooped up by the Reich and made to serve the way both he and John had been. He was not eager, however, to receive Marlene.

"I simply cannot see how we can allow your German girlfriend to run about free," Root-Reed said. "Afterall, she's an enemy soldier."

"For god's sake, sir, she was a German army medic. A non-combatant. Her mother was Jewish and, by the grace of God, wasn't discovered and sent to a death camp."

Root-Reed admitted John had a point. John told him they wanted to be married. Root-Reed smiled and told them he'd see what he could do.

"What about Bismarck?" John asked.

"Well, that is a bit of stick wicket. You work through your American chaps to see if they can verify his place of birth in the United States. Once we establish that he is, indeed, American, then it will be far easier to work with."

John managed to get Root-Reed to authorize him to be in charge of both Marlene and Bismarck. Instead of them being sent to an internment compound, they would be able to stay with John as his personal responsibility.

That evening, John took his two charges out for dinner at a sidewalk café near the hotel they were staying. It gave John an opportunity to talk further with Marlene about Werner and Dieter.

"Have you seen or heard anything about either of them?" John asked.

"Dieter was shot as a traitor. That's all I know about him," Marlene said, with tears coming to her eyes. "The last time I saw Werner, he was being assigned as a medic the north. I was told his unit was killed or captured during the Battle of the Ardennes in December. I don't know anything else."

John, of course, had never heard of that particular battle. The next day he went down to the U.S. Army headquarters in Paris and asked about where enemy troops were being held from fighting in the Ardennes.

"You talkin about the Battle of the Bulge, sir?" an Army clerk asked.

"I don't know, soldier. I've been sort of out-of-touch. All I know is that it was a battle in or near the Ardennes forest in Belgium in November or December."

"Yes, sir. That was the Battle of the Bulge. Damned Germans almost broke through to recapture Antwerp. It was one helluva scrap."

The clerk was able to tell John about three different POW camps where Werner might be held. Back at the hotel, John met with Root-Reed, who told him that they both were being sent to Germany.

"The war's nearly over and we still have work to do," Root-Reed said.

"What will we be doing?" John asked. "I hope not dropping into any more corn fields in the dead of night."

"No, nothing that dramatic. Boring stuff, really. We'll be interrogating POWs. We need to establish and document a number of things about the Nazi regime, try to track down their leaders and, I'm sure, we'll be bogged down for a few years with war criminals. There are quite a few, you know."

John asked Root-Reed to arrange for Marlene to be allowed to stay in Paris, or to be sent to the United States.

"We fully intend to marry just as soon as we're allowed," John said firmly.

"I'll see what I can do, but I won't promise anything."

John then made an even bolder suggestion.

"What about using Bismarck to help us with our interrogations back in Germany?"

"Are you mad? He's a German."

"Dammit, sir, he's an American. He got trapped into being a German soldier much the same way I did. I am lucky to be standing here. It was lucky for both of us that he was my cell guard in Kassel."

John told Root-Reed about the one ardent Nazi guard that, somehow, Bismarck had eliminated.

"Let me think on that one for awhile," Root-Reed said. "You damned Yanks think that anything is possible."

"Sure it is, sir. Once you put your mind to it. Anything is possible."

Chapter

24

"So, Grandpa, what happened next?" Cindy asked as she was changing an expired cassette tape for a fresh one. "Did you find Werner?"

"Well, Root-Reed, the stuffy, English curmudgeon that he tried to be, arranged for your grandmother to be sent back to the states. She came to live with your great-grand mother and father in Broken Bow until I could join her after the war."

"What about Werner?"

"Well, Root-Reed was true to his word. He did figure out a way to take Bismarck to Germany with us once the authorities verified that, indeed, he was a U.S. citizen. He was born in Grand Forks, North Dakota. He's a year younger than me."

"Is he still living?"

"As far as I know. We exchange Christmas cards each year, but we haven't seen each other in, oh, maybe 20 years or so."

"And, Werner?"

"Well, that wasn't quite so easy. Root-Reed led a team of us, along with Bismarck, investigating a number of high-ranking Nazis, preparing briefs for the Nuremberg war crimes trials. I must have search more than 25 different camps where hundreds of thousands of German soldiers were being held."

"And...."

"Yes, I found him," Grandpa John said. "I hardly recognized him. He had lost so much weight. He saw me first. If he hadn't have yelled at me through the fence in this one POW compound outside of Dusseldorf, I wouldn't have seen him."

"So, what happened? Did you get him out?" Cindy was getting excited.

"Well, like I said before. Being in the O.S.S., did have its advantages. I told the camp commandant I needed him for a war crimes investigation and brought him back to Berlin where we had set up our research center. Werner's American citizenship was verified, but he almost lost it because he voluntarily enlisted in the German army. Thanks to Root-Reed, a lot of red-tape was cut and I was able to get him back to New York with his wife."

"What happened to him?" Cindy asked.

"Well, he went back into the restaurant business and, for years, ran one of the best steak houses in Yonkers, New York," Grandpa John said. "He died about 15 years ago. I went back for his funeral."

"So, when were you and Grandma Harriet finally married?"

"It wasn't until 1947, when I was finally discharged from the O.S.S., and came home" Grandpa John said.

Grandpa John told Cindy that his war stories were pretty much over. However, he didn't go into one last chapter ---- that of former Gestapo Agent Conrad Krueger.

John had not thought about Krueger in more than 50 years until one day a knock on the door brought those unpleasant memories of torture rushing back.

"I'm Special Agent Vince Garrett of the U.S. Justice Department," the man at the door told John. He was hold a leather I.D. card holder, which included a badge.

Agent Garrett explained that he was attached to the Justice Department's Office of Special Investigations tracking down Nazi war criminals. Conrad Krueger was believed to be one of those Nazi war criminals.

"According to our records, you had a number of encounters with Krueger before and after you became an O.S.S. agent, is that correct?" Garrett asked.

John acknowledged that he remembered Krueger.

"He was a Gestapo Agent, wasn't he?"

"Yes, that's right."

John told Garrett about all of his encounters with Krueger, beginning with the first one the summer of 1936, right after John had arrived in Germany.

"The last time I saw him was when he was trying to get me to sign a confession of treason and sabotage in December 1944," John recalled.

"Did he torture you?"

"No, not personally. That wasn't his style," John replied. "He was more of a passive-aggressive type person. He'd smile as he coerced you into doing what he wanted. He'd leave the rough stuff to others."

"Could you identify this man if you saw him again?"

"You mean he's still alive?"

"Yes, living in a retirement home near San Diego."

Garrett told John how Krueger got to this country with Werner von Braun and his rocket team in the late '40s, and how he had become a respectable and successful businessman in San Diego.

Garrett show John a photo of Krueger when he was a Gestapo agent.

"Yeah, that's him," John replied.

"This is the same photograph he used when he emigrated into the U.S.," Garrett said, shaking his head. "The son-of-bitch didn't even bother to have a new photo taken."

"So, what now?" John asked.

"Well, I'm trying to get a deportation hearing for him. There could be a war crimes trial awaiting him at The Hague in the Netherlands."

"What's your progress?"

"Well, he has a very good lawyer ---- his daughter," Garrett replied.

"Why haven't you been able to bring him to trial," John asked.

"Reportedly, the old man is suffering from Alzheimer's Disease, so we can't really do anything in the way of deporting him," Garrett replied.

"Why don't you just forget about him," John said. "If he's got Alzheimer's, he's not going to do any harm to any one."

"It's not my job to decide who should or should not be tried for war crimes, regardless of their age," Garrett explained.

"So, what do you want from me?" John asked.

"Would you be willing to come to San Diego to officially identify this man?"

"Well, I could, but I don't see what good it'll do, so no, I'm going to leave the past in the past. Think what a thing like conjuring up ancient history will do to his daughter and grandkids, if he has any. They aren't to blame for the father's sins of the past. As far as I'm concerned, we won the war. Good triumphed over evil, and guys like Krueger have to live with themselves. Before long, he'll be answering to his god for what he did."

John told Garrett that he'd be willing to give an official deposition, but, unless he was subpoenaed, he wouldn't be going to California to face Krueger.

John received a letter from Garrett about two weeks later telling him that Krueger had died, apparently from the rigors of Alzheimer's. The case against him officially was dropped, and his family scattered his ashes at sea.

As for John Krauss, he had one more task to complete.

"How would you like to go to England with me," Grandpa John asked Cindy a few days later.

"My gosh, Gramps, that would be a dream come true," she replied. "I don't know whether or not I can get that much time off from work, though."

The old man looked at his granddaughter with a smile.

"Well, you've always told me that you wanted to work for a major news organization, haven't you? Well, I have a friend in London who needs a good reporter," Grandpa John said. "Why don't you throw caution to the wind and give you notice in Lincoln. Our plane reservations are for next week. We fly out of Omaha for New York, then it's on to London."

Cindy didn't know what to say. She had worked hard for the position she had attained at the Nebraska Journal, but, she looked at it as a stepping stone.

"Besides," the old man added. "You're going to need a bit of time off to write that book I've just given you."

"Gramps, you're the greatest!" she cried, giving John a big hug. "Luckily, I got a passport last summer when I went to Australia. I'll be ready when you are for England."

John made arrangements for Harriet at a local rehabilitation center where she could be cared for while he was gone. As the date approached for their departure, John's anticipation increased. Cindy was excited, not only "throwing caution to the wind" by resigning her job, but she was getting to travel with her favorite person in all the world ---- Grandpa John Krauss.

The flight to London was enjoyable for John because he was able to spend time with Cindy just visiting and not re-living the past from the '30s and the '40s.

Cindy had no idea of what to expect, who they would be meeting when the arrived in London. The British Air's Boeing 777 arrived at Heathrow at 8 a.m., in the morning. After clearing customs, John and his granddaughter were met by a limo driver in the airport's waiting area. He was holding a sign that simply read: "Krauss."

To Cindy's astonishment, the limo was a Silver Cloud Rolls Royce. The ride into the city was pleasant on a bright, sunny English morning. The big car turned down Fleet Street where all of England's top publications and media conglomerates are headquartered.

"Sir John is expecting you," the doormen told John as they emerged from the limo in front of a 20-story building on Fleet Street.

"Sir John?" Cindy gasped. "My god, Gramps, who do you know who is a British knight?"

"Oh, the son of an old friend," John replied.

The elevator operator took John and Cindy to the penthouse on the top floor. The doors opened onto a lavish apartment-like suite. A tall, gray-hair man was standing in the center of the room. He had a broad smile on his face.

"Dad, welcome back," the man said.

Suddenly, Cindy realized who the man was. It was "Little" Jack Beckham, Grandpa John's son with Greta.

"Jack, I'd like you to me my journalist granddaughter, Cindy Krauss," John said, presenting her to a new uncle. "She needs a job, son. Can you help her out?"

Jack laughed heartily.

"Cindy, you're granddad has sent me dozens of your clips over the past few years," Jack replied. "I think it's time you become one of our foreign correspondents in the Colonies. How does our New York bureau sound to you?"

Cindy didn't know what to say. Things were moving ever so fast. She had barely gotten used to being ushered onto Fleet Street by Rolls Royce; now she was being offered a dream job in New York.

"Come, let's go into my office and have some tea and breakfast, you're probably famished after your flight," Jack said. "And, Cindy, there's someone I want you to meet."

As the three walked into the huge office, which looked more like a mansion's living room, Cindy saw an old woman sitting in a wheelchair gazing out a picture window, which looked out over the city.

Grandpa John took Cindy's hand and led her over to the old woman.

"Cindy, I want you to meet Greta," the old man said, leaning down and kissing her gently on the forehead.

"How are you, you old scoundrel," Greta said.

"Well, a little older, a little wiser, but I'm still here," John told her. "You're looking good, my dear."

"Pretty good for an old 107-year-old, wouldn't you say?" she said, bursting into laughter. "I can do just about everything I always could, but Jack won't let me drive a car anymore, the little bastard."

Cindy got down on her knees and gave Greta a big hug.

"Oh, Johnny, she's a dear, this one," Greta said, looking up at him. "I think we're going to get along just fine."

John spent the next several days visiting with his son and Greta, having a wonderful roast of lamb dinner at the famed St. James Club, remembering the great lamb dinners his old friend, Werner, used to make for the field marshal. Cindy spent a week being orientated to Jack's vast media company and what was expected of her at the new job in New York.

On the return flight to the United States, Jack flew them back in his private corporate jet, which was a treat for both.

As they glided among the clouds at 35,000 feet, John drifted off to sleep, satisfied that he definitely had lived one of the great lives of the 20th century.

"Gramps," Cindy whispered as he was drifting off. "I thought everything you told me about the war and what happened to you was pure bullshit, until I met Greta."

John opened his eyes and started chuckling.

"Have I ever lied to you, darlin'?"

"Well, I guess not," she smiled, closing her eyes for a bit of a snooze. "But, if some of it ain't true, don't tell me, 'cause it's gonna make one helluva book."

John Krauss drifted off in slumber, knowing his granddaughter would have a better life than his. Maybe not as exciting, but no doubt, better.

---- The End----